中国社会科学院老学者文库

清代地权分配研究

江太新◎著

中国社会科学出版社

图书在版编目（CIP）数据

清代地权分配研究/江太新著.—北京：中国社会科学出版社，2016.6

（中国社会科学院老学者文库）

ISBN 978-7-5161-7625-2

Ⅰ.①清… Ⅱ.①江… Ⅲ.①土地所有权—分配（经济）—研究—中国—清代 Ⅳ.①F329.049

中国版本图书馆 CIP 数据核字（2016）第 032687 号

出 版 人	赵剑英
责任编辑	宋燕鹏
责任校对	李 楠
责任印制	戴 宽

出　　版	中国社会科学出版社
社　　址	北京鼓楼西大街甲 158 号
邮　　编	100720
网　　址	http://www.csspw.cn
发 行 部	010-84083685
门 市 部	010-84029450
经　　销	新华书店及其他书店
印刷装订	三河市君旺印务有限公司
版　　次	2016 年 6 月第 1 版
印　　次	2016 年 6 月第 1 次印刷
开　　本	710×1000　1/16
印　　张	41.25
插　　页	2
字　　数	536 千字
定　　价	148.00 元

凡购买中国社会科学出版社图书，如有质量问题请与本社营销中心联系调换
电话：010-84083683
版权所有　侵权必究

前　　言

　　本书希望通过对清代地权分配的研究，为国家长治久安、繁荣昌盛提供历史借鉴和启迪，为造福于人民，造福于人类，做一点有益的工作。

　　国家要繁荣昌盛，人民要富强，首要条件是长治久安，有个和平的大环境，才能安心进行经济建设和社会发展等各项事业，否则一切都谈不上。要达到长治久安，需要两个不可或缺的条件：一是世界和平，尤其是与周边国家之间的和睦共处。如果四边都不安宁，必然会导致人民生命、财产安全受到威胁，国家为了防止外来侵犯，必然要做好军备工作，这就会分散国家的财力、人力、物力，不利于集中精力搞好国内经济工作。二是国内要长期保持和平繁荣的局面。国家要建设和谐社会、和谐大家庭，以及保持经济持续发展，要使全体人民走向共同富裕的道路，都过着美满幸福的生活，就必须使社会经济得到持续发展，呈现出国富民强、兴旺发达的景象；与此同时，社会井然有序，各民族之间、人民大众之间和睦共处，共建和谐社会、和谐大家庭。如何才能做到使大家都过上美满幸福的生活呢？任何社会、任何一个历史时期，政府的重要任务都是：在推动经济发展的同时，充分处理好财富占有和收入分配差距的问题。把各个阶级、各个阶层的收入差距，控制在合理范围内，既照顾到一部分人能获得较多收入，又使大部分人也能过着丰衣足食的生活，摆脱贫困陷阱，走向共同富裕的道路，防止财富集中在少数人手里，摆脱绝大部分人处于贫困中的处境，避免出现或尽量不出现两极分化。当社会发展造成财富占有不均衡，出现了两极分化趋势时，必须及时进行调整，使各类经济体利益达到新的平衡，这是保持社会经济长期持续发展的关键，也是唯一道路，或说是唯一办法。如果任由财富占有和分配严重不均的情况发展，就会造成社会失衡，造成严重贫富对立。这样，社会就会处于严重不安定状态中，这枚炸弹或迟或早总要爆炸，和谐社会的梦想就会破灭。

在农业社会里，各个家庭的经济来源，主要靠经营土地所得。各个家庭占有土地数量的多少，决定着各个家庭占有产品数量的多少。即意味着占有更多土地资源者，就能获得更多产品，过着更富裕的生活；占有土地资源少者，只能获得较少产品，过着较为艰难的生活；没有土地者，只能租种地主土地，或当雇工，受地主剥削和压迫，过着更为贫困的生活。土地兼并严重，就会造成社会财富占有严重不公，产品分配不公，从而导致少数人极为富有，而绝大部分人过着衣不蔽体、食不果腹的穷困生活。两极分化会造成贫富对立，从而影响社会和谐与安定。历代大大小小的农民起义，除了争取人身自由和平等外，主要是为生存而斗争。争取使被掠夺走的土地，重新回归到自己手中，并使广大失去土地的人们有田可耕，有地可种，过上家给人足的幸福生活。中国传统社会是个农业社会，也就是说，土地占有情况决定着社会经济发展的兴衰及社会的稳定与和谐。当耕者有其田时，其生产积极性就会得到释放，形成巨大生产力，为社会创造巨大财富，使整个社会经济呈现欣欣向荣、家给人足、国库充盈、市场繁荣、人口增长、国力强盛、社会和谐的升平景象。反之，土地兼并之风盛行，大量土地集中在少数人手中，而大多数人缺少土地或完全失去土地时，整个社会经济就会遭到破坏：农民破产，国家财政收入亏空，市场萎缩，工商业倒闭，人口增长放慢，国力削弱，社会震荡不安，人民起义风起云涌，国家政权就会处于风雨飘摇中，无法得到延续。因此，在封建社会时期，加强对地权分配的调整，就显得特别有意义。历史上，财富占有相对公平，或分配相对平均的时代，社会就会稳定繁荣。而财富占有严重失衡的时代，社会就会动荡。吸取经验，治理好今天的社会，在人们收入差距不过大的情况下，逐步使人民走上共同富裕道路，过上美满幸福的生活。这对我国当今如何建设和谐社会，实现"中国梦"，具有重要的意义。

就清代而言，地权分配这一问题特别令人关注。中国是个农业大国，百分之九十以上人口都是依靠农业为生，所以土地所有权掌握在谁的手里，或者各自占有多少土地，是个值得关注的重要问题。因为所有制决定着产品的占有及分配，决定着贫富的差别，因此地权占有情况如何，对清代社会经济发展有着举足轻重的作用。清代康雍乾年间，由于大量地权为小农所占有，在农民共同努力下，清初破败的经济很快得到恢复，国家赋税收入稳步增加，国库充盈，太平仓和京通仓两仓储粮充裕，国家统一，人口快速增长，人民丰衣足食，耕读并举，风俗醇厚；同时，在农业经济发展的推动下，手工业也得到发展，商业繁荣，市场拓展，促进了资本主义萌芽的发展，加上政治环境较为宽松，人民过上安居乐业的好生活。中国封建社会再次呈现出繁荣昌盛的景象，史称"康乾盛世"。有人否定康乾盛世的存在，这对缔造那个时代的人们是不公平的，也不利于后人对历史经验的总结。

乾隆中期以后，由于土地兼并失控，致使官僚、地主、商人肆无忌惮地进行土地兼并。地主占有土地日益增多，自耕农民占有土地日渐减少，国家财政收入日益萎缩。为补充国家财政收入的不足，地方政府加强了对农民的掠夺，从而使农村破产，农民进一步贫困化，加上对农田水利投入减少，农业生产条件日渐恶化，许多农民在走投无路的情况下，只好忍痛卖地。社会财富占有日益两极分化，社会矛盾日渐加剧。鸦片战争后，在帝国主义列强的掠夺下，在封建政府的搜刮下，农民贫困化日益加深，更多农民失去自己的土地，沦落为佃民或流民。在封建政府及地主阶级重重剥削下，农业生产受到严重挫伤，农民购买力下降，手工业生产停滞不前，商业萧条。人民安居乐业的环境被打破，社会矛盾尖锐化。这种情况在社会上造成的反应是，乾隆四十年后，民间秘密结社盛行，小规模人民起义在少数民族中开展。这些星星之火，逐渐蔓延，至嘉庆元年，发生了大规模的白莲教起义，终结了盛世。咸丰时，洪秀全领导广西金田村农民揭竿而起，而后迅速发展为全国性农民大起义。至此，社会陷入到严重动荡不安的局面之中。所以对清代地权分配的研究和总结，可加深对清代经济发展全过程的认识，对如何建设和谐社会，无疑也有着很大的启迪作用。

开始研究地权分配时，想法很单纯，只想弄清楚在明末清初人亡地荒，有许多荒地可供活下来的人开垦的情况下，能否通过政府垦荒政策的引导，造就成千成万的自耕农。作为一篇论文，能解决一个问题也就可以了。但要写成一部书，是远远不够的，如这些自耕农如何得以延续？对社会经济发展有何影响？这些问题都要得到回答。

所以说，清代地权分配，是个大问题，是一项大工程，牵涉方方面面的问题。如清初土地荒芜情况，清政府的垦荒政策，抑制兼并措施以及扶农政策，政府调控政策，政府平粜政策，政府发展族田义庄政策，土地买卖自由化，国有土地私有化，分家析产对地权的影响，自耕农自身经济发展的作用，土地合股经营发展及其对地权的分割，富裕农民和自耕农发展对社会经济的影响，等。所要重点研究的问题至少也有五大项：一是千千万万的自耕农是怎样形成的；二是自耕农如何得以延续；三是大量自耕农存在及庶民地主发展对清代社会经济的影响；四是乾隆中后期及嘉庆年间地权分配变化及其对社会经济发展的影响；五是农村两大阶级的地权占有情况。面对如此复杂的问题，没有集中的时间和精力，很难完成。

为什么要研究地权分配这一问题，笔者想主要有四个方面：一是厘清人们对清代地权分配的认识。不论是清代，或是当今学者，有相当一部分人，都认为清代地权占有是高度集中的。如清代，从康熙四十二年起，就有土地集中之议。清圣祖玄烨就山东情况指出："东省与他省不同，田野小民，俱系与有身家之人耕种。"① 乾隆十三年，清廷讨论米贵之由时，湖南巡抚杨锡绂曾经指出："近日田之归于富户者，大约十之五六，旧时有田之人，今俱为佃耕之户。"② 清代地权集中说，一直沿袭到新中国成立以后，可谓根深蒂固。这种认识是否符合当时实际？需要予以厘清，还当时土地占有情况较真实面目。二是摸清地权占有底细。地权分配关系，实质是生产资料占有多少的关系。生产资料所有制占有关系，决定产品分配关系。明确这一点具有十分重大的意义。中国封建社会长期以来是个农业社会，土地问题，在传统社会中占有十分重要的地位。各个阶层占有多少地权，关系国家经济发展的朝向，牵涉国家是否向繁荣稳定、社会是否向和谐方向发展的大问题。自耕农和半自耕农广泛存在，是中国传统社会经济繁荣、社会和谐的基石。这点是不容忽视的。因此他们在中国经济发展史中占有重要地位。三是找出影响清代地权相对稳定和分化的诸种因素，为今后地权相对稳定分配提供历史经验。四是清代这种状况的地权分配，对社会经济发展会产生什么样的影响？这些都需要探讨和回答。遮遮掩掩，只能使研究走向死胡同。

通过研究清代地权运动，我们得到的总体认识是：一是地权

---

① 《清圣祖实录》卷二一三。
② 杨锡绂：《陈明米贵之由疏》，《清经世文编》卷三九，中华书局1992年版，第958页。

占有是变动的，不同时期，不同阶层占有土地数量不同。但总的来说，清前期80%以上的土地，或说90%的土地掌握在自耕农或半自耕农手中，地主占有土地相对较少。这时整个社会呈现欣欣向荣的大好局面，社会安定，人民安居乐业。从乾隆后期开始，由于吏治腐败，土地兼并剧烈，有相当多的自耕农、半自耕农失去土地，沦落为佃农。此时地主占有土地上升，有50%至60%的土地为地主所占有。这时社会贫富两极分化加剧，社会矛盾日益加深，农民反抗斗争日益激烈，社会处于动荡之中。二是由于地区不同，土地肥瘠不同，灌溉条件不同，生态环境不同，地权占有又呈现出既分散又集中，集中中又包含着分散的现象。这种地权结构形式，有助于对清代社会经济既发展又不发展的规律加深认识，也有助于对清代社会性质的理解。三是防止财富占有两极分化，逐步使广大民众走向共同富裕的道路，是国家长治久安的根本保证。从这点认识出发，可以引申出这样的启迪，即制定方针政策时，必须首先为绝大多数人着想，为他们谋利益。唯有这样才能走共同富裕的道路。

在写作本书的过程中，笔者力求做到：始终坚持历史唯物史观及实事求是精神，尊重历史、尊重事实；努力吸纳和借鉴前人研究成果，并在此基础上提出自己的见解；在写作方法上，根据研究对象的不同，采用不同研究方法，使问题得到简洁明了的解决。特别是引进计量方法，对能量化的数据尽量量化，以便于直观感受，加强论证力度。争取将对此问题的认识，在原有基础上提高一步。在理论架构上以地主制经济为中心线索，探讨不同形态下的地权分配，以及地主制经济变化对社会经济发展变化所带来的影响。为中国经济史研究添砖增瓦，使这一研究领域更加绚丽多彩。

本成果从开始酝酿到成书，前后经历几十年时间。二十世纪六十年代中期先从搜集资料的工作开始，八十年代以后进行专题研究，并围绕相关问题写专著。所以，做这个课题时，资料和理论准备都比较充分。该书理论架构扎实，资料丰富，得益于长期积累。坐得住冷板凳，少些浮躁，这对想要写一部好书的学者来说很重要。

写一部研究清代地权分配的书，是一直挂在我心头的一件事。从笔者踏进中国科学院（现为中国社会科学院）经济研究所见到李文治先生那时起，就萌生要写一部有关清代地权分配的书的想法。李先生对笔者说：在封建社会里土地问题是个大问题，其中地权占有问题又是重中之重，值得好好研究。笔者发表的第一篇习作就是有关地权分配问题的文章。此后，笔者一直在关注这一问题，写的文章或做的课题大都围绕这一问题展开。同时，也是研究室同人希望笔者去完成的事。他们多次对笔者说，你对地权分配有独到见解，应该把研究心得写出来。但因时间关系，无法提到议程上来。那时，笔者还在职，手头上有几个集体项目的课题要做，如《中国经济通史·清代经济卷》是国家社科基金重大课题，笔者承担该卷"土地开拓篇"和"地权分配篇"的写作任务，完成字数达30余万。《中国企业史·近代企业卷》，由国家经贸委组织课题，总主编是袁宝华先生，全书分古代、近代、现代三大块，近代部分由笔者和吴承明先生任主编，同时笔者还要承担书中前言、农业企业部分，以及全书写作脉络、特点、几个问题说明等任务，笔者所承担的写作任务，占全书七分之一。此外，还担负审稿、统稿等事项。《中国农业经济发展史·明清农业经济卷》是国家社科课题，分三大块，笔者承担明清部分，字数为40万。与李文治先生合作的项目有：《清代漕运》是国家社科课题，1990年立项，1993年通过课题验收；《中国宗法宗族制和族田义庄》一书，于1994年开始，断断续续写了几年，至2000年出版；《中国地主制经济论——封建土地关系发展与变化》是国家社科课题，1995年立项，直至2005年才出书。退休以后，又马上投身于国家级重大课题《清史·漕运篇》的写作。该项目直至 2009 年 9 月通过专家组审查和验收，才算是缓过一口气。至此，手头上的工作已基本完成，笔者才有可能集中时间和精力来关注这一课题。可是这一拖，就过去十几二十年了，真有点辜负了同事的期望，感到内疚。

　　本书虽然从多视角、多层次进行探讨，但仍有不足之处，即没有把洋务运动后近代工业发展对地权分配的影响纳入研究中。这是由于笔者对此问题研究还不深入，所以不敢贸然下笔，只好采取空缺的办法来处理，待日后弄清此问题时，再以专题论文形式加以弥补，这是万不得已的办法。特此注明。

　　此书的写作得到中国社会科学院老干部局资助，特此致谢！

　　此外，写作此书时，得到笔者老伴苏金玉全力支持，她牺牲锻炼时间，帮笔者外出搞调查，不分寒暑，到档案馆、图书馆帮忙搜集资料、整理资料、校对书稿，付出甚巨；同时还承担许多家务事，使笔者能全心投入课题的思考和写作，为按时完成课题提供了最有力保障。在表示衷心感谢的同时，也为平时对她关心不足表示歉疚！

江太新
2013 年 12 月 6 日于北京远见名苑

目　　录

第一篇　清朝扶农政策

第一章　清前期垦政与清代耕地面积 ………………………… 3
第一节　顺治年间的垦政 ……………………………… 3
第二节　康熙年间的垦政 ……………………………… 10
第三节　雍正年间的垦政 ……………………………… 20
第四节　乾隆年间的垦政 ……………………………… 24
第五节　嘉道年间的垦政 ……………………………… 36
第六节　清前期耕地面积 ……………………………… 41
小结 ………………………………………………………… 50

第二章　加强社会保障制度建设 ………………………………… 51
第一节　仓储制度推广 ………………………………… 51
第二节　强化社会保障措施 …………………………… 64
小结 ………………………………………………………… 89

第三章　减轻农民赋役负担 ……………………………………… 90
第一节　清理浮收 ……………………………………… 90
第二节　减轻农民赋役负担 …………………………… 94
第三节　实行赋役制度改革 …………………………… 101

第四章　鼓励农田水利建设 ……………………… 108
第一节　长江以北地区农田水利的发展 ……………… 108
　　一　长江以北水利建设 …………………………… 111
　　二　新疆水利建设 ………………………………… 113
第二节　江南水利建设工程 …………………………… 118
　　一　苏州水利工程 ………………………………… 119
　　二　松江府水利工程 ……………………………… 123
　　三　湖州水利工程 ………………………………… 123
　　四　杭州府水利工程 ……………………………… 124
　　五　其他地区水利工程 …………………………… 125
第三节　清中后期水利失修 …………………………… 127
　　一　水利破坏状况 ………………………………… 127
　　二　水利设施遭破坏原因 ………………………… 130
第四节　水利事业兴修与废坏对社会经济的影响 …… 133
　　一　清前期水利事业发展对农业经济发展所起的作用 … 134
　　二　清后期水利破坏对农业生产的影响 ………… 142

第五章　抑制豪强兼并土地 …………………… 144
第一节　禁止圈地和投献土地 ………………………… 144
第二节　加强抑制缙绅 ………………………………… 152
第三节　推广灾年卖地原价回赎政策 ………………… 161

第六章　土地买卖自由化 ……………………… 163
第一节　土地买卖政策 ………………………………… 163
第二节　土地买卖中宗法宗族关系的松弛 …………… 168
第三节　土地商品化程度加深 ………………………… 176
第四节　土地买卖周期 ………………………………… 193

第二篇　农民自身经济力量增强

第七章　对土地挖潜改造 ……………………………… 211
- 第一节　低产田的改造 ……………………………… 212
- 第二节　增加肥料的投入 …………………………… 215
- 第三节　高产粮食作物的传播 ……………………… 217
- 第四节　农作物耕作制度的改革 …………………… 229

第八章　商品性农业的发展 …………………………… 233
- 第一节　经济作物种植 ……………………………… 234
- 第二节　山区经济开发 ……………………………… 288

第九章　农民家庭副业的发展 ………………………… 303
- 第一节　手工纺织业 ………………………………… 303
- 第二节　手工造纸业 ………………………………… 322
- 第三节　手工制烟业 ………………………………… 330
- 第四节　手工编织业 ………………………………… 339

第十章　多种经营发展与地权分配 …………………… 351
- 第一节　拓宽农民求生存、求发展空间 …………… 353
- 第二节　增加家庭收入 ……………………………… 357
- 第三节　减轻完纳赋税压力，增强自耕农守土能力 …… 381
- 第四节　佃农经济实力增强 ………………………… 390
- 第五节　多种经营衰落，农家抵拒能力降低 ……… 398
- 小结 …………………………………………………… 403

第三篇 地权分配变化及其对社会经济发展的影响

第十一章 官田民田化 407
第一节 官田 408
一 旗地 408
二 屯田 423
三 学田 427
四 其他官田 429

第二节 官田民田化 430
一 政府对官田的规定 430
二 旗地、屯田向民田的转化 435
三 更名田 443
四 官民田比例 446

第十二章 乾隆中期以后地主经济的发展 450
第一节 吏治松弛，腐败成风 450
第二节 豪绅、富商大肆兼并土地 452
第三节 农民起义失败后，地主阶级对土地的兼并 454

第十三章 民田的分割 461
第一节 清代地权占有及变化 461
一 顺康雍乾四朝造就大批自耕农 461
二 清后期自耕农减少 476

第二节 分家析产对地权的分割 489
一 分家契约 489
二 土地法规 496

三　田产的积累 …… 498
　　四　分家析产 …… 508
第三节　一田多主与地权分割 …… 523
　　一　土地股份所有制的萌生 …… 524
　　二　土地股份所有制发展的原因 …… 534
　　三　土地股份所有制的分配 …… 539
第四节　绅衿地主与庶民地主占地状况 …… 544
　　一　庶民地主在清代的发展 …… 545
　　二　庶民地主发展的原因与途径 …… 553
　　三　庶民地主发展对社会经济发展的影响 …… 557
第五节　地权分配与农民反抗斗争 …… 561
　　一　顺康雍乾时期农民斗争 …… 561
　　二　嘉道以后农民斗争 …… 564
　　三　清后期部分地区小农经济延续和扩展 …… 571
第六节　农村两大阶级占有土地估计 …… 578

第十四章　清代地权分配变化对社会经济发展的作用及影响 …… 590
第一节　造就中国封建社会最后一个鼎盛期——康乾盛世 …… 592
　　一　基本上实现耕者有其田 …… 592
　　二　为国家统一提供雄厚经济基础 …… 604
　　三　为国家赋税改革和减轻农民负担奠定基础 …… 607
　　四　庶民地主发展，为资本主义发展开拓更宽阔的空间 …… 609
　　五　为人口起飞奠定物质条件 …… 611
　　六　自耕农发展，为商品经济发展提供广阔前景 …… 613
第二节　乾嘉以后社会经济衰落 …… 620

一　自耕农半自耕农减少 …………………………………… 621
二　国库存银及京通两仓贮粮减少，致国库空虚 ……… 626
三　役繁赋重，社会动荡 …………………………………… 630
四　地租剥削加重 …………………………………………… 636

第一篇

清朝扶农政策

地权分配不是孤立的问题，要受到方方面面的影响，如垦荒政策问题、社会保障制度问题、减轻农民赋役负担问题、农田水利兴修问题、抑制豪强兼并土地问题，等等。如果不把这些因素搞清楚，要弄清地权分配问题，就如同盲人摸象，不得要领。

第 一 章

清前期垦政与清代耕地面积

鸦片战争前的一百五十多年间，清政府在垦荒拓地的政策上，前后经历了一系列的变化。这变化主要是由于开垦对象、开垦时间，以及所要解决的问题不同，所采取的不同政策造成的。政策具有稳定性的一面，又有不断完善的一面，随着时间的推移，旧的问题解决了，新的问题又出现了。在解决新问题的同时，不断地推进事物朝着前进方向发展。因此，政策是富有生命力的，不能把它当作一成不变的东西。正因为如此，只要牢牢地把握住它的脉搏，就能把握住它的发展和演变的历程。

第一节 顺治年间的垦政

清政府建立之初，全国在册田土只及明万历六年的十分之三，抛荒的田土高达十之七。[①] 由于全国土地大量荒芜，财政收入受到极大影响。当时，每年财政收入仅为1485.9万两，而支出却高达1573.4万两[②]，不敷之数达87.5万两。与原额相比，政府每年少

[①] 明万历六年，全国耕地面积为701万顷，顺治八年，全国耕地面积为209万顷，清初耕地面积只及万历六年的29.92%。见梁方仲《中国历代户口、田地、田赋统计》，上海人民出版社1980年版。

[②] 刘余谟：《垦荒兴屯疏》，《皇朝经世文编》卷三四《户政》。

收钱粮银高达400万两，占当时财政收入的四分之二。① 田地荒芜，财政收入短缺，使新生的政权面临种种严重社会问题。如何解决这些问题呢？政府大臣提出了许多意见。顺治元年（1644），山东巡抚方大猷率先指出，"租赋之所以日亏，盗贼之所以日起"，其原因在于"民多失业，地遂抛荒"，要扭转这种局面，当务之急是"辟土地而聚人民"②。顺治四年，湖南巡抚张懋熺认为，只有除荒征熟，或招抚佃种，"始可起死回生"③。顺治八年，江西巡抚夏一鹗亦认为："粮从田出，田荒何以完粮？"④ 顺治十年，户部给事中杨璜说："臣闻煮海铸山，皆国家生财之道，而莫重于力本。"并说："开荒责在民，不费公家一钱，而可坐增数年后之赋，利固多矣。"⑤ 清世祖亦认为应当招民垦荒，让人民"安居乐业"⑥。在垦荒问题上，朝廷上下得到共识，垦荒成为当时国家大事，因此垦荒政策制定，也就摆到议事日程上来了。

顺治元年八月，方大猷提议："荒地无主者，分给流民及官民屯种，有主无力者，官给牛种，三年起科。"⑦ 同年十二月，河南巡抚罗绣锦建议："河北府县荒地九万四千五百余顷，因兵燹之余，无人佃种，乞令协镇官兵开垦。"⑧ 至顺治六年，清政府总结前几年各地垦荒经验，提出一套较为完整的垦荒政策："自兴兵以来，地多荒芜，民多逃亡，流离无告，深可悯恻。著户部都察院

---

① 《山东巡抚夏玉揭帖》，《明清史料》丙编，第十四本；张玉书：《纪顺治间钱粮数目》，《皇朝经世文编》卷二九；王命岳：《议经国远图疏》，《耻躬堂文集》卷一。

② 顺治元年八月二十日，户部尚书英古代议复山东条请开垦劝农事启本，中国第一历史档案馆：《历史档案》1981年第2期。

③ 《湖南巡抚张懋熺揭帖》，《明清史料》丙编（三），第1000页。

④ 顺治八年六月二十六日，江西巡抚夏一鹗题江西地荒人亡请免征通赋奏疏，《户部档案》，《地丁题本》，江西（三）。

⑤ 顺治十年正月初四日，户部尚书葛洪达题请严敕各督抚力行垦荒禁革弊端本。

⑥ 《清世祖实录》卷四三，顺治六年四月。

⑦ 《清世祖实录》卷七，顺治元年八月。

⑧ 《清世祖实录》卷一一，顺治元年十二月。

传谕各抚按，转行道州县有司，凡各处逃亡民人，不论原籍、别籍，必广加招徕，编入保甲，俾之安居乐业。察本地无主荒田，州县官发给印信执照，开垦耕种，永准为业。俟耕至六年之后，有司官亲察成熟田数，抚按勘实，奏请奉旨，方议征收钱粮。其六年之前，不许开征，不许分毫金派差徭。如纵各衙门、衙役、乡约、甲长，借端科害，州县印官无所辞罪。务使逃民复业，田地开辟渐多。各州县以招民劝耕之多寡为优劣；道府以责成催督之勤惰为殿最，每岁终抚按分别具奏，载入考成。该部院速颁示遵行。钦此钦遵。"① 这是清初垦荒的最基本法规。下面，我们就上述一些重要规定，进行详细考察，以观察其在不同时间、地点的执行情况，以及演变过程。

（一）招抚流民屯垦

垦荒需要劳动力。但如何才能解决劳动力问题呢？方大猷认为：可将荒地分给游民、官兵耕作②；罗绣锦也提出"乞令协镇官兵开垦"③ 要求。张懋熺在看到"官兵不愿种田"时，又提出"招抚佃种"④ 主张。到顺治六年，清政府才提出"不论原籍别籍，一律广加招徕"政策。顺治八年，清世祖谕令："民人愿出关者，令山海关造册报部，分地居住。"⑤

招垦办法有两种：第一种是由政府招收，对招徕的流移民人给以荒地垦种，借以牛种资助。顺治元年，政府许诺：凡招徕垦种"流民"及其他"无力者"，由国家发给牛种。所给牛种银第二年"缴还一半"，第三年"照数全纳"。⑥ 由政府招垦也有两种

---

① 《清世祖实录》卷四三，顺治六年四月壬子。
② 顺治元年八月二十日，户部尚书英古代议复山东条请开垦劝农事启本。中国第一历史档案馆：《历史档案》1981年第2期。
③ 《清世祖实录》卷一一，顺治元年十二月。
④ 《湖南巡抚张懋熺揭帖》，《明清史料》丙编（三），第608页。
⑤ 《清朝文献通考》卷一、卷五一。
⑥ 《康熙会典》卷二四，《户部赋役》。

不同形式，一是由封建国家兴屯开垦，国家将无主荒地及有主而不能按规定年限起科荒地，俱收入作"官地"，招民以垦，官府贷给牛种，三年后即"永远为业"①。但由于政府缺乏屯本，再加上工作中的种种弊端，这种开垦方式，于顺治十三年即告停办。二是将无主荒地分给招徕的垦民自行耕种，这是清代垦荒的主要形式。第二种是由地方政府把招垦之事交给本地有身家的绅衿富户，由他们"分领其事"，并"借给屯本"给垦户。②此法在辽东试行过。

顺治年间（1644—1661），各地荒田甚多，流移之民招至后，各地政府把无主荒地分给他们"开垦耕种"③，他们能开多少，即准予开垦多少，不受顷亩限制。顺治九年，湖南巡抚李敬在安插江汉回归之民时，"令百姓各认原业，竖牌于田；无人认业者，许流移之民，计亩承种"④。并没有限定承种数额。

除了大规模招民垦荒外，清政府还让一部分兵丁屯田垦荒。顺治元年，顺天巡抚宋权建议：除作战兵丁外，每名守备兵给地十亩，令其耕种自足。⑤顺治九年，礼科给事中刘余谟上疏，请求把湘、川、两广荒田，分授给投诚兵和驻防兵，"择其强壮者为兵，其余老弱者皆令屯田"⑥。同年，陕西孟乔芳开始兴办民屯和兵屯。⑦顺治十三年，清政府还特准当地驻兵，垦种直隶口外闲旷土地，"各边口内旷地，听兵垦种"⑧。但终因兵屯费用大，成效差，至顺治末，已先后告停。

---

① 《康熙会典》卷二四，《户部赋役》。
② 顺治十三年三月二十五日，户部尚书戴明说题复王永祚条陈招垦屯田事本。
③ 《清世祖实录》卷四三，顺治六年四月壬子。
④ 顺治九年六月十八日，户部尚书车克等题复议湖南招徕垦荒可于三年后起科事本。
⑤ 《清世祖实录》卷五，顺治元年六月二十四日。
⑥ 《清世祖实录》卷六七，顺治九年八月十九日。
⑦ 《碑传集》卷五，《孟乔芳碑铭》。
⑧ 《清朝文献通考》卷一，《田赋》一。

(二) 明确产权

无主荒地经垦复后,所有权归谁,这是垦荒中急切需要解决的问题。作为从事生产劳动的农民,他们热切地盼望自己能占有一部分土地,正如斯大林所说:"农民要土地,他们做梦也梦见土地。"① 但是,荒地开垦后的地权所属问题,得不到妥善解决的话,农民是不愿回到土地上的。顺治十八年,河南御史刘源溥指出:南阳、汝宁荒地甚多,应急议开垦,但无人承种,"官虽劝耕,民终裹足不前也"。刘御史分析产生这种现象的原因时称,当地地主豪强、胥吏往往利用权势,侵占农民千辛万苦开垦成熟之田,"无人承种之荒地,〔农民〕耕熟后,往往有人认业,兴起讼端,官即断明,而资产荡然矣"②。农民付出大量劳动,花费了工本,然而耕熟之田,却被他人占为己有。在这种情况下,农民的垦荒积极性不能不受到严重挫伤。为此,清政府对垦户土地所有权问题十分重视。顺治年间,清政府对垦户产权问题分别做了处理。在大多数省份实行地方政府将本地无主荒地,给垦户开垦种植,"永准为业"。对个别因长期战乱,人口伤亡十分严重的省份,清政府则实行不论有主、无主荒田,一概由垦户自由插占,并"永准为业"。顺治十三年,四川巡抚高民瞻宣布:蜀地有主无主荒田任人开垦,"永给为业"③。扩大了垦户开垦对象。

(三) 开征年限

垦荒能否顺利进行,还取决于政府能否给垦民在垦荒后的头几年里予以一定实惠,即能否给垦民免除一定年限的赋税负担。垦荒的头几年,如果政府不能免除垦户赋税负担,农民就不愿回到土地上。顺治十年(1653),山东巡抚夏玉说:开荒垦地,必春

---

① 《斯大林全集》卷一,第19页。
② 《清圣祖实录》卷三,顺治十八年六月。
③ 顺治十三年六月初七日,四川巡抚高民瞻题。

耕一犁，当暑一犁，秋间种麦时，复耕一犁，"有此耕三耙六之功，始能布种，是望获已在隔年矣"。如果，"即行收租，小民未获开荒之利，先受开荒之累"。所以"必且观望不前"①。顺治十三年，四川巡抚高民瞻奏报：他到四川后，大力推行垦荒，并令地方官府招集流移，以实户口，尽管工作很努力，但结果是"迄今数月有余，而复业垦荒者犹是寥寥然，未有成效可观"。他在分析成效不大的原因时指出："川北石田瘠薄，年若丰稔，尚足相偿，苟雨旸不时，举终岁勤劳，付之乌有，比及三年又起科矣，是未必食开耕之利，而复愁差粮之犹，此又劝垦之难也。居者恐差粮为累，而不肯疾而开荒；流者愈虑资身无策，而不敢轻于复业也。"② 为解决垦荒中出现的这种停滞不前状况，各直省大员纷纷提出对策。顺治元年，方大猷提出"三年起科"建议。同年十二月，罗绣锦提出"三年后量起租课"建议。顺治六年，清政府制定六年后开征的政策："俟耕至六年后，有司官亲察成熟亩数，抚按勘实，奏请奉旨，方议征收钱粮。"但在当时国库空虚，入不敷出情况下，这一规定仅仅是一纸空文而已。所以，顺治十三年时，四川巡抚高民瞻不得不重新奏请："大破成格，以示宽恤，凡其复业者暂准五年之后当差，开荒者暂准五年之后起科。"他认为政府这样做的话，就可使"庶几万哀鸿孑遗感我皇上浩荡洪仁，乐于还乡力农，然后地辟财裕，军兴有资"③。批准四川实行五年起科后不久，清世祖又颁布命令，定"各省屯田，已行归并有司，即照三年起科事例，广行招垦"④。除四川一省实行五年升科外，三年开征为各直省奉行基本政策。

（四）严禁科派差徭

顺治六年，政府明文规定："其六年以前，不许开征，不许分

---

① 顺治十年十月二十二日，山东巡抚夏玉题条陈屯垦事本。
② 顺治十三年六月初七日，四川巡抚高民瞻题。
③ 同上。
④ 《清世祖实录》卷一〇二，顺治十三年七月癸丑。

毫金派差役。"同时指出，如纵容衙官、衙役、乡约、甲长借端科害，"州县印官无所辞罪"。尽管规定很严，但实际上派差派款之事，所在有之。《通考》曾指出，顺治十八年，"开种之初，杂项杂役仍不能免，此官虽劝垦，而民终裹足不前"①。为扭转这种裹足不前局面，同年，清政府宣布了放宽服徭役期限："如河工、供兵等项差役，给复十年，以示宽大之政。"②

（五）督垦官员的考成

顺治六年，政府宣布："各州县以招民设法劝耕之多寡为优劣，道府以善处责成催督之勤惰为殿最，每岁终，抚按分别具奏，载入考成。"此规定由于过于空泛，操作起来难度大。至顺治七年，户部复准河南建议，同意："河南州县官垦地一百顷以上，纪录一次；若州县与县府所属无开垦者，各罚俸三个月。"③顺治十四年前，清政府为了更好调动各级地方官督垦的能动性，又拟定了《垦荒劝惩则例》，规定："督抚按一年内垦至二千顷以上者纪录，六千顷以上者加升一级。道府垦至一千顷以上者纪录，二千顷以上者加升一级。县垦至一百顷以上者纪录，三百顷以上者加升一级。卫所官员垦至五十顷以上者纪录，一百顷以上者加升一级"。并严厉指出："若开垦不实及开过复荒，新旧官俱分别治罪。"④顺治十三年后，广西、湖南、山西等地官员，皆有依据《垦荒劝惩则例》或载有记录一次，或加升一级嘉奖，也有受降级惩罚者记载。⑤

（六）鼓励绅衿地主开垦

为了加速垦荒的进程，朝廷和地方官都寄希望于绅衿地主投

---

① 《清朝文献通考》卷一，《田赋》一。
② 同上。
③ 康熙《大清会典》，《户部》，《土田》一。
④ 《清世祖实录》卷一〇八，顺治十四年四月壬午。此项考成则例，已见十三年实行，这里所载，应是追认此条例。
⑤ 顺治十六年二月×日，广西巡抚于时跃题本；顺治十六年二月×日，巡抚湖南监官御史赵祥星题本；顺治十六年三月×日巡抚山西太原等地白如梅奏报。

入开垦行列。顺治十年，清政府为了加速满族发祥地开发，特规定："辽东招民开垦至百名者，文授知县，武授守备。"① 顺治十三年七月，正当兴屯制度废止之际，清政府又宣布："各省屯田荒地……有殷实人户开至二千亩以上者，照辽东招民事例，量为录用。"② 同时，顺治十四年，清政府所颁布《垦荒劝惩则例》中，也有奖励地主开垦的规定："文武乡绅垦至五十亩以上者，现任者纪录，致仕者给匾旌奖。"③ 这一政策实施后，曾在顺治晚期垦荒中收到一定实效。

第二节　康熙年间的垦政

康熙年间，在垦政方面，除了继续执行顺治年间制定的政策措施外，还根据当时出现的新情况、新问题，制定新的政策措施，把垦荒逐步推向高潮。

（一）对顺治年间的垦政进行修订

康熙前期（1662—1681），清政府仍在推行垦荒政策，但从执行趋势看，招垦的范围逐渐在缩小。康熙七年（1668），东北地区率先"废止招垦令"④，但尚未认真执行。至康熙二十年，三藩之乱业已平定，清政府宣布：湖广、江西、福建、广东、广西诸省，停止地方官"招徕流移百姓议叙之例"，但仍允许四川、云南、贵州这些残破之区，继续招收流移开垦，规定称：四川、云贵"招徕流移者仍准照例议叙"⑤。至此，全国大多数省份，已不以招垦为垦荒的主要方式了。

康熙年间，除了继续执行无主荒地谁开垦谁得产权政策外，

---

① 乾隆《盛京通志》卷二三，《户口》。
② 《清世祖实录》卷一〇八，顺治十四年四月壬午。
③ 顺治十四年十一月初九日，直隶总督董天机揭帖。
④ 《皇朝经典类纂》卷一三。
⑤ 《清圣祖实录》卷九六，康熙二十年七月十二日。

还放宽了有主荒地经垦民开垦后归属问题的规定。康熙二十二年，清政府对抛荒地做了界定，条文规定："以后如已经垦熟，不许原主复问。"①

康熙年间，尤其是康熙前期，垦荒地的升科年限变化较大。三藩之乱前，升科年限有逐步延长的趋势。在当时普遍反映"催科太急"的情况下，康熙十年，清政府颁布新垦荒地"三年后再宽一年"升科的纳粮政策。② 同年，四川总督蔡毓荣奏请招民开垦事中，提出："其开垦地亩，准令五年起科。"③ 此意见上报清廷后，引起圣祖的极大关注。当年，政府决定在全国范围内放宽升科年限，下令新垦荒地四年起科；康熙十一年（1672），又将垦荒地升科年限延长到六年；康熙十二年，又将垦荒地升科年限放宽至十年。清圣祖谕旨称："见行垦荒定例俱限六年起科，朕思小民拮据，开荒物力艰难，恐催科期迫，反致失业，朕心深为轸念。嗣后，各省开垦荒地，俱再加宽限，通计十年方行起科。"④ 从康熙十年以后，垦荒升科年限一再放宽，反映了清政府对恢复和发展农业经济，抱有很大信心和热情；同时也说明，与顺治年间相比，清王朝的政治、经济条件已得到相应改善，尤其是财政收入有很大增加。但康熙十二年的规定，因三藩之乱而没能得到贯彻。当时，清政府由于经费开支猛增，以及军饷紧迫，又于康熙十五年重新宣布："十三年以后开垦田地，仍照前定例，于三年后起科。"这一规定对当时垦荒事业的发展来说，无疑是一个重大打击，安徽巡抚徐国相反映说："报垦者遂复寥寥。"⑤ 至康熙十八年，当清政府在战场上基本取得胜利后，又马上回过头来抓垦荒，

---

① 《清圣祖实录》卷一〇八，康熙二十二年三月。
② 康熙《大清会典》卷二四《户部》（八），《赋税》（一）。
③ 《清圣祖实录》卷三六，康熙十年六月乙未。
④ 《清圣祖实录》卷四四，康熙十二年十一月庚午；《清朝文献通考》卷二。
⑤ 乾隆《江南通志》卷六八，《食货志·田赋》，康熙十八年，安徽巡抚徐国相疏请垦田宽限升科奏折。

为扭转垦荒中出现的不景气局面，又恢复六年后升科的规定："开垦荒田，仍准六年后起科。"① 以后，随着荒田逐渐垦复，有些地区又提出恢复三年升科建议。如康熙二十二年（1683），河南巡抚王日藻奏请，垦荒之地"俟三年后，仍照原定等则输粮"。清廷马上表示"应如所奏"，清圣祖也批复"依议"办理。② 而在闽、浙等沿海省份，由于开放海禁，大批"展界田亩"急待垦复，于是，政府对这些地区采取特别政策，即"宽限五年之后，按亩起科"③。康熙五十三年（1714），清廷批准甘肃地区荒弃地亩，招民开垦，并准"六年后起科"请求。④ 当然，亦有部分地区开荒地从未曾升科纳税的。如直隶自苑家口以下，"不下数十百顷，皆未尝令起税也"。又，江南黄河堤岸至所隔遥堤，尽被百姓垦种"亦并未令起课"，对四川也"不事加征"⑤。

　　顺治末，政府曾经采取鼓励绅衿地主放手开垦的办法，并取得一定成效。这一成功经验，被康熙政府继承下来，并在康熙初年加以推广。这一政策在康熙初年之得以贯彻，其原因有二：一是当时各省未垦荒地尚多，但贫民无力开垦。他们缺乏耕牛、农具、籽种，更没有财力疏浚业已失修的水利，正如御史徐旭龄所说："招徕无资，而贫民以受田为苦。"若要使贫苦之民去开垦荒地，"必流移者给以官庄，匮乏者贷以耕牛，陂塘沟洫修以官帑，则民财裕，而力垦者多矣"⑥。但在当时朝廷财政不宽裕的情况下，要求官府向垦民提供生产资料并兴修水利，财力上是做不到的，而绅衿地主在资金上却是没有问题的。二是因"江南奏销案"所激起的绅衿地主潜滋的反满情绪，也促进了这一政策的继续推

---

① 康熙《大清会典》卷二四，《户部·赋税》。
② 《清圣祖实录》卷一〇八，康熙二十二年三月己未。
③ 《清圣祖实录》卷二六〇，康熙五十三年十月壬申。
④ 《清圣祖实录》卷二五六，康熙五十二年十月丙子。
⑤ 同上。
⑥ 《清朝文献通考》卷二，《田赋·田赋之制》，第4864页。

行。康熙十年，户部奏准："准贡、监、生员、民人垦地二十顷以上，试其文义通顺者以县丞用，不能通晓者以百总用；一百顷以上，文义通顺者以知县用，不能通晓者以守备用。"①

帮助垦民解决生产资料短缺的政策，在康熙年间继续得到推行。地方政府在招民垦荒过程中，经常遇到的问题是，遭受长期战乱和灾荒袭击的农民，生活已经十分困难，要他们去垦荒，一无耕牛，二无农具，三无籽种，困难很大。如陕西有不少田土"原非甘弃荒芜"，只因农民"牛具无出，种籽之无措"②，故无法得到耕种。山西某些地方，亦是"欲种则无牛，欲播则无种"③。湖北当阳等县，"乱后少牛，民以力耕"④。山东某地"民间畜牧几尽"，"贫者相搏而种，率七八〔人〕曳一犁"⑤，困惫异常。在这种极端困难的情况下，要农民去垦荒，去恢复农业生产，显然并不现实。因此，地方官员主张由政府借给垦民牛种。顺治十年，甘肃巡抚周文烨，奏请对欲耕无力的农民，"酌量借给牛种，春借秋还"⑥。顺治十二年，直隶巡抚董天机，就如何借给农民"农本"一事，提出了详细的办法。他建议："有百姓认垦者，取邻保结，该州县官于起解赎锾内扣留，按一亩支给银三钱，名曰农本，以为牛种之资。……一年量征若干；二年量加若干，再还农本若干；待三年照熟地例征收，农本全完，仍将农本补入赎锾解部。"⑦顺治十八年，河南御史刘源濬奏请："再借常平仓谷，以资农本。"得到清政府批准。但由于清初政府财政拮据，除了某些地方官员自措牛种工本外，由国库直接拨发的微乎其微。随着战

---

① 《清朝文献通考》卷二，《田赋·田赋之制》，第4865页。
② 孟乔芳：《题为秦省有主荒地粮最为累民，特请圣恩议蠲豁以恤孑遗事》，《孟忠毅公奏疏》卷下。
③ 周文煊：《灾邑利弊》，雍正《井陉县志》卷八，《艺文》。
④ 同治《当阳县志》卷一〇，《职官志·循良》。
⑤ 张尔岐：《蒿庵闲话》卷一。
⑥ 顺治十年三月，甘肃巡抚周文烨揭。
⑦ 顺治十二年二月十六日，直隶巡抚董天机揭。

争的停息和财政收支状况好转，清政府贷给垦民的牛种也有增加。康熙四年（1665），在安置鄂西各州县流民时，对"苦无农器"者，"酌给牛种银两"，并宽其偿还年限，"不拘次年征收例，令三年后补还"①。康熙七年，云南御史徐旭龄奏请，给"匮乏者贷以官牛"。清圣祖令"下部确议具奏"②。三藩之乱平息后，政府的财政状况得到进一步改善，已有能力拨出更多的款项，资助垦荒事业，以促进农业生产的恢复。所以官给牛种的情况更多。康熙二十二年，河南巡抚王日藻奏请借给垦民牛种，并请"将义社仓积谷借以垦荒之民，免其生息。令秋后完仓"。清圣祖批示："依议。"③康熙三十年，蒙古地区的归化城一带垦种所需耕牛、农具，清圣祖诏令："于御厂内牛取用"，耒耜等项"著支用库银制造，从驿递运送"④。康熙三十二年，陕西巡抚吴赫疏言，招徕流民，有地者给牛种银两，无地者亦给银安插，每户给牛一头，耕具银五两，谷种银三两，人工银二两。⑤康熙四十四年，经户部复准，湖北所属荒地，愿垦者准其开垦，"无力者，本省文武官员捐给牛种招垦，将垦过亩数具题议叙"⑥。康熙五十三年，清政府同意甘肃在荒弃地亩，招民开垦，政府给来垦者"置立房屋，每户二间，无业之民，给与口粮籽种、牛具，令其开垦，即给与本人永远为业"⑦。由于政府的支持，康熙年间的垦荒进展较快。

（二）重订开垦奖惩办法

康熙元年（1662）八月，户部在顺治十四年制定的《垦荒劝惩则例》基础上，重新修订了垦荒考成办法。其内容是：

---

① 《清圣祖实录》卷一五，康熙四年四月辛卯；康熙《大清会典》卷二四，《户部·赋税》。

② 《清圣祖实录》卷二七，康熙七年四月。

③ 《清圣祖实录》卷一〇八，康熙二十二年二月己未。

④ 《清圣祖实录》卷一五三，康熙三十年十二月丙戌。

⑤ 《清圣祖实录》卷一六〇，康熙三十二年十月初八日。

⑥ 光绪《大清会典事例》卷一六六，《户部》，《田赋·开垦》（一）。

⑦ 《清圣祖实录》卷二六〇，康熙五十三年十月壬申。

1. 关于报垦的奖惩标准。办法规定在一年内报垦额："抚督二千顷以上纪录一次，六千顷以上加一级，八千顷以上加一级、纪录一次，一万二千顷以上加二级；道府一千顷以上纪录一次，三千顷以上加一级，四千顷以上加一级、纪录一次，六千顷以上加二级；州县一百顷以上纪录一次，三百顷以上加一级，四百顷以上加一级、纪录一次，六百顷以上加二级；卫所官员五十顷以上纪录一次，一百顷以上加一级，一百五十顷以上加一级、纪录一次，二百顷以上加二级。"与顺治十四年则例比较，自道府至州县一级官员，加一级所需报垦额分别提高了一千顷及一百顷。这是一个特点。另一特点是，增加了记录和加级档次，报垦越多，升级或记录也随之增加。

2. 关于对开垦不力官员的惩罚。规定："如各州县、卫所一年内不行开垦者，该督抚确查，倘有荒地不行开垦者，指名提参，即将道府、州县、卫所官俱罚俸半年。……虚谎报者，将原报督抚降二级，罚俸一年，道府降四级调用，州县、卫所官革职。如垦地后复荒者，将督抚、道府、州县、卫所官开垦时纪录、加级削去，督抚罚俸一年，道府降一级、住俸，勒限一年督令开垦。如依限一年内有垦完者，准其开复；如限年内不能垦完者，督抚降一级，再罚俸一年，道府降二级调用，州县、卫所官降三级调用。前官垦过熟地，后任官复荒者，应将督抚、道府、州县、卫所官照依经营开垦各官复荒治罪。如隐匿熟地不纳钱粮，许其自首免罪，照例征粮；倘有隐匿熟地称作垦过田地，并隐匿熟地不纳粮，或被督抚查出题参，或被旁人首出，将道府降四级调用，州县卫所官革职。如督抚不能觉察，被旁人出首者，将督抚各降二级，各罚俸一年"。此款与顺治十四年则例"分别治罪"相比，显得具体、详尽、严密得多。对各级官员惩处规定有秩，基层当事者惩罚尤重，这种规定有助于杜绝弊端，使劝垦工作得以扎实进行。

3. 关于对劝垦不力官员的惩处。规定："再查各省荒地仍有甚多者，实系大小官不经心招民开垦之故。今不得不行严查，以康熙二年为始五年垦完。康熙六年秋间，请旨特差官员，将各省有无荒地，垦过数目多寡，严查造册题参，将督抚一并分别议处。"①由于此规定没有分别情况，如各地土地荒芜情况有所不同，各地劳动力多寡不同，各地方社会秩序稳定情况不同等，所以缺乏实施的基础。至康熙四年三月，户部给各省发出咨文，宣布停止这一条款。至康熙八年，清圣祖在诏谕中，告诫州县有司，不得在清查直省田亩时，因"贪图升叙"，而虚报田粮，摊派民间。同时，还规定：除川、云、贵等省外，其余地区"招民议叙"的规定一律"不准行"②。在康熙初年垦荒考成条例鞭策下，曾出现一次报垦热潮。

（三）土地清丈及限期报隐垦地

明末清初战火蔓延，使各地册籍遭到严重废坏，有的州县甚至是荡然无存。清政府建立后，急于重建各种册籍，尤其是土地册和丁口册，这样做的目的，一方面在于征收赋税，另一方面，则在于摸清全国各地土地荒芜情况，为垦荒做准备。顺治元年，户部要求各省抚按"严饬有司躬亲逐处清查，务令尺地不遗，册报臣部"③。顺治三年，户部要求直隶保定巡抚郝晋，对清苑、沧州、庆云三州县进行清丈，并"请饬查勘报部"④。顺治八年，江西巡抚夏一鹗命令所属各府州县"即日查明造册"，随后"各属呈缴荒芜文册"，查明有主、无主荒田亩数，分别奏请蠲缓，并进行督垦。⑤这次清丈主要查明有主荒田及无主荒田情况。据查，陕

---

① 雍正二年二月初三日，总理户部事务允祥题报鹿府时期劝垦奖惩规定。《户部抄档》，《地丁题本》湖广（四）。
② 《清圣祖实录》卷九六，康熙二十年七月十二日。
③ 顺治元年八月二十日，户部尚书英古代题本。中国第一历史档案馆：《历史档案》1981年第2期。
④ 顺治六年六月二十四日，户部尚书巴哈纳等题本，《户部抄档》，《地丁题本》陕西（三）。
⑤ 顺治八年六月二十六日，江西巡抚夏一鹗题本，《户部抄档》，《地丁题本》江西。

西荒田总额为 320 545 顷，其中无主荒田有 256 295 顷，有主荒田只有 64 250 顷，无主荒田占荒田总额的 80%。① 江西省荒芜田地山塘共 107 541 顷，其中无主者为 35 318 顷，有主者为 72 223 顷，无主荒芜田地山塘占总荒地额的 32.8%，就个别州县而言，有上报资料为依据的，无主荒地最少的江西省桃源县，亦占该县总荒额的 12%。② 地无主，则赋税无从出。所以，招垦就显得十分重要。至康熙年间，清查工作仍在继续，但其重点已不再是清查有主或无主荒田问题了，主要是清查隐占地亩问题。康熙二年正月，兵科给事中硕穆疏称，"钱粮拖欠，皆由于地不清"之故，户部答复是："查地丁钱粮，恐有绅衿富户串通书吏共相隐匿，应先敕各省抚臣查户口之增减，田地之荒熟，务将欺隐人丁、地亩彻底查出，备造清册，于二年内题报，再行请旨差廉干官员清查。"③ 隐地一经查出，照例应当充公，即使不充公，也不免受到查田官的勒索，而且以后也较难再逃漏税课。由于"绅衿富户串通书吏共相隐匿者"各地都有，因而反对清查的奏章纷沓而至。如康熙三年九月，刑科给事中杨雍建疏称："夫丈量一事，将以清查隐匿。然奉行不善，履亩均查，则弊未除，而害已滋，开贪吏诛求之门，长蠹胥科派之求，无益于国计，徒耗乎民生。"请求政府"止严隐漏之令，许其自首升科，不必遍行履亩，徒增劳扰"④。其后，还有姚文然、周召南、张朝珍等上疏要求停止清丈。康熙四年，户部复准："直省田地荒熟相间，恐有隐占，应踏勘丈量。如有司及里书、弓手摊派诈扰，令督抚题参。"⑤ 清政府为了查明漏田，于

---

① 顺治八年七月十九日，总督陕西三边军务孟乔芳题本，《户部抄档》，《地丁题本》陕西（三）。
② 顺治十年五月二十一日，江苏巡抚蔡士英上疏，雍正《江西通志》卷一一八，《艺文》。
③ 《清圣祖实录》卷八，康熙二年正月辛卯。
④ 《清经世文编》卷三一，《户政·赋役》（三）。
⑤ 光绪《大清会典事例》卷一六五，《户部·田赋》，《丈量·丈量禁令》。

康熙十三年，下了一道诏令："直省有隐漏田粮以熟作荒者，许自首免罪，并不追理以前所隐钱粮；其首出地亩，当年起科；如待他人发觉，仍治罪追粮。"① 由于三藩之乱发生，此诏令未能全面贯彻。康熙十六年，清政府发出了"筹饷于有济"的命令。在没有战火的河南、安徽督促垦民自行首报隐地和清查隐地。康熙二十年至二十二年，清政府平定三藩和结束对台作战后，清查工作继续进行。清圣祖重申："嗣后民人自首地亩，不必拘定年限，俱自首之年起科，该管官亦免议处。"② 康熙三十年，户部针对四川清初人口流失，伤亡严重，推行垦政时，又注重招徕人口，对报垦要求不严，因而出现严重隐漏田问题，康熙特别做出指示："川省隐匿田粮，现在查出者，其从前欺隐之业户，失察之官员，俱免其处分。令该督抚速委贤员，务于限内查出，不得借名查地以扰地方；限内查出之官员，免其治罪。若逾限仍隐匿不报，官员、业户照例议处，其督抚不行题参，一并议处。虽经逾限，隐地业主自行首出，将该管官员并免处分。"③ 康熙三十四年，清圣祖又发出隐匿地亩，再宽限二年报期上谕，谕令称："各省隐匿地亩，再宽限二年，令其自首。"④ 康熙三十八年，针对湖南幅员辽阔，履丈难遍的情况，推行"先令民自丈出首，官查抽丈，如有隐漏，治罪"的办法。⑤ 但由于缺乏实施细则，故收效甚微。至康熙四十八年，清政府就湖南如何进行清查隐占田地问题，下了一道严厉的命令。经户部议准："湖南欺隐田地，行令该抚，准其展限一年，严饬地方，多方晓谕百姓，将私垦田地，在限内尽行首报，免其治罪；如逾期不首者，许里民人等据实举首隐田，照律治罪，将田入官，钱粮按年追征。倘扶同不举，并

---

① 雍正《大清会典》卷三一，《户部》九，《赋税》一，《田粮隐匿》。
② 《清圣祖实录》卷一四〇，康熙二十八年四月丁亥。
③ 雍正《大清会典》卷三一，《户部》九，《赋税》一，《田粮隐匿》。
④ 同上。
⑤ 《清经世文编》卷二，《田赋·赋役之制》，第4867页。

坐以罪。地方官隐匿不报，照例议处。"① 康熙五十三年，清政府还派瓦特为钦差大臣，会同总督迈柱，驻扎长沙，督察周围各县实行报垦。

康熙年间，清查工作取得一定成效，清查出相当数量隐占、隐报垦地。如康熙十六年至十七年间，河南汝阳县自首地达678.33顷，② 确山自首地达15.23顷，③ 信阳州自首地达41.27顷；④ 康熙十六年间，安徽舒城县清出田地塘279.42顷，又清出草山863.7里，⑤ 泗州清出官民田地385.56顷⑥，巢县、庐江淮分别清出一些溢额田。康熙三十二年，河南开封自首地共2 527顷，宣、陈、归、睢四卫地区，自首地98顷。⑦ 康熙三十一年湖南上报丈量新增田亩为66 160顷，⑧ 四川省上报清查新增田亩为88 500顷。⑨ 湖南省则在清政府严厉政策胁迫下，出现了严重的捏报现象。《湘乡县志》详尽记载此事："康熙五十三年，县报全垦合额之后，湘民呼吁无路，不得已设为减弓寻垦，通丈均苦法；始总量，次折丈；既互勘，复搜括；开告讦之门，立抽丈之法。民困奔驰，吏广疲纪算，历七年丈凡五次。捏垦无着，有合额之虚合，无合额之册籍。时以升科期迫，调宝庆守来湘查勘，按康熙三十一年所丈顷亩，并五十三年续首之垦，统名曰原田。责区图计亩加摊，每现册一图加摊扳垦六分，其平地、铺地、塘坨、竹山准是，纸上加亩，旬日报竣，自此湘之堕粮，竟有合额之顷亩

---

① 《清经世文编》卷二，《田赋·赋役之制》，第4867页。
② 民国《汝阳县志》卷四，《田亩》。
③ 乾隆《确山县志》卷二，《赋税》。
④ 乾隆《信阳州志》卷三，《食货》。
⑤ 光绪《续修庐州府志》卷一四，《田赋志》。
⑥ 光绪《泗虹合志》卷五，《田赋》。
⑦ 康熙《开封府志》卷一四，《田赋》。
⑧ 《清圣祖实录》卷一五五，康熙三十一年四月庚辰。
⑨ 《清圣祖实录》卷一五六，康熙三十一年八月戊寅。

册籍矣。"① 这种虚浮之风，给湘乡人民增加了巨额负担，因此引起全县的纷扰，导致官民矛盾极为尖锐。此后，康熙帝也陆续豁免了一批因虚报垦荒而起科的钱粮，对于某些冒功"议叙"的官员，清廷也做了处理，如湖广总督张长庚、四川巡抚罗森，都因"捏报垦荒"，受到解职削衔等处分。但这种捏报垦荒的做法，无疑给广大劳动人民带来了十分深重的灾难。

第三节　雍正年间的垦政

经过顺康两朝将近八十年的开垦，内地原有的荒地已基本上得到复垦，国家财政状况也有极大好转。但同时，经过数十年的休养生息，人口迅速增加，人与地的矛盾逐渐尖锐。因此，这个时期的开垦对象以及招垦的目的都发生了变化，为了适应新的情况，清廷在垦政方面也做了相应的调整。

清世宗继承皇位后，先后发布了三项有关垦政的命令，这些法令对加速当时的垦荒，曾经起过积极作用。但也产生一些弊端，即浮夸风四起，在一定程度上挫伤了农民垦荒的积极性。以下，就三个法令展开讨论。

（一）劝垦令

雍正元年（1723）四月，清世宗发布了有关垦政的命令："朕临御以来，宵旰忧勤，凡有益于民生者，无不广为筹度。因念国家承平日久，生齿殷繁，地土所出，仅可赡给，偶遇荒歉，民食维艰，将来户口日滋，何以为生？唯开垦一事，于百姓最有裨益。但尚来开垦之弊，自州县以至督抚，俱需索陋规，至垦荒之费，浮于买价，百姓畏缩不前，往往膏腴荒弃，岂不可惜。嗣后，各省有可垦之处，听民相度地宜，自垦自报，地方官不得勒索，

---

① 嘉庆《湘乡县志》卷二《田赋》。

胥吏亦不得阻挠。至升科之例，水田仍以六年起科，旱田以十年起科，著为定例。其府州县官能劝谕百姓开垦地亩多者，准令议叙，督抚大吏能督率各属开垦地亩多者，亦准议叙。务使野无旷土，家给人足，以副朕富民阜俗之意。"①

雍正年间的垦政，与顺康年间的垦政相比较，有其突出之处。

首先，开垦对象有变化。顺康年间，尤其是康熙中期以前，由于荒地尚多，清政府面临的主要还是垦复问题。至雍正时，经过近八十年的垦复，条件较好的荒地，如平洋地带灌溉条件好的地区，土地肥腴之地，一般来说都已经得到垦复，尚未得到垦复的，是一些灌溉条件差的旱地，或河滩铺地，或山田旱地。怎样才能把农民吸引到这些未开垦的土地上来呢？清政府在升科政策上，采取了向旱田倾斜的措施，规定水田仍以六年起科，而旱田则以十年起科。延长旱田的升科年限，在经济上给农民以更多的实惠，这种措施对农民来说是有吸引力的。政府在采取旱田十年升科的同时，又在行政上采取相应的措施，严禁州县以至督抚，向垦民"需索"的陋规，听民相度地宜、自报自垦，地方官不得勒索，胥吏亦不得阻挠。以减轻农民的经济负担并打消农民的顾虑。此外，对穷而无资的垦户，政府动用公款，借给牛种、口粮，支持其开荒生产。雍正七年，世宗皇帝谕令："各省督抚就本地情形，转饬有司细加筹划，其情愿开垦而贫寒无力，酌动存公银谷，确查借给，以为牛种、口粮，俾得努力于南亩。俟成熟之后，分限三年，照数还项，五六年后，按则起科。"② 从以上措施可以看到，政府为促进垦荒的进展，尽力为垦荒者创造一个更为宽松的垦荒环境。

政府为增强督垦的力度，又恢复了官吏议叙制度。康熙二十年，清圣祖颁布一道法令，除四川、云南、贵州三省外，其余地

---

① 《清世宗实录》卷六，雍正元年四月乙亥。
② 《清世宗实录》卷八〇，雍正七年四月戊子。

区招民议叙"不准行"。至雍正年间，政府恢复"议叙"之制。对劝垦州县官及督抚大吏都准令议叙。雍正十二年，对官吏议叙又做了补充规定。据内阁学士凌如焕奏称，地方有司在扱垦地亩上，有"奉行不实，或垦少报多，希图增课，以邀议叙"的情况，户部针对这种情形，发布一道指令："令各该督抚履加查核，如有滥邀议叙者，即行指参，实在冲坍者，即予开除，造册报部。"①世宗皇帝批准了这一法令。这一法令不仅有利于议叙得到正确贯彻，而且对纠正雍正中后期浮夸风有一定意义。

其次，招垦的目的有变化。顺康年间，尤其是康熙中期以前，政府招垦的目的，主要在于增加国家赋税收入和安定社会秩序。至雍正时，由于荒芜的土地已获得大量开垦，国家赋税收入已大大增加，入不敷出的拮据局面已成历史；人民安居乐业，社会秩序稳定，顺康年间存在的问题，已经得到解决。到了康熙后期，由于承平日久，生齿殷繁，地土所出，仅供吃用而已，并无积存。清世宗对此甚为忧虑。为此，他登基后，就把开垦一事，作为解决将来户口日滋，生民"何以为业"的方法，把开垦的目的转移到解决新生人口食粮问题上来。"并不因增课起见。"② 这无疑是垦荒政策上一个重要变化。

最后，更加强调维护垦荒者利益。雍正七年，户部复准，直隶荒芜之田，原主不自垦种，可择愿耕之人，准其耕种。这就改变了顺康年间，只限无主荒地准民开垦之例。条文还规定，日后原主愿复原业者，要归还垦户的垦本，"方准复业"，违者"按律治罪"③。雍正十二年，户部规定，今后各州县凡遇开垦，先将土名界址，出示晓谕，定限五个月内，允许业户自行呈明，如果超

---

① 《清世宗实录》卷一四四，雍正十二年六月壬申。
② 雍正十二年十二月×日，巡抚山东等处督理营田法敏奏。《户部抄档》，《地丁题本》山东（四）。
③ 光绪《大清会典事例》卷一六（六），《户部·田赋·开垦》（一）。

出五个月限期,"即将执照给原垦之人承种管业"①。从而进一步放宽有主荒田的开垦,使无田贫民有更多机会获得产业。与此同时,对豪强之家,"冒认己业",率众抢割禾稻者,"按律治罪";对土豪劣绅,借开垦名色,"将有业户之田,滥报开垦者,照侵占律治罪"②。政府利用行政手段,打击地方土豪劣绅,保障垦民所得利益不受侵犯。

(二)清查隐瞒地亩

雍正三年,山东巡抚陈世倌称,山东省荒地甚多,经过多年努力,已渐次得到开垦,但在报垦过程中,存在着隐漏侵渔情弊。为此,他建议:"勒限一年,通省官民令其自行出首,于雍正四年入额征解;倘逾限不首者,民则从重治罪,官则立即参处。"③ 此提案得到户部批准。经实施后,山东省历城等 62 州县卫所,于雍正四年首报出垦地 1 740 顷。④ 此额,比康熙五十七年至雍正七年(1718—1729)十年间所报的 30 顷垦额,⑤ 高出 58 倍之多。这一显著效果,引起清廷关注。雍正五年五月十五日,清世宗向各直省颁布一道限年首报令,谕令规定:"夫开垦地亩,本应随垦随报,隐匿之罪,定例甚严……今朕特沛宽大之恩:准各省官民自行出首,将从前侵隐之罪,悉从宽免;其未纳之钱粮,亦不复追问。定限一年,令其自首,统于雍正七年入额征解。倘逾限不首,复经查出,在官在民,定行从重治罪。"⑥ 定限一年期满后,清世宗鉴于督抚中"有奏请宽限者",又出于"远乡僻地,或得信稍迟……以致有未尽首出之弊",于是"著再展六个月,于谕旨颁到

---

① 光绪《大清会典事例》卷一六(六),《户部·田赋·开垦》(一)。
② 同上。
③ 乾隆二年三月初七日,户部尚书张廷玉等题奏,《户部抄档》,《地丁题本》山西(四)。
④ 同上。
⑤ 宣统《山东通志》卷八一,《田赋志》第五,《田赋后序》,第 18 页。
⑥ 乾隆二年三月初七日,户部尚书张廷玉等题奏,《户部抄档》,《地丁题本》山西(四)。

本地之日为始，该地方有司实力劝导所属民人，俾知宽限之特恩不得再有迟延，以干罪谴"①。首报令颁布后，直隶各省办理不一，直到雍正十三年，尚有隐漏不报，又有展限动议。可见，清廷对首报清隐工作是十分重视的。

（三）限年垦地令

雍正七年闰七月，清政府采纳了户部左侍郎常德寿议案，下令各直省"将原额荒地计作十分，一年内开垦三分者，符于议叙之例，仍准议叙；如不及三分，即行题参。其间或有山石硗瘠、低洼积水之区，该督抚务于册内声明，仍令州、县、卫、所设法开垦，不入限之内"②。此令与康熙初期限垦令相比，期限更为紧迫。

雍正年间的垦荒，在政府比较宽松的垦政鼓励下，垦荒工作有很大进展，尤其是放宽旱地升科年限后，对山区的开发起到了促进的作用。但在紧迫的限年垦地政策驱使下，这时的垦荒也出现了一个严重问题。如山东，安徽宿州卫、宿松县，福建崇安县，山西宁乡县，河南，云南等省地，都发生了捏报、虚报等浮夸风，给垦民带来沉重灾难。尽管到雍正末年，世宗对此问题有所觉察，但没来得及纠正。

第四节 乾隆年间的垦政

乾隆年间（1736—1795），当时政府除了继续推行顺治、康熙、雍正三朝的有效垦政外，还有三项政策特别值得注意。一是纠正康熙、雍正年间捏报、虚报等浮夸风；二是鼓励人民开垦田

---

① 乾隆二年三月初七日，户部尚书张廷玉等题奏，《户部抄档》，《地丁题本》山西（四）。

② 乾隆九年四月二十三日，山西巡抚阿里衮题奏，《户部抄档》，《地丁题本》山西（四）。

边地角零星荒地、山地、沿海沙田、荒岛、围湖造田等；三是大力推行边疆开垦计划。

（一）纠正康熙、雍正年间捏报、虚报等浮夸风

康熙年间，尤其是初期和晚期，在垦荒中都出现捏报、勒垦等上下相欺现象。如康熙初年，衡阳"牧令争以报垦为功"，"报垦荒田六百顷，科粮千四百余石，实无所出"①。湘乡县捏报包荒粮多达9 904石余，而可耕垦地粮仅为4 602石，捏报包荒粮为可耕垦地的215%。因此，民困于重征，四出外逃，结果"井里成墟，田益荒矣"②。十一年，四川抚臣罗森报开垦地5 601顷，但并"非实在开垦"③。山东道御史王伯勉指出，"有司捏垦，妄希议叙，百姓包荒，不堪赔累"，并提出"以杜冒功虐民之弊"的办法。④ 但没有被重视。至康熙晚年，钦差瓦特、总督迈柱令湖南人民认垦，以足万历间原额，结果"认垦者尚在未垦"，"因欲足额，更不计其灾荒虚捏也"⑤。致湘乡县被勒认垦额多达5 421.61顷，⑥ 善化被勒认1 473.838顷⑦。至雍正年间，捏报、勒垦之风有愈刮愈烈之势。仅十二年，湖北郧西县首报额为7 830顷，其中有6 025顷纯属捏报。钟祥县劝垦额5 207顷，其中虚报数达1 173顷。⑧ 田文镜任河南巡抚时，先后上报垦荒数13 630顷，是"徒务开垦虚名，小民无受产之益，而受加赋之累"⑨。据法敏奏，山东邹平90州县所报抛荒129 146顷69亩，经查实：内有积碱未消、浮沙涨漫、山石硗瘠、低洼积水等地共125 589顷74亩，俱

---

① 同治《衡阳县志》卷四七，《王、欧阳、萧列传第三十四》。
② 嘉庆《湘乡县志》卷二。
③ 康熙二十一年十一月四川巡抚杭爱奏，见《东华录》卷七。
④ 《清圣祖实录》卷二二。
⑤ 同治《平江县志》卷一五。
⑥ 嘉庆《湘乡县志》卷二。
⑦ 彭雨新：《清代土地开垦史》，农业出版社1990年版，第68页。
⑧ 同上书，第77页。
⑨ 《清高宗实录》卷七四三。

属难以垦复，其实可垦地只有3 556顷9亩，①只占报告中抛荒地的2.8%。这种虚报情况安徽、四川、广西、福建、山西等省都存在。高宗即位后，很快就指出："各省奏报开垦者，多属有名无实，竟成累民之举，而河南尤甚。"下令"禁虚报开垦"②。根据高宗"痛洗积弊"③的指示，各省进行一系列清理工作，豁除捏报、虚报不实之额。如河南省豁除虚报、难垦地8 435顷17亩，④占报垦地的38%。山东于乾隆二年题请豁免不堪开垦无粮地864顷97亩7分，⑤占雍正十二年报垦地的39.7%。乾隆初年，豁除康雍年间捏报、虚报额高达48 600多顷。⑥对减轻农民负担有重要意义。

（二）鼓励开垦零星荒地、山田、沿海沙田、荒岛、围湖造田的政策

历经顺、康、雍三朝92年的开垦，至乾隆初年，内地省份除贫瘠难垦之地外，可供开垦的大片荒地已不多见。大学士朱轼认为，由于国内升平，生齿日繁，"通都巨邑无一隙未耕之土"，其原因是人民的衣食皆出于土，"断无可耕之地，而任其荒芜者"⑦。朱轼这一估计，在当时来说，应该是比较客观的。然而，人口增长的趋势莫能遏阻，粮食问题日益严重。在人与地之间矛盾日益激化的情况下，如何来解决这一问题，高宗及其

---

① 雍正十二年十二月×日，巡抚山东等处督理营田法敏奏。《户部抄档》，《地丁题本》山东（四）。
② 《清高宗实录》卷五。
③ 《清高宗实录》卷四。
④ 乾隆元年×月×日，河南巡抚富德题本。《户部抄档》，《地丁题本》河南（四）。
⑤ 乾隆二年三月二十六日，巡抚山东法敏题；乾隆十一年二月二十三日，户部尚书海望题，《户部抄档》，《地丁题本》山东（四）。
⑥ 根据《高宗实录》初年提供数计。
⑦ 雍正十三年十月×日，大学士朱轼上奏，《户部抄档》，《地丁题本》山西（三）。

大臣的办法是"命开垦闲旷地土"。他指出:"从来野无旷土,则民食益裕。即使地属畸零,亦物产所资。民间多辟尺寸之地,即多收升斗之储。……向闻边省山多田少之地,其山头地角,闲土尚多,或宜禾稼,或宜杂植,……而民夷随所得之多寡,皆足以资口食。即内地各省,似此未耕之土,不成丘段者,亦颇有之,皆听其闲弃,殊为可惜。"于是,他特降谕旨:"凡边省、内地零星地土,可以开垦者,嗣后,悉听该地民夷垦种。"①

但这些零星土地,大多数是山田硗确,随垦随荒,又或江岸河滨,东坍西涨,变易无定,开垦成本高,而收成又难以保障之地,政府如何把人民创业精神引向边远地区或贫瘠土地呢?仅有一般性的号召是不够的,还得有一个优惠的政策,让人民能在经济上得到实惠。为此,清政府为垦民做出一系列的特别照顾。

1. 制定了免于升科的规定

乾隆五年,高宗指出:有些畸零之地,任其闲旷,不致力开垦,主要是农民害怕"报垦则必升科","或因承种易滋争讼"。针对上述情况,他下令:"凡边省、内地零星地土可以开垦者,嗣后悉听该地民夷垦种,免其升科,并严禁豪强首告争夺。"并要求各省督抚对"何等以上仍令照例升科,何等以下永免升科之处","悉心定议具奏"②。

此谕旨下达后,各省督抚根据当地具体情况,即将拟定零星土地免于升科办法具奏。由于各地情况不同,所拟定办法也不一样。四川是:上田、中田不足五分,下田、上地、中地不足一亩者免科。福建、山东是:畸零土地一亩以内免科。安徽、贵州、湖北、湖南诸省是:水田一亩以内,旱地三亩以内免科。直隶、

---

① 《清高宗实录》卷一二三,乾隆五年七月甲午。
② 同上。

江西规定畸零之数为二亩以内，故定山头地角二亩以内免科。河南定上地一亩以内、中地五亩以内免科，下地不计亩数多少，一概免科。山西则把下地十亩以内，都视为畸零和不成丘段之地处理，故予以免科。浙江、江苏仅把劣等地不成丘段者才列为畸零，才准免升科，但其特点是：没有明确亩分界限。陕西、甘肃、广东定则是：只要是硗瘠地土，"听民试种者，免科"。乾隆十一年，清政府针对广东部分地区情况，又特别做出规定：今广东"高、雷、廉三府荒地，既与平埔沃壤不同，即听该地民人垦种，一概免其升科"。云南定则是：旱地三亩以内、水田二亩以内免科。① 至乾隆三十一年，清政府取消云南"原山头地角在三亩以上者照旱田十年之例，水滨河尾在二亩以上者，照水田六年之例，均以下则升科"则例，命令"嗣后滇省山头地角、水滨河尾，俱听民耕种，概免升科，以杜分别查勘之累"②。

乾隆年间，关于零星土地开垦免于升科，以及大块荒地开垦给予免税规定，对于零星土地及大片硗瘠荒地的开垦，无疑是最大的鼓励，同时对于贫苦农民，特别是山区农民的生活维持，具有十分重要的意义。

2. 对垦种劣等土地者，政府给予轻徭薄赋的优待

高宗采取鼓励开垦零星荒地、山地、沿海沙田、荒岛、围湖造田等政策以来，各个地区人民都先后开垦了一批劣等土地。对这些新垦的升科地，清政府在田赋征收上，给予特殊的照顾。在具体做法上采取了两种办法，一是按照科则降低税率征收；二是先折亩，而后再按低税率征收。详见下表：

---

① 各省定则，见光绪《大清会典事例》卷一六四，《户部·田赋·免科田地》。
② 光绪《大清会典事例》卷一六四，《户部·田赋·免科田地》。

表 1-4-1　　乾隆年间各省劣等地亩均税银（粮）

省别	报垦时间	报垦州县	报垦数 亩	征收税额 粮（石）	征收税额 银（两）	平均每亩税额 粮（升）	平均每亩税额 银（分）
四川	乾隆十一年	秀山县上中田	40 052		378		0.94
	乾隆十八年	简州等九县上中下山田	6 197	18	90	0.29	1.45
	乾隆二十三年	彭州等十一州厅县上中下田地	4 085		52		1.27
		彭州等十一州厅县中田	1 772		12		0.68
		彭州等十一州厅县补首中下田	331		10		3.02
湖北	乾隆十六年	蕲州、当阳等九县水田湖	21 595	263		1.22	
		当阳、荆右等十一州县卫旱地	26 859	233		0.87	
云南	乾隆十六年	弥勒、恩乐等县田地	17 107	405.17	216.4	2.36	1.26
贵州	乾隆十六年至十七年	该省	2 000	不详	不详		
广东	乾隆十七年	广、韶、惠、潮、肇等十一府州	107 889	505	594	0.47	0.55
		惠、琼二府	8 436	64.7	101	0.77	1.2
河南	乾隆十九年至二十年	永宁、杞县等二十八州县	21 461		529.8		2.47
	乾隆二十一年	汲县等二十四州县水草地	11 593		212.4		1.83
	乾隆二十二年	续报	11 406		232.8		2.04
	乾隆二十三年	内乡县水地	4				3.4
		旱地	7 300				0.14
	乾隆二十四年		3 919		16.8		0.174
甘肃	乾隆二十年	兰州、巩昌、凉州等属州县	24 361	164	61.4	0.67	0.25
	乾隆三十四年	靖远县	495	13		2.63	
	乾隆五十三年	山丹县	1 010	10	0.168	0.99	0.017

续表

省别	报垦时间	报垦州县	报垦数 亩	征收税额 粮（石）	征收税额 银（两）	平均每亩税额 粮（升）	平均每亩税额 银（分）
甘肃	乾隆五十六年	正宁县	9.6	0.215 2		2.24	
山东	乾隆二十七年	惠民等十五州县	19 951.59	4.87	439.45	0.024	2.18
	乾隆四十四年	胶州、福山县	2 732.84		60.593		2.22

资料来源：乾隆十一年三月户部尚书海望题（四川·四）；乾隆十九年四月二十七日大学士傅恒题（四川·二）；乾隆二十三年四月十二日大学士傅恒题（四川·二）；乾隆十八年九月初八日鄂督文题（湖北·四）；乾隆十七年九月初六日户部尚书海望奏报云南垦务（云南·三）；乾隆十七年六月二十九日黔抚开泰题（贵州·二）；乾隆十八年五月十四日大学士兼管户部傅恒题（广东·三）；乾隆十七年十二月初十日内阁下户部，转述粤省上报情况（广东·三）；乾隆二十一年六月初三日傅恒题（河南·三）；乾隆二十三年六月十六日河南巡抚胡宝泉题（河南·三）；乾隆二十七年五月初四日山东巡抚阿尔泰题（山东·四）；乾隆四十四年十月二十五日管理户部事务于敏中题（山东·四）；乾隆二十年六月十一日甘肃巡抚陈宏谋题（甘肃·三）；乾隆三十四年二月初九日大学士兼理户部傅恒题（陕西·四）；乾隆五十六年二月初五日陕抚秦承恩题（陕西·四）；乾隆五十七年五月十六日户部尚书金简题（陕西·四）。以上皆见《户部抄档》，《地丁题本》。

表 1-4-2 新报垦劣等地经折亩后亩均税银（粮）事例（乾隆年间）

省别	报垦年份	报垦州县	报垦数（亩）	折亩则例	折亩数（亩）	应征税额 粮（石）	应征税额 银（两）	折亩每亩纳税额 粮（升）	折亩每亩纳税额 银（分）	报垦亩每亩税额 粮（升）	报垦亩每亩税额 银（分）
陕西	乾隆三十九年	洛川	20 843	8.445	2 468	220.658		8.94		1.06	
湖北	乾隆五十六年	咸宁	1 600	5	320						
		咸宁	556.5	3	185.5	0.061	3.21	0.012		0.002 8	0.148 9

资料来源：乾隆三十九年十二月初一日大学士兼理户部于敏中题（陕西·四）；乾隆五十六年二月初五日陕抚秦承恩题（陕西·四）。以上皆见《户部抄档》，《地丁题本》。

至于山西口外大面积开垦的荒地，每亩所征的赋税也很低。乾隆五十三年前，山西口外共开垦荒地 2 087 489 亩，共征银 29 224.85 两，[①] 每亩平均征银一分四厘而已。

[①] 乾隆五十三年十一月初四日，大学士兼管户部和珅题，《户部抄档》，《地丁题本》山西（三）。

乾隆年间，对各种劣等土地开垦及口外荒地开垦，采取薄赋政策，对加速山区和口外地区开发和建设是有重要意义的，也是值得称赞的。

（三）对开垦新疆的特别政策

新疆地区的开垦可追溯到康熙年间。为了满足与厄鲁特蒙古准噶尔部的战争需求，早在康熙中期，驻军已在驻扎地区进行屯垦，但由于军队调动，屯种地点也随之变化。这时，尚未有固定垦区。康熙末至雍正间，由于向新疆进军，清政府又在甘肃迤北地区开始兵屯。至雍正十年以后，北自嘉峪关外的瓜州迤逦向河西走廊南伸，经肃州、甘州以至凉州一带，兴起了一条点线连接的屯垦区。乾隆二十五年，伊犁战事结束后，清政府在军事与农垦相结合的前提下，又开始在乌鲁木齐与伊犁之间，以及伊犁地区开始屯垦。新疆地区开垦，首先从兵屯开始，而后向民屯发展，最后过渡到由民间自由垦种。新疆垦种种类繁多，有兵屯、有回屯、有户屯、有犯屯（又称遣屯）等，嘉庆以后又多了一个旗屯。

新疆地区的垦政与内地相比，有其自己的特点，主要是：

1. 重视水利兴修

西北地区干燥，没有水利设施，就谈不上农业的开发和发展。因此，要在新疆垦种，首要条件就是解决水利问题。早在雍正末年，居住在巴里坤地区的回民，就把哈密附近的赛抱什湖的三条引水渠道疏浚了，并建立闸门，以时蓄池。① 至乾隆二十二年，当新疆大规模开展屯垦时，又对湖区水渠进行重新疏导。乾隆二十三年，清政府从河西走廊调来上千名有治水经验的官兵，到此整治河道，修成了"天时、地利、人和、大有等渠"②。南疆辟展、哈喇尔地区也在整治河道。③ 伊犁地区，则以伊犁河为主干，"修

---

① 《哈密志》卷三四。
② 乾隆三十七年文绶奏折，《清经世文编》卷三一。
③ 《西陲总统事略》，《乌鲁木齐图说》。

苣沟渠，引水灌田"①。嘉庆七年至十三年间（1802—1808），又在伊犁河上游察布查尔山口河湾处，凿开山崖，开挖河道，建成一条"锡伯新渠"②。道光年间，清政府继续在南疆兴修水利。新疆地区兴修水利的经费，完全由国家负担，如在疏勒河上游筑坝开渠，引水灌田，"其费于屯田银内动拨"③。高台县属开垦荒地，"所需渠夫价、口粮，于军需银内动支"④。镇番县柳林湖屯种，应需的筑坝、建堤、开渠工料，并夫役口粮，"于军需银内动拨"⑤，等等。

2. 采取多种办法解决劳动力问题

新疆地区，在当时是属于人少地多之区，要在这里进行开发，首先要解决劳动力的问题。为此，清政府采取五种解决方法：一是兵屯，二是回屯，三是民屯，四是犯屯，五是旗屯。

兵屯。河西走廊的屯田是新疆屯田的前奏曲。为适应清政府与准噶尔部的统治势力作战需要，政府相继在西路安西、哈密、巴里坤、吐鲁番及北路科布多、莫岱察罕瘦尔、鄂尔斋图果尔等处，筑城设屯，遣兵屯垦。但这些地方的兵屯都随着战争的起落而兴衰。乾隆二十四年，清政府平定天山南北后，为巩固局面，在当地派驻重兵。为解决驻军口粮，部队在戍边同时，进行大规模的屯田。乾隆二十五年，在乌鲁木齐至罗克伦一带，屯兵800名，由游击、部司"督课耕种"⑥。在玛纳斯、库尔喀喇乌苏、精河等七处，驻兵屯田。⑦ 同年，阿克苏办事大臣阿桂率满洲索伦兵500名，绿旗兵100名，随后又从辟展调来绿旗兵900名，在伊犁

---

① 《清朝文献通考》卷一一。
② 宣统《新疆图志》，《水道》六。
③ 光绪《大清会典事例》卷一六六，《户部·田赋·开垦》（一）。
④ 同上。
⑤ 同上。
⑥ 光绪《大清会典事例》卷一七八，《户部·屯田》，《新疆屯田》。
⑦ 同上。

河南岸海努力和伊犁河北岸固扎克等处，筑城开屯。至乾隆三十四年止，陆续由内地调来此地的绿旗兵增至 2 500 名。据记载，至乾隆四十年，新疆各处屯兵达 13 900 余名。① 早期，屯兵是开垦新疆的一支重要力量。由于屯兵携带眷属②，所以这部分眷属也是垦种的不可忽视的力量。

回屯。康雍年间，哈密和吐鲁番都有维吾尔族人民，在额敏和卓率领下进行垦屯。乾隆二十五年后，维吾尔族人民陆续迁徙到伊犁垦种，至乾隆三十三年，伊犁回屯人户已达到 6 383 户。③ 此后，人户不断增加。乾隆五十九年，将军保宁在上报维吾尔族人民愿增加 4 000 石税粮时，讲到回民生齿日繁，增垦了许多地亩之事。④ 毫无疑问，维吾尔族人民在垦辟新疆时，做出了巨大贡献。

民屯。也叫户屯。由商民、民户、绿营眷兵子弟三部分组成。商民主要来自山西，民户主要来自甘肃北部兰、凉、甘、肃四州。据陕甘总督文绶奏称，乾隆三十六年时，他在巴里坤、乌鲁木齐一带所见到的招垦民户垦地："有营屯田地三十八万亩。"按每户耕地三十亩计，当在九万人以上。此后，还有数以万计的人民前往开垦。在这里特别值得一提的是，商民在开垦过程中，使用了大量雇工，"富者可以出资雇募工人尽力承垦"⑤。这是带有资本主义性质的经营活动，值得关注。

犯屯。向新疆派遣罪犯屯田，乾隆二年已有记载："复拨缘营兵六万，并负罪人千余。"⑥ 以补充屯田劳动力不足。这些罪犯大部分来自直隶、山西、河南、山东、陕西五省。按定例："每年各

---

① 《新疆图志》，《赋税》一。
② 《清高宗实录》卷五七二，乾隆二十三年十月甲子。
③ 《西陲总统事略》卷一，伊犁兴屯书始。
④ 《新疆识略》卷六《屯务》。
⑤ 乾隆三十七年陕甘总督文绶奏，《清经世文编》卷八一，《兵政塞防（下）》。
⑥ 转见高健、李芳主编《清三通与续通考新疆资料辑录》，新疆大学出版社 2007 年版，第 5 页。

省改发不下六、七百名。"① 重者"令服耕作之役"②。轻者"补耕屯缺额"③，即承种份地，编入兵屯组织中。犯屯中有三分之二的犯人携带家眷，刑期满者也有按民屯安插落户的。④ 这也是开垦新疆的劳动力来源之一。

旗屯。早在乾隆二十九年，高宗提出："朕意伊犁地甚肥饶，如地亩有余，仍酌量分给满洲兵丁，令其学习耕种。"⑤ 乾隆五十年，高宗又一次提及满兵垦地问题，说："当时总因灌溉乏水，是以历任将军未及遵办。"⑥ 至嘉庆七年（1802），才"由惠远、惠宁两满城酌派闲散三百六十名分地试种"⑦。当年收成尚好。在两城地区的水利问题获得解决后，决定长期屯田。惠远城的八旗分为八屯，惠宁城的八旗分为四屯，⑧ 总共十二屯，每屯一百人，共一千二百人，每人分地34亩。当时两城"计共分给八旗种植杂粮田四万余亩"⑨。但旗屯在乾隆年间并未开垦，还停留在口头上。嘉庆以后，才成为事实。但八旗闲散余丁自耕时间不长，至嘉庆十九年，"八旗旧分屯地，尽已租给民人，公中稻田，间乡废弛"⑩。但不管如何，他们在开垦新疆的过程中，也出了一份力。

3. 特别优惠的招徕政策

为巩固新疆边防和发展新疆经济，清政府在与准噶尔部统治势力的战争结束后，即采取种种优惠政策，招民入疆开垦，以加速新疆的开发。其优惠政策主要有：

---

① 《清高宗实录》卷七八二，乾隆三十二年四月乙巳。
② 《清高宗实录》卷一〇九〇，乾隆四十四年九月乙未。
③ 《清高宗实录》卷七六一，乾隆三十一年五月乙酉。
④ 纪昀：《乌鲁木齐杂绮》。
⑤ 《清高宗实录》卷七〇三，乾隆二十九年正月辛未。
⑥ 《新疆识略》卷六，《屯务》。
⑦ 同上。
⑧ 同上。
⑨ 同上。
⑩ 同上。

（1）妥善安置招徕之民。招徕之前，政府对可耕之地进行调查，而后，把调查的情况向内地通报，与农民互通信息。对招垦之民，政府给予旅途中所需的口食、车价、皮衣、铁锅等资助。资助标准是，"每大口每百里给减半口食银六分，小口给银三分"，"供支车辆，无论大小每三名给车一辆，口内（即嘉峪关内）每百里给减半车价银二钱二分五厘，口外每辆每百里给半价八钱"；"供支大口每口皮衣一件，每件减半价银四钱八分"；"每户给铁锅一口，每口减半价银二钱二分五厘"①。沿途，垦民由政府派遣官役护送。垦民抵达安置地时，政府还借给屋价、牛具、籽种，考虑十分周全。政府的重视和关怀，对出关农民是一种鼓励。

（2）分给土地，并征收低额赋税。清政府对由关内到新疆垦种的人民，每户拨给三十亩土地，② 这些土地归农民所有。维吾尔族农民的垦地，则不受顷亩限制，随其自垦，能耕多少，即可开垦多少。他们为了在完成税粮后，争取获得最多余额，都不遗余力进行开垦，以扩大耕地面积。

至于田赋，回民自种地，一般按收获量十分之一缴纳。乾隆五十三年又奏准："乌鲁木齐所属地方……新增地粮减半征收。"③ 承种官地者，若官给土地及牛种、工具，则为官民对半分租；民垦地纳粮情况复杂些，有的按收获量十分之一征收，有的按土地肥瘠分等缴纳粮食或银两。纳银者，上等地亩收一钱，一般田地亩征五分而已。④

清政府招近邻、妥安排、资盘程、给土地、轻赋税的种种政策措施，对新疆的开垦是十分有利的。不但有利于新疆的加速开发，同时也造就了大批自耕农民。

---

① 乾隆四十四年十月二十日，大学士管理户部事务于敏中等题，《户部抄档》，《地丁题本》甘肃（四）。
② 乾隆三十七年陕甘总督文绶奏，《清经世文编》卷八一，《兵政·塞防（下）》。
③ 《钦定大清会典事例》卷一六三，《户部·田赋》，《新疆赋税》。
④ 参见彭雨新《清代土地开垦史》，农业出版社1990年版，第203—231页。

乾隆时期开发新疆的政策,为后世开发边疆的样板。

第五节 嘉道年间的垦政

嘉道年间(鸦片战争以前),在垦政上除继续执行前朝行之有效的政策外,在纠正前朝垦荒中对生态环境的破坏方面也做了努力。

乾隆年间,政府大力推行垦荒政策,鼓励农民开垦零星荒地、山田、营造江湖农田等。这一政策实施的结果,就是自然环境遭受严重破坏。在山区开垦中,植被遭到严重破坏,山头裸露,土质疏松,每当雨季到来,便山洪暴发,土石俱下,造成河流淤积或堵塞,结果洪水成灾,或冲毁两岸稻田,或冲毁两岸房屋,日益危及人民生命财产的安全。在湖南、湖北、江浙一带围湖造田,结果使湖泊面积日渐缩小,雨季一到,水无蓄储之处,无流通之路,结果良田被水所淹,家室被水所没。这种状况不断发生,引起地方政府不安,清廷也为此接二连三发出禁令,在各地颁布禁止垦山和圩田告示。嘉庆二年(1797),浙江抚宪阮元出示禁止垦山令。① 嘉庆二十二年,户部议定:"浙江省棚民……俱不准再种苞芦,致碍农田水利。……如本地民人将公共山场,不告知合业之人,私招异籍民人搭棚开垦者,招租之人照子孙盗卖祀产例,承租之人照强占官民山场律治罪。"② 道光十九年(1839),宣宗上谕称:"于棚民垦种处所,设法严密管束;或宽预期限,令其渐回本乡;其未经开垦之山,著即严行查禁。"③

至于禁止修堤垸之事,最早在乾隆十一年时,即已提出。湖南巡抚杨锡绂上疏云:"若自今以往,严行禁止,于东南各省甚为

---

① 民国《衢县志》卷六,《食货》下,《农田》。
② 光绪《大清会典事例》卷一五八,《户部·户口》。
③ 《清宣宗实录》卷二八八,第5页。

有益。"① 随后，户部发出公告："官地民田，凡有关水道之蓄泄者，一概不许报垦。"② 乾隆二十八年，湖南巡抚陈宏谋奏请严禁湖滨各县私筑堤垸。③ 乾隆五十三年，荆州郡城因万城堤溃，遭受一次严重水灾，高宗皇帝为此下了一道严厉命令，禁止濒临江海河湖处，有阻遏水道致为堤工地方之害者，"断不准其任意开垦，妄报升科。如该处民人冒请认种，以致酿成水患，……严治其罪，并将代为详题之地方等臣一并从严治罪，决不姑贷"④。乾隆年间，尽管三令五申禁围湖造田，但收效极微。嘉庆七年，湖南巡抚马慧裕提出了限制筑堤高度的做法，"堤身仅高一二尺至六七尺不等"⑤，以限制私垸发展。道光五年（1825），湖南布政使贺熙龄，又向朝廷上了一道《清查滨湖私垸永禁私筑疏》。他认为，近来地方官复意存姑息，凡有私筑，不肯究办。上司间或委员查勘，亦第受规费而去。乾隆年间，陈宏谋奏明刨毁的私垸，现今更易名色，已将堤垸复修。此外，各州县之违禁私筑者尚复不少。似此累岁加增，侵占湖地，阻塞水道，其贻害无穷。为此，他建议："请旨敕下湖南巡抚严禁私筑，每岁责成地方水利各官详悉查勘，如有新筑围田阻碍水道之处，即行刨毁。若有受贿存留、蒙混结报者，查出参处。"⑥

围沙造田因没有全盘规划，见沙就围，结果使内河出口受阻，水无通道，致使水患连年。嘉庆十八年，广东巡抚批示："嗣后凡有滨河沙坦，毋得违例圈筑基堤桩坝，与水争地。"⑦ 道光十五年，夏修恕奉命巡视河岸，督拆堤坝，严示永禁。⑧

---

① 杨锡绂：《请严池塘改田之禁疏》，《清经世文编》卷三八，《户部》。
② 光绪《大清会典事例》卷一六六，《户部·田赋·开垦》（一）。
③ 贺熙龄：《清查滨湖私垸永禁私筑疏》，《清经世文编》卷九八，《工部》十一。
④ 光绪《大清会典事例》卷一六六，《户部·田赋·开垦》（一）。
⑤ 马慧裕：《湖田占水疏》，《清经世文编》卷九八，《工部》十一。
⑥ 贺熙龄：《清查滨湖私垸永禁私筑疏》，《清经世文编》卷九八，《工部》十一。
⑦ 道光《南海县志》卷一六，《江防略》二。
⑧ 宣统《东莞县志》卷九九九，第8—16页。

在当时人口迅速增加，平原地区开垦殆尽，科技水平制约的情况下，人民为了生存下去，与森林争地，与江河湖泊争地，成了减轻新增人口食粮压力的可靠出路。与此同时，地主豪强为了增加田产，也不愿意放弃已得利益。加上吏治日益败坏，受贿成风，苟且代替法令，查勘敷衍，致使垦山、围垸禁而不止，水患日重。但清政府能看到生态环境破坏的危害，从而三令五申加以禁止，就认识上来说，这是一种进步。

纵观顺治、康熙、雍正、乾隆、嘉庆、道光几代的垦政，有几个特点很值得注意。

（一）清代的垦荒是依先开垦无主荒地，后开有主荒地；先开平原地区荒地，后开垦山区；先开垦内地荒地，后开边疆、荒岛荒地；先开垦成片荒地，而后开垦零星荒地；先开垦现有荒地，后进行围湖造垸、围沙造田等，有序进行的。这种剥笋式的开垦方式，符合先易后难，先成片后零星，先陆地后围湖、围沙的垦荒规律，这种规律性的体现，也是清政府通过垦荒政策引导的结果。

（二）注意随时调整垦荒政策，使垦荒工作始终充满活力。要想使垦荒政策得以顺利推行，及时调整有碍于垦荒的原有规定是十分重要的。如荒地开垦后，产权问题不明确，垦荒工作就无法进展。顺治十八年，河南御史刘源浚指出，河南南阳、汝宁等处，荒地甚多，但无人承种，官虽劝耕，而"民终裹足不前也"，究其原因，地主豪强往往利用权势，侵占农民耕熟之田。"无人承种之荒地，[农民]耕熟后，往往有人认业，兴起讼端，官即断明，而资产荡然矣。"[①] 农民付出劳动，花费了工本，然而耕熟之田，却为他人所有，在这种情况下，农民垦荒积极性必然受阻，因此，清政府对此极为重视，三令五申强调垦荒地的归属问题。顺治十

---

① 《清圣祖实录》卷三，顺治十八年六月。

三年,四川巡抚高民瞻宣布,有主无主荒地任人开荒,"永给为业"①。顺治十八年,云南、贵州总督赵廷臣建议,"将有主荒田,令本主开垦,无主荒田招民垦种",招民开垦的无主荒地,"该州县给以印票,永为己业"。户部议复"应如所请"②。随着无主荒田逐渐垦复,有主荒田开垦归属问题又暴露出来,河南省地方政府为解决这一问题,于康熙二十二年做了规定:"凡地土有数年无人耕种完粮者,即系抛荒。以后如已经垦熟,不许原主复问。"③雍正五年,户部批准:云、贵二省广行开垦,不问佃户开垦,或民间自垦,"其田俱给照为永业"④。雍正十二年,中央政府对有主荒地产权保留期限,做了明确规定:"各州县凡遇开垦,先将土石界址,出于晓谕,定限五月内,许业户自行呈明,如逾期不报,即将执照给原垦之人承种管业。"⑤雍正十三年,山东省规定:"凡有逃户抛荒,拨贫垦种者,官皆给予印照。五年之内逃户来归,对半平分,五年之后悉归垦户,不许争执。"⑥随着垦荒不断进展,清政府对产权归属问题,不断做调整。垦户开始只能在开垦无主荒地时获得产权,而后,也可从有主荒地开垦中获得产权。适时调整产权归属问题,对加速荒地的开垦,具有十分重要的意义。与此同时,对升科年限适时加以调整,不断延长升科年限,到乾隆后,零星土地开垦不再升科,这一系列的调整,都有利于调动农民的垦荒积极性。⑦

(三)给垦荒者以物质支持。明末清初长达半个世纪的战乱,侥幸存活下来者,也穷困潦倒,要他们去垦荒,一无耕牛,二无

---

① 顺治十三年六月初七日,四川巡抚高民瞻题。
② 《清圣祖实录》卷一,顺治十八年二月。
③ 《清圣祖实录》卷一〇八,康熙二十二年三月。
④ 《清朝文献通考》卷三,《田赋》,雍正五年。
⑤ 光绪《大清会典事例》卷一六六,《户部·田赋·开垦》(一)。
⑥ 雍正十三年七月二十三日,山东巡抚法敏题。
⑦ 参见江太新《清初垦荒政策及地权分配情况的考察》,《历史研究》1982年第5期。

工具，三无籽种。政府面对这一群赤贫百姓，只好借给他们耕牛、籽种，支持他们垦荒。这一做法，在清初垦荒中发挥了重要作用。乾隆、嘉庆年间，开发新疆时政府对赴新疆的垦民给予更多的资助。这对加速新疆的开垦更具重要意义。①

（四）及时纠正垦荒中出现的问题。垦荒中出现最严重的问题是：捏报、勒报。对这些问题，顺治、康熙、雍正各届政府都予以重视，也都纠正了一些浮夸之风。至乾隆年间，进行了一次大清理，把过去捏报、勒报的虚垦之数，一一蠲免，为垦荒顺利进行，起到推动作用。同时，也大大减轻了农民的赋税负担，有利于社会经济的发展和社会秩序的安定。

（五）惩治腐败。在招垦进程中，一些胥吏对农民进行敲诈、勒索，陆陇其指出："报垦之时，册籍有费，驳查有费，牛种工本之外，复拮据以应诛求，非中等以上之家，不能开垦。"②雍正年间，清世宗也不得不承认："向来开垦之弊自州县以至督抚，俱需索陋规，致垦荒之费浮于买价，百姓畏缩不前，往往膏腴荒弃，岂不可惜。"③清前期历任政府对此腐败现象，采取了严惩态度。如顺治六年规定：纵容衙官、衙役、乡约、甲长借端科害垦民者，"州县印官无所辞罪"。雍正年间，政府颁布命令："嗣后，各省凡有可垦之处，听民相度地宜，自垦自报，地方官不得勒索，吏胥亦不得阻挠……著为定例。"④在吏治比较严明的清前期，严惩腐败政令的实施是有意义的，起到了调动垦民积极性的作用。

（六）调动地方官吏的积极性，推动垦荒的进程。垦荒政策制定后，垦荒工作能否顺利进行，得看地方官吏对此项工作关切的程度。如地方官吏对此项工作热情不高，或不热心，那么垦荒工作就不能做

---

① 参见江太新《清初垦荒政策及地权分配情况的考察》，《历史研究》1982年第5期。
② 陆陇其：《论直隶兴除事宜书》，《清经世文编》卷二八。
③ 道光二年《广东通志》卷一，《训典》。
④ 同上。

好，或敷衍了事，或不会做得很好。如地方官吏对垦荒工作抱有极大热情，那么垦荒工作就会做得很好，或比较好。但如何才能把地方官吏的工作热情引到垦荒工作上来呢？清政府的办法是：把垦荒的成绩与地方官吏的政绩联系起来，哪个地方的垦荒工作做得好，哪个地方的官吏就可以议叙，或纪录一次、两次，或加一级、二级。在垦荒工作中没有作为的官吏，要受到处罚，或记过，或降职，或停发薪俸。把垦荒工作成效，作为官吏考成的做法，十分有利于调动地方官吏抓垦荒工作的积极性。清前期垦荒工作得以迅速进展，是与清政府的议叙措施分不开的。当然，在推行议叙措施的进程中，也出现了一些虚报、捏报的现象，以求升迁，或逃避处分。但这种情况并不是主要的。在当时吏治还比较严整的时候，这种办法还是有意义的。

当然，清代垦荒政策也有不足之处，如过分强调保护原主的产权，以及过严、过急的考成办法，对垦荒工作的顺利开展，都产生过不利的影响。同时，对垦荒缺乏整体规划，以至生态受到损害。这是应吸取的教训。

第六节　清前期耕地面积

明末清初因战乱而荒废的耕地，经过清政府招垦政策的推动，到康熙末期，耕地面积已恢复到明万历年间田额。因此，康熙末期每有官员提出垦荒建议时，清圣祖即予严厉批评，"每以垦田积谷为言"，是"不识时务"之举，因为"今人民蕃庶"，"山地尽行耕种，此外更有何应垦之田，为积谷之计耶"[①]。至此，清初的荒田垦复工作已告一段落。此后，在经济发展、人民增殖和巩固边防种种因素推动下，政府继续鼓励人民向山区、贫瘠土地、湖

---

① 《清圣祖实录》卷二五九。

滨、海滩、边疆地区要耕地。所以有清一代耕地面积是朝着逐渐增加的趋势发展的，如表1-6-1所示。

表1-6-1　　　　　　　清代前期各直省耕地面积

省份\年份	顺治十八年	康熙二十四年	雍正二年	乾隆三十一年	嘉庆十七年
直　隶	459 772	543 444	701 714	682 344	741 435
山　东	741 337	925 268	992 586	989 150	986 345
山　西	407 871	445 221	492 426	545 481	552 791
河　南	383 404	572 106	659 045	797 238	721 146
陕　西	373 286	291 149	306 546	299 652	306 775
甘　肃		103 088	217 913	350 929	236 841
江　苏		675 154	693 324	674 238	720 895
安　徽	953 445	354 274	342 001	406 893	414 369
江　西	444 304	451 611	485 529	467 442	472 741
浙　江	452 216	448 566	458 852	464 139	465 004
福　建	103 458	111 995	313 071	145 913	136 537
台　湾					8 638
湖　北		542 418	554 041	588 917	605 185
湖　南	793 354	138 924	312 561	343 965	315 816
四　川	11 884	17 261	215 033	460 071	465 471
广　东	250 840	302 393	317 575	342 242	320 348
广　西	53 939	78 025	81 578	101 749	90 026
云　南	52 115	64 818	72 176	92 537	93 151
贵　州	10 743	9 597	14 544	26 731	27 660
奉　天	609	3 117	5 806	27 525	213 007
吉　林					14 923
黑龙江					816
新　疆					11 141
合　计	5 492 577	6 078 429	7 236 429	7 807 156	7 921 061

资料来源：李文治《中国近代农业史资料》第1辑，第60页表。

说明：本表在原表的基础上对个别数字做了订正。原表中未记入的"甲""白""玮"，按梁方仲《中国历代户口、田地、田赋统计》第528页，一甲合十一点三亩，一白合二亩，一玮合四亩折算后计入。雍正二年，福建地亩与各朝统计数相差甚远，表中的三十一万三千零七十一顷可能是十三万三千零七十一顷之误，但无确证，兹仍旧。

令人遗憾的是，表1-6-1缺道光年间各省及全国耕地数，但鸦片战争前全国耕地面积在八百万至八百五十万顷上下，是完全可能的。

表1-6-1中的全国耕地数，是清代官方的统计数字。对这个统计数字历来有争议，有许多人认为官方的统计数是被大大缩小了，并不是实在的耕地数。他们认为不论南方还是北方，都有折亩现象，少的两亩折一亩，多的六七亩折一亩，乃至八九亩折一亩。除折亩之外，还有隐瞒地亩，"民间往往因为避免政府征税，故意隐匿，多不肯实报。官吏虽明知其秘密，但为种种关系，亦不肯据实查报"[1]。因此，实际耕地面积要远远多于官方统计数。为了弄清这个问题，人们试图从各个角度去探求。如有的研究者以现代航测中得到的数据，推算清代耕地总数；也有的以口粮需要量测算耕地面积。

清代存在折亩不是什么秘密，官书都有明确记载，如《大清会典》称："陕西洛川县地，向系八亩四分折正一亩；宜川、延川二县地，四亩折正一亩。""肤施县地，五亩零折正一亩；甘泉县地，三亩零折正一亩。"[2] 大臣陆陇其亦称："直隶元氏县上地每三亩六分七厘四毫折征粮地一亩，至下下地则十一亩折征粮地一亩。"[3] 直隶武清县，"民小地三亩合大地一亩"[4]。直隶获鹿清代《编审册》亦留下实例，经折算，平均每七点五亩至九点一亩折正征粮地一亩。[5] 河南新蔡县"民田四百三十二弓为一亩"[6]。光绪《滁州志》称，康熙十二年，安徽巡抚靳辅"檄行所属，凡小亩

---

[1] 刘世仁：《中国田赋问题》，文海出版社1964年版，第26页；史志宏：《清代前期的耕地面积及粮食产量估计》，《中国经济史研究》1989年第2期。
[2] 雍正《大清会典》卷二七。
[3] 陆陇其：《三鱼堂文集》卷三《杂著》，《寿宁志论》。
[4] 乾隆《武清县志》卷三，《田赋》。
[5] 江太新：《清代前期直隶获鹿县土地关系的变化及其对社会经济的影响》，《平准学刊》第一辑，中国商业出版社1985年版。
[6] 乾隆《新蔡县志》卷三，《田赋志》，《赋役全书》。

未折,愿改大亩者听"。滁州在这政策下,将原定小亩 375 615 亩零,折算成大亩 92 683 亩。① 大体上是按四小亩折一大亩。安徽徽州府祁门县《新丈亲供首状》亦有记载②,如表 1-6-2 所示。

表 1-6-2　　　　　　　　徽州新丈亲供首状

丈积	折税	平均每亩步数
603 步	2.457 7 亩	245 步
481 步	1.958 44 亩	240 步
3 153 步	12.771 亩	255 步
6 047 步	15.117 2 亩	400 步
84 步(塘)	0.338 亩	248.5 步

资料来源:中国社会科学院经济研究所图书馆藏《屯溪档案》,《新丈亲供首状》。

至于隐瞒地亩,尹秦奏报时就曾指出:"将成熟之田园,以多报少,欺隐之田,竟倍于报垦之数。"③ 诸如此例情况,许多方志所载有之,这里不赘述。

上述种种情况,必然会导致耕地面积的数字不实。但令人遗憾的是,过去探讨这个问题,研究者大多回避了两个方面的重要情况:一是当时为什么要实行折亩;二是忽视了有小亩,有清查扩大化,有把山、塘、湖、荡化作耕地的另一方面因素,忽视了随着人口增加,民宅侵田等事实,忽视自然灾害对耕地的侵蚀,等等,从而影响了对耕地数量探讨的科学性和可靠性。这种只顾其一而不及其余的做法,就可能使耕地面积扩大化。进而从一个极端跳到另一个极端。

事实很清楚,清代存在大亩的同时,也存在小亩。严可均《铁桥漫稿》载:江苏太湖流域,平畴水田在丈量时,有的一亩只

---

① 光绪《滁州志》卷二四,《食货志》四《田赋》。
② 中国社会科学院经济研究所图书馆藏《屯溪档案》。
③ 《清经世文编》卷三一,尹秦:《台湾田粮利弊疏》。

有一百九十步，斜水田有的一亩只有二百步。① 同治年间，程鸿昭谈到江南计亩时称，江南平畴水田则一百九十步为一亩，斜水田二百一十步为一亩。② 乾隆十五年，中央政府为统一天下弓尺，要求各地将旧用弓尺报部审核，审查结果："有以三尺二寸为一弓者，有以七尺五寸为一弓者"③，相去悬殊。这种情况，绝非太湖仅有，安徽徽州地区也普遍存在。这里有以一百九十步为一亩的，也有以二百二十步为一亩的，此外还有以二百三十步为一亩的。如中国社会科学院经济研究所收藏的《屯溪档案》"租484"记载：菖蒲圩丈积为一百八十四点八步，折合税亩为零点八六六亩，约二百一十三点四步为一税亩；牛路下丈积为一百六十点零八步，折合税亩为零点七一八亩，约二百二十四步为一税亩；高六圩丈积为一百八十九点六步，折合税亩为零点八六三亩，约二百二十步为一税亩。④ 另据雍正元年《清查田粮影射疏》称"直隶、浙江等处田地，多有名为有地，而其实无租税可收者，其大略有四"，其中与耕地面积有关的"从来置产之户多系乡绅富户，其弃田之人贿通置产家人，将高下错差，一概指为美产，往往以九亩作十亩，或以九亩五六分作十亩"⑤。这类虚悬之产，也是不可忽视的。由此看来，前人所谓的"大小亩"中的"小亩"并非指二百四十步为一亩的亩，而是指小于二百四十步标准以下的亩，才是真正含义上的"小亩"。弄清这一事实，对如何估计当时耕地面积是十分有益的。

清代是中国人口发展十分迅速的时期，乾隆二十七年，突破二亿人口大关，至道光十四年，又在乾隆二十七年基础上翻了一番，达到四亿之多。人口迅速增长，一方面要求增加耕地，以满

---

① 严可均：《铁桥漫稿》卷二，杂诗注。
② 程鸿昭：《迎霭笔记》。
③ 转见刘世仁《中国田赋问题》，台北文海出版社1964年版。
④ 中国社会科学院经济研究所馆藏：《屯溪档案》，"租484"。
⑤ 《清经世文编》卷三二，阙名：《清查田粮影射疏》。

足新增人口的食粮。与此同时，新增人口又要解决住宅问题，从而产生了蚕食耕地的严重问题。中国家庭构成主体是以父母加上几个未成年子女组合而成的，"子壮出分"。几代同堂家庭虽有，但不是主要的。① 出分的子媳则需住房，因此，人口激剧增加，民宅争地问题就愈加严重。这种情况历朝历代均有。中华人民共和国成立后显得更加突出，据统计，从一九五七年到一九八六年间，全国累计减少耕地六亿一千万亩，净减二亿三千万亩，平均每年净减七百九十万亩。仅一九九三年，全国耕地就减少九百三十七万亩，相当于一个青海省的耕地面积。② 中华人民共和国成立后，耕地面积的减少，主要是由于建设规模的扩大，但广大农村的民宅建筑占地，也是十分可观的。透过当代耕地面积占用情况，多少也可以反映出清代前期耕地面积被占用的另一侧面。

　　清代经济的发展，也带动了商业的繁荣，各地的市、镇、墟场（集）都有很大发展，除原有基础上扩大外，主要是新建了不少的商业点。如江南，明代苏州府有市五十个、镇四十五个，至清代时市增加到五十六个，净增六个，镇增加至四十七个，净增二个，松江府明代有市二十个，镇四十二个，至清代时市增加至二十六个，净增六个，镇增加至七十个，净增二十八个。③ 北方情况也大致相同，如直隶获鹿县，乾隆以前只有八个集市，乾隆以后新增设了九个集市，④ 新增集市倍于前。市、镇、墟场（集）的大量增加，无疑是要占去许多粮田的。因此，在估计耕地面积时，对这种情况，也不应略而不计。

　　此外，我们再来探索折亩及欺隐原因。御史尹秦在《台湾田

---

① 参见江太新《清代获鹿县人口试探》一文，《中国经济史研究》1991年第2期。
② 李瑞环：《关于农用土地的几个问题》，《汕头日报》1994年7月2日。
③ 樊树志：《明清江南市镇探微》，复旦大学出版社1990年版。
④ 参见江太新《清代获鹿县人口试探》一文，《中国经济史研究》1991年第2期。

粮利弊疏》中称台湾"欺隐之田，竟倍于报垦之数"，这是由于官府隐情之故呢，还是知情不报呢？实际上，官府是知情的，但不行清查。这是为什么呢？

请看尹秦的申述："臣等细访，向来任其欺隐，不行清查之故，则其说有五：现征科则，计亩分算，数倍于内地之粮额，若非以多报少，不能完纳正供。此其说一也；台湾沙地，每岁夏秋大雨，山水奔泻，田园冲为涧壑，而流沙壅积，熟田亦变荒壤，若非以多报少，将何补苴亏缺，此其说二也；台地依山临海，所有田园，并无堤岸保障，海风稍大，咸水涌入，田园卤浸，必俟数年咸味尽去之后，方可耕种，若非以多报少，何以抵纳官粮，此其说三也；台郡土脉炎热，不宜用肥，两三年后力薄寡收，便须荒弃两年，然后耕种，若非以多报少，焉能转换办公，此其说四也；佃丁系漳、泉、潮、惠客民，因贪地宽，可以私垦，故冒险渡台，设使按亩清查，以租作粮，伊等力不能支，势必各回原籍，以致田园荒废，额赋虚悬，此其说五也。"① 尹秦所奏五款中，其中第二、三、四款直接涉及耕地面积计算问题，尤其是第三款中提到的休耕问题，更值得重视。按耕三年，轮休两年情况看，每年就有百分之四十的土地抛荒，以恢复地力。这部分休耕的土地，就应该排除在当年耕地面积之外，才算是合理的，若不把休耕土地除外，必然要夸大耕地面积，这是不可取的。若再把因灾良田卤浸，需数年后咸味尽去，方能复耕这部分土地亦考虑进去，台湾欺隐之地哪有"竟倍于报垦之数"呢？因此，我们对某一事物的考察，必须深入下去，不要被表面现象所迷惑。像台湾地区的这种情况，其他地方亦照样存在，如陕西巡抚秦承恩，在申述陕西为什么要实行折亩时指出："陕西省淹浸不常之地，非系涧侧，即属河滨，水性之坍涨靡常，地亩之出无定……一经冲

---

① 尹秦：《台湾田粮利弊疏》，《清经世文编》卷三一。

刷，多被泥淤，岁收实止一二，应请以五亩折正一亩。"同时，他还特别强调，这些"土力硗薄之地，一经播种，若不听其休息，虽多费工力，亦属无收，应请以四亩折正一亩。至于极边寒冷之地，山多土少，风气严寒，虽有人力之劳，籽粒之费，缘土性寒冷，生发较迟，收成最薄，应请以三亩折正一亩"①。雅尔图出任河南巡抚后，指责前任巡抚王士俊捏报劝垦疏称："查王士俊所报开垦之地，共有四项：一曰河滩地亩……一曰夹荒地。查原疏内称：系零星垦辟，荒熟相杂者。夫小民既知此地可耕，岂有垦治一段，抛荒一段，错综间杂之理。盖缘豫省土地，有一种沃野之地，年年可耕，即禹贡所谓厥土唯壤也；又有一种硗瘠之地，树艺一两年，则其土无力，不能生发，必另耕一处，将此处培壅一两年，然后复种，如此更番迭换，始得收获，即禹贡所谓下土坟垆也。前人立法，不分高下等则，一体纳粮，止于弓丈之间，准其独大，以恤民力。"② 根据上述情况看来，折亩存在是有客观原因的，在研究耕地面积时，不应忽略这一点。还有，研究者在看到隐漏、折亩弊端同时，还必须看到另外一种弊端，即"州县承望上司意旨，并未踏勘实在荒地若干，即预报亩数，以邀急公之名"。在这种情况下，往往产生两种流弊，一是以熟作荒。在荒地不足情况下，以熟田之数"符所报之额"，这就出现了虚悬之数。另是以荒作熟，"历年荒地在河堰者，坍涨不常，且地势低洼，河水偶溢，即成沮洳；在山麓者，外铺平土，有似可耕，其下三四寸多石皮石子，坚不能掘，所生之草，亦皆纤细无力，岂能发生禾稻；又有高阜鳞次，而溪远水浅，难资灌溉，以致荒废者。此种地亩，州县不复踏勘，悉入报垦之数……恐十年之后，民不得不报熟，官不得不升科，幸而薄收，则完官不足，稍遇岁歉，即

---

① 乾隆五十六年二月初五日，陕西巡抚秦承恩题，《户部抄档》，《地丁题本》陕西（四）。

② 《清经世文编》卷三四，雅尔图：《勘报开垦虚实疏》，乾隆五年。

卒岁无资，而逃亡失业之患，从此起矣。然且赋额一定，州县不敢悬欠，督抚不敢开除，于是飞洒均摊诸弊，又将以熟田当之，是名为开垦，其实有垦之名无熟之实也"①。这种虚悬情况亦影响到对清代耕地面积的估算。乾隆初年，朝廷对此弊端虽加纠正，但是否彻底，则难以说清。

广西有荒地，但不能得以充分利用，这又有其本地具体情况。李绂在《条陈广西垦荒事宜疏》云："（广西）地不加辟，其故有六：山溪险峻，猺獞杂处，防范不严，则成熟之后，多遭盗割，种植徒劳。一也；民性朴愚，止知滨江有水之地，易于稼穑，不知兴陂池水利，遂使高原可耕之地弃于草莱。二也；止知水田种稻，不识旱地可种杂粮。三也；水耕火耨，烧荒薙草，古有粪田畴美土疆之法，而粤民不知，每耕薄地，二三年后而去之，又历数年，地力既复，然后再种，致多荒土。四也；出户唯谷，纳赋需银，差徭随田而起，恐贻后日之累。五也；良懦垦熟，而豪强认占，势既不敌，官莫为理，勤而无所，恒有悔心。六也；此垦荒者，所以裹足而莫前也。"②像广西这种情况，用现代的航测、人口口粮推算之法，似亦无法准确推算其耕地面积的数字。

因此，当我们考察清代耕地面积的时候，既要看到当时有隐报地亩、折亩的一面，同时，又要看到有虚悬的另一面。此外，还应考虑到折亩原因和其他影响耕地面积的因素。只有把各方面的情况都考虑到了，所得出的研究成果才能更接近历史的实际，更富于科学性。直到目前为止，对中国历代耕地面积的研究，还是不能令人满意的。今后还需在占有更多资料的情况下，进行再探讨，使之不断接近于历史实际。

综上所述，在无更精确统计资料时，清代前期耕地面积，还是依照官方所公布的统计资料为宜，这样或许不是十分准确，但

---

① 《清经世文编》卷三四，曹一士：《请核实开垦地亩疏》。
② 《清经世文编》卷三四，李绂：《条陈广西垦荒事宜疏》。

毕竟是各省赋税征收的依据，比起用其他手段推算出来的耕地面积，总是实在些。当然这也是不得已而为之的办法。

小　结

　　由于明末清初长达半个世纪的战乱，一方面造成人民死的死，逃的逃，人口大量减少；另一方面则是土地大量抛荒，无人耕种；再者是人民贫困化，包括缙绅地主、庶民地主、富农阶层，战火所到之处，无不家破人亡，幸存者也倾家荡产，生产遭受严重破坏，经济破产。个别受战乱影响较少的地方，虽然有个别缙绅富户，包揽一些荒地进行垦拓，但从各地记载来看，这种人并不多。由于总体经济萧条，生产萎缩，他们也无力在垦荒中抢占大量土地。这种情况的存在，给清政府垦荒政策的推行，留下广阔的空间。无地、少地农民，在政府垦荒政策鼓励下，甚至是帮助下，获得土地产权，从而造就大批自耕农，基本实现了耕者有其田。清初，是自耕农占统治地位的时期，这既为清初经济恢复和发展，还为清中期经济繁荣，打下坚实基础，还为自耕农自身的发展和延续奠定了有利的经济基础。

第二章

加强社会保障制度建设

在清代长达268年的统治时期里，水灾、旱灾、虫灾、风灾、雹灾、雪灾、霜灾、地震等自然灾害绵绵不断，给社会、生产、人民生活带来极大危害，如果缺乏有效的社会保障，社会将处于混乱之中，地权分配状况就会发生变化，土地兼并就会像瘟疫一样蔓延。为保持大量自耕农存在，加强社会保障制度建设，就显得势在必行。

第一节 仓储制度推广

有清一代，灾患频仍。下面将从三个方面来考察当时灾害情况：一是从顺康雍乾嘉五朝各直省灾荒进行考察，二是从顺康雍乾嘉五朝灾情进行考察，三是从乾隆元年至宣统三年长江流域水灾情况进行考察。

表2-1-1　　　　顺康雍乾嘉五朝各省灾荒情况

省　份	水灾	旱灾	蝗虫黄疸	风灾	雹灾	雪灾	霜灾	地震	总计
奉天	24	8	1	3	4		2	3	45
吉林	13	1			2		7		23
黑龙江	17	9	1		1		7		35
直隶	129	64	19	2	52		10	26	302
河南	82	38	6	3	13		1	1	144
山东	95	44	13	7	17		2	3	181

续表

省　份	水灾	旱灾	蝗虫黄疸	风灾	雹灾	雪灾	霜灾	地震	总计
山西	40	28	8	1	37		16	8	138
陕西	44	33	5	2	41	1	15	3	144
甘肃	69	66	12	6	75	1	29	6	264
江苏	141	50	16	15	18		1		241
安徽	115	52	7	1	10			1	186
江西	51	36		2	2				91
浙江	61	46	8	13	4		2		134
福建	36	23	1	21	1			2	84
湖北	83	41	2		1			1	128
湖南	58	29	2	1	1			1	92
广东	34	12	4	13				1	64
广西	8	5	1						14
四川	13	2		1	2	2	2	15	37
贵州	7	1			2			2	12
云南	29	2			3	1		13	48
西藏		1				1			2
青海						3			3
新疆	6	5	3			2		3	19
内蒙	4	17		1	1	6	4		33
合计	1 159	613	109	92	287	17	98	89	2 464

资料来源：根据陈振汉等编《清实录经济史资料·农业篇》第二分册，北京大学出版社1989年版，第694、698、700、704、706页表整理而成。

说明：1. 原资料有"疫疠""灾种不详"两栏，本表删去不计。

2. 嘉庆朝陕西栏总计原为45次，有误，现改为42次。

表2-1-2　　　　　　　顺康雍乾嘉五朝自然灾害情况

朝代	水灾	旱灾	蝗虫黄疸	风灾	雹灾	雪灾	霜灾	地震	总计
顺治（1644—1661）	78	38	22	8	42	1	4	20	213
康熙（1662—1722）	245	184	25	3	43	2	7	28	537
雍正（1723—1735）	72	33	3	5	9	2	2	3	129
乾隆（1736—1795）	514	251	49	63	144	8	60	31	1 120
嘉庆（1796—1820）	250	107	10	13	49	4	25	7	465
合计	1 159	613	109	92	287	17	98	89	2 464

资料来源：根据陈振汉等编《清实录经济史资料·农业篇》第二分册，北京大学出版社1989年版，第693、694—697、699、701—703、705页表整理而成。

说明：原资料有"疫疠""灾种不详"两栏，本表删去不计。

表2-1-3　从乾隆元年至宣统三年间长江流域水灾情况（州县数）

时期	记载灾情资料条数	上游区					中游区				下游区		国际河	合计县数	遭受风潮县数
		干流	金沙	岷沱	嘉陵	乌江	干流	洞庭	汉江	鄱阳	干流	太湖			
乾隆六十年	1 026	33	55	88	56	17	251	241	172	263	478	351	33	2 038	136
嘉庆二十五年	396	12	23	8	31	5	105	43	163	107	171	80	9	757	7
道光三十年	971	55	24	48	57	17	441	230	306	334	590	408	6	2 516	18
咸丰十一年	147	2	1	0	0	0	65	92	27	124	20	107	1	439	59
同治十三年	147	7	21	6	8	1	90	88	38	147	52	64	8	530	2
光绪三十四年	1 010	99	140	115	106	38	455	442	285	716	522	508	59	3 485	76
宣统三年	106	6	20	3	7	13	34	58	22	47	55	67	14	346	0
总计	3803	214	284	28	265	91	1 441	1 194	1 013	1 738	1 888	1 585	130	10 111	298

资料来源：根据水利电力部水管司科技司、水利电力科学院编《清代长江流域西南国际河流档案史料》加工整理而成。

根据以上三个统计表可以看到：一是从各个阶段看：顺治年间年均受灾11.8次，康熙年间年均受灾8.8次，雍正年间年均受灾9.9次，乾隆年间年均受灾18.7次，嘉庆年间年均受灾18.7次；二是从各省灾情看，以直隶、甘肃、江苏为重，安徽、山东次之；三是从乾隆至宣统年间长江流域被灾县的资料看：如上游地区被灾县份达1 122次，中流地区被灾县份达5 386次，下游地区被灾县份达3 473次，受国际河影响被灾县份达130次。另李向军还提供了顺治至道光（1644—1850）灾情统计：全国各种自然灾害多达28 938次，其中水灾16 324次，占56%；旱灾9 189次，占31.7%；其他灾害占12.3%。[①] 又据李文治先生编《中国近代农业史资料》记载，自道光二十六年至宣统二年的65年间，直隶、山东、河南、山西、陕西、甘肃、江苏、浙江、安徽、江西、湖北、湖南12个省份中，共有18 345个州县（另有13府3个直

―――――――――――
① 李向军：《清前期的灾况、灾蠲与灾赈》，《中国经济史研究》1993年第3期。

隶州未计入）次遭受水旱等灾，平均每年受灾州县达282个。受灾州县数目最多的是光绪二十七年，有506个，其次是光绪八年，504个。若加上尚缺的华南、西南和东北等地的数字，总数字肯定还会更高。① 遭灾百姓，往往衣食无着，流亡遍野，嗷嗷待哺，对生产、对人民生命安全危害极大。

为了应对频繁的自然灾害，清政府沿袭明代仓储制度，在各省设立常平仓，乡村设立社仓，另两淮盐商及浙江商人还捐资在城市设立义仓。

1. 常平仓

顺治十一年以前，社会救济制度不健全，近京地方遭受灾荒，饿民得钱犹难易米。经此大饥荒后，许多大臣进规复常平仓、义仓、社仓之议。十二年题准：各州县自理赎锾，春夏积银，秋冬积谷，悉入常平仓备赈。十三年议准"积谷赈济"。定"各直省州县卫所各设常平仓，凡麦谷豆高粱咸贮，该管官司其出纳，岁歉赈借平粜，年丰出陈易新，计一岁之出入，造具奏销册籍，申府司，达督抚，汇造送部查核"。常平仓谷来源或"劝谕乡绅士民，捐输米谷"；或准湖北抚司、道府、州县等官捐谷；或议定按亩捐谷，如山东、浙江"每亩捐谷四合"；或按地丁捐粮，如陕西、甘肃照依应征地丁，银一钱、米一斗输纳者，"令其捐输粮三合"；或动用库银购谷，如陕西动用西安司库兵饷银十四万两，交地方官采买存贮，雍正元年动浙江库帑，买米三万石，运厦门、漳泉、福建省城收贮；或截留漕粮，如将康熙六十一年漕粮六万二千五百九十石，截留卫辉府存贮，等等。此后各省纷纷设立常平等仓。康熙、雍正年间全国常平仓储粮食有48 110 680石，乾隆十三年，全国仓储额做了调整，额定33 792 330石，比康雍年

---

① 李文治编：《中国近代农业史资料》第1辑，生活·读书·新知三联书店1957年版。

间少了 14 318 350 石。① 乾隆年间各省常平仓积谷数额见下表。

表 2-1-4　　乾隆十三年各省常平仓额定积谷数

省　别	额定积谷（石）	说　明
云南	701 500	乾隆初年前定额
陕西	2 733 010	乾隆初年前定额
甘肃	3 280 000	乾隆初年前定额
福建	2 566 449	以十三年，现存仓谷作为定额
广东	2 953 661	以十三年，现存仓谷作为定额
贵州	507 010	以十三年，现存仓谷作为定额
直隶	2 154 524	以雍正年间旧额为准
盛京	1 200 000	以雍正年间旧额为准
山东	2 959 386	以雍正年间旧额为准
山西	1 315 837	以雍正年间旧额为准
河南	2 310 999	以雍正年间旧额为准
江苏	1 538 000	以雍正年间旧额为准
安徽	1 884 000	以雍正年间旧额为准
江西	1 370 713	以雍正年间旧额为准
浙江	2 800 000	以雍正年间旧额为准
湖北	520 935	以雍正年间旧额为准
湖南	702 133	以雍正年间旧额为准
四川	1 029 800	以雍正年间旧额为准
广西	274 378	以雍正年间旧额为准
通计直省共积谷	33 792 330①	

资料来源：嘉庆《大清会典事例》卷二五九，《户部》。

说明：按 19 省额定积谷计算，积谷数为 32 802 335 石，与通计直省共积谷 33 792 330 石相较，欠额 988 995 石。各省额定数可能有误。

　　常平仓积贮，开始时不统一，米谷兼收，后来考虑到米容易红朽，定仓贮以谷为主。一般正常年景下，仓贮积谷，以七分存

---

① 以上资料见嘉庆《大清会典事例》卷二五九，《户部》。

仓备赈,以三分发粜。但可根据实际情况变动。嘉庆七年上谕指出:"各省常平仓谷,每年存七粜三,原为出陈易新,亦使青黄不接之时,民间得以接济。当寻常无事之际,自应一一循例办理,若遭值荒歉,谷价昂贵,小民难于谋食,而仍存七粜三,则间阎得谷几何。大非国家发谷平粜之本意也。嗣后,凡遇岁歉米贵之年,著该督抚即饬地方官,交出仓储,减价平粜,务期有济民食,毋久易拘泥成例。"

一般年景下,每年三四月间照市价平粜,五月份将平粜银两尽数解贮到库,九月初旬,新谷上市时,仍令各州县买谷返仓。在丰收之年,常平仓谷按照市价核减五分发粜,如遇荒歉之年,则举办平粜,价格多少,由各省酌情而定,并将应减之数上报请旨。仓储谷物卖出后,需要买补,以保持仓储定额。买的粮价按当时市价而定,如价格上涨,原卖粮之款项不敷补足买补之数,则由政府补贴。

乾隆四十四年奏准:"嗣后,豫筹平粜食粮,每石不得过三钱。其果有必须大加酌减情形,各省督抚临时确切奏闻,请旨裁夺。"①

为适应仓储数量迅速增加及城市发展需要,添建仓廒已成当务之急。乾隆八年,江西巡抚陈宏谋奏请:瑞州、临江、建昌、广信、饶州、南康、九江、抚州8府,及星子、德化、新建、清江、新淦5县均有上年加贮谷石,"请添建仓廒共七十九间"②。十一年,直隶总督那苏图奏:"保定府城,密迩京畿,兵民屯聚,商贾往来,倍于他郡,唯县仓积谷四万石,与省会之去远,尚有未备,请于保定建仓五十间,贮谷四万石。"③得到批准。十三年,陕西怀远县余剩并续收粮31 000余石,无廒收贮,"应添建

---

① 以上资料见嘉庆《大清会典事例》卷二五九,《户部》。
② 《清高宗实录》卷一八七。
③ 《清高宗实录》卷二七八。

窑仓十座"①。同年，陇、神、靖3州县采买粮食，又葭、定、神、靖、陇5州县收还粮石，廒座不敷，"应添建一百五间"②。同年，贵州巡抚爱必达奏请将该省储粮增加到100万石，得到户部批准。③ 十八年，黄廷桂奏请："停建城垣，急建仓廒。甘省连年采买，谷石日增，各属旧仓不敷……添建仓廒实难再缓。"④ 三十八年，河南巡抚何煟奏：豫省各州县仓谷，向例以231万余石为额，此外赢余为地方储备，并协济邻省之用。节年溢额44万石，仓廒不敷存贮，请将溢额4 000石以外者，"变价解司，遇有平粜应买之谷，先尽该年息谷抵补"⑤。四十九年，毕沅认为，近查绥德一州，民物殷繁，较所属各县烟户多至数倍，"应请于原定额谷外，再增贮四万石"⑥。

仓储之谷用于平粜、赈济之后，需及时补足，未能及时买补的，政府三令五申，催促当地政府及时买补，充实仓储，不得缺额。政府认为充实仓储，是备灾救灾重要手段。乾隆二年，甘肃巡抚宗室德沛称："甘省民鲜盖藏，其每岁额征，除兵粮外，所余无几，自应于丰收之岁，预先买贮……共贮粮一十七万石，以备应用。"⑦ 户部从其请。七年，山西布政使严瑞龙奏："通省常平社仓，实存谷、米、莜、麦一百七十六万六百余石，合计似有余，分贮实不足。今岁收成，统计九分有余，应广为采买，以实仓储。"⑧ 十八年，广东巡抚苏昌奏：丰顺县僻处万山，贮后"不敷粜济"，请增加仓储"三千石"⑨。获得批准。三十二年，山东

---

① 《清高宗实录》卷三一九。
② 《清高宗实录》卷三一九。
③ 《清高宗实录》卷三二九。
④ 《清高宗实录》卷四三三。
⑤ 《清高宗实录》卷九二八。
⑥ 《清高宗实录》卷一二一三。
⑦ 《清高宗实录》卷五四。
⑧ 《清高宗实录》卷一七九。
⑨ 《清高宗实录》卷四三四。

"酌动地丁银两"，买补"未经买补"① 的缺额。四十六年，福建巡抚奏称：闽省仓谷于四十二、四十五等年，平粜之谷，尚未买补者，计 278 500 余石，分今明各年买补。②

按乾隆十三年常平仓储粮计算，如果成年人日吃米 1 市斤，未成年孩子日食米 0.5 市斤计，大人小孩年平均需米 2.71 石③，或需原粮 4.5 石，④ 那么 33 792 330 石贮备粮够 9 938 920 人吃一年，也就是说，即使颗粒无收，这些储备粮也够近千万人吃一年，如果赈灾时间为三个月，就有近四千万人免于挨饿。

嘉庆以后，由于经济发展走向衰退，⑤ 常平仓积谷开始出现缺额。六年上谕指出，常平仓"存贮谷石，定有额数，原以备本处水旱偏灾平粜、赈济之用。若仓储实充，取之裕如，何至民食难于接济。总由各州县平日不能实心经理，或出粜后并未随时买补还仓，或竟任意侵挪亏缺，以致积贮空虚，猝遇偏灾茫无所措"⑥。十四年，嘉庆帝查阅各直省上报十一至十三等年份的"常平奏销册报"发现所存粮数 26 122 000 石，"较之额贮数目不及十分之七"⑦。至道光十五年，道光帝再查"常平奏销册报"时，各省存谷仅止 2 400 余万石，共需"补谷一千八百余万石之多"⑧。同治三年，朝廷称各地常平仓谷"任令米粟空虚，遇变无所倚赖"⑨。嘉庆后，常平仓贮谷剧减，就极大地削弱了赈灾功能。至光绪年间，救灾用粮，严重依赖进口。

---

① 《清高宗实录》卷七九二。
② 《清高宗实录》卷一一四五。
③ 系 1 个成年人、1 个未成年人，一年平均口粮数。
④ 系按每石谷出 6 斗米计。
⑤ 参见江太新《清代救灾与经济变化关系试探——以清代救灾为例》，《中国经济史研究》2008 年第 3 期。
⑥ 嘉庆《大清会典事例》卷二五九，《户部》。
⑦ 《清仁宗实录》卷二二〇。
⑧ 《清宣宗实录》卷二七四。
⑨ 光绪《大清会典事例》卷一九二。

清前期救灾用粮,从国外进口者有限,但至清后期却不同了,竟至"欲避无从"之境。如光绪二十六年,黄河水溢,年成歉收,进口之大从二十四年的 11.8 万英担增至 74.3 万余英担。同年,福建兴化,雨多麦损,"美国面粉,销路渐广矣"①。三十年,福建地区"偶遇禾稻损坏,所蓄之资多出购外洋谷米"②。宣统元年,江苏徐海淮 17 州县灾区,每一州县极贫之丁口,十七八万至二三十万不等,若平均以 20 万计,总贫困人口已达 340 万人,购运米麦薯干,近则奉天、山东,远则日本、暹罗,又远则美国,"周折之繁,欲避无从,费用之巨欲省不得"③。下面将 1867 年至 1911 年历年进口大米数额列表如下:

表 2-1-5　　　　历年大米进口统计（1867—1911 年）

年代	量（担）	值（两）	担（价）	年代	量（担）	值（两）	担（价）
1867	713 496	1 101 565	1.54	1890	7 574 257	11 445 779	1.51
1868	349 167	510 009	1.46	1891	4 684 675	6 597 259	1.41
1869	346 573	481 526	1.39	1892	3 948 202	5 826 415	1.47
1870	141 298	247 993	1.75	1893	9 474 562	12 965 249	1.37
1871	248 396	405 620	1.63	1894	6 440 718	9 743 005	1.51
1872	658 794	1 092 873	1.66	1895	10 096 448	15 622 509	1.55
1873	1 156 052	1 439 862	1.25	1896	9 414 568	15 021 979	1.60
1874	6 293	7 596	1.21	1897	213 702	4 011 053	1.91
1875	84 621	106 773	1.26	1898	4 645 360	10 448 838	2.25
1876	576 279	660 278	1.15	1899	7 365 217	17 813 038	2.42
1877	1 050 901	1 593 617	1.52	1900	6 207 226	11 376 675	1.83
1878	297 567	527 468	1.77	1901	4 411 609	7 050 887	1.60
1879	248 939	333 796	1.34	1902	9 730 654	23 611 125	2.43
1880	30 433	43 517	1.43	1903	2 801 894	760 711	2.73

---

① 李文治:《中国近代农业史资料》第 1 辑,生活·读书·新知三联书店 1957 年版,第 772 页。
② 光绪三十年二月《厦门商政局报告·实业现况》。
③ 张謇:《代江督拟设导淮公司疏》宣统元年,《张季子九录·政闻录》卷一〇。

续表

年代	量（担）	值（两）	担（价）	年代	量（担）	值（两）	担（价）
1881	197 877	247 064	1.25	1904	3 356 830	8 379 530	2.50
1882	233 149	288 002	1.24	1905	2 227 916	8 544 971	3.84
1883	253 210	303 485	1.20	1906	4 686 452	11 749 590	2.51
1884	151 952	202 359	1.33	1907	12 765 189	34 417 307	2.70
1885	316 999	466 624	1.41	1908	6 736 166	26 578 933	3.95
1886	518 448	894 262	1.72	1909	3 797 705	15 655 342	4.12
1887	1 944 251	2 755 654	1.42	1910	9 409 594	31 320 326	3.33
1888	7 132 212	9 633 829	1.35	1911	5 302 805	18 695 724	3.53
1889	4 270 879	6 021 090	1.41				

资料来源：杨端六，侯厚培《六十五年来中国国际贸易统计》。

说明：1. 每担粮价系采用小数点后两位（四舍五入）；2. 1867—1873 年，系上海两；1873—1911 年，系海关两。

2. 社仓、义仓

社仓初创于康熙年间。康熙十八年（1679）题准："乡村立社仓，镇店立义仓，捐输积贮，公举本乡敦重善良之人管理。出陈入新，春月借贷，秋收偿还，每石取息一斗，年终州县将数目呈详上司报部。管仓人储谷繁多，题明给顶带荣身；有官吏掊克者，照侵欺正粮例处分；有强抑勒，借端扰民者，该督抚题参治罪。"次年覆准："直省常平仓谷，留本地备赈，义社仓谷，留本村备赈，永停协解外郡。"① 但当时义社仓发展成效不大，至雍正时才得到发展。李光地奏请："其各市镇村庄可否效古人遗意，于收敛之岁，或劝募富家出谷，倡议或计算田产按亩薄输，何乡所出，即贮之本乡，司以本乡之人。遇上岁则有入无出，年年增捐；中岁则平粜，务使价极廉贱，不必取赢，秋成以其价籴补；下岁则发贷，其力能还者，秋成交仓，不取利息，力不能还者，免之；如果逢凶饥，则尽数者赈，俟丰年从新劝募。"《会典事例》定：

---

① 康熙《大清会典》卷之二十九，《户部仓庚二·各省府州县卫仓下》。

社仓之设,"原令民间自行积贮,以百姓之资粮,济百姓之缓急。其春贷秋偿,及滋生羡息,各社自为经营登记。地方有司,但有稽查之责,不得侵其出纳之权"①。到乾隆十八年时,据报"捐谷数共二十八万五千三百余石,合百四十四州县卫所,共村庄三万五千二百一十,为仓千有五百"。此后,社仓有所发展。如河南一省就有104个州县立社仓。据乾隆三十一年《奏呈河南省各州县应存社谷数目清单》,该省除中牟县、鹿邑县、虞城县、柘城县没有设立社仓记载外,其余104个州县都建立社仓。社仓存谷数达到652 257石。这些存谷,如果按104个有社仓州县平均,每州县存谷多达6 271.7石。但各州县存谷参差不齐,多者达四万多石,少者只有二百多石而已。其中存谷1万石至41 433石者计22州县,存谷5 000石至9 942石者有22个州县,存谷1 000石至4 854石者有44个州县,存谷218石至968石者有16个州县。② 显然,存谷多的州县,遇到灾荒时,能发挥更大作用。按照清政府规定,社仓存谷主要作为乡村救济,无大灾害时,春借秋还。康熙时定:春借一石,秋还一石一斗;雍正二年定:春借一石,秋还一石二斗,十年后,息已二倍于本,以加一行息,小歉即免息。③乾隆十七年,直隶永定河金门闸迤下引河一道,分减汛涨。引河经由宛平、良乡、涿州、固安、霸州、新城六州县,凡淤浅应挑濬者,例劝民力。"仰恳于各州县存仓米内,每人日借给米一升,秋成免息还仓"④。

义仓系两淮盐商及浙江商众捐资设立。据《会典则例》称:雍正四年,"题准两淮众商公捐银二十四万两,盐院缴公务银八万两,奉旨以二万两赏给两淮盐御史,以三十万两为江南买贮米谷,

---

① 光绪《钦定大清会典事例》卷一九三,《户部》四二,积储·社仓积储。
② 中国第一历史档案馆藏:《清代灾赈档案史料汇编》,档号:03—0754—058。转见闫娜轲《清代河南灾荒及其社会应对研究》,博士学位论文,南开大学,2013年。
③ 《清朝文献通考》卷三四,《市籴三》。
④ 《清高宗实录》卷四一三。

盖造仓厫之用，所盖仓厫赐名盐义仓"①。主要设立于城市。各处盐义仓额储仓谷有五十万石左右。

此后，乾隆初年，山东巡抚方观承建议在乡村设立义仓："义仓则借与赈兼行，而所重尤在猝然之赈也。借直如民间之自通有无，赈不啻各村之家藏、储蓄。而其大要则设仓宜在乡而不在城，积谷宜在民不在官。"② 乾隆帝将该奏折颁发各督抚，征求是否可行意见。③ 乾隆十二年九月，山西巡抚准泰上报义仓各例十条。④ 据山西布政使刘慥《奏报缓征各州县未完社义二仓谷石缘由事》，山西在乾隆二十三年前已经设立义仓。

下面试以山西为例，对社义两仓数量、乾隆年间社义两仓储谷数量进行具体考察。

表 2-1-6　　　　　　　山西部分州县社仓数及储谷数量

州县	社仓（处）	义仓（处）	资料来源
太原	3	5	乾隆《太原府志》
榆次	4	6	乾隆《太原府志》
太谷	6	无	乾隆《太原府志》
祁县	3	无	乾隆《太原府志》
长治	19	3	乾隆《潞安府志》
长子	10	5	乾隆《潞安府志》
襄垣	6	6	乾隆《潞安府志》
壶关	4	7	乾隆《潞安府志》
凤台	12	9	乾隆《凤台县志》
高平	8	4	乾隆《高平县志》
阳城	4	无	乾隆《阳城县志》

---

① 乾隆《钦定大清会典事例》卷四〇，《户部·积贮》。
② 山东巡抚方观承：《奏报劝输义仓谷石以广积储事》，乾隆十二年正月十二日，中国第一历史档案馆藏：《硃批》，档号 04-01-35-1138-005。
③ 《清高宗实录》卷二八三。
④ 山西巡抚准泰：《奏议通行义仓条例事》，乾隆十二年九月十五日，中国第一历史档案馆藏：《硃批》，档号 04-01-35-0620-026。

续表

州县	社仓（处）	义仓（处）	资料来源
陵川	5	5	乾隆《陵川县志》
和顺	5	3 间	乾隆《重修和顺县志》
闻喜	分贮四乡	10 间	乾隆《闻喜县志》
稷山	68 村	16 村	乾隆《稷山县志》
绛县	仓廒 2 座	5	乾隆《绛县志》
介休	104	5	乾隆《介休县志》
孝义	17	3	乾隆《孝义县志》
翼城	5 间	无	乾隆《翼城县志》
平陆	仓廒 5 座	仓廒 2 座	光绪《平陆县续志》
夏县	5	4	乾隆《解州夏县志》
曲沃	8	5	乾隆《新修曲沃县志》

资料来源：王璋《灾荒·制度·民生——清代山西灾荒与地方社会经济研究》，博士学位论文，南开大学，2012 年。

表 2-1-7　　　　　　　乾隆朝山西义社仓谷统计

年代	义谷（石) 应贮	出借	出借率	社谷（石) 应贮	出借	出借率
乾隆十六年	172 158	86 557	50.3	405 678	157 354	38.8
乾隆十七年	183 128	96 626	52.8	427 406	182 006	42.6
乾隆十八年	163 250	77 302	47.4	375 306	137 741	36.7
乾隆十九年	197 847	86 913	43.9	448 470	147 273	32.8
乾隆二十一年	200 492	143 564	71.6	469 454	264 909	56.4
乾隆二十二年	203 812	123 317	60.5	473 398	209 139	44.2
乾隆二十三年	178 729	70 397	39.4	437 200	167 900	38.4
乾隆二十五年	145 013	61 626	42.5	374 565	164 461	43.9
乾隆二十六年	157 504	33 634	21.5	358 551	71 292	19.9
乾隆二十七年	199 845	65 185	32.6	450 507	137 754	30.6
乾隆二十八年	232 553	69 659	30.0	536 296	148 596	27.7
乾隆二十九年	232 539	78 551	33.8	541 198	156 379	28.9
乾隆三十年	235 783	78 325	33.2	554 002	178 583	32.3
乾隆三十二年	245 484	69 411	28.4	579 643	171 809	29.6

续表

年代	义谷（石）			社谷（石）		
	应贮	出借	出借率	应贮	出借	出借率
乾隆三十三年	250 373	76 157	30.4	596 736	188 574	31.6
乾隆三十五年	253 423	85 860	33.9	614 197	196 439	32.0
乾隆三十八年	264 725	74 457	28.1	659 240	187 123	28.4
乾隆四十一年	273 491	67 010	39.2	689 260	352 428	51.1
乾隆四十五年	228 990	61 054	26.7	469 692	138 639	29.5
乾隆四十八年	239 618	38 315	16.0	502 498	61 732	12.3
乾隆四十九年	240 444	74 066	30.8	506 996	231 348	45.6
乾隆五十年	191 016	57 931	30.3	305 581	107 712	35.2
乾隆五十一年	196 025	22 595	11.5	311 703	38 048	12.2
乾隆五十二年	197 030	45 440	23.1	316 757	84 107	26.6

资料来源：中国第一历史档案馆藏：《民数谷数折、义仓谷石数折》。转见王璋《灾荒·制度·民生——清代山西灾荒与地方社会经济研究》，博士学位论文，南开大学，2012年。

义仓、社仓的谷储量与常平仓比要少得多，但它是地方上的储备粮，用于灾年平粜、出借、赈济，使用灵活、快捷，有利于解救燃眉之急，为灾民解困。

第二节　强化社会保障措施

（一）截漕赈济

漕粮是国家的"天庚正仓"，历朝都很少挪为他用。到清代，漕粮的功能发生了变化，除提供皇室、贵族用粮，京师官兵俸米、甲米外，社会功能也显得越来越重要。清政府为解决灾区粮食困难，截漕赈粜成为经常之事。

赈济分两种，一是设厂煮粥，一是散给。按定例，赈济米大口每人每日准报销米三合，小口减半。道光三年定《折给米粮散放章程》，大口每日每人给米五合，小口减半，逐日分别散给。普济堂、功德林二处粥厂，于每年十月十五日开堂起至次年清明节散堂。赈济用米一般只用几百石几千石米。以下是见于《漕运全书》的几个记载：

嘉庆五年，近畿一带干旱，贫民糊口维艰，中顶庙内存留难民千余名，著五城顺天府再行煮赈一月。

六年，永定门、右安门外，各村庄灾民共有 22 000 余人，每口日给米三合三勺，小口减半，每日米八十七八余石，著加恩赏发京仓秫米 2 640 石，以资接济。

二十二年，大兴、宛平两县受灾。章煦等奏请：两县赈米不敷，请拨本色米一折，经批准再拨通仓秫米 8 000 石，以资赈济。

二十四年，勘明大兴县所属被水较重共 190 村庄，应设厂四座，宛平县所属被灾较重共 54 村庄，应设厂二座。户部拨银 3 000 两，仓场拨粟米 300 石，交顺天府派员承领，分设粥厂，以济民食。自八月十六日开厂起至十月初一日止，迅速派员承领，分设粥厂，以济民食。后又著仓场侍郎再于京仓拨给粟米 1 200 石以补不足。

又，大兴知县奏准：大兴县四厂因岳家务等处阻水村庄粥米兼放，添派粟米 200 石，以资赈济。

道光二年，顺天府奏准：在芦沟桥等四处择宽栋大庙宇搭盖棚座设厂煮赈。拨京仓粟米 4 000 石，经费银 2 000 两，于八月一日开厂。

三年，顺天府奏准设厂煮赈，在芦沟桥等四处宽大庙宇搭盖棚座，请拨京仓粟米 4 000 石，经费银 2 000 两，即于八月初一日开厂。

又于采育村、庞各庄各添设饭厂一座，按添设饭厂应折给米粮散放章程，照煮赈每日大口准扣销米三合，小口减半之例发放。以五日之米并一日给发，每月于逢一、逢六日散放，"每次大口给米一升五合，小口给米七合五勺"，均于九月初一日开厂折米散放。户部拨给秫米 2 000 石，经费银 1 000 两。

四年，大兴、宛平两县饭厂存米无多，著加恩再赏米4 000石。以资接济。

又，五城停止饭厂，将前经赏拨未领余米1 500石分给五城栖流所，每城可领米300石，照放赈例大口五合、小口减半，逐日分别散给。

又，普济堂、功德林二处粥厂，收养贫民每年于十月十五日开堂起至次年清明节散堂止，实赏给京仓小米300石。

六年，在外城设粥厂赈济，奏准从京仓拨米270石。每月需米，于八月一日起给发。

咸丰二年，增拨普济堂、功德林二处粥厂小米200石。

四年，增拨普济堂、功德林二处粥厂小米200石。

同治五年二月增拨普济堂、功德林二处粥厂小米200石。

八年，增拨普济堂、功德林二处粥厂小米500石。

九年，增拨普济堂、功德林二处粥厂小米500石。

十年，增拨普济堂、功德林二处粥厂小米500石。

十一年三月增拨普济堂、功德林二处粥厂小米200石，八月又增拨小米500石。

十二年增拨普济堂、功德林二处粥厂小米500石。①

此外，有八旗等赈米。满洲、蒙古、汉军八旗和内务府三旗，每旗每日各领米6石，向于九月散发。咸丰年间，诸旗此项赈米每日共发54石。

京畿密迩京师，清王朝为维护其统治，对畿辅治安特别重视，因此经常截留漕粮实行赈粜。② 如康熙二十二年，"畿辅地方欠收，米价腾贵"。清廷即下令："通仓每月发米万石，比时价减少

---

① 光绪《漕运全书·仓粮拨赈》卷六四。
② 同治年间捻军起义，清廷为了京畿安全，实行赈济以安民心。彭祖贤建言："窃恐畿辅饥民十百为群以均粮为名，藉端扰夺，渐至聚众滋事。"见彭祖贤《请筹费赈济疏》，《同治中兴中外奏议编》卷三。

粜卖，止许平民零粜（籴）数斗，富贾不得多粜（籴）转贩。"

直隶历年截拨漕粮赈粜情况：

乾隆二年，直隶截拨湖北省漕粮 300 000 石，存贮天津北仓备赈。①

四十三年，直隶大名、广平、顺德等各府，山东济南东昌各属等府，均有缺雨之处，二麦大半歉收，市粮未能充裕，不免拮据，著再将江西尾后数帮之米于直隶、山东各截留 50 000 石，以资接济。②

四十五年，直隶雨水颇多，各州县间有淹浸之处，被水地亩收成歉薄，于天津水次截留漕粮 100 000 石，存贮北仓，以备赈恤。

又直隶遭水灾，歉收，再截留 200 000 石存贮北仓，以备接济直隶各属赈恤。

又武清、房山等四十一州县歉收，截留漕粮 600 000 石。

四十七年，直隶各仓因赈恤之后，贮谷未能足数，将天津北仓截存漕米 90 232 石，以备缺额。③

五十年，直隶大名等十州县雨泽愆期，冬春赈借需用较多，截留漕米 100 000 石，分拨大名府各州县以备赈借。

五十五年，截留江西抚州、广信等帮，稜米共 300 000 石，以备赈济。④

五十七年，直隶顺德、广平、大名三府，自三月以来天旱，恐间阎口食拮据，截留漕米 300 000 石。五月又奉谕旨，追加 200 000 石。其计 500 000 万，以备赈。⑤

嘉庆六年，直隶被水较广，截留漕米 600 000 石。

---

① 光绪《漕运全书·截留拨运》卷六八。
② 同上。
③ 同上。
④ 同上书，卷六九。
⑤ 同上。

十三年，直隶被水州县应需赈济，于天津北仓拨米200 000万石，届期散放。另拨银260 000两备用。

十八年，直隶省顺德、广平、大名三府各州县本年雨泽稀少，麦收歉薄，粮价增昂，从江西尾帮截留漕粮40 000石，拨给直隶。

又，顺德、广平、大名三府至小暑并无透雨，秋禾播种已迟，若再加恩，并于湖广漕帮内再截留粳米50 000石，以备赈恤。

二十二年，直隶保定一带地方干旱，秋成缺收，恐明春青黄不接，于湖南尾帮截留粳米117 900余石，以接济乏食贫民。

二十四年，永定河漫水下注，下游各州县被淹，办理赈恤需用米石，截留江西、湖南漕粮180 000石。

又，大兴、宛平二县等十余州县被水，截卸北仓米100 000石，以赈恤。

道光二年，直隶受灾，准于天津北仓截留漕米350 000石，以赈恤。

三年，直隶频年灾赈，又值今年雨水过多，田禾受损，恐致粮价日昂，农民口食维难，著截留江广帮漕粮400 000石，以添民食。

又，蒋攸铦奏称：灾区日增，恐米不敷支放，请再留江西漕粮。令将九江后帮及吉安、抚外二帮船粮米全行截卸，以备用。

又，文安等六州县所需米石，现在截留豫东二省米麦121 200余石，以供平粜。

又，准直隶总督颜检奏请：再于大河前帮船拨米60 000石，给文安等六州县平粜米10 000石，其余50 000石留直省平粜。

六年，准那彦成奏：直隶大名府属被旱，请将江苏漕粮就近截留粳粳米50 000石，办理抚恤。

又，通州旱灾，米价昂贵，准从通仓拨米1 000石平粜。

七年，直隶沧州、南皮等七州县被灾，将天津北仓漕米拨给，以供赈济。

十年，本年直隶天津等处被水，照所请截留浙江漕米80 000石，奉天解通粟米20 000石，计100 000石，以备各属赈济。

十一年，本年夏秋之交，顺天等处雨水暴发，永定河、滹沱河两地田庐禾稼多被淹没，小民荡析离居，加恩著照所请，截留江北运米105 800余石，以备各属赈济。

十二年，通州被灾，拨通仓米1 000石，以备赈恤。

十三年，通州被灾，拨通仓米1 000石，以备赈恤。

光绪四年，直隶被灾，截江苏、苏松漕粮120 000石，以备赈恤。

又，直隶被灾，加恩截拨江苏漕粮40 000石，以备赈恤。

五年，直隶被灾，截拨江苏江北漕米60 000石，以备赈恤。

六年，直隶被灾，截拨湖北漕粮30 000石，以备赈恤。

又，直隶被灾日增，著照所请，再截拨江苏、浙江漕米100 000石，以备赈恤。

九年，直隶被灾，拨米赈济。

十年，直隶通外、天津各州具被灾，截拨江苏、浙江漕粮100 000石，以赈恤。

十二年，顺天府属被灾，截拨江苏苏北漕粮，以赈恤。

十三年，顺天府属被灾，拨京仓漕米100 000石。

十八年，直隶被灾，截拨江苏及苏北漕粮100 000石，以赈济。

十九年，直隶被灾，截拨江苏、苏北漕粮100 000石，以赈济。

二十年，直隶被灾，截拨江苏漕粮120 000石，以赈济。

二十二年，直隶被灾，截拨江苏及苏北漕粮100 000石，以赈济。

二十七年，畿南被灾，截拨山东漕粮50 000石，以赈济。

清王朝之所以特别重视畿辅灾荒问题，乃由畿辅是京师门户，关系清王朝的统治。同治初，畿辅四品京官彭祖贤奏："现捻军飘忽，需饷孔艰，而京师为天下根本，岁歉民饥，尤关紧要。"① 赈济畿辅饥民意图十分清楚。

以上所载乾隆二年（1737）至同治十三年（1874）赈粜数是据《漕运全书》计出的。在这 137 年间共赈粜 30 次，有数可计者，共计米麦 4 750 532 石。这个数字是不完全的。又光绪四年（1878）至二十七年（1901）的赈粜数是据《东华录》计出的，赈粜 14 次，有数可计者，共计米麦 1 020 000 石。前后共赈粜米麦 5 770 532 石。漕粮功能的社会化，极大地增强了赈灾的力度，使更多农民免遭高利贷盘剥，较为顺利地渡过难关，从而有利于保住仅有的一点土地。

（二）建立平粜制度

保证粮食市场价格稳定，是抗灾救灾中首要解决的问题。人不可一日无粮，一旦断粮，就会影响生产，影响社会安宁。但无论是水灾、旱灾，或是其他自然灾害，造成的恰恰是粮食减产或颗粒无收。在这种情况下，粮食供求关系会失去平衡。投机商、为富不仁的地主，就会乘机哄抬粮价。农民为了活命，就会变卖家产甚至是土地。如果这时政府能在受灾地区抛出大量粮食，就可以保持灾区粮食市场价格稳定，就会增强农民抗灾信心，尽量保住仅有的一点土地，以留住日后的活路。清政府对此有深刻认识，为此，在受灾地区采取各种办法来平抑粮价。

如康熙三十一年，西安米贵，政府从湖广调米 20 万石，米价照湖广价加上运费出售，西安粮价即平。三十四年，顺义歉收，高粱一斗三百钱，政府从通仓运米一万石，五千担在顺义减价发粜，一斗百钱，"民以不困"。六十年，直隶、山东、河南、山西、陕西大旱，政府令直隶巡抚将常平仓谷 1 605 272 石、山东巡抚将

---

① 彭祖贤：《请筹费赈济疏》，《同治中兴中外奏议编》卷三。

常平仓谷473万石、河南巡抚将常平仓谷1 347 000石、山西巡抚将常平仓谷480 200石平价粜卖。乾隆二十四年，甘肃米贵，在按常例酌减不足以平市价时，政府采取限价措施，"将粟米每石减粜银二两四钱，小麦每石减粜银二两二钱，庶贫民不致难于买食"①。

当粮食丰收之年，谷物价格下跌，也会起到破坏生产的作用。康熙元、二、三年江苏松江府获丰收，石米价至五六钱。当地农民视南亩为畏途，往往空书契卷，求送缙绅，都"遭到坚却"②。五年，苏州府秋大熟，斛米二钱，"田之所出，不足供税"，"富人寂粟盈仓，委之而逃……无过问者"。"额征追比……人户卖男、卖女、卖屋、卖坟，而田则决无从卖。田无从卖，则钱粮必不能完，而或逃或死，田地抛荒。苏州田地三百年来从无荒逃者，至今日而荒逃过半矣。"③十年，广东揭阳，因"谷太贱则无可输课，耕夫无以赡家，田多抛荒"④。为了维护农民收入，保持农民生产积极性，政府动用库银，按正常市价"采买"，不致粮价顿减。乾隆元年，川陕总督查郎阿说，甘肃粮食丰收，由于地瘠民贫，一切费用皆仰给于所收之粮，有不得不粜之势，迨至争欲粜卖，价值平贱，所得无几，是以丰收之年转受粮贱之累，名为熟荒。高宗皇帝同意他的建议："秋收之后，随时随地按市价采买，使民间不受熟荒之累。"⑤七年又定："其采买之道，视收成丰熟之处照依时价，不可勒派，亦不可急于多籴，使民间反致价昂。"⑥

在推行平粜法方面，清代在吸收明代做法的同时，有所改进。

---

① 以上资料，转见江太新《清代粮价变动及清政府的平抑粮价》，《平准学刊》第五辑（下），光明日报出版社1989年版。
② 叶梦珠：《阅世编》卷一，《田产》。
③ 陆世仪：《陆桴亭先生遗书》卷五，《姑苏钱粮三大困四大弊私言》。
④ 《揭阳县志》卷七。
⑤ 《清朝文献通考》卷三六，《市籴五》。
⑥ 同上。

乾隆三年，两广总督鄂弥达指出：平粜之价不宜顿减，若官价与市价相去悬殊，市侩唯有藏积以待价，而小民藉以举火者必皆资于官谷。仓储有限，其势易罄，而商贩转得居奇，于其后是欲平粜而粜仍未平。若按市价减十分之一，所减有限，铺户亦必小低其值，以翼流通，而后以次递减，期平为止。只有这样"则铺户无所操其权，官谷不虞其匮，谷价可以渐平"①。为了做到"货集价落"，政府一方面禁止遏籴之令，同时吸收商人参与粮食运销，借给商人资本，保护商人合法利益，给少数民族商人免税优待等。②

要保证粮食流通畅通无阻，禁止遏籴是件十分重要的工作。各地方政府为自身利益，往往禁止粮食外流。为此，清廷累有禁遏籴令。乾隆七年，高宗皇帝下令禁遏籴。他指出，天时有雨旸，地土有高下，而年之丰歉因之。以天下大疆域之殊，欠于此者或丰于彼，"全赖有无相通，缓急共济。在朝廷之采买拨协，固有变通之权宜，断无有于米谷短少之处，而强人之籴买者。若有收之地，商贾辐辏，聚集既多，价值自减，则穷黎易于得食，此邻省之相周，与国家赈恤之典相济为用也。我皇考与朕俱曾屡颁遏籴之禁"③。道光二十年，宣宗皇帝重申禁遏籴之令。他说："各省州县偶遇歉收，邻近丰熟地方，理宜缓急相济，如若所奏'近来地方官，动以保留本处民食为名，刁衿劣监纠人禀官示禁止贩运，因胥吏把持，棍徒包揽，遇有往来商贩，抑勒刁难，务遂其盘踞自肥之计。由此，粮价日增，有妨民食'等语，违例出示，遏籴病民，殊于地方大有关系，不可不严行禁止。"并下令"如查有前项情弊，立即参办"④。

---

① 《清朝文献通考》卷三六，市籴（五）。
② 参见江太新《清代粮价变动及清政府的平抑粮价》，《平准学刊》第五辑（下）。
③ 《清朝文献通考》卷三六，《市籴五》。
④ 《清宣宗实录》卷三三二。

与此同时，朝廷还严禁官吏向商人敲诈勒索。顺治十七年，内大臣伯索尼对满洲大臣家人出城迎截各省来京商民一事奏称"四方血脉宜通也"，如短价强买，"如此则商人必畏缩而不敢前"。世祖指出，势豪满洲大臣霸占行市，恣行垄断，迎截各省来京商人，亏价勒买，"殊为可恶，著严察议奏"①。雍正八年，世宗说："今江浙俱获丰收，米价甚贱，湖南既有需米之州县，著该商仍照前议领米，即于湖南需米之处照时价粜卖。"并下令"不许地方官抑勒商人"②。乾隆二十三年，户部右侍郎裘日修奏称："近年恩旨，凡贩运米豆至灾地者免纳关税，原期商贩流通，以裕民食。但立法稽查，始则本省给票，继则沿途验放。既售又须缴票，吏胥需索，倍于纳税。又以票注贩往何地，中途遇善价，不得他售，商人为累，却顾不前，灾地米粮转乏。"他建议："嗣后，请照旧收税，俾商人无候验之繁，需索之费，一任择价前往，到处流通，价自平减。"高宗表示"从之"③。另外，又制定牙行法，禁牙行侵渔："凡诸物牙行人，评估物价或以贵为贱，或以贱为贵，计所增减之价坐赃论，入己者准窃盗论。"④ 乾隆四年，高宗称如有"胥役更名捏姓兼充牙行者，杖一百，徒三年，诓骗客货者，枷号一个月，发附近充军。地方官失察者罚俸一年，徇纵者降二级调用……"⑤

清政府为解决粮食来源，鼓励外商输入粮食。外商输入粮食，政府除免其粮食税外，还按每船所运粮食数量多少，减免随船其他货物进口税。此外，还鼓励本国商人到安南（越南）、暹罗（泰国）运米回国，并可免税粜卖。⑥

---

① 《世祖实录》卷一三七。
② 《清朝文献通考》卷三五，《市籴四》。
③ 同上。
④ 转见冯柳堂《中国历代民食政策史》，第252页。
⑤ 《清朝文献通考》卷三二，《市籴一》。
⑥ 《清朝文献通考》卷二六，《征榷二》。

清政府通过这些措施保护商路畅通的同时，争取境外粮食进口，以补充不足，来保证救灾之需求，并平抑粮价。

各项政策实施，使有清一代粮价保持相对稳定。以缺粮的苏州、江宁、杭州、安庆、福州五府乾隆二十八年（1763）至光绪十年（1884）一百二十一年间粮价变动为例，大致可证明这点。请看下表：

表2-2-1　　中国东南地区中米价格（1763—1884年）
指数：1788—1790=100

年别	苏州府 价格	苏州府 指数	江宁府 价格	江宁府 指数	杭州府 价格	杭州府 指数	安庆府 价格	安庆府 指数	福州府 价格	福州府 指数
1763	—	—	—	—	2.02	117	—	—	—	—
1764	1.73	117	1.61	112	—	—	1.36	94	—	—
1767	1.67	113	1.62	113	—	—	—	—	—	—
1770	—	—	—	—	—	—	1.77	122	—	—
1778	1.85	125	1.90	132	—	—	—	—	—	—
1783	2.03	137	1.84	128	1.98	114	1.57	108	1.84	104
1784	1.77	120	1.87	130	1.95	113	1.69	117	1.88	106
1788	1.54	104	1.52	106	1.73	100	1.44	99	1.80	102
1789	1.49	101	1.47	102	1.74	101	1.51	104	1.83	103
1790	1.42	96	1.34	93	1.71	99	1.41	97	1.69	95
1791	1.43	97	1.32	92	—	—	—	—	—	—
1797	—	—	—	—	—	—	—	—	1.71	97
1798	—	—	—	—	—	—	—	—	1.69	95
1799	—	—	—	—	—	—	1.50	103	1.66	94
1800	1.12	84	1.26	88	1.56	98	1.50	103	1.65	93
1801	1.68	114	1.67	116	1.80	104	1.51	104	1.59	90
1802	1.97	133	1.82	125	2.27	131	1.53	106	1.53	86
1816	2.76	186	2.70	188	2.99	173	1.91	132	2.14	121
1817	2.29	155	2.18	151	2.28	132	1.78	123	1.98	112
1826	2.28	154	2.48	172	2.76	160	1.56	108	2.31	131
1827	2.17	147	2.47	172	2.80	162	1.72	119	2.17	123

续表

年别	苏州府 价格	苏州府 指数	江宁府 价格	江宁府 指数	杭州府 价格	杭州府 指数	安庆府 价格	安庆府 指数	福州府 价格	福州府 指数
1828	2.18	147	2.44	169	2.56	148	1.51	104	2.03	115
1830	—	—	—	—	2.86	165	—	—	—	—
1832	2.43	164	2.73	190	2.67	154	1.96	135	2.63	149
1833	2.81	190	2.49	204	2.92	169	2.15	148	2.51	142
1834	3.03	205	3.07	213	2.89	167	2.57	177	2.79	158
1835	2.20	149	2.27	158	2.62	151	2.06	142	2.51	142
1836	2.25	152	2.26	157	2.67	154	1.96	135	2.56	145
1844	2.36	159	1.55	108	2.35	136	1.13	78	2.00	113
1845	2.24	151	1.42	99	2.49	144	1.11	77	1.98	112
1846	2.00	135	1.17	81	2.49	144	1.00	69	1.83	103
1847	1.96	132	1.57	109	2.49	144	1.06	73	1.84	104
1848	1.98	174	1.56	108	2.49	144	1.07	74	1.81	102
1851	2.03	137	1.47	102	2.19	127	1.21	83	1.65	93
1852	1.32	89	1.42	99	1.86	108	1.19	82	1.66	94
1853	1.29	87	1.28	89	1.76	102	1.05	72	—	—
1863	—	—	—	—	—	—	—	—	2.45	138
1864	—	—	—	—	—	—	—	—	2.47	140
1870	2.08	141	2.05	142	2.63	152	1.94	134	2.50	141
1871	1.93	130	1.72	119	2.44	141	1.73	119	2.32	131
1873	1.74	118	1.64	114	2.36	136	1.28	88	2.08	118
1874	1.73	117	1.66	115	2.28	132	1.28	88	2.02	114
1881	1.40	95	1.36	94	1.97	114	1.24	86	1.85	105
1882	1.48	100	1.50	104	1.95	122	1.23	85	1.89	107
1883	1.73	117	1.55	108	2.12	123	1.43	99	2.00	113
1884	1.72	116	1.59	110	2.07	120	1.43	99	2.00	113

资料来源：王业键《清代粮价长期变动》一文中"中国东南地区中米价格"表。

说明：指数系指1788年至1790年3年间各府粮价平均数。取小数点后两位数，所得指数为：苏州府1.48两，江宁府1.44两，杭州府1.73两，安庆府1.45两，福州府1.77两。

上列江南五府粮价表，是王业键先生根据台北故宫博物馆1178份粮价清单，整理出的"中国东南地区中米价格（1763—1884年）"一表。此表时间，上限始于乾隆二十八年（1763），下限断于光绪十年（1884）。其间包含乾隆、嘉庆、道光、咸丰、同治、光绪六代政府，时间跨度长达121年。根据此表可以看到，在此期间：苏州府最低米价为1.12两，最高米价为3.03两，高低之间相差1.91两，平均每年米价上涨0.015两；江宁府最低米价为1.17两，最高米价为3.07两，高低之间相差1.9两，平均每年米价上涨0.016两；杭州府最低米价为1.56两，最高米价为2.99两，高低相差1.43两，平均每年米价上涨0.012两；安庆府最低米价为1.00两，最高米价为2.57两，高低之间相差1.57两，平均每年米价上涨0.012两；福州府最低米价为1.53两，最高米价为2.79两，高低之间相差1.26两，平均每年米价上涨0.01两。纵观东南五府121年间米价变动情况，变动最大的为江宁府，每年米价平均上涨0.016两；变动最小的为福州府，每年米价平均上涨仅0.01两而已。况且，在这121年间，米价并非年年上涨，中间还有落价之时。这五府麦价变动情况，与米价变动情况大体相同，不再赘述。东南这五府是缺粮地区，本地所产粮食，不足以供当地食用，多仰赖于四川、湖南、湖北、江西、台湾等处供给，一旦哪个供应环节出问题，粮价随时都有猛烈上涨的可能性。然而，这些地区一百多年间，并没有发生粮价持续腾涌现象。虽然粮价有所上涨，却是渐进的。个别年份，曾出现粮价较大幅度增加，但第二年的粮价又有所回落，一直保持相对平稳的态势。这种情况的出现，不能不说是清政府长期坚持平抑粮价所取得的成果。

（三）建立家族自救制度

族田义庄早在宋代就开始出现。据记载江苏苏州、金坛，浙江东阳，江西临江、铅山、新淦，福建福清、莆田都有族田义庄建立。元、明年间延续不断，至清代有较大发展。族田受国家保护。如康熙五十四年，苏州吴县申氏义田祭田遭族人盗卖，上告到吴县，县府批示：案照先奉布政司粮守道本府各宪批详，俱经饬行勒不在案。今奉前因，合再勒禁。为此示谕主奉、主管司并通族子姓人等知悉，嗣后义、祭两田，恪遵旧制，永为遵守，毋许纷更。道光二年十二月江苏布政使司定：祖宗祀产，倘有不肖子孙，投献势要，私捏典卖，及富室强宗谋吞受买，各至五十亩以上者，悉依投献捏卖祖坟山地原例，问发充军。田产收回，卖价入官。不及前数者，即照盗卖官田律治罪。其盗卖宗祠者，亦计间数，一体办理。若盗卖义田，应仍照例罪，止杖一百，徒三年。谋买之人，各与同罪。祭、义田亩，还获优免差徭。①

族田在国家保护下，得到很大发展。江苏情况，据方志称，吴县清代前期新创建义田四处，耕地面积达五千五百四十二点六亩，加上宋、明二处，共计耕地一万二千二百三十七点五亩。元和县清代新建义田八处，耕地达一万一千三百五十九点八亩，加上明代所建两处，共计耕地一万二千二百五十九点八亩。长洲县新建义田五处，耕地面积五千六百一十八点八亩。② 常熟、昭文两县清代前期建义田九处，计耕地面积一万一千八百一十二亩。③ 昆山、新阳两县清代建立义田六处，计耕地面积二千五百六十四亩。④ 据李文治教授估计，到清代后期，江苏全省义田有三四十万亩以上。⑤ 据民国时期调查，"常熟、吴县、无锡、昆山等县底族产都在十万亩上下"⑥。浙江在有清一代也多建义田。就清前期而言，萧山新建两处义田，一处田产为三百亩，另一处不详；平湖两处，田产一千二百亩；西安（今衢州）四处，田产不详；常山两处，田产不详；昌化三处，田产不详；桐乡两处，田产不详；

---

① 洪焕椿编：《明清苏州农村经济资料》，江苏古籍出版社1988年版，第78—81页。
② 民国《吴县志》。
③ 光绪《重修常昭合志》。
④ 光绪《昆新两县续修合志》。
⑤ 李文治：《论明清时代的宗族制》，载《中国社会科学院经济研究所集刊》第4集，中国社会科学出版社1983年版。
⑥ 行政院农村复兴委员会编：《江苏省农村调查》，商务印书馆1934年版，第6页。

会稽一处，田产一百四十一亩；慈溪一处，田产五千亩；钱塘一处，田产不详；永嘉一处，田产不详；长兴两处，其中一处田产五百亩，另一处不详；嘉善十三处，有十一处田产共四千三百六十一亩，另两处不详；石门五处，田产不详；海宁五处，其中一处田产五百亩，其余不详；余杭三处，一处田产二百五十一亩，其余两处数不确切；奉化一处，田产四十余亩；新昌一处，义田数百亩；嵊县六处，其中三处义田共一百六十亩，另三处不详；镇海两处，共有义田一千三百三十亩，其中一处庄屋五十七楹；新登两处，田产不详；临海一处，田产不详；定海一处，田产二十亩。① 据《武义县志》记载："族无大小，各有宗祠，祠各有产"②，又《义乌县志》载："钜族多立宗祠，置祭产"③，《龙泉县志》亦称："土著旧家皆聚族而居，……皆有祭产。"④ 从武义、义乌、龙泉等县志记述看，以上统计数字并不能完全反映浙江当时的族田数量，实际族田数量可能还要更多。

据张研研究，清前期江西族田也有很大发展。乾隆年间，官方曾两次对江西宗祠、族田进行清查。辅德称，该省有族田六千七百三十九处，数量较大的有七百六十处。⑤ 据土地改革时华东军政委员会的实地调查，其时江西族田尚占全省土地的百分之十以上。⑥ 若按光绪十三年全省耕地四十七万三千四百三十顷⑦计算，江西省的族田有四万七千三百四十三顷至五万六千八百一十二顷之多。当然，清前期可能要少些。

---

① 以上数字根据张研《清代族田与基层社会结构》（中国人民大学出版社1991年版）第46—50页表中有关清代前期部分义田数字汇集而成。

② 嘉庆《武义县志》。

③ 同上。

④ 光绪《龙泉县志》。

⑤ 辅德：《复奏查办江西祠谱疏》，又《请禁祠宇流弊疏》，见《皇清奏议》卷五五、卷一八，转引自张研《清代族田与基层社会结构》。

⑥ 华东军政委员会：《新区土改前的农村》。

⑦ 李文治：《中国近代农业史资料》第1辑，第60页。

广东，清代前期各姓多置族田，据陈翰笙先生调查，民国时期，广东六十三个县中，族田面积为百分之三十点二七；其中连县、花县、惠阳、番禺、中山、台山、新会诸县，族田占本县农田的比例甚至高达百分之五十以上。① 可见族田之普遍。

福建族田创建较早，在宋时就有福清林氏义庄，莆田陈氏义庄等，到清代又有发展，据《仙游县志》，仙游县各族皆置祭田。② 其实，仙游之外的县份皆有族田，据土地改革时调查，闽西、闽北地区族田占该地区耕地面积百分之五十以上，闽东、闽南沿海地区族田占有额虽然要比闽西北少些，但也占该地区耕地面积百分之二十至百分之三十之间。③ 这些数据虽然不是清前期数字，但还是有一定参考价值。

其他各省也有族田记载，如安徽徽州府《黟县志》载："族各有众厅，族繁者又作支厅。富庶则各醵钱立会，归于始祖或支祖，曰祀会。"④ 仅屏山舒氏支祖祀会舒据德就占有土地 646.01 亩。据汪庆元研究，明清黟县宗族祀会、族产占有土地的数量超过地主。民国时期还是如此，黟县 1950 年开始土地改革，全县没收地主、富农田地 18 172 亩，征收族祀、祀会田地 30 452 亩。祀会族产占没收田地总数的 62.63%。⑤ 广西，至道光末年，每县平均约有族田三万亩，桂南各州县尤为普遍。⑥ 湖北通山县也有大族皆建祠置产记载，⑦ 湖南永兴县志称当地风俗，"同族有祭会祭田"⑧。据四川《云阳县志》，由嘉庆至光绪年间，该县先后创建

---

① 陈翰笙：《广东农村生产关系与生产力》。
② 乾隆《仙游县志》卷八《风俗》。
③ 华东军政委员会：《福建农村调查》。
④ 嘉庆《黟县志》卷三，《地理》。
⑤ 汪庆元：《清初黟县鱼鳞册所见乡村社会的土地租佃关系》，《古今农业》2011 年第 4 期，第 57 页。
⑥ 梁任葆：《金田起义前广西的土地问题》，《历史教学》1956 年第 7 期。
⑦ 同治《通山县志》卷二《风俗》。
⑧ 光绪《永兴县志》卷一八《风俗》。

族田的有"张、刘、汤、涂、叶、黎、曾、蒋、邓、于、沈、邹、薛、程、甘、彭、朱等三十二家"①。

综上所述，清代前期的族田，就全国而言，可能是一个不小的数字。但具体有多少，鉴于缺乏完整的数计，很难说清楚。

族田的功能很多，如祭祖、助学、完纳田赋、赈济救困等，但主要的是济贫解困，从而达到收族与睦族的目的。清初顾炎武曰，由于范氏创立义田，"至今裔孙犹守其法，范氏无穷人"②。清中叶，钱大昕《陆氏义庄记》云：古代行宗法，"无贫富之殊"；"自宗法不行，士大夫无以收其族，昭穆即远，视为路人……即有敦本好礼能施惠于三族者，一时遂赖以济，而不能经画可久之计，论者不无遗憾"，因此主张效法陆氏义庄法，"创立义田，以赡宗族"③。方苞亦谓："盖以文正置义田，贫者皆赖以养，故教法可得而行也。"④ 如何济贫解困？《京江柳氏宗谱》中保留有祀田经营管理及分配条例，可资参考。

> 族中有鳏寡孤独、残废无养者，议定每口每月给米二斗四升，男妇同。其子女五岁开支，十三岁内照成人减半，十三岁外方与成人一例。夏月收麦易面，每月每口支面三十斤，子女减半。每月初五日开仓支给。倘非孤、寡、残废、无依不得借名冒支，亦不许非明透给。若经营者不与本色，改折银钱，察出见一罚十。
>
> 族中鳏、寡、孤、独、残、废、疾者既支米面，冬月亦不可无衣，议定每年冬祭日，每名给白布二匹，计长四丈，棉花一斤半，男妇同；子女五岁开支，每名给白布一匹，计

---

① 民国《云阳县志》卷二三，第 15—19 页。
② 顾炎武：《日知录》卷六《庶民安故财用足》。
③ 钱大昕：《潜研堂文集》卷二〇《陆氏义庄记》。
④ 方苞：《方望溪先生文集》卷一四《仁和汤氏义田记》。

长二丈，棉花十一两。经营者亦不得改折银钱，察出与前同罚。

族中男、女长成，无力嫁、娶者，议定娶妇助银八两，嫁女助银四两，不嫁娶不得冒支，冒支者追银八两，仍于祖宗前领责，继娶减半。

祭田余利只以赡养宗族之贫乏，若非宗族不得擅支，即有女出嫁贫乏亦不得借言来支。①

下面，再举《练西黄氏义庄规条》。

义田之设原为周贫，非以继富。苟力可自存，固无借乎升米之糈。使不论贫富，一概计口给米，本祠义田无多，日后支系日繁，恐难以为继，凡吾族家有恒产及读书有馆，设肆营生，力能自给者，概不给米。

族中实在贫乏，近族房长报明，男女自十六岁以上者，每日给白米八合；十三岁至五岁，日给白米五合；五岁至四岁，日给白米三合；四岁以下者，不给；女于出嫁日停给。如支糙米，每斗折作白米八升。

族中丧葬实在贫乏者，上丧支钱六千文，中丧支钱五千文，下丧支钱两千文。十六岁以上已婚娶者作上丧，未婚娶者、十二岁以上均作中丧，十二岁以下者作下丧。其有将钱支出，不即行埋葬及别项花销者，案出，将应给米照数扣除。其应减口粮，即于病故日报明，支销丧费；本祠据报注册，开除口粮。

族中婚娶实在贫乏者支钱十千文，嫁女者支钱七千文。均须明媒正配，族房长主婚；若娶异醮之妇、淫奔之女为妻

---

① 《京江柳氏宗谱》卷一〇，道光五年《丹徒柳氏宗祠条例》。

者，或嫁女于匪人者，不准支给。族中知悉并言论禁之。

年过六十以上者，于本分应支之外，每年酌给银四两，以为甘旨之奉；如鳏、寡、孤、独、废、疾、无人待养者，亦于本分应支之外，加银四两，以示体恤。①

族田除赈济鳏、寡、孤、独、废、疾外，也有按口给粮的。如昆山顾氏有族田"凡五百亩，每月计口授粮，或婚丧不能举及应试难窘，格外恤之有差"②。《长洲县志》亦记，浔阳义庄"其制按口而算，计日而给，丧葬婚嫁有助，鳏寡疾废有恤"③。

张研认为，族田支出以国课、公务为第一，一般占族田租入分配的一半以上。祭祀、助学支出也是大宗，祭祀支出在百分之十至百分之二十四之间，广东南海肖氏族田除祭祀外，主要是为宗族教育之需，其助学支出均超过族田田租支出的百分之五十，彭氏义庄的助学也占族田租入总支出的百分之三十二。赡族费用，视族田创建时用途而定，有高有低。彭氏义庄赡族占族田租入总支出的百分之二十，席氏义庄赡族占田租总支出的百分之三十，徽州某姓四会中，专以赡族名义设立的"悖本会"和"推广会"赡族所出分别占该会所入的百分之七十和百分之六十，广东肖氏族田赡族支出占祭祀以外支出的百分之十，高淳邢大公祠赡族支出仅占族田田租总支出的百分之一。④

从有些记载来看，赡族部分要比张研所说的多，因为有的族田所缴田赋还包括族内各户自有田地，如《窦山公家议·管理议》称："户门税粮原系众者，各房分纳。人众弊生，至嘉靖三十一年间，照依旧额，尽行扒出入众。今续买并旧额，其米一十三石三

---

① 《练西黄氏宗谱》卷一七。
② 乾隆《昆山新阳合志》卷三五《艺文》，孙仉城：《顾氏义田记》。
③ 乾隆《长洲县志》卷四《官署》。
④ 张研：《清代族田与基层社会结构》，第150—151页。

斗七升八合八勺，麦六石三斗九升四合，立例于后，递年填注粮额若干。其里役粮差一应公事，俱系管理将众银应办。日后不许分析，苟有倡言分析者，即是阴坏众业弊端，管理告家长家众，即时举罚。"①《荥阳义庄规条》定："唯正供首宜慎重，自建设义庄后，地丁银两务于二月完半，九月全完，依限输纳，冬季漕粮拣选干圆洁净好米上充国课，司庄人等勿得懈忽。"②临海屈氏义庄、江夏陈氏义庄都规定"先公后私"③，"早完国课"④。苏州吴氏还专门拨出二百亩族田为"奉公田"，专为完粮纳赋。⑤在封建社会里，完粮纳赋是农民的一项繁重的经济负担，有些农家往往因赋税无出，而卖田卖地，在屯溪档案《胶契簿》中，并不鲜见。⑥族田中拨出一部分田产或一部分租谷，替族人缴纳国课，对农户来说，无疑是减轻了繁重的经济负担，实际上也是一种福利，也是赈济的一种方式。

从上述可以看到，有的族田多的家族，采用了按口给粮，使族众无缺粮之忧；有的家族族田较少，租入有限，采用照顾鳏寡孤独废疾之人的办法，把他们包下来；有的家族还担负周困的义务，帮忙解决族内成员一时之难，使他们顺利渡过难关；婚丧喜庆是农家一项沉重负担，许多家族以此为扶持对象，消除了他们的后顾之忧；有的家族还专门拨出一部分田产，为家族成员缴纳田赋，减轻农户繁重的经济负担。由于这部分人有家族共同财产的扶助，当遇到天灾人祸时，能较容易地渡过难关，这在一定程度上也使农民避免走上破产之路。

这里顺便谈一谈族田性质问题。有学者认为，族田是地主阶

---

① 周绍泉、赵亚光：《窦山公家议校注》，《窦山公家议》卷一《管理篇》。
② 《东汇潘氏族谱》，见《荥阳义庄规条》。
③ 《江夏陈氏义庄规条》，见《续增规条》。
④ 《临海屈氏世谱》，见《义庄规条》。
⑤ 《吴氏支谱》卷一二《义田记》。
⑥ 中国社会科学院经济研究所藏屯溪档案《胶契簿》。

级的变相财产。是否如此，应当从产品分配角度来考察。若族田是地主阶级的变相财产，那么族田的租入应当主要归于地主。但从族田开支情况看，这种说法并不成立，如民国彭氏义庄预决算表所示，见表2-2-2。

表2-2-2　　　　　　　民国彭氏义庄预决算

项　目	庚申预算（元）	庚申决算（元）	决算中各项开支百分比
收入（田租）	7 000	6 235.87	
忙　漕	1 400	1 136.58	18.2
征　派	460	587.72	9.4
祭　祀	150	154.1	2.5
月　米	1 200	456	7.3
庄正、庄副薪金	470	900	14.4
庄　校	900	900	14.4
津贴学费	400	714	11.4
婚丧嫁娶失业	200	175	2.8
修　理	100	453	7.3
修　谱			
余预备费	720	163	2.6

资料来源：转见张研《清代族田与基础社会结构》，第157页。
说明：决算表中各项开支百分比项原表所无，为引者所加。

表2-2-2中虽然出现各项开支与总支出相差六百零三点四五元的情况，但绝大部分支出并不落入地主腰包，如果庄正、副由地主担任，地主收入不过占总支出百分之十四点四而已，并且这还是薪金。

族田虽然主要是由官僚、地主、商人捐赠，但有的是通过族众捐赠或集资购买的。此外从族田管理的规定看，也否定了族田是地主阶级变相田产的说法。道光五年《丹徒柳氏宗祠条例》称："建立宗祠，置买田产乃义举。一经入祠，即系祠中公物。本支毋得视同己产，族人亦毋垂涎。倘或私典盗卖，合族当祖宗神位前责以不孝之罪，仍协力鸣官，追还族内。"①

有清一代，族田获得巨大发展。结合土改时调查材料估计，江苏南部各州县族田占 7%—8%，最高不超过 10%，常熟、吴县、无锡、昆山等县"族产都在十万亩上下"；安徽徽州府属族田占 14.32%，祁门、休宁两县 3 村调查，族产占 32%，皖中、皖北低于 4%；长江流域江西、湖南、湖北，"公族田一般占全部耕地百分之十五以上"，族田约占 4%；广东族田"粮额占其邑之半"，据此，族田似应占 50%；广西族田占 22.10%；福建闽北、闽西族田约占 30%，沿海各地约占 15%；台湾族田若以嘉庆田额为准，族田约占 63%，族田占据相当大比例。黄河流域各省族田占 1%—2%。② 从总体上来说，清前期比例可能小些。

族田收入除祭祖以外，主要功能是赡族。如杨氏置赡田 500 亩，子孙"席有余资"③，苏州范氏置义庄，至今裔孙"无穷人"④，浙江沿海地区士大夫多置义田，"厥族久而不衰"⑤。练西黄氏义庄规条定"族中实在贫乏，近族房长报明，男女自十六岁以上者，每口日给白米八合……年过六十者，如鳏寡孤独及废疾无人待养者"都给予资助。⑥ 族田发展虽然不平衡，但族田救济功能不能忽视，当发生灾荒时，有族田族众能得到一些帮助，从而渡过灾难，在困难中得以生存。

（四）以工代赈

有清一代，水灾连绵不断，政府既要赈灾，又要治河，开支

---

① 《京江柳氏宗谱》卷一〇。
② 转见李文治、江太新《中国宗法宗族制和族田义庄》，社会科学文献出版社 2000 年版，第 190—197 页。
③ 周光镐：《明农山堂汇草》卷一〇，《杨氏敦本宗祠记》。
④ 顾炎武：《日知录》卷六，《庶民安故财用足》。
⑤ 张履祥：《杨园先生全集》卷一六，《沈民族谱序》。
⑥ 《练西黄氏宗谱》卷一七。

极大。清政府在实践过程中，摸索出一条以工代赈的路子，把救灾与治河结合起来。清初定："直隶各省地方民堤民埝，遇偏灾歉收之年，该督抚查明应修工，假实在民力不敷者，照例具题兴工代赈，照依修筑官河官堤土成工价，准给一半。"① 康熙四十六年，圣祖称："朕特念江浙财赋重地，小民粒食所资，故欲讲求经久之策。诸臣所见既皆符合，今总漕及各督抚俱为截漕散赈事见在彼地料理，该部速行文伊等，将各州县河渠宜建闸蓄水之处，并应建若干座，通行确查，明断具奏。"又称："以朕度之，建闸之费不过四五十万两。且南方地亩见有定数，而户口渐增，偶遇岁歉，艰食可虞，若发帑建闸，使贫民得资佣工，度日糊口，亦善策也。"② 乾隆六年（1741），大学士高斌等会商修浚南北两运河河堤、桥坝各工，河工成规用银十二万一千余两，按兴工代赈例，需银九万一千余两，是以兴工代赈较河工成规给价转少。乾隆认为此方案不当。他说"地方既有偏灾，即不用其力，尚且多方抚恤，乃因寓赈于工，转致减价给发，于理未协。即该地方已经给赈，而赴工之人，未必即系领赈之人，亦无从区别"。又说"盖所谓兴工代赈，在其工原不必兴者，第为灾黎起见，既受赈之后，因以修举废坠，俾得藉以糊口，自应循照往例。若实系紧要工程，亟应修作，自又当照原价给与"③。为以工代赈定调。下面仅就顺治至道光年间，列举一些"以工代赈"事例，以供参考。

乾隆三年，安庆巡抚孙国玺奏称：凤、庐两府及邻境之颍、六、滁、泗各府州地方，北旱频闻，收成歉薄，亦缘河塘湮淤，无从宣洩、灌溉所致。"请动支关税秋季盈余银两，给发濬修……亦可就食于工。"高宗称："所见甚是。"④

---

① 杨西明：《灾赈全书》卷二，《以工代赈》。
② 《清圣祖实录》卷二三一。
③ 杨西明：《灾赈全书》卷二，《以工代赈》。
④ 《清高宗实录》卷八一。

乾隆四年，河南山东河道总督白钟山奏，黄河南北两岸堤工，今岁五月至七月，雨水连绵，河水涨发，堤工汕刷残缺，应急为修补，"于九月间兴修，寓以工代赈之意"①。

乾隆七年，江南总督德沛奏请：蒙城县潘家湖等九处湖沟开浚、筑埝，"照以工代赈之例，动用公项"。高宗批示："依议速行。"②同年，工部议：江西南昌、新建二县，圩堤冲溢，其工程浩大，灾民难以修筑者，请动充公银，照以工代赈之例，加以夯硪，一律兴修"③。得到批准。

乾隆九年，山西道御史柴潮生奏：疏浚河道时，可"将现在之赈民与递回之流民，停其赈给，按地分段，派令就工，逐日给与工值，酌济二三人口粮，宁厚毋减。……其余口，一户皆不能执役者，仍照例给赈"④。

乾隆十年，河南永城鹿邑等地被水，巡抚硕色奏请以工代赈。乾隆帝批复："一被灾地方，宜以工代赈。"⑤

乾隆十三年，山东开浚沂等河，以工代赈，并加给全价，赴工之民，极为踊跃。⑥

乾隆二十二年，河南夏邑大饥，"浚响河以工代赈"⑦。

乾隆二十三年，豫省之卫辉等府属受水灾，上谕称"念该处当被灾之余，民力殊堪轸恻。著该抚胡宝瑔通饬各属，于派拨民夫，每日按名量给饭钱，亦属寓赈于工之意"⑧。

乾隆三十一年，湖南常德府属，因山洪暴发，堤垸被冲决，高宗降旨："灾后兴举堤工，无食贫民，兼可资以工代赈之

---

① 《清高宗实录》卷九八。
② 《清高宗实录》卷一七二。
③ 《清高宗实录》卷一七八。
④ 《清高宗实录》卷二五一。
⑤ 《清高宗实录》卷二一六。
⑥ 《清高宗实录》卷三一四。
⑦ 民国《夏邑县志》卷九，《杂志·灾异》。
⑧ 《清高宗实录》卷五四二。

益。……即速勘明应修各堤垸残缺丈尺，刻日兴工，俾灾黎均沾实惠。"①

嘉庆四年，粤东西北两江，春涨并发，南海等七县围基被水冲损。仁宗令称：一、修葺银两，"著即加恩赏给，免其完纳"；二、"凌处围基内民田庐舍，猝遭淹浸，恐小民生计维艰。并著吉庆等查明被水地方，本年春征，或有应需蠲缓之处，即行据实奏明，再降恩旨"②。

嘉庆十九年，御史王嘉栋奏：浙江杭、嘉、湖三府被旱歉收，现在青黄不接时，又值米价昂贵，贫民艰于谋食，请开浚西湖，以工代赈。仁宗称："著颜检详加履勘，如应行兴办，并可以工代赈。"③

嘉庆二十五年，孙玉庭等奏增培黄河堤岸，以工代赈一折，嘉庆帝称："着照所请，早为兴办。"④

道光二十一年（1841）六月十六日，黄河在祥符县漫决，苏、豫、皖三省被灾，灾情长达8个月之久。灾情以豫、皖最严重。据陈业新初步统计，豫、皖两省共有8府45州县受灾。其中河南有28个州县受灾。⑤尤其是开封城被水围困长达八个月之久，城内积水4—6尺不等，"墙垣坍塌一半"，"所有护城堤十里以内，人民淹毙过半，房屋倒坏无数"⑥，"旧日附郭村庄，十无一二"⑦。严重水灾，造成大量灾民，赈济灾民成政府沉重负担。为将解决筑堤用工和赈济灾民结合起来，九月初，王鼎上疏，提出"分设

---

① 《清高宗实录》卷七六五。
② 《清仁宗实录》卷四四。
③ 同上书，卷三〇〇。
④ 杨西明：《灾赈全书》卷二，《以工代赈》。
⑤ 参见陈业新《道光二十一年豫皖黄泛之灾与社会应对研究》，《清史研究》2011年第2期。
⑥ 《史料》，第721页；赵钧：《过来语辑录》，《近代史资料》总第41号，中华书局1980年版。
⑦ 光绪《祥符县志》卷六，《河渠志上》。

局厂",以工代赈的施工计划。十月初,江南河督麟庆奏请:"穷民无以营生","已勘估挑河等工,若岁内兴办,以工代赈,即可一举两得"。宣宗下令豫皖巡抚,"妥筹善策"。数万灾荒饥民随即聚于祥符大堤,以工代赈,从事挑挖引河等工,直至次年正月。[1]

除了以工代赈外,政府对房屋受损灾民,给予建房补贴,使灾民不至流离失所。如康熙三十四年,山西平阳发生大地震,政府命:给无力修房之民,每户银一两。[2]

小　结

清前期,农业生产从破败不堪到恢复,又从恢复到发展、到繁荣,造就了中国封建社会最后一次昌盛——"康乾盛世"。这个"盛世"的到来,是与顺治、康熙、雍正、乾隆四朝,大力推行扶助农民政策分不开的。同时,在考察中还会发现,不同的历史时期,会出现不同阻碍农业生产发展的弊端,这时,政府必须随时调整政策,消除不利于农业生产的因素,多为农民着想。当农民的生产积极性得到发挥时,社会经济就会加速发展。

---

[1] 参见陈业新《道光二十一年豫皖黄泛之灾与社会应对研究》,《清史研究》2011年第2期。

[2] 《清圣祖实录》卷一六六。

第三章

减轻农民赋役负担

清前期，政府为发展农业，采取了许多减轻农民负担的政策，如纠正垦荒过程中的浮夸风，进行赋役改革，蠲免赋税，减轻农民地租负担等。这些措施对清代经济发展起过积极作用，也对小农经济的巩固和发展发挥过重要作用，使更多小农在激烈的土地兼并过程中，得以保持和延续。并在一定程度上起到牵制或延缓土地集中的作用。

第一节 清理浮收

康熙年间（1662—1722），尤其是初期和晚期，在垦荒中都出现捏报、勒垦等上下相欺的现象。如康熙初年，湖南衡阳"牧令争以报垦为功"，"报垦荒田六百余顷，科粮千四百余石，实无所出"。① 湘乡招垦包荒粮高达9 904石余，而可耕垦地粮仅为4 602石余，捏报包荒粮为可耕地粮至215%。因而，民困于重征，四出外逃，远者还流落到滇黔，结果"井里成墟，田益荒矣"②。江苏崇明亦有这样的情况。康熙十一年，抚臣罗森报开垦地5 601顷，但"非实在开垦"③。从各直省垦荒实际情况看，康熙二年、三年

---

① 同治《衡阳县志》卷七，《列传》一二三，《王、欧阳、萧列传第三十四》。
② 嘉庆《湘乡县志》卷二，《田赋》。
③ 康熙二十一年十一月四日，巡抚杭爱奏，《东华录》卷七，第26页。

两年共报垦6 221.39顷，而康熙四年报垦数却高达36 911.66顷，①其实，这个数目实际上绝大部分还是认垦数，是尚未垦复的荒地。康熙六年，山东道御史王伯勉就"有司捏报，妄希议叙，百姓包荒，不堪赔累"的情况，提出"以杜冒功虐民之弊"的办法，但未能得到重视，户部仅提出"下部议行"，②从而失去一次纠正浮夸风的有利时机。至康熙十一年，四川巡抚罗森报开垦地共5 601.40顷，但"非实在开垦"，是希图议叙而捏报之数。

康熙朝晚期虚捏垦额以湖南为典型。康熙五十三年，钦差瓦特、总督迈柱令民认垦，以足万历间原额，结果"认垦者尚在未垦"，"因欲足额，要不计其灾荒虚捏也"③。如湘乡县被勒认垦额多到5 421.61顷，④善化被勒认垦数也高达1 473.838顷，⑤益阳被勒认垦也在1 020.23顷之多。⑥

雍正年间，捏报、勒垦之风有愈演愈烈之势。仅雍正十二年，湖北部分州县卫所首报额及勒垦额即高达26 135顷，但其中捏报虚额十分惊人。如郧西县首报额为7 830顷，其中有6 025顷纯系捏报，捏报额占首报额的76.9%。又钟祥等县卫所劝垦额为5 207顷，这其中虚捏数为1 173顷，⑦虚捏部分占劝垦额的22.5%。河南捏报是由田文镜为巡抚总督以来，苛刻搜求，以严厉相尚，而属员又复承其意旨而造成。雍正年间，河南省先后报垦九次，其中田文镜上报七次，报垦数额为1 360顷，占全部报垦额的94%。田文镜"徒务开垦虚名，小民无受产之益，而受加赋之累"⑧。其

---

① 彭雨新：《清代土地开垦史》，农业出版社1990年版，第46页。
② 《清圣祖实录》卷二二。
③ 同治《平江县志》卷一五，《赋税志·田亩》。
④ 嘉庆《湘乡县志》卷二，《田赋》。
⑤ 彭雨新：《清代土地开垦史》，农业出版社1990年版，第68页。
⑥ 嘉庆《益阳县志》卷七，《田赋》。
⑦ 郧西、钟祥首报额、劝垦额、捏报额数计，参见彭雨新《清代土地开垦史》，农业出版社1990年版，第77页。
⑧ 《清高宗实录》卷七四三，乾隆三十年十月戊午。

继任者王士俊，却"借垦地之虚名，而成累民之实害"①。据法敏奏，山东邹平等90州县卫所报告抛荒129 146顷69亩余，遂经逐一查勘，内有积碱未消、浮沙涨漫、山石硗瘠、低洼积水等地共125 589顷74亩，俱属难以垦复，其实可垦地查有3 556顷95亩余，② 由此看来，实在可垦地仅为报告抛荒地中的2.8%而已。据乾隆十一年（1746），安徽巡抚魏定国称宿州卫雍正八年、九年两年共报垦地30顷，是前任守备李巍畏罹处分，"私勒册书摊派，虚提报垦，并非实有垦熟之地"③。四川、广西、福建、山西等省都存在这方面问题。高宗继位后，很快就指出捏报、虚报的普遍性："各省奏报开垦者，多属有名无实，竟成累民之举，而河南尤甚。"④ 捏报垦额，民无受产之实，而受加赋之累的问题严重存在，成为乾隆初年提出："禁虚报开垦"⑤，纠正浮夸风的历史背景。

高宗继承皇位后，即下令"禁虚报开垦"。雍正十三年十月谕："各直省劝垦令开辟荒地，以广种作，以资食用，俾无旷土游民，原系良法美意，然必该督抚董率所属官吏实力奉行，毫无粉饰，俾地方实行垦辟之田，民间实受耕获之利，以此造报升科，方于国计民生有所裨益。乃朕见各省督抚题报开垦者，纷纷不一，至于河南省，所报亩数尤多，而闽省继之。经朕访察，其中多有未实……名为开荒，而实则加赋。非徒无益于地方，而并贻害于百姓也。"并严厉指出，今后"凡造报开垦亩数，务必详加查核，实系垦荒，然后具奏"，"若不痛洗积弊，仍蹈前辙，经朕访闻，

---

① 《清高宗实录》卷七，雍正十三年十一月丙辰。
② 雍正十二年十二月×日，巡抚山东等处督理营田法敏奏，《户部抄档》，《地丁题本》山东（四）。
③ 乾隆十一年四月二十七日，安徽巡抚魏定国题本，《户部抄档》，《地丁题本》安徽（三）。
④ 《清高宗实录》卷五，雍正十三年十月。
⑤ 同上书，卷四，雍正十三年十月乙亥。

必从重处分，不稍如贷"①。同年，大学士朱轼上一奏折，主要内容有：一是土地开垦已达到了饱和点，在"生齿日繁"之时，"断无可耕之地而任其荒芜者"，因此，不应对现存的荒地作不切实的估计。二是山田硗确，随垦随荒；江岸河边，坍涨无定，因而新垦之后未尽升科；又瘠薄土地，数亩只纳一亩之粮。这些都不应视为"欺隐"。三是各地报垦多有不实，四川、广西、河南等省情况甚为严重，应速加制止。四是"民间田地正赋，既有定数，何用苛求"，不要孜孜于报垦升科。五是提出停止丈量、首报，恳请开除虚捏垦田数额。高宗对此奏折十分重视，立即批示"依议"，"速行"②。乾隆元年（1736），高宗又令：将河南"老荒及盐碱、河滩之地，确无可疑者，以慰民望"③。这是顺康雍以来，垦荒政策的又一大转变，从以前急功近利，好大喜功，捏报、虚报的浮夸不实作风，转到比较实事求是的态度上来。

根据高宗"痛洗积弊"的指示，乾隆初年，各省进行一系列清理工作，对从前报垦开荒数额进行清查审核，豁除捏报、虚报不实之额。如河南省，乾隆元年请豁除虚报、难垦数达 8 435 顷 17 亩，占雍正十二年、十三年原报老荒、夹荒、盐碱、河滩等地 22 148 顷 51 亩的 38%。④ 又如山东，乾隆二年，题请豁免雍正十二年报垦地 2 177 顷 9 亩 4 分中的不堪开垦无粮地 864 顷 97 亩 7 分。⑤ 请求豁免额占报垦额的 39.7%。雍正十二年，邹平等州县、卫所共报垦旱田 1 136 顷 37 亩 7 分零，内不能成熟地 479 顷 91 亩

---

① 《清高宗实录》卷四，雍正十三年十月乙亥。又见光绪《大清会典事例》，卷一六六，《户部·田赋·开垦一》。

② 雍正十三年十月×日，大学士朱轼上奏，《户部抄档》，《地丁题本》山西（三）。

③ 《清高宗实录》卷十三，乾隆元年一月癸巳。

④ 乾隆元年×月×日，河南巡抚富德题本，《户部抄档》，《地丁题本》河南（四）。

⑤ 乾隆二年三月二十六日，山东巡抚法敏题；乾隆十一年二月二十三日，户部尚书海望题，《户部抄档》，《地丁题本》山东（四）。

6分，应予豁除。① 共豁除1 344顷89亩3分。再如湖北省，乾隆初年豁除雍正七年至十三年间虚报的垦田12 440顷39亩9分。② 乾隆六年，陕西巡抚题请豁除周至等州县雍正十年报垦不实民地2 353顷54亩5分零，又十年扱垦不实民、屯、更名地2 419顷88亩2分零。共豁除4 773顷42亩7分。③ 根据《清高宗实录》记载，乾隆初年，豁除康雍时期（主要是雍正年间）捏报、虚报垦田数额多达48 600多顷。乾隆时期纠正浮夸风的政策，不仅对垦荒有很大推动作用，而且对减轻农民负担也有重要意义。

第二节 减轻农民赋役负担

在农垦政策鼓励下，清前期垦荒取得很大成效。顺治八年可耕地只有290 858 461亩，十三年增至387 771 991亩，十八年增至549 357 640亩，康熙二十四年增至607 842 900亩，雍正二年增至723 642 900亩，乾隆三十一年增至780 715 600亩，嘉庆年间增至792 106 100亩。④ 在垦荒取得进展的同时，国家田赋收入也有很大增长。如顺治十八年税银21 576 006两，粮6 479 465石；康熙二十四年税银增至26 362 541两，粮6 731 400石；雍正二年钱粮与康熙二十四年持平；乾隆十八年税银增至29 611 201两，粮8 406 422石。⑤ 农业经济发展，使政府有雄厚的经济实力来减轻农民负担。

（一）减轻税则

乾隆五年，河南巡抚雅尔图奏称：豫省地土，原有水田、旱

---

① 《户部抄档》，《地丁题本》山东（四）。
② 《户部抄档》，《地丁题本》湖北（四）。
③ 《户部抄档》，《地丁题本》陕西（四）。
④ 本数据在李文治《中国近代农业史资料》第1辑第60页表的基础上，对个别数字做了修订。
⑤ 梁方仲：《中国历代户口、田地、田赋统计》，上海人民出版社1980年版，《乙表·表70，表71，表72，表73》。

田二项，而现在旱田之中，可改水田者尚多，"只以旱田赋轻，水田赋重，一经改种，必须题请加赋，小民既费工本，又增粮额，是以因循观望"。高宗称：朕思水田收获，倍于旱田，若可改种，则易瘠土而为沃壤，于民间自有裨益。至加增科则，为数无几，且此系现在输粮之田亩，非新垦隐匿可比。"嗣后有情愿将旱田改作水田者，悉从其便，钱粮仍照原定科则征收，免其呈报有司，改则加赋。"① 乾隆三十八年十二月上谕称："即或滨河沿海之区，间有东坍西涨，其数甚微，只须地方官查明，照例妥办。若以新垦民屯地亩，复将丁银随年摊纳，是与小民较及锱铢，尤非惠下恤民之道。"② 对东坍西涨，数量不多的地亩，甚至免于摊征丁银。

（二）蠲免赋税

清政府蠲免赋税有因灾蠲免，有各省轮流蠲免，有带征蠲免，有积欠蠲免等。享受蠲免利益者既有地主、自耕农，也有佃户，"征租者照蠲免分数，亦免佃户之租"③。有清一代蠲免税粮之多，次数之繁为历代仅见。自康熙元年至四十四年十一月间，"所免钱粮数目，共九千万有奇"。又称"自康熙四十二年以来，蠲免钱粮数目一千六百余万"④。至四十九年止，"前后蠲除之数，据户部奏称，共计已逾万万"⑤。乾隆六十年，高宗自称："行庆施惠，闾泽频加，节经普免天下漕粮三次，地丁钱粮四次，其余遇有偏灾，随行蠲赈，不下亿千万两。近将各省积欠钱粮，概行蠲免，又复数千余万两。"⑥

1. 蠲免田赋规定。田赋蠲免有三种方式，一是受灾地区田赋的蠲免；一是全国性的轮流蠲免；一是清除历年积欠。后两种蠲

---

① 《清高宗实录》卷一二六。
② 《清高宗实录》卷九四八。
③ 《清圣祖实录》卷三四。
④ 《清圣祖实录》卷二二三。
⑤ 同上。
⑥ 《清高宗实录》卷一四八八。

免往往在国家重大庆典时颁行，也称恩蠲。

灾蠲 随着农业生产恢复，清朝政府国库充盈，政府有能力为受灾地区农民减轻负担。

顺治十年议定，被灾八九分者，免十分之三；五六七分者，免十分之二；四分者，免十分之一。① 康熙九年规定："灾伤蠲赋，或有穷民租种官绅富户地，其应纳租谷租银，亦令地主照分数免征。"② 又定"凡遇水旱灾份蠲免钱粮，业户不行照蠲免钱粮分数减免佃户，仍照常勒取者，或佃户告发，或旁人出首，或科道纠参，将业主议处；所收之租追出，给还佃户"③。十八年十二月，清圣祖询问各省灾荒蠲免钱粮时指出："被灾省份，若不蠲免钱粮，民生可悯。应将该省所收，逐一察明，使百姓获得实惠。"④ 雍正六年，将蠲免之例，加以调整："加增分数，以惠烝黎。其被灾十分者，著免七分；九分者，著免六分；八分者，著免四分；七分者，著免二分；六分者，著免一分。"⑤ 至乾隆三年，高宗又提出受灾五分者，亦准报灾，经"地方官查勘明确，蠲免钱粮十分之一，永著为例"。⑥ 乾隆初年，两江总督那苏图奏称："乡绅富户虽遇歉收，不过稍损其余盈，原未有伤其元气。况伊等田连阡陌，家多盖藏。……蠲免分数在绅富之所省有限，苟移于贫民，则编户之受益良多。盖小民丝粟必计，多免一分，即受一分之惠；富户资财饶恕，减免丝毫不见所免之益也。"他把江南民户分为三种：一户额征银在五两以上者为富户，自五两以下至一两者为小户，其至数钱、数分及一分数厘者为贫户。他建议"凡额征银五钱以下，至数分及一分数厘之户，准其全行蠲免；额

---

① 《清圣祖实录》卷二四四。
② 《康熙会典》卷二一。
③ 《定例成案合镌》卷五。
④ 《清圣祖实录》卷八七。
⑤ 《清世宗实录》卷六七。
⑥ 《清高宗实录》卷六八。

征银在五钱至一两以上,及五两之户,计全免穷户之外,将所余之数统计,酌量均匀分数蠲免;其额银在五两以上者,毋庸蠲免"。"如此,则富户原无所损,而贫民更邀蠲免之益。"① 乾隆帝对那苏图的建议并不反对。② 乾隆五年,河南巡抚雅尔图奏请:"如被灾五分,则收成五分,自应止收五分之租;被灾六分,则收四分之租;其至被灾十分者,则地内一无所出,自应全免其租。"③ 乾隆谕旨称:"著照所请行。至各省可否照此办理之处,大学士会同九卿议奏。"④ 乾隆十年,江苏巡抚陈大受奏:"今酌议业户收租,照蠲免之银,酌减分数。如业户邀免一两者,应免佃户五钱。"⑤ 乾隆十四年,山东连遭灾歉,山东学政李因培建议:"令抚臣广行劝谕有田者,将本年粮粒与佃民平分,积年宿逋不得一概追索。"但遭乾隆帝反对。乾隆帝称:"只可令州县官斟酌情形,善于开导,使有田者好义乐从。"⑥ 乾隆二十二年,河南夏邑等四县被灾,蠲免积欠及应征次年地丁钱粮时,乾隆帝谕旨称:"其富家大族田连阡陌者,如亦一例邀恩,是国家旷典为若辈附益之资,殊非惠鲜本怀。"令"田逾十顷以上者不必蠲除"。如若富户作弊,将田"分寄各户,希冀纠邀蠲豁","即行按律治罪"。从条例规定层面上来看,灾蠲对自耕农来说是有好处的。但对佃农来说,开始实施之时,佃民得益较多,可乾隆二十二年之后,这一政策已做了调整,已从规定退到劝说层面了。但要肯定的是:灾蠲政策开始实施之时,不论对自耕农也好,或佃农也好,对减轻其经济负担,增强其经济实力是有益处的。

恩蠲规定 康熙二十九年八月,山东巡抚佛伦奏称"东省康

---

① 那苏图:《蠲免事宜疏》,《清经世文编》卷四四,户政一九,荒政四。
② 《清高宗实录》卷九一,乾隆四年四月旨。
③ 《心政录》卷二。
④ 《清高宗实录》卷一一八。
⑤ 《清高宗实录》卷二四五。
⑥ 光绪《山东通志》卷首,列圣训典二;《清高宗实录》卷三三六。

熙二十九年分地丁钱粮尽行蠲免"，"无地小民尚未得均沾圣泽"。奏请"将其地租酌量减免一分至五分不等"①。户部议覆："嗣后直隶各省遇有特旨蠲免之省，业户既当一应差徭，将蠲免钱粮之数分作十分，以七分蠲免业户，以三分蠲免佃种之民。"② 康熙四十四年十一月，御史李某奏称，康熙二十九年定例"恐地方官日久玩忽，业主仍有照常勒取，亦未可定"③。户部议覆："应照前例通行各省出示晓谕，务使业主、佃户得沾实惠。"④ 康熙四十九年十一月，兵科给事中高遐昌奏请："凡遇蠲免钱粮之年，请将佃户田租亦酌量蠲免。"定例称："凡遇蠲免钱粮，合计分数，业主蠲免七分，佃户蠲免三分，永著为例。"⑤ 雍正三年四月光禄寺卿杭奕禄奏："请敕下江南督抚于苏松二府州县，凡有田之人，于恩免额征钱粮数内，十分中减免佃户三分。"⑥ 户部议覆："查二府恩免额征系条折银两，租田之人交纳皆系米，所减三分应以米算，照条折米一斗折银一钱之例，如有田之人恩免额征银一钱，则于此一钱银之内，纳租人名下减免米三升，以此为准。"⑦ 雍正八年重申："凡遇蠲免钱粮之年，蠲免十分者，江南、浙江二省赋重粮多之地，佃民以应纳田主租粮一石，均减一斗五升；蠲免五分者每一石减免七升五合；其余赋轻粮少各省，蠲免十分者每石减免五升，蠲免分数多寡均照此计算。偏加晓谕：若佃主阳奉阴违，照违制律定拟，追还；地方官失察者同罪。"⑧ 这是当时最为严厉的规定。此后，恩蠲时在减免佃户田租的问题上，法律上已无硬性、明确的规定。如雍正十三年十二月，定例称："若欲照所蠲之

---

① 《清圣祖实录》卷一四七。
② 《定例成案合镌》卷五。
③ 同上。
④ 同上。
⑤ 《清圣祖实录》卷二四四。
⑥ 陶煦：《租核》，《重租申言·稽古》。
⑦ 同上。
⑧ 《大清律例通考》卷九。

数履亩除租，绳以官法，则势有不能，徒滋纷扰。""然业户受朕惠者，苟十损其五以分惠佃户，亦未为不可。""其令所在有司善为劝谕各业户，酌量宽减佃户之租，不必限定分数，使耕作贫民有余粮以赡妻子。""若被刁顽佃户藉此观望迁延，仍治以抗租之罪。"① 再后，乾隆十年、十一年、十四年、三十二年、三十五年、四十二年、五十五年、六十年都有官员建议蠲免特酌减佃户租若干，但已经见不到有关法律规定，皆以劝谕代之。②

2. 从顺治至嘉庆，各直省恩蠲份额及地区范围情况。为了避免冗长累赘重复叙述，我们将这些数据化为表格，使读者一目了然。

表3-2-1　　　顺治至嘉庆各直省府州县卫所恩蠲统计

省别	全省恩蠲 全免	全省恩蠲 部分免	府级恩蠲 全免	府级恩蠲 部分免	州县恩蠲 全免	州县恩蠲 部分免	卫所恩蠲 全免	卫所恩蠲 部分免
直　隶	6	9	55	23	838	1 518	16	364
山　东	6	11	7	8	866	770	18	—
河　南	5	7	11	28	310	502	—	—
山　西	6	5	12	27	128	312	3	—
陕　西	10	11	37	114	217	216	3	13
甘　肃	17	13	296	131	251	226	38	30
江　苏	7	9	66	48	623	1 011	63	78
安　徽	6	7	55	10	338	698	52	82
江　西	2	6	3	5	154	515	—	20
浙　江	7	1	5	13	111	460	33	17
福　建	7	9	4	11	83	98	30	14
湖　北	4	8	2	9	192	631	44	68
湖　南	8	9	3	4	54	221	13	11
广　东	4	6	—	4	56	40	3	1

① 《光绪会典事例》卷二六五。
② 参见《经君健选集》，中国社会科学出版社2011年版，第295—301页表。

续表

省别	全省恩蠲 全免	全省恩蠲 部分免	府级恩蠲 全免	府级恩蠲 部分免	州县恩蠲 全免	州县恩蠲 部分免	卫所恩蠲 全免	卫所恩蠲 部分免
广西	7	5	5	—	—	8	—	—
四川	9	5	38	8	219	17	3	—
贵州	6	7	8	6	17	1	1	7
云南	5	5	5	69	17	22	—	32
奉天	4	3	13	2	30	10	—	—

资料来源：陈振汉等编《清实录经济史资料》，农业编第三分册（下），北京大学出版社1989年版。

从上表看，省一级及府一级恩蠲最多省份为甘肃，其次是陕西；受恩蠲最少的为江西。从州县一级看，恩蠲最普遍的是直隶，其次为江苏，居第三位的是山东、安徽。州县中受恩蠲最少的是贵州。恩蠲次数多少与灾情有关。从中也可以看到政府的救灾力度。

3. 事例。顺治十二年八月，上谕称："畿辅天下根本，部臣从运河决口，议征逋赋。朕念畿内水旱相仍，人民荼苦，复供旧税，其何以堪。今悉与蠲免。"① 乾隆八年，江苏巡抚陈大受疏称："两江水利河工，河旁民田房屋挑废者，酌给价值籽种工本，并豁除粮额各条款。"乾隆帝批准议行。② 乾隆二十二年，河南夏、永等县因大雨叠沛，秋禾多被淹损，势难补种。乾隆帝传谕副都统三泰等，"不分级次贫民，通行赈恤"。著三泰等遵照前旨，"所有被灾州县，逐一详查妥办，毋致灾黎失所"③。乾隆二十八年，高宗在谈到庄有恭酌筹苏、松、太三属水利疏浚一折时称：现在工程大者，已取给于官，其余不得不兼资民力；然折内所支

---

① 《清史稿》卷五《世祖纪二》。
② 《清高宗实录》卷一八八。
③ 《清高宗实录》卷五四〇。

已有十八万余两，其余即须增用，亦不过正项中十分之一二，何必更藉士民输邪，以启无穷弊端乎。至于按田起夫，其说更不可行。"各省大小工程，听无业贫民赴工食力，自于官私两有裨益"。① 乾隆三十一年，湖南常德府城因山水骤发，漫溢江湖，民间猝被异涨，非寻常被水者可比。高宗降旨："灾民口食维艰，现在加恩赈恤，期无失所。"②

清代前期，在政治较为清明、吏治也相对廉明的情况下，不论是灾蠲还是恩蠲，对减轻自耕农或佃户经济负担都有一定作用。对自耕农的延续也有一定意义。

（三）放宽徭役期限

清政府成立之初，人民颠沛流离，渴望有个安稳的生活环境，对科派差徭很反感，为此，顺治六年清政府特做规定："其六年以前，不许开征，不许分毫佥派差役。"同时指出，如纵容衙官衙役、乡约、甲长借端科害，"州县印官无所辞罪"③。尽管规定很严，但实际上派差派款之事，所在有之。《清朝文献通考》曾指出：顺治十八年，"开种之初，杂项杂役仍不能免，此官虽劝垦，而民终裹足不前"④。为扭转这种裹足不前的局面，同年，清政府宣布了放宽服徭役的期限："如河工、供兵等项差役，给复十年，以示宽大之政。"⑤

第三节　实行赋役制度改革

清初，农民丁银负担十分沉重，据曾王孙称，"富者既多脱幸，承差者俱属穷黎"，而"素封之家多绝户，穷檐之内有赔

---

① 《清高宗实录》卷七〇〇。
② 《清高宗实录》卷七六五。
③ 《清世祖实录》卷四三。
④ 《清朝文献通考》卷一，《田赋一》。
⑤ 同上。

丁"①。科则轻重不一，"轻者自每丁一分数厘，重则山西之丁有四两者，巩昌有八九两者"②。黄六鸿称："北地粮轻丁重，每有差徭俱照丁派，故每丁有派至一二两者。"他感慨地说："若穷苦之人，将何所取办乎。"③ 另，虚丁摊派也增加人民负担。据郭松义先生研究，陕西商州（商县），顺治六年（1649），知州薛所习奏请豁免死丁三千九百四十九丁，但仍保留"未除死丁"三千七百余。十七年，该州以一万六百二十三丁进行摊派，结果每丁每年征银四钱三分八厘零，比万历时增加将近三倍。山西猗氏县，清初"以亡丁之差加之子遗之民"，以致"稍有可活者，丁至数两。即贫无立锥者，亦每丁一两矣"。陕西延安府到清初，"屡遭兵燹，人民逃死，存者止存十分之二"，以"虚丁"责令"现丁赔累"。如"延长县以一千六百余丁，而包七千六百余丁"，中部县（黄陵县）"以一千一百丁，冒至八千六百余丁"，安塞县也以一百七十一丁，包纳七百三十四丁之银。结果"每丁每岁有费至三两者，有费至四两者"④。这种情况的存在，使农民纷纷逃亡。据康熙末年估算，仅"山东民人往来口外垦地者，多至十余万"。⑤ 人口流动不定，丁银征收遇到困难。若不进行改革，将会严重影响农民生产积极性，也影响到赋役征收。康熙五十一年，九卿议定："盛世滋生人丁，永不加赋。"⑥ 为摊丁入地创造了必要前提。摊丁入地在康熙年间实行者只有广东一省，大多省份是在雍正年间实行，至乾隆年间实行者有台湾府和贵州省，拖到道光、光绪者有盛京、吉林。各省实施办法也有不同，有通省均摊

---

① 曾王孙：《清风堂文集》卷一三。
② 王庆云：《石渠余记》卷三，《纪停编审》。
③ 黄六鸿：《福惠全书》卷九，《编审部》。
④ 转见郭松义《论"摊丁入地"》，中国社会科学院历史研究所清史研究室编：《清史论丛》第3辑，中华书局1982年版，第5—6页。
⑤ 《清圣祖实录》卷二四九。
⑥ 《清朝文献通考》卷一九，《户口考一》。

者；有各州县按地亩分摊者；甘肃省河东地区则实行丁随粮办，河南地区则照粮摊丁；贵州的贵阳二十九个府厅州县行按亩计摊，平越等三十六府厅州县则各自分别计摊。摊入科则有两种，一种是按田赋（税粮）摊丁银，一种是按亩摊丁银。一省当中，做法也不完全一样，如江苏省有按亩计摊者，也有以银计摊者，也有以粮计摊者，形式多样。各省摊征详细情况请看下表：

表3-3-1　　　　　康熙至光绪年间各省摊丁入地情况

省区	实行年月	实行形式	摊入科则	备考
广东	康熙五十五年户部议准"摊丁入地"	就各州县地亩分摊	每地银一两摊丁银一钱六厘四毫有奇	雍正五年潮州府等未随粮派州县实行摊丁入地
四川	康熙年间	各州县分别均摊	每粮五升二合至四石六斗不等，算人一丁	威州等十一州县，自雍正五年起，摊丁入地
直隶	雍正二年	全直隶通筹计摊	每地赋银一两匀丁银二钱七厘有零。遇闰每两加银七厘九毫四丝	包括班匠银在内
福建	雍正二年	各州县分别均摊	每地银一两摊入丁银五分二厘二毫七毫至三钱一分三厘不等（包括盐钞银在内）	台湾府自乾隆十二年摊丁入地，规定"以通郡之丁银，匀入通郡之田亩"
山东	雍正四年	全省通筹均摊	每银一两摊丁银一钱一分五厘	
云南	雍正四年	从全省计摊	上田每亩摊丁银五厘五毫，中地四厘六毫，下地三厘六毫。上田每亩摊丁银七厘六毫，中田六厘六毫，下田五厘六毫	
浙江	雍正四年	按同一则例分别均入各州县田赋	每田赋银一两，均摊一钱四厘五毫有奇	照粮起丁五十州县，照田起丁二十七州县
河南	雍正五年	各州县分别均摊	每地赋银一两摊丁银一分一厘七毫六丝至二钱七厘二丝零不等	原派闰银州县，摊丁后仍派闰银

续表

省区	实行年月	实行形式	摊入科则	备考
陕西	雍正五年	全省通融计算	每粮一石、银一两摊丁银一钱五分三厘零，闰年再加四厘	
甘肃	雍正五年	河东丁随粮办，河西照粮摊丁	河东：每粮银一两，摊丁银二钱五分九厘三毫有奇。闰年每两加银一钱七分四厘八毫；河西：每粮一石，摊丁银一分六毫有奇	自雍正六年起，按河东、河西均摊
江西	雍正五年	通省均摊	每地赋银一两，摊丁口银一钱五厘六毫	包括盐钞银在内
江苏	雍正六年	各州县分别均摊	每亩摊丁银一厘一毫至六分二厘九毫零不等	松江、常州二府及海州等州县按亩计摊，余以银或粮计摊
安徽	雍正六年	各州县分别均摊	每亩摊丁银一厘一毫至六分二厘九毫零不等	
广西	雍正六年	各州县分别均摊	每地赋银一两摊丁银一钱三分六厘零不等	全州、罗城、阳朔等以粮额均派
湖南	雍正七年	各州县分别均摊	每石派丁银一毫四丝至八钱六分二厘零不等	
湖北	雍正七年	照通省均摊丁银	每钱粮一两，摊丁银一钱二分九厘有零	
贵州	自康熙年间起至乾隆四十二年完成	贵阳二十九府厅州县按亩计摊；平越等三十六府厅州县各自分别计摊	贵阳等二二十九府厅州县，每亩摊丁银五厘四毫四丝零	
山西	雍正九年开始"试办"，至光绪五年最后完成	各州县分别均摊		
盛京	道光二十一年	全地区通筹均摊		"无业穷丁"摊入丁地，其余仍按丁缴纳

续表

省区	实行年月	实行形式	摊入科则	备考
吉林	光绪九年		吉林每地银一两，均摊丁银三钱三分八厘六毫；都伯纳每地银二两，均摊丁银一钱零三厘九毫六丝	

资料来源：转见郭松义《论"摊丁入地"》，中国社会科学院历史研究所清史研究室编：《清史论丛》第3辑，中华书局1982年版。

摊丁入地的结果，一是没有土地的农民不再承担丁银了；二是土地少的自耕农，负担丁银的摊派亦少，比摊丁入地前减轻了赋役的负担，增强了自身的经济力量；三是占有大量土地的缙绅地主、商人地主赋役负担加重了，有利于削弱他们的经济实力，另由于每亩土地赋税加重，对抑制地主兼并土地有一定作用。李㠌说的"田粮加而置产困"[①]，应该是当时实际情况的写照；四是赋役征收化繁为简，减少贪官污吏从中需索、贪墨，减少穷民被追逼之苦；五是促进人口快速增长。浙江《嘉兴府志》认为"摊丁入地"有四利："因田起丁，田多则丁多，田少则丁少，计亩科算，无从欺隐，其利一；民间无包赔之苦，其利二；编审之年，照例造册，无烦再为稽核，其利三；各完各田之丁，吏不能上下其手，其利四。"[②] 下面，着重探讨两个问题，一是各阶层农村人口丁银负担变化，二是摊丁入地后人口快速增长。

首先来看河北省获鹿县，摊丁入地前与摊丁入地后，各阶层民众丁银负担变化。康熙四十五年时，378户无地户负担丁银41.27两，占地1亩以下68户，负担丁银6.25两，而占地100亩以上绅衿户，却不承担一丝一毫丁银。乾隆元年，实行摊丁入地后，494户无地户，不再负担丁银，占地1亩以下77户，只承担

---

① 李㠌：嘉庆《连江县志》卷二二，《田赋》。
② 吴永芳：康熙《嘉兴府志》卷九，《户口》。

0.14 两丁银，原来不承担丁银的 20 家绅衿户，现要承担 15.52 两丁银，平均每户负担丁银 0.78 两。① 该县摊丁入地前后，各类农户丁银负担变化详细情况见表 3-3-2：

表 3-3-2　　获鹿县郑家庄社一、二、四、六、七甲各类农户不同时期的丁银负担

占地类别		康熙四十五年			乾隆元年		
		户数	丁银（两）	每户平均负担丁银	户数	丁银（两）	每户平均负担丁银
无地户		378	41.27	0.11	494	0.02*	
1 亩以下户		68	6.25	0.09	77	0.14	
1—5 亩户		256	26.44	0.10	286	3.45	0.01
6—10 亩户		303	30.85	0.10	253	7.11	0.03
11—15 亩户		258	27.56	0.11	186	8.90	0.05
16—20 亩户		136	18.03	0.13	121	7.72	0.06
21—25 亩户		98	15.24	0.16	85	8.18	0.10
26—30 亩户		60	10.62	0.18	50	5.62	0.11
31—35 亩户		26	4.65	0.18	41	4.81	0.12
36—40 亩户		26	5.47	0.21	24	3.21	0.13
41—45 亩户		19	3.92	0.21	28	4.85	0.17
46—50 亩户		12	2.80	0.23	18	3.27	0.18
51—60 亩户		25	7.46	0.30	28	5.63	0.20
61—70 亩户		13	4.58	0.35	11	2.73	0.25
71—80 亩户		6	3.10	0.52	10	2.76	0.28
81—90 亩户		3	1.10	0.37	2	0.55	0.28
91—100 亩户		—	—	—	4	1.82	0.46
100 亩以上户	庶民	7	4.50	0.64	8	5.69	0.71
	绅衿	6	—	—	20	15.52	0.78
合　　计		1 700	213.84	0.13	1 746	91.98	0.05

＊说明：1. 雍正二年后，获鹿县丁银已摊入地亩征收，无地户应不再负担丁银。但乾隆元年无地户尚出现丁银负担情况，这是由于原来有地户把土地出卖后，变为无地户，然而赋税未过割给买主，故出现无地户负担丁银现象。

2. 摊丁入地前，各类农户丁银负担按《编审册》统计而成；摊丁入地后，各类农户丁银负担按每两税银摊入 0.207 两丁银计算所得。

① 根据《清代获鹿县档案·编审册》统计资料。

这是目前仅能看到的一份丁银负担变化的实例，十分珍贵。这是探讨摊丁入地前与摊丁入地后丁银负担变化的一个不可多得的窗口。

其次，探求摊丁入地对中国人口增长的影响。郭松义先生认为，各封建朝代的人口，据政府账籍的记载，一般都在五六千万上下摆动，从来没有超过一亿。至康熙五十一年，全国人丁额二千四百六十二万余，按每丁带口3.16人计，不过77 810 335人左右，说明当时的户口增长相对处于停滞状态。摊丁入地后，情况有变化。《巢县志》对比了从明末到"摊丁入地"以后的户口变化说："明令：甲十年一审户、一编丁，皆视税粮为登耗，故其（户口）数无大盈缩……雍正六年始更法，丁随田办，田多则丁多，田少则丁减，田尽则户不空存而无当丁之累。此皇仁之最溥者，于是七十年间，户口之繁十倍于前。"《夏津县志》亦称："自钦奉恩诏永不加赋，又奉文丁徭并入地粮，法令划一，百姓之扰累尽蠲，户口之实数亦出。"因为"摊丁入地"免除人头税的摊派，隐漏已无必要，尤其对于那些丁银偏重的地区，广大贫苦百姓再不必为生男而苦恼，这样也加速了人口的增长。乾隆六年，全国人口一亿四千三百四十一万余，到五十五年不过半个世纪，已突破三亿大关，到道光二十年，竟至四亿一千二百八十一万余。① 为中国资本主义萌芽的发展，准备了充足而又廉价的劳动力。

摊丁入地后，使田赋与丁役合而为一，史称："自后丁徭和赋合而为一，民纳地丁之外，别无徭役矣。"② "穷民免累，而国赋无亏。"③ 赋役从来都是农民的沉重负担，是他们走向贫困最主要的原因之一，赋役改革使他们负担减轻，有助于他们保留手中的土地产权，从而使小农经济得以延续。

---

① 转见郭松义《论"摊丁入地"》，中国社会科学院历史研究所清史研究室编：《清史论丛》第3辑，中华书局1982年版，第59页。
② 戴兆佳：《天台治略》卷六。
③ 萧奭：《永宪录》卷一。

第四章

鼓励农田水利建设

农田水利建设，对南方、北方来说都非常重要。从总体上来讲，北方地区干旱、少雨，严重影响农作物生长。能否解决灌溉不足的问题，是北方农业发展的关键。南方雨水多，涝灾往往给农作物造成巨大伤害，排灌成了南方农业发展的重中之重。清代农田水利建设，大体沿着这两条路子展开。

清代水利建设在清前期抓得较紧，投入资金、人工、物力也较多，清后期建设项目减少，甚至出现年久失修的情况，给社会、给人民生命财产造成巨大损害。

第一节 长江以北地区农田水利的发展

清代，农田水利建设受到普遍的重视。据陈振汉等辑录《清实录经济史资料》顺治至嘉庆朝，农田水利概述部分统计，从顺治十一年至乾隆五十三年间，政府有关水利的指示就有 14 条之多。如顺治十一年，世祖诏称："东南财赋之地，素称沃壤，连年水旱为灾，民生重困，皆因失修水利，致误农工。该督抚责成地方官悉心讲求疏通水道，修筑隄防，以时蓄洩，俾水旱无虞，民安乐利。"[①] 康熙二十三年，工部题请漕运期间"闭塞卫河口"，"以济漕运"。康熙帝认为，"耕种自有定时，如漕船过完，方许

---

① 《清世祖实录》卷八四。

溉田，则田禾究竟无济。朕听理诸事，必于民生关系之处详悉筹度，而后施行"。批评这种建言是"未尝计及民生关系处也"。①同年十一月，上谕云："海口沙淤年久，遂至壅塞，必将水道疏通，始免昏垫。即多用经费，亦所不惜。"② 雍正五年上谕称："地方水利，关系民生，最为紧要。如江南户口繁庶，宜更加修浚，时其蓄洩，以防旱涝。"③ 同年二月，又谕内阁："朕闻陕西郑渠、白渠、龙洞，向来引泾河之水，溉田甚广，因历年既久，疏浚失宜，龙洞与郑白渠渐至淤塞，堤堰坍圮，醴泉、泾阳等县水田，仅存其名，深为可惜，特令该督岳钟琪详酌兴修。"④ 乾隆六年，河南按察史沈起元奏称："北方沃野千里，一望平原，更无沟洫，一经大雨，行潦横流，田禾以伤。请北方治田，一如东南法，每亩三畎周于四围，阡陌之界随田广狭。于小沟外开大沟，近川注川，近河注河。用地无多，为力极易，水有所泄，亦有所归。"乾隆帝批曰："应如所请。"⑤ 除此类兴修水利批示外，还立法保障"私筑沟塘"的合法利益。刑部议定："请嗣后凡窃邻塘蓄水，以灌己田者，按照所灌田禾亩数，照侵占他人田一亩以下例，每五亩加一等罪；有拒捕者，依罪人拒捕科断；……"乾隆帝批曰："从之。"⑥

不但各朝皇帝有此认识，其他官员也有深刻理解，如程含章说："生民之本计在农，农夫之大命在水。"又曰："农田之于水利犹鱼也，得之则生，弗得则死，不可须臾分离也。"⑦硕色说："耕凿为衣食之源，水利为农田之本。"⑧

---

① 《清圣祖实录》卷一一五。
② 《清史稿》卷七，《圣祖纪二》。
③ 《清世宗实录》卷五二。
④ 《清世宗实录》卷五三。
⑤ 《清高宗实录》卷一四六。
⑥ 《清高宗实录》卷一二九四。
⑦ 程含章：《岭南集》卷六，《兴水利二十六陂记序》，《新开恒丰陂记》。
⑧ 硕色：《中州水利疏》，《清经世文编》卷一一五。

在朝廷和官员重视下，有清一代水利建设搞得有声有色，据陈振汉等辑录《清实录经济史资料》各直省水利资料来看，从康熙至嘉庆朝间共有257款水利修建奏报，其中康熙朝16款，雍正朝32款，乾隆朝200款，嘉庆朝9款。以乾隆朝为最多。各直省水利修建奏折列表如下：

表4-1-1　　　　　　　各直省水利奏报情况

省别	康熙	雍正	乾隆	嘉庆	小计
东三省	1		2		3
直隶	7	5	15		27
河南山东		2	13	2	17
山西陕西			14		14
宁夏甘肃	1	6	20		27
新疆			3	1	4
江苏	3	8	26	2	39
浙江	3	7	54	1	65
安徽			6		6
江西			3		3
福建台湾			3		3
湖北		1	15	1	17
湖南			4		4
广东广西	1	1	7	1	10
四川			5	1	6
云南		2	10		12
合计	16	32	200	9	257

资料来源：陈振汉等编：《清实录经济史资料农业编》第二分册，北京大学出版社1989年版，第305—425页。

另据郭松义先生统计：据《清实录》和《清会典》记载，自顺治到光绪的265年间，经朝廷议准兴建的直隶水利工程有974处，其中乾隆朝占486处。①

---

① 郭松义：《民命所系：清代的农业和农民》，中国农业出版社2010年版，第125页。

清代在对待水利建设工程的态度上，乾隆帝称："即工钜多费帑金，亦所不惜。"① 表示对水利工程十分重视。当时水利建设的特点是：政府与民间互动，政府抓大型水利工程，民间抓小型水利建设。北方抓井灌，新疆抓筑堤修渠及凿坎儿井，南方修陂、筑堰。为减少篇幅，下面仅举几个地区的水利建设为例。

一 长江以北水利建设

北方地区干旱少雨，是发展农业生产的一大障碍。张士元称："北方久无沟洫之制，其田专仰雨水，命悬于天，田者少利。"又说："今中原陆地，诚引水以溉之，则久不耕之缦田，其息必倍。"② 解决北方灌溉问题，成为紧迫之务。清政府为了弥补这一缺陷，一边进行大的水利工程建设，一边鼓励民间参与水利开发。

甘肃、宁夏，自清初历康雍两朝，在重修唐渠、汉渠的基础上，又新修大清渠、惠农渠、昌润渠等大小灌渠，全部渠长2 229里（另大支渠1 221.7里），溉田16万亩。另如雍正、乾隆初，为配合军民屯垦，曾在嘉峪关以东的肃、凉、甘三府州大兴水利，共开渠400余里，灌田156 000余亩，规模最大的柳林湖屯区，大小总渠、支渠数十道，引柳林湖水，垦熟屯地12万余亩。③ 乾隆七年补筑惠民渠口横梗工程，便可将通义等23堡收入灌溉范围内，勘丈可耕地72万亩，安插穷民3 000余户。④ 十年再次改造惠民渠，除垦熟旱地二十三万五千三百余亩有水可溉外，又使原处梗外未垦荒田二十七八万亩，得以招垦。⑤

---

① 《清高宗实录》卷五四〇。
② 张士元：《农田议》，《清经世文编》卷三六。
③ 郭松义：《民命所系：清代的农业和农民》，中国农业出版社2010年版，第225页。
④ 《清高宗实录》卷一七三。
⑤ 《清高宗实录》卷二四三。

陕西西安乾隆时，巡抚毕沅根据西安等府各属 40 余州县呈报，共完成大小农田水利工程 1 171 项，灌田 64 万余亩。① 渭南的小型灌渠则多如牛毛，大致形成以西安、眉县、华阳为中心的三个系统。渭北地区对龙洞的同峪河渠、永涧渠、怀德渠、广惠渠的整修，扩大了泾阳、三阳、高陵等县的灌溉面积。

河南嵩县知县康基渊，挑浚伊河两旁古渠，并山涧诸流可引导者，一律疏治深通，溉田六万二千余亩，事闻朝廷，受到议叙。②

河北、河南、山东、山西、陕西等省井灌，在有清一代获得巨大发展。乾隆二年，陕西代理巡抚崔纪动员全省开井，奏准将地丁耗羡银无息贷与贫民，以作打井经费，三年交还。在这一措施下，农民"踊跃从事，即素未悉其利者，委曲开导，亦皆鼓舞兴作"。③ 乾隆八年至十八年间，陈宏谋两度接任陕西巡抚，继续推行开井事宜。据陈树平先生统计，崔纪任职期间新开灌井为 32 900 口，陈宏谋任职期间新开灌井为 28 000 口。④ 河北农民习惯于井灌，民间自行开井者更多。乾隆九年，保定府属已开成土井二万二千余口。⑤ 同年，霸州知州朱一蜚劝民开井二千余口，"今颇赖之"⑥。《枣强县志》载，乾隆时"直省各邑修井灌田者不可胜纪"，滦城、正定等县井灌都极为发达。乾隆二十七年载"无极县添挖新井八百眼，而藁城、晋州查实情况，各报六千三百、四千六百有奇。栾城一百五十六村内，亦得井三千六百二十眼。余如赞（皇）、元（氏）、行（唐）、正（定）、获鹿都以千计。乾

---

① 郭松义：《民命所系：清代的农业和农民》，中国农业出版社 2010 年版，第 225 页。
② 《清高宗实录》卷七七一。
③ 民国《陕西通志》卷六一，《井利附》。
④ 陈树平：《明清时期的井灌》，见《中国社会经济史研究》1983 年第 4 期。
⑤ 《清高宗实录》卷二一一。
⑥ 《清高宗实录》卷二一六。

隆十年，灵（寿）、平（山）两邑某某凿井各若干"①。据上所述，正定府有井两万眼以上。乾隆五十三年四月癸丑，上谕称："本日朕亲诣黑龙潭……见道旁畦麦一律青葱，看来二麦尚可有收，此乃农民汲井灌田，勤加戽溉，随时滋长。"② 这里，乾隆帝充分肯定凿井灌田的作用。山东以"园疏烟地不虞旱"缘故，故多有井。临清知州王君溥还教民用荆薄代砖打井。③ 山西则数有"井利甲于诸省"之称，其中"平阳一带、洪洞、安邑等数十邑，土脉无处无砂，而无处不井多于豫、秦"④。河南井灌在清代也有很大发展，道光初年的王凤生说：安阳、辉县、修武、武陟、温县，"向有量地凿井，辘轳灌田之处"⑤。道光二十七年，许州大旱，知州汪根敬"劝民掘井三万余"⑥。至于南方的湖南、安徽、福建南部等地区，亦因地制宜凿井灌田。

二 新疆水利建设⑦

水利建设，对新疆农业发展有特殊意义。乾隆二十六年，叶尔羌办事都统新柱奏："叶尔羌形势，毗连戈壁，雨水亦少，全赖引水溉田。"⑧ 二十七年，喀什噶尔办事尚书永贵等奏，"查回人地亩，俱藉山水灌溉"，"因回人不知守护修葺"，"其应浚渠、筑

---

① 《培远堂偶存稿》，文檄，卷二九；乾隆《正定庙志》卷四。
② 《清高宗实录》卷一三〇三。
③ 盛百二：《增订教稼书》，《区种十种》，第96—97页。
④ 《丰川续集》卷一八，第22页，《答高安朱公》。
⑤ 王凤生：《河北采风录》，凡例，页一。
⑥ 民国《许昌县志》卷八，第35—36页。
⑦ 此节写作主要参考彭雨新《清代土地开垦史》第三章第五节《新疆的屯垦·四》，第四章第二节《台湾、新疆建省前后的土地开垦·二》。引他人材料时，另加脚注。
⑧ 《清高宗实录》卷六三二。

堤及路径、桥梁，务期坚固"。① 新疆水利事业引起清政府高度重视，但其发展主要在乾隆以后。

平定准噶尔贵族的叛乱后，随着屯田的发展，水利事业在南北疆迅速发展起来，至光绪末年，新疆有干渠944条，支渠2 333条，灌溉农田达11 198 539亩。除了利用地面水灌溉外，新疆人民还利用开凿坎儿井的办法，把渗漏入砾石层的水源加以开发利用。据《新疆图志》记载，公元17、18世纪时，北疆的巴里坤、济木萨、乌鲁木齐、玛纳斯、革化乌苏，南疆的哈密、鄯善、吐鲁番、于阗、和田、莎车、疏附、英吉沙尔、皮山等地都有坎儿井。最长的哈拉巴斯曼渠长150公里，能灌田169万多亩。

新疆水利建设情况，彭雨新先生在《清代土地开垦史》一书中有过较详尽的考察，本书根据彭先生的研究成果，做些介绍。乾隆二十二年大规模开展屯垦时，不但疏浚赛把什湖原有三条水渠，并建立闸门，以时蓄池。又治理辟展、哈喇沙尔、托克逊三处水道。二十三年，在哈密北首的奎素附近地区，筑起"天时""地利""人和""大有"等四渠。二十五年在伊犁河南的海努克地方修葺沟渠，引水灌田。三十二、三十四年间，都进行水利疏浚工程。

嘉庆七年至十三年间，在锡伯营总管图伯特带领下，于伊犁河上游察布查尔山口河湾处开凿山崖，开挖河道，经六年努力，建成一条与锡伯旧渠相隔十余里、长百余里的新渠。新渠高于旧渠六七丈，可溉南山下的高田。

道光年间水利兴修重点在南疆。道光十四年，于毛拉巴什赛克引玉带河之水灌溉，垦种田二万余亩。十九年修成塔什图毕地区干渠25 744丈，支渠还不算在内，可溉田164 000亩。二十年又对伊犁河支渠加以疏浚，可灌溉伊犁城东三棵树和阿勒卜斯两

---

① 《清高宗实录》卷六五六。

垦区土地。二十三年后，兴起水利建设新高潮。在伊犁将军布彦泰和林则徐率领下，修建了几处大型水利工程。一是引哈什河水灌溉工程，林则徐捐款并承担最为艰巨的"龙口首段"工程。龙口地势险峻，"北岸（实为西岸）系碎石陡坡，离二三丈至七八丈不等，水傍坡流，须刨挖石坎；南岸（实为东侧）坐在河流之中，必须建坝筑堤，钉桩抛石，方免冲刷之虞。应修工程：渠宽三丈至三丈七八尺不等，深五六尺至丈余不等，长六里有奇，……实用工十万有零"。此工程苦干4个多月全告完成。"十万余亩之地一律灌溉。"在和阗，根据林则徐勘查报告，将玉河水源导入，复于洋河一带觅得泉源五十余处，接引入渠，以资灌溉。对于叶尔羌，则在伸入本境的大灌渠所经过的砂石地带修筑护坡，以利流通。巴尔楚克进一步兴修水利。哈喇沙尔北大渠之外，在其南岸再开一中渠，引水入新开垦地。在库尔勒北山根地方，将开都河原有渠道展宽渠口，并另开一条与旧渠并行的新渠，和四条支渠，一条退水渠，可垦地10万亩。在伊拉里克地区，有大小阿拉浑雨水汇成一河，但河水流经沙石戈壁，潜入沙中，不能收灌溉之利，于沙石戈壁内凿成大渠，又开几系支渠，将水引至新垦地，形成垦地111 000亩的渠灌区。在吐鲁番盆地西部的托克逊县推广坎儿井60余条，[①] 以扩大灌溉面积，为纪念林则徐功绩，新疆人民称之为"林公井"。林则徐和全庆在南疆所查勘验收垦地，包括南疆七城（阿克苏、乌什、和阗、库车、喀什噶尔、叶尔羌、喀喇沙尔）和吐鲁番所属的伊拉里克共垦地689 718亩。

同治三年至光绪三年共13年间，由于战乱，新疆原有水利遭到严重破坏。兵燹之后，在水利建设中，主要由两部分构成，一是修复旧渠，一是修复旧渠同时扩大或改善灌溉工程。下面分北疆、南疆做介绍。

---

① 严晓达：《林则徐和清代新疆的水利建设》，《中国水利》1985年第10期。

在北疆，修复旧渠方面有：光绪八年和十二年先后修复的有水西沟渠；十年和二十年先后修复溃决的公胜（上中下）三渠；十二年修复了蒋家湾渠和三十五户渠；十三年修复下胡木同渠；十四年修复宣仁东渠；又修复了在二十年溃决的永丰（东中西）三渠，及太平渠。自福寿山麓至大地窝修堡疏渠道十余里，并于渠口建分水闸，以分水量多少。又如阜康县，光绪十二年，在定边是各按旧渠旧址修复了17条渠道，修复后，增加水渠灌溉面积约6 000亩。

至于南疆各州县，水利修复就更广泛了。光绪七年，提督方升沿苏沙湖筑堤道，引玉河支流注湖，并将湖东旧渠疏浚，恢复灌溉之功。八、九、十年间，先后在阿克苏道属拜城县修复大渠有：布拉可渠（溉田28 800亩），伊塔尔齐渠（溉田26 000亩），哈拉车六渠（共溉田103 000亩），鱼仑乙卡渠（溉田18 700亩），哈拉乌于鲁克渠（溉田27 700亩），下哈尔渠（溉田26 000余亩），布隆渠（溉田22 000亩），闹湖特渠（溉田23 600亩），温巴什渠（溉田13 000亩），鹅斯塘渠（溉田13 000亩），黑米孜渠（溉田10 000余亩）。十二年，修复呀色里敏渠（溉田23 000余亩）。以上十二条大渠溉田面积达334 000余亩。喀什道属沙车府的英额瓦提渠和巴楚州的小南渠、下三台渠，都利用河水与湖水汇合，以扩大灌溉面积。十二年提督陈建厚于巴楚城西南低洼处筑方堤一道，长三十里，潴蓄洪河之水，复引玉河支流注之。十三年，在知州刘嘉德领导下，于玉河东岸穿渠引水，北汇于阿哈牙湖，复于湖北筑堤，以灌溉英额瓦提庄地。十六年，通判潭传科在古海之北的洪海地区筑长堤一道，复由古海开小南渠，引入洪海，形成"两海连贯，潴水遂多"的格局，有利于扩大溉田面积。

根据《新疆图志》记载，将新疆各地渠道分布及清末时期溉田情况列表如下：

表4-1-2　　新疆各地渠道分布及清末时期溉田情况

各道所属州县地名		干渠数	支渠数	溉田数（亩）
镇迪道属	迪化县	44	66	186 637
	昌吉县	13	96	96 674
	呼图壁	38	64	52 800
	奇台县	20	30	316 280
	阜康县	6	24	51 759
	绥来县	51	163	109 748
	孚远县	7	21	121 039
	吐鲁番厅	34	23	82 149
	鄯善县	46	21	75 159
	镇西厅	34	25	41 175
	哈密厅	21	23	19 210
	库尔喀喇乌苏厅	17	34	11 405
	合　计	331	590	1 164 035
伊犁道属	绥定县	15	28	29 140
	宁远县	13	7	645 550
	塔城厅	15	10	43 807
	精河厅	7	9	4 227
	合　计	50	54	722 724
阿克苏道属	温宿府及温宿县	17	123	919 475
	拜城	12	14	445 577
	乌什厅	36	117	572 793
	库车州	40	108	654 476
	沙雅县	30	53	303 747
	轮台县	7	17	165 700
	柯坪分县	3	14	28 164
	焉耆府	30	7	167 805
	婼羌县	7	10	18 113
	新平县	18	1	19 564
	合　计	200	464	3 295 414
喀什道属（一）	和阗州	32	132	662 334
	洛浦县	8	47	293 944
	于阗县	39	43	636 133
	英吉沙尔厅	9	61	480 014
	合　计	88	283	2 072 425

续表

各道所属州县地名		干渠数	支渠数	溉田数（亩）
喀什道属（二）	疏勒府	34	206	555 448
	疏附县	46	160	590 454
	伽师县	68	58	366 889
	莎车府	19	184	1 021 500
	叶城县	33	143	844 106
	巴楚州	26	121	202 728
	蒲犁县	11	51	1 925
	皮山县	38	19	360 891
	合计	275	942	3 943 941
总计		944	2 333	11 198 539

资料来源：转见彭雨新《清代土地开垦史》，农业出版社1990年版，第255—256页表。

彭先生认为以上溉田数，只能作为估计数，而不是实数。即使如此，这些水利事业的兴修，对新疆农业生产发展，是个伟大的功绩。①

第二节　江南水利建设工程②

江南水利的建设方法随地而异。康熙四十六年八月二十九日兴办水利的上谕说："江南、浙江生齿殷繁，地不加增，而仰食者日众，其风土阴晴燥湿，及种植所宜，迥与西北有异。朕屡经巡省，察之甚悉，大抵民恃田亩为生，田资灌溉为急，虽东南名称水乡，而水滥易泄，旱暵难支，夏秋之间经旬不雨，则土坼而苗伤矣。滨河低田，犹可戽水济用，高丘之地，力无所施，往往三农坐困。朕兹为民生再三图画，非修治水利，建立闸座，使蓄水

---

① 以上内容摘自彭雨新《清代土地开垦史》，农业出版社1990年版。
② 本节内容参见李文治、江太新《清代漕运》，中华书局1995年版，第21—23页。

以灌输田畴，无以为农事缓急之备。江南省苏州、松江、常州、镇江，浙江省杭州、嘉兴、湖州各府州县，或近太湖，或通潮汐，宜于所有河渠水口度田建闸，随时启闭，水有余则宣泄之，水不足则潴蓄以备用。其有支河港荡淤浅者，宜并加疏浚，使引水四达，仍行建闸。多蓄一二尺之水，即田高一二尺者资以灌溉矣。多蓄四五尺之水，即田高四五尺者资以灌溉矣。行之永久，可俾高下田亩无忧旱潦。"[1] 太湖沿岸以筑堤塘为主，南塘、青塘、荻塘等。其法于田周筑成圩岸，名曰田围，四围河荡环绕，潦时用车泄水，旱时以车进水。湖边低下之处，原来都是水乡，由于修筑圩岸、堤防、围田、排水的设备，扩大了耕地面织。沿海州县，以建筑海塘为主。海塘的作用在于捍御潮汐，保护沿岸田舍。如江苏省苏州、松江、太仓诸府州县，浙江省杭州、嘉兴、宁波、绍兴等府县，凡濒海州县都筑有海塘，历唐、宋、元、明数朝千多年间，屡次修筑。工程之大，塘堤动辄数十里以至数百里。海塘的重要，顺治十年，礼科给事中张维赤上奏疏说："窃维江、浙两省，杭、嘉、湖、苏、松、常、镇七郡，皆濒于海，民之不得为鱼鳖，田土庐舍之不荡于波臣者，以海塘之捍其外也。"此后，历康熙、雍正两朝，政府屡次拨款或捐款修筑。[2]

一 苏州水利工程

顾炎武说"淞江之上流塞，则有泛滥之患，此昔人所以为苏、松、常、嘉、湖五郡忧也。淞江之下流塞，则失灌溉之利，此今，所以为嘉、宝、上、南诸邑忧也"。其说是指，治东南之水则必自

---

[1] 《浙江通志》卷五二，《水利》。
[2] 《浙江通志》卷六四，《水利》；《东南水利论》卷三，《苏州、松江、太仓源流水利》。

吴淞始。

明末清初之际，吴淞江一度湮塞，江边农田遂失灌溉之利。太湖积水壅绝不下，濒湖区域遭受水灾。欲兴复苏、松区域水利，修治吴淞江、娄江、白茆港三江入海水道是十分重要的。康熙十年，布政使慕天颜开浚吴淞江；十一年，巡抚马祐开浚吴淞江、浏河诸水以泄苏、淞、嘉、湖数府县之水，以利田畴；① 雍正五年，通令苏、松、常、镇、杭、嘉、湖诸府州县建闸浚河，蓄水灌田，一切水利支出动用公款。于是浙江巡抚李卫请疏浚太湖周围淤塞河道，乌程县请疏所属淤塞诸港和长兴所辖之太湖溇港闸座。② 乾隆二十八年，巡抚庄有恭浚苏、松、太三属由江入海壅淤河道；嘉庆八年、十七年、二十二年再浚吴淞江、浏河。③

现将康熙至同治年间，该府府志中所记载的水利工程列表如下：

表4-2-1　　　　　清代苏州水利工程兴修情况

年代	水利工程	用款数（银两）	款项来源
康熙十年	浏河、吴淞江	132 862.00	留漕折银兴工
康熙十二年	浚吴江之垂虹桥二十余里，修宝带桥诸水		皆资百姓之力
康熙二十年	开浚白茆港	104 000.00	巡抚慕天颜请动用正项
康熙四十八年	开浚白茆、福山两港，修白茆旧闸、建福山新闸	34 997.00	领工料银
雍正五年	开浚白茆港、梅李塘、常熟福山塘、太仓州浏河	78 173.57	诏发帑兴修白茆港、梅李塘二河，共用银68 485.58两，福山塘用银9 687.99两
雍正六年	吴江、震泽二县运河	19 523.68	发帑
雍正八年	吴江、震泽南北塘	26 396.00	发帑

---

① 张崇俿：《东南水利论》卷二，《湖州源流水利》。
② 李文治、江太新：《清代漕运》，社会科学文献出版社2008年版，第17页。
③ 张崇俿：《东南水利论》卷二，《湖州源流水利》。

第四章　鼓励农田水利建设　121

续表

年代	水利工程	用款数（银两）	款项来源
雍正九年	长洲县运河塘	8 276.00	发帑
雍正十二年	筑吴县穹窿山麓堰闸池塘	2 360.00	发帑
雍正十三年	浚常熟三丈浦、西洋港	2 608.42	三丈浦用银1 608.28两，西洋港用银1 000.14两
乾隆元年	开浚震泽县浪打穿直港	1 085.90	
乾隆二年	重修元和港	23 816.60	用帑
乾隆三年	浚吴江县桥河		
乾隆四年	修筑震泽县荻塘，昭文县重修许浦 常熟县浚竺塘、景墅等5塘	2 633.10 1 754.69	
乾隆九年	昆山县重浚玉带河		用民夫33 883工
乾隆十年	昭文、常熟重浚城内诸河		用民夫13 178工
乾隆十一年	重浚府城内诸渠	4 248.10	发帑
乾隆十六年	浚福山塘	21 055.00	借藩库银，分两年带征摊还
乾隆十七年	浚三丈浦		
乾隆十九年	开浚白茆塘 建筑海塘	21 382.14 27 716.64	借帑，分年摊还 借帑，分年摊还
乾隆二十六年	浚福山塘	8 900.00	借帑，分年摊还
乾隆二十八年	修吴淞、娄江、东江等三江水利	220 000.00	借用公项，按亩摊还
乾隆二十九年	修筑元和塘	9 175.00	昭文县承办4 500.00两，常熟县承办4 675.00两，借用公帑，分年摊还
乾隆三十二年	浚木渎、横金塘河 再浚福山塘	20 000.00 9 000.00	义田余租银 借帑，分年摊还
乾隆三十五年	浚白茆塘	85 000.00	分年摊还
乾隆四十年	浚福山塘	8 522.30	动用公积商捐本息银
乾隆四十三年	浚白茆河一段		由民户出费疏浚
乾隆五十年	浚昭文贵泾塘		由民自认分挑
乾隆六十年	浚竺泾塘		民力自浚
嘉庆十二年	浚常熟城河		邑人吴峻基出资

续表

年代	水利工程	用款数（银两）	款项来源
嘉庆二十五年	浚常熟至和塘		由邑绅捐浚
道光元年	浚昭文城河	1 860.00	
道光二年	浚常熟城河，浚昆新城河		
道光六年	浚常熟福山塘		邑人黄泰出资助工
道光十年	浚吴县雕鹗河 浚吴县兴福塘	15 110.00	由邑绅捐办 邑绅漕子功捐资
道光十一年	浚浏河		借帑
道光十四年	浚白茆河及徐六泾	89 107.54	共用银 5 900 余两，林则徐、陶澍等捐廉
道光十六年	浚福山塘		按庄图派费，按亩出资
道光三十年	浚白茆诸河		借藩司及海关道库银，由常熟、昭文及得沾水利之长洲、元和、充锡、金馈、江阴七县按田派捐归还
咸丰九年	浚昭文城河		邑人王元钟等筹款办理
同治二年	浚常、昭城河		由善后局绅士拨款
道光四年	浚常熟三丈浦 浚丹昭文许浦塘		共用钱 10 978 394 文，秋成按亩摊派
道光五年	浚浏河 浚关塘		共用钱 210 185 000 文，由长、元、吴江、震、昆、新、华、娄、上、青、太、镇、嘉、宝、崇 16 州县摊征 长州知县蒯德模捐廉修筑
道光七年	浚白茆河	70 000.00	由藩司海关西库借银，由昭文县常熟、江阴、充锡、金匮、长洲、元和等县分三年摊征归还
道光十年	浚太湖溇港 浚吴淞江	22 400.00 125 100.00	由苏、沪二局厘金项下撙节拨用 由厘金项下拨用
道光十一年	浚昭文徐六泾	13 800.00	由藩司垫款，归白茆河工摊征
道光十二年	浚苏城河道 垂浚吴江分水港 浚木渎市河 筑白茆闸大坝，开越河		劝捐 共用钱 4 739 417 文
道光十三年	浚吴县横金塘河		借款兴工，用工费钱 26 000 串有奇
合 计	60 项	1 212 467.68	

资料来源：光绪《苏州府志》卷一一。

说明：有的浚修未记银额，有的款项未记明来源，均缺。

从上表看，清前期工程用款多由政府开支，康熙、雍正两朝共拨公款银406 588两，乾隆朝拨公款银29 758两，又借用公款银402 229两，三朝共用公款银838 575两。中叶以后政府拨款渐少，仅由官吏捐廉或向富户劝捐，做小规模修浚。

二 松江府水利工程

松江府的水利工程，灌田的沟洫各有专名，谓之泾、塘、港。沟洫的疏浚，闸堤的兴筑都有定制，由地方各图各保分别负责。① 如顺治七年，修筑捍海堤塘；九年，华亭县修浚黄浦、六磊、紫冈、沙冈、蟠龙、蒲汇、俞塘、邱泾、横沥、张泾、沈漕、千步诸塘泾，又疏浚支河200余处。并令塘长按岁修治。② 至乾隆年间，几乎年年兴修。③

三 湖州水利工程

湖州是水乡，水源来自天目山，入于太湖。境内河流纵横，上流潴为浦渎，下流汇为溇港，以备灌溉。沿湖则兴筑沟洫，建置水闸，疏壅节流，以资蓄泄而防旱涝。④ 清前期工程尤为频繁，康熙十年，长兴主簿郑世凝督开渎港；四十六年，疏导沿湖各溇港。雍正五年至七年，修复太湖周围淤塞河道溇港闸座。⑤ 又据《湖州府志》载，乌程县开浚溇港27条，长兴县开浚23条。乾隆

---

① 《松江府志》卷一一，《水利》。
② 张崇傃：《东南水利论》卷三，《苏州松江太仓源流水利》。
③ 《松江府志》卷一一，《水利》。
④ 《浙江通志》卷五五，《水利四》。
⑤ 张崇傃：《东南水利论》卷二，《湖州源流水利》。

四年，开浚湖州城内外河渠；二十七年，二县又开溇港58条，每溇港长由200—300丈至800多丈不等，深15—17尺，底宽8—9尺，面宽30—40尺，岸高14—16尺。以上是几次大规模修筑，其余小的工程尚未计算在内。湖州府之安吉县，据同治《安吉县志》称，灌溉沟塘坝等凡137处，灌溉农田171 391.2亩，占全县耕地面积的87.4%。[①] 水利工程的普遍可想而知。

四　杭州府水利工程

海塘建设及河道闸填建设，是事关浙江沿海居民身家财产的大事，对此，清政府十分重视。雍正二年，世宗称："朕思海塘关系民生，务要工程坚固，一劳永逸，不可吝惜钱粮。"[②] 雍正十三年，浙江海塘事务嵇曾筠上陈《敬陈海塘章程事宜》疏，具体建议为：一、疏挖南岸沙洲以导水势。一、采办江浙条石以济工用。一、广购桩木，多委干员量收。一、委办柴束，革除殷户经管。一、选调练习工员分委监工抢筑等。高宗称："从上数条，可谓措制咸宜。"[③] 在政府关注下，浙江水利工程获得进展。

该府水利工程大致可以分成三种，一是西湖水利；一是各河流水利，沿河筑建闸坝，蓄水溉田；一是沿海水利，筑塘捍海，保护堤内田庐。雍正九年，中央政府下令兴修水利，浙江巡抚黄叔琳等议引西湖水溉仁和、钱塘、海宁三县田数百万亩；又于富阳阳陂湖设置74堰、10坝、4闸，溉田10 000亩；又修海宁硖石、表花诸塘河，建置13闸和若干堤堰，以供蓄泄灌溉。余杭南北两湖的水利建设尤为完善，南湖分上下两塘，周围6里，筑塘

[①] 同治《安吉县志》卷四。此系按该县同治间耕地面积估计。
[②] 《清世宗实录》卷二七。
[③] 《清高宗实录》卷九。

堤高14尺，上宽15尺，底宽20尺，遏水以溉田。北湖查湖诸塘堰陡门亦不下数十，附近若干州县均获灌溉之利。又临安、於潜、诸溪等县，建设塘堰100处，新城、昌化之胡公渠、深浦等处塘堰也不下100处。① 道光八年，浙东观察俞树风，修温州八埭二湫，以捍潮汐，溉民田二十四万亩。② 据同治《安吉县志》记载：该县灌溉系统有沟38条，灌溉面积24 321.2亩，坝13座，灌溉面积2 503亩，塘31口，灌溉面积31 461亩，抖41，灌溉面积45 106亩，其他14，灌溉面积68 000亩。有数可查的灌溉面积共计171 391.2亩。③ 该县有田196 097亩，可灌溉田达87.4%。如果加上灌溉面积不详的沟、坝、塘，全县可灌溉面积的比例还要高些。

五　其他地区水利工程

安徽巡抚陈大受说：江北200余处水利紧要工程，估银4万余两，内除长沟大渠需官为经理，此外均由官督劝田主自为修理。④ 怀远县，道光七年，在知县周天爵倡导下，捐资修筑郭陂塘、龙王坝各工束水灌溉农田，附近荒田千余顷悉成腴壤。⑤

福建莆田县木兰坡闸门、涵洞于顺治年间由康廉采督修，工无滥费，更筑石堤，南北二洋田，资灌溉者数百万亩。⑥ 后年久失修，乾隆二十四年重修，确保万顷良田及时耕作。⑦ 康熙二十五年

---

① 张崇儚：《东南水利论》卷二，《杭州·嘉兴源流水利》。
② 同治《广丰县志》卷八。
③ 陈树平主编：《明清农业史资料（1368—1911）》第三册，社会科学文献出版社2013年版，第1035页。
④ 《清高宗实录》卷一一七。
⑤ 道光《安徽通志》卷六。
⑥ 道光《陵县志》卷一九。
⑦ 《清高宗实录》卷五八三。

至三十一年间，建阳知县李六成捐俸买田为陂，溉田十余顷有奇，称"李公陂"。①

据连横《台湾通史》载：全岛各坡圳有244处，除荷兰占领时期修筑的2处、郑成功修筑14处，其余228处均修于清代。其中有明确记录修于18世纪的有40处。②康熙《诸罗县志》记载：从康熙三十一年起至五十六年止，共修陂圳75座。③可惜的是缺乏灌溉面积的记载。清前期彰化县水利建设也有很大发展。前后兴建水利工程多达24项。其中灌溉面积较多的有：马龙潭陂长二千余里，所灌之田甚广；井仔陂泉涌山麓，滚滚不竭，灌田甚多；施厝圳灌溉五十余里之田；王田圳灌溉七庄之田；险圳灌溉七十余庄之田；南投圳使南投保之田皆资灌溉；福口厝圳灌上下廖田百余里。此外还有灌田上千甲者、百余甲者。④农田受益面积较多。

云南水利建设也有很大发展。禄丰县康乾年间兴修水利10处：如源澄洞、僰夷坝、摩些坝、大村坝、赛宝坝、天成坝、天生坝、窝龙坝、星月池坝、平安坝。⑤乾隆四十七年，疏通了云南邓川州弥苴河与洱海相连的水道入呼堤建闸，使被淹的11 200余亩田地全部涸出。⑥呈贡县，在清代也兴修了许多水利。有据可查者26项。康熙年间5项，雍正年间3项，乾隆年间6项，嘉庆年间4项，咸丰年间1项，同治年间4项，光绪年间3项。康熙年间修筑大坝

---

① 道光《建阳县志》卷二。
② 转见郭松义《民命所系：清代的农业和农民》，中国农业出版社2010年版，第227页。
③ 康熙《诸罗县志》卷二。转见陈树平主编《明清农业史资料（1368—1911）》第三册，社会科学文献出版社2013年版，第1059—1061页，表8-2-8（以后出现引该书资料时，仅注书名和页码）。
④ 转见陈树平主编《明清农业史资料（1368—1911）》第三册，第1062—1063页，表8-2-9。
⑤ 转见陈树平主编《明清农业史资料（1368—1911）》第三册，第1076页，表8-2-12。
⑥ 《清高宗实录》卷一一五〇。

可灌田 100 000 亩，雍正年间建筑灵源堰、大水堰、马厂堰灌溉面积都在 2 000 亩以上，其余灌溉面积都在 1 800—5 000 亩之间。[①]

第三节　清中后期水利失修

清中后期由于水利失修，给人民生命安全、生活处境带来严重威胁，同时给国家也带来巨大损失，不但减少国家田赋收入，而且还增加了蠲免、赈恤负担。

一　水利破坏状况[②]

(一) 黄河流域各省

直隶　畿辅水利遭破坏。如任县大陆泽（南泊），原为容蓄众水，久之为居民开垦耕占，失去蓄水功能。宁晋泊受滹沱浊流倒灌，不免日久高仰。广阳一堤，岁久颓废，"司事者以工巨难以修复，遂置之膜外"[③]。

陕西　关中水利，今古艳称。而自清代乾嘉以迄咸同，兵事频兴，奇荒屡值，官民两困，帑藏空虚，河渠多废而不修。据《会典馆舆图》载：旧日著名谋渠转多湮废，郑、白、泾渠亦十废小半，漆、沮、浐、坝亦如之。盖土人多争尺寸之利，渠或稍涸即树艺其间，故堤堰多旷废。又说：宝、郿各大渠尽行湮废。[④] 汧阳县不兴水利，靠天吃饭，农家甚困。县志称：汧阳地域周围不过百

---

① 转见陈树平主编《明清农业史资料（1368—1911）》第三册，第 1078 页，表 8-2-11。
② 本子目写作参考陈树平主编《明清农业史资料（1368—1911）》第三册，第 1222—1236 页。
③ 吴邦庆辑：《畿辅水道管见》，见《畿辅河道水利丛书》，第 42—43 页。
④ 民国《陕西通志》卷六一。

里，析而言之，川一半，原一半，山一半，民生其间者，仅知务农为生，而川地半成沙滩，虽或经淤务稻，一遇大水泛滥，往往有种无收。高原必得时雨无愆，苟成旱涝不均，亦必收成歉薄，而山地更可知也。"合计夏秋两收，尚多不足半年之食，寒又从何而衣。"①

山东 微山、昭阳两湖地方，咸丰元年黄河丰工决口，滨湖田地被水淹没，四五年间黄水退涸，变为荒田。② 武定府水利失修，田禾被淹。据柳堂称：他在光绪二十二年任职于武定府，"招父老问民间疾苦，全以徒骇河淤塞水不顺轨为词"。自商河县接界之周家庄西起，逐段查勘，至滨州接界之丁家道口止，计长一万三千七百七十三丈五尺，"内有旧河全淤者三段，仅有河形者三段，其余除畅港不计外，有河身有水而节节阻滞者，有以水冲溜沟当河而待扩充者，有加堤者，有堵口者。均应斟酌缓急，次第兴修"③。

山西 王家璧称：近来晋、豫各省水利失修，一遇荒旱，遂至于不可支。④ 光绪六年上谕称：给事中张观准奏，山西定襄县，向有古渠，约可灌田数万亩。迄今渠身久废，农民失利，请饬查勘办理等语。要曾国荃会同地方官详细履勘，酌量筹办。曾国荃疏称："开复是渠，不但州民受害无穷，即定、崞二县民人，亦无利而有害。且界连三属，人民众多，此争彼阻，尤易酿成械斗重案，其害更不可胜言。"⑤ 不是想办法协调各方利益，而是不把兴修水利当回事，推诿了之。

河南 光绪《南阳县志》称：南阳"自乾隆中修泉水堰后，百余年不复疏浚，水泉淤伏，陂堰涸废"。又说："支津既绝，河流益疾，夏秋甚雨，溢故渠，坏民田，微旱辄告饥，民庶而流，

---

① 《蚕桑法则》，见道光《沔阳县志》卷一。
② 张之洞：《街圣公府祀田壶明拨补折》，见《张文襄公奏稿》卷二六。
③ 柳堂：《宰惠纪略》卷四。
④ 《王家璧请修水利疏》，《畿辅通志》卷九一。
⑤ 曾国荃：《查勘古渠委难规复疏》，《曾忠襄公奏议》卷一八。

赋轻而不富，盖所由来久矣。"① 据陈树平研究，南阳县旧志记：有陂堰47处，除上石堰"河身渠高，水不能上"，无法利用，泉水堰"今谋修浚"，以及平羊堰、师婆堰、小渠堰三堰旧志"无考"外，光绪年间俱已废弃；原有沟渠14道，"通志载……一律通深，实皆驿道旁沟，非渠也，今亦多废"②。原武县，据道光年间人王凤生记：城北之渠，淤塞已久，自乾隆初年至今从未疏浚，无形可勘。官道尚有一二处沟形。城南之渠自荥泽交界起，由甄庄、新庄引水至王村，归入渠口，下达阳武城，计长三十余里。王村以西，沟形已成平陆，王村以东，深三四尺、宽五六尺不等。嘉庆十二年间，挑挖一次。道光元年，绅士等呈请疏浚，嗣以收成歉薄，派工棘手中止。③ 鹿邑县称，境内旧有沟渠百数十道，皆导积潦归于干川者，近多堙塞，或犁为田。每值盛夏雨集下陷，半为泽国。自拯无术，有束手嗟叹而已。④

（二）长江流域各省

江苏 太湖水利情况，凌介禧指出：太湖曾于乾隆二十六年疏浚过一次，"迄今六十余年未加修治，土人占种菱芦，日久即成地亩，从前水势浩荡之处，今则田塍连络，水道加浅"⑤。"苏南松郡支流小弱，沙土日积，故自上海以西，循吴淞之涯以至青浦，起东芦抵米墅，其港十有七；自上海以南循黄浦之北岸，以至郡城，起龙华抵官绍，其港十有五；循黄浦之南岸以至金山卫，起马家滨抵米市塘，其港三十。大抵湮塞浅狭，或视旧减十一二，或减十三四，或减十五六，甚者且同平陆矣。曩者上海之田本多粳稻，自都台乌泥泾渐浅，不足溉田，于是上海之田皆种木棉、豆菽，每秋粮开征，辄籴米于华亭，民力大困。华亭东南十五、十六保诸处亦稻

---

① 光绪《南阳县志》卷九。
② 陈树平主编：《明清农业史资料（1368—1911）》第三册，第1229页。
③ 《原武县署县洛阳县丞沈玉墀覆禀》，见王凤生《河北采风录》卷四。
④ 光绪《鹿邑县志》卷九。
⑤ 凌介禧：《蕊珠仙馆水利集》（即《东南水利略》）卷二。

田也,自陶宅渐湮,其民唯饱麦糜,岁有饥色。今自闸港、金汇、横沥诸塘以南,其间大镇数十,村落以千计,田亩以百万计,所恃以灌溉者,经流凡四,纬流凡十有二,今为潮泥淤填。"①

浙江 光绪《海盐县志》称:海盐地高而河浅,雨泽偶愆,即成旱象,澉浦水无活源,向恃永安湖资灌溉,年久淤浅,积水易涸,苦旱尤甚。连岁南乡之田,荒多熟少,民食不给,诚可悯也。②

安徽 曾国藩谈到洪泽湖情况时说:以黄河南山开减坝数十年所放之水,积淤渐高,又加二十二、三年中牟、祥符决口,水皆入洪泽湖,二十九年开吴城六保,淤湖尤甚,不能容水。故数年来宿州、灵璧、凤阳一带,水无所归,遂成泽国。此泛舟所行之水,皆村庄民田地。③

江西 建昌县董沛在请求修郭东闸时禀称:郭东民田旧有六千余亩,百年以来,水冲沙壅,仅有三千四百余亩,旸雨应时,当称丰沃。唯此闸建于咸丰中,岁久失修,往往有阻塞之患,以致霪潦漫涨,禾稼淹没。④

湖北 张之洞称:湖北府城,沿江一带,南路旧堤年久残废,仅有堤形可按,北路间有小埂,每年夏间必为江水灌入,堤内之田数十万亩,悉成湖荡,坐弃膏腴,居民耕种失业,极形困苦。⑤

二 水利设施遭破坏原因⑥

清中后期,河渠失修,不仅仅是以上数省,其他各省情况也

---

① 吴麟:《水利议》,《皇朝经世文续编》卷九三。
② 光绪《海盐县志》卷六。
③ 《曾国藩日记》卷下。
④ 董沛:《重修郭东闸禀》,见《日每暗斋笔语》卷四。
⑤ 张之洞:《修筑省城堤岸折》,《张文襄公奏稿》卷三四。
⑥ 本目写作参考陈树平主编《明清农业史资料(1368—1911)》第三册,社会科学文献出版社2013年版,第1222—1279页。

差不多，这里不再赘述。至于水利失修原因也多种多样，这里仅选择要点论之。

（一）官府无作为

人事不修，是兴修水利最大障碍。官吏以水利为利薮，贪污钱财，敷衍工程。张朝桂指出：江苏宝山县官府以缴夫（以钱代役）为急，而置塘于不问。迨秋泛风潮冲损，则释已级之夫而役其不缴者，"挑松土数箕，补苴溥漏，下加夯硪，以此扳销其缴之银，岁必数千金，尽入官与吏胥之橐"①。裘日修谈论直隶河道工程时说：治河难原因有两个，其一，河官只讲筑堤，不言浚河积习难除，其二，"其最不肖者，或更藉险工为利，易于开销，兼以下口任其荡漾之后，遂更有所藉口，而挑淤一事，徒存名色"②。甘肃《中卫县志》作者指出：修浚口闸岁需物料，"然其间木石物料，用之坝口闸道，而取办敛钱于差役小甲，则私收侵渔者有之；其夫役柴茨，经理于管渠之人，则侵隐包折者有之；或因此而刁诡玩事之人，欠料脱夫者有之。将物料不足，人力松懈，期月竣事，敷衍了局，而水手口头巡守疏慢，遂有开水未几而堙断口决，淤漫田禾，淹泡庐舍，反以灾告者"。作者感慨地说："此人事之不修，而渠水转为患矣。"③ 此话点到要害，令人深刻反思。程含章谈到广东南雄州办水利难时说："余曰：'曷旱请于官，而自令至是？'曰：'难言也。小人草野，罔识忌讳，侧闻投词有费，差脚有费，纸笔有费，铺堂有费，非是官固不得见也。见矣，而今日许勘焉，至明日而寂然；后日许勘焉，至再后日而仍寂然。迨食尽归来，足方及门，而公人踵至，则又以逋逃见罪矣。不得已，盈粮以往，而官勘之，信仍杳然也。于是再词请焉，三词请焉，四词请焉，始知官人事繁，日不暇给也。幸而来矣，则又彩

---

① 张朝桂：《水利徭役积弊论略见》，光绪《宝山县志》卷四。
② 裘日修：《直隶河道工程事宜疏》，光绪《畿辅通志》卷八二。
③ 道光《中卫县志》卷一，《水利》。

棚有费，饭餐有费，夫马有费，下逮仆夫、皂隶亦罔不有费，陂之开否未可知，而小人之田已卖去若干亩矣。向非使君躬先劝民，则民宁饥而死不愿子孙之请开是陂也'"。① 这里，作者对封建政府的官僚习气、办事拖拉、讲排场、勒索百姓、玩忽职守等恶习给予了淋漓尽致的揭示。

另官府重眼前之利，不把兴修水利放在重要议事日程上。余起霞称：江苏昆山水利失修，是因"州县狃于目前之利，往往升科以补摊荒。而不知江之数十里者仅存数十丈矣，数十丈者仅存三四丈矣"②。包世臣致陈玉生书说："江右产谷，全仗圩田，从前民夺湖以为田，近则湖夺民以为鱼。圩田大都在会垣四面二百里内，失收六年，流亡过半，而堤身情形，皆壁立不能御涨。民力既殚，公项亦匮，若遂听之，则余黎嗟靡遗矣。"又说："有司注意，唯在钱漕，从未有周历巡视问钱漕之所从出者。……是故一圩着险，有司以其完破无关大局而轻置之；及决后修复，仍不思为变计，审定善后章程，于是无年不破圩已。江右变腴为瘠，职由于此。"③

此外，国库空虚，政府拨款减少，甚至无款可拨，影响水利兴修。曾国藩说：直隶永定河工，从前每年部拨岁修银近十万两，隔数年辄复另等发帑，加倍土工。自道光二十二年后，而另集之土工停矣。自咸丰三年以后，而岁修十万仅发四分之一矣。④ 再次，对工程的质量既没有严格规定，事后也没有问责制，致使工程质量低下。贺家骏在谈及文安县治水时说：昔河工严包估之例，责实效也，所以每建一议，必有把握。"今则不然，估工挑河，数月告竣，明岁或堤溃河淤，不复置议。"⑤ 广东遂溪徐赓陞说：兴水利于"康雍乾嘉之际，国帑饶富，得大吏一言吁恳，恩纶遂来，

---

① 程含章：《新开裕丰陂记》，《岭南集》卷六。
② 余起霞：《三江水利论》，《昆新两县续修合志》卷四八。
③ 包世臣：《留致江西新抚部陆玉生书》，《安邑四种》卷二七。
④ 曾国藩：《直隶应办事宜疏》，《畿辅通志》卷一八九。
⑤ 贺家骏：《治水迂谈》，民国《文安县志》卷一。

其势易。迄今军兴之余，部司无蓄，力无上请国帑之理。而筹诸贫瘠之民，兴此大役，无论以为厉已也，即各踊跃输将，亦属纤悉，无济实用，此水利之难复者也"①。

（二）天灾、战争对水利的破坏

水灾废渠。陆保善称：直隶望都县曩年滨河一带，多属稻田，产稻冠诸属，纳贡备上方玉食。道光间，"逢霖雨六十日，河水瀑涨，沟渠刷平，稻田从此墟矣"②。山东，同治五年，曾国藩奏云：水路东下，沿途水势盛涨，南阳、微山湖，与运河连成一片。春闲所修堤墙，自韩庄以下八闸，两岸较高，砂土质松，大雨之后，多已坍塌。自黄林庄以下二百余里，两岸较低，堤身或露二尺有余，或露数寸一尺，或全淹水中，堤外亦皆积水如潮，节节均有决口，与堤内之河水互相出入，目下茫茫巨浸。③

战争毁坏水利。云南昆明县六河，自历朝迄国朝，叠经修葺，蓄泻有制，《滇志》载之详矣。咸丰丙（六年）、丁（七年）以后，昆明祸患频仍，沿河堤埂闸坝，拆毁居多，水利全荒，农民失业，国朝额赋亦无从征收。④威远厅三岔河闸，在猛戛土司，建于河之下流，蓄泄得宜，颇资灌溉。嘉庆元年"夷匪"滋扰，闸亦被毁。⑤

此外，破坏水利的原因还有，围湖造田，阻水出路；民间争水斗争等，这些都对水利建设造成不利影响。

第四节　水利事业兴修与废坏对社会经济的影响

清代水利经由两个阶段，一是清前期的兴修，二是清后期的

---

① 徐赓陛：《致阵孝廉》，《不慊斋漫存》卷二。
② 陆保善：《望都县乡土图说·望都县》，光绪三十一年，第1页。
③ 《任赖股匪回窜转路调兵分剿折》，《曾国藩奏稿》卷二四。
④ 民国《云南通志》卷一三九。
⑤ 民国《云南通志》卷一四一，引光绪志。

废坏。前期水利事业大发展，给经济发展以巨大动力；清后期水利废坏，使农业发展遭受严重破坏和民生和国家赋税收入带来严重影响。下面按两个时段分别论述。

一 清前期水利事业发展对农业经济发展所起的作用

清代水利建设发挥政府和民间两种力量，其作为超过前代，对有清一代经济发展做出重要贡献。这一点是不容置疑的。

首先，提高农作物亩产量。

从山西、陕西、河南等地凿田灌井的效果看，使旱田单位面积产量提高。卢坤说，陕西兴平县城南多有凿井灌田者，"夏秋所获，自较旱田颇胜"①。蒋炳南实地考察后称："凡有井之地，悉为上产。"②崔纪则更为具体地称："山、陕井浇地，肥者比常田收获不啻数倍，硗者亦有加倍之入……井地所获之粟，约可比常田二三倍之多。"③张之洞亦说，他河北老家井地收成"可多常地三倍"④。以前缺乏水利灌溉设施的农田，水利设施改善后，农田单位面积产量可以成倍增长。据陈树平先生估计，在崔纪、陈宏谋主持下新开井数，仅陕西一省就可灌田 487 200 亩，可增产谷物达到 584 640 石；直隶霸州仅乾隆九年新开井达 2 000 眼，灌地面积达 16 000 余亩，增产谷物可达 19 200 余石。⑤

直隶总督李维钧称：直隶旱田之膏腴者，亩产为谷 2 石余。《宝邸县志》称：该邑农民，"一岁之中手胼足胝，殆无虚日，而

---

① 卢坤：《秦疆活略》，第6页。
② 张念祖：《中国历代水利述要》，第108页。
③ 民国《陕西通志》卷六一，《井利附》。
④ 《张文襄公奏稿》卷一，第24页；张之洞：《畿辅旱灾请速筹荒政折》。
⑤ 陈树平：《明清时期的井灌》，见《中国社会经济史研究》1983年第4期。

收入颇寡，但得五六或七八斗，即庆有年矣"①。而雍正年间，所营水田亩产多在谷 5 石以上，"新营水田……每亩可收稻谷五、六、七石不等"②。《顺天府志》称，雍正年间，畿辅地区水田的产量为谷 5 石。③ 玉区县还乡河修筑后，陈仪说："沿河沮洳之场皆成膏壤矣。"④ 当地生员齐伟有诗赞云："并看三农咸乐业，芃芃禾黍偏青畇。"⑤ 起自清苑县界，至献县臧家桥止，周回于顺天、保定、河间三府境的千里长堤修筑后，陈仪谓："工程日以坚固，迄今六载，高下丰稔，濒河近淀州县井间，皆歌乐土焉。"⑥

可见，水利事业的发展，十分有利于土地潜力的发挥。

此外，还增加了农民经济收入。山西浑源州城西偏木市一带，地势卑湿，不宜黍谷，收成不敷纳赋，因教民掘井种靛、蔬等物，民获大利，各地相仿效。⑦

其次，扩大耕地面积。

农田水利工程建设，使原来无法耕种的抛荒地变为可耕之田，使耕地面积得以扩展。如康熙时，天津镇总兵蓝理开围田，引用海河潮水，仍泄水于本河以灌田，每田一顷，用水车四部，"秋收亩三四石不等。及升任去，奏归之官。嗣后经理无人，圩坍河淤，数载废为荒壤"⑧。又如雍正年间，畿辅营田，"自五年分局，至于七年，营成水田六千顷有奇。于是天心助顺，岁以屡丰"⑨。

---

① 乾隆《宝邸县志》卷七，《风俗》。
② 怡贤亲王：《恭进营田瑞稻疏》，雍正《畿辅通志》卷九四。
③ 光绪《顺天府志》卷四八，《河渠志一三·水利》。
④ 陈仪：《直隶河渠志》，《还乡河》条。
⑤ 光绪《玉田县志》卷三，《舆地志略·山川·还乡河》。
⑥ 陈仪：《直隶河渠志》，《千里长堤》条。
⑦ 李戴恩：《严公德政记》，光绪《浑源州续志》卷九，《艺文上》。
⑧ 光绪《重修天津府志》卷二八。
⑨ 《营田四局工程序》，《清经世文编》卷一〇八，《工政·直隶水利中》。

"乃自怡贤亲王薨逝后，曾不数年而荒废殆尽"①。雍正十二年，李珏授广东雷州府，郡有洋田万顷，动成斥卤，旧有特侣塘泄水稍狭，珏为穿凿，视旧广三分之一，兼修海堤，岁得米数十万石。②乾隆二十一年，湖北施南府来凤县，县西南及东南隅，若沙坨坪、桐梓园、牛车坪等处，率多荒废，故有茅草滩之名。前令张董工开凿，为渠三道：一引红崖溪水，灌沙坨坪；一引龙峒桥水，灌桐梓园；正西自伏虎峒导流，牛车坪得溉焉。自此乡城俱有水畦，惜山深箐密，川原狭隘，膏腴无多云。③乾隆年间，广西罗城县多旷土，赵廷鼎任罗城知县，相度原隰，为筑堤堰，溉田万亩。④江西星子县蓼花池淤塞严重，嘉庆二十二年，知府溧阳狄尚绚首捐廉泉，复劝居民按田每亩出费钱二百文，对淤塞的蓼花池大加疏浚。阅五月工竣，水口畅达，"涸出田亩甚多，岁增获数万担"⑤。道光年间，安徽怀远县郭陂塘、龙王坝年久坍废。经该县周天爵倡捐银九百余两，并设法劝捐，董率士民，实心兴修，"附近荒田千余顷悉成腴壤"⑥。咸丰年间，科尔沁亲王僧格林沁在天津大沽海口一带兴办水田，倡捐办理，使斥卤之区咸为沃壤，民利赖之。⑦以上列举仅仅是一些事例而已，由此可看出水利事业的重要性。同时也可从上面正反两方面事例看到水利兴，荒地辟；水利废，良田荒的情景。

还有，扩大北方水稻种植范围。北方地区由于水利原因，种植水稻很少，经过兴修水利，扩大了水稻种植区域，提高了作物产量。京畿地方在怡贤亲王营田带动下，直隶省有三十九个州县

---

① 程含章：《覆黎河帅论北方水利书》乾隆，《清经世文编》卷一〇八，《工政·直隶水利中》。
② 道光《诸城县续志》卷一五。
③ 乾隆《来凤县志》卷四。
④ 光绪《新繁县志》卷三。
⑤ 同治《星子县志》卷二。
⑥ 道光《安徽通志》卷六。
⑦ 光绪《大清会典事例》卷一六七，《户部·田赋·开垦二》。

和兴国、富国二场种植水稻，营治稻田共计330 482.12亩，农民自营稻田计250 834.15亩，改旱田为水田计35 245.507亩。① 雍正后，虽然有许多稻田改为旱田，但也有部分稻田一直保留下来。如光绪《遵化通志》载：玉田、丰润怡贤亲王所创营田，"皆产水稻有名"。丰润县王兰庄所产红莲稻以其质优，年年成为皇陵的祭品。② 光绪《广平府志》称：磁州"东、西二闸稻田尤多"。永年县沿滏水的十三个村庄都有稻田，其中水稻多，旱稻极少。③ 乾隆十四年，南和县有稻田八十五顷五十五亩九分。④ 乾隆《正定府志》载，迄今沿河一带，并井陉、滹沱之沿河近地，"都成杭稻沃壤"⑤。房山县长沟、甘池、高庄等十数村自雍正至民国年间，都产稻谷。⑥ 天津"葛沽一带水田如故"。⑦ 据《清实录》记载：乾隆二十年，署山东巡抚郭一裕疏报，乾隆十八年，各属开垦"水田十顷十一亩有奇，分别升科"。⑧ 除直隶省外，北方各省种植水稻情况见表4-4-1。

表4-4-1　　　　　　　　有清一代北方诸省种植水稻情况

时间	省州县	水稻田（顷、亩）	资料来源
康熙三十四年	山东邹平县	稻，漯水之滨，近始播种	康熙《邹平县志》卷八
康熙	山东历城县	城北一带尽属水田	《古今图书集成·博物汇编·草木典》卷二六
乾隆二十年	乾隆十八年，各属开垦	水田15顷11亩有奇	《清高宗实录》卷四八二

---

① 陈树平主编：《明清农业史资料（1368—1911）》第一册，社会科学文献出版社2013年版，第195—197页，表2-1-1。
② 光绪《遵化通志》卷一五，《舆地·物产》。
③ 光绪《广平府志》卷一八，《舆地略·物产》。
④ 乾隆《南和县志》卷二，《地理上·水利营田》。
⑤ 乾隆《正定府志》卷四，《地理·河渠水利·河渠》。
⑥ 民国《房山县志》卷二，《地理物产》。
⑦ 光绪《重修天津府志》卷二八，《经政二·屯田》，注6—11。参见李成燕《清代雍正时期的京畿水利营田》，中央民族大学出版社2011年版，第266—269页表。
⑧ 《清高宗实录》卷四八二。

续表

时间	省州县	水稻田（顷、亩）	资料来源
乾隆二十六年	山东新城、高苑、潍县	新城县开垦水田共140余顷 高苑县涸出稻田40余顷 潍县开垦稻田13顷	《清高宗实录》卷六三九
乾隆二十六年	山东新城县	开水荒田数十顷	宣统《山东通志》卷七五
乾隆二十八年	山东新城县、潍县	垦水田30顷59亩有奇	《清高宗实录》卷七〇〇
乾隆二十八年	山东新城、汶上、临淄、寿光	开垦水田85顷98亩有奇	《清高宗实录》卷七四九
嘉庆初期	山东寿光清水泊、跃龙、王钦之滨、尧丹下流辛章、佛屋等处	多艺红、白二稻；亦垦辟稻田	嘉庆《寿光县志》卷九，《食货》
顺治七年	河南辉县	佟国玺修闸道，稻田之利复兴	道光《辉县志》卷一〇
康熙年间	河南之光、固、辉、济诸县	产稻米	汪价：《中州杂俎》户，卷一九
康熙年间	河南光山、固始二县	稻唯光、固间多有	汪价：《中州杂俎》户，卷一九
雍正十二年	河南辉县	水地132顷	道光《辉县志》卷七
道光六年	河南淇县东、南二乡……南关头等里	多稻田	王凤生：《淇县知县胡镕复禀》，见《河北采风录》卷三
康熙年间	河南省河南府	洛下（洛水流域）稻田亦多	汪价：《中州杂俎》户，卷一
乾隆年间	河南正阳县	邑南偏多稻，与光、罗同	嘉庆《正阳县志》卷九
乾隆年间	河南郑州直隶州	近开稻田	盛百二：《增订教稼书》，见《区种十种》
道光早年	河南太康县	抑或有种水稻者	道光《太康县志》卷三
同治六年	河南信阳州	州境西南，遍种粳稻	卞宝第：《方岳采风录》卷二
同治六年	河南郑州直隶州	南曹一带产稻最佳	卞宝第：《方岳采风录》卷一

第四章　鼓励农田水利建设　139

续表

时间	省州县	水稻田（顷、亩）	资料来源
同治六年	河南光州直隶州	州境，麦陇秧畦，浑似江南	卞宝第：《方岳采风录》卷二
康熙早期	陕西北部归德水、九股水、鱼河潴水、碎金驿水	皆溉旁近园田种稻	康熙《延绥镇志》卷一之四
康雍年间	陕西西乡县，南人至邑	南人善垦稻田	严如熤：《三省边防备览》卷八
乾隆二年	陕西汉中府	汉中九属，半浮稻田	民国《陕西通志》卷六一
乾隆五十一年	陕西留坝厅	起科水地1顷30亩9分	嘉庆《汉南续修群志》卷一二
嘉庆年间	陕西汉中府、甘肃宁夏府等	岁收稻常五六百万石	民国《陕西通志》卷六〇
乾隆年间	陕西商州东乡南乡西乡北乡	四乡共修水田100余亩	民国《陕西通志》卷五九《续商州志》
道光二年	陕西商州城外及东南名村	稻田数万，军糈之资不劳外境	严如熤：《三省边防备览》，卷八《民食》
光绪年间	陕西商州客民外来	近日，稻田渐多	民国《陕西通志》卷六一
道光三年	陕西紫阳县除沟窄水陡者	余悉开成稻田	民国《陕西通志》卷六〇
道光三年	陕西洵阳	山麓平衍，居民因势开堰，稻田极多；南山乡稻田十居其二	民国《陕西通志》卷六〇
道光三年	陕西汉阴厅	灌田数十万亩	民国《陕西通志》卷六〇
道光年间	陕西榆林府	今唯榆林、怀远二县有稻田	道光《榆林府志》卷二三
光绪年间	光绪四年、二十七年修水田	二次共得田500余亩	民国《陕西通志》卷六一
光绪十年	陕西榆林县榆溪河西岸开渠	榆林得田100余亩，怀远得田500亩	民国《陕西通志》卷六一
同治至宣统	陕西鄜州自商、洛、川、楚客民来开垦，因势引水	至今稻田、麻田，青葱溢目	民国《陕西通志》卷五七
光绪年间	陕西凤县	安河稻最佳，平壤亦多种者	光绪《凤县志》卷八

续表

时间	省州县	水稻田（顷、亩）	资料来源
光绪至宣统	陕西泾阳县	稻，近有民客民在低洼处试种	宣统《泾阳县志》卷二
光绪年间	陕西乾州武功南、北两路	亦有水田	民国《陕西通志》卷六一
光绪年间	陕西府谷县各堡镇、乡村	较光绪初年，增水田两倍有余	民国《陕西通志》卷六一
康熙年间	山西沁州	稻，康熙年间初种，所出不多	《古今图书集成·方舆汇编·职方典》卷三三五《沁州部》
清代早期	山西平阳府	稻，霍、解、蒲、绛四州，临汾、襄陵、洪洞、赵城、稷山、夏县、闻喜诸县俱种之	《古今图书集成·方舆汇编·职方典》卷三二三《平阳府部》
乾隆至光绪	山西五台有大小泉以数百计；东滹沱河南岸西起谭上，左至张家庄	种稻甚茂皆稻田也。乾隆五十二年水灾，稻田沙压，数不及从前之二三	光绪《五台新志》卷二
嘉庆年间	山西霍州	稻，州之大张村、贾村有之；赵邑南乡最盛	道光《霍州志》卷一〇
嘉庆年间	山西阳城县	稻，近年有栽种者	同治《阳城县志》卷五
道光前期	山西寿阳	太原以南郡县多稻，邑之南近亦种稻	祁寯藻：《马首农言》，见《中国农学遗产选集·稻》，上编
道光年间	山西闻喜、临汾、文水、太原、晋水、赵城、霍泉	产粳稻稻田尤饶	吴其濬：《植物名实图考》卷一《谷类》
乾隆二十六年	甘肃高台县毛目等处	劝垦水田五千二百亩有奇	《清高宗实录》卷六四七
乾隆晚期	甘肃敦煌县戽水溉田以种稻	得水田四万余亩	光绪《郪县乡土志·耆旧》
嘉庆十年	甘肃张掖县、高台县	张掖多水田，高台稻畦弥望	祁韵士：《万里行程记》，见《中国农学遗产选集·稻》，上编
乾隆年间	甘肃宁夏府地近黄河	多种水稻	《湖北荆州知府张方理传》，同治《清苑县志》卷一六

续表

时间	省州县	水稻田（顷、亩）	资料来源
光绪年间	甘肃宁夏府中卫县	每年运销省城稻米五百余担	光绪《甘肃全省各属农业实迹志·宁夏府中卫县·物产》

资料来源：本表根据陈树平主编《明清农业史资料（1368—1911）》第1册，社会科学文献出版社2013年版，第207—222页资料整理而成。

说明：同一个时期，同一地方资料只取其中一件；水稻种植面积很少者，略去不收。

北方地区还有一些省地种水稻，如辽宁在康熙年间就有米外运的记载；吉林在宣统年间也有种植水稻的记载；新疆叶尔羌、哈密也有种稻记录。[1]

水稻种植在北方地区广泛推广，对增加农民收入有重要意义，《陕西通志》称："语云：一亩水田，胜似十亩旱田。"[2]

此外，可减少漕粮南运，节省国家开支。随着垦荒事业发展，水利事业发展，北方地区农业生产得到恢复和发展，尤其是口外和东北新兴农业区发展，使得大量粮食可以进入流通领域，供百姓食用。张士元说，北方农业生产发展了，"则东南之漕运可宽矣。宽则积谷储仓，以时敛昔久，而东南之民，亦受无穷之惠矣"[3]。林则徐亦说："恭查雍正三年命怡贤亲王总理畿辅水利营田，不数年垦成六千余顷。""而一亩之田，中熟之岁收谷五石，则米为二石五斗矣。苏松等属正耗漕粮，年约一百五十万石，果使原垦之六千顷修而不废，其数即足以当之。"又说，如果垦复并扩大营田的话，可以省漕务中例给银米，河工经费更可大为撙节，"上以裕国，下以便民"[4]。

---

[1] 陈树平主编：《明清农业史资料（1368—1911）》第一册，社会科学文献出版社2013年版，第222—225页。

[2] 民国《陕西通志》卷六一。

[3] 张士元：《农田议》，《清经世文编》卷三六。

[4] 林则徐：《畿辅水利议总叙》，光绪《畿辅通志》卷九一，《河渠十七·水利营田二》。

同时，改善北方地区饮食结构。北方地区由于缺水灌溉，无法种植水稻，兴修水利后，水稻种植面积扩大，大米也成北方饮食一部分，使饮食品种更丰富。

最值得关注的是：由于水利事业发展，一方面可减轻自然灾害的危害；另一方面又能提高农作物产量，对改善、提高农民生活，保障自耕农或减少自耕农破产有重大意义。

二 清后期水利破坏对农业生产的影响

清中后期，由于水利失修，给人民生命安全、生活处境带来极大威胁，不但给国家增加无穷的赈恤蠲除负担，而且还影响田赋收入。

程含章说：自道光元年以来，皇上之加恩于直隶灾民者，赈恤蠲缓不下六七百万。而百余州县，民间两年不收之粮食，不下七八千万，水浸之房屋，损坏之器具，又不下千余万，合公私耗损之财用计之，不下十千余万。"曩令早用二三百万以治河，则可节省六七百万之蠲赈，藏之公府，并可保全十千余万之食货，藏之民间，则上下公私交受其益也。倘再不速用数百万以治河，窃恐每年仍须蠲赈银米二三百万，而河道终须修治，仍须用数百万，民间不收之粮食，又不下三四千万，无论公项不支，而直隶数百万生灵将不可复问，则上下公私，交受其困也。"①

吴麒就黄浦失修所造成损失说：黄浦为松郡巨川，吞纳潮汐，宣泄泖淀，田畴赖以灌溉，沟浍赖以通达，国之人皆知之，不待言矣。顾震泽数万顷，居江浙七郡之中，受七郡之水以归于海，自历代以来，皆吴淞江宣泄。"今吴淞壅塞，专恃黄浦以为尾闾，

---

① 程含章：《总陈水患情形疏》，见光绪《畿辅通志》卷八三。

使黄浦少塞，则七郡皆沉灶矣，故曰有关乎一省也。江浙七郡者，财赋之奥区，朝廷之外府也。一邑之所输，足当他方之数郡。使黄浦不治，而霖潦为灾，湖水震荡，则国计无所仰，而习农为旰食，故曰有关乎天下也。"①

钱泳谈到江苏常、镇高田为什么常荒时说：高田池塘不但不加深浚，反而废塘为田、为路，"今常、镇各州县，大半高区，农民不但不浚，而反皆填塞，或筑为道路，或廓其田畴，有谁禁之哉？弃天之时，失地之利，罪莫大焉。无怪乎低田常熟，而高田常荒也"②。

程含章谈到广东南雄州水利失修给农民、给社会、给国家带来损害时说："百余年来，以雨为命，或十收四五焉，或十收二三焉，或十不收一焉，饥不暇饱，餍糟糠也；寒不暇暖，衣百结也；官差盈门，催逋赋也；乡邻诟谇，索宿欠也。伤哉，吾有亲而不能为孝子也，吾有子而不能为慈父也。吾有兄弟而不能相养以生，吾有妻女而不能相守以死也。"③

张朝桂在《水利徭役积弊论略见》一文中指出：江苏宝山"通邑之河港，渐淤塞为平地，捍海之塘工，亦坍卸而不修。比年来，旱涝不常，既不能资以宣蓄，故十岁而九荒。更遭飓风，则一邑之民命危于呼吸"④。

水利失修的结果是田园荒芜，人民失所，田赋无出，民穷国困。农民贫困，为官绅地主、商人兼并土地提供了更多机会。

---

① 吴麐：《水利议》，《皇朝经世文续编》卷九三。
② 钱泳：《履园丛话》，《丛话四·浚池》。
③ 程含章：《新开裕丰陂记》，《岭南集》卷六。
④ 张朝桂：《水利徭役积弊论略见》，光绪《宝山县志》卷四。

第五章

抑制豪强兼并土地

抑制土地兼并是清政府前期的一项重要工作，如禁止旗人圈地，禁止民人将土地投献给旗人；严厉推行钱粮奏销制度；推广灾年卖地，可原价回赎措施等。这些政策措施的实行，有效打击了豪强兼并土地的行为，使在清初垦荒中造就的大量自耕农得以延续。

第一节 禁止圈地和投献土地

清政府定都北京后，便开始大规模圈占民间土地。顺治元年，清世祖以"东来诸王、勋臣、兵丁人等无处安置"[1]为由，下令圈地。顺治四年户部奏准："上年八旗园地内，薄地甚多，以致收成无望。况今年东来旗人又无地耕种，若将远处府、州、县、屯卫故明勋戚等田拨给，又恐无力者艰于运送；应于近京府、州、县内拨换去年薄地，并给今年东来旗人。其被圈之地，于未被圈州、县、屯卫内拨还。"[2] 此后，旗地圈占便在畿辅及东北地区展开。顺治二年，户部尚书英俄尔岱等奏曰："臣等奉命圈给旗下地亩，查得易州、安肃等州县军卫共三十六处。"[3]顺治四年，户部

---

[1] 《清世祖实录》卷一二。
[2] 光绪《大清会典事例》卷一五九，《户部·田赋·畿辅官兵庄田》。
[3] 《清世祖实录》卷二二。

又从"远处府、州、县",以"孤贫佃户无力运送子粒"为名,奏请在"近京府、州、县内,不论有主(与)无主地土,拨换去年所圈薄地,并给今年东来满洲",得到顺治帝批准。"于是圈顺义、怀柔、密云、平谷四县地六万七百五垧,以延庆州、永宁县、新保安、永宁卫、延庆卫、延庆左卫右卫、怀来卫无主屯地拨补;圈雄县、大城、新城三县地四万九千一百一十五垧,以束鹿、阜城二县无主屯地拨补;圈容城、任邱二县地三万五千五十二垧,以武邑县无主屯地拨补;圈河间府地二十万一千五百三十九垧,以博野、安平、肃宁、饶阳四县先圈薄地拨补;圈昌平、良乡、房山、易州四州县地五万九千八百六十垧,以定州、晋州、无极县、旧保安、深井堡、桃花堡、递(雕)鹗堡、鸡鸣驿、龙门所无主屯地拨补;圈安肃、满城三万五千九百垧,从武强、藁城二县无主屯地拨补;圈完县、清苑二县地四万五千一百垧,以真定县无主屯地拨补;圈通州、三河、蓟州、遵化四州县地十一万二百二十八垧,以玉田、丰润二县圈剩无主屯地及迁安县无主屯地土拨补;圈霸州、新城、涞县、武清、东安、高阳、庆都、固安、安州、永清、沧州十一州县地十九万二千九百一十九垧,以南皮、静海、乐陵、庆云、交河、蠡县、灵寿、行唐、深州、深泽、曲阳、新乐、祁州、故城、德州各州县无主屯地拨补;圈涿州、涞水、定兴、保定、文安五州县地一万一千四百九十垧,以献县先圈薄地拨补;圈宝坻、香河、滦州、乐亭四州县地十万二千二百垧,从武城、昌黎、抚宁各县无主屯地拨补。"①仅户部这次奏请,所圈近京膏腴之地达到五百九十六万二千二百四十二亩。以上所列,仅是清政府圈占旗地的一部分事例而已,其余不一一列举。

顺治年间,尤其是初年,投献之风极盛。如涞水县,顺治二年,就有83.3%耕地被圈占,或投献。② 良乡则更惨,在册耕地

---

① 《清世祖实录》卷三〇。
② 光绪《涞水县志》卷三,《田赋》。

全部被圈占或投献。① 雄县算是好一点，但投献地也占14%。② 沧州、通州、蓟州、口外、玉田、西宁、安肃都有类似情况发生。下面，将清初所圈土地及投献土地情况列于表5-1-1中。

表5-1-1　　　　清初直隶七十二州县被圈占为旗地一览　　　　单位：亩,%

州县	原有土地(A)	圈、投地亩数（B） 圈占	圈、投地亩数（B） 投充	圈、投地亩数（B） 合计	A—B 剩余	B/A	资料来源
大兴县	102 104	99 383	—	99 383	2 721	97.3	康熙《大兴县志》卷三
宛平县	219 343	180 822	—	180 822	38 521	82.4	康熙《宛平县志》卷三
顺义县	248 686	240 782	—	240 782	7 904	96.8	康熙《顺义县志》卷二
通州	573 176	422 274	144 858	567 132	6 044	98.9	光绪《通州志》卷四
平谷县	112 431	106 482	—	106 482	5 949	94.7	民国《平谷县志》卷一
怀柔县	139 222	74 536		74 536	64 686	55.7	康熙《怀柔新志》卷四
密云县	273 343	215 141	—	215 141	58 202	78.7	雍正《密云县志》卷四
房山县	176 737	104 543	21 085	125 628	35 733	71.1	民国《房山县志》卷四
昌平州	288 870	258 405	—	258 405	30 465	89.4	光绪《昌平州志》卷一一
延庆州	467 395	340 828	—	340 828	126 567	72.9	乾隆《延庆州志》卷三
良乡县	291 824	291 824	—	291 824	无	100	光绪《良乡县志》卷三
固安县	408 177	361 536	—	361 536	46 641	88.6	咸丰《固安县志》卷三
永清县	491 120	412 126	—	412 126	78 994	83.9	乾隆《永清县志》卷二
霸州	265 819	229 995	—	229 995	35 824	86.5	光绪《畿辅通志》卷九四
新城县	908 885	865 470	—	865 470	43 415	95.2	光绪《畿辅通志》卷九四
唐县	265 529	105 310	—	105 310	160 219	39.7	光绪《畿辅通志》卷九四
博野县	329 756	42 456	—	42 456	287 300	12.9	光绪《畿辅通志》卷九四
完县	321 857	225 925	—	225 925	95 932	70.2	光绪《畿辅通志》卷九四
蠡县	636 668	328 836	—	328 836	307 832	51.7	光绪《畿辅通志》卷九四
安州	456 155	369 613	—	369 613	86 542	81	光绪《畿辅通志》卷九四
高阳县	359 562	278 545	—	278 545	81 017	77.5	光绪《畿辅通志》卷九四
阜城县	213 466	58 860	—	58 860	154 606	27.6	光绪《畿辅通志》卷九四
任邱县	887 094	825 494	—	825 494	61 600	93	光绪《畿辅通志》卷九四

① 《良乡县志》卷七。
② 民国《雄县新志》卷三。

续表

州　县	原有土地（A）	圈、投地亩数（B） 圈占	圈、投地亩数（B） 投充	圈、投地亩数（B） 合计	A—B 剩余	B/A	资料来源
献　县	929 607	333 592	—	333 592	596 015	35.9	光绪《畿辅通志》卷九四
景　州	427 305	47 492	—	47 492	379 813	11	光绪《畿辅通志》卷九四
吴桥县	406 997	—	1 152	1 152	405 845	0.3	光绪《畿辅通志》卷九四
交河县	127 0691	598 747	—	598 747	671 944	47.1	民国《交河县志》卷二
河间县	1 350 000	620 000	237 529（寄庄）	857529	492 471	56.1	乾隆《河间县志》卷二
祁　州	337 183	56 856	3 451	60 307	276 876	17.8	乾隆《祁州志》卷三
东安县（安次）	324 285	194 745	35 773	230 518	93 767	71	康熙《东安县志》卷四
三河县	641 269	521 447	—	521 447	119 822	81.3	乾隆《三河县志》卷五
玉田县	521 689	459 938	37 259（乾清、慈宁二宫、寿宁公主、景府地）	497 197	24 492	95.3	光绪《玉田县志》卷一三
武清县	1 076 540（大亩折合）	766 991（大亩折合）	126 653（金船地）	893 644	182 896	83	乾隆《武清县志·田赋志》
宝坻县	689 065	581 737	151 532	733 269	57 950	106	乾隆《宝坻县志》卷五
香河县	316 214	309 367	—	309 367	6 847	97.8	光绪《畿辅通志》卷九四
蓟　州	550 028	232 267	190 373	422 640	127 388	76.8	道光《蓟州志》卷五
遵化州	377 268（上、中、下折上地）	374 229	—	374 229	3 039	99.2	乾隆《直隶遵化州志》卷七
乐亭县	804 755（上、中、下折上地）	675 958	126 557	802 515	2 239	99.7	嘉庆《乐亭县志》卷四

续表

州　县	原有土地（A）	圈占	投充	合计	A—B 剩余	B/A	资料来源
滦　州	879 468？	759 006	181 796？	940 502？	117 949？	？	嘉庆《滦州志》卷三
昌黎县	387 927	125 959	—	125 959	263 868	35	光绪《畿辅通志》卷九四
丰润县	1 150 964	604 952	474 860	1 079 812	71 154	93.8	乾隆《丰润县志》卷二
抚宁县	286 736	120 792	—	120 792	165 944	42	光绪《畿辅通志》卷九四
宁河县	152 874	152 153		152 153	72 199.5		乾隆宁河《县志》卷五
迁安县	231541（上、中、下折上地）	113 107	85 175	198 282	33 259	85.6	同治《迁安县志》卷一二
卢龙县	165 552	25 386	—	25 386	141 226	15.2	光绪《畿辅通志》卷九四
临榆县（山海关）	167 069	167 069（尽数拨补滦州）	—	167 069	无	100	光绪《临榆县志》卷五
涞水县	428 145	316 824		316 824	39 847	74	光绪《涞水县志》卷三
易　州	564 011	355 440	19 355	375 991	184 421	67	乾隆《易州志》卷七
定兴县	561 354	541 385		541 385	20 783	96.4	乾隆《定兴县志》卷三
满城县	229 044	212 133	5 651	217 791	11 258	95	乾隆《满城县志》卷五
安肃县（徐水县）	557 517	502 311	—	502 311	55 207	90	嘉庆《安肃县志》卷三
涿　州	527 303	432 961	27 600（行宫、开道、种树地）	460 560	66 743	87	同治《涿州志》卷七
雄　县	440 577	305 639	61 839	367 576	73 001	83	民国《雄县志》第三册
保定县	55 533	34 887		34 887	20 646	63	光绪《畿辅通志》卷九四
清苑县	647 958	352 830	93 732	446 562	201 396	69	同治《清苑县志》卷六
望都县	111 528	43 367	—	43 367	68 161	39	民国《望都县志》卷四
容城县	226 272	48 822	—	48 822	177 450	22	乾隆《容城县志》卷四
大城县	714 491（大亩折小亩）	570 664	357	571 021	173 470	20	光绪《大城县志》卷三

第五章　抑制豪强兼并土地　149

续表

州　县	原有土地(A)	圈、投地亩数 圈占	圈、投地亩数 投充	圈、投地亩数 合计	A—B 剩余	B/A	资料来源
文安县	376 666	174 682	8 595	183 277	159 131	49	民国《文安县志》卷一二
肃宁县	563 333	199 799	—	199 799	363 534	35	乾隆《肃宁县志》卷三
天津县	920 244	699 596	—	699 596	220 648	76	光绪《畿辅通志》卷九四
青　县	728 487	654 605	—	654 605	73 882	90	光绪《畿辅通志》卷九四
沧　州	477 605	220 355	—	220 355	257 250	46	光绪《畿辅通志》卷九四
南皮县	596 408	155 427	—	155 427	440 981	26	光绪《畿辅通志》卷九四
盐山县	410 588	—	84 029	84 029	326 559	20	光绪《畿辅通志》卷九四
宣化县	1 504 211	512 736	—	512 736	991 475	34	光绪《畿辅通志》卷九四
赤城县	341 501	75 981	—	75 981	265 520	22	光绪《畿辅通志》卷九四
万全县	641 303	230 857	—	230 857	410 446	36	光绪《畿辅通志》卷九四
怀来县	686 894	331 891	—	331 891	355 003	48	光绪《畿辅通志》卷九四
西宁县(阳原)	1 081 910	553 686	—	553 686	528 224	51	光绪《畿辅通志》卷九四
怀安县	929 215	485 617	—	485 617	443 598	52	光绪《畿辅通志》卷九四
保安州	217 968	84 661	—	84 661	133 307	39	光绪《畿辅通志》卷九四
72州县合计	36 488 688			24 420 139		67	

资料来源：本表引自李华《清初圈地运动及旗地生产关系的转化》，载《文史》第八辑。

说明：1. 本表根据各州县地方志田赋部分具体数字制成。凡各州县地方志对旗地记载不够明确、不够具体者，根据《畿辅通志》补入。2. 个别州县地方志（如滦州、宝坻等方志）对全州县原有土地、圈占多少、投充多少、剩余多少，都分别有较详之记载，但原来数字相加不符，在表内照原样抄录存疑。3. 表中圈占、投充两项，在一些方志中分别清楚者，则分别填写。凡方志中笼统记载"圈投""圈充"字样者，则在圈占项下统一填写。有的方志只记有"圈占"或"投充"单项，则分别填写。4. 多数方志对"拨补"（或拨出、拨入）一项记载混乱，在表内不列出。5. 方志中记载，时而"圈占"，时而"旗退"，时而"民典"，时而"回赎"。这些现象，一直延续很久，故"旗退""民典""回赎"等项，在表中不予列。

注：原统计表中东安县、玉田县、武清县、清苑县、宏城县、大城县六县，统计数字有误，本表已改正。另彭雨新先生在《清代土地开垦史资料汇编》一书中，根据光绪《畿辅通志》卷九四，《经政一·田赋》资料亦做一表，部分县的土地数略同，可供研究时参考。

当然，清初圈占土地不仅仅是在直隶，山东、山西、四川、陕西、宁夏等地区的许多田地也被圈占。

圈地及土地投献给人民带来巨大灾难，同时也给政府带来赋税损失，因此，引起政府重视。

圈地给当地人民生活带来许多不便和困难，致使许多人流离失所，无养生之资，甚者不得不相从为盗。对于以上事实，顺治皇帝也不讳言。顺治四年三月，在给户部的谕旨中指出："今闻被圈之民，流离失所，煽惑讹言，相从为盗，以致陷罪者多，深可怜悯。"①顺治八年二月，他又对户部大臣说："田野小民，全赖土地养生。朕闻各处圈占民地，以备畋猎放鹰往来下营之所。夫畋猎原为讲习武事，古人不废，然恐妨民事，必于农隙。今乃夺其耕耨之区，断其衣食之路，民生何以得遂。"②反映圈地给民间带来灾难的奏章也不少，如顺治二年，顺天巡按傅景星奏："田地被圈之民，俱兑拨碱薄屯田，若仍照膏腴民地征输，则苦累倍增。"③鉴于圈地带来了许多社会问题，顺治四年三月，顺治帝谕户部："自今以后，民间田屋不得复行圈拨，著永行禁止。"④顺治十年又重新颁布停圈令。康熙八年户部尚书郝惟讷等陈奏："唯圈地取土一事，于顺治四年奉旨以后，仍遵前旨，再不许圈取民间房地。钦遵在案。尔年以来，有因旗下退出荒地复行圈补者，有自省下及挪营处所来壮丁又行圈拨者，有各旗退出荒地召民耕种，或半年或一二年青苗成熟，遇有拨补复行圈去者，有因圈补之时将接壤未圈民地取齐圈去者。以致百姓失业，穷困逃散，且不敢视田为恒产，多致荒废。而旗下退出荒地，复圈民间熟地，更亏国赋。"又称："今臣等酌议……其圈取民地，永行停止。庶百姓得所，不致流离矣。"⑤大规模圈地活动受到禁止。人民土地

---

① 《清世祖实录》卷三一。
② 《清世祖实录》卷五三。
③ 《东华录》，顺治，卷四。
④ 《清世祖实录》卷三一。
⑤ 康熙八年户部尚书郝惟讷：《请永停八旗圈地疏》，民国《霸县志》卷五，《文献征存》。

权益基本得到保障,这对土地集中起到抑制作用。此后,政府对此零星圈占活动也表示不满,康熙二十四年,康熙帝为彻底根除这一现象,重新颁布禁止圈地令:"凡民间开垦田亩,若圈与旗下,恐致病民,嗣后,永不许圈,如旗下有当拨给者,其以户部存旗下余田给之。"① 同年又议准:"直隶州县百姓垦荒田地,停其圈拨。"② 至此圈地时间前后长达四十年之久。此后,圈占之事已退出历史视野。政府已不能动用行政权力兼并土地。

有关投献问题,亦举几个事例:顺治三年,投充人苏九功等,带投正白旗原额民地 16 329 亩;顺治四年,投充人刘芳远等,带投正白旗原额民地 172 243.414 亩;顺治七年,投充人潘维屏带投正黄旗原额民地 1 800 亩。③ 农民土地产权受到侵蚀,并造成政府田赋失额。

同时,土地投献行为也为政府所禁。顺治元年,政府下了"不许带田投献"的命令,顺治二年,政府采取严厉措施,对"凡包衣大等新收投充汉人,于本分产业外,妄行搜取,又较原给园地册内所载人丁有浮冒者,包衣大处死不赦"④。同年又定:"禁内务府管领等私收投充汉人,冒占田宅,违者论死。"⑤ 十二年又定:"将投充人照原投部档查核给地外,其多占地亩,即退还原主。"⑥ 经政府三令五申严禁下,靠投献搜刮民田之风得到一定程度控制,有利于保护农民土地产权免被侵占。

---

① 《清圣祖实录》卷一二〇。
② 光绪《大清会典事例》卷一五九,《户部·田赋·畿辅官兵庄田》。
③ 以上三条资料见彭雨新《清代土地开垦史资料汇编》,武汉大学出版社 1992 年版,第 230 页表 3—5。
④ 《清世祖实录》卷一三。
⑤ 王先谦:《东华录》,顺治四年。
⑥ 《清世祖实录》卷二四。

第二节 加强抑制缙绅

清政府建立以后相当长时期内，对汉族缙绅怀有戒心，生怕他们闹事，想方设法削弱汉族缙绅势力，以维护清朝统治。如顺治十七年钱粮奏销案、雍正五年佃户案例，以及文字狱等，其目的正是或从经济上削弱汉族缙绅权势，或从政治上削弱汉族官绅地主势力，或从文化上打击汉族知识界人士。

1. *严厉推行钱粮奏销*

江南地方尤其是苏、松、常、镇四府，缙绅地主甚多，他们凭借权势，接受庶民地主和农民投献的土地。这种行为既兼并土地，又减少国家赋税征收。清廷对此十分不满。顺治十七年，政府严厉推行奏销制度，对拖欠钱粮严重的山东、浙江、福建、广东、江西、陕西、江南的安徽及江苏进行赋税清理。在这七省八地中，受到打击最严重的是江苏的四个府，因涉及拖欠粮款的有2 171名乡绅、11 346名生员俱在降革之列，① "一时人皆胆落"②。在这次奏销案的打击下，各地绅衿地主经济实力受到重创，有的落到倾家荡产的地步。叶梦珠说："百亩之产，举家中日用器皿、房屋、人口而籍没之，尚不足以清理。""当日多弃田而逃者，以得脱为乐。"③ 有人计算过，仅华亭、上海两县名门世家，在奏销案打击下，衰落者占23.88%④，几乎占两县名门世家的四分之一。而且受打击时间长达十数年之久。至康熙十四年时，政府规定，在奏销案中被黜革的绅衿，可以捐银开复，但有银开复者为数极少。在庚子奏销案打击下，七省八地的缙绅，尤其江南缙绅

---

① 叶梦珠：《阅世编》卷六，赋税。
② 曾羽王：《乙酉笔记》。
③ 叶梦珠：《阅世编》卷六，赋税。
④ 伍丹戈：《论清初奏销案的历史意义》，《中国经济问题》1981年第1期。

地主纷纷破产，原来在他们手中掌握的土地大量流向社会，缓解了地权高度集中的状况。与此同时，使缙绅地主在相当长的一个时期内，无力兼并土地。这种情况的存在，给自耕农发展提供了一个更广泛的空间。

2. 雍正五年佃户条例

雍正五年，刚上任河南总督不久的田文镜，就向中央政府打了个报告，内容包括三个方面：一是，该省绅衿地主视佃户"同奴隶"，供其役使，私自扑责，甚至"淫其妇女霸为婢妾"，而地方官或不能察，或徇纵肆虐、狼狈为奸。二是，指出受害佃户"势不与敌，饮恨吞声，不敢告究"。三是，他认为，这种现象"习俗相沿，恒难改易"，应"严加定例"，以期"永远禁革"①。

在田文镜提议下，吏、刑两部草拟条例报批。经过上下来回讨论，十二月初五日正式形成条例。条例为"凡不法绅衿私置板棍擅责佃户者，乡绅照违制律议处，衿监吏胥革去衣顶职衔，杖八十。地方官失察，交部议处。如将佃产妇女占为婢妾者绞监候。地方官失察徇纵，及该管上司不行揭发者，俱交部分别议处。至有奸顽佃户拖欠租课、欺瞒田主者杖八十，所欠租课照数追给田主"。②

对此，经君健先生有深刻论述。

雍正五年条例是政府在对待民田主佃关系政策上的关键条例。它是清政权此前对佃户的一系列政策的继续。产生原因除了要打击汉族缙绅地主外，还与雍正帝为巩固政权相关。

清制，官员由文进士、文举人除授者为科甲出身，通作"科目中人"。科目中人师生同年相互勾结，拉拢照应，共同沉浮于宦海。他们自恃出身荣耀；同为科甲，又囿于门户之见，派系争斗不已。清初的最高统治者鉴于明季朋党之患，故对科甲结私防范

---

① 吏部左侍郎查郎阿题本，见中国第一历史档案馆藏《吏垣史书》，雍正五年九月十五日。

② 《雍正大清会典》卷一七六，刑部二八。

甚严。康熙曾对当时内外各官间"彼此倾轧，伐异党同，私怨交寻，牵连报复"表示痛恨，宣称如不改正，将"穷极根株，悉坐以交结朋党之罪"①，以整饬吏治。而行动更多的是雍正。他上台不久就明确指出，"朋党最为恶习"，"明季各立门户，互相陷害，此风至今未息"②；以后多次从打击科甲朋党的角度处理官吏人事，并不断揭露科目相结之弊。如雍正五年七月间批道："夫举人进士虽同考试出身，然举人从一省取中，其间文理荒疏而侥幸中试者甚多，是以进士目中往往轻忽举人。而举人又唯恐进士将伊屏弃于科甲之外，乃勉强攀援，相与随声附和，背公徇私，至于丧品招祸而不知悔。"③

另外，雍正对敢于和科甲出身之官吏做斗争的官僚则加以重用；田文镜能很快成为雍正重要宠臣之一，原因即由乎此。

田文镜和吏、刑等部官员最初提出的关于雍正五年条例前半的建议，显然是以如下两点作为前提的：第一，将佃户视同奴隶的现象虽然存在，但根据当时的律例，它们是非法的。他们承认赁地耕种仅应是一律单纯的经济行为，凡人平民在政治上、身份上不应因佃地而降低为贱民奴仆。第二，有能力将佃户视同奴隶的，乃是"绅衿"之家，并非一般地主都能做到。逻辑的结论只能是：即使是"绅衿"地主的佃户也应被视为"平民"，把他们当作奴隶来对待的现象应予消灭。如若消灭这种现象，矛头必须对准"绅衿"之家，即科目中人，而非泛泛地指向所有的土地出租者。

可见田文镜提出解决这个问题，和他此前屡上奏章，其动机是一致的，都是意欲遏制缙绅和附庸势力，恰好迎合雍正打击

---

① 康熙三十年九月己未谕户部，《清圣祖实录》卷一五三。
② 雍正元年四月丁卯谕满汉文武大臣官员等，参见《清世宗实录》卷六。
③ 中国第一历史档案馆藏：《吏垣史书》，雍正五年七月。

"科目中人",防止朋党为乱的诉求。①

雍正五年条例虽然重在维护地主收租利益,但在当时政治形势下,对遏制绅衿势力压迫佃户,维护佃户平民身份还是有一定历史意义的。

3. 兴"文字狱"

据李治亭研究,清代文字狱始于康熙,历雍正、乾隆两朝,历时五十多年。以乾隆朝最为严酷。乾隆三十九年,高宗正式下达查禁"忌讳之书"的命令。他说:"明季末造,野史甚多,其间毁誉任意,传闻异词,必有抵触本朝之语。"他认为,这类事大抵以江苏、浙江省居多,其他如江西、福建、广东、湖北等地也必有。他命令江浙及各省督抚,要严加督办,凡发现"伪妄之书",要"尽行销毁,杜遏邪言,以正人心而厚风俗"。② 这次行动直至乾隆五十八年才停止,长达十九年。查禁而销毁的各类图书三千一百多种,计十五万一千多部,另销毁书板八万块以上。但还有相当部分是无法计算的,这是因为民间惧怕法令之严,唯恐招祸,不管是否属于禁书,往往自行烧毁。还包括部分知识分子,恐惧以收藏书而得祸,亦自行毁掉。可想而知,这部分自行销毁的书也是相当多的。③ 在文字狱打击下,知识分子深受其害,被投狱者有之,被杀害者有之,言路堵塞,出现"万马齐喑"的局面。汉族知识分子思想受到钳制,转而埋头考据之学,阻碍了新思想的传播。

4. 开荒所得土地

雍正年间,政府特别强调:佃农垦熟荒田,政府发给承业执照,不许原主混争。如山西石楼县有"刁徒,乘佃开荒成熟,便争复业,哓哓构讼,以致各佃户畏缩不前"。袁学谟下令:"嗣后

---

① 以上参见《经君健选集》,中国社会科学出版社2011年版,第283—286页。
② 转见李治亭《清康乾盛世》,江苏教育出版社2005年版,第517页。
③ 同上。

凡有抛荒地亩，佃户开垦成熟者，许本佃永远承业，给与执照，原主不得混争复业。如有捏词妄控，除概不准理外，仍拿重处。如果自能耕种，必欲业归，原主务要听还佃户资本，并逐年代纳粮银，一一清楚，方准退地。倘敢用强欺凌争夺，许该佃指名禀究，定行照强占民产律治罪，断不轻贷。"① 雍正十二年定例，倘有豪强于承垦之后，借端告夺，照侵占他人田地律，每田一亩笞五十，每五亩加一等。② 乾隆四年，云南宝宁县民矣孟有祖产一分，计田大小十五垞，因搬迁他地，把地抛荒。头人抱烈家雇工开垦。后矣孟迁回原址，上呈要回原业。政府对此案判决是："矣孟、抱烈二家所争之田，已经署令曹国弼勘明，断给矣孟玖垞，抱烈陆垞，两造悦服，取有遵依甘结，现系各管各业。"③ 此案可能考虑到原业主系一介平民，为保护其维持生存条件，以作此判决。乾隆六十年，"安徽泾县监生王家昌侵占王双喜等公地"一案，官府判决："王家昌因契买田地与王双喜等地界毗连，辄越占垦种，不纳租课，以致王双喜等不甘赔粮，往分稻谷，酿成人命，实属不合。""该处埂北田地，既经丈量，已符王家昌契置叁拾式亩伍分之数，应该王家昌管业。其埂南塌地拾伍亩式分柒厘零，核与王双喜、王桃寿等所呈册串相符，应归王双喜等管业，以埂为界，永杜争端。"④ 案断王双喜等被占垦地，归还原主。并不袒护监生王家昌。

5. 打击豪强抢占民田

有清一代，民间发生豪强抢占民田事件时，政府在一般情况下，站在被抢占田地农民一边，也就是说，站在弱小者一边，对

---

① 袁学谟：《禁地主混争佃户开成熟地示》，雍正《石楼县志》卷七，《示谕》。
② 转见中国第一历史档案馆、中国社会科学院历史研究所《清代土地占有关系与佃农抗租斗争》，中华书局1988年版，第52页。（以后引该书时称《斗争》第××页。不再注明全称，以节省篇幅。）
③ 《斗争》，第55—56页。
④ 同上书，第129—133页。

豪强进行抑制或打击，以保护农民田产安全。政府这种行为，在一定程度上有利于小土地所有者得以延续。乾隆《刑科题本》中，有关处理地方豪强抢占民田的案例，现摘录如下。

乾隆元年，浙江泰顺县民吴正达，垂涎薛开晓田膏腴，"冒为己业"，酿成命案。判吴正达"绞监候"。①

乾隆二年，四川高县董承恩强指他人田地为己业，酿成命案。董承恩按"绞监候律"，"应拟绞监候"。所争界址，已经该县勘明定界，应毋庸议。②

乾隆三年，直隶滦州旗人蒋宽雍正十三年夺去杨彪租种姚姓旗地七亩，乾隆元年，他又图占杨彪民地六亩土地。杨彪具控，经陞升该州知州胡文伯讯明，实系杨彪己产，断还杨彪管业。③

乾隆三年，四川泸州段俸伸有香火遗田一分，载粮二石二斗二升五合，与谢廷侯之田连界。乾隆元年，俸伸将二石粮田出售谢治器，留粮二斗二升五合之地，看守祖坟。谢廷侯指称此项田地，系他于康熙四十几年送与段俸伸，即于乾隆二年，强占该地。经判决"所争田地，照界仍归段俸伸嫡属管业"。④

乾隆十二年，关于"广西思恩府安定司谭朝响争占韦公赖祖遗田亩"一案，经讯古悲村附近村老，称这田原是韦公赖祖上耕种的，因康熙年间……韦家人少，逃往永定司去了，才是谭家管业。韦姓称：迁回后，向他们要还，不肯。屡次在司官那里告状，总不断给。雍正十三年，才到本府衙门告状。乾隆七年，"司官潘弘猷替小的们细细查问众村老，又查明小的们都有祖坟，实是古悲老户，才把这田分一股结小的们耕种的"。据此，官府判决如下："韦公赖所种古悲村田亩，据该土司从前详断，查系韦公赖等

---

① 《斗争》，第45页。
② 同上书，第46—48页。
③ 同上书，第48—49页。
④ 同上书，第51—52页。

祖父曾费工本成熟，酌给一半。"①

乾隆十三年，"甘肃县张文君不遵官断霸占王姓合户公地"一案称：王姓有白崖湾大和尚沟合户公地四顷余亩，被张文君等霸种。乾隆三年，经会宁县勘明界址，审断王姓管业，"勒令张文顺等搬庄迁坟，而文顺等抗不遵断，仍复争种"。乾隆十三年会同都察院、大理寺会审，判"所争地亩，仍照原断，押令张文高等搬移庄坟，并立石定界，永断葛藤"。②对图占他人土地者予以打击。

乾隆十九年，"直隶三河县滚催钱粮单头任朝举图占朱大德垦地被杀"一案，官府对地权判断："朱大德所垦地亩，现在查明，另册造报。"③承认对垦地所有权。

乾隆十九年，"山东莱阳县监生刘彬恃势强耕宋国干土地被殴身死"一案，官府判决是："至刘彬翻耕之地，业据文明，宋国干并把侵占，应将此地归宋国干界管业。饬令两造公同埋石立界，以杜侵越。"④判还宋被占地亩。

乾隆二十年，"福建侯官县举人张南辉恃势诈骗寡妇潘庄民母子田产"一案，官府判决：一、革去张南辉举人头衔；二、田归庄氏管业；三、追出张南辉所割稻谷二十石，给还庄氏。⑤

乾隆二十一年，"广东阳江县监生王廷佐冒认他人垦地"一案，判决是：王廷佐以并非己有秧地，藉照内土名湖头墩地界接连，冒认己业，溷往播种，致酿人命，合依不应重律，杖八十，折责三十板。该犯身为监生，不守法纪，实属有乖行止，应革去监生。其高坡秧地三丘，既系两姓互争，现在亦未成熟，应饬召氏开垦报升。⑥政府对监生行为进行责罚之外，还革除其监生名分，并不

---

① 同上书，第55—66页。
② 《斗争》，第66—68页。
③ 同上书，第68—70、71—78页。
④ 同上书，第78—81页。
⑤ 同上书，第81—82页。
⑥ 同上。

偏袒其不法行为。

乾隆二十三年，"四川万县黄玉祥捏说有主熟地为官荒蒙买强占"一案判文：黄玉祥违断踞占，……仍迁回原籍约束，原价银伍拾两，给黄玉祥等具领。所争地土，听李仕通符照契管业。护土司马光仁不即速行给价，致酿人命，咎亦难辞，革职处理。① 此案除维护原主产权外，对处理此事不当的官员也给予处分，较好地体现了政府维护土地合法权益的做法。

乾隆二十七年，"湖北长阳县杨进昇强指刘茂秀之纪为己业"一案，政府判决："杨进升所争之茅葫山地土，讯明实系刘茂秀等十二家公买之业，应仍听刘茂秀家属及颜学仁等照契管业。"② 维护了原主产权。

乾隆二十七年，"湖南兴宁县张万友恃横越界强占谢周山地土"一案，政府判决：桐子澜沙坪，饬令以古园界为界，东边属谢，西边属张。左手俱以山脚为界，右手俱以河边为界。仍于谢周山买契内分晰注明，各管各坪，永杜争端。张万友所造茅屋，饬令张乐成拆毁。③ 禁止强占之风。

乾隆三十一年，"四川石砫厅陆起超等越境争占酆都县白文秀等人土地"一案，致五死四伤。官府判称：此命案系缘陆起超起意，商同杜大儒……于乾隆三十一年正月二十八日，至毛面坪将白文秀佃户张应仲、玉国安驱逐，即迁伊妻涂氏占据。二十九日，又至茨竹壩，勒令张宏亮八佃户张应仲等搬移，主使陈方元与龚秀万两家踞住。复于二月初一、初二两日，先后挟逼张宏亮写立拍支退湛家坪庄房文约。又至陈背寿，将蒋在俸佃户胡见毛等赶逐。初三日，陈起超等复至陈肖寺，逼逐佃户黄如山等引起。④ 指

---

① 《斗争》，第83—86页。
② 同上书，第86—90页。
③ 同上书，第90—92页。
④ 同上书，第93—97页。

责陈起超不法行为。

乾隆三十四年，"直隶宝坻县旗妇傅张氏勾通官府图占张耀土地"一案，经刑部判决，一、通州理事通判英敏承审旗妇傅张氏控告张耀盗卖旗地枉断不职一案，应改依杖一百，流二千里。系正身旗人，仍折枷号五十日。二、傅张氏合依盗卖他人田宅一亩以下笞五十，每五亩加一等，应杖八十，徒二年，加所诬罪三等律，应杖一百，流二千里。系妇人，照律收赎。① 政府对官员枉断失职进行追究，不袒护。对旗人犯罪不包庇，按律追究罪责。这对维持农民土地产权，不受豪强侵凌是有益的。

乾隆三十七年，"湖南临武县族长蒋添才利用族权逼占蒋振东田地"一案，官府判决：查蒋添才因廖哑拐人诬报蒋振东窝赃，藉端诈逼，以致蒋振东夫妇自短身死。蒋添才合依豪强凶恶之徒，倚势威逼平民，致死一家二命以上者，拟绞监候例，应拟绞监候，秋后处决，蒋振球所抢钱文并牛栏江田亩，仍给尸子蒋和尚具领。② 对族长不法行为进行打击，起到维护族众产权的作用。

乾隆四十六年，"山东沾化县武生赵开祚争占地亩殴毙人命"一案，官府判决：赵开祚合依豪强之人，威力制缚人，私家拷打，因而致死者绞律，应拟绞监候，秋后处决。赵开用、赵开祚捐入义学地二亩，应与断给赵开祚之六分，饬给尸妻石氏管业，以资养赡。③ 赵开祚虽是武生，官府并不加以庇护，而是秉公办理，照律治罪，增强了弱势群众对维护自身权益的斗争信心。这对维护社会公正有益。

乾隆四十八年，"江苏通州粮户杨诚斋图占沙地谋杀人命"一案，查通州海门等处沿海一带凶恶棍徒，争占沙地，辄行放火谋命，凶狠诪张，大为地方恶习。除追捕主犯杨诚斋追究罪行外，

---

① 《斗争》，第 97—100 页。
② 同上书，第 101—104 页。
③ 同上书，第 112—114 页。

陆上钦等从犯一并追究。陆上钦、陆上沅、张千厅应照凶恶棍征纠众商谋、计图得财、放火故烧民房屋，照强盗不分首从斩决、杀伤人者枭示例，均拟斩立决，于犯事地方，枭首示众，先行刺字；……所在地亩，应令黄集成照旧管业。杨诚斋所办坍粮，仍归黄升阶等执业。① 严厉打击纠众商谋、计图得财、放火故烧民房的地方凶棍，较好地维护了原主权益。

乾隆五十一年，"甘肃镇番县韩汉杰父子占卖官民地土六百多亩"一案，官府判决："此案韩汉杰父子欺压乡民，任意侵占官民田地，复堵截水利，使众民失业，又强种义田，主咬妄控，种种济恶，实为凶横。应将杨廷俊、闰毓蕗、王瑞裔三犯，均与韩汉杰同罪，照棍徒生事扰害例，改发四千里充军……"占种何朝望霞等田亩，均应照追，同地亩分别给主收领。盗卖义田，照例估追银六十六两，分别给主。② 严厉打击首犯及从犯。从犯中虽有武生、监生、生员等，但不偏袒，除褫革衣顶外，仍依法治罪。

乾隆五十八年，"盛京海城县地主李广生用假契霸地争殴身死"一案，李广生出有李配公置买胡章地亩之假契，不问地亩中保下落，私行税契，不敢过户，辄向杨添伟霸地争殴，证据确凿，实属欺诈。今被杨添伟等殴伤致死，自应仍以斗殴定拟。③

第三节 推广灾年卖地原价回赎政策

保护灾民土地产权。《清高宗实录》《清仁宗实录》《清宣宗实录》《东华录（乾隆卷）》、黄彭年《畿辅通志》、周天爵《周文忠公尺牍》等文献都记载有灾年卖地回赎问题。文献称："此等贱卖之田，核其原价，勒限听原主收赎。"或称："著照该督那彦

---

① 《斗争》，第115—119页。
② 同上书，第119—123页。
③ 同上书，第123—129页。

成所请，明定章程，自上年麦收以后、本年麦收以前所卖地亩，准令照原价赎取，定以三年为期，俾贫民渐次复业，免致失所。"或称："查山东灾被祲，凡民卖买田亩、男、妇皆许回赎。"如乾隆五十一年，毕沅奏称：河南近年来，连年灾荒，粮食无收，"凡有恒产之家，往往变卖糊口，……山西等处富户，闻风赴豫举放利债，藉此准折地亩"。乾隆帝对此很不满，指责山西商人"似此乘人之危，以遂其垄断之计，其情甚为可恶"。为此，朝廷严定章程，准民按原价回赎，不放原主收赎者，"必当置之于法"[①]。"俾失业者不虑无土可耕，置产者亦不致本赀无著。"[②] 此后，在政府的有力干预下，因灾贱卖的地亩，得以原价回赎。据河南巡抚江兰奏报："现据州县报，共已赎归三十万五百余亩。其实在无力取赎者，先令退还一半，余候陆续赎行。"这一政策，"以期间阎恒产有资，共安乐土"[③]。这些特例，对灾年卖地农民来说，具有重要意义，不至于因一时灾荒而破产。

[①] 《清高宗实录》卷一二五五。
[②] 《清高宗实录》卷一二六三。
[③] 《清仁宗实录》卷二九六。

第六章

土地买卖自由化

中国封建社会与西欧封建社会不同，西欧封建社会行的是庄园制经济模式，有严格的等级制度，土地与等级制紧密地联系在一起，土地不能买卖；中国封建社会行的是地主制经济模式，土地与身份是分开的，土地可以随便买卖，有钱则买，无钱则卖，是地主制经济体制本身的运行方式。

第一节 土地买卖政策

中国封建社会的土地买卖方式有一个发展过程，唐宋时期要受亲属、田邻优先限制，明清以后，逐渐向以市场为导向的自由买卖发展。至清代，土地买卖自由化已成不可逆转的社会潮流。亲属优先原则成为历史遗存，仅保留在契约声明中而已。

（一）放宽土地买卖限制

中国土地买卖，从唐至明清有个发展变化过程。唐元和六年（811）前，朝廷对民间典卖物业就有这样的条文规定："应典卖倚当物业。先问房亲，房亲不要，次问四邻，四邻不要，他人并得交易。"[①] 到宋时，"先尽亲邻"这一买卖土地的原则得到进一步发展，具体表现在更加详尽、更加规范上。唐代时，"次问四邻"条文显得很空泛，亲邻从哪问起，尚未有详文规定。到宋代

---

① 《宋会要辑稿·食货》三五之一。

时，为了减少因条文不清而引起讼案，在这点上做了明确界定。太祖开宝二年（969）九月，开封府规定："凡典卖业物，先问房亲，不买，次问四邻，四邻俱不售，乃外召钱主。或一邻至著两家以上，东西二邻则以南为上，南北二邻则以东为上。"① 这种周密规定对土地买卖来说，意味着限制加严。但对典当则放宽限制，太宗雍熙四年（987），对开宝二年（969）的规定做了补充："今后应有已经正典物业，其业主欲卖者，先须问见佃之人承当，即据余上所值钱数，别写绝户卖断文契一道，连粘元典并业主分文契批即收税，付见典人充为永业，更不须问亲邻，如见典人不要，或虽欲买，着价未至者，即须画时批退。"否则都不能享有优先权。②

到元代时，官府除规定："诸典卖田宅，及已典就卖，先须立限，取问有服房亲（先亲后疏），次及邻人（亲从等及诸邻处分典卖者听），次见典主。"此外，还规定："须典卖者，经所属陈告，给据交易。"③ 此条文基本沿袭宋哲宗时规定，但增加了陈告、给据手续、官牙参与买卖过程的环节，增强朝廷对土地买卖的控制，与宋代比，似乎后退一步。但在问取时间上加以限制，不允许亲邻无限拖延，从这点上来说，又有所前进。

到了明清时期，朝廷关于土地买卖条文中，已见不到亲邻优先的规定，也见不到需要陈告、给据的规定。

在土地买卖规定方面，清代沿袭明代法典。

典卖田宅过程已不见有官牙插手，朝廷所关心的只是地权转移过程中的税契。以清代为例：税问题，《大清律例》做如下规定："凡典、买田宅不税契者，笞五十，仍追契内田宅价钱一半入

---

① 《宋会要辑稿》《食货》三五之一。
② 本书采用郦家驹《两宋时期土地所有权的转移》文中观点，见《中国史研究》1988 年第 4 期。
③ 《元典章》卷一九，《户部五·典卖·典卖田地给据税契》。

官；不过割者，一亩至五亩笞四十，每五亩加一等，罪止杖一百，其（不过割之）田入官。"又定"凡州县官征收田房税契，照征收钱粮例，别设一柜，令业户亲自赍契投税，该州县即粘司印契尾，给发收执。若业户混交匪人代投，致被假印诓骗者，照不应重律杖八十，责令换契重税。倘州县官不粘司印契尾，侵税入己，照例参追；该管之道府，直隶州知州，分别失察徇隐；照例议处"。又规定："凡民间活契典当田、房，一概免其纳税；其一切卖契，无论是否杜绝，俱令纳税。其有先典后卖者，典契既不纳税，按照卖契银两实数纳税，如有隐漏者，照律治罪。"① 土地买卖税如何缴纳？根据现在所掌握的资料看有两种，一种是按买价征收，一种是按出卖土地数量多少征收。按买价收者按："查照契内每价银一两征税三分，着令业户照数填写内，一面将原契连本司编号契尾，填明钤印，发给执据。"② 乾隆五年，山阳县发给陈元章买田收户执照载："其收田需费，遵照宪颁定价，每田一亩，给钱十文，山、地、池塘每亩给钱五文。"③ 这比《英国皇家亚洲学会中国分会会报》的调查要全面得多。④

当土地所有权转移时，新业主要依例报税，随时推收，把田赋数额由原业主名下开除出户，过割到新业主户下，这就是推收，或谓之过割，是朝廷防止土地买卖时丢失赋税的一种措施。元代时，按典章规定"随时推收"，明代时，"且十年造册始稽推收，乃可税契"⑤。明代留下的地契也有这样的记载："其税粮至造册之年过割。"⑥ 清乾隆三十六年前实行五年一编的政策。编审做法

---

① 乾隆六十年《大清律例》卷九。
② 转见张传玺《中国历代契约会编考释（下）》，北京大学出版社1995年版，第1178页。
③ 同上书，第1236页。
④ 《英国皇家亚洲学会中国分会会报》卷二三，转见李文治《中国近代农业史资料》第1辑，生活·读书·新知三联书店1957年版。
⑤ 顾炎武：《天下郡国利病书》卷二三《江南》。
⑥ 万历三十年《徐光卖地与徐四契约》，现藏北京大学图书馆。

是：按旧管，查新收，清开除，核实在。在编审之年办理推收过割手续。未遇编审之年，田赋由旧业主缴纳，新业主予以贴补。但各地做法不完全相同，如直隶定县的粮户过割，在清初由社书经办，于每年开征田赋的时候，社书必须把他所经征范围内的粮额调查清楚，由他亲往各村去寻找新买土地的业户，按照亩数多少，从原业户的粮名内将新业户应负担的赋额分割在新业户粮名上。嘉庆年间（1796—1820），粮户过割由州内另设办公室，专为过割事宜。① 新、旧业户办完过割手续后，地权转移才算结束，才受法律保护。如新业主不把所买田地产业推收过户，经出卖的田地可能变成一种"活业"，卖主可以在推收前，借口"卖价不敷"要求加找田价，或借口"以办纳钱"要求加贴，或者由于经济状况好转，而要求回赎；而买主在推收之前，又可以把田地转卖给第三者，等等。这样，实际发生过的买卖行为变为一种典当、抵押的关系。② 所以推收是土地买卖中至关重要的环节。

（二）政府提倡土地自由买卖

先尽亲房伯叔、业主亲邻购买土地之说，往往成为亲属或同宗富有者兼并土地的一种手段。一些因天灾、人祸不得不出卖土地的穷人，尽遭那些富有者勒掯。这种不合情理的土地买卖习俗，当然受到卖地者强烈反对。当然，朝廷对这种陈规陋习也表现出极端不满，并针对这种落后的、不近情理的惯行进行改革，并废除这种不合理的乡规陋俗。

土地买卖的价格问题，历代各朝态度都非常明确。土地出卖时，宋元两代虽承认亲邻"优先权"，但在价格上不允许亲邻勒掯。《宋刑统》指出："亲房著价不尽，并任就得价高处交易。"③

---

① 冯德华、李陵：《河北省定县之田赋》，见《政治经济学报》第四卷第三期，1936年4月。
② 杨国桢：《明清土地契约文书研究》，人民出版社1988年版。
③ 杨国桢：《明清土地契约文书研究》，人民出版社1988年版。

《元典章》规定："若酬价不平，并违限者，任便交易。"① 清代沿袭宋元两代，保护卖地者权益，同时宣布废除"优先权"。清康熙三十年至四十年间（1691—1701），山东济宁知州吴柽就已指出典卖田宅，必先让原业本家，次则地邻之俗例，是很可笑的。他认为："夫弃产者，必有不能待之势，必要到处让过，已属难堪。"他还认为这种陋俗侵犯了卖地者的权益，有的人本想要买，而故称不要，"或抑勒贱价，不照时值"，到卖主不能久待，另售他人时，这些人"即挺身告理"②，致使卖产者陷入困境。至雍正三年时，河南巡抚率先在豫省宣告废除先尽业主亲邻之法。在"禁先尽业主"条款中指出："田园房产，为小民性命之依，苟非万不得已，岂肯轻弃。即有急需，应听其觅主典卖，以济燃眉，乃豫省有先尽业主邻亲之说，他姓概不敢买，任其乘机勒掯，以致穷民不得不减价相就。嗣后，不论何人许买，有出价者即系售主。如业主之邻亲告争，按律治罪。"③ 雍正八年，清廷以法律形式把"禁先尽业主"条款写入《会典事例》中。条文规定："及执产动归原先尽亲邻之说，借端希图短价者，俱照不应重律治罪。"④ 乾隆九年，政府重申："各省业主之田，出资财而认买。"⑤ 从刑部档案案例看，清廷对先尽亲邻之说也持否定态度。乾隆二十八年，贵州普安州因土地买卖发生了一起命案。案情是：李廷槐有田一分，乾隆四年初当与李廷科，价银五两五钱。乾隆二十七年间，李廷槐将地赎回，尔后以二十一两价要转卖于郎抢宾，李廷槐堂兄李廷贤知道后，以"这田是祖遗，不许卖与外姓"为由，想购买此地。廷槐同意取消与郎抢宾所订原约，将地卖与廷贤，但坚持田价要二十一两银。廷贤坚持只能照过去当与李廷科五两五钱

---

① 《元典章》卷一九《户部五·典卖，典卖田宅须问亲邻》。
② 乾隆《济宁州志》卷三一。
③ 田文镜：《抚豫宣化录》卷四，第51—52页。
④ 光绪《会典事例》卷七五五，第3页。
⑤ 《清高宗实录》卷一七五。

银价承买。当然，李廷槐不能接受。官府对此案判决是：李廷贤依仗"先尽亲房"的俗规，仅以五两五钱银子就要买取，"这分明藉端抑勒"，李廷槐当然"不愿依从"。李廷贤"强逼成文"，因之发生命案。李廷贤"短价强逼买田酿衅，杖八十，折责三十板。……所争之田，应仍听李廷槐另行售卖"①。湖南湘阴县也有这样案例。曹少甫名下有田产一分，欲卖给佃户廖文翰，其兄曹毓嵩指责廖不应承买佃东之田，而县府认为："田为少甫名下私产，少甫主之，纵卖与廖文翰，亦例所不禁。……但少甫果须卖田，毓嵩果虑为廖得，何不备价购存此田？如不能购，亦不能禁少甫售与他人，方为情理之至。"② 历代朝廷从开始保护卖地农民经济利益到废除"优先权"，虽然经历几个王朝，但这正是农民不断进行斗争所取得的成果。同时，这一成果的取得又反过来促进农民反对"优先权"斗争的深入，在朝廷法律条文保护下，土地自由买卖将如洪水一样冲击着束缚它的桎梏，这对宗法宗族关系的松解起到推动作用。

明清时期，土地买卖中优先权规定已退出政府法律条文，仅以民间习俗方式流传，有的仅仅流于形式而已，这种情况的出现，是当时社会经济发展的必然结果。

第二节 土地买卖中宗法宗族关系的松弛

明清时期，土地买卖中宗法宗族关系的松弛主要表现在三个方面，一是农民起义严重打击了缙绅势力，使缙绅依势掠夺或强买行为得到抑制；二是宗法宗族制松解，宗族势力削弱；三是商品经济发展与人们思想意识的变化。下面，我们将分别对以上三个方面加以讨论。

---

① 乾隆二十八年三月十三日，贵州巡抚乔光烈题。
② 李佳：《柏垣琐志》，第17页。

（一）农民起义对缙绅势力的打击

元末农民大起义，给元代的权贵缙绅势力以巨大打击。从至正八年方国珍海上起兵算起，至朱元璋灭"大汉"取"大周"称帝止，元末战乱历时二十年之久，在农民军打击与战争侵扰下，元代所培植起来的权贵、地主、官僚受到巨大打击，农民势力在增长，农村中两大阶级力量对比发生了变化。明末清初农民大起义再一次震撼了地主阶级。李自成进京后，仅三月二十四日，杀戮勋卫武臣五百多人。① 受拷掠的勋戚臣僚多达一百二十七人，这其中有公、侯、伯、都督、大学士、尚书、侍郎、御史、千户、大将、太监、府尹等职官。② 由李自成的将军收拷的则更多。如刘宗敏收拷的大僚二百，杂流武弁及各衙门办事员役多达一二千人。他们不仅拷掠朱明朝中官吏，对于地方官吏士绅亦然，如郭之纬至山东济宁后，把当地的文武官僚、乡绅、举监生员以及富豪拘捕起来，强迫他们助饷。贾士美等十人到河南归德府上任后，便向当地追索饷银，凡是官绅之家或是家道富裕的，没有不破产的。③ 安徽徽州府经商的人很多，被拷掠者据说有千人左右。富商汪箕被索至十万两。④

在明末农民起义大军带动下，各地农民抗租斗争也在蔓延，如《福建通志》称：佃农"有豫相约言，不许输租巨室者"⑤。江苏吴县佃农"相约不还田租"⑥。湖北应城县发生了佃农与田主抗衡事件，如"未耕先索牛种，稍有旱潦，颗粒不偿"⑦。在农民战争的巨大威慑下，大规模农民起义失败后，佃农抗租斗争仍在继

---

① 李文治：《晚明民变》，中华书局1947年版，第141页。
② 同上书，表九，第216—220页。
③ 《豫变纪略》卷三。
④ 转见李文治《晚明民变》，中华书局1947年版，第142页。
⑤ 《福建通志》卷五六。
⑥ 顾炎武：《肇域志》第五册，《苏州府部》。
⑦ 光绪《应城县志》卷一一《风俗》。

续,"然闭谷不输犹故也,竟无人敢入山收租者"①。

明后期,社会经济一度逆转,土地为缙绅富豪之家兼并,广大农民纷纷沦为奴仆,到明末清初时,奴仆成为当时农民大起义的一个重要来源。他们在农民起义发生后,"则相与揭竿起,困辱主人"②。这种情况在安徽、江苏、福建、四川等地尤烈。顺治二年,徽州有宋乞领导的奴仆起义,纠诸大族奴产子及不逞之徒数千人,"发难于奇墅屏山"③。江苏"其祸起于吴松富室瞿氏,有奴名宰者瞽一目,揭竿为乱,聚众千人,手刃其主。一时各富家奴响应之,如大场支氏、戴氏,南翔李氏,昆山顾氏,均惧其祸"④。

明末的农民大起义,给社会带来深刻影响。当时文人称:"自明季闯贼煽乱,衣冠之祸深,而豪民之气横。乡保挦让于绅衿,伍佰侵凌于阀阅,奴隶玩弄于主翁,纲常法纪,扫地无余。贫儿陡成富室,贱隶远冒华宗。"⑤宗法宗族关系的松解,以及农民地位的提高,对土地买卖中"优先权"的被否定起到十分重要的作用。

(二) 宗法宗族制的松解

明清时代宗法宗族制的松解,除上述农民起义和农民战争对贵族官绅的封建势力进行反复打击外,广大农民的离乡迁徙,对封建宗法宗族关系松解也有相当影响。

关于宗法宗族制的松解,明万历年间(1573—1620),管志道有议论:"开国以来之纪纲,唯有日摇一日而已。纪纲摇于上,风俗安得不摇于下。于是民间之卑胁尊,后生侮前辈,奴婢叛家长

---

① 《泉州府志》卷二〇《风俗》,《引温陵旧事》。
② 道光《徽州府志》卷六之二,《武备志·武功》,第8页。
③ 《思豫述略》。
④ 皇甫氏:《胜国纪闻》。
⑤ 乾隆《长治县志》卷九《风土记》。

之变态百出，盖其所由来渐矣。"① 他指出，这种变化在万历以前就已发生了。万历年间（1573—1620），福建福宁州就有"尊卑无别，良贱不分"的记载。② 清代前期这种变化在继续扩大。康熙、雍正、乾隆年间（1662—1795），湖北武昌，"贵贱无分，长幼无序"③。陆陇其亦说："子弟凌兄长，悍仆侵家长，而有司不问。"④ 或谓"自宗法不行……昭穆既远，视为路人，角弓之反频闻"⑤。甚至出现："奸民里猾动相挟持，使绅士侧足禁声，畏罪不暇，反致贱凌贵，小加大。"⑥ 宗法关系的松解除表现在"尊卑无别，良贱不分"方面外，还表现在兄弟乃至父子分财析产异居上。到明清时代，各地虽然仍有数代同居的大家族存在，但兄弟乃至父子分家析居已成为社会普遍现象。顾炎武论及父子兄弟分家析产而别居时说："今之江南犹多此俗，人家儿子娶妇，辄求分异。"⑦ 如浙江东阳县，明嘉靖年间（1522—1566），"男壮出分，竞争家产"⑧。管志道认为，在当时只有贫穷之家"有二三代同居者，而富室诸子即长，父母已先为之各构一宅矣。虽非淳古之道，而风会流至此，圣人且奈之何"⑨。山东滕县"淳庞之气益离浮薄，以至父子兄弟异釜炊，分户而役"⑩。山东濮县（今河南濮阳）在康熙初年情况是："一父一子，多有分爨者。""财利相见，虽兄弟锱铢必形于色。"⑪ 江苏沛县在乾隆年间（1736—1795），出现

---

① 管志道：《从先维俗议》卷二，见《太昆先哲遗书》。
② 万历《福宁州志》卷二《风俗》。
③ 《古今图书集成》，《职方典》卷一一二〇，武昌，第32页。
④ 陆陇其：《风俗策》，见《清经世文编》卷六八。
⑤ 钱大昕：《陆氏义庄记》，见《清经世文编》卷五八。
⑥ 《古今图书集成》，《职方典》卷九四六，《浙江总部》第一三五册，第3页。
⑦ 顾炎武：《日知录》卷一三《分居》。
⑧ 嘉靖《浙江通志》卷六五，第3—4页。
⑨ 管志道：《从先维俗议》卷五，第17页，见《太昆先哲遗书》。
⑩ 顾炎武：《天下郡国利病书》卷一五，山东上，引《滕县风俗志》。
⑪ 康熙《濮县志》卷二，第49—51页。

"兄弟相阋，什室而五"①的情况。广东则"父子各爨，兄弟异籍"②。四川情况更甚，兄弟之间为争夺遗产，每"争讼不已"③。安徽徽州府保留下来的分家书中，大量记录了兄弟分家析产的情况。④ 宗族关系松解趋势，在父子兄弟之间争夺财产而发生的纠纷方面，表现尤为突出，在清代更发展成为普遍现象。魏禧在论述人伦之薄时提到，为争夺财货而发生的纠纷"十人而九"⑤。汪琬更直言指出："今之父子兄弟，往往争铢金尺帛，而至于怨愤诟斗，相戕相杀者，殆不知其几也。"⑥宗法宗族关系的松弛化，直接削弱了绅衿或族长的权力，淡化了他们的作用，宗族之间血缘关系的纽带，也因分家析产所引起的纠纷、兴讼而松弛，祖上传下来的陈规旧俗，人们也逐渐将它束之高阁，或干脆不加理睬，我行我素。于是乎，土地买卖中不通过亲房，而直接交易的就多了起来。

（三）追求在土地买卖中获得好价钱的行为普遍化

明清时代商品货币经济是发展的，这是人们所公认的，这里不再赘述。商品货币经济的发展，商品的自由买卖观念深入人心。原来在买卖过程中受到较多限制的土地买卖，在商品经济冲击下，卖主们猛烈地向束缚土地自由买卖的宗法宗族关系发起冲击。

具体表现在：

1. 卖主对货币的趋求。在土地买卖中谁出大价钱，就将土地出卖予谁。乾隆三十八年前，江苏邳州农民杜义有地三亩，原先以四千文当与张瑚。三十八年十二月，杜义把地以七千文价格卖

---

① 乾隆《沛县志》卷一。
② 嘉庆《广东通志》卷九三，第12页。
③ 张澍：《蜀典》，转见光绪《新繁县乡土志》卷五。
④ 中国社会科学院经济研究所藏有徽州府清代分家文书上百部。
⑤ 魏禧：《肖小融五十序》，见《清经世文编》卷六〇。
⑥ 汪琬：《汪氏族谱序》，见《清经世文编》卷五八。

与魏黑文。① 这里，杜义并没有按"先尽"习俗去做，而是以谁出的价钱高，就把地卖给谁。嘉庆二十一年（1816），李大老有田三亩要卖，朱观满先曾承买，但只肯出价四十千文，而许加贤愿出价钱四十五千文，于是李大老将田立契卖予许加贤。② 这里，显然是许加贤高出朱观满的五千文钱打动了李大老的心。嘉庆十二年，海州程钟英等将祖遗庄田二百余顷，以每顷六十九千文卖给李法泳，立有草议。嗣后，程盛氏嫌价钱贱，将地另卖予黄洵为业，卖价为每顷一百千文，③ 比每顷六十九千文多出三十一千文。浙江诸暨县周梦誉，于嘉庆六年将山一片出卖，有人许钱八千文，梦誉嫌价少未允。后章世胜愿出价十千文，于是将山买去。④ 江西会昌县，乾隆四十五年，李作伦有基地一块出卖，李树堂出价三百千文，作伦嫌价少，不肯卖给。⑤ 湖广谢国栋，乾隆二十七年前，将花去三十八两银子买来的田，以五十八两价格出卖于汪国佐。⑥ 湖南安化县，夏名汉有地一块，嘉庆四年前卖一半于夏经添，剩下一半后来亦想卖给经添，经添仅出二千四百文，名汉嫌少索增，因价钱不合，这一半地没卖成。⑦ 福建省台湾府淡水厅刘子见有豆园一片，刘潭出价十四元，后李出价十七元，刘子见择出价高者卖之。⑧ 广东龙川县，乾隆十三年正月间，曾玉登因要迁往阳春居住，将原价三十千文买来的三点零二亩田，以五十二千文卖给他的弟弟玉堂。这里，并没有因买主是亲弟弟而低价卖给，而是按照时价出售，"因田价渐贵，故议增价钱二十二千"⑨。河

---

① 乾隆三十九年十二月二十日，巡抚江宁等地方萨载题。
② 嘉庆二十一年八月×日，管理刑部事务章煦等题。
③ 嘉庆十二年十一月十六日，管理刑部事务董诰等题。
④ 嘉庆八年二月十六日，管理刑部事务董诰等题。
⑤ 乾隆四十五年秋审，佚名。
⑥ 乾隆二十七年秋审，湖广巡抚宋邦绥题。
⑦ 嘉庆四年十月十四日，刑部尚书成德等题。
⑧ 乾隆三十五年七月十二日，兼福建巡抚印务崔应阶题。
⑨ 乾隆十四年二月初一日，巡抚广东地方岳溶题。

南安阳县马袁氏有麦地八亩要卖，马添禄出价一百五十四千文，袁氏嫌价少，后马有德愿出价钱一百六十千文，于是十九日把地卖给有德为业。① 陕西米脂县，马而元于嘉庆十四年前将山地一百零三垧卖予高理祥，得价钱一百三十四点五千文，嗣后，而元将地赎回，并以高出原地价三万文价格卖给吴步云为业。② 这是一种典型的追求货币的倾向。

2. 在回赎时，买主要求卖主按时价赎回。非绝卖土地，卖主有权回赎，这是乡间的习俗，或说是惯例。朝廷虽有明文禁止，但禁而不绝，回赎之事还是所在有之。回赎的价格，在清代以前，卖主以原价回赎，并不受物价或田价上涨因素所影响，也不受银钱比价变动影响，所以未曾有因回赎价格问题发生的纠纷。到有清一代，这种情况发生了变化，卖主想要回赎卖出的土地，买主提出要按时价而论，不得按原价回赎。这一原则开始为民间所接受。如江苏砀山县（今属安徽省）庞勇立堂叔庞菊于乾隆三十五年间，将黄河北岸地十亩，以四十二两价银卖给冯五为业。嘉庆四年秋间，冯五欲将此地转卖，庞勇立闻知，至冯五家议照原价赎回，冯五以地已淤好，欲卖银五十两。③ 贵州仁怀县，袁世敏于乾隆三十二年二月间，听得原买主罗夏氏要把从他祖父手上买去的土地转卖，他向罗夏氏表示："情愿照依时价赎回耕种。"④ 甚至有的回赎还需加纳利息银。江苏荆溪，嘉庆十三年前，佘文大将田三亩卖给任济沼，得价一百二十千文，至嘉庆十三年时，任文楷向佘文大提出，赎田除交原价外尚需加交利钱三千文。⑤ 随着商品经济发展，农民的价值观念也发生变化，并体现于日常经济生活中。

---

① 嘉庆十一年二月初四日，管理刑部事务董诰题。
② 嘉庆十七年一月二十一日，巡抚陕西等地方董敎增题。
③ 嘉庆六年秋审，江苏巡抚题。
④ 乾隆三十二年十一月十八日，管理刑部事务臣刘统勋等题。
⑤ 嘉庆十五年十二月十一日，巡抚江宁等处章煦题。

3. 由于商品经济发展的影响，亲房要购买土地，"先尽亲房伯叔弟侄"这一传统的习俗受到挑战。在变化了的社会环境下，一些家族为了使本族田产不外流，还制定了家规，以高于市场价格的办法，购买本族弟子出卖的田产。如安徽桐城赵氏的宗谱中规定："族人互相典买（田宅），其价比外姓稍厚，不得用强轻夺。违者具告宗子，合众处分。"① 这项规定使土地买卖中，"先尽亲房"的习俗，注入新的法则，以经济法则取代了"优先权"。这种土地买卖关系已不是原来意义上的"优先权"的体现，而是市场法则的体现，是卖者追求好价钱的做法，是土地买卖向自由化方向转化的一个重要标志。这种规定徽州地区也存在。据一份遗存的《雍正三年分家书》载："予所得产业，皆拮据重价，周庇手足。"② 也就是说，这位业主购买亲房田业时，是以高于市场价格买下的，"皆拮据重价"是最好的注脚。同族中以高于市场价购买族人田产，这已不存在"优先权"问题了，也不存在着宗法宗族关系束缚的问题了，而是卖者追求好价钱的行为。民国初年，法政学社组织一批人，对中国土地买卖习惯进行调查，他们指出：江西"赣南各县，凡出卖不动产者，其卖契内载有先尽亲房人等俱各不受等语，是从表面上观之，凡是亲房人等有优先承买权，然实际则皆以出价之高低而定，且亦不先尽亲房人等也。盖在昔有此'优先权'，现仅成为契约上之一种具文而已"③。这个调查虽然是民国初年之事，但一种习俗惯例的改变并不是一朝一夕之事，而是长期变化的积累，所以，这个调查对清代而言也是有意义的。同时，调查者把"其乡聚族而居，六乡一姓，有众至数千户"④ 这样的地区作为调查的重点，是很有说服力的。在土地买

---

① 赵立方等：《桐城赵氏宗谱》，光绪九年四修本，卷首，《家约》，第6页。
② 《雍正三年分家书》，见中国社会科学院经济研究所藏《屯溪资料》〇一七号。
③ 法政学社：《中国民事习惯大全》第一编，第三类，1924年。
④ 《宋刑统》卷一三。

卖关系中宗法宗族制如此浓厚的地方，"优先权"都成了"契约上之一种具文"的话，那么，在宗法宗族关系松弛的地方，"优先权"的束缚作用究竟有多大，就比较容易看清楚了。

第三节　土地商品化程度加深

随着社会经济发展，明清时代土地买卖自由化趋势已成主流，土地商品化已成为不可抗拒的潮流。

据我们所掌握的资料看，安徽徽州府、福建都保存了大量明代土地买卖的契约，下面根据这些契约对当时土地买卖情况做分析。

明代徽州地区保留下来的土地买卖文约很多，现将中国社会科学院历史研究所徽州文契整理组编《明清徽州社会经济资料丛编》（第二辑）第二编，《明代土地买卖文契，卖田文契·卖地文契》资料加以整理，该书提供卖田地文契共计三百四十件，其中在亲房中进行买卖的文约有七十九件，占总数百分之二十三点二四；在同姓民人中进行买卖的文约有九十五件，占总数百分之二十七点九四；在异姓中进行买卖的文约有一百六十六件，占总数百分之四十八点八二。详见表6-3-1。

表6-3-1　　　　　明代徽州地区田地买卖关系

年号	亲房 件数	%	同姓民人 件数	%	异姓 件数	%	说明
洪武	2	25	2	25	4	50	
建文					6	100	
永乐	4	19.48	6	28.57	11	52.38	
洪熙			1	50	1	50	
宣德	1	8.33	7	58.33	4	33.33	
正统	1	6.67	6	40	8	53.33	

续表

年号	亲房 件数	%	同姓民人 件数	%	异姓 件数	%	说明
景泰			3	37.5	5	62.5	
天顺					6	100	
成化	2	9.52	4	19.05	15	71.43	
弘治	7	24.14	8	27.59	14	48.28	其中1件买主姓氏不详，未计
正德	5	23.81	6	28.57	10	47.62	
嘉靖	15	27.27	25	45.45	15	27.27	其中1件买主姓氏不详，未计
隆庆	3	30	1	10	6	60	
万历	21	25	23	27.38	40	47.62	其中4件买主姓氏不详，未计
天启	7	70	1	10	2	20	
崇祯	11	34.38	2	6.25	19	59.38	其中4件买主姓氏不详，未计
合计	79	23.24	95	27.94	166	48.82	

资料来源：中国社会科学院历史研究所徽州文契整理组《明清徽州社会经济资料丛编》第二辑，中国社会科学出版社1990年版。

从明永乐至崇祯二百多年间，福建晋江、南安、德化、安溪、同安、厦门、云霄七县留下的卖田契、卖园契、卖山契共计二十三件，其中在亲房中进行的卖契一件，占总数的百分之四点一七；在同姓民人中进行的卖契一件，占总数的百分之四点一七；在异姓中进行的卖契二十一件，占总数百分之九十一点六六。详见表6-3-2。

表6-3-2　　福建晋江、南安、德化、安溪、同安、厦门、
云霄诸县土地买卖关系情况

年号	亲房 件	%	同姓 件	%	异姓 件	%	说　明
永乐					1	100	
天顺					1	100	保此山地系尚祖应分物业，不是盗卖房亲兄弟之者……如有不明，卖主抵出

续表

年号	亲房 件	亲房 %	同姓 件	同姓 %	异姓 件	异姓 %	说明
弘治					2	100	
正德	1	50			1	50	
嘉靖					5	100	
万历					4	100	
天启					5	100	保此山系是已置物业，与房亲叔兄弟侄无干
崇祯			1	33.3	2	66.7	此因的系已分物业，并无叔兄弟侄争执
合计	1	4.17	1	4.17	21	91.66	

资料来源：《闽南契约文书综录》，见《中国社会经济史研究》1990 年增刊。

说明：1. 本表所列数计仅包括卖田契、卖园契、卖山契。典当、抵押文契不计。

   2. 买主姓氏不明者，不计。

   3. 找契、贴契、尽契、添契等不计。

以上卖契中，给我们留下深刻印象的就是：土地都是按时值价出卖，如"三面评议价钱""面议时值""三面议定时价""当日三面议定时值价"[①]。"三面议定，卖出丝银十两正""三面言定，本日卖讫价银七十九两纹广正"。就是卖给亲侄，也得照时价买卖，如"今因乏用，送卖房侄月台边为业，三面言议，得讫时价纹广银四十二两正"，"当日同中见三面言议，定时值契价花银一十四两正"[②]，按照时价出卖自己的土地，这一点对我们今天研究来说十分重要，但过去往往被忽视。也正因为此缘故，在学术界引出众多分歧。

我们所搜集到的清代地契资料要比明代多得多，范围也广泛

[①] 中国社会科学院历史研究所徽州整理组：《明清徽州社会经济资料丛编》第二辑，中国社会科学出版社 1990 年版。

[②] 《中国社会经济史研究·闽南契约文书综录》，1990 年增刊；福建师范大学历史系：《明清福建经济契约文书选辑》，人民出版社 1997 年版。

得多，除安徽、福建两地外，还有山西、四川、苏州等地，至于刑档资料则遍布全国十九个省地。在占有大量资料的基础上进行研究，对国内外研究者来说都还是首次。

清代前期，闽北地区七十七件土地买卖文书中，注明"先问亲房伯叔弟侄人等俱无力承卖"的契约仅十四件而已。[①] 占总数的百分之十八点一八；从福建闽中、闽东、闽南和闽北地区辑录的四百零二件契约看，土地买卖文契中注有"先问亲房人等俱各不受"的卖契有四十四件，[②] 仅占全部契约的百分之十点九五而已。其余文书皆声明"其田系自置物业，与亲房伯叔人等各无相干"，或谓"其田系承父遗授物业，与亲房伯叔人等各无干涉"，或称"其田系分定之业，与亲房伯叔人等各无相干"[③]。卖主强烈地意识到这是"自置物业"，或"分定之业"或"遗授物业"，是我自己的田产，要卖给谁，或不卖给谁，如何处置这些田产是卖者之事，与亲房人等"各无相干"，"如有来历不明，必自行出头抵当，不涉银主之事"。

徽州府土地买卖情况也同样反映了这一发展趋势。《明清徽州社会经济资料丛编》中《卖田契》一栏中辑录有关清代土地买卖契约一百五十七件，其中在亲族之间进行交易的有三十件，仅占百分之十九点一一而已，而其余的一百二十七件卖契中所强调的却是"倘有亲房内外人等异说，俱系卖人承当"，或说"如有争论，俱身理直"，或称"倘有亲房内外等异说，俱系出卖人一力承肩理直"，或谓"倘有来历不明及内外人声说等情，尽氏支当"，

[①] 杨国桢：《闽北土地文书选编》（一）（二），见《中国社会经济史研究》1982年第1—2期。

[②] 福建师范大学历史系：《明清福建经济契约文书选辑》，《田地典卖文书》，人民出版社1997年版。

[③] 见《明清福建经济契约文书选辑》；《闽南契约文书综录》。

或云"倘有异说，俱系卖人一并承当"①。这里所反映的无疑是自我意识的增强，在土地买卖中，他们所处的地位是独立的，有权自由地处理自己的产业。

福建和今安徽徽州地区本都是聚族而居之地，然土地买卖在亲族之间进行的比例尚且不大，各姓杂居的地方，土地买卖在亲族间进行的情况就更要受到客观环境的限制，这也是可想而知的。下面，就一些具体案例进行考察。嘉庆三年，江西东乡陈文海堂嫂艾氏将田卖给陈宗俚时，就未曾事先问过亲房伯叔人等，而直接将地卖出。② 乾隆四十七年间，湖南湘乡彭已重将地十七点八亩典与吴若锦，这年四月，彭又将田卖与贺蒂典，贺蒂典因手头钱不够，又将田先典与陈万年。③ 在这几经转手的买卖中，他们并没有按"先尽亲邻"习俗办理。乾隆十四年二月河南息县傅良卜将地卖与谭德盛，事先也没有先尽过亲房和原业主。④ 这些情况的发生，与宗法关系衰落、个人地位和作用的提高是密切相关的。

在商品货币经济发展刺激下，追求在土地买卖中获得好价钱的行为极为普遍。这也给土地买卖中的宗法束缚以有力的冲击。具体表现在，卖主对货币的追求。在土地买卖中谁出高价钱、大价钱，就将土地出卖与谁。这类事例前面已罗列过，这里不再赘述。

清廷否定"先尽亲房"习俗，实行保护和鼓励土地自由买卖的政策，就十分有利于削弱宗法关系在土地买卖中的束缚作用，乃至最后消除其影响。清代前期土地自由买卖已占主导地位，表6-3-3至表6-3-14所列土地买卖在同、异姓间进行的资料充分地说明了这一点：

---

① 安徽省博物馆：《明清徽州社会经济资料丛编》第一集，中国社会科学出版社1988年版，第82—191页。
② 嘉庆四年十二月十四日，巡抚江西等地方张诚基题。
③ 乾隆四十八年十月十二日，巡抚湖南等处地方伊星阿题。
④ 乾隆十五年七月九日，巡抚河南等处地方鄂容安题。

表 6-3-3　　　　清代前期直隶等十九省土地在同姓或
异姓间进行买卖情况

省别	康熙 同姓	%	异姓	%	雍正 同姓	%	异姓	%	乾隆 同姓	%	异姓	%
直隶									4		17	
山东	1						1		9		8	
山西	3		1						8		9	
河南	1		1		3		2		9		12	
陕西			1				3		2		8	
甘肃									3		4	
江苏							1		5		25	
浙江							1		7		14	
安徽			1				1		10		16	
江西									8		16	
湖南							5		12		12	
湖北	1		4		1		6		3		20	
四川	1		2				5		9		26	
福建			2				1		11		15	
广东	3		2						9		15	
广西			2						2		4	
云南									2		3	
贵州					1		2		4		5	
奉天									1		1	
合计	10	38.5	16	61.5	7	21.2	26	78.8	118	33.9	230	66.1

省别	嘉庆 同姓	%	异姓	%	小计 件数	同姓	%	异姓	%
直隶	2		15		38	6	15.8	32	84.2
山东	3		11		33	13	39.4	20	60.6
山西	8		11		40	19	47.5	21	52.5
河南	8		12		48	21	43.8	27	56.2
陕西	6		11		31	8	25.8	23	74.2
甘肃	1		4		12	4	33.3	8	66.7
江苏	5		17		53	11	20.8	42	79.2
浙江	7		10		39	15	38.5	24	61.5

续表

省别	嘉庆 同姓	%	异姓	%	小计 件数	同姓	%	异姓	%
安徽	3		18		49	13	26.5	36	73.5
江西	9		13		46	17	37.0	29	63.0
湖南	6		15		50	18	36.0	32	64.0
湖北	3		12		50	8	16.0	42	84.0
四川	11		23		77	21	27.3	56	72.7
福建	6		5		40	18	45.0	22	55.0
广东	17		17		63	29	46.0	34	54.0
广西					8	2	25.0	6	75.0
云南	2		4		11	4	36.4	7	63.6
贵州	4		19		35	9	25.7	26	74.3
奉天			3		5	1	20.0	4	80.0
合计	101	31.5	220	68.5	728	237	32.6	491	67.4

资料来源：根据中国社会科学院经济研究所藏《刑档抄件》整理。

说明：本统计资料在整理过程中删去买主、卖主不详案件，以及宅地与兑换地案件。

表6-3-4　　　　乾隆年间直隶等十八省土地买卖情况

省别	小计	亲族 件	%	同姓民人 件	%	异姓 件	%	备注
直隶	5					5	100.0	
山东	3	1	33.4	1	33.3	1	33.3	五年土地买卖案中因卖主不详，未计
山西	3	1	33.4	1	33.3	1	33.3	
河南	5					5	100.0	
陕西	1					1	100.0	
甘肃	1					1	100.0	
江苏	9	1	11.1	3	33.3	5	55.6	三十六年因他案发生，土地买卖未成
浙江	6			3	50.0	3	50.0	
安徽	16			4	25.0	12	75.0	
江西	10			3	30.0	7	70.0	三十九年因卖房产事，未计
湖南	18	2	11.1	4	22.2	12	66.7	
湖北	12			3	25.0	9	75.0	

续表

省别	小计	亲族 件	亲族 %	同姓民人 件	同姓民人 %	异姓 件	异姓 %	备注
四川	6			1	16.7	5	83.3	
福建	4			1	25.0	3	75.0	
广东	5			2	40.0	3	60.0	
广西	2					2	100.0	
云南	1					1	100.0	十八年土地买卖案中因卖主不详，未计
贵州	6			1	16.7	5	83.3	
合计	113	5	4.4	27	23.9	81	71.7	

资料来源：中国第一历史档案馆、中国社会科学院历史研究所《清代土地占有关系与佃农抗租斗争》，第104—220条，中华书局1988年版。

说明：1. 凡买主或卖主不详者，房屋买卖，未成交者在本统计表中舍弃不计。

2. 高利贷兼并土地，土地典当部分未统计在内。

3. 提出"优先购买权"要求的案件情况是：河南1、湖南21、四川1、直隶1、陕西1、山西1、贵州1、江西1。

表6-3-5　　　　徽州府部分土地买卖情况（一）

年号	合计	亲族 件	亲族 %	同姓民人 件	同姓民人 %	异姓 件	异姓 %
顺治	5	2	40.00	2	40.00	1	20.00
康熙	40	11	27.50	9	22.50	20	50.00
雍正	12			1	8.33	11	91.67
乾隆	37	6	16.22	9	24.32	22	59.46
嘉庆	16	2	12.50	1	6.25	13	81.25
道光	13	1	7.69	3	23.08	9	69.23
咸丰	18	4	22.22	1	5.56	13	72.22
同治	9			2	22.22	7	77.78
光绪	5	2	40.00	1	20.00	2	40.00
宣统	2	2	100.00				
合计	157	30	19.11	29	18.47	98	62.42

资料来源：安徽省博物馆《明清徽州社会经济资料丛编》第一集，附表"卖田契"，中国社会科学出版社1988年版。

表6-3-6　　　　　　　　徽州府部分土地买卖情况（二）

年号	合计	亲族 件	亲族 %	同姓民人 件	同姓民人 %	异姓 件	异姓 %	备注
康熙	62	3	4.84	30	48.39	29	46.77	三年间有1款买主姓氏不详
雍正	38	9	23.68	3	7.90	26	68.42	
乾隆	72	15	20.55	22	30.14	36	49.31	四十四、四十五、四十九各年皆有1款买主姓氏不详
嘉庆	14	5	35.71	2	14.29	7	50.00	
道光	21	7	33.33	4	19.05	10	47.80	
咸丰	14			1	7.14	13	92.86	
同治	6					6	100.00	六年有1款姓氏不详
光绪	10			1	10.00	9	90.00	
合计	238	39	16.39	63	26.47	136	57.14	

资料来源：安徽省博物馆《明清徽州社会经济资料丛编》第一集，附表"卖田契"，中国社会科学出版社1988年版。

说明：各年间因买主或卖主姓氏不详者，舍弃不计。

表6-3-7　　　　　　　　休宁朱氏置产情况

年号	合计	同姓买卖 亲房	%	同姓买卖 不同宗	%	异姓买卖 件	%
崇祯至顺治	2	2	100.0				
康熙	12	6	50.0	2	16.7	4	33.3
雍正	10	4	40.0	1	10.0	5	50.0
乾隆	26	12	46.2	5	19.2	9	34.6
嘉庆	61	11	18.0	13	21.3	37	60.7
道光	3					3	100.0
合计	114	35	30.7	21	18.4	58	50.9

资料来源：中国社会科学院经济研究所藏《屯溪档案》。

说明：本表只录田产购买部分，房产部分舍弃不计。

表6-3-8　　　　　　　　苏州府沈氏家族置产情况

年号	合计	同姓 件	同姓 %	异姓 件	异姓 %
顺治	1			1	100.0
康熙	41	10	24.4	31	75.6
雍正	28	4	14.3	24	85.7

续表

年号	合计	同姓		异姓	
		件	%	件	%
乾隆	254	35	13.8	219	86.2
嘉庆	243	31	12.8	212	87.2
道光	28	7	25.0	21	75.0
合计	595	87	14.6	508	85.4

资料来源：根据洪焕椿《明清苏州农村经济资料》第91—145页地契文书整理。

说明：嘉庆二十一年（1816）至二十五年（1820）间有3款未计。

表6-3-9　　　　四川新都县土地买卖情况

年号	合计	同姓				异姓	
		亲房（件）	%	本乡民人（件）	%	件	%
嘉庆	5					5	100.0
道光	20	1	5.0	2	10.0	17	85.0
咸丰	6					6	100.0
同治	19			3	15.8	16	84.2*
合计	50	1	2.0	5	10.0	44	88.0

资料来源：据四川新都县档案馆史料组编《清代地契史料》加工整理而成。

说明：*有二件买主姓氏不详，舍弃不计。

表6-3-10　　　　福建闽北地区土地买卖情况

年号	小计	同姓				异姓		说　明
		亲房（件）	%	本乡民人（件）	%	件	%	
顺治	7					7	100	
康熙	5	1			20	4	80	1. 乾隆年间有土地文书38件，其中5件系找价文书，1件兑换文书，故略去不计。
雍正	4			2	50	2	50	
乾隆	32	3	9.4					
嘉庆	14	3	21.4					2. 嘉庆朝有土地文书16件，其中2件系找契，故略去不计。
道光	6	1	16.7					
咸丰	2					2	100	3. 年号不详为建瓯县吴必明买地情况。
同治	1					1	100	
光绪	2	1	50			1	50	
年号不详	4			1	25.0	3	75.0	
合计	77	9	11.7	7	9.1	61	79.2	

资料来源：根据杨国桢《闽北土地文书选编》（一）（二）部分整理加工而成。该资料刊登《中国社会经济史研究》1982年第1—2期。

表6-3-11　　福建闽中、闽东、闽南和闽北地区土地典卖关系

年号	亲族 件	亲族 %	同姓民人 件	同姓民人 %	异姓民人 件	异姓民人 %	说　明
明万历	1	50			1	50	
崇祯					3	100	
清顺治	1	25			3	75	
康熙	5	15.15			28	84.85	1. 乾隆年间有8件买主姓氏不明，未计在内。
雍正	8	24.24	1	3.03	24	72.73	
乾隆	64	47.41	1	0.74	74	54.81	2. 嘉庆年间有5件买主姓氏不明，未计在内。
嘉庆	25	52.08			23	47.92	
道光	32	53.33			28	46.67	3. 光绪年间有3件买主姓氏不明，未计在内
咸丰	22	62.84	1	2.86	12	34.28	
同治	5	29.14			12	70.59	
光绪	8	27.59			21	72.41	
合计	171	42.54	3	0.75	228	56.72	

资料来源：福建师范大学历史系《明清福建经济契约文书选辑》，《田地典卖文书》，人民出版社1997年版。

说明：1. "先问房门人等，俱各不受"卖契，崇祯瓯宁1件；清代南平有21件，龙溪有17件，光泽有4件，同安有1件，共44件。

2. 田地典卖文书共418件，包括州县有：瓯宁、闽清、侯官、宁德、南平、福州、闽县、龙溪、仙游、崇安、莆田、光泽、南安、永春、同安、漳州、晋江十七地区。其中买主姓氏不明的有16件未计在内，此统计数仅为402件。

表6-3-12　　福建晋江、南安、德化、安溪、同安、
　　　　　　厦门、云霄诸县土地买卖关系情况

年号	亲族 件	亲族 %	同姓民人 件	同姓民人 %	异姓民人 件	异姓民人 %	说　明
顺治					3	100	
康熙	1	6.25			15	93.75	
雍正	1	14.29			6	85.71	
乾隆	14	50	1	3.57	13	46.43	
嘉庆	9	50	2	11.11	7	38.89	
道光	10	45.45	3	13.64	9	40.91	

续表

年号	亲族 件	亲族 %	同姓民人 件	同姓民人 %	异姓民人 件	异姓民人 %	说　明
咸丰	10	50	4	20	6	20	1. 同安、厦门卖契中，有18件文契称："先尽间房亲人等不愿承受"字样
同治	7	63.64			4	36.36	2. 云霄卖契中有12件文契称："先尽至亲人等不欲承买外"字样。或"先尽房亲叔侄人，不愿承交外"字样。
光绪	10	34.48	4	13.29	15	51.73	
宣统	4	100					
合计	66	41.77	14	8.86	78	49.37	

资料来源：《闽南契约文书综录》，见《中国社会经济史研究》1990年增刊。

说明：1. 本表所列数计仅包括卖田契、卖园契、卖山契，典当、抵押文契不计。

2. 买主姓氏不明者，不计。

3. 找契、贴契、尽契、添契、推关等文契不计。

表6-3-13　　　　　　四川巴县土地买卖关系

年　号	亲族 件	亲族 %	同姓民人 件	同姓民人 %	异姓民人 件	异姓民人 %
雍正					1	100
乾隆	5	26.32			14	73.68
嘉庆	3	15.79	1	5.26	15	73.68
道光	3	17.65			14	82.35
合　计	11	19.64	1	1.79	44	78.57

资料来源：四川大学历史系、四川省档案馆主编《清代乾嘉道巴县档案选编》，四川大学出版社1989年版。

说明：1. 本表取材于该书第三部分：《各类土地房产契约买卖契》。

2. 卖阴地文契、卖房文契不计在内。

3. 合约、杜后患合约、领约等文契不计在内。

4. 文契中有"先询胞兄弟无力承接"，或"先尽亲邻，无人承买"，或"先尽本族，后尽田邻，俱无承买者"字样者共计7件。

表6-3-14　　　　　　山西襄汾县丁村土地买卖情况

年　号	亲族 件	亲族 %	同姓民人 件	同姓民人 %	异姓民人 件	异姓民人 %	小　计
乾隆			1	50.0	1	50.0	2
嘉庆	1	12.5	5	62.5	2	25.0	8

续表

年 号	亲族		同姓民人		异姓民人		小 计
	件	%	件	%	件	%	
道光			5	83.3	1	16.7	6
咸丰			1	100.0			1
同治	1	25.0	3	75.0			4
光绪	1	12.5	6	75.0	1	12.5	8
合 计	3	10.4	21	72.4	5	17.2	29

资料来源：张正明、陶富海：《清代丁村土地文书选编》，见《中国社会经济史研究》1989年第4期，第84—89页。

说明：嘉庆二十三年一件买主不明，略去不计。

从上述材料看，不论是从全国十九个省区大范围考察，还是从一个地区、一个县、一个村落范围考察，或是从一个家族范围考察，我们认为有清一代，在土地买卖中，宗法关系虽然仍有一定约束力，甚至在某些地区有较强的约束力，但这个约束力毕竟受到时代发展的冲击而削弱，土地买卖越来越多地突破宗法关系的桎梏，而趋向于自由买卖。这样一来，土地购买者的范围就大大地扩展了，使有清一代始终能保持较多的自耕农，从而有利于社会经济的发展，也使那些手中有货币的外乡外姓从事商品经济活动的经营者，有更多机会购买到土地。如清代棚民中有些是腰缠万贯的商人，他们或到江苏，或到浙江，或到福建，或到江西，或到湖南，或到四川、湖北、陕西三省交会之处，或到云南租山或买山垦殖，或种菁制蓝，或植麻织布，或种包谷（即玉米），或开山植树，促进了商品经济的发展。

清代前期，土地买卖向自由买卖转化过程中，江苏、安徽、江西、湖南、湖北、四川、河南等地区，原业主还保有索取补偿银两的习俗。由于地方不同，其称谓也各异。如湖北称之为"脱业钱"，湖南称"挂红银"，也称"脱业钱"，河南则称"赏贺银"；江苏、四川、江西称之为"画字银钱"；安徽称谓较杂，有

"赏贺银""喜资银""倒根银"等。康熙五十六年，湖北襄阳县朱桂，将荒屯田三十亩，出卖与刘现章之父刘仁美，得银五十三两。雍正十三年，刘现章由于"贫不能守，凭朱梅等说合，得价银一百七十八两，转售与赵祥为业，当给朱桂脱业钱二十千文，朱梅亦得钱五千文"①。湖南武陵县郭维藩，于雍正十三年，将田八斗卖与陈添位为业，至乾隆四年，郭维藩复向陈添位索取"挂红银二两四钱"，郭友文闻知，亦赴彼索取，添位"当给友文银六钱"②。安徽寿州，乾隆七年，方子玉把五斗种的一块田，换张世明家一块基地，但这田上手业主是方冠，据寿州俗例，"产动，原业主有分喜礼"。方冠的母亲托方连向方子玉要"喜礼"，子玉"许给二两银"③。河南固始县，乾隆八年，张鸣九买了许廷彩一分田地，依据该县乡俗：凡买田产，有给原业主赏贺银两之说，所以按乡俗张鸣九"该给业主许长太十五两贺银"④。江苏泰州，乾隆四十七年间，柏鸣山有祖遗公共田十五亩，卖与汤万锦，得价与族侄均分。五十八年，汤万锦将此田转卖与汤广有管业，"原业主应分画押钱三千文"⑤。

原业主的补偿银两向谁索取，依情况而异，画字银（画押银）一般向买主索要，如四川涪州，乾隆十四年时，杨榜将己田卖予杨仕荣，杨仕荣各付给杨显与兄杨春画字银九两。⑥ 安徽合肥喜资银及画字银亦由买主付给。⑦ 湖北江陵县脱业钱，系原业主向新买

---

① 中国第一历史档案馆、中国社会科学院历史研究所：《清代土地占有关系与佃农抗租斗争》上册，中华书局1988年版。（以下只列书名）
② 《清代土地占有关系与佃农抗租斗争》上册，第111页。
③ 同上书，第117页。
④ 同上书，第123页。
⑤ 同上书，第216页。
⑥ 同上书，第140页。
⑦ 同上书，第147页。

主索取。① 湖南安化习俗与湖北江陵相同。② 安徽寿州情况与上述有别，给原业主的喜礼银是由卖主出的。据陈见美称："小的这乡里，向来有个俗例：凡转卖田产，原业主要向转卖的讨些喜礼银子的。"③ 霍邱情况与寿州相同，原业主的赏贺银由转卖的人付给。④ 给原业主的赏贺银、挂红银等银两按什么标准给呢？其他地方情况不详，湖北江陵俗例是："从乡例每两给银三分。"⑤ 也就是按买价的百分之三抽取。

这些名目不同的补偿银两，由买主付给的，实际上是买价的一个组成部分。如安徽合肥县，乾隆二十三年，雷相明将八斗六升半秧田，外有基地并浮房三间，卖给许赓，"言明正价四十两，外胞兄弟并亲族喜资银十四两，又过割交庄画字银十两，共银五十四两"⑥。在这里喜资银和画字银占了正价银百分之六十，如果买主要在买价之外另付出高于买价一半以上银两，买主是不愿意的，因此，这些喜资银、画字银实际上是价格的一个组成部分。仅仅是为了避免亲属之间因分割钱财引起不必要纠纷，按照乡例对总价进行分割而已。并不是买主对卖主亲属的一种恩赐。至于转卖土地者付给原业主一定补偿银两，是对地价增值的一种分割。如湖北襄阳县，卫军朱桂于康熙五十六年将荒屯田三十亩，卖予宣城刘仁美，得价银五十三两。雍正十三年，刘仁美之子刘现章因贫不能守，将垦熟田转卖与赵祥，得价银一百七十八两，"当给朱桂脱业钱二十千（文），朱梅亦得钱五千文"⑦。在这里，实际上是由于地价上涨，原业主与转卖主之间，对地价增值部分的分

---

① 同上书，第 130 页。
② 同上书，第 203 页。
③ 《清代土地占有关系与佃农抗租斗争》上册，第 158 页。
④ 同上书，第 161 页。
⑤ 同上。
⑥ 同上书，第 147 页。
⑦ 同上书，第 106 页。

割，原业主所得大约为总价格的百分之十四。

脱业钱、喜礼银、赏贺银等乡例习俗之所以能长期得到延续，其原因是多方面的。其一，这种俗例得到朝廷的默认，甚至支持，使之合法化。如湖南武陵县郭维藩卖田五年后向买主索要挂红银一案判决称："郭维藩将久经绝卖之田辄行索找。虽有不合，但系原主，应请免议。"① 安徽审理此案时，并没有否定这一俗例，而仅是将乡俗重述一遍："因霍邑乡间俗例，凡田地转售，原业主有应得喜礼钱文。"② 江西铅山县葛发崽转卖田地，原业主按俗例索要画字钱一案判决称："詹椿茂分得钱三千文，系循原业画字俗例，今已病故，免其着追。"③ 湖北随州李月桂殴伤向奉早，并私分向正明田价钱文一案判决称："聂开周、向正元、向正富、向奉起、向奉早等分受钱文，讯系脱业遗念，俗例相沿，免其追缴。"④ 由于索取这类补偿纠纷越来越多，政府办案人员多次提出废除这一习俗。其二，原卖主贫困化，是这种习俗延伸的另一原因。如湖南湘乡彭验外索画字钱致死人命一案。乾隆十九年，彭验外父亲彭宗位将地名为"紫木衡"的田亩卖与彭行健。乾隆二十一年，彭行健又转卖彭邑陵管业。彭验外系属原业。湘乡俗例，田产出卖，彭邑陵应给彭验外画字钱文。维时，彭验外因已外出，未经得受。五十一年内，彭邑陵又将此田转售彭体谦管业，"彭验外因贫，向彭邑陵索补不允"⑤。安徽六安徐彬文殴杀杨晨熙之父一案称：六安州俗例，转卖田产原业主可讨要贺银。杨晨熙父亲害病，"家里没有银子，去向徐家要这银子"⑥。其三，最主要的原因可能是与地价不断提高有关，土地走向市场以后，摆脱了宗

---

① 《清代土地占有关系与佃农抗租斗争》上册，第111页。
② 同上书，第150页。
③ 同上书，第181页。
④ 同上书，第186页。
⑤ 同上书，第207页。
⑥ 同上书，第149页。

法宗族制的束缚，人为压低地价情况在减少，而人口不断增加，对土地需求越来越强烈，在土地增长落后于人口增长情况下，供求矛盾突出，地价不断提高，这就容易导致原业主心理上的不平衡，从而引出争斗，影响地方治安。名目各样的补偿银（钱）俗例，可能是为了因地价上涨给原业主一种补偿而形成的。如浙江义乌县陈尚彩的四斗田，卖给陈承洪时是二两五钱银子，陈承洪转卖与陈乾志得的价银是九两六钱。①增加五两一钱，是原卖价的三倍多。湖南平江县，李二蓁将田三十五亩卖与朱谦益，得价银三十五两，平均一亩一两银子。后朱谦益将此地转卖与高荣箭，得银五百四十两，"这李齐贤见田价多了几倍，需索酒礼银不遂。打毁高家田禾，又强牵他家牛只"②。广东龙川县，邹癸生祖邹立坤将田三亩零二厘卖予曾玉登，得价三十千，后曾玉登将此田转卖予曾玉堂，得价五十二千，比原价增加二十二千，"癸生闻知转卖多钱，复要找价"③。这类习俗在一定程度上会制约土地自由买卖发展，但随着社会的进步，这些陋习也将被历史所抛弃。

　　明清时代，土地买卖是自由买卖呢，还是在宗法宗族关系制约下的封建性买卖呢？学者之间多有分歧。产生分歧的原因在于缺乏一个衡量的标准。在商品经济下，最能反映商品买卖性质的是价格。如果商品的价格是按照当时市场时价或高于当时时价出卖，不论买者是亲房，或是本姓民人，或是外姓民人，都应该说属于自由买卖；如果商品价格在宗族势力勒逼下偏离了时价，并以"先尽亲房"习俗以低价强买强卖，这种买卖应该是封建性买卖。如果这种认识能为学者们接受的话，笔者以为在政府废除对民田买卖约束后，凡是按时价或高于时价的土地买卖，都应视为土地自由买卖，明清时期土地买卖应属于此。但明清土地买卖中

---

① 《清代土地占有关系与佃农抗租斗争》上册，第114页。
② 同上书，第128页。
③ 同上书，第132页。

仍受"优先权"习俗影响，但这是次要的，是属于历史发展中的遗留问题，随着社会经济发展，这一社会残余将被历史洪流所冲刷。

第四节　土地买卖周期

　　清代前期，土地买卖比前代更为经常，土地经常更换主人。康熙后期编纂的山东《栖霞县志》称："土地则屡易其主，耕种不时。"① 同时期，福建安溪县李光坡说："人之贫富不定，则田之去来无常。"② 雍正年间，河东总督王士俊奏称："地亩之授受不常。"③ 乾隆前期，广东顺德县情况是："有田者多非自耕……抑且田时易主。"④ 嘉道之际，无锡人钱泳亦说："俗语云：百年田地转三家。言百年之内，兴废无常，有转售其田至于三家也。今则不然，农民日惰而田日荒，十年之间已易数主。"⑤

　　清代前期土地买卖频繁的情况，也从契税中反映出来。如《清高宗实录》称：乾隆二十八年，广东仅田房税契一项，收银一百二十余万两。⑥ 按税契征收规定，税银为卖价的百分之三，再收税银的百分之五为耗银。⑦ 故卖地一百两银子，需纳税银三点一五两。据此可算出广东省该年卖地总价银为三千八百零九万五千二百三十八两，如每亩地价按价银四点四七两计。⑧ 买卖的土地约达八百五十二万二千四百二十五亩，占广东省耕地面积的百分之二

---

① 康熙《栖霞县志》序。
② 《清经世文编》卷三〇《户政》五，李光坡：《答曾邑侯问丁米均派书》。
③ 雍正《东华录》卷一二，雍正十二年十一月庚寅。
④ 乾隆《顺德县志》卷四。
⑤ 钱泳：《履园丛话》卷四。
⑥ 《清高宗实录》卷六八。
⑦ 李文治：《中国近代农业史资料》第1辑，第55页。
⑧ 李文治：《明清时代封建土地关系的松解》，第323页，表42"各地地价及租额对比"中地价平均数。

十五左右。① 由于没有把卖房金额剔除，因此只能是一个概数，但可以反映当时土地买卖之频繁。

下面，根据保存下来的历史文献记载，再考察一下清代徽州地区土地买卖频繁程度。以清代徽州某县某都二图四甲《王鼎盛户实征底册》为例，该册所记内容有：户名、旧管土地、新收土地、开除土地、实在土地几项。以户为单位，记录该户土地变化情况。所转移土地有名和亩分，一款一款罗列，极为清楚。新收（买进）、开除（卖出）分开登记，互不混杂，凡分家的都注明"出"字样。资料可靠性程度高。

《王鼎盛户实征底册》登记年份始于乾隆七年，至乾隆二十八年，中间有一年（乾隆十二年）缺失，前后记事时间实际上为二十一年。七年时，该甲为一百三十一户，甲下八户，共计一百三十九户。其后由于分家或立会新增了一些户头。如八年有新开户六户，乾隆十年新开户三户，乾隆十一年新开户一户，乾隆十三年新开户三户，乾隆十四年新开户七户，乾隆十五年新开户二户，乾隆十七年新开户六户，乾隆十八年新开户十户，乾隆十九年新开户一户，乾隆二十年新开户一户，乾隆二十二年新开户六户，乾隆二十三年新开户二户，乾隆二十五年新开户六户，共新开户头五十四个。在这二十一年间，因"绝户"（家庭成员全部亡失）或其他原因减少了十一户，至乾隆二十八年时，二图四甲总共有一百八十二个户头。

下面，我们再来考察该甲在二十一年间的土地买卖情况。乾隆六年，四甲实在田地山塘为二千零四十三点八亩，此后二十一年间陆续购地②八百六十二点二亩，卖出土地六百四十八点七四亩，在此期间进入流通领域土地达一千五百一十二点九四亩，占

---

① 李文治：《中国近代农业史资料》第1辑，《清代历朝耕地面积》中乾隆三十一年广东省耕地面积为三十四万二千二百四十二顷。

② 此处土地包括田、地、山、塘在内。

乾隆六年旧管土地的百分之七十三点八。按二十一年平均，每年买进和卖出土地达七十二亩有零。转移土地占旧管土地的百分之三点五二。若按一百八十二户平均，这二十一年间，每户买进或卖出土地达八点三一亩。从购买土地计，这二十一年间，土地年份共计三百六十七年，买进土地一千六百四十九款，卖出土地年数共计四百六十二年，卖出土地一千一百四十一款。平均每户有两年在购地，款数为九款。平均每户有二点五年在卖地，卖地款数为六点二七款。如果扣除这二十一年间没有买过地的七十九户、没有卖过地的五十三户，那么买地户平均购地年数则在三点五年以上，购地款数则高达十六款。卖地户平均售地年数则提高到四点五年左右，每户出售土地款数则在八点八款以上。这一百零三户购地者，在三年半中平均每户买进土地为八点三九亩；一百二十二户卖地者，在四年半左右时间里，每户卖出土地在五点零三亩左右。各户在这二十一年间，购买土地，或出售土地详细情况，请看表6-4-1分户统计。

表6-4-1　　　　　乾隆年间徽州地区土地买卖一览

业户	原业亩	买进 年	买进 款	买进 亩	卖出 年	卖出 款	卖出 亩	分入 亩	分出 亩	实在 亩	备注
正伦	40.3	1	1	0.23	1	2	0.17			40.35	
天赐	2.06	6	26	16.11				0.09		18.26	二十三年改进贵户
佐祀	6.96	1	1	3.70						10.66	
振元	2.69	1	2	2.07				0.46		5.22	二十一年改道永户
寻常祀	8.52	4	12	7.56				0.75	0.65	16.18	
兴保	0.05	1	1	0.20						0.25	
三语祀	4.73	1	1	0.17						4.90	
道露	81.18	8	26	12.42				144.37	81.18	156.79	
紫云庵	无田	2	2	0.75				12.32	0.94	12.13	
联秀庵	9.25	2	2	1.04						10.29	
邦成祀	7.95	3	3	1.57					9.25	无田	
胙祀田	12.90	5	10	3.99				11.14	1.87	26.16	

续表

业户	原业亩	买进 年	买进 款	买进 亩	卖出 年	卖出 款	卖出 亩	分入 亩	分出 亩	实在 亩	备注
余圣迁	无田	1	1	0.03						0.03	
吴应芳	3.51	1	1	0.15						3.66	
道 员	8.31	2	2	0.48	9	24	8.67	0.17		0.29	二十七年改学家户
道 赞	2.05	1	1	0.09	5	8	1.86			0.28	
道 荣	10.16	7	16	6.65	3	3	0.44		0.09	16.28	
学 敦	68.14	7	11	2.76	14	39	39.05	2.11	27.63	6.33	
友 春	2.22	3	6	7.53	3	4	2.46	1.00		8.29	
盛 春	0.66	1	1	0.20	2	2	0.59			0.27	十一年改神生户
怀 宁	0.03	4	5	0.48	1	4	0.36			0.15	
道 侃	11.51	1	5	0.67	6	6	2.00	2.59		12.77	二十八年改连生户
廷 富	4.63	1	2	0.23	2	7	1.81	0.26	1.23	2.08	改旺进广居户
三召祀	4.88	4	16	9.58	2	6	4.87	0.30	0.35	9.54	
廷 倬	103.38	6	14	9.0	4	7	13.24	34.66	118.90	15.60	
学 潜	44.90	12	79	45.85	3	6	9.17	9.92	1.30	90.17	
豹 田	41.11	14	140	66.45	7	7	2.08	9.54	2.34	112.68	
继 虞	97.32	18	227	127.1	5	10	1.93	21.56	29.38	215.48	
道 缉	41.92	13	108	65.70	3	9	10.41	13.70		110.91	二十三年改学沧户
道 纯	46.38	16	141	68.55	3	8	3.94	14.81	2.50	123.30	
道 续	44.50	5	13	3.89	11	63	43.01	24.84	8.3	21.88	十一年改学潢户
道 绾	37.36	6	15	10.02	4	11	12.93	14.91	6.52	42.84	改学溪户
道 绥	42.69	6	33	19.41	13	36	36.36	16.84	1.74	40.84	二十八年改字洞户
廷 位	31.16	2	7	4.81	1	2	2.48	3.38	35.79	1.09	
道 彩	19.30	3	9	5.79	4	12	7.04	8.03	1.96	24.14	
道 绿	21.55	3	6	1.79	6	6	3.40	4.55	24.49	无田	

续表

业户	原业亩	买进 年	买进 款	买进 亩	卖出 年	卖出 款	卖出 亩	分入 亩	分出 亩	实在 亩	备注
道 绣	17.00	3	6	2.19	3	16	10.86	8.48	2.68	14.13	
道 绍	13.00	9	33	24.58	5	12	11.81	6.50		32.27	
道 缘	13.00	2	2	1.73	7	15	8.69	5.13	0.90	10.27	
道 纲	3.22	5	17	5.36	7	11	5.66	0.53	1.34	2.10	二十七年改学梦户
道 缙	6.20	6	10	6.12	1	1	0.47	8.31	18.23	1.93	
学 江	8.07	5	27	17.72	4	6	3.10	8.82	31.51	0.03	
学 添	41.59	1	1	0.55	7	41	30.03	0.03	10.61	1.53	
学 渚	1.49				1	2	0.13		0.80	0.56	
道 缔	7.87	2	14	6.90	1	1	0.43	0.06	0.80	13.60	
道 骥	39.25	1	1	0.82	13	57	33.71	3.14	5.31	4.19	二十七年改学祯户
廷 偲	3.17	2	3	1.09	4	9	3.91	1.75	1.59	0.51	
廷 任	0.24	1	1	0.06	3	3	0.15		0.15		
策 公	23.04	2	2	1.31	1	5	0.72	1.36	16.19	8.80	
瑞 田	216.26	16	182	74.22	5	7	5.15	256.95	505.39	36.89	
道 霖	82.98	8	19	11.75	1	1	0.60	138.88	81.18	151.84	二十七年改采风户
道 霄	无田	4	8	6.33	2	3	1.20	212.18	81.18	136.13	二十七年改德风户
元 公	2.12	4	4	1.69	4	11	1.39	4.21	1.72	4.91	
道 霁	19.03	1	2	1.06	12	25	13.67		2.00	4.42	
道 霙	31.54	5	8	2.92	7	18	9.59		16.74	8.15	
道 灵	13.43	6	33	22.04	3	3	1.00	4.15	0.98	37.64	
道 雷	无田	1	1	0.12	6	18	7.20	8.37	0.49	0.80	十八年立户
廷 淞	64.50	9	36	17.30	10	26	22.30	0.47	1.62	58.44	改道雪大任户
道 雯	47.42	4	8	2.74	12	59	34.97	3.02	4.04	14.17	
德 予	1.92	1	1	0.01	2	33	0.22	0.04		1.75	
元 兆	14.12	1	1	0.06	7	8	6.79		0.45	6.95	二十七年改琅户
兆九祀	4.40	4	29	20.36	1	1	0.63	0.49		24.62	
宗 驭	2.03	2	3	0.07	3	4	0.33			1.78	

续表

业户	原业亩	买进 年	买进 款	买进 亩	卖出 年	卖出 款	卖出 亩	分入 亩	分出 亩	实在 亩	备注
成丁祀	5.24	3	3	1.51	1	1	0.31			6.44	
关帝会	5.35	2	5	3.25	1	1	0.65		6.37	1.58	
文 会	11.67	10	41	34.89	2	2	1.57	2.07	22.20	24.86	
廷 海	38.13	1	3	2.49	14	46	33.43		7.18	无田	改道电户
道 捻	53.09	4	11	1.14	8	22	14.75		39.48	无田	
康 宁	1.31	1	1	0.43	1	1	0.14		1.60	无田	
之 晨	4.73	1	1	1.70	2	4	1.45		4.99	无田	
取 □	无田	1	1	0.18	6	26	12.32	16.35	2.37	1.84	八年立户，十七年改道纹户
程永槐	8.81	4	8	3.04	3	6	3.44			8.41	
查兴旺	15.98	9	22	11.39	6	7	4.47			22.90	
学 法	无田	5	5	1.13	4	9	2.45	4.62	0.58	2.73	十年立户，二十七年改载高户
学 河	无田	1	1	0.03	2	2	0.29	2.70	0.59	1.84	十年立户，二十七改光户
学 源	无田	3	11	5.39	3	3	0.68	4.25	0.58	8.38	十年立户，二十八年改士镰户
学 清	无田	4	4	1.32	6	15	8.32	7.80	0.80	无田	十年立户
交卿祀	无田	1	1	1.42						1.42	十一年立户
接 无	无田	2	8	3.96	1	1	0.45	7.19	0.50	10.21	十三年立户
学 鸿	无田	7	14	6.38	1	2	0.80	9.03	0.10	14.51	十三年立户
淡园公	无田	6	21	8.30	1	1	0.10	23.65	0.44	31.41	十三年立户
六 义	无田	1	3	3.16	1	1	1.06		2.10	无田	十四年立户，二十三年除名
学 祉	无田	1	1	0.15	6	23	9.12	16.51	7.54	无田	十四年立户
学 裪	无田	2	9	5.07	7	20	11.95	29.60	1.48	21.23	十四年立户
学 海	无田	3	12	5.53	4	5	3.81	9.49		11.22	十四年立户
俨公祀	无田	2	2	0.96				0.81		1.77	十四年立户

第六章 土地买卖自由化

续表

业户	原业亩	买进 年	买进 款	买进 亩	卖出 年	卖出 款	卖出 亩	分入 亩	分出 亩	实在 亩	备注
同 人	无田	1	4	1.20	1	1	0.25			0.95	十五年立户
学 淑	无田	2	7	1.84	2	6	3.52	8.16		6.49	十七年立户
宗 谒	无田	1	2	0.07	2	2	1.03	2.21		1.25	十七年立户
宗 调	无田	3	5	0.52	2	2	1.05	1.22		0.69	十七年立户
宗 诏	无田	2	2	0.08	1	6	1.20	1.21	0.02	0.07	十七年立户
学 护	无田	2	2	0.02	1	2	0.26	0.63		0.38	十七年立户
学 洌	无田	2	3	0.57	1	1	0.13	9.86		10.30	十七年立户
琢云轩	无田	3	6	2.03				25.52		27.55	十七年立户
用 祀	无田	1	6	0.72	1	1	1.06	13.45		13.11	十七年立户
洪 宁	无田	4	12	3.19				0.75		3.94	二十年立户
廷 侃	无田	1	5	3.18				0.13	0.52	2.79	二十年立户
鼎 盛	无田	2	3	1.63						1.63	二十年立户
怀 义	无田	3	6	1.84					1.84	无田	二十二年立户，二十五年田分雪三户
道 驾	无田	1	1	0.04				0.05		0.09	二十三年立户
同心会	无田	1	1	0.87				0.70		1.57	二十三年立户
统祀田	无田	1	1	0.80				4.47	2.00	3.27	二十五年立户
学 指	无田	1	4	3.54						3.54	二十八年立户
训 祀	3.40				1	1	0.26	0.09	2.73	0.50	
道 贵	4.14				7	20	5.09	1.86	0.80	0.11	
道 贞	2.93				5	12	2.89	0.18	0.22	无田	
杨 生	无田				2	2	0.03	6.79		6.76	
福 贵	6.95				3	4	1.56		0.13	5.25	
宜四祀	7.94				1	1	0.01		1.29	6.64	
千 寿	0.89				3	3	0.43			0.46	二十七年改和贵户
贞 九	0.61				2	2	0.48			0.13	又称初兄弟
道 佑	5.10				3	6	0.77		0.24	4.09	二十八年改深法户
道 伟	5.59				5	6	0.90		0.03	4.66	

续表

业户	原业亩	买进 年	买进 款	买进 亩	卖出 年	卖出 款	卖出 亩	分入 亩	分出 亩	实在 亩	备注
进良	1.97				3	3	0.49	0.97	0.28	2.16	十一年改圣良户
连太	1.31				3	5	0.57	0.97	0.28	1.43	
初保	8.58				8	16	4.49		4.10	无田	二十八年扒入连生户
豪俊	43.31				7	21	9.43		33.87	无田	十七年改道组户
捷	14.44				7	17	8.53		5.09	0.81	十七年改道绂户
道纪	3.82				2	3	1.98		1.84	无田	
道纵	4.27				1	1	0.36		2.00	1.91	
群龙	0.54				1	1	0.03			0.51	二十三年改道锦户
宁德	28.15				9	22	13.01		1.30	13.84	二十六年改学拱户
道雩	11.54				5	23	10.18			1.36	从十九年分家后计
道沽	11.90				8	16	1.15	1.35		3.40	
宗霓	3.20				8	16	1.15	1.35		3.40	
廷涏	0.14				2	2	0.05	1.28		1.37	
廷津	1.04				3	3	0.36	0.64		1.32	
德璋	6.87				5	6	2.93	6.17	0.30	9.81	二十七年改冬女户
人龙	27.61				3	3	1.50			26.11	二十年改廷本户
徐侍祀	1.45				2	2	2.1	0.73		无田	
元芳	4.98				4	10	1.46		1.39	2.13	二十七年改资龙户
德英	0.78				1	2	0.77		0.01	无田	
德屿	6.87				3	3	1.32	0.30	0.05	5.80	十五年并入德璋户

续表

业户	原业亩	买进 年	买进 款	买进 亩	卖出 年	卖出 款	卖出 亩	分入 亩	分出 亩	实在 亩	备注
接 盛	无田				2	13	4.56	5.24	0.68	无田	十四年立户
学 游	无田				3	4	0.33	0.77	0.44	无田	十年立户，二十四年除名
遗 腹	无田				1	1	2.18	4.30	2.12	无田	二十一年除名
模 祀	4.64				1	1	0.03	20.00		24.61	
时 祀	无田				2	2	2.19	2.19		无田	十七年除名
宗 义	1.69				2	2	1.69			无田	十四年后除名
同心会	4.14				1	1	1.10		3.04	无田	十三年后除名
周 龙	3.47				1	2	3.47			无田	十三年后除名
道 统	20.36				2	5	3.52		16.86	无田	十年分家
俊 祀	8.86				1	1	2.87		5.99	无田	七年分家
旦 祀	7.98							0.19	0.20	7.97	
昱 祀	4.41							0.19	0.20	4.40	
兆六祀	5.09							1.60		6.69	
通 诚	0.23							0.20		0.43	
开 成	0.37							0.18	0.19		二十一年改道成户
方 九	0.34							0.23		0.57	
捷 九	0.39							0.13	0.26		十一年改夏兄弟
琛祀田	4.30							0.92		5.22	二十七年改之琛
其 兰	0.59							0.64		1.23	
万一祀	8.00							0.21		8.21	
新兴丁会	无田							1.87		1.87	二十五年立户
接 兆	无田							10.72		10.72	二十五年立户
接 有	无田							10.89		10.89	二十五年立户
道 电	无田							1.29	0.07	1.22	二十八年立户
先祀田	25.63								25.63	无田	七年分析
和 春	3.68								3.68	无田	十三年分倬继虞户

续表

业户	原业亩	买进 年	买进 款	买进 亩	卖出 年	卖出 款	卖出 亩	分入 亩	分出 亩	实在 亩	备注
进贤	6.73								6.73	无田	八年分杨生等三户
古龙	0.75								0.75	无田	二十年入寻常祀田
兴祀田	0.41								0.41	无田	二十四年分道求等三户
廷俸	2.84								2.84	无田	二十五年入道骥户
道绪	2.48								2.48	无田	二十五年入统祀田
同太	1.93								1.93	无田	二十五年入圣良连太户
丙	2.24								2.24	无田	二十五年入阳生户
三	2.24								2.24	无田	二十五年入阳生户
衍庆	3.70								3.70	无田	九年并入学清户
瑞庆	0.39								0.39	无田	九年并入学法户
钱祀回	0.10									0.10	
全保	1.69									1.69	
秀元	0.30									0.30	
颐祀田	1.04									1.04	
道仑	1.69									1.69	
廷启	1.01									1.01	
存二祀	5.27									5.27	
毕旺祖	2.57									2.57	

续表

业户	原业亩	买进 年	买进 款	买进 亩	卖出 年	卖出 款	卖出 亩	分入 亩	分出 亩	实在 亩	备注
王大受	0.13									0.13	
闵喜有	0.44									0.44	
陈廷甫	无田									无田	
合计	2 060.3	367	1 649	864.2	462	1 141	648.74	1 310.64	1 396.73	2 187.91	

资料来源：中国社会科学院经济研究所藏《屯溪档案》税545.1、545.2、545.3、545.4号。乾隆七年至二十八年间安徽省徽州地区其县某都二图四甲《王鼎盛户实征底册》。

说明：①本表目的在于探索当时农村土地买卖情况，因此，对一些推、收性质不好确定的土地转移款项，为慎重起见，将其列入分入及分出项目中。这种做法是为了杜绝猜测不实成分，尽量把买卖情况建筑在可靠基础上。②买进、卖出、分入、分出对每户来说，与实在数应相符合，但实际上会出现不相符情况，可能是底册有误或者在做表时，因取四舍五入处理，所以出现误差。③买进、卖出年数统计，系根据每户有几年买进或卖出土地年数统计而得；买地、卖地款数系按实征册一行为一款，一款地亩额有多有少，一般是按土名划分。如乾隆二十二年道绍户购置土地情况是：一收田二亩二分三厘六毛，土名四保直坑；一收田二亩四厘，土名土桥头；一收田四分二厘五毛，土名一伯州里。以此为例，其余类推。

北方情况与南方有所不同。秦晖、苏文的研究认为，清代关中地区土地交易并不频繁。他们见到的下鲁坡村鱼鳞正册记事年份始于光绪十五年，至少到民国二十一年仍在行用，长达四十余年。全册有四百余块土地贴签更改，情况见表6-4-2。

表6-4-2　　　　陕西关中平原下鲁坡土地转移状况　　　　单位：亩，%

易主原因		田块数	面积数	占易主田块数百分比	占易主面积百分比	占原田块数百分比	占原土地总面积百分比
购买	a	12	21.135	15.19	31.1	3	7.45
	b	24	32.74	43.04	48.14	8.5	11.53
继承		22	16.21	27.58	23.83	5.5	5.71
对换		23	19.06	29.11	28.03	5.75	6.71
合计		79	68.01	100	100	19.75	23.95

资料来源：秦晖、苏文《田园诗与狂想曲——关中模式与前近代社会的再认识》，第83页。

说明：a指标明为"买者"；b指标明为"买"者与推测为买者之和；合计指"购买b"项与其他两项之合计。

该册籍所载全部土地总面积为二百八十三点九四亩，在四十余年间买卖的土地最低估计（仅计签贴上标明"买"者）有二十一点一三五亩/次，占总面积的百分之七点四五。如按最高估计（把其他易主原因不明者均作买卖计）为三十二点七四亩/次，占总面积的百分之十一点五三。如按田块数计，则经过买卖的田块最低估计为十二块/次，占总块数的百分之三，最高估计也不过二十四块/次，占总块数的百分之八点五。按照这样的土地买卖频率计，则全部土地平均被买卖一次的周期长达至少四百年（按最高估计面积计算），乃至千年以上（按最低估计块数计）。①

关于清前期或有清一代土地买卖频率问题，各位研究者的估计也不尽相同，李文治教授从发展趋势看，认为"所有这类记述，虽然不免有些夸张，但它毕竟反映了土地买卖频率的增加"②。章有义教授则具体评价了两句谚语，认为"尽管现有史料表明，到了清代，土地买卖更加频繁，却并不像某些人所想象的那样'田无定主'"。对于"千年田八百主"这一说法，他认为"这类见诸文献的谚语，切不可从字面上去做机械的理解，就清代前期江南地区而言，大体说来，'百年田地转三家'这句话也许是比较可信的"③。秦晖、苏文认为："与人们喜欢引用的'千年田八百主'之类说法相较，当地的现实土地买卖率在这一时期简直可以视为零！"④

由于中国地域辽阔，各地经济发展又不平衡，人口密度又不一样，所以土地买卖的情况各不相同，有些地区频繁，有的地区较缓慢，这是自然的。但就其总趋势而言，由于土地买卖中的宗法宗族关系松弛，土地买卖更加自由、更加方便，土地买卖频率

---

① 参见秦晖、苏文《田园诗与狂想曲——关中模式与前近代社会的再认识》，第82—83页。
② 李文治：《明清时代封建土地关系的松解》，第502页。
③ 章有义：《清代徽州土地关系研究》，第81页。
④ 秦晖、苏文：《田园诗与狂想曲——关中模式与前近代社会的再认识》，第83页。

增加是在情理之中的事。

同时，土地买主也趋向多样化，特别是农民买地的情况是值得重视的。例如前引资料，徽州地区某县某都二图四甲，乾隆七年至二十八年间土地买卖的情况是：十亩以下户买进土地一百八十点二二亩，占买进耕地的百分之二十点八五，卖出土地一百四十一点五八亩，占卖出耕地的百分之二十一点八二；十点零一亩至二十亩户买进土地一百一十六点五五亩，占买进土地的百分之十三点四九，卖出土地一百点五四亩，占卖出土地的百分之十五点五。其余各类农户买地与卖地情况请看表6-4-3。

表6-4-3　乾隆年间徽州地区某地各类农户土地买卖情况统计

类别	户数 户	户数 %	原有耕地 亩	原有耕地 %	买进 年数	买进 款数	买进 亩	买进 %	卖出 年数	卖出 款数	卖出 亩	卖出 %
无地户	45	24.73										
10亩以下户	85	46.7	124.55	6.05	129	357	180.22	20.85	183	364	141.58	21.82
10.01—20亩户	20	10.99	269.34	13.07	61	185	116.55	13.49	79	179	100.54	15.5
20.01—30亩户	7	3.85	171.86	8.34	8	14	5.13	0.59	21	36	21.43	3.3
30.01—40亩户	6	3.3	212.4	10.31	17	35	22.05	2.55	53	171	110.5	17.03
40.01—50亩户	10	5.49	434.12	21.07	72	524	276.05	31.94	76	252	176.63	27.23
50.01—60亩户	1	0.55	53.09	2.58	4	11	1.14	0.13	8		14.69	2.26
60.01—70亩户	2	1.1	132.64	6.44	16	47	20.06	2.32	24	89	61.25	9.44
70.01—80亩户												
80.01—90亩户	3	1.65	245.34	11.91	20	53	30.5	3.53	3	4	1.8	0.28
90.01—100亩户	1	0.55	97.32	4.72	18	227	127.41	14.8	6	14	1.93	0.3
100.01亩以上户	2	1.1	319.64	15.51	22	196	84.59	9.79	9	14	18.39	2.83
总计	182		2 060.3		367	1 649	864.2		462	1 141	648.74	

资料来源：同表6-4-1。

从表6-4-3可以看到，占地十亩以下户，是二图四甲中占总户数百分之四十六点七的农户，在前后二十一年间，他们共购进土地有一百八十点二二亩，占购买土地总数的百分之二十点八五，他们虽然也出卖土地，但买进和卖出相扣除后，他们占有土地数额比原来增加了三十八点六四亩。占地十点零一亩至二十亩农户，占二图四甲总户数的百分之十点九九，在这二十一年间，买进土地一百一十六点五五亩，占购买土地总数的百分之十三点四九，卖出土地一百点零五四亩，买入与卖出相抵，盈十六点零一亩。尽管每户平均购买的耕地仅仅零点一九亩，这还是说明，这些占地不多的农户，却是农村人口中比例很大的农户，这无疑会扩大自耕农队伍。

另外，有些中小商人也加入到了买地的行列。如一些原来的贫寒之家，外出经商，待稍有积蓄后，多在原籍购置一些耕地。《厦门志》载，陈迈质六岁丧父，长大后负庸、樵探、贸易以供母，后因贸易起家，"复置田若干亩，以充先祀"[1]。福建连城四堡马氏，早年家徒四壁，于是车牛远服，权厥子母，利市常倍，渐而衣食无缺，后"置田数十百亩，与二弟均分"[2]。保定府安州人氏马浩，少时生母去世，被继母逐出，因善于做生意，"置田四十亩"[3]。山西荣河县人氏寻金材，父早逝。家徒壁立，母改嫁后，居姐家。日拾薪满一担，才给饭吃，后在陕西习商，生计渐裕，"置薄田数十亩"[4]。《平遥县志》称：李振绪家况清寒，经商八年，获微利归家，置有薄产。[5] 谢徐登，少家贫，长大后，贾于外，获资，"置薄田数十亩。后二兄困乏，登周恤备至，尝鬻己产以偿兄债"[6]。至于安徽徽州地区，业商者多，一些中小商贩经过努力后，获得成功，亦回原籍置买一些地产，这种事例在保存下

---

[1] 道光《厦门志》卷一二《列传》四《孝友》。
[2] 福建连城四堡《马氏族谱》（刻印年代不详）。
[3] 光绪《保定府志》卷六二《孝义》。
[4] 光绪《荣河县志》卷八《人物》。
[5] 光绪《平遥县志》卷九《人物》。
[6] 光绪《荣河县志》卷八《人物》。

来的分家书中多有记载,① 不再赘述。这些破产农户,通过经商,赚得微头小利后,虽只是重新购得几亩或几十亩薄地,但对稳定自耕农队伍的作用不可低估。

---

① 中国社会科学院经济所藏:《屯溪档案·分家书》。

第二篇

农民自身经济力量增强

清代经济发展经历了由萧条—复苏—发展—繁荣—衰退—衰落的全过程。这一过程也是清代地权分配变化的过程。明末清初长达半个世纪的战乱，农民流离失所，土地大量荒芜，随着清代垦荒政策的实施，造就了大量的自耕农，这些自耕农在政府政策保护下得到发展，在改造土地经营过程中，提高收益；在多种经营政策鼓励下，农民发展多种经营，增强自身经济实力，增强抵制兼并的实力；在土地自由买卖政策下，一些经营有方的农户，如从事家庭纺织业者、佃农有机会通过市场获得土地，上升为自耕农或半自耕农，有利于巩固自耕农队伍。但随着地主经济发展，自耕农活动空间受到挤压，破产自耕农越来越多，自耕农也随之走向衰退。

第七章

对土地挖潜改造

　　因明末清初长期战乱而荒废的土地，经过顺治、康熙、雍正三朝的开垦，已得到充分的垦复，就是以前未曾开垦的土地，也有部分得到了开拓。就内地省份而言，土地的垦辟已达到极限，但人口的增加却以前所未有的速度发展着，对生活资料的需求大幅度增长，与此同时，由于经济的恢复与发展，对经济作物的需求量也越来越多。社会需求迅猛增长，但耕地资源又有限，不可能无止境垦辟，否则就要破坏生态平衡，危害人类自身生存。这就产生了需求增加与耕地资源匮乏的矛盾。为解决好这一问题，再在开垦上大做文章是不行了，只有另辟途径才是出路。我国劳动人民经过千百年的实践，已认识到土地是具有生产力的，只要适当增加投入，就能提高土地的生产力。因此，我国劳动人民在垦辟荒地的同时，又千方百计提高土地的利用率。因而，轮作复种技术在这一时期有了高度的发展，多熟制种植在全国范围内得到了普遍的推行；以"粪多力勤"为特点的农业技术体系，就在这一历史时期形成并得到发展；番薯、玉米等高产作物得到广泛传播；水稻种植在北方得到更广泛推广；对劣质地改造的技术更臻完善，对劣质土地利用更加广泛。总之，清代劳动人民为提高土地利用率，做了种种的努力，缓解了当时人与耕地之间的尖锐矛盾，其意义不亚于开荒拓土。

第一节　低产田的改造

　　清代以前，我国对劣质土地的改造和利用还不是很突出，虽有"化斥卤为良田"的事例，以及采用深耕冻垡、熏土暖田改造冷浸田的办法，但由于往昔地多人少，所以对劣质土地的开发和改良，并没有紧迫感。清朝雍乾以后，随着生齿日繁，以及肥腴荒地已垦复，于是，在农民寻找耕地日益迫切的情况下，对劣质耕地开发和改良，被提到政府和农家议事日程上来。因此，清代改造低产田的成绩优于前代。

　　北方低产田主要是分布在黄淮海平原的盐碱地。我国历来有引水洗盐、放淤压盐和种稻洗盐等办法治理盐碱地。清代，天津总兵官蓝理引海河水围垦稻田二万余顷，亩收三四石，号称"小江南"①。雍正时（1723—1735），清政府又在宁河围垦，使这一地区"泻卤渐成膏"②。乾隆九年以前，直隶钜鹿县，有碱地四万余亩，不能耕种。九年在小张庄建闸一座，浇地数十顷。又于东、西郭城堤上开涵洞一座，将余水注于堤东。碱卤之地，"凡经水之地，硷气顿除，布种秋禾，收成丰稔，百姓甚获其利"③。乾隆年间，陈宏谋屡乘小舟咨访水利，得放淤法，水溺挟沙行，导之从堤左入堤右出。如是者四，"沙沉土高，沧、景诸州悉成沃壤"④。乾隆年间山东《济宁州志》、道光年间河南《扶沟县志》、道光年间山东《观城县志》都有改造盐碱地的记载。这时，改良盐碱地的方法除引水洗盐法之外，又出现了绿肥治盐法和种树治盐法，以及深翻窝盐法。经过治理的盐碱地，不但成了好土，而且谷物

---

① 《圣祖实录》卷二一八。
② 乾隆《宁河县志》。
③ 《畿辅水利四案·三案》。
④ 《清史稿》卷九四，《陈宏谋传》。

产量亦大增。据《增订教稼书》称：经过栽种苜蓿的盐碱地，"四年后犁去其根，改种五谷、蔬果，无不发矣"。《济宁州志》亦称：经过深翻、换土之盐碱地，两三年后，"则周围方丈皆变为好土矣"。《阜宁县志》载，经过如此改造的盐碱地，"地顿饶沃，亩收数钟"。

北方地区在治盐碱地同时，也进行治沙工作。如直隶无极县有片绵亘四十余里的沙洼地，乾隆年间，知县黄可润教民种树治沙。原业主自行栽种，其"每家资稍裕者，限三十亩，中者二十亩，下者十亩"。四年后"一望青葱，且成树者，风沙不刮，中可播种杂粮，民生渐有起色"[1]。

冷浸田一般来说属于酸性土壤，地温较低，而且缺乏磷钾元素，因此产量低，宋时已有改良冷浸田的深耕冻垡、熏土暖田法，到了清代，这一技术又有较大的发展，如施用石灰、煤灰、骨灰、烤田及放水浸田等方法相继采用。据湖南《黔阳县志》记载："煅石为灰，禾苗初耘之时，撒灰于田，而后以足耘之，其苗之黄者，一夕而转深青之色，不然则薄收。"[2] 湖南《永明县志》亦载："田多傍山，山泉溉田，气常寒，须石灰温之，故是处皆凿石烧灰者，或割稻存稿春月火之以肥田。"[3] 广东《长宁县志》《廉州府志》，江西《建昌县乡土志》都有类似记载。这是改造冷浸田常见之法，由于使用方便，成本又不是太高，为民间所乐用。

广东兴宁还采用骨灰蘸秧根法，以提高冷浸田收成。《兴宁县志》称："东乡之东，山高多阴，水寒而冽，有至芒种后始插，立冬后始获者，故必用牛骨烧灰调水蘸根乃插，否则秀而少实。"[4]

湖南宁乡等县农民还采用蓄水浸田法，以提高冷浸田土壤温

---

[1] 乾隆《无极县志》卷末，《牧令书》卷一〇。
[2] 乾隆《黔阳县志》卷五，《风俗》。
[3] 康熙《永明县志》卷二，《风俗》。
[4] 光绪《兴宁县志》卷五，《风俗》。

度。《宁乡县志》记载：当地农民"秋获毕，即耕田蓄水，曰打白水，以七月八月为美，九月十月次之，有七金、八银、九铜、十铁之谚"①。《桂阳县志》也记有："近山田，水寒者，……至冬维蓄水犁田，无复栽种，若冬干则来岁收歉。"②

在清代，采用施石灰、麻枯（麻饼）、桐枯（桐籽饼）、③ 牛骨灰于田，以及蓄水浸田等改良冷浸田方法，得到普遍推广，使湖南、广东、江西、浙江等地冷浸田得到有效改造，对提高粮食单位产量有重要意义。

甘肃沙田出现于明中晚期，但它的发展主要在清代。甘肃沙田主要分布在以兰州为中心的陇中地区，青海、河西等地也有零星分布，沙田占全区耕地面积7%—8%，该区常年降雨量300毫米左右，而蒸发量却高达1 500—1 800毫米间，无霜期150天左右，气温偏低，温差很大，作物生育期短，水资源不足，且地下水含碱量高，对农作物生长十分不利。当地劳动人民经过长期摸索，得出一套改良沙田的办法。其办法是，先将土地深耕，施足底肥，耙平，墩实，然后在上面铺粗沙和卵石，或石片的混合体，沙石厚度：旱沙8—12厘米，水沙6—9厘米。每铺一次，有效利用时间可达30年左右。石沙田老化后，需要重新起沙、铺沙，实行更新。经过这种方法处理后的沙田，产量都超过同类未改土的田地。一般新沙田（十年以内）单产要高出百分之三十至百分之五十，至中年沙田（十年至二十年）单产仍可高出百分之十以上。以种植棉花为例，改良过的沙田与未改良过的沙田相比，两者产量相差则更大。经改土的沙田，每亩可产棉花五六十斤（皮棉），而未改土的田地连果实都结不出来。④ 清代甘肃沙田的发展，对改

---

① 嘉庆《宁乡县志》卷八，《风俗》。
② 同治《桂阳县志》卷一八，《风俗》。
③ 注：麻籽、桐籽榨油以后的残渣，括弧内系作者所注。
④ 有关甘肃沙田改造部分，参见梁家勉主编《中国农业科学技术史稿》第八章部分内容。

善当地人民生活是很有意义的。

第二节 增加肥料的投入

　　清代前期，农民在农业生产中投入的主要项目是肥料。除水利兴修外，肥料是农作物增产的重要因素，这点在实践中已为大家所认同。肥料种类很多，据杨屾所说有十类：如人粪、牲畜粪、草粪、火粪、泥粪、骨蛤灰粪、苗粪、渣粪、黑豆粪、皮毛粪等。① 据何刚德等记载，江西抚州府，粪的种类也很多。人粪、畜粪之外，如草灰、豆枯及一切秽杂渣滓，凡可以肥田而变化质地者，均可以粪溉之。此间农人惜粪如金。农居之侧，必置粪屋，低为檐楹，以避风雨。屋中砌深池为窖，以免渗漏，所有腐草败叶，均拉沤杂渍其中。附郭农民，在三十里内外者，多入城收买粪秽。近城市者，每日携担往各处代涤便溺秽器，且老稚四出，多方搜集，兼收各种畜粪及阴沟泥污，道路秽堆，并柴木之灰滓，鸟兽之毛骨，无不各有其用。推之种草菜，腐稻根，收药料，亦莫不取精用宏焉。② 但人畜粪尤受重视。农民勤于拾粪，往往是"一概一筐，出必携之"。除耕畜粪外，还重视养猪积肥。《沈氏农书》称："种田地，肥壅最为要紧，……养猪羊尤为简便。"古人云："'种田不养猪，秀才不读书'，必无成功。则养猪羊乃农家第一著。"直隶永清县，"西乡土瘠，种艺者需倍粪苴。有业者多畜圈猪，或八十蹄，或六十蹄，货猪屠肆，得值与食猪费略相当，利其粪壅"③。山西考义县"近城地多圈羊积粪，俱仅足供本地用，无出鬻也"④。浙江也有养猪羊以积粪肥田记载。《沈氏农

---

① 杨屾：《修齐直指》，见《区种十种》。
② 何刚德等：《抚郡农产考略》卷下，《种田杂说》。
③ 乾隆《永清县志》卷六。
④ 乾隆《考义县志·物产民俗》。

书》称：养猪"亏折身本（指猪的本身价值），此其常规"，但是猪粪肥增产了稻谷，他认为两者折合计算还是有利的。张履祥《补农书·附录》也称：湖州地区种桑田面积甚大，一般又不养秋蚕，因此利用桑叶喂羊，不仅羊长得肥壮，而且羊粪肥效也很好，用于稻田和桑地，能使稻谷丰收，桑叶丰产。泽州府所属五邑"皆山高土瘠，耕者以积粪为壅灌计，否则俭收"，"每见居民文契，皆载粪池几区，坑屋几所入券中"①。江西新城县，由于种烟所需肥料日多，种烟之户争出高价购买粪肥，运输粪肥的船只长年不绝。② 除人畜粪受重视外，饼肥也很受青睐，使用也极广泛。当时使用饼肥有豆饼、花核饼、菜子饼、麻饼、柏饼、楂饼、大麻饼、小油麻饼、青靛渣、真粉渣、果子油渣等十多种。顺治十二年，苏州浒墅关的货物则例中，诸色豆及诸色饼均列在补料项内。③ 雍、乾间，江南地区每年要从东北、华北、苏北、皖北输入大量大豆和豆饼。《阅世编》称："豆之为用油腐而外，喂马灌田耗用之数，几与米等。"竹枝词中物品提及"稻禾全靠粪浇根，豆饼河泥下得匀"④。沂州地区亦称："壅田以河泥灰粪为上，麻豆饼次之。"⑤ 在清代，往农田增加肥料的投入，已成为农家十分重视的事情。

在前人实践基础上，有清一代农民，对不同土地，使用不同肥料有更深刻的认识。各个地方农民，根据各地土质情况，总结出一套肥田之法。陕西临潼人齐倬指出："即如稻田宜用骨蛤蹄角粪、皮毛粪，麦粟宜用豆粪、苗粪，菜蔬宜用人粪、油渣之类是也。"⑥《补农书》作者记载浙江湖州也说：羊壅宜于地，猪壅宜

---

① 乾隆《高平县志》卷一七，引《泽州府志》。
② 嘉庆《浏阳县志》卷二四，第8页。
③ 《浒墅关志》卷五，《货物则例》。
④ 《便民图纂·下塾》。
⑤ 康熙《沂州志》卷二。
⑥ 陈树平主编：《明清农业史资料（1368—1911）》第二册，社会科学文献出版社2013年版，第967页注。

于田。灰忌壅地，为其剥肥；灰宜壅田，取其松乏。① 江西龙南县，滋培田壤，采用二法：一曰烟骨。以烟骨剪作二三寸许，排比竖插之，深入土中。"土人云：山田土寒，取烟性辛热，且利杀虫，如法滋培，收成俱饶。"一曰石灰。取灰杂以牛豕各粪，俟其腐化，先壅置田内，后以生灰洒之，乃插烟骨焉。②

各地农民由于注重肥料投入，也得到丰厚回报。如齐倬说：如稻田宜用骨蛤蹄角粪、皮毛粪，麦粟宜用豆粪、苗粪，菜蔬宜用人粪、油渣之类是也。皆贵在因物试验，各适合性，而百谷自倍其收矣。浙江嘉兴府桐乡县，乡人"以梅豆壅田，力最长而不损苗，每亩三斗，出米必倍"③。湖南《永绥厅志》载，自得石灰，"向每亩收谷四担者，今可收六担；收包谷一担，今可收二担，……见肥料之为益矣"。又称：农人得此，"逐加倍收成"④。又如《清国事情》（上）记载，山东烟台附近地方，农田上如单用小粪，每亩只收获三斗；如兼用豆饼，其产量据说可以增至四斗五升以上。⑤ 河南光山县农民，用草籽肥田，"稻田收入增益三分之一"。⑥ 可见肥料投入，对提高农田单位产量发挥着重要作用。农家收益也有所提高，使农民生活更有保障。

第三节　高产粮食作物的传播

（一）水稻在北方的扩种

清代前期，水稻种植受到政府鼓励：一是政府经济上的支持，

---

① 张履祥：《杨园先生全集》卷四九，《补农书·上》。
② 光绪《龙南县志》卷二。
③ 张履祥：《杨园先生全集》卷五〇，《补农书·下》。
④ 宣统《永绥厅志》卷一五。
⑤ 日本外务省：《清国事情》（上）。转见陈树平主编《明清农业史资料（1368—1911）》第二册，社会科学文献出版社2013年版，第983页。
⑥ 民国《光山县志·物产志》。

老百姓自行开垦种植的，由政府先垫工本，分年扣还。一是鼓励官员推扩水稻种植，成效优异者予以奖励。一是旱地改种稻，田赋征收不增加。如康熙四十五年称："如有用官员捐助牛种耕种者，三年后升科，如自备牛种耕种者，六年后升科。其田给与开垦之人为业。"① 乾隆元年，直隶总督李卫奏请："如州县实力督课，三年之内，著有成效出色者，各该道、府、厅、州详司核保，照卓异例，不论俸满即升。"乾隆二年，上谕称"直属营田水利，昔年皇考世宗宪皇帝，特命怡贤亲王、大学士朱轼查勘地方情形，不惜数百万金钱共修经理，已有成效，固当垂之万年，为直属民人永久之利"。又称："将实在可垂永久之水田，劝谕民人照旧营治，无得任其荒芜。其沟渠各项，有应行修葺者，即于农隙之时，酌给口粮，督率修治。"② 乾隆五年，高宗称："朕思水田收获，倍于旱田，若可改种，则易瘠土为沃壤，于民间自有裨益。"规定："嗣后有情愿将旱田改作水田者，悉从其便，钱粮仍照原定科则征收，免其呈报有司，改则加赋。"③ 如乾隆九年，吏部尚书刘于义奏请：正定府属井陉、平山，以及定州八州县"于各村庄河滩，营治稻田，均应修理"，"以上应办各工，约估需银四十七万三千四百余两。请将直赈项内拨银五十万两，豫为料理，春融次第开工"。所借银两，"按照十年完缴"。获批"依议速行"④。乾隆十三年，由于平山令郭殿正、阜平令罗仰镳因督营稻田成绩优异，高宗批示："允宜交部议叙。"⑤ 在政府鼓励下，北方扩种水稻得以迅速扩展。

根据康熙至嘉庆年间《清实录》记载，现把直隶、河南、山东三省扩种水稻情况列表于后。

---

① 《清圣祖实录》卷二二四。
② 《清高宗实录》卷五三。
③ 《清高宗实录》卷一二六。
④ 《清高宗实录》卷二三〇。
⑤ 《清高宗实录》卷三一四。

表 7-3-1　康熙至嘉庆年间直隶、河南、山东三省扩种水稻情况

省别	时间	奏报者	扩种水稻府州县	垦种	产量	资料来源（《清实录》）
直隶	康熙三十二年	圣祖	玉泉山"果早熟丰收"			圣祖卷159，页15
	康熙四十五年	黑硕子等	查天津总兵官蓝理所垦稻田，见被水浸	15 000亩		圣祖卷227，页14
	康熙四十九年	赵弘燮	天津总兵官蓝理所垦稻田150顷，今只种50顷，收2 500余石		0.5石	
	雍正五年	怡贤亲王	所营京东滦州、丰润、蓟州、平谷、宝坻、玉田六州县稻田三百三十五顷；京西庆都、唐县、新安、涞水、房山、涿州、安州、安肃等八州县稻田六百六十顷七十二亩；天津、静海、武清三州县稻田六百二十三顷八十九亩；京南正定、平山、定州、刑台、沙河、南和、平乡、任县、永年、磁州10州县稻田一千五百六十七顷七十八亩	总计3287.37顷	每亩可收谷五、六、七石不等	怡贤亲王：《恭进营田瑞稻疏》，雍正《畿辅通志》卷94
	乾隆九年	刘于义	正定府属并定州八州县通计营成稻田	66 000亩		高宗卷230，页4
	乾隆十三年	那苏图	平山县居民自备工本，营治稻田92顷余；阜平县督令居民实力垦治，营田52顷余	9 200余亩 5 200余亩		高宗卷314，页28
	乾隆二十七年	方观承	京南文安、霸州、保定所属之安州、新安等处，遇水潴时，令转种稻田			高宗卷673，页9
河南	乾隆七年	雅尔图	安阳县修复万金滨，灌田十六万亩；浚县修复西十里铺环陂卫田三万六千余亩；河内县修复利仁、丰稔等河，灌田七万余亩。又开封府之中牟县、南阳府之南阳等十三州县，河南府之巩县、孟津、新安三县，汝宁府之汝阳县，导水灌田，共改种水田一万八千余亩	107 000余亩		高宗卷171，页10

续表

省别	时间	奏报者	扩种水稻 府州县	垦种	产量	资料来源 （《清实录》）
山东	乾隆二十六年	阿尔泰	查新城县乌龙之西，先后开垦稻田共一百四十余顷。青州之高苑县西南，现涸出稻田十余顷。博兴县滨临小清河，陆续改垦三百余顷。潍县开垦稻田一十三顷。	46 300余亩		高宗卷639，页21
山东	乾隆二十八年	阿尔泰	查有珠龙河一道，挑郑潢沟引水，计垦稻田百顷余；引高苑县大湖之水，入小清河，计垦稻田二顷余；博兴县计垦稻田五十余顷；寿光县、潍县计垦稻田十四顷余；潍县南北台底，引大小于河水，计垦稻田二十八顷。	共计19 400余亩		高宗卷684，页9

资料来源：陈振汉等编：顺治—嘉庆朝《清实录经济史资料》《农业篇·第二分册》，北京大学出版社1989年版，第425—435页。

陕西的稻田已由原来汉中盆地、关中地区扩展到陕西高寒地带，道光《榆林府志》称："今唯榆林二县有稻田。"[①] 山西汾河谷地稻田面积在扩大。河南的南阳、汝宁、光州、卫辉、怀庆都有稻田。直隶、山东两省则稻田遍及省内许多州县（可参见第四章第四节部分内容）。

北方稻田扩大，对粮食增产有很大意义。河南临漳县"居漳卫之间，田皆填淤，沃衍无冈阜，近漳水，南决入安阳、临漳，田收皆十斛八斛"[②]。（这里每斛以五斗计）亩产达4—5石。山东诸城县"海上斥卤原隰之地，皆宜稻"，当"雨旸以时。每可收五、六石，次四、五石"[③]。直隶雍正年间新营稻田，"每亩可收五、六、七石不等"[④]。当然也有低于三石的。但与当地其他粮食

---

① 道光《榆林府志》卷二三。
② 乾隆《彰德府志》卷五，转载嘉靖《彰德府志》卷三。
③ 《授时通考》卷二一。
④ 《世宗实录》卷六〇，第25页。

作物比，产量就高多了。乾隆《怀庆府志》记载，"各邑地亩种麦十之七八，现俱成穗"，系"有收"之年，估算"洼地每亩可收四五斗，高地可收二斗"①。因此，总的来说，北方种稻收入要"比常田亩收数倍"。稻田地区成为北方产量最高地区。

水稻在北方推广同时，南方双季稻种植，已从岭南发展到长江流域，在南方的十三个省中，均有双季稻种植的记载，其北界西起四川遂宁，沿长江到达江苏的里下河地区，到达北纬33度左右。② 这也是一个新突破。

清代前期，杂粮在南方的传播尤为迅速，使南方高阜、干旱山丘地带得到更好利用。湖南浏阳县，雍正以前，这里的农民"未知秋粮"，乾隆间开始种植杂粮。③ 四川丰都县，这里的农民从前仅知种植水稻，乾隆二十年，开始种植麦和秋，于是"民食乃足"④。这时，广东也兴种杂粮，清政府还特别下令选派山东、河南等省善种旱田的农民到广东传授种植技术。⑤

（二）在粮食作物传播中，特别值得注意的是高产作物包谷和番薯的传播

1. 玉米传播

包谷又名玉米、玉蜀黍，产自美洲。约明嘉靖（1522—1566）年间传入中国。它在中国的传播大约可分为两个时期：由明代中叶至明代后期是开始传播时期，这时只有部分地区开始种植；清代前期是普遍种植期，在全国各地普遍推广。这时，全国各省、府、州、县、厅、卫、屯多已种植，并且不少州县的农民把玉米作为主要食粮，或主食之一。康熙年间，玉米已成为云南通省皆

---

① 乾隆《怀庆府志》卷三一。
② 参见梁家勉主编《中国农业科学技术史稿》，第489页。
③ 嘉庆《浏阳县志》卷三四，第8页。
④ 道光《诸城县志》卷一四，第12页。
⑤ 《清朝文献通考》卷八一，《食货略》。

种的作物。① 乾隆年间，贵州的贵阳、黎平、兴义、咸宁、仁怀、绥阳、独山、镇远及普安厅等地都有种植包谷的记载，其中兴义县属"则山头地角无处无之"，普安厅属"民间赖此者十之七"②。道光年间，遵义府属农民已把玉米当主食，"岁视此为丰歉"③。浙江玉米的推广也在清代前期，尤其是山丘地带更是如此。据记载，嘉庆年间山区县份已广泛播种。④ 安徽省在康熙年间开始种植，乾隆以后逐渐推广。如霍山县西南二百里间，到乾隆时，包谷已"延山曼谷"，居民"持此为终岁之粮"⑤。道光前期，徽州府属已遍地种植，马步蟾等称"昔间有而今充斥者，唯包芦"⑥。江西赣州府山区农民，康熙年间"朝夕果腹多包粟、薯芋，或终岁不米炊，习以为常"⑦。湖南省种植包谷始于康熙，⑧ 历乾隆、嘉庆至道光，已遍布阖省山区，谓"深山穷谷，地气较迟，全赖包谷、薯芋、杂粮为生"⑨。湖北省则以西北部的郧阳、襄阳，西南部的宜昌等府种植较多。乾隆年间，鹤峰县"田中青青唯包谷"。至嘉庆间，"山农无他粮，唯藉此（糊）口"⑩。道光年间，"邑产包谷"已"十居其八"⑪。四川虽种植较迟，但传播很快，嘉庆间"贫民逢米贵，尝以荞粱玉麦打饼为食"⑫。道光间《内江县志》记载，包谷已在"蜀中南北诸山皆种"了。尤其是四川、

---

① 康熙《云南通志》卷一二，《物产·通省谷属》。
② 爱必达：《黔南识略》；乾隆《绥阳县志·艺文》；乾隆《独山县志》卷五；乾隆《镇远县志》卷一六。
③ 道光《遵义府志》卷一七，《物产·谷类》。
④ 张鉴等：《雷塘庵主子弟记》卷一二。
⑤ 乾隆《霍山县志》卷七。
⑥ 道光《徽州府志》卷五之二，《食货志》，《物产·谷粟》。
⑦ 同治《赣州府志》卷二〇，引康熙志。
⑧ 参见陈树平《玉米和番薯在中国传播情况研究》，《中国社会科学》1980年第3期。
⑨ 陶澍：《陶文毅公全集》卷九。
⑩ 道光《鹤峰州志》卷一三。
⑪ 道光《鹤峰州志》卷六。
⑫ 嘉庆《夹江县志》卷三，《风俗·物产》。

湖北、陕西三省交界山区的数十州县，黄河流域的直隶、河南、山东、山西、甘肃等省在清代前期皆有广泛种植，清前期玉米在全国各地传播情况，请看下表：

表7-3-2　　清代前期玉米在各地传播情况（1644—1840年）

省（府）	顺治	康熙	雍正	乾隆	嘉庆	道光
直隶		香河、唐山	古北口	永清、东安、宁河、涿州、安肃、乐亭、献县、任丘、景州、天津、沧州、大名、通化州、丰润、柏乡、热河、塔子沟	庆云	新城、南宫、承德府
奉天		铁岭、盖平、盛京、辽西	凤凰城			
山西		河津	长治			太原、大同、繁峙、永济
陕西		延安	山阳	三原、延长、兴安州、洵阳、华阴、蒲城、商州、镇安、西乡、兴安州	周至、沔县、略阳、凤县、宝鸡、洋县、城固、襃城、留坝、陇州、凤县、宁羌、紫阳、汉南府、安康、扶风、安源、白河、汉阴厅、雒川、中部、商南、雒南	华州、南郑、西乡、石泉、兰田、宁陕厅、安定、榆林府、清涧、兴平
甘肃		临洮府、安定、巩昌府、严凉府、德隆		皋兰、狄道州、陇西、镇番、肃州	华亭	兰州府、镇原、敦煌
新疆						哈密
四川				灌县、巴县、永川、广元、珙县、屏山、雅州府、打箭炉、荣经、威远、江安	成都、华阳、温江、金堂、郫县、崇宁、彭县、汉州、江津、昭化、通江、南江、宜宾、庆符、南溪、长宁、马边厅、乐山、峨眉、洪雅、夹江、犍为、太平、渠县、彭山、青神、纳溪、资州、安县、汶川、叙永厅	新都、新津、雷波厅、龙安厅、江油、石泉、宁远府、中江、乐至、大竹、眉州、内江、仁寿、茂州、城口厅、忠州、石砫厅、绥靖屯

续表

省（府）	顺治	康熙	雍正	乾隆	嘉庆	道光
云南		云南府、大理府、嶍峨、宁州、新兴、罗平州、蒙化府		石屏州、河西、蒙自、陆凉州、东川府、会泽、弥勒州		昆明、赵州、登江府、广南府、宣威府、元江、威远厅、保山、广西直隶州
贵州		思州府		贵阳府、独山州、镇元府、玉屏、普安州、绥阳、仁怀、广顺州、威宁州、黎平府	正安州、黄平	平远州、永宁州、思南府、黔西州、遵义府
广西			桂玉府、浔州府	容县、镇安府	全州	宾州、庆远、宜山、白山司、苍梧、归顺州、博白、永宁
广东		琼州府		归善、澄海、镇平		肇庆府、恩平、封川、开建、钦州、灵山、遂溪、长乐、平远、东安、西宁、佛冈厅
湖南				宝庆、岳、澧、长沙府、湘潭、平江、新化、辰州府、沅州府、芷江、祁阳、黔阳、永顺府、龙山、荆州府、江陵	浏阳、武冈、常德府、沅江、宁远、石门、彬州、宜章	邵阳、溆浦、辰溪、永顺府、凤凰厅、晃州厅
湖北			鹤峰州	襄阳府、竹山、郧西、彝陵、利川	郧阳、房县、竹溪、保康、黄柏山、兴山	施南府、建始
河南	封邱	归德府、怀庆府、汝州		仪封、兰阳、鹿邑、彰德、新乡、阳武、偃师、新安、嵩县、永宁、遂平、鲁山	孟津、渑池、商城	尉氏、禹州、太康、扶沟、许州、伊阳

续表

省（府）	顺治	康熙	雍正	乾隆	嘉庆	道光
安徽		徽州府、凤阳府		太湖、歙县、霍山	休宁、绩溪、黟县、宁国府、宣城、旌德、东流、庐江、舒城、无为、怀远	怀宁、桐城、宿松、亳州
江西		赣州府		广信府、上饶、德安、建昌府、萍乡	分宜	鄱阳、玉山、南城、宜黄、定南厅、宁都
福建	浦城		永安	晋江、安溪、福宁府	同安、福鼎	罗源
台湾府		诸罗		凤山县	台湾县	彰化、噶玛兰厅
浙江		山阴、天台		安吉州、鄞县、镇海、平阳	上虞、西安	富阳、余杭、临安、於潜、象山、嵊县、缙云、宣平
江苏		苏州府、松江府		娄县、金山、上海县、淮安府、云台、通州、如皋	宜兴、东台、南通	青浦、江阴
山东	招远			济阳、淄川、福山、泰安府、济宁、鱼台、临青	禹城	博兴、蓬莱、荣成、平度、东阿

资料来源：根据中国社会科学院历史研究所清史研究室编《清史资料》第七辑，《玉米篇》整理而成。

说明：①本表所列府、州、县、厅、司、屯为清代前期开始种植玉米地区，凡明代已有种植记载的地区，本表不再收入。

②一个地区有多次记载者，取其最早时间。

2. 番薯传播

番薯，又称红薯、地瓜、红苕等。明万历年间传入我国。尔后，很快在全国各地传播开来。至雍、乾间，福建台湾府人民已以番薯为主食。史称："田家食至隔年四月方尽。"① 一年中吃红

---

① 黄叔璥：《台海使槎录》卷三；朱景英：《海东札记》卷三，"台人亦资以供常餐"。

薯长达八九个月之久。清代前期，江、浙两省部分地区"倚以为粮"①。江西赣州府属，至道光间，"用以充粮为五谷之助"②。云南省在乾隆前，已把番薯列为通省的粮食作物。③ 四川红薯种植很普遍，仁寿县"瘠土则以种薯，无处不宜"④。忠州近来"处处有之"⑤，内江"近时，山农赖以给食"⑥。山东省德州，在乾隆十一、十二年间，已普遍种植⑦。胶州半岛地区，乾隆十五年开始种植。⑧ 在乾隆年间，红薯已遍布山东全省。河南省至乾隆中期，大多数县份已种植番薯。陕西、直隶、山西各省在清前期都有种植番薯的记载。详见下表。

表 7-3-3 顺治至道光年间番薯在各地传播情况（1644—1840 年）

省（别）	顺治	康熙	雍正	乾隆	嘉庆	道光
直隶			北京	畿辅、良乡、涿州、通州、武清、宁河、保定、安肃、天津、盐山、庆云、栾城、正定府、南和、大名、遵化州		新城、南宫、武强
山西						大同
陕西				咸阳、盩厔、凤翔府	汉南府	紫阳

---

① 光绪《青田县志》卷四。
② 道光《赣州府志》卷二〇,《舆地志·物产》。
③ 乾隆《云南省志》。
④ 道光《仁寿县志》卷二。
⑤ 道光《忠州志》卷四。
⑥ 道光《内江县志要》卷一。
⑦ 黄可润：《种薯》卷三,《牧令书辑要》。
⑧ 陈世元：《金薯传习录》卷上。

第七章 对土地挖潜改造 227

续表

省（别）	顺治	康熙	雍正	乾隆	嘉庆	道光
四川			成都府	新繁、灌县、巴县、永川、合州、珙县、屏山、威远、潼川府、德阳、罗江、黔江	华阳、崇宁、彭县、江津、南溪、夹江、犍为、眉州、邛州、纳溪、江安、资州、绵竹	新津、綦江、江北厅、石泉、宁远府、蓬溪、乐至、城口厅、大竹、内江、仁寿、忠州、石砫厅
云南		新兴州、广西府		蒙自、陆凉州、景东厅	昆明	赵州、澂江府、广南府、威远厅、元江州
贵州				玉屏、开泰、黎平府		贵阳府、思南府、平远州、遵义府
广西				柳州府、马平、梧州府、武缘、横州、平南	桂林府、临桂、全州、平乐府	宾州、庆远府、苍梧、博白
广东		番禺、花县、高州府、潮州、廉州府、海康、琼州府、会同		归善、海丰、陆丰、揭阳、普宁、嘉应州、镇平、东安	新安、翁源、龙川、潮阳、澄海、雷州府、平远	韶州府、新会、永安、大埔、肇庆、阳春、阳江、恩平、电白、钦州府、遂溪、西宁、佛冈厅
湖南		宝庆府		长沙府、湘潭、岳阳府、平江、安仁、辰州、芷江、麻阳、黔阳、宁远	长沙县、浏阳、武冈州、常德府、沅江、龙山、石门、彬州、宜章	凤凰厅、晃州厅
湖北				郧西		蒲圻、天门、施南府、建始
河南		汝宁府、上蔡、西平		东明、通许、洛阳、光山、汝州、鲁山、南阳	商城	禹州、太康、扶沟、泌阳、舞阳
安徽		休宁		望江、寿州	繁昌、黟县、宁国府	桐城、宿松、祁门、亳州

续表

省（别）	顺治	康熙	雍正	乾隆	嘉庆	道光
江西		建昌府		南昌府、义宁州、武宁、浮梁、广信府、德安、新昌、袁州府、萍乡、安远、大庾、瑞金		丰城、武宁、鄱阳、上饶、贵溪、玉山、南城、赣州府、会昌、定南厅、宁都州
福建	浦城	福州府、兴化、长乐、莆田、泉州、永安、漳州、同安、漳浦、平和、宁化、清流、寿宁、台湾府、诸罗		福清、永福、仙游、晋江、马巷厅、安溪、海澄、龙溪、长泰、诏安、延平府、将乐、邵武、汀州、福宁府、福安、永春、德化、凤山		厦门、顺昌、龙岩州、漳平、鹿港厅、彰化、噶玛兰厅
浙江		钱塘县、平湖、东阳、永嘉		余杭、武康、鄞县、奉化、镇海、象山、定海、宁波府、金华府、乐清、瑞安、平阳、泰顺、玉环厅	义乌、西安	缙云
山东		寿张		济阳、淄川、德州、曲阜、馆陶、高唐州、诸城、福山、威海、即墨、乐陵、泰安府、济宁府、鱼台、临清州	禹城、德平、寿光、莒州	长清、博平、冠县、荣成、平度、胶州、商河、沂水、东阿、钜野
江苏		宜兴、崇明		盐城、丰县、砀山	扬州府、南通、如皋	

资料来源：中国社会科学院历史研究所清史研究室编《清史资料》第七辑，《番薯篇》。

说明：①本表所列府、州、县、厅、司、屯为清代前期开始种植番薯地区，凡明代已有种植记载的地区，本表不再收入。

②一个地区有多次记载者，取其最早时间。

玉米和番薯的广泛传播，使等量的耕地面积提高了单位面积产量。严如熤称，玉米"种一收千，其利甚大"①。陈经甚至说：双溪所种包谷"每亩得子可六七石"②。番薯产量更高，据陆耀称："亩可得数千斤，胜种五谷几倍。"③《九江府志》谓："芋之收倍于稻，薯之收倍于芋。"④ 在一些土地贫瘠和多山田少地区，尤其是那些长期以来缺粮的华北地区，由于玉米、番薯的传播，民食问题暂时获得缓解。同时，玉米、番薯的广泛种植，有可能使更多原来用以种植粮食的耕地，用来种植经济作物，从而为经济作物发展提供十分有利的条件。⑤ 也为农民增加收入开辟新途径。

第四节　农作物耕作制度的改革

由于农作物新品种传入，以及水稻北移，杂粮南传，为清前期多熟制耕作制度提供了可能。

北方的土地利用，在有明一代并不充分。这期间复种的情况，缺乏较全面和可靠的资料，估计复种指数偏低。18世纪中叶以后，我国北方除一年一熟的地区外，山东、河北、陕西的关中等地已经较普遍实行了三年四熟或两年三熟制。⑥ 例如关中地区复种办法是：冬小麦和豌豆、扁豆、菜籽等收获后，经过夏闲，秋季再种小麦，组成三年四熟耕作制。一些肥料充足，劳动力强和畜力等条件好的农户则施行两年三熟制。有的也实行加入苜蓿的周期较

---

① 严如熤：《三省边防备览》卷一一，《策略》。
② 陈经：《双溪物产疏》，《珍珠芦粟》。
③ 陆耀：《甘薯录》。
④ 同治《九江府志》卷九。
⑤ 参看陈树平《玉米和番薯在中国传播情况研究》，《中国社会科学》1980年第3期。
⑥ 梁家勉主编：《中国农业科学技术史稿》，中国农业出版社1989年出版。

长的轮作。

南方多熟制耕作制度更为普遍。清中期时，稻麦两熟已是江南地区的主要耕作制。陶澍说："吴民终岁树艺，一麦一稻，麦毕割，田始除；稻于夏，秀于秋，及冬乃获。"① 安徽来安"种则夏麦秋稻，岁本两收"②。四川天全州"芒种前后，锄田插秧，农乃登麦"③。江南水稻区，除三麦为水稻的前后茬外，还有蚕豆、油菜等作物。浙江桐乡人张履祥说："吾乡春花之利过半。"据梁家勉主编《中国农业科学技术史稿》称：吴县耕作制与桐乡差不多，有百分之七八十的稻田是稻麦两熟，另一些田则是水稻收割后种"冬菜"，春节前后冬菜收获后又种油菜。

至清中叶，双季稻种植也由闽、粤、浙等省向广西、江西、湘南、四川扩展。这时广西浔江和郁江，以及浔江支流的容江、义昌江和桂江流域，柳江、红水河流域、桂东和桂西都种双季稻。江西由于地处长江中游，自然条件优越，尤其赣南地区双季稻发展很快，并且影响到湘、鄂、川等省。据《致富纪实》记载，道光、咸丰年间，醴陵使用的双季稻新品种，还是用江西的稻荪种培而成，而且推广到浏阳、善化、长沙、湘潭等地。四川种植的双季稻的稻种也取自江西。到18世纪后期，双季稻的种植已推广到北纬三十三度左右的里下河地区。林则徐倡导当地人民废除稻麦两熟制，改为双季稻制。④ 改变稻麦两熟原因在于"麦息甚薄"⑤。台湾的双季稻，以至三季稻种植也是清代发展起来的，嘉道年间人李彦章称："台湾百余年以前，种稻岁只一熟，自民食日众，地利日兴，今则三种而三熟矣。"⑥ 但一年三熟稻仅限在"上

---

① 陶澍：《江南催耕课稻篇》，《林则徐序》。
② 道光《来安县志》。
③ 咸丰《天全州志》。
④ 陶澍：《江南催耕课稻篇》，《林则徐序》。
⑤ 《耕心农课》下集，绪言。
⑥ 陶澍：《江南催耕课稻篇》，《再熟之稻》。

田"及南部地区，"下田"及中、北部地区仍以二年五熟或一年二熟为主。①

双季稻之所以在清代前期得以推广，首先，在于它能增产多收，一亩之收一般要比单季稻增产百分之五十以上。② 其次，在于它可以救急。双季稻的早稻一般都采用生长期短，收获期早的品种，如到夏至后三四日即可开镰收割的"救公饥"等。这品种虽然产量较低，但"人利其先熟，择地种之以济急"③。最后，遇灾可以保收，遇上涝灾，"早秸浸死，尤恃二遍秸（晚稻）以补救之"。遇到灾年，一般不致全年无收。

在双季稻种植的基础上，我国南方部分省区还形成了麦、稻、稻，或油菜、稻、稻的三熟制。如广东河源县，乾隆七年时，知县陈张翼履任，"劝民多种二麦，高低沙土东乡之种麦者益广。兼以三年以来，二麦丰收，至乾隆十年尤盛。人情踊跃，虽云两造，实则三收"④。清中叶，广东惠州府推行"稻、稻、麦"或"稻、稻、油菜"的一年三熟制。⑤ 福建也有部分地区推行三熟制。由于三熟制的推行，这部分地区复种指数有了较大提高。

在清代人口急剧增长，而耕地面积增长相对缓慢的情况下，人与地之间的矛盾显得格外突出。勤劳、智慧的中国人民，在困难面前并没有被吓倒，他们在扩大耕地面积的同时，努力开辟科学种田的新路子。提高原有耕地单位面积产量，这一实践对于我们今天来说仍有十分重要意义，应该积极提倡。

有清一代，农民对劣质低产田进行改造，增加肥料投入和科学施肥结合，水稻北移、杂粮南扩、玉米、番薯高产作物传播，

---

① 檀萃：《说蛮·鸡笼番》；程瑶田：《九谷考》。
② 乾隆《会昌县志》。
③ 道光《雩都县志》。
④ 《河源县志》。
⑤ 道光《广东省通志》。

以及耕作制度改革，扩大复种指数，提高土地利用率，为解决农民吃饭难题开拓了新途径。同时，也增加了农民经济收入，提升了自身经济实力，有助于自耕农保护手上仅有的那块土地，有利于自耕农的延续。

第八章

商品性农业的发展

经济作物种植，随着社会经济发展以及社会需求增加，政府提倡和官员推动，在清代得到进一步发展。雍正称："民间向来多将膏腴之壤，栽种烟菓（叶），以图重利。朕虑其抛荒农务，谕令有司善为劝导，使知务本。谕旨甚明，并非迫令。"① 容许经济作物种植。乾隆帝认为："其为天下万世筹赡足之计者，不独以农事为先务，而兼修园圃虞衡薮牧之政。""使山林川泽丘陵之民，得享山林川泽丘陵之利。"指出要因地制宜，发展多种经营。于民生日用，还说："国家承平日久，生齿日繁，凡资生养赡之源，不可不为亟讲。"并指示：督抚大吏，对农民利益"加以保护"。"俾地无遗利，民无余力，以成经久优裕之良法。"② 两江总督、福建巡抚、贵州总督、四川按察使、湖南巡抚，等等，都提倡养蚕，③ 河南巡抚提倡种树，江西巡抚提倡种桐，闵鹗元提倡在北土高燥处种卧柳，等等。④ 因此，无论是在种植范围的扩大，种植面积的增加，还是品种的增多上，都比前代有发展。随着经济作物种植普遍化，更多农户被卷进了经济作物种植大潮，使农民在农田作物种植上有更多选择，摆脱以往只单一生产粮食作物的状况，为农户提高农田种植经济效益，提供更多样化的选择，使农民有更

---

① 《清世宗实录》卷五九。
② 《清高宗实录》卷一六九。
③ 《清高宗实录》卷五一、五二、一八一、二〇四、二一七。
④ 《清高宗实录》卷八三、二一五、二五七、六九一。

多机会改善自身经济收入。与此同时，大力发展家庭手工业，以补充农业收入之不足。多种经营的发展，给农家更多经济活力。《长洲县志》将多种经营的吴邑，与单一经营的长邑做了一个对比，县志云："吴邑饶地产，山有松薪，树有果实，圃有瓜蓏，种桑饲蚕，四五月间，乡村成市，故赋税易完。长邑田多额重，农作外，无他业。……逋欠岁积，日受扑挟。"① 多种经营的优越性，跃然于纸上，给人以直观感觉，很有说服力。

下面依经济作物种植、山区经济开发、家庭手工业发展、多种经济与地权占有关系为顺序进行论述。

第一节　经济作物种植②

随着经济作物发展，更多农作物进入商品性农业生产，因此经济作物种类及品种很多，无法一一枚举，这里只就几种种植较为普遍的品种作物为例，如棉、桑、蔗、烟、茶、花生以及果树园蔬发展情况，做一简略介绍。至于产地，因涉及范围很广，无法一一列举，在这里，主要择集中产地加以介绍。

（一）种棉

中国植棉是从宋元之际开始的，到明代，由于封建王朝推广，到弘治年间（1488—1505），按丘濬的说法：棉花种植"遍布天下，地无南北皆宜之，人无贫富皆赖之，其利视丝盖百倍焉"③。从明政府已经在山东、山西、河南、陕西、湖广、四川、江西及

---

① 乾隆《长洲县志·风俗志》。
② 本节写作资料：1. 参考方行、经君健、魏金玉主编《中国经济通史·清代经济卷》上，中国社会科学出版社2007年版，第一编·第四章。2. 郑昌淦《明清农村商品经济》有关章节，中国人民大学出版社1989年版。3. 陈树平主编《明清农业史资料（1368—1911）》（二）有关章节资料，社会科学文献出版社2013年版。4. 笔者本人搜集的《方志》资料。特此声明。
③ 丘濬：《大学衍义补》卷二二，转见《中国资本主义萌芽问题讨论集》上册，第13页。

南北直隶征收棉布情况看，说明全国许多省地已植棉。①

到了清代，情况有新的发展。以下就几个主要产棉区做些简介。

1. 江浙地区

松江、太仓州一带，明末清初，耕地大体上是一半种稻，一半种棉花。雍正三年，巡抚张楷说：松江府"沿海一带不种秧稻，止种棉豆"②。至乾隆年间，两江总督高晋说："松江、太仓州、海门厅、通州并所属之各县，逼近海滨，率以沙涨之地，宜种棉花，是以种花者多，而种稻者少，每年口食，全赖客商贩运。"并说："以现在各厅州县农田计之，每村庄知务本种稻者，不过十分之二三，图利种棉者，则有十分之七八。"③乾隆年间，嘉定县植棉极其普遍，县志称："通邑栽之。"④镇洋县（今太仓市）农民种植"大率花六稻四"⑤。道光年间，据林则徐《请缓新赋疏》称：太仓州及所属镇洋、嘉定、宝山等县，"种稻之处十仅二三，而木棉居其七八"⑥。上海县乾嘉年间，"邑种棉花……农家赖其利，与稻麦等"⑦。也就是说，棉田与稻田平分秋色。据叶梦珠称，"种植之广，与杭稻等"，或谓"农家树艺，粟菽棉花参半"⑧。至嘉庆时，棉花"种者居七八"⑨，至道光时，甚至"种稻者十不得一"⑩。张春华说："业农者罕见种稻。"⑪南汇县，雍正

---

① 王国先等编：《万历会计录》各卷，参见严中平《中国棉纺织史稿》。
② 《宫中档·雍正朝奏折》第四辑，江苏巡抚张楷巡视松江府奏疏。
③ 高晋：《奏请海疆禾棉兼种疏》乾隆四十年，《清经世文编》卷三七。
④ 乾隆《嘉定县志·物产志》。
⑤ 乾隆《镇洋县志》卷一。
⑥ 林则徐：《林文忠公政书》，《江苏奏稿》卷二。
⑦ 褚华：《木棉谱》，第2页。
⑧ 叶梦珠：《阅世编》卷七。
⑨ 嘉庆《法华乡志》卷三。
⑩ 张春华：《沪城岁事衢歌》，道光十九年。
⑪ 道光《蒲溪小志》，张春华：《沪城岁事衢歌》。

间"地鲜稻"①。常熟东高乡，雍正间"种棉十仅四五"，到乾隆年间，"种棉渐多于稻"②。

浙江余姚种棉，在明代已有名气，《农政全书》称："浙花出余姚。"到清代，县志称："姚邑之北乡濒海，沿海百四十余里，皆植木棉。每至秋收，贾集如云。……其息岁以百万计，邑民资是以为生者十之六七。"又说，自乾隆至光绪的百余年间，由于海滨沙地日涨，该县棉花"种植益广。即塘南民田，亦往往种之，较前所产又增益矣"③。乾隆以后，杭州湾滨海、滨江地区，成为新的植棉区。据府志记载："钱塘滨江沙地，数十年来，遍莳棉花，其获颇稔，今远通商贾，为杭州土产矣。"④ 兰溪县种棉花，道、咸间"纯孝乡沿河十余里盈阡累陌，一望皆是"⑤。光绪年间，余姚至慈溪观海卫，西至上虞夏盖山一带，"其百余里，沿海百姓，名曰沙民，皆植木棉为业"⑥。

2. 山东

明嘉靖年间，山东六府已皆植棉，而东昌一府最多，"商人贸于四方"⑦。到了清代，在原有基础上，棉花种植在西部地区也得到扩展。这时，山东大体形成黄河下游南岸以齐东县为中心，黄河下游北岸以临邑县为中心，西北以聊城县为中心，西南以郓城县为中心四个产棉区。据方行先生研究：至清中叶，山东107个州县中，已有90余个州县种植棉花。⑧ 也就是说，该省几乎有四分之三的州县已植棉。此后，还继续扩展。

清初至康熙年间，濮州土地肥沃，多种木棉，大经营者"有

---

① 雍正《南汇县志》卷一五。
② 《一斑录》杂述，卷二。
③ 光绪《余姚县志》卷二六。
④ 乾隆《杭州府志》卷五三，《物产》。
⑤ 光绪《兰溪县志》卷二，《物产》。
⑥ 《汇报》第一四六号，第二册，第368页，光绪二十六年二月十七日。
⑦ 嘉靖《山东通志》卷八，《物产》。
⑧ 方行：《清代经济论稿》，天津古籍出版社2010年版，第179页。

万亩之家者"①。武定府属滨州,"地产木棉,种者十八九"②。乾隆年间,曹州府属曹县。木棉之利,"乃与五谷平分轻重"。郓城县"土宜木棉,贾人转鬻江南,为市肆居焉。五谷之种,不及其半"③。清平县棉田至"连顷遍塍,大约所种之地过于种豆麦",谓"故土人望木棉成熟,过于黍稷"。该县所产棉花多外销,"木棉市集,向来新集最盛,近来王家庄、康家庄、仓上等处,亦多买卖,四方贾客云集,每日交易,以数千金计"④。夏津县"自丁字街以北,直抵北门,皆为棉花市。秋成后,花绒纷集,望之如荼。否则百货不通。年之丰歉,率以为验"⑤。平原县"邑之所产甚微,谷属之外,唯恃棉花耳"⑥。嘉庆年间,青州府属寿光县,棉花"向有之,近日种之者尤多。新旧弥河之侧,村民大抵以植棉为业"⑦。道光年间人记载:高唐州"货以木棉甲于齐鲁"⑧。东阿县丁泉集,"地产木棉,夏秋咸来负贩"⑨。冠县"邑多沙地,土性与木棉宜",道光间,官府"屡谕民改种木棉,近日试种者多"⑩。胶州植棉"与稼穑同"。⑪ 孙点说:"棉花东昌最盛,武定次之,往往由海道远售他省。"⑫ 光绪年间记载:恩县"木棉运至周村、潍县等处销售,系陆运,每岁约几千万斤,为本境之大

---

① 康熙《濮州志》卷一一。
② 咸丰《滨州志》卷六。
③ 乾隆《曹州府志》卷七。
④ 嘉庆《清平县志》卷八,《户书》。
⑤ 乾隆《夏津县志·街市志》。
⑥ 乾隆《平原县志·物产志》。
⑦ 嘉庆《寿光县志》卷九,《食货》。
⑧ 光绪《高唐州志·物产志》引道光州志。
⑨ 道光《东阿县志》卷二。
⑩ 道光《冠县志》卷三。
⑪ 道光《胶州志》卷一四。
⑫ 孙点:《历下志游》,《小方壶斋舆地丛钞》第六帙。

宗"①。峄县种棉,"山地处处有之,花长质细,尤甲他产"②。

3. 河南

明万历年间,河南已是"中州沃壤,尽植棉花"③之区了。到清代又有扩展,尹会一称:"今棉花产于豫省,而商贾贩于江南。"④据康熙年间记载,延津宜种棉花,"分地之半种棉"⑤。卫辉府物产"唯有棉花一种,为布御寒"⑥。据乾隆年间方志记载:偃师农民"以棉花为急务,收花之利,与五谷等"⑦。武安县"广出木棉,见于明志,今犹昔也。盖地多沙田,宜于种棉,因志为货物之冠"⑧。内黄县"独木棉最夥,出贩于山西泽、潞诸州县"⑨。光山县是"亢爽之地,入夏尽艺木棉"⑩。项城县"近来乡间种棉花较多于昔"⑪。《杞县志》称,该邑产棉花,与蓝靛、芝麻共为两税之资。⑫兰阳县"盖是邑之土原隰,皆以种花为宜,其利益有加于禾麦,民多以此为生养之计"⑬。乾隆末年张九钺有诗"嵩邙巩洛五百里,高下原隰花骈罗","今秋棉花三倍前,家家堆满黄金钱"⑭。道光年间方志称:太康县"邑多种木棉,甚利赖之"⑮。此外,据王凤生称:安阳县"正西及西南、西北一带,

---

① 光绪《恩县乡土志·商务志》。
② 光绪《峄县志》卷七。
③ 钟化民:《赈豫记略》。
④ 光绪《畿辅通志》卷二三一,《河南巡抚尹会一奏疏》。
⑤ 康熙《延津县志》卷九。
⑥ 《古今图书集成·职方典》卷四一二,《卫辉府物产考》。
⑦ 乾隆《偃师县志》卷五。
⑧ 乾隆《武安县志》卷一一。
⑨ 乾隆《内黄县志》卷五。
⑩ 乾隆《光山县志》卷一三。
⑪ 乾隆《项城县志·方产志》。
⑫ 乾隆《杞县志》卷八,《物产》。
⑬ 乾隆《兰阳县续志》卷八,《艺文志》。
⑭ 张九钺:《拾棉曲》,转见《中国农学遗产选集·棉》上编,第114—115页。
⑮ 道光《太康县志》卷三。

4. 直隶

河北，明弘治年间，贡赋中已有收取棉花记载："民地每亩科四两"②，说明棉花种植已很普遍，至清代又有发展。方观承称："臣备员畿辅，优见冀、赵、深、定诸州属，农之艺棉者十之八九，产既富于东南。"③ 安肃县种棉花，"其利甚溥，……土民皆利赖焉"④。《栾城县志》称："栾城四千余顷，稼十之四，……棉十之六。"⑤ 保定府属保定、正定两县棉花，在康熙年间已"多植之"⑥。据河南巡抚尹会一奏疏称："保定以南，以前凡好地者皆种麦，今则种棉花。"⑦ 据康熙《束鹿县志》载：货有棉花。⑧ 至光绪时，棉花"本境城北数疃多种棉花，双井疃尤甚，每年种十之七八"。又称每年外销棉花约三百万斤。⑨ 南皮县东区，"木棉之产颇饶"⑩。雍正《永年县志》谓："秋后，客来收木棉。"⑪ 据乾隆年间方志称，永平府货有棉花，"旧志云：出昌黎沙程社。然各邑皆有，滦、乐亦多"⑫。宁津县："种植花几半县，岁无大水，其利倍入。"⑬ 博野县作物以"木棉为盛"⑭。永平府棉花"各邑皆

---

① 王凤生：《河北采风录》卷二，《张汝诚覆禀》。
② 正德《大名府志》卷二。
③ 光绪《赵州直隶州志·物产志》，引方观承《进呈棉花图疏》。
④ 乾隆《安肃县志·方产志》。
⑤ 道光《栾城县志·物产》。
⑥ 乾隆《正定府志》卷一二，引畿辅旧志。
⑦ 黄可润：《畿辅见闻录》。
⑧ 康熙《束鹿县志·土产志》。
⑨ 光绪《束鹿县志》卷一二。
⑩ 康熙《南皮县志·风俗志》。
⑪ 雍正《永年县志·风土志》。
⑫ 乾隆《永平府志·物产志》。
⑬ 乾隆《河间府志》卷四。
⑭ 乾隆《博野县志·物产》。

有，滦（州）乐亭亦多"①。无极县货之属有棉花。② 新乐县"近颇种棉。熟时，妇女孺子盈襥盈筐，计斤受雇"③。《柏乡县志》称："木棉，柏邑种植甚繁。"④ 据道光年间方志称，栾城县"栾地四千余顷"，"种棉十之六，晋稼商贾云集"⑤。南宫县是"数十年来，广种棉花"⑥。太康"农以木棉为主，其利最长"⑦。吴桥县种木棉，《北吴歌》称："此间十亩果闲闲，不种桑麻种木棉。"⑧ 光绪年间方志载，冀州新河县："自方敏恪公教种木棉后，夏秋之交，绿云白云遍铺郊原，更值丰年，居然乐土矣。"⑨ 赵州产棉，"种植甚多"⑩。《广平府志》称：棉"郡境植者最多"⑪。民国《新河县志》载："新河植棉，始盛于乾隆"，"邑有花神庙之祀，则棉播种之盛，可想见矣。"⑫

5. 湖北

湖北在明代时，是仅次于长江三角洲的第二大产棉区。到清代，产棉区又比明代有所扩展。康熙年间，广济县"棉花，以龙、武两镇为佳"⑬。乾隆年间，襄阳府"棉花枣、光二邑为多"⑭，《天门县志》称当地"尤广种木棉"⑮，随州"户种木棉"⑯。同治

---

① 乾隆《永平府志·物产》。
② 乾隆《无极县志·物产志》。
③ 乾隆《正定府志》卷一一，《风俗志》。
④ 乾隆《柏乡县志·物产志》。
⑤ 道光《栾城县志》卷二，《物产志》。
⑥ 道光《南宫县志》卷六。
⑦ 道光《太康县志》卷三，《风俗》。
⑧ 吴名凤：《北吴歌并序》，光绪《吴桥县志》卷一二。
⑨ 光绪《新河县志·风俗》。
⑩ 光绪《赵州直隶州志·物产志》。
⑪ 光绪《广平府志》卷一八，《物产志》。
⑫ 民国《新河县志·社会经济》。
⑬ 同治《广济县志》卷一。
⑭ 乾隆《襄阳府志》卷六。
⑮ 乾隆《天门县志》卷一。
⑯ 乾隆《随州志》卷三。

间，应山县"唯棉花为民利"①，汉川县"产棉恒广"②，枝江县"邑产棉……年丰，亩地以百斤计"③。光绪间，《黄州府志》载：棉为广济"专产"④。至清末，"《清一统志》言，孝感、天门二县出（棉花），然亦通产。唯宜（昌）施（南）所属各州县间有不种此者，自荆州、安陆以下，则为出产之大宗。汉（阳）黄（州）德（安）三府尤盛。旧行川滇诸省，近则洋商争购。小民生计，多半赖是"⑤。据郑昌淦先生研究，武昌府属9县1州，除兴国州产布不产棉外，均产棉花；荆州府属其他各县，除远安县外都产棉；襄阳府属6县1州除均州外，均产棉花；郧阳府属6县，除保康县外，均产棉。⑥

6. 山西

明代部分地区开始种植棉花。至清代"晋省诸郡皆有之"⑦。早期以晋南地区之蒲州、解州、绛州等地为集中。康雍年间，平阳府种棉已发展到全府"府境俱有，蒲、解州尤多"⑧的局面。据乾隆年间记载：木棉"永乐人艺者于河壖，不计顷亩，岁无霖潦及河水所败，则大收，缊絮御冬及供织纺，赖其用焉"⑨。嘉庆《介休县志》称：自万历年间引种以来，"至今利焉"⑩。《山西通志》称：辽州自乾隆中引种棉花后，"布绢之利赖及他郡"⑪。至清末，产棉最盛为虞乡、猗氏，岁收约一百万斤，歉年亦收五七

---

① 同治《应山县志》卷八。
② 同治《汉川县志》卷六。
③ 同治《枝江县志·物产志》。
④ 光绪《黄州府志·物产志》。
⑤ 民国《湖北通志》卷二四。
⑥ 郑昌淦：《明清农村商品经济》，中国人民大学出版社1989年版，第226—227页。(嗣后再出现时，只注书名、页数，不再注出版社及出版时间。)
⑦ 乾隆《蒲州府志》卷三，《物产》。
⑧ 《古今图书集成》，《职方典》卷三二三，《平阳府部》。
⑨ 乾隆《蒲州府志》卷三，《物产》。
⑩ 嘉庆《介休县志》卷四。
⑪ 光绪《山西通志》卷一一〇。

十万斤不等，次则为解州、绛州、河津、芮城，又次则临晋、安邑、平陆、稷山等县。①

7. 湖南

湖南产棉区主要在洞庭湖滨和湘江两岸。《岳州府志》称："棉花多产巴（陵）、华（容）。"② 巴陵县"近城及河西产木棉"③。慈利"棉出县附郭及溇（水）以北，而在溇北者良，贩者多捆以入蜀及鄂西鄙。盖慈利之棉盛矣"④。又云，其县龙窝宜木棉，"木棉县号大产……岁货缗钱，不下十万"⑤。临湘县"泽民以取鱼、种棉为生"⑥。"澧（州）境盛产棉花，谓之花地"⑦，安福县种木棉，"唯大河两岸居多"⑧。石门县"木棉地产所宜"⑨。郴州"棉花多产永（兴）宜（章）"⑩。辰州府种棉，府志称："辰郡近多种者，苗民亦皆植之"；沅陵县"乡村多种棉花"；凤凰厅"各乡村多莳棉花"⑪。《辰州府物产考》载："棉花出永明、江华二县。"⑫

8. 江西

江西，明嘉靖时已有种棉记载："棉，五邑俱产。"⑬ 该省产棉以九江府为主，府志称："彭邑、凉亭、马当所出为盛。"至清中叶，"近则木棉与杂粮各半"。彭泽县"地沃资厚，木棉可抵稻

---

① 农工商部编：《棉业图说》卷三，《中国棉业现情考略》。
② 乾隆《岳州府志》卷一二。
③ 嘉庆《巴陵县志·风俗志》。
④ 光绪《慈利县志·物产志》。
⑤ 光绪《慈利县志·山水志》。
⑥ 同治《临湘县志·风俗志》。
⑦ 同治《澧州直隶州志·风俗志》。
⑧ 同治《安福县志》卷二五，《物产》。
⑨ 同治《石门县志·风俗志》。
⑩ 嘉庆《郴州直隶州志·物产志》。
⑪ 乾隆《辰州府志·物产志》。
⑫ 《古今图书集成·职方典》卷一二七七，《辰州府物产考》。
⑬ 嘉靖《九江府志》卷一四。

米长之半"①。彭泽县"木棉可抵稻粱之半"②。德化县"出产棉花为大，每年约出二十余万包"③。此外，上饶亦多种棉："木棉……邑人多植之。"④

此外，东北、陕西、甘肃、新疆、福建、广东、广西、四川、贵州、云南都有种棉记载。⑤ 如东北地区，尤其是奉天地区，在乾隆前期，已有种植棉花记载。乾隆十年，御史和其衷奏疏称："奉天各地多宜棉。……大抵旗民种棉者虽多，而未知纺织之利，率皆售于商贾，转贩他省。"⑥《盛京通志》称"今辽阳、盖平、海城亦多种棉"，"收时尚行远省"⑦。

（二）植桑养蚕

由于气候变迁和棉花种植发展，到清代植桑养蚕地方已大为减少，雍正二年圣谕称："树桑养蚕，除浙江、四川、湖北外，余省多不相宜。"⑧ 但适于植桑养蚕的浙江、江苏、四川、广东地区，则继续发展。除了蚕桑外，柞蚕在山东、贵州两地得到发展。植桑养蚕之所以得到发展，是因为与种植粮食相比，其利丰厚。张履祥指出："田壅多，工亦多；地工省，壅亦省；田工俱忙，地工俱闲；田赴时急，地赴时缓；田忧水旱，地不忧水旱。俗云：千日田头，一日地头，……地得叶盛者，一亩可养蚕十数筐，少亦四五筐，最下二三筐。米贱丝贵时，则蚕一筐，即可当一亩之息矣。米甚贵，丝甚贱，尚足与田相准。"他认为"蚕桑利

---

① 同治《九江府志》卷八。
② 同上。
③ 刘锦藻：《清朝续文献通考》卷三七九，《实业二》。
④ 同治《上饶县志》卷一〇。
⑤ 见陈树平主编《明清农业史资料（1368—1911）》（二），社会科学文献出版社2013年版，第三章第一节"棉花"，第377—437页。(以后再引该书时，不再列出版社及出版时间，特此说明。)
⑥ 和其衷：《根本四计疏》乾隆十年，《清经世文编》卷三五。
⑦ 乾隆《盛京通志》卷二七。
⑧ 雍正二年二月圣谕广训。

厚，……多种田不如多治地"①。至于柞蚕则放养山间榨树上，省工、利大。植桑养蚕或放养柞蚕，成为数省农户的重要选项。

1. 江南

浙江种桑养蚕盛于杭州、嘉兴、湖州三府平原地区。明以前，浙江西部山区曾经是江南蚕桑业中心。入清以后，康熙帝称："朕巡省浙西，桑林被野，天下丝纩之供皆在东南，而蚕桑之盛，唯此一区。"②"丝棉日贵，治蚕利厚，植桑者益多。"③ 尚来有"湖丝遍天下"④之美称。宗源瀚亦称："近代擅蚕桑之利，莫如江浙。浙之杭、嘉、湖、绍，比户皆娴蚕事。"⑤

湖州，明代时就是重要植桑养蚕区，宋雷说："合郡俱有，而独盛于归安，湖丝遍天下。"⑥ 到清代，"滂水之地，无一旷土，一望郁然"⑦。或称："湖郡蚕桑之饶，衣被天下。"⑧ 或谓蚕事"湖人尤以为先务，其生计所资，视田几过之"⑨。长兴县"无一农不精于治桑者"⑩。乌程县南浔已是"无不桑之地，无不蚕之家"。董蠡舟说："蚕事，吾湖独盛，一郡之中，尤以南浔为甲。"⑪ 德清县"穷乡僻壤，无地不桑，季春孟夏时，无人不蚕"⑫。吉安州"山乡亦皆栽桑"⑬。武康县"蚕桑尤大利所归"⑭。《湖州府志》

---

① 张履祥：《补农书》下卷，《校释》。
② 乾隆《杭州府志》卷一，《天章》。
③ 乾隆《吴江县志》卷五。
④ 乾隆《湖州府志》卷四一。
⑤ 宗源瀚：《广蚕桑说辑补序》，见仲学辂《广蚕桑说辑补》。
⑥ 《西吴俚语》卷三。
⑦ 乾隆《湖州府志》卷一〇，引《菰城文献》。
⑧ 乾隆《乌程县志》。
⑨ 乾隆《湖州府志·蚕桑总论》。
⑩ 同治《长兴县志》卷八。
⑪ 咸丰《南浔镇志》卷二一。
⑫ 康熙《德清县志》卷四。
⑬ 乾隆《吉安州志》卷八。
⑭ 道光《武康县志》卷五。

谓：其府"其树桑也，自墙下檐隙以及田之畔、池之上，虽惰农无弃地"①。

嘉兴府，据方行教授称，嘉兴府的旱地，明万历时为42万余亩，至清嘉庆间，增为55万余亩，大都成为桑地。②府志载："田收仅足支民间八月之食……公私仰给，唯蚕丝是赖，比户以养蚕为急务。"还说，"蚕荒则田芜，揭债鬻子，惨不免矣"③。嘉兴府桑蚕，最盛的是桐乡、石门两县。其地多种桑。至光绪前，植桑之多，"不可以株数计"④。桐乡情况，据张履祥称："吾里蚕桑之利，厚于稼穑，公私赖焉。蚕不稔，则公私俱困。"⑤海盐县，万历年间"蚕利始兴"，至清初，朱彝尊称：已是"五月新丝满市廛，缲车响彻斗门边"⑥。清乾隆时成为重要蚕桑区，已是"比户养蚕为急务"。"蚕荒则田芜，揭债鬻子，惨不免云。"⑦嘉兴县梅里乡称：吾乡物产之利，"首推纱布，而蚕丝之广，不下吴兴"⑧。平湖县，原是"蚕事罕及"之地，到清中叶，已是"沿河皆种桑麻，养蚕采丝，其利百倍"⑨。其后，"栽桑遍野，比户育蚕，城乡居民无不育些者，其利甚大"⑩。秀水县在乾隆时，"阡陌间强半植桑"⑪。

杭州府所属九县："皆养蚕缫丝，岁入不赀。仁和、钱塘、海宁、余杭贸丝尤多。"⑫康熙间，临安县"田少山多，……只竭力

---

① 乾隆《湖州府志》卷三七。
② 方行：《清代经济论稿》，天津古籍出版社2010年版，第196页。
③ 嘉庆《嘉兴府志》卷三二，《农桑》。
④ 光绪《嘉兴县志》卷三二，引《石门邝志》。
⑤ 张履祥《补农书》。
⑥ 光绪《嘉兴府志》卷三二，《农桑》。
⑦ 乾隆《海盐县续图经》卷一。
⑧ 嘉庆《梅里志·物产志》。
⑨ 王韬：《漫游随录》。
⑩ 光绪《平湖县志》卷八。
⑪ 张仁美：《西湖纪游》。
⑫ 光绪《杭州府志》卷八〇。

农桑，以给公输"①。嘉庆间，於潜县"邑中户户养蚕"。"蚕熟丝多，乡人多资其利，出息差不亚于嘉湖也。"② 余杭"邑植桑育蚕"③。富阳县，桑蚕"东南西南两乡最盛。每有新涨沙地，皆种桑树"④。

江苏，苏州府沿太湖一带州县，是蚕桑重要产地。康熙府志称："蚕，近湖诸山乡畜养缲丝。"又称：吴长两邑"条桑育蚕"⑤。吴江县，明宣德七年时，有桑"四万四千七百四十六株"，至清乾隆间，已是"乡间殆无旷土，春夏之交，绿荫弥望，通计一邑，无虑四十万株"⑥。该县明弘治间，"以蚕桑为务"者，还仅限于"湖中诸山"；到清乾隆、嘉庆间，已是"近湖诸山家户畜（蚕）取绵丝"⑦。"环太湖诸山，乡人比户蚕桑为务。"⑧ 吴江之黎里"丝之丰歉"，"即小民有岁无岁之分"⑨。震泽县"桑，所在有之。西南境壤接乌程，视蚕事綦重，故植桑尤多，乡村间殆无旷土"⑩。

江苏其他地方，蚕桑业也在发展，如镇江溧阳县，乾隆年间："育蚕植桑，向唯姜笪、新昌两村鼓舞利导，近且缲声遍轧轧矣。"⑪ 但主要在同治之后。据陈作霖称：金陵"南乡之民扑勤，率以饲蚕为业"⑫。丹阳县"兵燹后，闲田既多。……不十年，桑

---

① 康熙《临安县志·风俗志》。
② 嘉庆《於潜县志》卷一〇，《食货志》。
③ 嘉庆《余杭县志·物产志》。
④ 光绪《富阳县志》卷一五。
⑤ 康熙《苏州府志·物产志·风俗志》。
⑥ 乾隆《吴江县志》卷五。
⑦ 乾隆《吴江县志》卷二。
⑧ 顾禄：《清嘉录》卷四。
⑨ 乾隆《黎里志》，转见郑昌淦《明清农村商品经济》，第258页。
⑩ 乾隆《震泽县志·物产志》。
⑪ 乾隆《溧阳县志》卷四。
⑫ 陈作霖：《金陵物产风土志》。

阴遍野，丝亦渐纯，岁获利以十数万计"①。

苏杭嘉湖四府共三十余县，其中有种桑养蚕记载的县达二十五个，几乎是县县都务蚕桑。地方千里，连成一片，成为当时全国最重要的蚕桑产区。②

2. 四川

蚕桑生产，明代已有一定发展，阆中茧已成山西潞绸主要原料。③由于明末清初战乱，至蚕桑荒废殆尽。清康熙年间逐渐得到恢复，此后有所发展。绵竹县康熙年间引进蚕桑，"蚕丝之利自此始"④。《新繁县志》谓："蜀号蚕丛，蚕固蜀之利也。今顺潼之州县，家以为业，而眉州亦多。成属之利不在蚕，然饲者亦十室而四。"⑤温江县"邑多桑"。彭县"邑多桑柘，务蚕事"。新津县"邑人喜蚕桑，故三月丝市以新津为最"⑥。郫县"满园桑柘绿依依，蚕事川西亦未稀"⑦。什邡县徐家场"乡民栽桑养蚕，每岁获丝甚多"。潼州府属三台县："力稼穑，务蚕桑"，射洪妇女"率以蚕绩为事，故城乡多种桑麻"⑧。盐亭县"无产之人，均以植桑养蚕为业"，"一岁之需，公私支吾，总以蚕之丰啬为用之盈缩"⑨。阆中"邑中地利物产，固当以蚕桑为用"，"至人家隙地在在皆种者，则无过于桑"⑩。川东荣昌县志云："乾隆、嘉庆时，民间勤于蚕桑。"⑪南部县"人勤农桑之利"⑫。眉州属青神县："妇

---

① 光绪《丹阳县志·物产志》。
② 方行、经君健、魏金玉主编：《中国经济通史清代经济卷》上，第263页。
③ 郭子章：《蚕论》。
④ 光绪《绵竹县乡土志》，《政绩》。
⑤ 同治《新繁县志》，《风俗》。
⑥ 道光《新津县志》卷二九。
⑦ 李馨：《春晚连日村行杂韵》，嘉庆《郫县志》卷三五。
⑧ 郑昌淦：《明清时期商品经济发展》，第268—269页。
⑨ 乾隆《盐亭县志》。
⑩ 道光《阆中县志》卷三。
⑪ 光绪《荣昌县志·风俗志》。
⑫ 道光《南部县志·物产志》。

女当春采桑饲蚕，日夜奔忙。"① 井研县载，民以卖丝所得，"送公租"②。峨眉县民要靠卖丝收入，缴纳租税。③

四川山蚕生产，主要在道光以后。如綦江县虽然饲养时间较晚，但发展很快。当地"民间呼栎树为青枫，从不知其可以养蚕"。道光初年"始学为之，十余年来，种桑养蚕者渐多"④。到道光末年，"每岁二三月，山陕之客云集，马驼舟载，本银钓百余万之多"⑤。

3. 广东

蚕桑生产主要集中在顺德、南海、香山、鹤山等县。明中叶后，蚕丝出口扩大，塘基种桑渐多。入清后继续发展。康熙末年，南海县九江乡，顺德县龙江乡、龙山乡，鹤山县的坡山乡四乡，以及南海县的海州、镇涌、金瓯、绿潭、沙头和大同六乡，连成一片，形成以九江乡为中心的桑基鱼塘专业生产区。乾隆年间，当地蚕桑业受出口需求拉动，得到进一步扩展，纷纷"弃田筑塘，废稻树桑"。南海九江乡，"自乾嘉以后，民多改业桑鱼，树艺之夫，百不得一"，"一乡之中，塘居其八，田居其二"⑥。嘉庆时，张鉴说："粤东南海县属毗连顺德县界之桑园，围地方周回百余里，居民数十万户，田地一千数百顷，种植桑树以饲春蚕，诚粤东农桑之沃壤。"⑦ 道光间，鹤山县坡山，唯敦乡民："皆以蚕为业，几于无地不桑，无人不蚕。"⑧ 光绪后，该县的平洲堡："近二十年来，遍地皆种桑麻。"又称"傍海疍民多业桑蚕，岁获厚

---

① 光绪《青神县志·风俗志》。
② 乾隆《井研县志·风俗志》。
③ 乾隆《峨眉县志·货殖志》。
④ 道光《綦江县志》卷一〇。
⑤ 同治《綦江县志》卷一〇。
⑥ 光绪《九江儒林乡志》卷三、卷五。
⑦ 张鉴等：《雷塘庵主弟子记》卷五。
⑧ 道光《鹤山县志》卷二。

利"①。东莞"广州蚕桑之利,顺德称首,南海次之"②。

4. 陕西

华州,康熙年间已种桑,"四境多桑,蠓丝极丰,商多以华丝称最"③。康熙三十二年,汉中府知府滕天绶教民栽桑,洋县县令邹溶"奉行罔懈,遍劝境内,无不栽桑,二年之间,共劝栽桑一万二千二百余株。嗣后,犹岁岁督劝不已,年年增益"。到乾隆初年,"汉南九署,蚕桑大举,独洋县最盛,而民富","汉中一岁所出之丝,其利不下数十万金"④。据陈宏谋称:"陕省为自古蚕之地,今日久废弛。……现在城固、洋县蚕利甚广;华阴、华州织卖缣子;宁羌则采取槲叶喂养山蚕"⑤。乾隆年间,巡抚陈宏谋在陕西大规模推广养蚕:"募江浙善育蚕者导民蚕,久之利渐著。"⑥至乾隆十一年,"通省增植桑树已及数十万株"⑦。经过康乾年间推广,种植蚕桑地方,已由华州扩展到汉中、兴安、凤翔、西安、商州等地。嘉庆年间继续推广。十三年,汉阴厅通判钱鹤年,"于湖州携来蚕种,并延善养蚕者来汉,劝民饲之","自此,民竞树桑,地无旷土矣","四乡饲蚕取丝、织绸作线者大有成就"⑧。

陕西饲养山蚕始于康熙中叶,山东诸城人刘荣任宁羌州知州,见该地"山多槲叶,民未知蚕,遣人旋乡里赍蚕种,募善蚕者教之,人习其利,名所织曰刘公绸"⑨。到道光年间,该州丝品"贩行川广,获利已属不赀"⑩。兴平县杨屾,利用当地"槲梭满坡"

---

① 宣统《南海县志》卷四,《物产志》。
② 宣统《东莞县志》卷一三。
③ 康熙《续华州志》卷三。
④ 杨屾:《豳风广义》。
⑤ 陈宏谋:《巡历乡村兴除事宜檄》,《培远堂偶存稿》卷一九。
⑥ 《清史稿》卷三〇七,《陈宏谋传》。
⑦ 《清高宗实录》卷二六五。
⑧ 嘉庆《汉阴厅志》卷二。
⑨ 《清史稿》卷四七六,《刘荣传》。
⑩ 光绪《宁羌州志》卷五。

的资源，于雍正七年，引进沂水蚕种，开始养山蚕，到乾隆初，"岁岁见收，近来邻邑亦有慕效者"①。

5. 河南

种桑者也很多，康熙年间记载："汴梁四野之桑高大沃若，吴越远不逮也。"② 长葛县县令刘大观，首以种桑，"今有成林者，民赖为利"③。乾隆年间，在巡抚尹会一推动下，在嵩县令康其渊主持下，劝民植桑十万余枝，"不数年，列树遍阡陌，东西各纵横"④。嘉庆间，密县"出茧多"⑤。《鹿邑志》载："邑重蚕桑……岁售恒数千万金。"⑥ 项城县养蚕，"货之属曰丝"⑦。乾隆时，河南巡抚硕色奏："查豫省开封、彰德、怀庆、河南、南阳、汝宁及汝州、陕州、光州等府州属产有柞槲等树，可喂山蚕。近有东省人民，携茧来豫，伙同放养，俱已得种得法。"⑧ 鲁山县"近有放山蚕者，遂成行货"⑨。林县则放山蚕，"春生嫩叶，夏长新芽，土人就坡放蚕"⑩。

6. 山东

既种桑养蚕，也放山蚕。顺治间，《招远县志》载："招邑多条桑，其利甚溥"⑪；登州府"农作外间治蚕桑"⑫。乾隆间，黄县袁中立劝谕新植桑枣等树，共计一万九千二百七十四株。同治初年"蚕蕃息，桑叶连株一斤直（值）钱五十，有民家蚕将熟，因

---

① 杨屾：《豳风广义》。
② 康熙《武陟县志》，《艺文·种树说》。
③ 道光《许州志》卷四。
④ 乾隆《嵩县志》卷一五，《食货》。
⑤ 嘉庆《密县志·物产志》。
⑥ 光绪《鹿邑志·物产志》，引《佩弦斋杂记》。
⑦ 宣统《项城县志·物产志》。
⑧ 《清高宗实录》卷二二五。
⑨ 乾隆《鲁山县志》卷一，《物产》。
⑩ 乾隆《林县志》卷五，《风土》。
⑪ 顺治《招远县志》卷五，《物产》。
⑫ 顺治《登州府志》卷八。

桑不给，弃诸田野"①；莱芜县："蚕,莱芜人好种桑。"② 道光间，武城县令龚璁，劝民种桑，"数年后，桑柘蔚然，民获其利"③。

山东山蚕生产，在清代获得很大发展。康熙时，临朐人张新修在《齐雅》书记载："山桑，叶大于常。登、莱、青、兖四府凡有山谷之处，无不种植。不论顷亩，以一人所饲为一把手。有多至千手之家。不供赋税，坐享千金。"孙廷铨《山蚕说》亦称："山蚕齐鲁诸山所在多有……而以沂水所产为最。"沂水县令吴树声说："沂多山，山必有场。种勃罗（檞树）以蚕。岁出山茧、山绸无算。"④康熙年间，沂州府"各属山中，民多种树畜蚕，名曰蚕场"，"弥山遍谷，一望蚕丛"。康熙后，山东大力推广山蚕养殖。乾隆时，栖霞县"自康熙二十年，诸城人教之植柞树，饲山蚕成茧，今三叫诸社为多"⑤。诸城县"其利最久且大者，曰山蚕。蚕养于檞与柞，皆名不落树。树生于山，春秋两次，蚕老吐丝"，"织为山绸，虽不如椿绸之贵，而衣被南北，为一方之货"⑥。泰安府，山蚕"向唯莱芜有之，近特收橡种，发给贫民，设法劝种。七属山麓殆遍檞之"⑦。乾隆时，宁海州知州李湖："劝民种柞树，养山蚕，民食其利。"⑧ 曲阜县"近多尚山茧，老幼男女促捻线，贵室亦为之"⑨。

7. 贵州

柞蚕的发展，首先兴起于遵义。乾隆七年，遵义府知府陈玉璧"始以山东檞茧，蚕于遵义"，以后逐渐发展。到道光间，"纺

---

① 同治《黄县志》卷三。
② 乾隆《泰安府志》卷二。
③ 宣统《山东通志》卷七六。
④ 《沂水桑麻话》。
⑤ 乾隆《栖霞县志》卷一。
⑥ 乾隆《诸城县志》,《方物考》。
⑦ 乾隆《泰安府志》卷二。
⑧ 宣统《山东通志》卷七六。
⑨ 乾隆《曲阜县志》卷三八。

织之声相闻，槲林之阴迷道路"。所产"遵绸"，"竟与吴绫蜀锦争价于中州"。"秦晋之商、闽粤之贾，又时茧成来塲鬻，捆载以去，与桑丝相掺杂，为越绤纨缚之属，使遵义视全黔为独饶。"①顾青虹称："遵义之柞蚕业，以嘉道年间产丝最为旺盛，丝绸出产价值年达七八万元之多。"② 道光四年，地方官又在安顺府推广山蚕，至咸丰间，已是"种橡益多，放蚕益广"③。正安州吏目徐公阶平，仿照陈公之事，教民养蚕，其利亦兴。至道光年间"正安每年有二十余万出息"④。由于山蚕养殖发展，这里也出现专售蚕种的"烘户"。"烘户者，专烘种待售，凡村落皆有之。"⑤

8. 东北

饲养山蚕，"起于乾嘉之间，盛于咸同之际"⑥。据乾隆年间记载："奉省所属锦（州）、复（县）、熊（岳）、盖（平）等处，沿山滨海，山多柞树，可以养蚕，织造茧绸。现在，山东流寓民人，搭盖窝棚，俱以养蚕为业。春夏两季，放蚕食叶，分界把持。事毕，则捻线度日。"⑦

（三）苎麻

随着棉花种植日广，到清代，北方地区已不种植苎麻，苎麻种植只保留在南方诸省。据吴其濬称："江南安庆、宁国、池州山地多有苎。而以江西、湖南及闽粤为盛。江西之抚州、建昌、宁都、广信、赣州、南安、袁州苎最饶。""湖南则浏阳、湘乡、攸县、茶陵、醴陵皆麻乡。"⑧ 由于社会经济发展，"服葛者日众"⑨，

---

① 道光《遵义府志》卷一六。
② 顾青虹：《黔省柞蚕问题》。
③ 咸丰《安顺府志》卷一七。
④ 《山左蚕桑考节录》，道光《续武城县志》卷七，《风俗物产》。
⑤ 道光《遵义府志》卷一六。
⑥ 徐世昌：《东三省政略》卷一一。
⑦ 《清高宗实录》卷五五六。
⑧ 吴其濬：《植物名实图考》卷一四，《隰草类》。
⑨ 叶梦珠：《阅世编》卷七。

亦由于"栽麻可获厚利也。……以夏麻百斤所值，较麦价则多两倍，以秋麻百斤所值，较旱田豆谷杂粮之价则多三四倍，即较水田稻价，亦多一倍"①。除原产区种植有发展外，还出现一些新产区。

1. 福建

种麻遍及各郡县，郭柏苍说："苎……其用甚广，诸郡皆种。"②又据郑昌淦研究，福州府属有9县，兴化府属有2县，泉州府属有5县1厅，永春直隶州所属有2县，漳州府属有6县1厅，龙岩直隶州属有2县，延平府属有6县，汀州府属有8县，邵武府属有4县，建宁府属有6县，福宁府属有4县，计9府2个直隶州共56县厅都种苎出麻布。③如宁化种苎，"苎，……苎布四乡皆有，乡无不绩之妇故也"。"其贩行甚广，岁以千万计。"④漳州府："山居之民，犹种麻苎，取其易种亦易蓄也。"⑤宁德县种苎，"在县在乡皆有"⑥。汀州府："苎，……岁四收，解其皮净剥之，织为布。"⑦等等。有些地方产苎少，不能满足当地绩布业需要，还得从外地采购。如《泉州府志》称："苎所出少，不足于用，仰给他州及外省。"⑧据方行先生研究：福建"特别是山区居民，往往穿棉布少而穿麻布多，因此，葛与麻的种植甚为普遍。浦城、连江、福清、永福诸县均盛产苎麻"⑨。

2. 江西

苎麻种植亦多，著名产地为袁州府。清初时，袁州"山陬郁

---

① 黄厚裕：《栽苎麻法略》。
② 郭柏苍：《闽产录异》卷一。
③ 郑昌淦：《明清农村商品经济》，中国人民大学出版社1989年版，第299页。
④ 康熙《宁化县志》卷二。
⑤ 乾隆《漳州府志》卷五。
⑥ 乾隆《宁德县志》卷一。
⑦ 杨澜：《临汀汇考》卷四。
⑧ 康熙《宁化县志》，转见郑昌淦《明清农村商品经济》，第300页。
⑨ 方行、经君健、魏金玉主编：《中国经济通史清代经济卷》（上），第270页。

郁都多白苎，问谁种者闽与楚。伐木作棚御风雨，缘岗蔽谷成俦伍"①。雍正时，到袁州开山种苎者，还是外地人，州志称："闽人、乐安人相率开山，插蓝种苎。"② 至乾隆年间，已是"苎，山园皆有，山产者不及园产之肥，而宜春为尤胜，高者五尺。江广间织绸绫纱缎，多杂以苎，非宜者不中选，故价倍他邑"③。这时，种植者已扩展到本地人，种苎地方也由山地扩大到园地。清中叶后，府属其他地方也在发展，分宜县"邑北山地多种苎，其产甚广，每年三收。五月后，苎商云集各墟市，桑林一墟尤甚"④。嘉道间，从福建来玉山县的客民，"多以种苎为生"⑤。万载县，民间流传"将绩苎，求于万载"⑥ 之说。除袁州府外，其他地区也在发展。如抚州宜黄县有"有竹木麻葛之饶"⑦。"赣州各邑皆业苎"⑧。赣州苎麻还销往福建。"闽贾于二月时放苎钱，夏秋收苎，归而造布。"⑨

3. 广东

"粤中恒燠，以葛苎为常服"⑩，故广东各地种苎种葛者极为普遍，种麻种类有："麻有黄麻、青麻、苎麻、波罗麻数种。"⑪屈大均谓：种麻"新兴县最甚，……其女红治络麻者十之六，治苎者十之三，治𡕛十之一"。又说："其葛产高凉硇洲，而织于雷。"⑫《潮州府志》称："货，其黄润者生苎也。"⑬ 据方行研究，

---

① 嘉庆《宁国府志·物产志》，愚山先生（施闰章）：《麻棚谣》。
② 雍正《袁州府志·风俗志》。
③ 乾隆《袁州府志》卷七。
④ 道光《分宜县志》卷一。
⑤ 道光《击山县志》卷一二。
⑥ 同治《高安县志》卷二。
⑦ 同治《宜黄县志·风俗志》，蓝千秋《朱侯去思碑》。
⑧ 吴其濬：《植物名实图考》卷一四。
⑨ 同上。
⑩ 光绪《广州府志·物产志》。
⑪ 光绪《石城县志·物产志》。
⑫ 屈大均：《广东新语》卷一五，《货语》。
⑬ 乾隆《潮州府志·物产志》。

广东增城、雷州等地多产葛,顺德、三水、普宁等地多产苎。①

4. 湖南

种苎麻,在乾嘉年间有较大发展。张其禄称:"闻说栽麻胜种田,头麻二麻捆载连。车儿推入街头卖,不卖沈家鹅眼钱。"② 沅州府"苎,多有种者"③。沅江县"麻,境内近来山乡广出"④。宁乡县"种麻很多,供织布外,余者亦捆载他售"⑤。湘潭县"苎麻:一种紫麻,一种白苎,俱岁三割,每亩可数十斤,贩贸南省,获利甚饶"⑥。衡山县"葛颇饶,苎为多"⑦。陈玉垣说:"平江、浏阳之苎,夏间苏杭大贾云集,数十年前所未有也。"⑧ 湘潭县,苎麻"岁三割,每亩可收数十厅,贩运南省,获利甚厚"⑨。兴宁县甚至出现废田种麻的情况。县志称:"山占其九,田居其一。近来生齿日繁,食粟益众。民田多不种稻而种麻,以种稻每岁仅一次收获,麻则每年三次割剥,于是检择膏腴之田,尽其所有以种麻者。且有争批富室之田,情愿加倍纳租以种麻者。东南两路,废田更甚。夫宁田仅居十分之一,今一分中又为麻所占。"⑩ 郴州"葛,多产兴宁。苎,郴属均产,兴宁为多"⑪。攸县"苎麻……邑山民近来栽种甚广,即城中隙地亦然"⑫。慈利县"初出市之货,曰桐,曰茶,一岁贸买,常直千万。……而民擅麻,几与相

---

① 方行、经君健、魏金玉主编:《中国经济通史清代经济卷》(上),第270页。
② 张其禄:《沅江竹枝词》,嘉庆《沅江县志》卷二九。
③ 乾隆《沅江府志》卷二四。
④ 嘉庆《沅江县志》卷一九。
⑤ 嘉庆《宁乡县志·物产志》。
⑥ 嘉庆《湘潭县志》卷三九。
⑦ 嘉庆《衡山县志·风俗志》。
⑧ 嘉庆《重修巴陵县志》卷一四。
⑨ 嘉庆《湘潭县志》卷三九。
⑩ 乾隆《兴宁县志》卷一〇。
⑪ 嘉庆《郴州总志》卷四〇,《物产志》。
⑫ 光绪《攸县志》卷五四。

亚。每五六月，方舟方贩，皆辇见钱"①。

5. 浙江

种麻始于清初，那时已有福建棚民来此种麻，如常山县："自甲寅（康熙十三年）闽变后，人尽流亡，山川涤涤。时则有某招引江闽流民开种麻山，不数年间，几遍四境。"② 至乾隆年间，得到广泛传播。江山县开始种麻，是由流寓开始。"他方流寓，以种麻为业，土人嗜其微利，立券招租。"③ 丽水县："苎麻初鲜种者，乾隆间，江右人来种之，今渐广。"④ 云和县"货有麻，江右人来种之"⑤。长兴县南部山区，"迩年有福建、江西棚民携妻子，挟资本，陆续而至，与乡民租山，垦艺白苎"⑥。余杭县"苎麻近年种植更多，闽粤人侨居此土，佃地推阜，种麻为业"⑦。《安吉县志》称"安吉所产苎麻有限"，但"自闽人及江右人租乡村旷地，设厂开掘而种，蒔壅既工，获利始倍"⑧。绍兴则是："今八邑皆有苎，尤以暨阳为胜。谚云：诸暨三如，有如丝之苎。"⑨ 缙云县"邑少蚕桑，多种棉、苎"⑩。平阳县物产有："产苎麻、络麻、棉布、苎布。"⑪ 玉环厅"地鲜蚕桑，而麻苎、棉花出产颇盛"⑫。《杭州府志》称苎"今乡园所产"⑬。

---

① 光绪《慈利县志·山水志》。
② 嘉庆《常山县志》卷一。
③ 同治《江山县志》卷一二，引乾隆县志。
④ 同治《丽水县志》卷一三。
⑤ 咸丰《云和县志·物产志》。
⑥ 乾隆《长兴县志》卷一〇。
⑦ 嘉庆《余杭县志》卷三八。
⑧ 同治《安吉县志》卷八。
⑨ 乾隆《绍兴府志·物产志》。
⑩ 光绪《处州府志》卷二四，《土产志》。
⑪ 乾隆《平阳县志·物产志》。
⑫ 光绪《玉环厅志·风俗志》。
⑬ 光绪《杭州府志·物产志》。

6. 四川

苎麻生产，在乾嘉年间得到发展。重庆府属荣昌县到乾隆嘉庆时，"南北一带多种苎，比户皆绩，机杼之声盈耳。富商大贾购贩京华，遍逮各省。百年以来，蜀中麻产唯昌州称第一。故植麻艺黍，遍满郊圻"①。嘉庆《温江县志》载："货属：麻。田家多种火麻。"又称"家麻，邑人喜种"。又云产苎麻"皮或织为布，粤东籍家多种之"②。德阳县货之属有"枲之属通谓之麻，桐麻、苧麻二种"③。道光年间，江北厅之地，种苎"一岁三收，近来人家多种之，以其利厚而种植易也"④。大竹县"邑产苎，行巴渝，四方之商贾辐辏来集"⑤。嘉庆《郫县志》称："郫邑田种多种火麻，春耕夏收，其叶可以肥田，其货得价倍于他种，故种者恒多。"⑥

7. 安徽

种麻较多。康熙年间，《太平府志》称："郭外多种麻苧。"⑦石埭县产麻、苎和苎布。铜陵、青阳两县产苎麻。⑧ 歙县"苎麻多种溪滨沙濑"⑨。嘉庆年间，宁国府志称："今宁郡山陬，亦系棚民聚族种白麻。"宁国县"麻枲之类，所产甚夥"。南陵县"西南乡山，艺麻倍他邑"⑩。凤台县"麻，凡湖洼硗确之地多种之"⑪。道光年间，《宿松县志》载："有络麻、白麻。"⑫ 除此之外，据郑昌淦研究：庐州府属无为州产苎麻颇多。凤阳府属寿州产火麻、

---

① 光绪《荣昌县志》卷一六。
② 嘉庆《温江县志·物产志·风俗志》。
③ 《德阳县志》《物产志》。转见郑昌淦《明清农村商品经济》，第321页。
④ 道光《江北厅志》卷三。
⑤ 道光《大竹县志》卷一九。
⑥ 嘉庆《郫县志》卷四〇。
⑦ 康熙《太平府志·风俗志》。
⑧ 转见郑昌淦《明清农村商品经济》，第320页。
⑨ 乾隆《歙县志》卷六。
⑩ 嘉庆《宁国府志·物产志》。
⑪ 嘉庆《凤台县志》卷二。
⑫ 道光《宿松县志·物产志》。

苎麻。颖州府属阜阳、颖上、太湖、亳州、霍邱产苘麻、苎麻等。泗州所属泗虹、盱眙、五河各县亦产苘麻、苧麻。和州出产苎麻和苎布。贵池产各种麻和葛。① 黄厚裕称："皖省则安庆之桐、潜，庐州之舒、巢，六安之英、霍，获其利非只一日。"②

（四）烟草

烟草种植，大约在明万历年间，由菲律宾首先传入福建漳、泉二州。③ 晚明时传播于广东之恩平、浙江之嘉兴、江苏之苏州。④ 至清代得到迅速发展。当时有人说："今州县无不种。"或称"种者已遍天下"，"直隶、山东、江西、湖广、福建等省，种植尤多，陇亩相望，谷土日耗"⑤。乾隆时，"烟草处处有之"⑥。嘉庆间，郝懿行说，烟草种植，"今北方转盛"，"上地膏腴，豆饼粪田，悉为烟叶"⑦。由于清人嗜烟者日多，烟草在普遍种植基础上，出现了一批著名产地。陆耀说：烟草"第一数福建，而浦城最著"。又说"如浙江之塘西镇，山东之济宁州，衡烟以衡州名，川烟以四川名"⑧。王圻说，烟草"出福建浦城、龙岩州者其最著者也。江西则广信府、宁都州所产亦佳。湖广叶味平美腴韧，辎重水陆四达，为天下利。山东则有所烟，所者地名也，在兖州城内。又有济宁烟，以芳烈胜。直隶则蓟州、易州、山海关诸处皆产烟，雄劲有力，号北地之良。又有潮烟者……亦有力也"⑨。烟草种植

---

① 转见郑昌淦《明清农村商品经济》，中国人民大学出版社1989年版，第320—321页。
② 黄厚裕：《栽苎麻法略》。
③ 方以智：《物理小识》卷九，《草木》。
④ 崇祯《恩平府志》卷七，《物产》；王逋：《蚓庵琐语》，《种植》；康熙《苏州府志》卷二二，《物产》。
⑤ 陈振汉等编：《清实录经济史资料》，《农业编》第2分册。
⑥ 陆耀：《烟谱》。
⑦ 郝懿行：《征俗文》卷一。
⑧ 陆耀：《烟谱》卷四六。
⑨ 王圻：《青烟录》卷八。

为什么得到广泛传播，谢重拔探讨其原因时说："缘乡比户往往以种烟为务者，何哉？彼以为谷之利薄，而烟之利厚耳。"① 郑昌淦根据有关地方志记载，对各直省产烟州县数（可能有个别遗漏）进行统计（不包括东北地区及广西省）。现按统计数多少列后：山东省25州县，江西省20州县，湖南省19州县，福建省15州县，安徽省15州县，浙江省14州县，直隶13州县，湖北省13州县，四川省13州县，陕西省13州县，河南省7州县，贵州省7州县，江苏省6州县，云南省5州县，甘肃省4州县，广东省2州县，山西省2州县及汾州府与代州直隶州。②

1. 福建

是烟草传入首地。蔡家琬称："烟叶出自闽中。"③ 至清代，郭起元云："今则烟草之植，耗地十之六七。""闽地耗于植烟，既严其禁，然小民不知大计，终以烟草为利，久且复植。"④ 至康熙时，漳州已成著名烟草产区。府志称："唯漳烟称最，声价甲天下。漳又长泰最胜，人多种之，利甚多。"⑤ 康熙《宁化县志》称："淡芭菰，今俗名烟……十余年内，人竞莳之。"⑥ 其后，汀州、延平、建宁诸府迅速崛起。汀属八邑，过去山区农民皆种食粮，自康熙三十四、五年间，流寓这里的漳州农民"以种烟为业"，因其所获之利息，数倍于稼穑，汀民亦皆效尤。"汀州迩年以来，八邑之膏腴田土，种烟者十居三四。"⑦ 其时，龙岩的烟草种植，已"与农夫争土而分物力者，已十之五矣"⑧。上杭县"人情射利，弃本逐

---

① 谢重拔：《禁烟议》，乾隆《瑞金县志》卷七。
② 郑昌淦：《明清农村商品经济》，第341—342页。
③ 王逋：《蚓庵琐语》，蔡家琬：《烟谱》。
④ 郭起元：《论闽省务本节用书》，见《清经世文编》卷三六。
⑤ 康熙《漳州府志》卷二七。
⑥ 康熙《宁化县志·土产志》。
⑦ 王简庵：《临汀考言》卷六。
⑧ 康熙《龙岩县志》卷二。

末，向皆以良田种烟"①。永定县情况，据苏炯文称，到康熙中后期，烟草种植已非常普遍，广大农村，几乎家家户户种烟，人们说起农活，除了栽稻，开口就是种烟。②该县志称："膏田种烟，利倍于谷，十居其四。"③据蓝吉研究："单单高头一地，年产量最高时，曾超过10万斤。"据一位近九十岁高龄的烟农回忆：当年每百斤晒烟叶，最高价可以卖到77元银洋，最低时质量差的也可以卖到30余元银洋。④在经济利益驱动下，烟草种植已成为当地重要经济来源。延平府属南平县，在嘉庆年间，"年来烟草获利，栽者日夥，城堧山畷，弥望皆是，且有植于稻田者"⑤。乾隆、嘉庆年间，建宁府属浦城县所产的烟叶，据陆耀说："第一数闽省，而浦城最著。"⑥成为最著名产品。

2. 广东

晚明时烟草已传入恩平。其后，在南雄得到扩展，其烟并在省内一些地方销售。《佛山忠义乡志》称："本乡乌烟向购自南雄。"⑦嘉庆《南雄府志》称：烟草"近四五十年日渐增植，春种夏收，每年约货银百万两，其利几与禾稻等"⑧。乾隆年间，肇庆府的烟草种植得到大发展。全祖望称：淡巴菰"今新兴之天堂及阳春莳此为利，几敌种稻"⑨。鹤山县农民以种烟草致富。县志称："耕凿之民，恒以是致富。"⑩或称：物产除"古劳茶之外，唯

---

① 乾隆《上杭县志·物产志》。
② 《永定文史资料》第11辑，苏炯文等供稿，黄畴改写：《条丝烟漫话》。
③ 道光《永定县志》卷一。
④ 《永定文史资料》第11辑，蓝吉：《高头条丝烟业的盛衰》。
⑤ 嘉庆《南平县志》卷八。
⑥ 陆耀：《烟谱》卷四六。
⑦ 《佛山忠义乡志》卷六。
⑧ 嘉庆《南雄府志》卷九。
⑨ 道光《肇庆府志》卷三，全祖望：《淡巴菰赋序》。
⑩ 乾隆《鹤山县志》卷二。

烟叶最盛"①。嘉庆年间，大埔县农民"竞尚种烟，估客贩运江西发售，种烟之利，比稻加倍"②。道光年间，新会县的何村、天河等乡，"种烟者十之七八，种稻者十之二三"③。石城县，烟草"种者甚多，其品不让闽漳也"④。

3. 江西

产烟较多省份之一。《赣州府志》称：烟草"赣属邑遍植之，甚者改良田为蔫畲，致妨谷收，以获厚利"⑤。又称赣州府："近多闽广侨户，栽烟牟利，颇夺南亩之膏。"⑥ 康熙年间，瑞金县："自闽人流寓于瑞，以莳烟为生，往往徒手起家，聚拥雄资。土著之人，贪目前之近利，忘久远之大害，于是赁田与人，或效尤而又甚。"⑦ 是时，该县有田"二千八百余顷"，"连阡累陌，烟占其半"⑧。至乾隆时，该县已是"种者日益多，当春时，平畴广亩，弥望皆烟矣"⑨。石城县"与闽接壤，三十年来始得其种及制作法"，"无田可耕者，赁山种植，取息赡养"⑩。乾隆年间，广丰县出产烟叶，皆卖与福建浦城。《广信府志》称："与浦城接壤，浦烟出名，而叶实有藉于丰。"⑪ 新城县由于"彼栽烟必择腴田，而风俗又惯效尤。一人栽烟，则人人栽烟"⑫。乾隆时，安远县多种烟，称"今则无地不种，而有妨于谷也甚大，其弊由于小嗜利"⑬。

---

① 道光《鹤山县志》卷二。
② 嘉庆《大埔县志》卷九。
③ 道光《新会县志》卷二。
④ 道光《石城县志》卷一。
⑤ 乾隆《赣州府志》卷二，《物产志》。
⑥ 康熙《赣州府志》卷六三，又见同治《赣县志·风俗志》。
⑦ 康熙《瑞金县志》卷四。
⑧ 康熙《瑞金县志》卷七。
⑨ 乾隆《瑞金县志》卷二。
⑩ 康熙《石城县志》卷三。
⑪ 乾隆《广信府志》卷二。
⑫ 《嘉庆十年大荒公禁栽烟约》，同治《新城县志》卷一，《风俗·民事》。
⑬ 乾隆《安远县志·物产志》。

嘉道间，贵溪县"烟……人多种之"①。道光年间，兴国"种烟甚广，以县北五里亭所产为最。秋后，吉郡商贩踵至，利视稼圃反厚"②。《上饶县志》称：烟草"盛于广丰，今（上饶）山农亦有种者"③。《宁都直隶州志》云："烟，今遂无地不种。"④ 至同治年间，南昌府也种烟，史称："近南昌亦多种。"⑤ 九江府也是"近有种烟取叶以沽钱者"⑥。《雩都县志》称："烟草，今到处有之。"⑦ 光绪时，龙南县"近多栽烟牟利，颇夺南亩之膏"⑧。宣统时，庐陵县"永和、白沙多种烟草"⑨。

4. 湖南

种烟很普遍。黄本骥说：湖南"烟叶各处多种，产攸县及平江者佳"⑩。入清后，衡州府种烟已十分普遍。烟草"衡州一府皆种之"⑪。或谓："种烟草者相望。"⑫ 乾隆志说："祁（阳）、邵（阳）、茶（陵）、攸（县）所产（烟叶），皆售于衡郡。"⑬ 嘉庆年间，湘潭县"客商贩买，预给值种烟之户，谓之定山，秋后成捆发行"⑭。平江县"烟多植山陂隙地"⑮。宁乡县山农治山"一岁种烟，再岁种薯荞粱粟，三岁种芝麻，通易粒食"⑯。桂东县"烟

---

① 道光《贵溪县志》卷一二。
② 道光《兴国县志》卷一二。
③ 同治《上饶县志》卷一〇，引道光志。
④ 道光《宁都直隶州志·土产志》。
⑤ 同治《南昌府志》卷八。
⑥ 同治《九江府志》卷九。
⑦ 同治《雩都县志·土产志》。
⑧ 光绪《龙南县志·风俗志》。
⑨ 宣统《庐陵县志·物产志》。
⑩ 黄本骥：《湖南方物志》，卷三。
⑪ 吴熊光：《伊江笔录》上编。
⑫ 同治《衡阳县图志·货殖志》。
⑬ 乾隆《清泉县志》卷六。
⑭ 嘉庆《湘潭县志》卷二九。
⑮ 嘉庆《平江县志·物产志》。
⑯ 嘉庆《宁乡县志·风俗志》。

多种平原隙地"①。嘉庆至光绪时，善化县"近日种蔫几成美利，或至废田与园而为之，一亩之蔫可获利数倍"②。道光年间，永州府"烟叶，旧唯道州龙角营专产"，"今则遍郡皆种之"③。

5. 浙江

种烟较早。嘉兴府嘉兴县王逋称："崇祯末，我地遍处栽种，虽三尺童子莫不食烟。"④ 嘉兴府属，植烟之风日胜一日。⑤ 康熙年间，"率土皆树烟，嘉郡尤多"⑥。据乾隆《海盐县志》称："嘉郡多知树烟，乡城区圩布种林立，不唯供土著之需，抑且比闽、广之所产矣。"⑦ 康熙志称，杭州府的一些地方，当地人"多种烟为业"⑧。台州府黄岩县多种烟，"乡间遍种贾利"⑨。该府所属桐乡县，"烟叶产于县之南乡……乡人种此者，利与桑麻相埒"⑩。湖州府所属安吉州，"迩来乡人多种此，其佳者气味香烈"⑪。湖州府唐栖烟，为浙江名烟。嘉庆间，"前邱太平桥、唐兜圩一带所产尤佳，人称赛唐栖"⑫。道光年间，石门县"产烟叶有名，远商来贩者成市。乡民利此，亦称一熟"⑬。光绪时，遂昌县"淡巴菰，本地植之者多，利胜于种稻"⑭。宜平县"近又多种烟草，悉择腴

---

① 嘉庆《桂东县志·物产志》。
② 光绪《善化县志》卷二三，《土产·附论》。
③ 道光《永州府志》卷七。
④ 王逋：《蚓庵琐言》。
⑤ 光绪《海盐县志》卷八。
⑥ 乾隆《海盐县续图经》卷一。
⑦ 乾隆《海盐县续图经》卷二，《食货篇》。
⑧ 宣统《杭州府志》卷七九。
⑨ 康熙《黄岩县志》卷二。
⑩ 光绪《桐乡县志》卷七。
⑪ 乾隆《安吉州志》卷八。
⑫ 同治《湖州府志》卷三二。
⑬ 道光《石门县志》卷三。
⑭ 光绪《遂昌县志·物产志》。

田，冀获重利"①。镇海县"今土人亦多种以为业，利过于茶"②。

6. 山东

烟草种植较多，产地较普遍。滋阳种烟始于顺治四年，县志称："旧无其种。自皇清顺治四年间，城西三十里颜村店、史家庄创种，相习渐广，至今遍地栽烟，每岁京客来贩收买者不绝，各处因添设烟行，稍为滋民一生息云。"③ 寿光县种烟"自康熙时，有济宁人家于邑西购种种之，获利甚赢。其后，居人转相慕效，不数年，而乡村遍植，负贩者往来如织，遂成邑产"④。至乾隆间，"兖属向不以五谷为重，膏腴之地，概种烟草"⑤。济郡种烟，产量大，州志称"济州之产，甲于诸郡，齐民趋利若鹜，无异弁膏腴以树稂莠"⑥。嘉道年间，山东烟草种植还在扩展。据道光《沂水县志》称：农民多种烟，"闾阎恃以营生"⑦。至道光年间，济宁"环城四五里皆种烟草"，"大约膏腴尽为烟所占,而五谷反皆瘠土"⑧。同治《金乡县志》称：烟草在乾隆时已种植，但"旧志不载，然种者实多"⑨。光绪时，临朐县"淡巴菰稍减于丝，岁进亦数十万。以利厚，故农家多种之"⑩。宁阳县"烟叶销售直隶客商，岁约一百二十万斤"⑪。

7. 四川

烟草"川中到处皆有"⑫。至乾隆年间，彭遵泗《蜀中烟说》

---

① 光绪《宜平县志·民事志》。
② 光绪《镇海县志·物产志》。
③ 《古今图书集成·职方典》卷二三八，《兖州府部》。
④ 嘉庆《寿光县志》卷九，《食货》。
⑤ 《清高宗实录》卷四〇九。
⑥ 乾隆《济宁州志》卷二。
⑦ 道光《沂水县志》卷三。
⑧ 王培荀：《乡园忆旧录》。
⑨ 咸丰《金乡县志》卷三。
⑩ 光绪《临朐县志·物产志》。
⑪ 光绪《宁阳县志·商务志》。
⑫ 嘉庆《郫县志》卷一〇。

称:"蜀多业烟,……大约岁终获利,过稻麦三倍,民争趋焉。近日河坦山谷,低峰高原,树艺遍矣,骎骎乎与五谷争生死也。"①四川种烟,始于雍正年间。江西瑞金农民傅某,移居金堂县,"佃田使诸子力农","广种烟草,时蜀中未谙种烟法","故一时傅姓烟重于锦城"②。据郫县李馨称:"最与吾乡风土近,锄田先种淡巴菰。"③ 郫县烟草"生产最多,上通蛮部,下通楚豫。氓以其利胜于谷也,遂择上则田地种之"④。嘉庆间,泸州所产烟草以"江安产者尤佳"⑤。至道光年间,新津县"邑人莳烟草者甚多,良田熟地,种之殆遍。六七月邑中烟市堆积如山"⑥。江北厅情况是:"人家多种之。"⑦ 乐至县种烟草,"农人岁田莳,获利颇厚"⑧。德阳县产烟,"种者多至数十百亩"⑨。资阳县有"一烟二蔗之谚,盖利甚溥也"⑩。同治间,南溪县的新籍之民"多临河种地,种地者,栽烟植蔗,力较逸于田,而利或倍之"⑪。光绪时,荣昌县"叶烟,邑西南多种"⑫。

8. 山西

烟草种植,最迟明季已传入山西。《曲沃县志》称:"烟,旧无此种。乡民张时英自闽中携种植之。明季兵燹踵至,民穷财尽,赖此颇有起色,今则邑大食其利矣。"⑬ 据雍正年间编纂的《山西

---

① 彭遵泗:《蜀中烟说》,嘉庆《四川通志》卷七五。
② 民国《重修傅氏宗谱》卷一〇。
③ 李馨:《春晚连凡村行杂韵》,光绪《郫县志》卷三五。
④ 乾隆《郫县志·物产》。
⑤ 嘉庆《直隶泸州志》卷五。
⑥ 道光《新津县志》卷二九。
⑦ 道光《江北厅志》卷三,《物产》。
⑧ 道光《乐至县志》卷三。
⑨ 道光《德阳县新志》卷一。
⑩ 咸丰《资阳县志》卷七,《物产》。
⑪ 同治《南溪县志》卷三,《风俗》。
⑫ 光绪《荣昌县志·物产》。
⑬ 乾隆《新修曲沃县志》卷二四。

通志》载:"晋人种烟草,汾（州）、代（州）昉于曲沃。"① 今则"并、代、汾、潞胥盈望矣"②。乾隆年间,保德州"凡河边淤土,不以之种黍稷,而悉种烟草……而不以五谷为本计也"③。道光年间,霍州种烟也"渐多"④。

9. 陕西

烟草出产很多,据岳震川云,城固、渭水以北,"沃土腴田,尽植烟苗,盛夏晴霁,弥望野绿,皆此物也。当其收时,连云充栋,大商贾一年之计,夏丝秋烟"。又称"紫阳务滋烟苗,较汉中尤精,尤易售"⑤。南郑、固城大商重载此物,历金州以抵襄樊、鄂渚者,舳舻相接,岁糜数十万金。⑥ 乾隆时,宝鸡县"烟,今邑沿渭一带皆艺此"⑦。严如熤称:"汉川民有田地数十亩之家,必植烟草。……烟草亩摘三四百斤,卖者蚨十千以外。"⑧

10. 甘肃

烟草种植始于乾隆,兰州的水烟很著名。舒位赞道:"兰州水烟天下无,五泉所产尤绝殊。居民业此利三倍,耕烟绝胜耕田夫。有时官禁不能止,贾舶捆载行江湖。"⑨ 秦州"货则棉花……其最多者烟草"⑩。梁章钜称:"而余尝藩甘肃,屡欲申兰州水烟之禁。询之绅士,皆以为断不能禁,而徒以扰民。"⑪ 福克称:"离兰州一百里许,地势稍低,……四围尽栽烟叶,……为数甚巨。"⑫

---

① 雍正《山西通志》卷四七。
② 光绪《山西通志》卷一〇〇。
③ 陆耀:《烟谱》卷四六。
④ 道光《直隶霍州志》卷一〇。
⑤ 岳震川:《府志食货论》,《清经世文编》卷三六。
⑥ 同上。
⑦ 乾隆《宝鸡县志·物产志》。
⑧ 严如熤:《三省边防备览》卷九,《民食》。
⑨ 舒位:《兰州水烟篇》,褚逢椿、顾禄:《烟草录》。
⑩ 乾隆《直隶秦州新志》卷四。
⑪ 梁章钜:《退庵随笔》卷八。
⑫ [德]福克:《西行琐录》,《小方壶斋舆地丛钞》。

11. 东北

道光年间，东三省皆有种烟记载。云："烟，东三省俱产，唯吉林省者极佳。名色不一，吉林城南一带，名为南山烟，味艳而香；江东一带，名为东山烟，味艳而醇；城北边台烟为次；宁古塔烟名为台片；独汤头沟有地四五垧，所生烟叶止有一掌，与别处所产不同，味浓而厚，清香入鼻，人多争买。"① 黑龙江"人家隙地种烟草，达呼尔则一岁之生计也"②。《奉化县志》载：该县产薏苡、罂粟、淡巴菰，"而淡巴菰之尤盛"③。

其他各省也种烟。如直隶磁州，"近因磁人舍本逐末，多种烟叶靛苗，稻田渐减"④。乾隆年间，河南省《鹿邑县志》称："旧志俱不栽烟草，今则遍地栽之。"⑤ 嘉庆年间，该省卢氏县："民贪利，平日多种烟叶。"⑥ 鹿邑县，乾隆间"烟草……今则遍地栽之"⑦。江苏通州："州郡附郭原田之近濠沟者，十余年来多种烟叶，相沿日盛，利颇不赀。"⑧ 安徽省含山县，康熙年间"近日种烟者甚多"⑨。乾隆年间凤阳县"近城一带所产烟叶较他处为佳。七八月间，商贩四集，贫民颇资以济食用之缺"⑩。太平府"所在旱地植之"⑪。嘉庆年间，宁国府"近今种者甚多"⑫。道光年间，《怀宁县志》载：烟叶处处可种，"自独秀山至东西冶塘、江镇所产尤多"，"岁六七月，扬州烟贾大至。洪家铺、江镇牙行填满，

---

① 萨英额：《吉林外记》卷七。
② 西清：《黑龙江外纪》卷八。
③ 光绪《奉化县志》卷一一。
④ 吴邦庆：《畿辅河道水利丛书》，《水利营田图说》。
⑤ 乾隆《鹿邑县志》卷一。
⑥ 吴熊光：《伊江笔录》上编。
⑦ 光绪《鹿邑县志》卷九。
⑧ 乾隆《直隶通州志·物产志》。
⑨ 康熙《含山县志》卷一〇。
⑩ 乾隆《凤阳县志》卷四。
⑪ 乾隆《太平府志》卷一二。
⑫ 嘉庆《宁国府志》卷一八。

货镪辐辏，其利见与米盐等"①。湖北省，乾嘉年间，烟草"均州一州……皆种之"②。石首县"近者乡多种烟草"③。《均州府志》云："草则淡巴菰，……州南二十里产者尤佳。"④ 广西省平南县，乾隆年间"种烟之家，十居其半。大家种烟一二万株，小家亦不减二三千株"⑤。贵州《黄平州志》称，"旧志亦不栽烟草，今则遍地栽之。州南及东北一带为甲"⑥。《遵义府志》云："郡人前种烟，唯贩索叶，今则并贩摺叶矣。大约烟之利过种稻数倍，是以人争趋焉。"⑦ 云南省，乾隆间，据吴大勋称："各郡无不植烟，而宁州八寨多而且佳"，"种烟之地，半占农田"⑧。

（五）茶

有清一代茶叶种植，在原有基础上，又有所发展。王诉说：嘉庆时，茶之见于记载者，其在于今，有福建、浙江、四川、江苏、安徽、江西、湖北、湖南、云南、贵州等地。又说：茶之品种，"草木之清味可茶者，各以其土性之宜，采为世用，不下百十种"⑨。其实除南方之外，河南南部、陕西南部都产茶。下面择几个主要产茶区加以介绍。

1. 福建

武夷山的茶，宋代已著名。明时除武夷山所在的建宁府之外，福州、兴化、泉州、漳州诸府，也种茶渐多。清前期，由于茶叶出口拉动，福建茶叶种植，特别是武夷茶，发展甚为迅速。周亮工

---

① 道光《怀宁县志》卷七。
② 吴熊光：《伊江笔录》上编。
③ 乾隆《石首县志》卷四。
④ 光绪《均州府志·土产志》。
⑤ 《清代文字狱档》第五辑，《吴英拦舆献策案》。
⑥ 嘉庆《黄平州志》卷四。
⑦ 道光《遵义府志·物产志》。又见光绪《黎平府志》卷三（下）。
⑧ 吴大勋：《滇南闻见录》卷下。
⑨ 王诉：《青烟录》卷八，《茶考》。

说："武夷产茶甚多，黄冠既获茶利，遂遍种之，一时松栝樵苏殆尽。"① 康熙时，武夷山下居民，"环九曲之内不下数百家，皆以种茶为业，岁产数十万斤"②。或谓"通洋之市，遂以武夷主之。而凡建属之产，尽冒武夷，于是有山无不种茶"③。建宁府原只有崇安县"土产茶最多"④。至道光间，建阳县已是"今桑麻不过十之一，笋十之二三，唯茶十之八九"⑤。梁章钜谓：浦城县"浦产之佳者，往往转运至武夷加焙，而其味较胜，其价亦顿增"⑥。乾隆时，福宁府"茶，郡治俱有，佳者福鼎白琳、福安松罗，以宁德支提为最"⑦。宁德"其地山陂泊附近民居旷地，遍植茶树。……计茶所收，有春夏二季，年获息不让桑麻"⑧。瓯宁县"今则建阳之徐墩、瓯宁之水吉，皆有茶行，竟自踏装赴广。茶市之盛，不减崇安"⑨。延建郡一带，"每年茶季，棚寮遍野"⑩。光绪时，《福安乡土志》载："本境出口者：绿茶、白茶、茅茶、白尾茶、乌龙茶二五箱（有误，可能是二十万），茶销行苏州、温州等处，统计十万挑。"⑪霞浦县在同治、光绪间"多办红茶"，"其产量不及福鼎十之二，福安十之四"⑫。南平县嘉庆时，"新兴、梅西、峡阳、梅南之地多产茶，民茶为业以"⑬。《泉州府志》载：乾隆时，"安溪之山郁嵯峨，其阴

---

① 周亮工：《闽小纪》卷上。
② 《古今图书集成》，《山川典·武夷山部》。
③ 徐经：《雅歌堂文集》卷七。
④ 嘉庆《崇安县志》卷一。
⑤ 道光《建阳县志》卷二。
⑥ 梁章钜：《归田琐记》。
⑦ 乾隆《福宁府志·物产志》。
⑧ 乾隆《宁德县志·物产志》。
⑨ 蒋蘅：《云寥山人文钞》卷四。
⑩ 徐继畬：《松龛全集》卷三。
⑪ 光绪《福安乡土志》卷二，《商务门》。
⑫ 民国《霞浦县志·实业志》。
⑬ 嘉庆《南平县志·生业志》。

长湿生丛茶。居人清明采嫩芽,为价甚贱供万家"①。上杭"凡山皆种茶,多而且佳者,唯金山为最"②。

2. 安徽

清代,安徽茶以六安为著名:"江南地暖,故独宜茶。大江以北,则称六安。然六安乃其郡名,其实产霍山县之大独山也。茶生最多,品名亦振。"③霍山每年采茶时,"男妇错杂,歌声满谷,日夜力作不休"④。乾隆志称:"近县百里皆种茶,民惟赖茶以生。"⑤光绪志称:"货之属,茶为第一。"⑥除六安外,其他地方亦产茶。如安庆府属太湖县,"其树茶所入,不减稼穑"⑦。怀宁县"旨泉冲有茶园,居民多以种茶为业"⑧。桐城县"茶,凡山园皆有种者"⑨。徽州府属休宁县所产的松萝茶,康熙时"名噪一时,茶因踊贵"⑩。其后,歙县种茶得到快速发展,至清中期,"民半业茶,虽妇女无自暇逸"⑪。徽州府属产茶,"以婺源为最"⑫。祁门县"徽属山多田少,居民恒藉养茶为生"⑬。黟县茶"统名松萝。贩者用木箱,箱内锡皮,箱外箬皮簏衣,不使通风走湿"⑭。宁国府所属六邑皆产茶:"宣城敬亭绿雪茶、南陵格里茶、宁国鸦山茶、泾县白云茶、旌邑凫山茶,太平云雾茶品最高。至松萝茶,处处

---

① 阮旻锡:《安溪茶歌》:乾隆《泉州府志·物产志》。
② 乾隆《上杭县志·物产志》。
③ 许次纾:《茶疏》。
④ 顺治《霍山县志》卷二。
⑤ 乾隆《六安直隶州志》卷三三。
⑥ 光绪《霍山县志·物产志》。
⑦ 顺治《太湖县志》卷八。
⑧ 道光《怀宁县志》卷六,《物产》。
⑨ 道光《桐城县志》,《物产》引《桐城风土记》。
⑩ 康熙《休宁县志》卷三。
⑪ 道光《歙县志》卷一。
⑫ 何润生:《徽属茶务条陈》,《皇朝经世文统编》卷六。
⑬ 同治《祁门县志》卷一五,《食货》。
⑭ 嘉庆《黟县志·物产志》,转引郑昌淦《明清农村商品经济》,第361页。

皆有。……六县每岁销引三万有余。"①

3. 浙江

杭州府、湖州府是浙江主要的产茶区。《杭州府志》称："余杭径山所产甚多。"又云"今杭茶为四方所珍，……每岁货茶出洋之值，以数十百万计，其利与蚕丝相埒，实出产之一大宗也"②。於潜县东北山区、新城县山区、临安县南部山区、钱塘县西南部分山区，均盛产茶叶。於潜县在乾隆以前，已是"民之仰食于茶者十之七"③。至嘉庆年间，该县还是"各山皆产茶"，"乡人大半赖以资生"④。新城县"春茶秋谷之外，无他业焉"⑤。昌化县农家收入，以茶、蒪为利，县志称："春茶秋蒪，其利甚溥。"⑥ 湖州府"各县山中产茶甚多，特长兴最著名耳"。或谓："茶虽工繁利薄，然业此者，每藉为恒产云。"⑦ 除长兴外，其所属孝丰以及安吉州均产茶。孝丰县"茶出天目山者最佳"⑧。"山乡鲜蚕桑之利，民每藉作恒产"⑨。安吉州"茶出南山东……茶虽工繁利薄，然业此者每藉为恒产"⑩。此外，绍兴府亦产茶。府志谓："茶，各县均有。"⑪

4. 湖南

康熙时称："茶出安化县。"⑫ 安化县则"三乡遍种茶树"⑬。

---

① 嘉庆《宁国府志·物产志》，转引郑昌淦《明清农村商品经济》，第361页。
② 光绪《杭州府志·物产志》。
③ 乾隆《杭州府志》卷五三，引《於潜县志》。
④ 嘉庆《於潜县志》卷一〇。
⑤ 康熙《新城县志》卷二。
⑥ 道光《昌化县志》卷五。
⑦ 同治《长兴县志》卷三二。
⑧ 光绪《孝丰县志·土产志》。
⑨ 同治《孝丰县志》卷四。
⑩ 乾隆《安吉州志》卷八。
⑪ 《古今图书集成》卷九九二，《职方典·绍兴府物产考》。
⑫ 《古今图书集成》卷一二一二，《职方典·长沙府物产考》。
⑬ 黄本骥：《湖南方物志》卷二。

嘉庆前，长沙、宝庆两府多产茶。"楚南产茶之区，尽属西境。长郡之安化，宝庆之新化为尤著。"① 郴州"茶，郴属均产，以五盖山为佳"②。湘潭产茶，史称"海禁开后，红茶为大。率五六十日，而贸买千万"③。又谓："茶，谷雨前采者为雨前茶。……十六都白莲圃所产尤良。"④ 零陵县"茶有青茶、红茶之分……亦生民之利也"⑤。鸦片战争后，由红茶出口推动，醴陵县茶叶种植获得大发展。县志载："近日红茶利兴，三四月间，开庄发拣，贫家妇女……多资余润。"⑥ 又称："清光绪间，红茶为醴陵大宗产品。……穷陬僻壤，青翠成丛。"⑦ 湘乡"货之属曰茶"⑧。《宝庆府物产考》云："茶出新化，武冈。"⑨《新化县志》称：本地商人"贩茶出外贸易"⑩。其他各府也有种茶记载。如岳州府产茶，据《巴陵县志》曰："茶巴陵故少种，而君山旧有名。"⑪ 道光末，江广人贩茶出洋，名红茶。"虑茶伪，专取生，高其值，人争与市"⑫。巴陵："北港地皆平冈，出茶颇多。……土人颇享其利。"⑬ 临湘县"山民以植茶、纺织为生"⑭。又云：临湘县"山民植茶荈，价乃三倍。岁岁泉流地上，几成乐园"⑮。平江县"近岁红茶

---

① 嘉庆《攸县志》卷二九。
② 嘉庆《郴州总志》卷四〇。
③ 光绪《湘潭县志·货殖志》。
④ 嘉庆《湘潭县志·物产志》。
⑤ 嘉庆《零陵县志·生计志》。
⑥ 同治《醴陵县志》卷一。
⑦ 民国《醴陵县志·食货志》。
⑧ 同治《湘乡县志·物产志》。
⑨《古今图书集成》卷一二三五，《职方典·宝庆府物产考》。
⑩ 同治《新化县志·风俗志》。
⑪ 吴敏树：《柈湖文集》卷二〇。
⑫ 光绪《巴陵县志》，《土产》。
⑬ 同治《巴陵县志》卷一一，《风土》。
⑭ 同治《临湘县志·风俗志》。
⑮ 同治《临湘县志》卷四，《食货》。

盛行，泉流地上。凡山谷间向种红薯之处，悉以种茶"①。永州府"东安之茶墨（末），虽粗而通行颇广"②。等等。

5. 湖北

明时，武昌、荆州两地为"产茶之地"③。入清以后，又有发展。武昌府通山县"茶有红黑二品"，武昌县"茶之属，山乡多种于隙地"，崇阳县货类有茶，咸宁县货物有红茶，蒲圻县"茶乡生地即山农"。荆州府远安县出产货物有茶，枝江县亦产茶，宜昌府长乐县"邑属水浕、石梁、白溢等处俱产茶"④。鹤峰"州中产茶甚多"⑤。光绪志称："红茶，……称为高品，州中瘠土，赖此为生计焉。"⑥ 崇阳县"道光季年，粤商买茶"，"往外洋卖之，名红茶"。采茶时，男女"日夜歌笑，市中声成雷，汗成雨"⑦。产茶之盛，可想而知。

6. 四川

明嘉靖时，《茶谱》载："蜀之巴东、剑南、邛州、涪州暨玉垒关外皆产茶。"⑧ 乐山"茶为蜀中郡邑常产，凌云沙坪初春所采，不减江南"⑨。《峨眉县志》载："峨邑原来产茶，自峨山万年寺以下，一路山地多采茶山，皆园户采摘于市上发卖。"⑩ 南江县"崇清乡山河地土，居民蓄茶园"⑪。通江县"邑产唯茶，……恃此为世业焉"⑫。大邑县"邑境雾中，鹤鸣诸山，现俱产茶，每年

---

① 李元度：《天岳山馆文钞》卷二〇。又见同治《平江县志》卷二〇，《物产》。
② 道光《永州府志·生计志》。
③ 《明史·食货志》。
④ 以上资料引自郑昌淦《明清农村商品经济》，第367—369页。
⑤ 同治《宜昌府志》卷一一。
⑥ 光绪《鹤峰州志》卷七。
⑦ 同治《崇阳县志》卷四。
⑧ 乾隆《潼川府志》卷九，《图说》。
⑨ 嘉庆《乐山县志》卷一六。
⑩ 嘉庆《峨眉县志》卷三，《食货》。
⑪ 道光《南江县志》卷上。
⑫ 道光《通江县志》卷四，《物产》。

尚额销边腹茶引二千三百余道"①。丹梭县茶俱产西山、总冈等地，蜿蜒数十里，"民家僧舍，种植成园，用此致富"②。永川县"茶，……赖此为衣食者甚众"③。绵竹县："茶有三种。……每年茶出，销路极旺，约得万金之谱。"④《邛崃县志》载："其实邛州产茶之地，何止十八堡，龙溪、川溪、双河、三坝皆产白毫，收茶之时，又何止谷雨。西南北诸山，处处产茶，自春及秋，均可采撷。""谷雨前后逢场集期，一市千斤，场镇小市有不及者，而大市有过之者。"⑤ 凡此等等。

7. 云南

檀萃称："普茶名重于天下，此滇之所以为产而资利赖者也。"这里"周八百里，入山作茶者数十万人。茶客收买，运于各处，每盈路"⑥。思茅厅"夷人穷苦，唯藉茶叶养生"⑦。《云南通志》称：普洱府"地寡蓄藏，衣食仰给茶山"⑧。大理府"茶，感通、三塔皆有"⑨。

（六）种蔗

种蔗在中国已有悠久的历史，据宋应星记载："凡甘蔗有二种，产繁闽、广间，他方合并，得其十一而已。"⑩ 到清代，情况有所改变。福建、广东外，台湾、江西、浙江和四川都出现专业种植区。

---

① 同治《大邑县志》卷七，《风土》。
② 光绪《丹梭县志》卷四。
③ 光绪《永川县志》卷二。
④ 光绪《绵竹县乡土志》，《商务》。
⑤ 民国《邛崃县志》卷二，《方物》。
⑥ 檀萃：《滇海虞衡志》卷一一。
⑦ 《尹继善筹酌普思元新善后事宜疏》，乾隆《云南通志》卷二九。
⑧ 同上书，卷八。
⑨ 康熙《大理府志·物产志》。
⑩ 宋应星：《天工开物》卷上，《甘嗜》。

1. 福建

明万历十五年，福建漳南一带，甘蔗种植已满山遍野。① 清前期漳、泉两州仍是甘蔗重要产区。清初，陈懋仁说：泉州府种蔗，"其地为稻利薄，蔗利厚，往往有改稻田种蔗者"②。郭柏苍说："糖，下游多种甘蔗，泉、漳、台湾尤多。"③ 康熙间，兴化府，除沙田多种蔗外，又多以"水田作陇种之"④。雍正间，永安县"将平洋腴田种蔗、栽烟，利较谷倍"⑤。龙岩州农民，"唯利蔗及烟草，获利数倍，多夺五谷之地以与之"⑥。乾隆年间，漳州府"俗种蔗，蔗可糖，各省资之，利较田倍"⑦。乾隆《福建续志》谓："种蔗煮糖，利较田倍，多夺五谷之地以植之。"嘉庆间，福鼎县"砂糖，煮蔗为之，今邑最多"⑧。道光间，永定县"始种于太平里民，今各里皆种之"⑨。

台湾府，旧有种蔗。据康熙三十年记载，"旧岁种蔗已三倍于往昔，今岁种蔗竟十倍于旧年"⑩。可见发展之快。《裨海纪游》载："台人植蔗为糖，岁产二三十万。"⑪ 郁永河《台湾竹枝词》称："蔗田万顷碧萋萋，一望芄葱路欲迷。捆载都来糖䣃里，只留蔗叶饷群犀。"⑫ 乾嘉年间，更臻繁盛。通志称："台湾产糖，三县

---

① 万历《闽大记》卷一一。转见《中国资本主义萌芽问题讨论集》下册，第1002页。
② 陈懋仁：《泉南杂志》。
③ 郭柏苍：《闽产录异》卷一。
④ 《古今图书集成》，《职方典》卷一〇八三。
⑤ 雍正《永安县志》卷九。
⑥ 乾隆《龙岩州志》卷一〇，《风俗》。
⑦ 乾隆《漳州府志》卷二六。
⑧ 嘉庆《福鼎县志》卷三，《物产》。
⑨ 道光《永定县志》卷一〇。
⑩ 高拱乾：《禁伤择蔗并力种田禾》，康熙《台湾府志》卷一〇，《艺文》。
⑪ 乾隆《台湾府志》卷一七。《裨海纪游》系郁永河于康熙三十六年到台采硫黄矿，事后将见闻写成书。
⑫ 黄叔璥：《台海使槎录》卷四。

（台湾、凤山、诸罗）为多，彰化尚少。及至乾嘉之际，贸易绝盛。北至天津，东贩日本，几为独揽。"糖商"挹注之利，沾及农家。年丰物阜，生聚日众，一时称盛"①。乾隆以后，彰化形成新产区，有诗赞扬"漫讶飞霜暑路中，舳舻货殖倍三农。海东千里饶甘蔗，何啻人间万户封"②。

2. 广东

明代，广东种蔗多在珠江三角洲一带。《广东新语》载：到清初，东莞县的石龙，"千亩潮蔗"。篁村、河田"白紫两蔗，动连千顷"。番禺、东莞、增城、阳春诸县，"蔗田几与禾田等"③。雍正五年，广西巡抚韩民辅奏称："广东地广人稠，……唯知贪财重利，将地土多种龙眼、甘蔗、烟叶、青靛之属，以致民富而米少。"④到乾隆以后，其他各地相继发展。钦州"雍正初，地尚荒而不治，自乾隆以后，外府州县人迁居钦者，五倍土著。人力既集，百利俱兴。山原陵谷皆垦辟种植甘蔗"⑤。博罗县"蔗产于荒区，闽人辟草莱而莳之。他流寓多为盗，种蔗者独安其业，食力而易赡也"⑥。大埔县"近亦有种甘蔗、营蔗煮炼糖"，"以贩外省"⑦。嘉庆年间，徐闻县"糖蔗之利，几与谷相半"⑧。到道光年间，潮州府形成"广东产糖，以潮州为盛"⑨的新格局。据乾隆《广州府志》称："按粤东蔗糖行四方，始于闽人，今则利倍于闽矣。"⑩

---

① 连横：《台湾通史》卷二七。
② 朱仕玠：《小琉球漫志》。
③ 屈大均：《广东新语》卷二七，《草语》。
④ 《授时通考》卷四八，《劝课·敕谕二》。
⑤ 道光《钦州志》卷一。
⑥ 乾隆《博罗县志》卷九。
⑦ 乾隆《大埔县志》卷一〇。
⑧ 嘉庆《雷州府志》卷二。
⑨ 道光《广东通志》卷九五。
⑩ 乾隆《广州府志》卷四七。

3. 四川

甘蔗种植在明末战乱中，一度荒废。清初，外省移民入蜀，甘蔗种植又得到恢复。南溪县"滨江两岸，土宜种蔗"。"清初粤人迁来者众，始由故乡携种来蜀。百年递衍，遂为大宗。"① 康熙后，内江县"种者渐多"②。嘉庆间，定远县"甘蔗……邑江岸所产最多"③。至道光年间，内江县"沿江左右，自西徂东，尤以艺蔗为务。平日聚夫力作，家辄数十百人……利常倍称"④。资阳县"资州产甘蔗"。又按"今与内江皆称盛焉"⑤。简阳县"沿江之民，植蔗作糖，州人多以此致富"⑥。富顺县"种蔗者，皆以春初贷钱霜户"⑦。

4. 江西

康熙年间，赣州府于都县已种蔗，"濒江数处，一望深青，种之者皆闽人"⑧。南安府南康县"近产甘蔗"，"糖蔗悉系闽人赁土耕种"⑨。乾隆间，南安府大庾县，"上下十五隘，最大双坑里。东西隔一溪，经亘数十里"。"水深土亦厚，田地皆肥美。种蔗不种麦，效尤处处是。"⑩ 乾隆间，"甘蔗，赣州各邑皆产，而赣县、于都、信丰为多"⑪。南康县"嘉道以来，种植繁多，埒于禾稼。核其岁入，几与闽粤争利广矣……唯是利厚竞趋，种植日广，始于硗确，终及膏腴"⑫。据晏端书记载，道光间，赣州至南安"两

① 民国《南溪县志》卷二。
② 郑励俭：《四川新地志》。
③ 嘉庆《定远县志》卷三三。
④ 道光《内江县志要》卷一。
⑤ 咸丰《资阳县志》卷七，《物产》。
⑥ 咸丰《简州志》卷一二。
⑦ 光绪《叙州府志》卷二一，《物产》。
⑧ 康熙《雩都县志》卷一。
⑨ 康熙《南康县志》卷二。
⑩ 余光璧：《双坑隘》，民国《大庾县志》卷一三。余光璧乾隆初任大庾县知县。
⑪ 乾隆《赣州府志》卷二。
⑫ 同治《南康县志》卷一。

岸尽为蔗田"①。吉安府泰和县，"道光年间，赣人寄寓，携植此种，近今沿河遍植矣"②。抚州府东乡县，"土田少而沙地多，……种蔗者多"③。

（七）油料作物④

随着城镇人口增加，食用油的需求扩大；另由于农业生产发展，作为肥料的饼枯，也成重要商品；此外，制烟业发展也需大量的油。这些需要增多，促使有清一代油料作物生产发展。油料作物主要有油菜、芝麻、大豆、花生、茶油等。

1. 油菜

长江以南各省，农民种植油菜的很多。江苏、浙江一带，稻田"种麦者，耗粪太甚。宜三分之，以二分植麦，一分植菜子"⑤。江苏苏州一带，每年春季小满时节，"郊外菜花至是亦皆结实，取其子，至车坊磨油，以俟估客贩卖"⑥。安徽无为州一带，"麦秋时，菜子广有，沿江洲地所产尤多。油坊亦夥，贩榨饼行丹阳者，颇获利焉"⑦。黟县"油菜，渔亭霞阜人家多种之，……亩可收子二石，秸可供薪，子可榨油"⑧。福建宁化种油菜，康熙间"今宁人种此，尚取子作油。……二月开花，黄绿相承，盈畦极亩，一望烂然"⑨。汀州府种油菜，杨澜说："汀人种此，尚取子作油。……二月开花，黄绿相承，盈畦极亩，一望烂

---

① 晏端书：《粤游纪程》。
② 光绪《泰和县志》，《物产志》。
③ 同治《东乡县志》卷八。
④ 参见方行、经君健、魏金玉主编《中国经济通史·清代经济卷》（上），第283—287页。陈树平主编：《明清农业史资料（1368~1911）》第2册，第702—722、633—655页。
⑤ 包世臣：《安吴四种》卷二七。
⑥ 顾禄：《清嘉录》卷四。
⑦ 乾隆《无为州志》卷七。
⑧ 道光《黟县志》卷三。
⑨ 康熙《宁化县志》卷二。

然。"① 湖北襄阳府一带，油菜"春畦连阡，黄花飘馥，利亦与芝麻等"②。湖南沅州府种油菜，"可以压油，人以有油利，种者滋广"③。沅江县"油菜，……子灰赤色，可榨油。……可获厚利，阡陌种之以肥田，胜于他类"④。四川郫县种油菜，"其子可榨油，燃灯甚明，郫邑种此者为多"⑤。此外，江西、贵州、甘肃大通县、秦州、岷州等地亦多种油菜。

2. 大豆

大豆是食品原料，又是重要油料作物。产地很多，但主要产地在东北。乾隆四十五年，征收旗地豆草记载，盛京、开源、兴京三界旗地，种豆草的面积为四十三万八千三百二十一亩。雍正五年丈量奉天旗地为一百三十六万七千八百零四亩。⑥ 豆草种植面积已占全部旗地的三分之一左右。嘉庆间，包世臣说："关东豆麦，每年至上海者千余万石。"⑦ 雍正年间，江南商船抵山东，"发卖之后，即买青白二豆带回江省者十居六七"⑧。至道光间山东平度州，"利藉豆饼，州多种之"⑨。临朐县黄豆、黑豆最为民利，与麦同重。"农人有田十亩者，常五亩种豆。"⑩ 宁阳县制油，以"黄豆为正品，花生、脂麻则间有之。豆饼之利，与油相埒"⑪。河南南阳府一带，"地产菽，多大贾"⑫。嘉庆年间，安徽

---

① 杨澜：《临汀汇考》卷四。
② 同治《宜城县志》，《物产志》。
③ 乾隆《沅州府志》卷二四。
④ 嘉庆《沅江县志》卷一九。
⑤ 嘉庆《郫县志》卷四〇。
⑥ 乾隆《盛京通志》卷三八。
⑦ 包世臣：《安吴四种》卷一。
⑧ 《宫中档·雍正朝奏折》第二十三辑，岳濬奏。
⑨ 道光《平度州志》，《物产志》。
⑩ 光绪《临朐县志·物产志》。
⑪ 光绪《宁阳县志·物产志》。
⑫ 谈迁：《北游录》。

南陵县，"种豆种姜之利，倍于他邑"①。《正阳县志》称旧有之实业出口，"唯黄豆一种"②。江苏如皋县："茶子、豆、棉，俱可榨油。""油渣成饼，壅田肥，贸迁江南，其利不赀。"③ 山东、河南产豆货之丰，从淮宿等关关税收入，依赖山东、河南豆货南运情况亦可得到反映。"淮宿等关……税课，全赖山东、河南等处豆货贩运南来，钱粮始能丰旺。"④ 湖南攸县种大豆，"东北转西，平原旷野，及正西阳山港内，于立秋前后布种禾根下，经霜乃收，倍蓰山田"⑤。

3. 芝麻

既可制作食品，又可榨油。各地皆种。康熙时，安徽含山县内："脂麻，……黄山民每岁用以榨油，贸于市。"⑥ 台湾诸罗县，"斗六门以上胡麻尤多，岁数十万石，台、凤、漳、泉各路资焉"⑦。陕西耀州种脂麻，"边地树艺极多，榨油充用甚广"⑧。山西北部朔平府："胡麻种者极多，取其籽以磨油。"⑨ 偏关县"植物以莜麦为最，胡麻次之"。"胡麻油多贩运出境，是为本关大宗出息。"⑩《河曲县志》称："晋北唯胡麻油其用最溥。胡麻产口外，秋后收买，载以船筏，顺流而下。乡人业其利者，以牛曳大石，磨碎蒸熟，榨取其汁为油，油净，则取渣滓饲牛。又其粗者，谓之麻糁，并可肥田，故业农者多开油店。"⑪ 乾隆间，江苏淮安

---

① 嘉庆《宁国府志·物产志》。
② 民国《正阳县志·实业志》。
③ 嘉庆《如皋县志》卷四。
④ 《清高宗实录》卷一四二八。
⑤ 同治《攸县志·物产志》。
⑥ 康熙《含山县志》卷一〇。
⑦ 康熙《诸罗县志》卷八。
⑧ 道光《续耀州志》卷五，录康熙志。
⑨ 雍正《朔平府志·物产志》。
⑩ 道光《偏关志》卷上。
⑪ 同治《河曲县志》卷五。

府黄河北多种脂麻，"子可榨油，亦入药品"①。河南省如嵩县，芝麻"可榨油，农利其值，恒艺之"②。太康县"利之最厚者曰脂麻，境内亦多种之"③。鹿邑"利之最丰者曰脂麻，俗作芝麻"④。项城县"利之最丰者曰脂麻"⑤。西平县《权寨镇风土志》称："出口货以芝麻、黄豆占多数。"⑥汲县农家多种脂麻，数亩或十余亩。⑦永城县种芝麻，"合邑岁收四五千石，北乡薛湖陈集为多，销河北天津一带"⑧。湖南郴州所属五县，均产芝麻油。⑨江西南安府"利之溥者"，"胡麻芸苔之膏"⑩。抚州府种脂麻，"子可榨油……有和芸苔油运售南昌者"⑪。

4. 花生

明后期传入福建、广东。到清代，逐渐在各地传播。檀萃称："落花生曰地豆，滇曰落地松。高、雷、廉、琼多种之，大牛车运之以上海船，而货中国。……故闽及粤，无人不食落花生油。且膏之为灯，供夜作。今已遍于海滨诸省，利至大。"⑫种植花生省份很普遍，下面仅择数省为例。

福建种花生较早，康熙年间，漳州府已有落花生榨油记载："俗以压油，其利甚溥。"⑬乾隆《长泰县志》称："昔年无之。俗

---

① 乾隆《淮安府志》卷二四。
② 乾隆《嵩县志》卷一五。
③ 引自郑昌淦《明清农村商品经济》，第410页。
④ 光绪《鹿邑县志》卷九，《物产志》。
⑤ 宣统《项城县志·物产志》。
⑥ 民国三年《权寨镇风土志》。
⑦ 引自郑昌淦《明清农村商品经济》，第411页。
⑧ 韩国钧：《永城土产表》，《农学丛书》（二集）。
⑨ 嘉庆《郴州总志》，《风俗志》。
⑩ 同治《南安府志》卷二。
⑪ 何刚德等：《民郡农产考略》卷下，光绪二十八年。
⑫ 檀萃《滇海虞衡录》卷一〇。
⑬ 康熙《漳州府志》卷二七。

以压油,其利甚溥。"① 嘉庆《同安县志》称:"油唯落花生,其利甚大。"② 嘉庆《云霄厅志》载:"落花生……明末才有此种,今随地皆种。"③ 惠安"田种花生者倍多"④。同安县"唯花生为多"⑤。台湾府:"凡硗瘠园地不堪播种五谷,悉种花生,少为正供民食之计。"⑥ 彰化县亦多种花生,有诗云:"接陌连阡看落花,油车赖此利生涯。调羹普济通商旅,灯火辉煌照万家。"⑦ 澎湖"凡有地百亩者,仅种地瓜二三十亩……其余悉种花生。因是物可作油与糁,易于售卖"⑧。台湾县"货,糖为最,油次之。糖出于蔗,油出于落花生"⑨。

江西花生由粤北传入,到康熙时,南康县的花生"行远而利溥"⑩。据《大庾县志》称:"蔗糖、长生果二物,行远而利溥,南康较他邑为殷富,抑亦物产之力居多。"⑪ 乾隆初,《瑞金县志》载:"落花生……近来瑞之浮田人多种之,生殖繁茂,每坝一亩,约收二三石不等。……土人云,较之种烟本少而利尤深云。"⑫ 南安府"郡中都鄙无多,日产甚薄,……南邑志则称,花生之艺,稍润疲甿"⑬。到道光年间,宁都州产花生,"州治近来种植者亦

---

① 乾隆《长泰县志》卷一〇。
② 嘉庆《同安县志》卷一一。
③ 嘉庆《云霄厅志》卷六。
④ 道光《惠安县志》卷三八。
⑤ 道光《金门县志》卷二。
⑥ 张嗣昌:《巡台录》卷下。
⑦ 道光《彰化县志》卷一二(下)。
⑧ 光绪《澎湖厅志》卷九。
⑨ 嘉庆《台湾县志》卷一。
⑩ 康熙《南康县志》卷二。
⑪ 乾隆《大庾县志》卷四。
⑫ 乾隆《瑞金县志》卷二,转见陈树平主编《明清农业史资料(1368—1911)》第2册,第648页。
⑬ 同治《南安府志》卷三〇,引自旧志后序。

多"①。龙南"邑境西沙土所种，胜于他处，称西河花生，贩运亦广"②。铅山县"落花生……种者极多"③。此外，宁州、武宁、新喻都多有种植。

广东多种花生，袁昶称："广东素产落花生、豆油。"④高要县康熙时已有种植，"多千岁子"⑤。《揭阳县志》载，乾隆间"落花生……揭中市集皆是"⑥。光绪志又载："油有麻、茶、菜籽、地豆四种……然皆不如豆油流通至广，山中人以榨油为业者，十室而九。地豆即落花生也。"⑦恩平县，道光间"落花生……邑人多种以榨油，颇为此方之利"⑧。《东乡县志》载："嘉庆间两粤种花生者，每家或百石或数十石。"⑨钦州"甘蔗、花生为榨油、漏糖之资，今州属开设油榨、漏糖行者数十所，每年外府大贾驾海舶诣钦采贩者，金计数十万"⑩。韶州府，花生"商人采买为油，亦农之一大利也"⑪。石城县"花生，邑西南农人多植之，春种秋收，碾米榨油，出息最钜"⑫。吴川县"落花生……商人运载售远，其利甚钜"⑬。此外，韶州府、清远县、茂名县、海阳县、新宁县、东莞县、阳江县等地，都有种植花生的记载。⑭

广西的种花生植在，在道光年间有较大发展。桂平县种花生

---

① 道光《宁都直隶州志》卷一二。
② 道光《龙南县志》卷二。
③ 同治《铅山县志》卷五。
④ 袁昶：《广东便览》，光绪二十四年。
⑤ 康熙《高要县志》卷五。
⑥ 乾隆《揭阳县志》卷七。
⑦ 光绪《揭阳县志》卷四。
⑧ 道光《恩平县志》卷一六。
⑨ 同治《东乡县志》卷八。
⑩ 道光《钦州志》卷一。
⑪ 同治《韶州府志》卷一一。
⑫ 光绪《石城县志·物产志》。
⑬ 光绪《吴川县志·物产志》。
⑭ 陈树平主编：《明清农业史资料（1368—1911）》第2册，社会科学文献出版社2013年版，第652—653页。

始于嘉庆间，道光志称："十余年前种者尚少，今则遍地皆然。花生之油，通行各处，每年出息可敌谷石之半。"① 道光《宾州志》载："土豆（花生），宾地多种，可榨为油。"② 道光《博白县志》称："落花生，近来出产愈多。博邑农民之利，稻谷外，唯此为最。"③ 平南县，落花生"地道所宜，产倍他邑"④。武缘县（今武鸣县）花生"年中榨油，出江舳舻衔尾，以百万余计"⑤。

山东种植花生，始于嘉庆。道光《重修平度州志》称："长生果，知州周云凤始教民种之。"⑥ 至道光年间得到发展。《宁阳县志》载："嘉庆初，齐家庄人齐镇清试种之，其生颇蕃，近年则连阡接陌，几与菽粟无异。"⑦ 道光《胶州志》称："落花生……东鄙种者尤广。"又谓东部农民"以落花生代稼"⑧。益都县"二十年来，民间种者甚广，工省而易收，亦贫民所利也"⑨。蒙阴县"沙地宜种长生果，蒙阳种者甚多，沂水尚少"⑩。平度州"道光初，知州周云凤弛豆饼出口之禁，并教邑民试种花生，而油业始盛"⑪。安邱县自青岛通商以来，"落花生始为出口大宗"⑫。临朐县"落花生宜沙土，巨洋以东，种者颇广……贫民之利也"⑬。峄县农民图种花生之利，"由是境内人，远近皆传植之。贩鬻日众，

---

① 道光《桂平县志》卷四。
② 道光《宾州志》卷二〇。
③ 道光《博白县志》卷一二。
④ 道光《平南县志》卷五。
⑤ 道光《武缘县志》卷三。
⑥ 道光《重修平度州志》卷一〇，《物产》。
⑦ 咸丰《宁阳县志》卷六。
⑧ 道光《胶州志》卷一四。
⑨ 光绪《益都县图志》卷一一。
⑩ 刘贵阳：《说经残稿》。
⑪ 民国《续修平度州志》卷一〇。
⑫ 民国《安邱新志·方产考》。
⑬ 光绪《临朐县志·物产志》。

居民衣食皆给"①。

直隶自咸丰年间倡种花生后，唐山县"十数年来，无论城乡，凡有沙土地者，均以种植花生为上策"②。光绪《永平府志》称："落花生，昔无今有。"③ 深州"光绪十许年后，花生之利始兴……其岁入过于种谷。此近年新获之田利，前古无有"④。《广平府志》称："落花生，昔无今有。"⑤ 玉田县"落花生……今邑亦多莳之者……而收获甚美，利优于谷"⑥。此外，顺天府、丰润县、束鹿县、滦州等州县都有种植花生的记载。⑦

此外，江苏、安徽、浙江、河南、湖南、湖北、四川各省及西藏自治区都有种植花生的记载。

（八）蓝靛等染料

随着棉布的发展，作为染料的蓝靛，也在各地得到广泛种植。借助郑昌淦的研究，将各省出产蓝靛等染料州县数统计如下表所示：

表8-1-1　　　直隶等十八直省出产蓝靛等染料州县统计

省别	州县数	省别	州县数	省别	州县数
直隶	64	山东	60	河南	56
福建	45	江西	39	山西	31
浙江	33	湖南	33	四川	28
江苏	27	安徽	25	湖北	22
广东	21	陕西	17	贵州	8
甘肃	6	广西	极少	云南	1

资料来源：郑昌淦：《明清农村商品经济》，中国人民大学出版社1989年版，第328—333页。

---

① 光绪《峄县志》卷七，《物产》。
② 光绪《唐山县志》卷一，《物产》。
③ 光绪《永平府志》卷二五。
④ 光绪《深州风土记·物产志》。
⑤ 光绪《广平府志》卷一八。
⑥ 光绪《玉田县志》卷五。
⑦ 陈树平主编：《明清农业史资料（1368—1911）》第2册，社会科学文献出版社2013年版，第641—642页。

为了有利于对蓝靛种植加深了解，下面列举几个省为例。

1. 福建

宋时，福州盛产蓝靛，到明代"福州而南，蓝甲天下"①。宋应星说："近来出产，闽人种山皆茶蓝，其数倍于诸蓝，山中结箬篓，输入舟航。"② 郭柏苍称："闽诸郡多种蓝，……旧记闽县、侯官、长乐为多。苍按：迩来汀州所种多运远，各郡载烟叶出息尤厚，故废靛栽烟。"③ 至乾嘉年间，长汀府上杭县，"邑人曩时，业此者甚夥，多获厚利"④。宁德县"西乡八都，菁客盈千"⑤。霞浦县"西区平原之农常种靛，清乾嘉最盛"，"乡民有以贩靛，而致巨富者"⑥。台湾府淡水厅，蓝靛"淡北内山种之，常运漳泉南北发售"⑦。

2. 江西

明时已种靛，泰和县"成化末年，有自福汀贩卖蓝子至者，于是州居之民皆得而种之。不数年，蓝靛之出，与汀州无异，商贩亦皆集焉"⑧。至清代，江西也成为蓝靛著名产区。吉安府万羊山，"四方商民，种蓝其间"⑨。赣州府"城南人种蓝作靛，西北大贾岁一至，泛舟而下，州人颇食其利"⑩。建昌府新城县，"田之硗薄者种蓝"⑪。乾嘉年间，广信府、饶州府，"近时江西广、饶不可耕之山，皆种蓝"⑫。同治间，乐平县"近城南岸，洲濒河十

---

① 王世懋：《闽部疏》。
② 宋应星：《天工开物》卷上，《章施》。
③ 郭柏苍：《闽产录异》卷一。
④ 乾隆《上杭县志》卷四。
⑤ 乾隆《宁德县志》卷一，《物产》。
⑥ 民国《霞浦县志》卷一八。
⑦ 同治《淡水厅志》，《风俗志》。
⑧ 光绪《泰和县志》卷二，《土产》。
⑨ 《明史》卷九八，《张翀传》。
⑩ 《古今图书集成·方舆汇编》，《职方典》卷九二三，《赣州府部》。
⑪ 乾隆《新城县志》卷七。
⑫ 吴其濬：《植物名实图考》卷一〇。

余里，种菜种靛，出息更倍"。又称"青靛随地皆有，大河水者佳"①。袁州府"唯耕山者种此，不妨田畴"②。抚州府东乡县，"东北源里多蓝靛，比户皆种，八月中旬，县城墟期，市靛者常集至千余人"③。兴国县"邑产除油烟外，蓝利颇饶"④。九江府"彭泽县各乡专种靛青，每年约出二万桶"⑤。

3. 浙江

明弘治年间，绍兴府已有种蓝记载："蓝草可染青，山阴人种之为业。"⑥ 其后，邻近福建的温州、处州，在崇祯年间，闽人便在此开始种植蓝靛。宣平县："靛，冬底银钱出息，唯以此为最。"⑦ 温州府泰顺县，"自康熙以后，多汀州人入山种靛"⑧。乾隆时，处州龙泉县，"溪岭深邃，棚民聚处，种麻植靛"⑨。嘉兴府《海盐县续图经》载："草本中有俗名青者，每年于二三月间下子布种，疏削成林，取汁成靛，获其价值，数倍于谷麦。"⑩ 丽水种植蓝靛，"闽人始来种之，俱在山，今渐种于田矣"⑪。金华府汤溪县，"闽人依山种靛为利"。嗣后"土著亦效为之"⑫。温郡有"红花、靛青二种，颇利民用，实其地之专产"⑬。宁波府奉化县，"昔时闽人、台人垦山种之，今则土著亦种矣，且多有种于田

---

① 同治《乐平县志》，见《风俗志》《物产志》。
② 同治《袁州府志》卷七。
③ 同治《东乡县志》卷八。
④ 同治《兴国县志》卷一二。
⑤ 刘锦藻：《清朝续文献通考》卷三七九，《实业二》。
⑥ 乾隆《绍兴府志·物产志》，引弘治志。
⑦ 光绪《宣平县志》卷一七，《物产》。
⑧ 同治《泰顺县志》卷二。
⑨ 光绪《处州府志》卷二四，引乾隆《龙泉县志》。
⑩ 光绪《海盐志》卷八，《风土志》，引乾隆《海盐县续图经》。
⑪ 同治《丽水县志》卷一三。
⑫ 乾隆《汤溪县志》卷一。
⑬ 乾隆《温州府志》卷一五。

者"①。景宁县"靛,俗呼靛青,种传自闽人,今种者颇多"②。缙云县产靛蓝,"山民资以为利"③。

此外,如湖南湘潭县,"蓝可作靛,秋月煮汁染衣。十都多以种蓝为业"④。安徽宁国府,嘉庆间,"近年温、处人赁山种之,所产甚茂"⑤。贵州黄平州,据嘉庆志称:蓝靛"旧志不载,近来种者甚夥。……数十年来,因以致富者不少"⑥。直隶磁州,"近因磁人舍本逐末,多种烟叶靛苗,稻田渐减"⑦。

第二节　山区经济开发

靠山吃山,是山区人民长期实践中的经验总结。许许多多的农民,倚山为粮,或以耕山抵补租税,或以耕山补贴家庭经济收入,改善经济状况,或耕山致富。山区经济发展,人民经济生活得到改善,对维护小土地产权发挥重要作用。同时,利用好山,保护好山,对搞好山区经济持续发展,具有十分重要的意义。

有清一代,随着人口增加,以及在平原地区已无地可开垦的情况下,在清政府开发山区的政策引导下,至清中期,山区开发有很大推进。道光皇帝指出:陕西、四川、湖北三省交界南山老林及巴山老林开发,安置了江、广、黔、楚、川、陕无业者"数以百万计"⑧。《兴安府志》称:终南山区,"处处俱成村落"。"虽山头地角,开尽无遗。"商南地区"跬步皆山,久经开垦,并

---

① 光绪《剡源乡志》卷二三。
② 同治《景宁县志》卷一二。
③ 光绪《缙云县志·物产志》。
④ 嘉庆《湘潭县志》,《物产》。
⑤ 嘉庆《宁国府志》卷一八。
⑥ 嘉庆《黄平州志》卷四。
⑦ 吴邦庆:《畿辅河道水利丛书·水利营田图说》。
⑧ 《清宣宗实录》卷一〇。

无老林"①。他们不但种植粮食，还开发各种经济作物，促进山区经济发展。安徽、浙江、江西、福建等山区也相继得到开发。山区开发，因地制宜，各有特色。下面以地区为主线，加以叙述。

1. 陕西

陕西的南山老林，"兴（安）汉（中）商二府一直隶州，林深箐密，居民稀少。乾隆时，赣、皖、川、湖各省流亡迤逦而来，始则凿岩架屋，刀耕火种，谓之棚民。继则长子孙、事诗书，既庶且富，俨成乐土"②。他们除种植粮食外，还充分利用山区优势，进行木材、油桐、油茶、蓝靛、木耳、蜂蜜、果蔬等生产。对农产品商品化，做出贡献。汉中府南郑县，"北坝旱地种粟谷、黄豆、芝麻、烟、姜等物"③。严如熤称："汉川民有田地数十亩之家，必栽烟草数亩，田则栽姜或药材数亩。……姜、药材亩收八九百斤，卖青蚨二三十千，以为纳钱粮，市盐布，庆吊人情之用。"④ 其余百合、木耳、竹笋、茭白产量也很可观。光绪年间，"食品姜……由陆路运至乾（州）甘肃，每年约销四五十万斤，本境约销十万斤。芋有红白二种……由陆路运至省城、咸阳、（三）原、郿（县）、武（功），每年约销六百万斤，本境约销二百万斤。木耳出南山，由陆路运至省城，每年各销三四千斤。竹笋、茭白由陆路运至省城，每年各销二万斤，本境各销五六千斤"⑤。据《泾阳县志》载：枣"熟时贩运省城"，桃"唯豁口为最佳"，杏"鲁桥产者多且美"，柿"多出鲁桥各村"⑥。蒲城县出产枣、梨、柿，"皆香美可食"⑦。麟游县"其果亦类他处，唯胡

---

① 毕沅：《兴安升府奏疏》，咸丰重印《兴安府志》卷二五，《艺术》一。
② 民国《续修陕西通志稿》卷三一。
③ 《秦疆治略》。
④ 严如熤：《三省边防备览》卷八，《民食》。
⑤ 光绪《鄠县乡土志》。
⑥ 宣统《泾阳县志·物产志》。
⑦ 光绪《蒲城县志·物产志》。

桃较多。……以济谷之乏者"①。山阳县出产苹果，品质极佳，"山人不待熟而取之"。"安石榴，盈村皆树之。"雒南县"果之最盛者，无如核桃"②。紫阳县"桔柑之利为溥"，"漆为土产之良"。又称"紫邑种竹者多，其利倍于树木"③。《秦疆治略》称：紫阳县"山极高处皆有漆树……石窖贫民赖以存活"④。鳌屋县"南山夙称陆海，材木之利，取之不穷"⑤。又该县"每岁所出木植……其利亦远及外郡他省"⑥。商南县产木耳，乾隆间"万山中杂树丛生，土人伐木生耳，俗名砍扒"。"近日收买成包，水陆发运。约邑每岁雨水调匀，乡民获利万金。"⑦ 同官县养蜂为最甚，"蜡蜜之利，收而取之，力不劳，而利甚溥也"⑧。

此外，药材生产为大宗。城固县盛产姜黄。据载"姜黄每年产一百余万斤"，又"乾姜皮每年产十余万斤"。行销甘肃、湖北、山西、河南、山东、直隶、新疆各省。⑨ 鄠县"其地最宜姜芋"⑩。凤县产药材，据称："药之属，党参甚美。……此外如何首乌、五加皮……杜仲、雄黄之类，皆足备不时之需。土人入山采取，货于市，足资衣食。"⑪ 平利县"南乡高山，则以洋芋、药材为大宗。东至镇平界，西至砖平界，数百里中，皆业此以资生活"。又谓光绪乙丑以后，"连年阴雨为灾，洋芋几无遗种，而当

---

① 光绪《麟游县新志草·物产志》，引自郑昌淦《明清农村商品经济》，第447页。
② 乾隆《直隶商州志·物产志》。
③ 道光《紫阳县志·物产志》。
④ （清）卢坤：《秦疆治略》，引自郑昌淦《明清农村商品经济》，第409—410页。
⑤ 康熙《鳌屋县志·物产志》。
⑥ 乾隆《鳌屋县志·物产志》。
⑦ 乾隆《商南县志·物产志》。
⑧ 乾隆《同官县志·风俗志》。
⑨ 《城固县乡土志·商务志》。
⑩ （清）卢坤：《秦疆治略》。
⑪ 光绪《凤县志·物产志》。

归、党参蕃殖异常。高山居民专以种药为生"①。雒南县产药，"昔岁如柴胡、进翘、桔梗等类。雒境产生者，每有外商入境收买。近雒民采掇收贮，担运出境，在荆紫关老河口一带售卖，获利较前尚多"②。

2. 山西

山西四处环山，果木栽培极其普遍。榆次"其无田者……或多树果蓏瓜，岁资之为利，以供衣食租赋"③。又称，榆次训峪诸村"民于沟间植桃为业……岁收以代稼。计所树，一家或数百株云"。还说，产西瓜"名闻天下"④。马国翰说："种瓜之家，町畦相接……获利什倍。"⑤ 汾阳县楼山园，"处于西山之中，在高原之上……其地宜果，土人专以为利"⑥。所植果木有柿、梨、枣、桃等。据雍正《山西通志》载：赵城、洪洞种柿"独多，入秋贩市者相属于道"⑦。乾隆年间记载："柿为蒲人利……其植多者千树，少犹数百株，霜陨而熟，落实以待贩，旁致数郡。"虞乡"种梨者虽多，不及蒲柿，人亦收其利"⑧。道光志称：太平产枣，"其树盈野，居人有半年粮之谣"⑨。光绪志称：崞县"居民耕种之外，首务栽植梨果，贩鬻四外"⑩。忻县"梨甘脆，与崞县并称，贩行甚远，颇获利"⑪。民国志称：万泉种柿，"田首、山坡中，一望千万树，少犹数百数……柿饼尤多，冬月后出白霜，出

---

① 光绪《平利县志》，引郑昌淦《明清农村商品经济》，第521页。
② 《雒南县乡土志·商务志》。
③ 同治《榆次县志》卷七，《风俗》。
④ 同治《榆次县志》卷一五，《物产》。
⑤ 马国翰：《竹如意》卷下，《瓜王》。
⑥ 光绪《汾阳县志》卷一○，《杂识》。
⑦ 雍正《山西通志》卷四七，《物产》。
⑧ 乾隆《蒲州府志》卷三，《物产》。
⑨ 道光《太平县志》卷一，《舆地物产》。
⑩ 光绪《续修崞县志》卷一，《舆地志·山川》。
⑪ 光绪《忻县志》卷八，《物产》。

售平阳一带，获利甚钜"①。平顺的柿，"东北乡出产大宗"②。归德府："枣，北地最多。"③ 嵩县产漆，"割采者率江广人"。"松、楸、梭、桐，西南山俱有……获厚利。" "柿、栗、榛嵩土皆宜。"④ 交城县"山民蓄木代耕，变价完粮"⑤。

3. 四川

山区多种植经济林木等。据《江北厅志》载：该地人家多种桃、柑、核桃。"桃，人家多种之，利其实也。"又说："胡桃，俗呼核桃，人家多有种者。"⑥ 荣昌县"邑东北一带浅山，近多种桔"⑦。中江县产白梨或称雪梨，"颇见珍重"；所产红桔"远近有名"⑧。万县多产桔、柚，苎溪夹岸有桔市。"柚则甘美，味不亚夔柚。"⑨

此外，有些山区还有种桐、柏取油的记载：如江北厅多植桐树和乌桕树。称：该厅所在地区，油桐树"土人遍山种之，以收其利"⑩。又称：万县"多山，故民多种桐，取其子为油，盛行荆鄂"⑪。秀山县多桐树，故称"秀山檀油利久矣，故秀油最著名，载销湘汉淮沛之间"⑫。仁寿县产桐，"民恒收至四五百石"⑬。此外，种植乌桕树甚多。井研、犍为有多种乌桕树。夹江、洪雅、峨眉等县多种蜡树。另，江北厅与巴山老林相连，"山深林密，产

---

① 民国《万泉县志》卷一，《舆地志·物产》。
② 民国《平顺县志》卷三，《物产略》。
③ 乾隆《归德府志·土产》。
④ 乾隆《嵩县志·物产》。
⑤ 光绪《交城县志》卷九。
⑥ 道光《江北厅志·物产》。
⑦ 光绪《荣昌县志·物产》。
⑧ 道光《中江县志·物产》。
⑨ 同治《万县志·物产》。
⑩ 道光《江北厅志》卷三。
⑪ 同治《万县志》卷一三。
⑫ 光绪《秀山县志》卷一二。
⑬ 道光《仁寿县志》卷二。

木颇多"①。灌县特产"木则枒杉柏银杏，皆栋梁之材。……木商征材于西北诸山，每岁大约成筏不及一千之数，抵成都北关，价可二十万金"②。

4. 河南

河南山区最大的特色是盛产药材。据《禹州志》称："填满街市犹粪土也。故农家抑或渐成其风，牟其利。深山大壑，采药者往来不绝。其实用销广者，或分稼穑之田以种之。……白菊、白芨、南星、玉米、防风、荆介、罂粟之属，动连畦陌，与百谷、桑麻相掩。杜仲森森成林，紫苏、薄荷、山药、百合、海南参、牛蒡子之类，杂植蔬圃。"③《禹县志》称："深山大壑，采药者往来不绝。"④ 乾隆年间，《怀庆府志》称：种药材"虽工本较高，而所得资利，十倍五谷。其最著者，地黄、山药、牛膝、菊花，获利更厚"⑤。河内县，地黄、山药、防风、紫菀、车前子、百合、天门冬、知母、皂角、牛膝、补骨脂、葫芦巴、萆解、熊胆、朱胶、硫黄等有大量种植及出产。⑥ 济源多山，"而药物产于山者为多"⑦。嘉庆年间，《密县志》称："地黄本出怀庆，……其苗实产于密。"⑧ 这是地黄种苗供应基地。又谓：金银花"山中种植多，利颇溥"⑨。辉县百泉临近太行山区，多产药，其"药之属：全虫，山楂，丹参，防风。种类甚多"⑩。南阳地区盛产"蔓荆，

---

① 引自郑昌淦《明清农村商品经济》，第434页。
② 光绪《灌县乡土志·商务志》。
③ 《禹州志·物产志》。
④ 民国《禹县志》卷七，《物产志》。
⑤ 乾隆《怀庆府志》卷一三，《物产》。
⑥ 道光《河内县》卷一〇，《物产》。
⑦ 乾隆《济源县志·土宜志》。
⑧ 嘉庆《密县志》卷一一，《物产》。
⑨ 同上。
⑩ 乾隆《辉县志》卷三，《风俗》。

黄精，款冬，天花粉，白菊"① 等。淅川的梗桔，每年收成四五百斤；金银花每年收成七八百斤；柴胡年收成一二千斤。② 嵩县之民"多掘药材"③，以补家用。河内县"沁河以南，地土肥美，栽种药材，虽工本较重，而所得资利，十倍五谷。其最著者：地黄、山药、牛膝等物，获利更厚"④。

除药材之外，山农还以山产营生。如雅尔图所说："豫省伏牛山，南接荆襄，西连秦晋，正峰屹峙于嵩城，支干交错于九县，袤延横亘八百余里……凡垦地伐木、剧药、放茧之众，实繁有徒。"⑤ 林县，乾隆间，"北乡山后，沙石荦埆，无地可耕，故其民别以种植果木为生计。多收果核，即属有年，不以禾黍丰凶为利病也"。又称"山所宜木非一，唯柿果、核桃、花椒三物，其利独溥"。"每至秋冬以后，……驼运日夜不绝者，皆椒、桃、柿饼三物也。"⑥ 密县情况与林县同，县志云："其硗埆之地不能耕者，以种植为业。多收果核，即属有年，不以禾黍丰凶为利病也。"⑦ 另密县出产蒜、桑杈、金银花，"利稍多"⑧。又称"蒜……以产超化者佳，为利甚普（溥）"⑨。鹿邑县多种果木：柿"利与山东曹郎埒"，核桃"其利又出柿饼之上矣"，"最多者曰杏"，沙果"西北乡最多"⑩。《嵩县志》云：其山农尤苦，"夏秋治田亩,冬春兼运山产营生"⑪。涉县所产之柿、核桃、花椒"三物颇为邑

---

① 光绪《南阳县志》卷二，《疆域志》。
② 光绪《淅川直隶厅乡土志》卷八，《物产》。
③ 乾隆《嵩县志》卷一二，《市镇》。
④ 王凤生：《河北采风录》卷四。
⑤ 雅尔图：《心政录》卷一。
⑥ 乾隆《林县志》卷五，《种植记》。
⑦ 嘉庆《密县志·习尚》。
⑧ 同上。
⑨ 嘉庆《密县志·物产》。
⑩ 光绪《鹿邑县志·物产》。
⑪ 乾隆《嵩县志》，引自郑昌淦《明清农村商品经济》，第511页。

利"①。据《河南通志》称："漆出南召、淅川。"② 永宁县农民"除服稼穑，蓄竹木，砍伐贩卖，或造器具，外贸营生"③。淇县"其临水居山之家，各以水磨、打柴为业"④。河内县"许良镇等处居太行山之下，地处稍高，居民种竹成海，获利颇厚"⑤。

5. 湖北

湖北"楚南幅员辽阔，山多岭峻，每有外府州县及邻省人民，移来搭盖茅棚栖居，或佃地开垦，种植瓜果蔬菜营生，或砍柴挖蕨而活"⑥。"施南一府，僻处万山，……自雍正十三年改土归流以来，久成内地，以致附近川黔两楚民人，或贪其土旷粮轻，携资置产；或藉以开山力作，搭厂垦荒。逐队成群，前后接踵。"⑦其他山区情况有：应城县"石膏所产，甲于天下，绳凿运贩，足赡数口"⑧。安陆县货之属有白蜡，"香柏椰饼"⑨。《职方典》称：该县产椰，"椰生山原，根可入香料。土人多恃此为生"⑩。东县"樵人执斧登山，采拾称便。而煤山所在多有，贫民挖煤，负笼……获利虽微，而藉以为食者不少"⑪。东湖出产货物有白蜡、桐油、木油、各种菌。或卖柴草以资生。⑫ 此外，大冶出产桃、李、梨、榴，"每当华实之日，灿若坡图。居民尚资其利"⑬。远

---

① 嘉庆《涉县志·风土》。
② 同治《河南通志·物产》。
③ 乾隆《永宁县志·风俗》。
④ 《河北采风录》卷三。
⑤ 《河北采风录》卷四。
⑥ 《湖南省例成案》卷五，《兵律》。
⑦ 《宫中档·乾隆朝奏折》第四辑，永常奏。
⑧ 光绪《应城县志·风俗》。
⑨ 道光《安陆县志·物产》。
⑩ 《古今图书集成》，《职方典》，《德安府物产考》。
⑪ 同治《巴东县志·职业志》。
⑫ 引郑昌淦《明清农村商品经济》，第482页。
⑬ 同治《大冶县志·物产》。

安县种植李、桔，诗称："夏贩林檎秋贩桔，果然山果胜山花。"①

6. 湖南

湖南山区出产丰富，种类繁多，主要有桐油、茶油、柏油、白蜡、药草、柴薪、木炭、果蔬等。谓"山林之利，富于农亩"②。西部辰州府，明代已盛产桐油，到清乾隆年间，该府桐油"商贾竞趋其利，辰油遍天下"③。沅州府黔阳县，"国（清）初，居民不知此利，康熙元年，知县张扶翼谕民种桐"，到清中叶，桐树"各乡遍植"，桐油已"所产甚多"④。永州府"材炭之外，厥利唯麻油、桐油为大。各属咸有之，其利视田收较易。道州所出尤多"⑤。凤凰厅"贫富恃以资生者，桐油、苞谷为最"⑥。陈玉垣说："辰（州）、永（州）、靖（州）诸山，皆种桐树、茶树，收其子以榨油，而会同所产，茶子独盛。"⑦ 道州"州中茶油、桐油最多。西南一带，茶子树连山弥亘……霜降后子熟，各家男妇往摘，多者数十百石"⑧。永顺"岗岭间则植桐树，收子为油。……民赖其利以完租，毕婚姻"⑨。桑植县"山植桐树，取子为油，利甚溥"⑩。慈利县"木子（柏油）则濒溇南北皆是……故县城车洋渡有木子行"。又称："初出市之货曰桐曰茶（指茶油），一岁贸买，常直千万。"⑪ 郴州货之属"麻油、菜油、桐油，五县同产。宜章茶油较多"⑫。靖州"茶油，每岁所制约一万六千石"，"桐油

---

① 同治《远安县志》卷八，《沮江櫂歌》第五首。
② 道光《永州府志·食货》。
③ 乾隆《辰溪县志》卷七。
④ 同治《黔阳县志》卷一八。
⑤ 道光《永州府志》卷五，《生计》。
⑥ 道光《凤凰厅志》卷一八。
⑦ 嘉庆《巴陵县志》卷一四，陈玉垣：《物产论》。
⑧ 嘉庆《道州志》卷一〇。
⑨ 乾隆《永顺府志·物产》。
⑩ 同治《桑植县志》，引郑昌淦《明清农村商品经济》，第486页。
⑪ 引郑昌淦《明清农村商品经济》，第486页。
⑫ 嘉庆《郴州志·物产》。

每岁所制约二千石"①。麻阳县,"邑小土瘠,山多田少","其近山居民,择其地肥土厚之处,布种桐树,获子打油。视人力之多寡,可足一家之费用"②。此外,白蜡、木炭产地较多。如邵阳出产有白蜡及木炭。"白蜡则山栽蜡树成行。其蜡虫子贩自云贵。木炭,邵地山深木茂,其出甚多。"③ 辰州产蜡多。称"岁以收蜡为利",或云"辰人多赖此以为利"。"其中贫富恃以资生者,白蜡为最。"④ 芷江、黔阳二县出"白蜡"⑤。零陵县:"邑,山木利最大。"⑥ 永兴县,清初,"一稻之外,并无余物"。到乾隆间,"山地广垦,种植杉桐果木也多,即豆麻菽麦也广"⑦。还有种植蔬果、药材的地区。桂阳州,"州居山谷间,民倚山为粮,民食固不乏矣。……畦陇植蔬菜,水养茭菰,土宜种苎,岁亦卖数百金。姜薯藕芽皆至千金。……东南十里,东庄有桃李梨枇杷杂果,岁可千金"。"土蔬异者蘑芋,州西南以上皆有之。""舟运至江汉之间,百斤值钱四五千,州及三县岁产四五十万斤,利亦万金。"⑧ 药材,衡阳"北为大坳,坳中饶杂药草,乌药尤良。……方广数里,悉生此药"⑨。

7. 浙江

浙江富产水果。如唐栖名产有枇杷、蜜桔、桃、梅、甘蔗,"一亩之地,值可百金"⑩。据《黄岩县志》《永嘉县志》《温州府志》等载,黄岩与温州均产柑、桔。梁章钜《浪迹续谈》载:温

---

① 光绪《靖州乡土志·商务》。
② 乾隆《麻阳县志·土产》。
③ 嘉庆《邵阳县志·物产》。
④ 乾隆《辰州府志·物产考》。
⑤ 同治《沅州府志·物产》。
⑥ 嘉庆《零陵县志·生计》。
⑦ 《湖南省例成案·户律》卷七。
⑧ 同治《桂阳直隶州志》卷二〇。
⑨ 同治《衡阳县图志·山水》。
⑩ 光绪《唐栖志·物产纪》。

州柑曾贩运京师。黄岩早桔、蜜桔和温州柑桔至今仍闻名全国。①
此外，浙省多育林。如，《开化县志》称："开田少土瘠，不足一邑之食，唯栽杉为生，姜、漆次之，炭又次之。合姜、漆、炭，当杉利五分之一。而唯正之供与养生送死之需，尽在其中。"② 乾隆志载："乌桕，工人取其子榨油。七都密坑产者蜡最厚。"③ 桐庐县："整茶割漆，以要商贾贸易之利。"④ 淳安县"桐，山间多种之"⑤。分水县石灰"产二三管，七管钟山出者佳"。柴"转输他郡，资其利"⑥。此外，还有棚民入山种树，谓"包种"，即所谓"棚民与山主伙为业"⑦。

又浙江景宁、庆云人，擅长培育香菇，其足迹遍布大半个中国。据《景宁县志》称，雍正、乾隆年间"旧志云，乡民货香菇者，旧时皆于江右闽广，今更远至川陕楚襄间。邑虽产此，实有之仅也"⑧。庆云县"居乡者以制菌为业，老者在家，壮者居外，川陕云贵无所不历"。"大抵庆邑之民多仰食于菌山。"⑨

8. 福建

《泉州府志》称："农曩耕于田，今耕于山。若地瓜、若茶、若桐、若松杉、若竹，凡可供日常者，不惮陟峣岩，辟草萃，岁计所入，以助衣食之足。"⑩ 福建南平"沿涧向阳之山多杉木"，"十年之计，唯富者优为之"⑪。建宁"杉木，建邑所植，唯东乡

---

① 转引自郑昌淦《明清农村商品经济》，第 428 页。
② 雍正《开化县志·物产》。
③ 乾隆《开化县志·物产》。
④ 乾隆《严州府志·风俗》。
⑤ 光绪《淳安县志·土物》。
⑥ 光绪《分水县志·物产》。
⑦ 嘉庆《南平县志》卷八。
⑧ 同治《景宁县志》卷一二。
⑨ 光绪《庆云县志》卷七。
⑩ 乾隆《泉州府志》卷二〇。
⑪ 嘉庆《南平县志》卷八，《生业》。

为盛","货之四方"①。光泽县"杉板、樟板,裁而为货,通贩各地"②。宁洋县"宁邑所产之木,无甚奇材,独杉为营造常需。迩来近便之地,兴买已尽"③。宁化县:"吾土杉植最盛,……利用最溥。先时徽贾买山,连筏数千为捆,运入瓜步,其价不赀;近者皆本邑自运,价大减于前。然宁土之食此利者多矣。"④长汀府一带,林木"初栽插时,跨山弥谷,枾比相属,动辄数十里。十年后不止以谷量也。以故素封之家,不窥市井,不行异邑,坐而待收,利贻数世,胥以此为富给之资"⑤。此外,闽省还有租山种杉记载。如南靖县,吕亦林于雍正九年,向"陈时敏佃有山场二片,栽种杉苗,立契俟长大时与陈时敏对半分卖"。寿宁县,乾隆间,郭必锌将山场批与詹上干"栽插杉木,议约主佃三七均分"⑥。

福建产茶油,明代人何乔远谓:"茶油之茶,建、剑、汀、邵多有之,而连城为第一。"⑦王世懋亦说:"余始入建安,见山麓间多种茶,而稍高大,问之,知为茶油……已历汀、延、邵,愈益弥被山谷。……以冬华,以春实。榨其实为油,可灯、可膏、可釜,闽人大都用之。"又谓:"闽山所产,松杉而外,有竹、茶、乌柏之饶。"⑧到清中叶,郭柏苍说:"闽诸郡皆产茶子、桐子、菜子,故诸郡皆设油厂,榨茶子为茶油。"⑨此外还有竹笋、香菇。如南平居山之民多种竹,以笋为业。县志称:"罗源、灵盖、

---

① 乾隆《建宁县志·物产》。
② 光绪《光泽县志·物产》,增补道光志。
③ 康熙《宁洋县志·物产》。
④ 康熙《宁化县志·土产》。
⑤ 杨澜:《临汀汇考》卷四。
⑥ 《清代地租剥削形态》,第144页。
⑦ 何乔远:《闽书》卷一五〇。
⑧ 王世懋:《闽部疏》。
⑨ 郭柏苍:《闽产录异》卷一。

太平、余庆之地多产笋，民以笋为业。"① 福建出产香菇。如松溪县培植香菇，始于康熙年间，"多异地人采作"②。雍正间，永安县"香菇出山中，浙江人种"③。乾隆年间，屏南县"香菇，俱系浙庆元人租山而种"④。嘉庆年间，南平县香菇"邃山深林之处多菌……皆浙江人业此"⑤。崇安县"各处种菇者，则为浙江庆云、龙泉两县之人。每年农历十月结伴前来，翌年二月回去"⑥。

9. 江西

江西山区开发以种植经济林木为主。如种杉树，龙泉（今遂川）县，"康熙间，粤闽穷民知吾泉有山可种，只身入求主佃山，约以栽种杉苗，俟成林时，得价而均之"。"佃家得之于辛勤，更以节俭饶之。于是……佃家始而佃，继而并主之业，以自成业主。"⑦ 另有农民在龙泉批山种竹。杜一鸿称："批山种竹满三年，冬笋春苗好趁钱。"⑧ 安福县"山谷中杉木尤多"⑨。兴国山居人多种杉，"食其利者众"。又种棕树，"岁割其皮以为利"⑩。瑞金县，康熙间，郭吉英将山场批与骆悦五种树，"议足其树成林，每百株抽分二十五给郭姓，以作山租"。崇义县，刘佐廷家的山场，乾隆年间由农民何乾州"佃管，蓄有杉木"，"刘佐廷是山主，应照乡例，原议二八抽分"⑪。在租山种杉中，佃农收入有五成者、七成者、七点五成者、最高达八成者。所付出租价相对少些，这对提

---

① 嘉庆《南平县志·生业》。
② 康熙《松溪县志》卷六。
③ 雍正《永安县志》卷五。
④ 乾隆《屏南县志》卷五。
⑤ 嘉庆《南平县志》卷八。
⑥ 民国《崇安县志》卷一九。
⑦ 乾隆《龙泉县志》卷一。
⑧ 乾隆《龙泉县志·风俗》，杜一鸿：《龙泉竹枝词》。
⑨ 同治《安福县志·物产》。
⑩ 同治《兴国县志·土产》。
⑪ 《清代地租剥削形态》，第51、48、103、144页。

高农民收入是有好处的。

又如种桐树、茶树。"江右山多田少,查南赣二府,种植桐梓,出产油勚,其利甚溥。"① "吉、赣一带,桐梓、茶梓处处成林,大有出息。"② 另有人说,赣州府"茶、桐两油,唯赣产佳,每岁贾人贩之,不可胜计。故两关之舟载运者,络绎不绝,土人一大出产"③。兴国县,茶油"甲于他邑,商贾收贩,终岁不绝","吴中尤争购焉"。"若茶不结实,即为歉岁。"④ 吉安府永丰县,"茶油饶于永明,货于外商,岁入数十万缗"⑤。南安府"利之溥者,竹木外,有茶、桐、柏三木之脂"⑥。然三木之脂中,茶油位列第一。靖安县"邑人近争种茶子","计一邑所产,岁取值逾十万缗"⑦。安福县"茶树子大如桃,山人采以作油,利最广"⑧。玉山县,"生齿繁,故地力尽。山农半于野,农耕于野而近山,且兼收其利。田间作息无间早晚,以余力竭之于山,茶、桐、杉、竹及靛、薯、玉蜀黍可岁计收已。上田稻、豆、麦岁三熟。近日高田刈早稻后,即种山薯,其利倍收,则与上田埒。故业精于勤,农之智,过于圣"。宜春产漆,"漆,宜春稍多,贾人以达四方"⑨。广信府产"桐子、木子树,皆可为油。上饶、兴安所出,较旺他邑。闽人种山者,亦多资为生计"⑩。乐平县货之属,"柏油甚为民利,邑中无不植者"⑪。

---

① 陈振汉等编:《清实录经济史资料》农业编,第2分册,第452页。
② 道光《浮梁县志·艺文志》。
③ 乾隆《赣州府志》卷二。
④ 道光《兴国县志》卷一二。
⑤ 同治《永丰县志·物产》。
⑥ 同治《南安府志·物产》。
⑦ 道光《靖安县志·物产》。
⑧ 同治《安福县志·物产》。
⑨ 同治《袁州府志·土产志》。
⑩ 同治《广信府志·物产》。
⑪ 同治《乐平县志·物产》。

果品有橘、梅、梨等。南丰以桔为著名："果则有桔，四方知名。……近城水南杨梅村人不事农功，专以为业。"① 南昌及武宁产梅。南昌梅干用盐制者佳；武宁剑山中梅林村向多梅，村人拾取为乌梅，贾者络绎不绝。② 梨产玉山、上饶，称"梨唯玉山清消颇称甘脆，近来上饶早梨亦佳"③。

其他各省山区的开发，情况大体相同，只是因地制宜，种植品种有别而已。"广东穷民入山搭寮，取香木舂粉，析薪烧炭为业者，谓之寮民。"④ 贵州遵义府"油桐树，郡无处不有"⑤。思南府各县所产桐油，"运两湖销售"⑥。嘉庆年间，官府勒令徽州种杉棚居离境，返回原籍。棚民则"请俟苗木成材分拚后饬令回籍"⑦。山区开发，已成农民经济生活中的一件大事。

北方也有种植木材的。又如山东黄县"然种树之计，必须十年，民间往往舍沃壤以艺植"⑧。

随着消费需要日益扩大，果蔬市场也得到拓展，为山区经济发展提供有利条件。陕西长安县，"缘山柿栗，岁供租课"⑨。湖北南漳县，"幅员广大，而地瘠民贫，且多崇山峻岭"。康熙中，李朴任南章知县，"勤于民事，各遂土地所宜，劝之播种。又督民于隙地植胡桃枣栗，至今民得藉以资生"⑩。

---

① 同治《南丰县志·物产志》。
② 同治《南昌府志·土产志》。
③ 同治《广信府志·物产志》。
④ 《清史稿》卷一二〇，《食货志·户口》。
⑤ 道光《遵义府志》，卷一七。
⑥ 道光《思南府志·物产志》。
⑦ 道光《徽州府志》卷四。
⑧ 康熙《黄县志》序。
⑨ 嘉庆《长安县志》卷一九。
⑩ 乾隆《襄阳府志》卷六。

第九章

农民家庭副业的发展[①]

本节所要论及的仅仅是农民家庭手工业发展的问题，至于官营手工业对农民家庭经济收益的影响，这里不赘述。农民家庭手工业种类繁多，生产数量有多有少，对农民家庭经济收益影响不一，不可能面面俱到，只择其中对农家收入影响较大的几种手工业加以考察。另，在考察家庭手工业发展时，只谈某地存在某种手工生产，以及对农家经济影响，不涉及技术层面。

随着清代社会经济发展，以及人民需求多样化，各地根据本土资源，发展手工业生产，不仅对当地经济发展起到推动作用，对农民家庭经济收入也大有好处。同时，也巩固了自耕农和半自耕农经济发展，对延续自耕农经济发挥了特殊作用。同时，对增加佃农经济实力也有重要意义。

第一节 手工纺织业

有清一代，政府大力提倡兴"纺织之利"，于是以耕织结合的家庭手工纺织业得以普遍发展。据郑昌淦研究，十八个直省所属州县为1 600个左右，没有农村家庭棉纺织业的州县为540多

[①] 本章资料来源，除笔者自己搜集外，还参考了郑昌淦《明清农村商品经济》一书中有关章节。

个。① 也就是说，十八直省约有三分之二的州县都有家庭棉纺织业。可见纺织业对农民家庭的重要性。家庭纺织业的发展，上对缴纳赋税，下对解决家庭温饱问题，都有重要意义。徐光启称："尝考宋绍兴中，松郡税粮十八万石耳。今平米九十七万石，会计加编，征收耗剩，起解铺垫，诸色役费，当复称是，是十倍余也。壤地广袤不过百里而遥。农亩之人，非能有加于他郡邑也。所由供百万之赋，三百年而尚存，视息者全赖此一机一杼而已……以上供赋税，下给俯仰。若求诸田亩之收，则必不可办。"② 这种情况，清代亦然。如果讨论清代地权分配时，撇开纺织业对农家经济生活所产生的影响，是无法接受的。因此，要特别关切这一问题。但这部分内容实在丰富，无法对各省情况一一做介绍，只好以几个省为例。希望通过以点带面，以观全貌。

1. 江苏

各府州县农户大多皆织布，但以苏松最为普遍。松江府"以织助耕，女红有力焉"③。华亭县"俗务纺织"，"田家收获，输官偿息外，未卒岁，室庐已空，其衣食全赖此"④。娄县元朝元贞年间，黄道婆教纺织。"今所在习之，远近贩鬻，郡人赖以为业。"⑤ 松江、太仓"以织布富甲他郡"⑥。上海县农村"家家纺织，赖以营生"⑦。又称妇女"井臼余，供纺织"，"田所获，输赋、偿债外，未卒岁，室已罄，其衣食全恃此"⑧。南汇县"妇女纺织佐衣

---

① 郑昌淦：《明清农村商品经济》，第102页。
② 徐光启：《农政全书》卷三五。
③ 康熙《松江府志·风俗》，嘉庆志同。
④ 光绪《华亭县志·风俗》。
⑤ 乾隆《娄县志·食货》。
⑥ 姚贤镐：《中国近代对外贸易史资料》第3册，中华书局1962年版，第1357页。
⑦ 《李煦奏折》，康熙三十四年九月。
⑧ 嘉庆《上海县志·风俗》，同治志同。

食"①。川沙厅"纺织家家课女工","朝来不怕饭箩空"②。太仓直隶州"四民之最苦者农,农之最苦者佃户。耕耘粪壅,悉由称贷而来。迨至秋成,偿债还租,竭其所入。藉以糊口者,东北乡纺纱织布,西北乡绩麻织苎。自棉、夏两布滞销,生计日蹙"③。嘉定县"瘠土编氓机杼之声勿绝也"④。崇明县"妇女业布缕以济农丁之困,络车咿哑,夜以继日"⑤。宝山县"躬耕之家仍纺棉织布,抱布易银,以输正赋,而买食米"⑥。镇洋县"工纺织,与嘉崇两邑同,以产布名于四方"⑦。苏州府"木棉布,诸县皆有,常熟为盛"⑧。常熟"女子不谙蚕桑,娴于络纬纺织"⑨。《常昭合志稿》称:"女子勤纺织,小民稼圃余闲,手足拮据,藉以助饔飧之不足者。"又云"乡村妇女,农时俱在田首,冬月则相从夜织。女塘水纱,唐墅苎布,皆轧轧出寒女机也"⑩。昆山县,土地"不宜五谷,多种木棉,土人专事纺织"⑪。常州府无锡"棉布之利独是于吾邑,为他邑所莫及"。所织之布"轻细不如松江,而坚致耐久则过之,故通行最广"⑫。又称"乡民食于田者,唯冬三月。及还租已毕,则以所余米春白而置于囷,归质库,以易质衣。春月,则阖户纺织,以布易米面而食,家无余粒也。……及秋,稍有雨泽,则机杼声又遍村落,抱布贸米以食矣。故吾邑虽遇凶年,苟

---

① 光绪《南汇县志·风俗》。
② 光绪《南汇县志》,祝悦霖:《川沙竹枝词》。
③ 光绪《太仓直隶州志·风俗》。
④ 康熙《嘉定县志》卷四。
⑤ 光绪《崇明县志》卷四。
⑥ 乾隆《宝山县志·风俗》,光绪志同。
⑦ 乾隆《镇洋县志》卷一。
⑧ 乾隆《苏州府志》卷一二。
⑨ 康熙《常熟县志》卷九。
⑩ 乾隆《常昭合志稿》,《物产·风俗》。
⑪ 光绪《昆新续修合志》卷四四。
⑫ 黄卬:《锡金识小录》(乾隆十七年编)卷一。

他处棉花成熟,则乡民不致大困"①。江阴"农妇专事纺绩,兼馌饷之劳"②。或称"纺纱成布,黄山女工多业之"③。靖江"农民种业多棉花,所为布,精细不及江南,然坚紧耐用,屡浣愈白,纺织虽少,而利则蚕之上"④。江宁府各以棉纺织业为重要产业。溧水县"东乡布坚致厚实,而幅最阔,西乡亦然,南乡布稍疏而狭,总名大布,皆女工所为"⑤。江浦县所种棉花为"乌江卫花","其性尤暖","纺以织布,谓之乌江大布"⑥。江北淮、扬二府也有棉纺业,如通州所产棉布"紧厚耐著","朴素浑坚"⑦。其他各府州县相对少些。但都很有名气。

江苏丝织业,在清代得到发展。如苏州府盛泽、黄溪四五十里间,"居民乃尽逐绫绸之利"⑧。乾隆时,"居民百倍于昔,绫绸之聚亦且十倍,四方大贾辇金至者无虚日"⑨。黄溪市入清后"机户益多"⑩。江宁府南京,乾嘉年间,"通城机以三万计"⑪。道光时,"缎机以三万计,纱绸绫线不在此数"⑫。咸丰初年,城内有缎机三万五千台,附近乡村有织机一万五千台⑬。吴江县"女工不事纺绩,日夕治丝。故儿女自十岁以外,皆早暮拮据,以糊其口。而丝之丰歉,绫绸价之低昂,即小民有岁无岁之分也"⑭。光

---

① 黄卬:《锡金识小录》(乾隆十七年编)卷二四《力作之利》。
② 道光《江阴县志》,《风俗》。
③ 道光《江阴县志》卷一〇。
④ 康熙《靖江县志》卷六。
⑤ 光绪《溧水县志》卷六。
⑥ 光绪《江浦埤乘》卷一。
⑦ 姚贤镐:《中国近代对外贸易史资料》第3册,中华书局1962年版,第1331页。
⑧ 乾隆《吴江县志》卷三八。
⑨ 乾隆《吴江县志》卷四。
⑩ 道光《黄溪志》卷一。
⑪ 陈作霖:《凤麓小志》卷三。
⑫ 光绪《续纂江宁府志》卷一五。
⑬ 彭泽益:《中国近代手工业史资料》第2卷,生活·读书·新知三联书店1957年版,第64页。
⑭ 乾隆《吴江县志·生业志》。

绪二十四年间，吴江黎里镇因灾荒，稻子、桑叶皆歉收，"机户失业，聚众乞食，多至数千人"①。

2. 浙江

棉纺织业以嘉兴、湖州二府最发达，其他州县次之。据《湖州府志》称："地产木棉花甚少，而纺之为纱，织之为布者，家户习为恒业。不止乡落，虽城中亦然。"又说"小民以纺织所成，或纱或布，侵晨入市，易棉花归，仍治而纺织之。明旦复持以易，无顷刻闲。纺者日可得纱四五两，织者日成布一匹。燃脂夜作，男妇或通宵不寐。田家收获，输官偿债外，未卒岁，室庐已空，其衣食全赖此"②。南浔镇"四乡之人自农桑外，女工尚焉。推车、踏弓、纺线织机，率家有之。村民入市买棉归诸妇，妇女日业于此"③。乌青镇有"木棉布，出乌镇者佳"，所织之布"轻软而暖"，而"大小轻重，价亦有多寡不同"④。嘉兴府平湖县"比户勤纺织……积有羡余，挟纩（绵絮）赖此，糊口亦赖此"⑤。又云"布浮于帛"，"邑中妇女以此为业"⑥。海盐县"地产木棉花甚少，而纺之为纱、织之为布者，家户习为恒业。……田家收获，输官偿债外，卒岁，室庐已空，其衣食全赖此"⑦。石门县"迩来织纺者众……田家除农蚕外，一岁衣食之资，赖此最久"⑧。秀水县新塍（原新城镇）妇女，"燃脂夜作，或通宵不寐。田家收获，输官偿息外，其衣食全赖此"⑨。嘉兴县梅里乡"物产之利，首推

---

① 光绪《黎里续志》。
② 同治《湖州府志》卷二九，引朱国桢《涌幢小品》。
③ 咸丰《南浔镇志》卷二四。
④ 乾隆《乌青镇志》卷七。
⑤ 光绪《平湖县志·风俗》引乾隆志。
⑥ 光绪《平湖县志》卷二、卷八，引康熙志。
⑦ 光绪《海盐县志·风土考》，引《涌幢小品》。
⑧ 光绪《石门县志·物产》，引道光志。
⑨ 郑凤锵：《新塍琐志》（道光）。

纱布。……户勤纺织，人多巧制"①。桐乡县"西乡女工，大概织锦紬素绢，绩苎麻黄草以成布匹。东乡女工，或杂农桑，或治纺织。若吾乡女工，则以纺织木棉与养蚕作绵为主。随其乡土，各有资息，以佐其夫"②。温州府永嘉县、乐清县："女红罕事剪绣，唯勤纺织，虽女孩老媪，未尝废织。或贫不能鬻花、苎，则为人分纱分织。"③ 瑞安县"女人自少唯以纺织为事"④。平阳县"女红不事刺绣，唯勤辟织。夏绩苎、冬纺棉，昼夜无间。虽高门巨室，始龀之女，垂白之妇皆然"⑤。

浙江丝织以湖州、嘉兴、杭州三府为著名，其中几个镇尤为重要。湖州府归安县涟川"家家织纴"⑥，《双休镇志》称："双溪左右延袤数十里，俗皆织绢。"⑦ "各省客商云集贸贩。"⑧ 如临平镇，雍正时有"轻绸机不下二三百张"⑨。道光时，杭州机户"以万记"⑩。嘉兴县梅里乡，"蚕丝之广，不下吴兴"⑪。杭州艮山门外一带，"人家世守蚕织，是以村村富实"⑫。西湖"人家多勤女红，春时皆以养蚕缫丝为业"⑬。海宁县二十四都四庄"力务农

---

① 嘉庆《嘉兴县志·物产》。
② 张履祥：《补农书》下卷。
③ 乾隆《温州府志》，转引郑昌淦《明清农村商品经济》，第156页。
④ 嘉庆《瑞安县志·风俗》。
⑤ 乾隆《平阳县志·风俗》。
⑥ 《沈氏农书》，《蚕务》。
⑦ 《双休镇志》卷一二，《碑碣》，引范金民《国计民生——明清社会经济研究》，福建人民出版社2008年版，第311页。
⑧ 同治《双林记增纂》卷八。
⑨ 彭泽益：《中国近代手工业史资料》第1卷，生活·读书·新知三联书店1957年版，第216页。
⑩ 彭泽益：《中国近代手工业史资料》第2卷，生活·读书·新知三联书店1957年版，第74页。
⑪ 嘉庆补辑乾隆《梅里志·物产》。
⑫ 光绪《杭州府志》卷一七三，《杂记二》。
⑬ 光绪《杭州府志·物产》，引《西湖志》。

桑，出产丝布"①。於潜县"蚕熟丝多，乡人多资其利"②。临安"妇女缫丝尤工"③。富阳县"男力耕，女勤蚕织"。又称：丝、绢等为"货之擅胜者"④。萧山县产丝，育蚕之家以手工缫成⑤。宁波府鄞县"养蚕纺丝，向唯小溪鄞江桥一带为盛，近日种桑者多，诸村妇女咸事蚕织"。又称：出产货物，绢"甚佳"⑥。永嘉县"今枬溪山中多育蚕丝"，"岁入不无少补"⑦。东阳县"邑虽僻在山陬，而妇女颇勤于蚕。丝锦坚韧，特胜他处。凡土绅家绢，亦堪行远"⑧。太平县"今妇女多治蚕，其丝比杭、湖绢次"⑨。

双林、濮院、王江泾、新塍、王店等镇是丝织重镇。双林镇一带"近镇数村以织绢为业，男子或从事打线，且必时常出市买丝卖绢，田功半荒，而衣帛食鲜"⑩。又称："农家育蚕外，工纺织，为衣履，比户皆然。""女工以织绢为上，习此者多，而出息亦巨。机声鸦轧，晓夜不休。"⑪"各省客商云集贸贩。"⑫濮院镇丝织发达，称："机业十室而九。"⑬或称："近镇人家多业机杼，间有田业者，田事皆雇西头人为之。"⑭"户勤纺织，人多巧制。"⑮王江泾镇"近镇村坊，都种桑养蚕织绸为业"⑯。乾嘉时"烟户万

---

① 道光《海昌备志·都庄志》。
② 嘉庆《於潜县志·食货》。
③ 光绪《杭州府志·物产》，引《临安县志》。
④ 康熙《富阳县志》，《风俗》《物产》。
⑤ 民国《萧山县志·物产》。
⑥ 光绪《鄞县志》，《风俗》《物产》。
⑦ 光绪《永嘉县志·物产志》。
⑧ 道光《东阳县志·物产志》，引康熙志。
⑨ 康熙《太平县志·物产》。
⑩ 同治纂，光绪补纂《双林镇志》卷八。
⑪ 同治纂，光绪补纂《双林镇志》卷一五，《风俗》。
⑫ 同治纂，光绪补纂《双林镇志》卷八。
⑬ 光绪《嘉兴府志》卷二，《风俗》。
⑭ 沈廷瑞：《东畲杂记》。
⑮ 《梅里志》卷七，《物产》。
⑯ 天然痴叟：《石点头》卷四。

家,其民多织缯为业,日出千匹,衣被数州郡"①。新塍镇的大张各圩及东北诸乡都以织绸为业。② 王店镇(又称梅里镇)所织绸称为王店绸,又有褚氏画绢、花绉等,都很有名。③ 塘栖镇至清代时,烟火万家,机户"俱开机镇上"④。

3. 山东

纺织业各府都存在,特别是济南兖州、东昌(今聊城)、曹州(今荷泽)几府为多。济南府"乡中妇女勤纺织"⑤。历城县棉布有"平机、阔布、小布三种"⑥。平原县"鲜桑树,久无蚕事,而纺棉织布……近时士大夫家闺阁亦然。民间则男子亦共为之"⑦。齐东县"妇女蚕桑之外,尚务纺织。一切公赋,终岁经费,多取办于布棉"⑧。又称"齐东延袤百里,俗俭民厚,勤于纺织","通于关东,终岁且以数十万计。民生衣食之源"⑨。章邱县"妇女多勤纺织"⑩。禹城县"其力作通财者,有棉线、布匹"⑪。德平县"男以耕耨为生,女以纺织为业,终岁不倦"⑫。邹平县"妇女蚕桑之外,尚务纺织"⑬。青州府博兴县"妇女无长幼贫富,皆勤纺织"⑭。寿光县"棉布,本境家家业此"⑮。兖州府滕县"妇女缉

---

① 引自《嘉兴府城镇经济史料类纂》,第117页。
② 光绪《新塍镇志》卷三。
③ 光绪《嘉兴府志》卷四。
④ 张之鼎:《栖里景物略》卷一,转见朱新予《浙江丝绸史》,第104页。
⑤ 道光《济南府志》卷一三。
⑥ 乾隆《历城县志》卷五。
⑦ 乾隆《平原县志·风俗》。
⑧ 康熙《齐东县志·风俗》。
⑨ 嘉庆《齐东县续志》,周以勋:《布市记》。
⑩ 乾隆《章邱县志·风俗》,道光志同。
⑪ 嘉庆《禹城县志》卷五。
⑫ 乾隆《德平县志·风俗》,光绪志同。
⑬ 康熙《邹平县志·风俗》。
⑭ 道光《博兴县志·物产》。
⑮ 光绪《寿光县风土志·物产》。

布，夜纺车之声，比屋相闻"①。汶上县"布，河西乡人多纺织之"②。寿张县"妇女纺织，几于家喻户晓"③。登州府荣成县"妇女纺绩营生"④。东昌府恩县"本境妇女多以纺织为业"⑤。馆陶县"妇女纺织为业"。又称，由于近年洋布洋线盛行，本境业此者，"几不足谋生"⑥。清平县"女工以纺织为事，……一家衣被、日用皆取给焉"⑦。泰安府肥城县"妇女则勤于纺织，贫者得以赡家，富者亦以自给。百里之内，机轴之声不断"⑧。曹州府定陶县"所产棉布为佳，他邑皆转鬻之"⑨。武定府惠民县"女事纺织，农忙之外，机杼无暇日"⑩。滨州"妇女皆勤于纺织，男则抱布而贸于市"⑪。利津县"妇女无老少贫富，皆事纺织"⑫。蒲台县"蒲人生计，唯恃耕织"⑬。

山东丝织，在清代有所发展。如邹平县"公赋取办麦、棉花、丝、绢"。又云"妇女蚕桑之外，崇务纺织"⑭。长山县"长山俗多务织作，善绩山茧。茧非本邑所出，而业之者颇多，男妇皆能为之"⑮。淄川县"邑人近事槲䌷。然茧不产于淄，而织于淄，自

---

① 道光《滕县志·风俗》，康熙志同。
② 康熙《汶上县志·物产》。
③ 光绪《寿张县志》卷一。
④ 道光《荣成县志·风俗》。
⑤ 光绪《恩县乡土志·物产》。
⑥ 光绪《馆陶县乡土志·物产》。
⑦ 嘉庆《清平县志·物产》。
⑧ 光绪《肥城县志·风俗》，引嘉庆志。
⑨ 康熙《兖州府志·风土》。
⑩ 光绪《惠民县志·民俗》。
⑪ 咸丰《滨州志·风俗》。
⑫ 光绪《利津县志·风俗》。
⑬ 乾隆《蒲台县志·风俗》。
⑭ 康熙《邹平县志·风俗》。
⑮ 道光《济南府志·风俗》。

食其力，以佐农之穷"①。博山县"槲绸为多，颇佳，胜于沂水所出"②。诸城县盛产山蚕，织为山绸，而"衣被南北，为一方之货"③。临朐县"货之属，丝为冠"。"岁计，其通常获银百数十万"④。寿光县"野狐庄、杨家庄机房，亦有织成绢绸者"⑤。登州府栖霞县"农作外，间治茧丝"⑥。此外，沂水、费城、曲阜、莱芜等县都产山绸⑦。

4. 河南

各府都产布，以怀庆、河南、卫辉、汝宁诸府为多。如偃师县"产棉花，妇女相勖，朝夕纺绩，备婚嫁丧葬之资，轫车之声，溢于里巷"⑧。永宁县"妇女軖车机杼声相闻"⑨。内乡县"妇勤纺织，至有朝浣纱而夕成布者"⑩。罗山产细布，"民间衣被之布，多取诸、光、罗诸州县"⑪。沈邱县"其地之所产，茧丝虽云少入，而花布足以自赡，至粮税所需，尤多借以供办"⑫。扶沟县"妇女无境外之行，尤勤于绩纺"⑬。光山县"妇女以纺织为务"，"以衣其家人，或贸以佐日用"⑭。修武县农民于夏秋二获后，"女则纺织为生"⑮。孟县"地窄人稠，男妇唯赖纺织营生糊口"。又

---

① 康熙《淄川县志·物产》。
② 民国《博山县志》卷七，引旧志。
③ 乾隆《诸城县志·方物》。
④ 光绪《临朐县志·物产》。
⑤ 《寿光县乡土志·物产》。
⑥ 乾隆《栖霞县志·物产》。
⑦ 转见郑昌淦《明清农村商品经济》，第289—290页。
⑧ 乾隆《偃师县志》卷五。
⑨ 乾隆《永宁县志·风俗》。
⑩ 康熙《内乡县志·风俗》。
⑪ 乾隆《新蔡县志·物产》。
⑫ 乾隆《沈邱县志·物产》。
⑬ 光绪《扶沟县志·风俗》。
⑭ 乾隆《光山县志·风俗》。
⑮ 王凤生编：《河北采风录》。

称："人家多丁者有微利，而巷陌无丐者。"① 温县"温产唯木棉为多。民间纺织，无问男女。每集，蛋氓抱布而贸者满市。……贫民赋税全赖于是。亦勤织之一验也"②。孟津县"邑无不织之家，秦陇巨商终岁坐贩，邑中贫民资以为业"③。修武县"农民于夏秋二获后，男则佣工贸易，女则织纺为生"④。正阳县"邑中种棉织布，大概有之，唯陡沟店独盛，家家设机，男女操作，其业较精"⑤。"陡沟细布"直至清末还畅销。至于丝织业，家庭自织者少。蚕丝多以原料出售。

5. 直隶

新发展起来的纺织区。《农政全书》称："数年来，肃宁一邑所出布匹，足当吾松十分之一矣。初犹莽莽，今之细密，已与吾松之中品埒矣。"⑥ 至乾隆时期，"冀、赵、深、定诸州属，农之艺棉者十八九，产既富于东南，而其织纴之精亦与松娄匹"⑦。献县"妇勤于绩，夏月席门前树荫下，引鈎声相应，比户皆然"⑧。河间府的棉布生产产量大、质量好，"景州以布著"。"景州之布称龙华，龙华镇所出也，洁白细好，比于吴中。"⑨ 永平府属除临榆县外，"家机布，诸邑皆有"⑩。乐亭县"农隙之时，女纺于家，男织于穴，遂为本业。故以布易粟，实穷民糊口之一助云"⑪。《滦州志》称：该州"丰年且无余积……稍饥馑，辄流亡焉。然

---

① 乾隆《孟县志·物产》。
② 顺治《温县志·市集》。
③ 嘉庆《孟津县志》卷四。
④ 王凤生：《河北采风录》卷三。
⑤ 嘉庆《正阳县志》卷九。
⑥ 《农政全书》卷三五。
⑦ 《授衣广训》。
⑧ 乾隆《献县志》卷四，《风俗》。
⑨ 乾隆《河间府志》卷四，《物产》。
⑩ 乾隆《永平府志》卷三，《物产》。
⑪ 乾隆《乐亭县志·风俗》。

女勤纺织，比屋皆然"①。顺天府宝坻县妇女"唯勤于纺织，无论老媪弱息，未尝废女红，或为邻家佐之。贫者多织粗布以易粟"②。宁河县"迩更勤于纺绩。司中馈毕，聚家之老幼，姑率其妇，母督其女，篝灯相对，星月横斜，犹轧轧纺车声达户外也"③。大城县"妇勤纺织，秋冬间机轴之声相闻，夜分乃罢"④。保定府高阳县"以耕织为生"⑤。正定府正定县"女勤纺织，木棉花布之利，不减蚕桑"⑥。栾城县"男女勤纺纩，共操作"⑦。行唐县"女红纺织以糊口，利最溥"⑧。顺德府任县"女勤纺织"。又谓："唯织布之业遍于四境。"⑨ 平乡县"女务机杼，贫者鬻布以食"⑩。巨鹿县"农务耕作，其妇专以纺绩为业；男子无事，亦佐理之"。"虽土瘠民贫，而抱布贸丝，皆足自给。""利虽未厚，而源源接济，衣食所资，取之裕如。"⑪ 大名府大名县"妇勤纺织，中夜不辍"⑫。赵州直隶州"耕稼纺织，比屋皆然。老幼鲜窳，胼胝无虚日"⑬。深州直隶州饶阳县"农民力田而外，专事纺织"⑭。冀州直隶州"畿辅深、冀诸州布利甚饶，纺织皆女工"⑮。南宫县"妇女皆务绩纺，男子无事亦佐之。虽无恒产，而贸布鬻丝，皆足

---

① 嘉庆《滦州志》卷一，《物产》。
② 乾隆《宝坻县志·风俗》。
③ 乾隆《宁河县志·风俗》，光绪志同，转见郑昌淦《明清农村商品经济》，第106页。
④ 光绪《大城县志·风俗》。
⑤ 雍正《高阳县志·风俗》，引《一统志》。
⑥ 光绪《正定县志·方物》。
⑦ 同治《栾城县志·风土》。
⑧ 乾隆《行唐县志·土产》。
⑨ 宣统《任县志》，《序》《物产》。
⑩ 光绪《平乡县志·风俗》。
⑪ 光绪《巨鹿县志·风俗》。
⑫ 乾隆《大名县志·风俗》。
⑬ 光绪《赵州直隶州志·风俗》。
⑭ 乾隆《饶阳县志·土宜》。
⑮ 光绪《深州直隶州志·物产》。

自给"①。枣强县"男勤于织，女勤于纺，通功易事，赖以生活。小民生计，十居八九"②。新河县"丈夫力佃作，给徭役；女子工纺织"③。

直隶也产绸，如清丰县汤绸"佳一时"④。深州饶阳、安平异时"出丝绢"，近"丝销不减于故"⑤。但从事丝织者不普遍。

6. 山西

棉布生产，在清代有较大发展，寿阳、榆次、太谷、祁县等邑"机声轧轧，杼轴相闻。偶逢市集，抱布贸丝者，踵履相接，是以室家饶裕"⑥。平定直隶州属寿阳县，"事耕织者十之五"⑦。太谷县"无问城市乡村，无不纺织之家"⑧。或称："男务耕，女务织，勤俭致殷阜"⑨。榆次县"榆人家事纺织，成布至多，以供衣服租税之用"⑩。徐沟县"闾阎勤纺织，以供输将"⑪。汾州府孝义县"男妇皆能纺织，所制棉布，鬻于西北州县"⑫。蒲州府临晋县"女勤纺绩"⑬。虞乡县"布皆妇女所为，自衣被外，折价贸易白银，以供官赋"⑭。绛州直隶州乡民"勤纺织"⑮。潞安府襄垣县产布，"按襄邑地本山陬。……女工尤勤苦，日食糟糠，而纺织不

---

① 道光《南宫县志·风俗》。
② 康熙《枣强县志·风俗》。
③ 康熙《新河县志·风俗》。
④ 康熙《清丰县志·风俗》，同治志同。
⑤ 光绪《深州风土记·物产》。
⑥ 道光《大同县志》卷尾，《志余》。
⑦ 乾隆《寿阳县志》卷八，《风俗》。
⑧ 咸丰《太谷县志·风俗》，引乾隆《太原府志》。
⑨ 光绪《太谷县志》卷三。
⑩ 乾隆《榆次县志》卷七，同治志《物产》记载相同。
⑪ 康熙《徐沟县志·风俗》。
⑫ 乾隆《孝义县志·物产》。
⑬ 乾隆《虞乡县志·风俗》，引《临晋县志》。
⑭ 乾隆《虞乡县志》，《物产》，光绪志同。
⑮ 光绪《直隶绛州志》，《风俗》，引祝氏志。

辍，每至夜分不寐"①。

山西丝织，在清代，主要集中在泽州及解州等地。泽州府"府境产丝，织成素帛，以橡壳皂之，谓之乌绫帕，用以抹额"②。潞安府"潞之产䌷，机杼出于本地"③。解州出黄丝，"妇女勤者饲蚕作茧，取丝成绢，朴素无花，六月二十三日关庙会中，贸鬻成市"④。

7. 陕西

纺织业出现较迟，直至清初才出现纺织者。乾隆时，咸阳县"农力勤稼穑，妇女多知绩纴"，"土著之民自行贩卖"⑤。盩厔县"纺棉绩麻，人人能之"，"桑麻布帛以为衣，积其所余，以供正赋，以资用度"⑥。宜川民"渐知种桑果，兴蚕事，又时置机杼，习纺织，衣食之资，视前稍赖焉"⑦。大荔县"妇女事织纴"⑧。又谓："为旧志所未详者：无论贫富之家，无不勤俭。贫家妇女贷棉二斤，纺之可得钱三十两，织之可成布三丈余。以所成之布，易棉四斤，除归还前贷之二斤外，是赢棉二斤矣。……棉、布相易，生生不已。"⑨ 嘉庆时，洛川"布，昔年所出颇多，近日木棉价昂，纺织者渐少，卖布者多郃阳人"⑩。至道光年间，清涧县"近年，地多种棉，置机杼，习纺织，女红渐兴所望，比户娴习，大收织作之利"⑪。"洋县出有洋䌷"，城固县马畅生产的绢以及宁羌县的宁䌷，都是驰名的丝织品。此外，陕南城固、西乡、洋县多

---

① 乾隆《襄垣县志·风俗》。
② 雍正《山西通志》卷四七。
③ 乾隆《潞安府志·田赋》。
④ 乾隆《解州全志》卷二。
⑤ 乾隆《咸阳县志·风俗》。
⑥ 乾隆《盩厔县志·风俗》。
⑦ 乾隆《宜川县志》，转见田培栋《明清时代陕西社会经济史》，首都师范大学出版社 2000 年版，第 58 页。
⑧ 乾隆《大荔县志·风俗》。
⑨ 道光《大荔县志·风俗》。
⑩ 嘉庆《洛川县志》卷一三。
⑪ 道光《清涧县志》卷一三，《风俗》。

纺纱织布[1]。据《陕西实业考察》一书记载：清中期后，汉中县设有织布机房33家，产品有洋布、银针布、条子布、毛布，年产量约五千余匹，运销本地及甘肃。丝织业16家，产品有绢绸丝帕绫绵等，年产两千余匹，运销本地及甘肃。织袜铺20家，产品有棉线袜、丝袜，年产八千余打，运销本地及甘肃。[2]

8. 湖北

大多数州县都有纺织。武昌府武昌县"妇女勤纺织"[3]。大冶县"丈夫力田作苦，女工纺织不蚕"。又称："一夫所赖以赡八口，急公家之需者，区区撮土，草禾木棉之外，无他饶矣。"[4] 汉阳府汉阳县"乡农之家勤于纺织，每夜登机，而昼成匹"[5]。又称"帛之属：扣布。南乡家春作外，以此资生"[6]。汉川县"至南岸，则勤纺织，皆晓夜为之，十室而九"。所产大布、小布，商贾"咸来争市焉"[7]。孝感县产棉布，"数年谷贱伤农，又值凶旱，民皆恃此为生"[8]。安陆府安陆县"自乾隆以来，男事耕耘，女勤纺织，商贾云集，货财日繁"[9]。德安府"今各属以纺织为生"[10]。应城县乡村："多恃女工织纴，资给八口。""邑境向勤耕织，颇称饶裕。"[11] 云梦县农民"甫释犁锄，即勤机杼"[12]。随州"随地户种

---

[1] 田培栋：《明清时代陕西社会经济史》，首都师范大学出版社2000年版，第323页。
[2] 转见田培栋《明清时代陕西社会经济史》，首都师范大学出版社2000年版，第324页表中有关内容。
[3] 光绪《武昌县志·风俗》。
[4] 同治《大冶县志》，《风俗》《物产》，引明志。
[5] 乾隆《汉阳县志》，卷九。
[6] 乾隆《汉阳县志·物产》，嘉庆志同。
[7] 同治《汉川县志》，《风俗》《物产》。
[8] 光绪《孝感县志·土物》。
[9] 道光《安陆县志》卷八。
[10] 光绪《德安府志·物产》。
[11] 光绪《应城县志》卷一，引康熙《樊志》、嘉庆《吴志稿》。
[12] 道光《云梦县志略·风俗》，引道光府志。

木棉，人习为布。……随民多恃此为生计"①。黄州府罗田县"机杼声相闻"②。蕲水"机杼声相闻，抑且贸之以输正供，此贫家妇工之常业也"③。荆州府江陵县"棉布，乡民农隙以织为业者，十居八九"④。监利县"所产吉贝大布，西走蜀黔，南走百粤，厥利甚饶"⑤。石首县"妇女纺织，以供饘粥，以御冬寒"⑥。枝江县产棉布，"居民于农毕时，纺织兼营。无产业家，更藉此为生计"。"其功勤，其利亦倍"⑦。襄阳府宜城县"间阎争事纺织"，"亦足资小民生计"⑧。郧阳府房县"货，木棉布，山中乡民男妇俱织"⑨。

湖北产丝，多作为原料出售外地。也有织绢者，但不多。

9. 湖南

棉纺织业，不很普遍。湘乡"农无余粟，资女红以继之"。纺织之人"乃以资赋税之不逮，而免其于系扑"⑩。攸县妇女"纺织一也。……贫者耕不足恃，恒赖此支半载食用"⑪。岳州府巴陵县"其妇女纺织，宵旦勤劳"，"邑之利源，多出于此"⑫。巴陵县"妇女工织纴，……每行乡间，闻机杼声、络纬声"⑬。澧州安福县（今临澧县）"居乡村者，操井臼，务织纺"。又称"妇女勤快者，一日应即细纱可得半斤。……艺熟手快者，一月夜即细布可

---

① 同治《随州志·物产》。
② 光绪《罗田县志·风俗》。
③ 光绪《蕲水县志》，转见郑昌淦《明清农村商品经济》，第164页。
④ 乾隆《江陵县志·物产》。
⑤ 同治《监利县志·风俗》。
⑥ 同治《石首县志·风俗》。
⑦ 同治《枝江县志·物产》。
⑧ 同治《宜城县志·物产》。
⑨ 同治《房县志·物产》。
⑩ 同治《湘乡县志·风俗》。
⑪ 同治《攸县志·风俗》。
⑫ 嘉庆《巴陵县志·风俗》。
⑬ 光绪《巴陵县志》卷五二，引嘉庆志编者言。

成一匹。福邑乡民以此作生活者居多，不唯自衣，兼可获利"①。石门县"女工克勤纺绩，……比户机声轧轧"②。永州府东安县"妇女工纺绩，以赡衣食、赋税"③。衡州府衡阳县妇女，"绩箔纺车，寒暑罔闲"④。耒阳县，妇女"勤纺织，工缝纫，操作不辍，无论寒门富室大都类然"⑤。郴州永兴县"女功，春夏绩麻，秋冬纺棉，贫苦者以此赡其家"⑥。辰州府辰溪县"更有以织纴为业者"⑦。溆浦县"男耕女织，作劳不懈"⑧。

10. 四川

在清代成为新棉纺织区，集中在成都平原及沿长江一些州县。新宁县"妇女唯事纺棉，贫富皆优为之"，"单寒之家，以纺织为生，则男女并力"⑨。大竹县"竹地产棉及苎。妇女无贫富大小，以纺织为务"，"故家虽极贫，计其女工之营，亦差足以自给"⑩。秀山县"妇女最工织布"，布售于市，"岁亦四五千金"⑪。垫江县"邑多纺棉，自给而外，率多贩卖"⑫。新津县"男女多纺织，故布最多，有贩至千里外者"⑬。中江县"邑境悉产木棉，下村尤盛，妇女又能纺，故织者恒多，……商贩至滇黔，为大装货"。又谓："女工无他精巧，但非懒惰，皆能自食其力。"⑭ 乐至县"县

---

① 同治《安福县志》，《风俗志》《物产志》。
② 嘉庆《石门县志》卷一八，《风俗》。
③ 《古今图书集成》，《职方典》卷一二七七，《永州府风俗考》。
④ 嘉庆《衡阳县志·风俗》。
⑤ 道光《耒阳县志》卷八。
⑥ 光绪《永兴县志·风俗》。
⑦ 道光《辰溪县志·风俗》。
⑧ 乾隆《溆浦县志·风俗》，引康熙志。
⑨ 同治《新宁县志·风俗》。
⑩ 道光《大竹县志》卷一九，《风俗》。
⑪ 光绪《秀山县志·货殖》。
⑫ 乾隆《垫江县志·风俗》。
⑬ 道光《新津县志·物产》。
⑭ 道光《中江县新志》，《物产》《风俗》。

产木棉……贫妇买诸市，指挂为线，积日卖之，利可温给"①。德阳县，道光时"女工，则多纺而少织。纺车之声盈于里巷，彻夜不休"。至同治时，所产棉布，运销越嶲、松潘、建南、打箭炉一带。②定远县"妇女无论贫富，皆勤纺织"③。仪陇县"集期交易，丝、棉及布为盛，盖土产也。虽嗷嗷十口，田不过半亩，而晨夜纺织，子妇合作，衣食悉待给焉"④。

四川丝织，入清后得到迅速恢复。成都是丝织业集中区域，县城内外都有机房。乾隆五十九年，渝城有"绸号四十余家，系自贩自卖，机房二百余家，色绫系伊等自织"。保宁府、潼川府、嘉定府也都是丝织品区。太平天国期间，得到快速发展，最高年产量达到七十万匹左右。⑤犍为县"女功，采桑养蚕、绩麻纺织、绵绸夏布、俱出其手"⑥。除了桑蚕纺织外，还有山丝纺织。道光时，綦江山蚕养殖得到发展，当地丝织业也随之兴旺起来，所织之绸称川绸。"所谓川绸者，皆从贵州而来。"⑦

11. 贵州

棉纺织业主要在遵义、安顺两府。独山州"女工纺织，自六七岁学纺纱，稍长即能织布，染五色，砧杵声辄至半夜，以布易棉花，辗转生息"⑧。安顺府产布，"顺布，以出安顺，故名顺布"。"郡民皆以此为业，城北尤盛。"⑨ 安平县"每逢申卯日天亮时，妇女俱执棉线，赴黑神庙兑易棉花，至辰时而散。场将散时，

---

① 道光《乐至县志·风俗》。
② 道光《德阳县志·风俗》；同治《德阳县志》，《风俗》。
③ 嘉庆《定远县志·风俗》。
④ 同治《仪陇县志·风俗》。
⑤ 方行、经君健、魏金玉主编：《中国经济通史·清代经济卷（上）》，第381页。
⑥ 嘉庆《犍为县志·风俗》。
⑦ 彭泽益：《中国近代手工业资料》第1卷，生活·读书·新知三联书店1957年版，第204页。
⑧ 乾隆《独山州志》卷三，《风俗》。
⑨ 咸丰《安顺府志·物产》。

及次日早晨，以所织棉布交易"①。兴义府"地产棉花，妇女勤工作，纺车之声，络绎于午夜月明时"。又称"全郡男资以织，女资以纺，其利甚溥"②。遵义县东乡"多以织布为业"③。

贵州柞蚕丝织业到道光时得到发展。李宗昉云："（遵义）居民无男妇大小，手中皆持一捻丝坠子。余莅郡时，见执事役伺应之暇，就怀中取木坠子，捻丝不辍，可云勤矣。"④ 遵义县"纺织之声相闻，榭树之荫迷道路"⑤。"土著裨贩走都会，十十五五，骈垒而立，贻遵绸之名，竞与吴绫蜀锦争价于中州，远檄界绝不邻之区"，"使遵义视全黔为独饶"⑥。桐梓县生产"桐绸"，自乾隆至道光年间，成当地一项大宗货产。至民国时"停止已近百年"⑦。正安州，自乾隆十三年引进浙江蚕种，仿制江南织具后，"织成绸匹"，"其地遂成市集，大获其利"⑧。至道光时，据称每年销售收入可达银二十余万两⑨。有人称"所谓川绸者，皆从贵州而来"⑩。

其次，江西、安徽、福建、广东也有棉织业，但产布不多。不过，广东丝织业很发达，广东丝织业随出口增加，广州、佛山、顺德、南海等地发展很快，如佛山，清初发展为十八行，至道光

---

① 道光《安平县志·场市》。
② 咸丰《兴义府志·土产》，引《黔南识略》。
③ 道光《遵义县志》卷一七，《物产》。
④ 李宗昉：《黔记》卷二，嘉庆年间。
⑤ 道光《遵义府志》卷一六。
⑥ 咸丰《安顺府志》卷四六，道光《遵义府志·农桑志》同。
⑦ 民国《桐梓县志》卷二四。
⑧ 彭泽益：《中国近代手工业史资料》第1卷，生活·读书·新知三联书店1957年版，第204—205页。（以后引该书时，不再注出版社及出版时间。特此注明。）
⑨ 道光《武城县志续编》卷七。
⑩ 转见彭泽益《中国近代手工业史资料》第1卷，第204页。

时，仅帽绫行就有上千织工。① 屈大均称："程乡茧绸为岭南所贵。"② 又称："广之线纱与牛郎绸、五丝、八丝、云缎、光缎，皆为岭外京华、东西二洋所贵。予《广州竹枝词》云'洋船争出是官商，十字门开向二洋。五丝八丝广缎好，银钱堆满十三行'。"③

第二节 手工造纸业

到清代，造纸业遍布全国各地，但主要集中在原材料丰富、水源充足的南方，以小型生产为主，以家庭副业形式存在于福建、江西、安徽、浙江、四川、湖南、广西等省。北方地区以陕西最为发达。造纸业发展对地方经济有重要影响，也增加了人民就业的机会，与人民生活休戚相关。

福建山多，多产竹，全省多数州县都有造纸业，闽江流域最多，以闽北山区的建宁、延平，以及西部的汀州数府比较集中，建阳、浦城、松溪、崇安、建安、瓯宁、南平、将乐、沙县、顺昌、永安、长汀、连城、归化、永定、上杭、武平等县都大量产纸。④ 彭望恕称：闽省出产之纸类，……是与木材、茶叶鼎足而三，每岁出口数量，竟达二百万海关两左右，实不谓不巨。⑤ 福州纸房三四十所，各县所造纸张，年市价达数十万金。⑥ 据郭嵩焘称：归化地硗，无生计民皆佣旁县造纸。张学尹课之种竹，逾年

---

① 黄建新、罗一星：《论明清时期佛山城市经济的发展》，载《明清广东社会经济研究》，广东人民出版社1987年版。
② 屈大均：《广东新语》卷一五，《货语·茧布》。
③ 屈大均：《广东新语》卷一五，《货语·纱缎》。
④ 徐建青：《手工业篇》，方行、经君健、魏金玉主编：《中国经济通史·清代经济卷》（上），第444—445页。
⑤ 彭望恕：《全国纸业调查记》，《农商公报》第121期，第2页。
⑥ 郭柏苍：《闽产录异》卷一。

竹成，归化纸逐为闽中冠。① 顺昌之垸谷，居民以纸为业。② 南平县"演仙、仁州、金砂、保福之地多产纸，民以纸为业"③。长汀县"邑人赁山栽竹，设槽造纸，为汀货之最"④。《闽产录异》称："延、建、邵、汀皆作纸，凡篁竹、麻竹、锦竹、赤梘竹，其竹穰皆厚，择其幼稚者制上等、中等［纸］；麻头、桑皮、楮皮、薄藤、葛皮、稻藁之柔韧者制下等［纸］。"该书还称：福建各地所产毛边、花笺、海纸、毛六、毛八、毛九等纸，均销往各地，为福建大宗货物，同治时，年销售额数十万金。⑤

江西造纸业遍及各府，尤以东北的广信府为最，是该地区一大副业。据《广信府志》称："郡中出产多，而行远者莫如纸，上饶、广丰、弋阳、贵溪皆产纸。"⑥ 康熙年间《广丰县志》称："东乡造楮皮纸，……民利存焉。"⑦ 铅山县造纸业也很发达，原料产本地乡间，纸槽共有二百余处。该县石塘镇，竹多水清，以纸业著名。前府志载：石塘人喜作表纸，捣竹为之，"今业之者日众，可资贫民生计"⑧。乾隆时，商贾往来，市镇繁华，"石塘一镇，贾客贸迁，纸货为盛"⑨。洋纸未进入中国前，年可售银四五十万两。⑩ 泸溪县（今资溪）多竹，近山之家以造纸为业，"为泸邑第一货殖"⑪。安远县"以楮树皮造纸，纸涂以桐油"，用以包货、包行李、搭棚，"利用甚便"⑫。瑞金、石城两县皆产纸之区。

---

① 郭嵩焘：《张少衡先生墓志铭》，闵尔昌：《碑传集补》卷二三，第19页。
② 转见彭泽益《中国近代手工业史资料》第1卷，第263页。
③ 嘉庆《南平县志》卷八。
④ 咸丰《长汀县志》卷三一。
⑤ 郭柏苍：《闽产录异》卷一。
⑥ 同治《广信府志》卷一之二。
⑦ 康熙《广丰县志》，转见郑昌淦《明清农村商品经济》，第478页。
⑧ 转见郑昌淦《明清农村商品经济》，第478页。
⑨ 乾隆《铅山县志》卷一。
⑩ 《清朝续文献通考》卷三八四，《实业十五》，引江西商务纪略。
⑪ 乾隆《泸溪县志》卷四。
⑫ 乾隆《赣州府志》卷二。

《石城县志》称："去城六十里有横山纸，煮竹丝为之，制造甚精洁。省城、山左通行。每商贾贸贩，岁不下累万金。"① 又称，石城之坪山一带，向以造纸为业。未停科举考试以前，广销出口，不下百万。② 东乡县从事造纸人口占总人口的十之三四，县志称："乌合者动以千计。"③ 宁都州，光绪九年前不产纸，魏菘园和李啸峰见金精之谷，有竹万竿，遂往石城横江觅造纸匠师二人，至谷中建棚造纸。仍于下湿之地课工种竹，三岁成林。造纸既成，自运省城售卖。迄今十载，每岁已出纸二十万金。竹则岁岁增种，纸则岁岁增多，利源亦岁岁增广。不独魏、李致富，倚种竹、造纸以活，以安家乐业而长子孙者，岁已将万人。陈炽特别指出，州城本瘠区，岁得此二十万金之入款，工商士庶，咸有生机，气象郁郁葱葱，然与十载以前迥异甚矣。④ 唐谷谓：赣西北一带，利用竹子的纤维造纸，是这里的一大副业，在周围二十余方里中，就有造纸槽一百五十所左右。据估计一年可产纸一万二千担，均运销河南省及长江中游沿岸。⑤ 靖安县"火纸出奉新、宁州，遍布于江淮间"。《九江府志》称："楮皮纸出瑞昌，草纸出德安。"⑥《上高县志》称"新昌饶竹木暨纸，商贩络绎，咸称富薮"⑦。安义县"火纸西山出，土绵纸、纱绵纸西山架头出"⑧。万载县"表心纸四五六区皆出，……皮纸出皂山，火纸出谢陂者佳，花笺纸出高村，高槽等处"⑨。临川县出产江清纸、火纸、牛舌纸。⑩ 永

---

① 道光《石城县志》，转见郑昌淦《明清农村商品经济》，第478页。
② 《清朝续文献通考》卷三九二，《实业七》，引江西商务纪略。
③ 道光《东乡县志》卷四；又蒋继诛等：《广信府志》卷一之二，第100页。
④ 陈炽：《续富国策》卷一，《种竹造纸说》，第17—18页。
⑤ 唐谷：《从枯竭到破产的农村经济》，《经济周报》第7卷第11期，第14页。
⑥ 康熙《九江府志·物产》。
⑦ 康熙《上高县志·物产》，同治志同。
⑧ 同治《安义县志·物产》。
⑨ 同治《万载县志·土产》。
⑩ 道光《临川县志·土产》。

丰县"纸有竹纸、料半纸"①等。泰和县"竹纸，二十六都出"②。

浙江，据彭望恕称：浙江制纸工业亦殊不弱，虽不能与闽省并驾齐驱，然岁亦有三四百万两。产地最盛之处，向以严州、衢州、金华三县为巨。③康熙年间，富阳县"邑人率造纸为业，老小勤作，昼夜不休"④。所产各种竹纸、草纸、皮纸，名目甚多，是该县土产中最大宗的商品，其中草纸是"货之擅胜者"⑤。光绪县志称："南乡多山少田，居民终岁勤劳，造纸易钱，只足购米，积蓄颇难。"又谓"北乡妇女唯佐其夫，揭晒草纸，然所博甚微"⑥。《物产志》谓"竹纸出南乡，……为邑中出产第一大宗。总浙江各郡邑出纸，以富阳为最良"。又按"富阳竹纸一项，每年约可博六七十万金。草纸一项，约可博三四十万金"⑦。康熙时会稽县"天乐乡出纸（竹纸等）尤盛，民家或赖以致饶"⑧。於潜县山多于田，木竹资源丰富，经营造纸业者也多，"邑中嘉后、波后、唯后皆造纸"。外销商品中，"於潜纸独擅其名"⑨《余杭县志》载："竹烧纸出邑中南建上高斜坑地方。……自江以南皆赖用之，民藉以为利。"⑩嵊县出名纸，"剡籐纸名擅天下"，"民家或赖以致饶"⑪。孝丰县"纸有黄白纸、草纸、桑皮纸等种，出东南乡为多。……成纸作捆以鬻于市"⑫。昌化县"秀下、陈村、商

---

① 光绪《永丰县志·物产》。
② 光绪《泰和县志·土产》。
③ 彭望恕：《全国纸业调查记》，《农商公报》第118期，第16页。
④ 康熙《富阳县志》卷五，《风俗》。
⑤ 康熙《富阳县志·物产》。
⑥ 光绪《富阳县志·风俗》。
⑦ 光绪《富阳县志·物产》。
⑧ 康熙《会稽县志·物产》，嘉庆志同。
⑨ 嘉庆《於潜县志》卷一〇，《食货》。
⑩ 嘉庆《余杭县志》，引旧志，转见郑昌淦《明清农村商品经济》，第467页。
⑪ 同治《嵊县志》卷二〇，《物产》。
⑫ 光绪《孝丰县志》卷四，《土产》。

解、田圩等村以造纸为业"①。分水县产纸，徐青纸"出九管、四管，广行他郡"。银包纸"出四、七两管"。烧纸"出西乡"②。常山县出纸，"唯球川人善为之"③。龙游县"南乡稍有竹木、纸、笋之利"④。

安徽产纸，以安庆、宁国、池州府为多。宁国府"纸，宣、宁、泾、太皆能制造，故名宣纸，而泾人所制尤工"⑤。池州府贵池、石埭、铜陵、建德产纸。⑥ 怀宁县"纸出广村，有槽，开造已久。各族修谱多购用之。其行亦远"⑦。太湖县兴化、永福、长宁各乡都以造纸为业。⑧ 泾县物产以"茶、纸、笋三者最著"，乡村有"槽户作纸"⑨。

广东产纸，明末清初时，从化县流溪堡人以造纸为业，"男女终岁营营，取给篁箐，绝无外务"，该地有两个渡口，名"上流纸渡，下流纸渡，二渡专以运纸，故名"⑩。到乾隆时，"有篷百余间，工匠动以千计"。⑪ 松口、庵埠、澄海的造纸业也很发达，尤其是有三万人赖此为生的澄海莲阳铺，都在大规模制造神纸。从事神纸业的商号在七十家以上，每年贸易总值为三百万至四百万元。其中输出占百分之九十。⑫ 长乐还出特色纸，称榖纸，"系榖木树皮为之。厚者八重为一，可作衣被，浣之再不坏，甚暖，能

---

① 民国《昌化县志》卷五。
② 光绪《分水县志·物产》。
③ 雍正《常山县志·物产》。
④ 康熙《龙游县志·物产》。
⑤ 嘉庆《宁国府志》卷一八。
⑥ 康熙《池州府志·物产》。
⑦ 民国《怀宁县志》卷六，引道光志《物产》。
⑧ 道光《太湖县志·乡镇》。
⑨ 嘉庆《宁国府志·物产》。
⑩ 屈大均：《广东新语》卷一五。
⑪ 范端昂：《粤中见闻》卷二三。
⑫ 转见彭泽益《中国近代手工业史资料》第3卷，生活·读书·新知三联书店1957年版，第47页。

辟露水。东莞出蜜香纸，以蜜香木皮为之，色微褐，有点，如鱼子，其细者光滑而韧，水渍不败，以衬书，可辟蠹鱼"[1]。

广西昭平县所产的纸，为出口大宗。销流之广，远及云、贵、川、黔、钦廉、越南。由于造纸业发展，改变了原来山岭旷弃之状，使之成为富庶之地。[2] 容县纸厂建于康熙年间，至乾隆时，纸篷已有百余间，"工匠动以千计"[3]。另据光绪《容县志》称，纸篷沤竹做纸，"每槽司役五六人，岁可获百余金"。至乾隆时，多至二百余槽，"如遇荒年，借力役以全活者甚众"[4]。

湖南造纸业很发达，辰州、衡州、宝庆、永州、永顺、郴州都是重要产纸区。衡阳县"山饶美竹，……山民所在引泉沤竹，竹纸之利，岁计万金"[5]。耒阳"邑人仿之取筼竹挫断，沤石灰池中，捣烂，抄成为草纸，紫山区最多。又有于薜荔树肤者为皮纸"[6]。《桂阳直隶州志》记载，芦村、白水洞旁有"伐竹沤纸，多者岁二三千金"[7]。常德府武陵地区产榖纸。以构树为原料，皮可为纸，武陵人做榖皮衣，甚坚好。[8] 邵阳产纸，"纸有粗细白皂各种"。县志称："纸多系以竹为之，……县地如东乡龙山、中乡、西乡滩头、隆回产竹最繁，造纸因众。运销省城……此纸产为县商务一大宗也。"[9] 辰州以楮皮沤之为纸，"谓之榖皮纸，亦曰构皮纸"。出销货物"白蜡为最，……构皮纸又次之"[10]。零陵县"沤竹

---

[1] 屈大均：《广东新语》卷二三。
[2] 李树楠等：《昭平县志》卷六。
[3] 乾隆《梧州府志》卷三。
[4] 光绪《容县志》卷六。
[5] 同治《衡阳县图志·山水志》。
[6] 光绪《耒阳县志》卷七，《物产》。
[7] 同治《桂阳直隶州志》卷二〇，《货殖二》。
[8] 光绪《湖南通志》卷八，《仓货七·物产二》。
[9] 嘉庆《邵阳县志·物产》，光绪《邵阳县乡土志·商务志》。
[10] 乾隆《辰州府志·物产考》。

为纸，转运他省，获利尤胜"①。永顺府"土纸，四县皆出"②。《郴州府志》载："草纸出永兴，……连三、连四、皮榜则出兴宁。"③慈利县产纸，"出老棚者曰草纸，其烧纸出溇南山中"④。

四川手工造纸，向来是出口大宗。主要产地在成都、重庆府和川北的顺庆、夔州各府。夹江为四川有名之产纸区域，新产纸是有清一代科举考试专用纸，是时官府定造长帘文卷纸、方细土连大纸等十余万张。⑤ 至民国时期全县制纸槽户在计有五千余家。⑥ 彭县"天台、慈坪、五龙山中多竹，笋出林时，匠者采以为纸。细者名化连，粗者名土连，充用至广"⑦。重庆府江北厅乡间沿山种竹，用以造纸，"仁里自黄滩至太洪江一带，义里后河一带，分水岭至苟一带，礼里东山一带山谷俱出纸"⑧。綦江县产"竹纸，从前水竹为之，然水竹必平壤，人皆垦为田土，性栽甜慈、料慈二种，而料慈之纸较佳"⑨，所产之纸，"岁出亦不止千金"⑩。巴县造纸亦多，各界山场栽蓄竹木，农民做纸卖柴，"以敷差粮"⑪。梁山县出纸以"柏林漕、平井铺所造独多"⑫。大足县"纸以竹料为之，出拾万、万里、瓮溪等场"。夹江产竹纸，行销井研。⑬《铜梁县志》载："所行货，以射洪太和镇生纸为大宗。"⑭

---

① 光绪《零陵县志·生计》。
② 乾隆《永顺府志·物产》。
③ 嘉庆《郴州府志·物产》。
④ 转见郑昌淦《明清农村商品经济》，第486页。
⑤ 民国《夹江县志》卷二。
⑥ 《四川工矿业近景》，《西南实业通讯》上海版，创刊号，第18页。
⑦ 嘉庆《彭县志》卷四〇，《物产》。
⑧ 道光《江北厅志》卷三。
⑨ 道光《綦江县志》卷一〇。
⑩ 同治《綦江县志》卷一〇。
⑪ 《巴县档案》，第329页。
⑫ 光绪《梁山县志·物产》。
⑬ 以上大足、夹江两处资料，转见郑昌淦《明清农村商品经济》，第490页。
⑭ 光绪《铜梁县志·风俗》。

贵州遵义、安顺府、恩南、兴义等府都产纸。《遵义府志》称："构花可食，皮供造纸，蓄谷（构）林者，三年一获，视种田增数倍之利。"又称："遵义之纸，以构皮制纸者曰皮纸，以竹造者曰竹纸，皆宜书。以竹杂草为者曰草纸，以供冥镪粗用。"①安平府安平县产草纸，"各寨居民业此者不下数百户"②。思南、兴义等府产皮纸，纸质较好，但数量不多。③

陕西洋县古时为蔡伦封邑，西乡、定远皆旧洋川地，今多纸厂。《直隶商州志》称："民作纸，田赋赖此出。"④据道光初年记载，仅汉中府就有大小纸厂一百四十余座，"西乡有纸厂二十余座，定远纸厂逾百，近日洋县华阳亦有小厂二十余座"。大者匠作佣工得百数十人，小者亦得四五十人。山西居民当佃山内有竹林者，夏至前后，男妇摘笋砍竹作捆，赴厂售卖，处在有之，借以图生者，常数万计矣。严如熤《纸厂咏》"洋州古龙亭，利赖蔡侯纸，二千余年来，遗法传乡里，……匠作食其力，一厂百手指，物华天之宝，取精不嫌奢，温饱得所资，差足安流徙"⑤。另据卢坤记载：汉中、兴安、西安等府共有大小纸厂一百八十余座。⑥蒲城出棉纸，"纸洁白细腻，出兴市镇"⑦，为当地大宗土货，贩运较远。洋县康熙年间出纸，至光绪时，"尚有余二三"⑧。还有"漆、白蜡……皮纸……皆为常产"⑨。

---

① 道光《遵义府志》卷一七，《物产》。
② 道光《安平县志》卷四。
③ 方行、经君健、魏金玉主编：《中国经济通史·清代经济卷》（上），第449页。
④ 乾隆《直隶商州志·物产》，引《山阳县志》。
⑤ 严如熤：《三省边防备览》卷九、卷一四。
⑥ 卢坤：《秦疆治略》。
⑦ 乾隆《蒲城县志》卷三。
⑧ 光绪《洋县志》，引郑昌淦《明清农村商品经济》，第518页。
⑨ 光绪《凤县志·物产志》。

第三节　手工制烟业

烟草自明代传入福建后，很快在各地传播开来，《职方典》载："今各省皆尚之。"① 至清代，福建、江西、浙江、山东、河北、湖南、湖北、四川、陕西等省烟草已是"陇亩相望"了。这些烟叶产地，也成制烟业集中产区。

福建制烟业很发达，著名品牌有"建烟""浦烟""岩烟"。产地亦多，"浦烟"出自浦城，与江西广丰接壤，"而叶实有藉于丰"②。建宁、浦城出生丝，漳州、平和出熟丝，俗称小溪烟。③ 康熙《宁化县志》称，烟，种出东洋，"十余年内，人竞莳之。……取叶洒晒阴干之，细切如丝"④。龙岩在民国九年前，"烟夙昔驰名，长江南北，所在有岩人烟铺"⑤。汀州制烟"福烟独著名天下，而汀烟以（上）杭、永（定）为盛，长（汀）邑所制，品有生熟之殊"⑥。下面以永定为例，看制烟业发展情况。

永定随着烟草种植业发展，烟草加工业也得到迅猛发展。由于需求旺盛，从乾隆至民国十五年间，抚市地区先后开办的烟棚（厂）就有200多间。⑦ 这些条丝烟除当地销售一部分外，其余烟丝都运销到全国各大城市，也有部分销售到南洋群岛，有的还销售到俄罗斯。据民国五年调查：上杭所出条丝"每年约三千担而弱，不及永定十分之一"⑧。也有人说：每年远销大江南北和南洋

---

① 《古今图书集成》，《职方典》卷一一〇四，《漳州府物产考》。
② 乾隆《广信府志》卷二。
③ 乾隆《瑞金县志》卷二。
④ 康熙《宁化县志·土产志》。
⑤ 民国《龙岩县志》，引郑昌淦著《明清农村商品经济》，第342页。
⑥ 咸丰《长汀县志》卷三一。
⑦ 黄慕农、黄刚：《清朝民国时期抚市条丝烟的制作和经济效益》，《永定文史资料》第20辑，龙岩市海得宝印刷有限公司承印，2001年。
⑧ 转见郑昌淦《明清农村商品经济》，第342页。

各地的烟达 300 余万公斤，价值银元 200 余万，这成为永定的主要财源。靠经营条丝烟而成为大小财东的，乡乡都不乏其人。① 据《永定县志》记载，全县每年条丝烟出口达五六万笼（箱），约值 200 多万银元。按抚市烟笼重量每笼 90 市斤计，那么每年永定出口销售的条丝烟就有 450 万—540 万市斤。这之中光抚市条丝烟产量就占五分之一，经济收入每年达 40 万—50 多万银元。② 就抚市乡而言，从乾隆至民国十五年间，先后开办的烟棚（厂）资本在 10 万元以上的大烟号有 31 家。③ 详见下表：

表 9-3-1　抚溪乡（今抚市镇）在海内经营条丝烟大户商号简况

序号	所在村名（或现在村名）	烟号铭牌	创始人或继承人	经营所在地（省市县）	鼎盛时期经营资本	年平均盈利银元	建造土楼名称或捐建公益事业
1	抚市乡桥村（今抚溪村）	泗隆行	黄启宏 黄恒球	广东、汕头、潮州	清乾隆至道光间，40 万银元（估期曾经营过银票）	5 万	兴建三堂屋式森玉楼于甲华村
2	抚市乡桥村（今新民村）	骏隆号	黄恒惠 黄定锦	四川重庆、巴县；湖南长沙、湘潭	清嘉庆至光绪间，20 万银元	2 万	兴建崇福楼于坝心村
3	抚市乡桥村（今新民村）	长茂厂	黄永赓 黄永豪	湖南长沙、湘潭、浏阳	清嘉庆至光绪间，65 万银元	9 万	兴建府第式高 6 层的永豪楼，独资捐建永邑考棚、浛溪丁坝，兴建崇志文馆于抚溪桥村

---

① 涂僧：《永定客家土楼的兴建和传播》，《永定文史资料》第 10 辑，龙岩市海得宝印刷有限公司承印，1991 年。

② 黄慕农、黄刚：《清朝民国时期抚市条丝烟的制作和经济效益》，《永定文史资料》第 20 辑，龙岩市海得宝印刷有限公司承印，2001 年。

③ 同上。

续表

序号	所在村名（或现在村名）	烟号铭牌	创始人或继承人	经营所在地（省市县）	鼎盛时期经营资本	年平均盈利银元	建造土楼名称或捐建公益事业
4	抚市乡桥村（今新民村）	永隆昌	黄万斗 黄万才 黄万鹏 黄定献	长沙、湘潭、浏阳；江西南昌、九江；江苏、上海、南京、杭州、温州	清道光至民国，100万银元	18万	兴建永隆昌楼群福盛楼、福善楼及临江文馆、捐建永邑东门大桥重建崇志文馆
5	抚溪乡桥村（今抚溪村）	美玉濂	黄万濂 黄定功	长沙、湘潭	清道光至光绪间，20万银元	2万	修缮怀珠老楼于坝角村
6	抚溪乡桥村（今抚溪村）	福昌观	黄定铿 黄泰垣 黄开育	长沙、湘潭、四川重庆、贵州、贵定	清同治至民国，20万银元	2万	修缮福昌观
7	抚溪乡桥村（今抚溪村）	裕兴行	黄定昌 黄泰睦（友山）	长沙、湘潭、重庆、成都	清同治至民国，20万银元	2万	修缮怀珠新楼于坝角村
8	抚溪乡井头村（今新民村）	厚昌号	黄兰开 黄炳无 黄杏良	南京、六合	清道光至光绪间，20万银元	2万	于大坪学堂背购建民居庭院一座
9	抚溪乡社前村	庚兴号	赖庚申	宁都、赣州、瑞金	清乾隆至同治间，65万银元	9万	兴建三堂二落开天井式庚兴楼一座于社前村，在江西宁都独资捐建石拱桥一座
10	抚溪乡社前村	嫦娥厂	赖麟亭	长沙、湘潭	嘉庆至同治间，30万银元	3万	建府第式善庆大楼一座，于社前村头
11	抚溪乡社前村	仁和恩	赖恩贵 赖成贵	长沙、湘潭	清嘉庆至咸丰间，30万银元	3万	建府第式仁和恩大楼一座
12	抚溪乡社前村	永盛典	赖礼彬	长沙、湘潭	清道光至光绪间，20万银元	2万	建永盛典莺莺式双合楼一座

第九章 农民家庭副业的发展　333

续表

序号	所在村名（或现在村名）	烟号铭牌	创始人或继承人	经营所在地（省市县）	鼎盛时期经营资本	年平均盈利银元	建造土楼名称或捐建公益事业
13	抚溪乡社前村	万春全	赖玉堂	上海、南京、苏州、无锡	清道光至光绪间，40万银元	5万	共建永昌楼一座，捐建抚溪木质大桥一座
14	抚溪乡社前村	及万祥	赖东山	长沙、湘潭	清道光至光绪间，30万银元	3万	兴建三堂屋式和集楼一座
15	抚溪乡社前村	天生德	赖德兴 赖道兴	上海、南京	清咸丰至民国间，60万银元	8万	修缮府第式大楼善庆楼一座
16	抚溪乡社前村	德隆建	赖垣雍 赖南雍	长沙、衡阳、重庆、巴县	清咸丰至民国间，30万银元	3万	修建德隆建府第式的贻兴楼一座
17	抚溪乡社前村	如兰桥	赖风桥	长沙、衡阳、湘潭	清咸丰至民国间，30万银元	3万	修缮府第式雅文楼
18	抚溪乡社前村	广兴茂	赖硕雍 赖继雍	长沙、湘潭	清咸丰至民国间10万银元	1万	修缮府第式广兴茂大楼
19	抚溪乡社前村	广昌泰	赖泰辉	长沙、湘潭、广州、汕头	清同治至民国间（后期曾经营银票）40万银元	5万	兴建三堂屋式的崇盛楼于社前村
20	抚溪乡中寨村	隆兴万	苏德顺 苏德兴	汉口黄陂街有两间大烟店	清道光至民国间，50万银元	6万	兴建隆兴万莺鸯式双合楼一座于中寨村
21	抚溪乡中寨村	隆兴贵	苏德顺 苏德兴	汉口汉正街有十间店，其中三间经营烟号销售条丝烟	清光绪至民国抗战间，30万银元	3万	兴建隆兴万莺鸯式双合楼一座
22	抚溪乡中寨村	元茂兰	苏德仁 苏德义 苏谷哉	长沙有烟店，兼营苎麻生意，资本30万银元	清咸丰至民国间，30万银元	3万	兴建元茂兰的府第式大楼双德楼一座

续表

序号	所在村名（或现在村名）	烟号铭牌	创始人或继承人	经营所在地（省市县）	鼎盛时期经营资本	年平均盈利银元	建造土楼名称或捐建公益事业
23	抚溪乡中寨村	绵远堂	苏绵寿	南京、上海	清咸丰至民国间，10万银元	1万	修缮绵远堂大楼，建造凉亭等公益事业
24	抚溪乡中寨村	恒顺号	苏九江	南京、镇江、芜湖	清咸丰至民国间，10万银元	1万	建造大土楼一座于中寨村
25	抚溪乡鸦鹊坪村（鹊坪村）	协昌号	姜汝龄	高邮、扬州	清咸丰至民国间，50万银元	6万	建有大型土楼一座于鹊坪村
26	抚溪乡鸦鹊坪村（鹊坪村）	福隆号	姜南龄	长沙、湘潭	清咸丰至民国间，30万银元	3万	建有大楼一座
27	抚溪乡鸦鹊坪村（鹊坪村）	大新号	姜兰捷	长沙、湘潭	清咸丰至民国间，20万银元	2万	修缮府第式大楼鹤仙楼
28	抚溪乡鸦鹊坪村（鹊坪村）	协大昌	姜兰桂 姜凤堂	长沙、湘潭	光绪至民国间，10万银元	1万	修缮府第式大楼鹤仙楼
29	抚溪乡龙窟村（龙川村）	永盛无	黄秀龙 黄桥元 黄林元 黄廉元	上海、南京、广州、汕头	清道光至民国间，30万银元	3万	在龙窟兴建三堂屋式的爱日楼
30	抚溪乡龙窟村（龙川村）	永和庭	黄振先 黄振兴	长沙、湘潭、江苏、南京	清同治至民国间，10万银元	1万	修缮龙窟一座大楼畲坪楼
31		协大号	王道煊 黄永煊	长沙、湘潭、武汉、贵州贵定	清光绪至民国间，20万银元	2万	修缮里兴村王屋大楼一座

资料来源：黄慕农、黄刚《清朝民国时期抚市条丝烟的制作和经济效益》，《永定文史资料》第20辑，永定县政协文史资料委员会编，2001年12月出版。

从以上31家烟厂看，其利润率一般者为10%，也就是说十一之利。其中有二三家的利润在12%—13.8%。也有高达18%者，但只有一家。

高头条丝烟业（包括制造业和销售业）的起步，比起抚市和湖雷两乡要迟一点，但一经发轫，便迅速发展。据蓝吉研究，自清代咸丰初年（1851）起，至20世纪30年代，是高头条丝烟业从兴起到鼎盛的时期。其间，这个人口不到四千的村庄，居然同时办起大小近百家的烟厂：规模大的，雇佣工人四五十人；规模小的，不雇工，由父子或兄弟几个人合作进行生产。

高头开办最早、规模最大的烟厂要数高北村的万顺仁烟厂，于清咸丰初年开办。几年之间，获得巨额利润。随即扩大烟厂规模，不但陆续从抚市乡雇来了三四十个制烟技术工人，还为了畅通产品的销售渠道，不远千里到苏州市去开设了一家条丝烟店。自此，万顺仁财源广进，着实风光了几十年。

接万顺仁之后开办的烟厂是高东村的万有谦烟厂，由于资金雄厚，初时三家老板既通力合作，又在漳州、上海等地自设烟店推销产品，因此，发展势头迅猛。

万顺仁、万有谦发财之后，高头条丝烟的制造有如雨后春笋，大家都纷纷挂牌办厂，形成一股热潮。据统计，当时高头大小烟厂有九十余家，其中较有名气的如：高东村的公义昌、广隆昌、太华、新华、新华权记、有源、永天香；高北村的万有田、丰泰景、万裕晋、福茂仁、泰裕祥、太和香；高南村的万信得、金兰业等。

高头烟厂生产出来的条丝烟除部分在当地销售外，大部分产品外销。据统计，当时高头群众由于种植烟草和制造条丝烟而带来的收入，每年可达20万—30万银洋。[①] 若按一户五口人计算，

[①] 以上资料皆见于蓝吉《高头条丝烟业的盛衰》，《永定文史资料》第11辑，1992年版。

这四千人口村庄只有八百户而已,年收入烟业钱按平均 25 万银洋计算,每户每年平均烟业收入就可达 300 银洋。对当时来说,这是一笔很可观的收入。这对当地地权的相对稳定,起到保障作用。

清中后期,湖雷罗陂村也是生产条丝烟的大村庄,不足 500 人的村子,竟有 30 多家烟棚。全村老幼都撕烟叶,刨烟师傅、打烟叶工人有 200 余人。这些师傅、工人大多来自邻近的莲塘、藩坑等村,也有来自堂堡、抚市等地。生产的条丝烟远销湖广、江浙、南洋等地,不少人在湖南长沙、攸县、醴陵,湖北汉口、武昌,云南昆明,江苏南京、扬州和上海等地办烟庄、开烟店。[①] 又,该村在清中期曾因经营盐、油、烟、土纸等发财,而且富极一时,当时人称这村为"银缸子"[②]。以一家五口计算,该村只有百户人家,平均每三户就拥有一个烟棚(厂)。

江西制烟业以玉山、瑞金著名。康熙时,瑞金"城郭乡村开锉烟厂不下数百处,每厂五六十人,皆自闽粤来"[③]。瑞金制烟,"迨至烟熟,四方收烟之商及锉烟者动盈万人,聚食于弹丸之邑"[④]。到瑞金开设烟厂者,"漳泉之人,麋至骈集,开设烟厂"[⑤]。《玉山县志》称:"淡巴菰(烟草)之名著于永丰,其制之精妙则色香臭味与莫玉比,日佣数千人以治其事,而声价驰大江南北,骡马络绎不绝。"[⑥]

浙江制烟业中心在杭州,以"杭烟"最为著名。据民国时期的记载:"杭烟之制造,大概起于清初。……浙省烟叶产地,浙东则萧山、新昌、嵊县及处(州)属松阳,浙西则桐乡及海宁为最

---

① 张鸣:《依山而筑,装饰华丽的罗陂怀德楼》,《永定文史资料》第 21 辑,2002 年版。
② 同上。
③ 乾隆《瑞金县志》卷七。
④ 乾隆《瑞金县志》卷二。
⑤ 乾隆《瑞金县志》卷七。
⑥ 道光《玉山县志》卷一一。

著名。而制造旧烟，则以杭州为中心。是项旱烟，其原料用萧山、新昌、嵊等处所产烟叶，夹以两木板，以刨子刨切为丝。其上等者，则每叶中搀入兰花籽或担香末，夹杂刨切，以保持其芬芳之气，亦有购入南雄等县之烟筋，夹杂叶中刨削，使增加强烈之味者。其烟品有陈奇、元白奇、贡奇等名目。陈奇原为陈四丰烟店所出，嗣后风行江浙，各家争相仿制。"清代杭州烟业贸易额每年在一百万元左右。[1]

江苏制烟业中心在崇明。明崇祯年间，有彭姓引种烟草，以后制烟业也得到发展，叶梦珠称："遂有工其事者，细切为丝，为远客贩去。"[2]

山东制烟业主要集中在水陆交通便利的地方，如济宁、滋阳、临朐等地。《济宁直隶州志》称：济宁产烟，质量"甲于诸郡"[3]。又称："新谷在场欲糜烂，小麦未播播已晚。问何不敛复不耕，汲水磨刀烟上版。"[4] 可见制烟业在当地农民生活中的重要性。据道光年间记载，当时从事制烟的也多，"业此者六家，每年买卖至白金二百万两，其工人四千余名"[5]。临朐县产烟丝，"其切如细发者，……货贸远及寿光、利津诸县"[6]。滋阳北乡是加工烟末之地，据光绪年间记载：滋阳附近宁阳县所产的优质烟叶，都运到滋阳加工，"本境烟质柔润，都门大贾恒辇资购取，于滋阳北乡碾末运去，以供鼻烟之用"[7]。

湖南制烟以衡阳著名。乾隆时，各地所产烟叶，如"祁、邵、

---

[1] 彭泽益：《中国近代手工业史资料》第3卷，生活·读书·新知三联书店1957年版，第56页。
[2] 叶梦珠：《阅世编》卷七。
[3] 乾隆《济宁直隶州志》卷二。
[4] 刘纹：《种烟行》，乾隆《济宁直隶州志·物产》。
[5] 包世臣：《安吴四种》卷六。
[6] 光绪《临朐县志·物产》。
[7] 光绪《宁阳县乡土志·物产志》。

茶、攸所产，皆售于衡郡，制为京包广包，鬻之各省，俱称衡烟"①。嘉庆时，桂东县、平江县所产烟叶，也都卖到衡阳加工。②

四川制烟业多数集中在成都一带，其中郫县为中心地。据称"烟产郫县特佳，业者最伙，城中外阛阓尽作坊，盖露、长行俱邑出也，名与闽勒"③。据同治志记载：烟叶"用烟刨推之，丝如发，名曰郫县烟，声价与福烟等"。合江也产烟，但次于郫县，"合江烟亚于郫县"④。

陕西制烟集中于郡城，城中"商贾所集，烟铺十居其三四"⑤。此地产烟叶，原料甚便。

甘肃制烟业以兰州为中心，兰州水烟生产始于明代。当地吸烟风气普遍，食者不分男女。至明末，已从一家一个水烟筒，到"人各一筒"。五泉烟从陕西泾阳外运者，"岁约金三万"⑥。咸丰以前，制水烟作坊，仅"省城有作坊一百余家"，到一八八五年时，尚有作坊二十余家。⑦光绪时，棉烟每年生产七八千担，碧条每年生产两万余担，黄色烟每年生产两三千担。这些烟主要销往四川、江浙、广东一带。⑧每担烟重约三百斤，年产将及千万斤。⑨

---

① 乾隆《清泉县志》卷六。
② 嘉庆《桂东县志》，转引郑昌淦《明清农村商品经济》，第 350 页；嘉庆《平江县志》卷九。
③ 嘉庆《四川通志》卷七五，彭遵泗：《蜀中烟说》。
④ 同治《郫县志》卷四〇。
⑤ 岳震川：《府志食货论》，《清经世文编》卷三六。
⑥ 民国《韩城县续志》卷四，左懋第文。
⑦ 彭泽益：《中国近代手工业史资料》第 2 卷，生活·读书·新知三联书店 1957 年版，第 332 页。
⑧ 光绪《重修皋兰县志》卷一一。
⑨ 方行、经君健、魏金玉主编：《中国经济通史清代经济卷》，第 462 页。

第四节　手工编织业[①]

编织业是家庭手工业一个重要组成部分。其主要取材于当地原材料，进行加工生产。如产竹地方有竹编，盛产蓆草、芦苇的地方有草编，北方地区产柳、荆条，有柳条编、荆条编，盛产小麦的地方有麦草编，等等，五花八门，为百姓提供生产、生活中不可或缺的用品。由于手工编织业市场广泛，所以成为农民家庭中一项重要的副业，并对农家经济大有裨益。

浙江编织业有两类，一为草编，一为竹编。但竹编更普遍，因当地多产竹也。

竹编　安吉县猫竹，"干最大，异于他种，为用最广。凡竹器十居八九。故吾邑东南乡唯恃此为生产"[②]。龙游县"南山多猫竹，土人用以制器"[③]。孝丰县出产苕帚、竹箸、竹筏、竹器等。[④]武康县箔里营出产织具"箔"，此外也产帚。[⑤] 长兴县出产筛、簸箕、帚、竹椅等。[⑥] 德清县出产钉、筛、簸箕、帚、竹椅、芦席、蒲鞋等，多半是农村手工艺品。孝丰县除产纸外，还出产苕帚、芦席、竹箸、竹筏、竹器等。[⑦] 桐乡县"竹器产陈庄。湖州上柏山中货竹于此，故居民就制竹器出售。一切家具皆以竹为之，而蚕具所用……销路尤广"。又，陈庄镇"居民以竹器为业，四方贸易

---

① 本节写作所用资料，皆取材于郑昌淦《明清农村商品经济》一书中第五章第二节"农村其他副业"中有关编织的资料。故所引的资料不再注转引书目，仅注原始来源，以便后来者参考。特此声明。
② 同治《安吉县志·物产》引《前溪逸志》。
③ 康熙《龙游县志·物产》。
④ 光绪《孝丰县志·土产》。
⑤ 道光《武康县志·物产》。
⑥ 嘉庆《长兴县志·生业》，同治志同。
⑦ 光绪《孝丰县志·土产》。

甚远"①。徐珂记载："嵊县随地产竹，西乡竹工最著名。亦煮熟劈丝，用细眼之铁板将丝抽过，丝细如线，圆匀一律。……其编成细簟，宛如绸绫。"②孙衣言记："瑞安、平阳土人善劈竹为细缕，编织箱筐。"③慈溪县"竹器。今大隐诸山居民制为椅凳之属"④。

草编 归安县湖跌、荻港出产芦席。⑤ 太平县"草席出渭川、莞田等处"⑥。黄岩县出产纸和灯心草席。⑦ 萧山县"蒲水草可以作扇，萧山风俗，乡民以之为业"，又，"蒲包、灯笼，西兴相近各村，妇女皆以营生"⑧。鄞县"甬东里多种席草，民以织席为业，计所赢优于农产"⑨。兰溪县"蒲鞋出女红。邑农家妇女各为生计，纺织之外，兼制蒲鞋。苏杭贩卖，动以亿万计"⑩。宁海厅货之属"蒲水草也，凡新筑荡田俱植之。北埤居民结为蒲包，咸取用焉"⑪。

江苏编织业以席草、蒲草、竹子为原料，产品有席、草鞋、蒲包、蓑衣、箩、筐、篮、筛等。下面分别以草编、竹编为例，加以叙述。

草编 苏州府吴县光福一带"妇女隙时皆织席"。"蒲鞋……草履，田家妇工也。""凉枕，业此者在香山一带。"⑫ 吴县唯亭

---

① 光绪《桐乡县志》，《物产》《市镇》。
② 徐珂：《清稗类钞》，第17册。
③ 孙衣言：光绪《瓯海逸闻·物产篇》。
④ 光绪《慈溪县志·物产》。
⑤ 康熙《归安县志·土产》。
⑥ 康熙《太平县志·物产》。
⑦ 转引郑昌淦《明清农村商品经济》，第469页。
⑧ 民国《萧山县志稿·物产》，引乾隆志。
⑨ 光绪《鄞县志·物产》。
⑩ 光绪《兰溪县志·物产》。
⑪ 光绪《宁海厅志·物产》。
⑫ 道光《光福志·土产》。

镇，"西南惯业织芦席"①。元和县周围各村杂造芦席、簾帘、草履、蒲包、蓑衣等。②句容县产麦草编，"麦秋至，村妇组为冠。冠可遮日，苏、常诸郡及浙西皆取资焉。近更精巧工緻。亦女工之一也"③。吴江县"席草出周庄、平望，农夫种之，每获厚利。凡虎邱、浒墅之席，其草多取资焉"④。又，震泽、平望等地"不治春熟，而植席草者"⑤。嘉定县"凉鞋出新泾一带，以广管草擗面织之，粗细不一，四方贾各捆载而往。更有制为凉靴者"⑥。又称"黄草种于水田，收成者宜干搁，产东北乡，城东三里有蒲鞋村，村民以黄管织凉鞋。更有制为凉靴者"⑦。江阴县产蒲扇，"邑西民多业之"。"草履，出香山者佳"⑧。无锡县"席出新安、开化之间，居民田事稍闲，辄以织席为业"⑨。兴化县"蒲包出中堡庄，蒲席出城北蓬垛，芦席出西门外"⑩。镇洋县蒲鞋"出茜泾。农隙皆捆履为业，利用甚溥"⑪。盐城县出产有芦席、蒲席、蒲包等。"聊以谋生。"⑫ 山阳县出产有鼓、芦席、蒲包等。⑬ 邳州"邳产蒲，可为扇，工最良"⑭。其他如泰州、高邮州、东台县等郡出产蒲包、帚、席、帘、蒲鞋、草履等。盖当地盛产蒲芦之属。这些产品多半为农家所制造。⑮

---

① 道光《唯亭志》卷三，《风俗》。
② 道光《元和唯亭志·物产》。
③ 乾隆《句容县志·风俗》。
④ 乾隆《吴江县志·物产》。
⑤ 乾隆《震泽县志·生业》。
⑥ 乾隆《嘉定县志·物产》。
⑦ 光绪《嘉定县志·土产》。
⑧ 道光《江阴县志·物产》。
⑨ 光绪《无锡金匮县志·物产》。
⑩ 咸丰《兴化县志·物产》。
⑪ 《镇洋县志》卷一，清末编。
⑫ 光绪《盐城县志·风俗》。
⑬ 乾隆《山阳县志·物产》。
⑭ 同治《徐州府志·舆地考》，引《邳州志》。
⑮ 转引郑昌淦《明清农村商品经济》，第473页。

竹编 嘉定县"篾竹乡产南乡，城南有篾竹村，村人以制筛筐之属"①。吴江县出产竹器，"造作之属曰饭箩、洗帚作，在姚家湾、宋家滨居民男男女女多制竹器为业。四处变卖，近在市镇，远则入城，并有贩卖取利者"②。上元、江宁两县志载："通济门外，民善柔治竹木，雕刻文字，为折扇。"③ 武进阳湖产篦，"篦齿精熟，城西男妇多业此者"④。江阴县竹汗衫"出夏港镇"⑤。

安徽怀宁县"芦，洲渚所产……城中薪取给焉，亦可织以为席。洲之窭民业以为生"。"竹，小吏港、王家河之产为盛。家象皆业簟，错综成文，莹净柔滑，其行甚远。竹之枝扎为笤，为扫地具，利与簟埒。"⑥

湖北编织业以蒲草、麦秆、竹子为原料，产品有席、草帽、簟等。武昌县妇女"善制麦草帽"。又称："县西有芦洲，长港有席口，沿岸居民以织芦席为业。"⑦ 汉川县"西北之蒲芦，足织为席……远利民用"⑧。应城县"有白蒲，织以为席，湖乡之利"；"有桃枝竹，即水竹，俗多析篾造器，织簟尤佳"⑨。

湖南盛产竹和龙须草，编织业以笠帽和席为主。乾隆四十年，宁乡县竹匠朱光祖仿织灯笼之式，剖金竹为草笠帽圈，织花如人字，高矮精粗咸备。后四处效之，"今贫寒幼女小童赖为生活"⑩。衡阳县"居民编竹为筏，名曰舫。……旧为舫三千有奇，今多寡不等"。又"伐山木为园器，盘盂杯杓，形由心造，岁贩他邑，其

---

① 光绪《嘉定县志·土产》。
② 嘉庆《同里志·物产》。
③ 同治《上元江宁两县志·食货》。
④ 光绪《武进阳湖县合志·土产》。
⑤ 道光《江阴县志·物产》。
⑥ 道光《怀宁县志·物产》。
⑦ 光绪《武昌县志·风俗》《物产》。
⑧ 同治《汉川县志·物产》。
⑨ 光绪《应城县志·物产》。
⑩ 嘉庆《宁乡县志·城市》。

利常倍"①。临武（县）"东山生龙须草，……而连州山中尤盛。织席必于临武，故临武草席名天下"。又，"麻枲之利及织席为事者，又可给数千家"②。桂东县出产货物中，有龙须席、栽草席两种。③

四川编织业多以麦秆、席草、竹子为原料，产品有草帽（草笠）、草席、扇之属。华阳县货之属有"台笠。按今多编麦颖为之，名曰草帽。妇孺业此，坐行不释手。精致者价值数金"。又有草鞋、麻鞋、棕鞋、竹帘、扇、席等。④ 温江县产"草帽。编小麦秆为辫，以辫圈裁成帽。邑女工多以此为业。最精细者可值钱数千文"⑤。郫县"草帽，草笠也，田家御暑御雨之具。郫邑女工多以麦草编成笠帽卖之。赤贫之家妇女多以此为生"⑥。双流县"女红之暇，即编草帽、蒲扇等，未尝或辍"⑦。新都县出雨伞及竹扇，称"雨伞极工致耐久，竹扇……货者甚众"⑧。什邡县"席草，三四月种，七八月收，功甚简，不妨农务。粤人（指康熙年间，广东移民）多以此起家"⑨。乐至县"灯心草纤长柔软，居人织席，以鬻于市"⑩。安平县"蒲席出大弄场、双门寨、桥头、上下耳贡，……条寨（共十寨），其利倍于种谷，故该居民数百户往往种蒲于田"⑪。南川县出芦竹帘。⑫ 荣昌县出产折扇，"邑中职此

---

① 嘉庆《衡阳县志·物产》；道光《衡山县志》，《风俗》。
② 同治《桂阳直隶州志·货殖》。
③ 嘉庆《桂东县志·物产》。
④ 嘉庆《华阳县志·物产》。
⑤ 嘉庆《温江县志·物产》。
⑥ 同治《郫县志·物产》。
⑦ 光绪《双流县志·风俗》。
⑧ 道光《新都县志·物产》。
⑨ 嘉庆《什邡县志·杂识》。
⑩ 道光《乐至县志·物产》。
⑪ 咸丰《安顺府志·物产》，安平县。
⑫ 转引郑昌淦《明清农村商品经济》，第490页。

业者，不下千家万户"①。

　　山东编织业以草帽辫、席为突出。《青州府志》载："博兴，水草宜茈，蒲亦蕃盛。为席、为履、为廪薄、为壁带、为扇。扇工尤精致，常货之远方。"又称"临淄，草之属曰苇曰芦，颇利民利"②。高苑县货有"苇席，出水泊"③。寿光县出产有"盐丝席布"。邑中盛出茈草，其佳者"尤宜织席"。又称"草辫，尚唯东华家庄为之，今则附近十余里，多业此矣"④。诸城县"石屋山北诸村落取甚皮（玉米皮）以织席"。又"芬子草生黑龙沟侧，为蓑为汗衫，可取厚值"⑤。高密县货之属有席、蒲扇、蓑衣、笠、荆筐、簸箕、柳斗。⑥ 曲阜县出产产品中有"灯莎草席、蒲席、芦荻薄、毡、箕、筐筥之器"。所出产杖、蜜、灯等"皆一邑民人饮食服用、养生送死、贸迁化居之资也"⑦。即墨县货有席、花椒等。⑧ 观城县"贫民妇女皆以麦茎制辫为业，不事纺织"⑨。泰安县货有席。⑩ 沂州府货有毛毡、苇席、蒲席等。⑪ 日照县有"葛可束物，蒲苇可织席、笠，菅莎可为蓑，荻可为薄，……扫帚尤济农用"⑫。乐陵县"苇以为席，荻作簾箔，邑资其利"⑬。海丰县清末时产草辫、桑皮纸、荻薄、苇帘等。⑭ 德州地区产草帽及席，乡

---

① 光绪《荣昌县志·物产》。
② 咸丰《青州府志》，转引郑昌淦《明清农村商品经济》，第496页。
③ 同上书，第497页。
④ 嘉庆《寿光县志·物产》；清末《寿光县乡土志》，《植物制造产》。
⑤ 乾隆《诸城县志·方物》。
⑥ 乾隆《高密县志》，又见光绪志。
⑦ 乾隆《曲阜县志》，转引郑昌淦《明清农村商品经济》，第498页。
⑧ 同治《即墨县志》。
⑨ 乾隆《曹州府志·风土志》，道光《观城县志》同。
⑩ 乾隆《泰安府志》。
⑪ 乾隆《沂州府志》。
⑫ 康熙《日照县志》。
⑬ 乾隆《乐陵县志》。
⑭ 转引郑昌淦《明清农村商品经济》，第502页。

土志记:"草帽和凉帽为本州特产,以特勒草为之,草出北口外。"席有苇、秸二种。① 宁阳县"草帽辫,用麦茎七枚,左右交织而成。竭一人之力,日可作两丈余"。"草帽辫销售莱商,岁约十万斤。"② 此外,嘉祥县"编竹为器"③。

直隶编织业有草编、柳编两种。草编较普遍,顺天府货类有苇帘、苇席、苇箔、蒲席、草帽、蓑衣、柳器等。④ 保定府之席出满城、新城,蒲绳、蒲扇、扫帚出博野县,蒲席、蒲扇、蒲筐、蒲团出雄县。⑤ 文安县货有苇席、草帽、蒲席、蓑衣、柳器等。⑥ 香河县货之类有蒲席、草帽、苇帘、蓑衣、柳器等。⑦ 静海县货属有苇席、蒲席等。妇女"工织席"⑧。永清县出产柳器、芦席等。县之"南乡信安镇逼近文安、霸州二乡,故多水宕。其产芦苇兼葭,霜落取材。信安人就往贸之,劈绩为席"。西乡"东西义和无业之民,则购稗草秫皮,编为草具。……人多市之,其利与柳器略相上下"⑨。河间府产品有蒲席、麻履等。乾隆志又称:"在河间(县)以羊、以蒲席、帽著。""河间业席、帽者,织苇为之,聚市(献县)商家林。其织作尤密致精好者,价颇高,过客多买焉。余有苇箪、柳箕之属,人资其利。"⑩ 任邱县货之属有苇席、蒲扇。⑪ 献县"商家林妇人辫麦茎,缉为帽"⑫。武清县货类有蒲

---

① 康熙《德州志》,乾隆志同。
② 光绪《宁阳县乡土志》。
③ 乾隆《济宁直隶州志》。
④ 《古今图书集成》,《职方典》卷二一。
⑤ 《古今图书集成》,《职方典》卷七六,《保定府物产考》。
⑥ 康熙《文安县志》。
⑦ 康熙《香河县志》。
⑧ 康熙《静海县志》。
⑨ 乾隆《永清县志》。
⑩ 康熙《河间府志·物产》;乾隆《河间府志·物产》。
⑪ 乾隆《任邱县志》。
⑫ 乾隆《献县志》。

席、草帽、苇帘、蓑衣、带席、苇箔、柳器等。[①] 东安县货类有蒲席、苇簾、苇箔、苇席、柳器等。[②] 隆平县货类有"芦席"等。[③] 饶阳县产苇箔。[④] 大城县货属有蒲席、苇席等。[⑤] 玉田县货之属有苇席、草帽（麦秸为之）、草帽辫等。又，妇女"织席者尤多，皆在林南仓（镇名）附近各村。近因草辫价昂，城乡间亦无贫富，趋之若鹜。……邑闺阁之旧业也，今愈忙营此"[⑥]。丰润县货属有"席，邑南大泊多苇，土人以之织席，转运四方"[⑦]。青县货属有席、草帽，"兴济妇女日以编织为业"[⑧]。抚宁县之东王各庄出"蒲扇"[⑨]。

柳编 固安县货类有木器、柳器（如升斗、簸箕、栲栳之类）等。该县咸丰志记载："农力耕作，……妇女或务绩布，或制柳器，皆足自给。"[⑩] 吴桥县货之属有荆筐，柳斗等。[⑪] 永清县载货之属有柳器、芦席等。又称："东乡滨河，河东韩庄、陈各庄一带，地土硗瘠，多沙碱，不宜五谷。居民率种柳树。柳之大者，伐薪为炭；细者折其柔枝，编缉柳器。无业贫民往往赖之。"[⑫] 昌平州称编织品有荆筐，出聂山营、讲礼两村。[⑬] 枣强县产荆筐。[⑭] 等等。

[①] 乾隆《武清县志》。
[②] 乾隆《东安县志》。
[③] 乾隆《隆平县志》。
[④] 乾隆《饶阳县志》。
[⑤] 光绪《大城县志》。
[⑥] 光绪《玉田县志》。
[⑦] 光绪《丰润县志》。
[⑧] 嘉庆《青县志》。
[⑨] 光绪《抚宁县志》。
[⑩] 康熙《固安县志》，咸丰《固安县志》。
[⑪] 康熙《吴桥县志》，光绪志同。
[⑫] 乾隆《永清县志》。
[⑬] 光绪《昌平县志》。
[⑭] 转引郑昌淦《明清农村商品经济》，第508页。

河南编织业有草编和竹编两种。草编，仪封县器用财货有笠、筐、帚、席等。① 焉陵县的"席、箔、筐、筥，皆本邑人为之"②。长葛县"人工制造，唯席片"③ 等。鄢陵县"席箔、筐、筥，皆本邑人为之"④。鹿邑县所产，据傅松龄载："编麦秸为辫，制笠售之，邑人擅其利久矣。光绪十年前所售笠，以青白粗细辫工窳，价有绝殊者。嗣商贩至，专购细辫，宽二三四分不等，按斤给值，不论长短。自是业笠者寖少，而利专在辫，有'专工'司拆续，无迹可识。每数丈团为把，席裹如牛腰，源源捆载而去。商贩悉出山左人，岁销六七万金有赢。……少妇幼女行坐皆不释手。勤而速者，终岁所得，直恃以自衣被，且有赢焉。"⑤ 汜水县家庭，以编织草帽辫为特产。⑥ 项城县"近见郾城一带，无论乡村集市，老妇少女皆以编草帽辫为业。……勤而速者，终岁所得值，自给衣服，且有赢焉"⑦。武阳县"其临河一带居民，……女工尚勤纺织，并编草帽，以资糊口"⑧。

竹编 永宁县货之属有竹器。⑨ 光州货之属有竹筐、竹箩、竹帘、竹席等。⑩

山西编织业不是很多，如太原县物产有席、草帽等。⑪ 长治县货有席等。⑫ 洪洞县出产芦席等。⑬ 孝义县货有苇席等，"汾河旁

---

① 乾隆《仪封县志》。
② 民国《鄢陵县志·风俗》，引同治志《文献》。
③ 乾隆《长葛县志·风俗》。
④ 民国《鄢陵县志·风俗》，引同治志《文献》。
⑤ 光绪《鹿邑县志》，引傅松龄《佩弦斋杂记》。
⑥ 转引郑昌淦《明清农村商品经济》，第512页。
⑦ 宣统《项城县志》。
⑧ 王凤生：《河北采风录》卷四。
⑨ 乾隆《永宁县志·土产志》。
⑩ 乾隆《光州志》。
⑪ 道光《太原县志》。
⑫ 康熙《长治县志》，光绪志同。
⑬ 雍正《洪洞县志》，同治《洪洞县志》都有记载。

多栽苇。……秋冬取作席。近河居民多业此。间有出鬻邻邑"①。蒲县出产的箕柳，以"金丝最佳，土人植之取利"。又谓："县东北乡出箕柳，秋可任为簸箕，佳者，一二亩岁收万钱。民颇利之。"② 祁县物产有苇席、柳器、麻履等。③ 平陆县出产的草织，有苇席等。④ 潞城县物产有席等。⑤ 赵城县："洼地不任稼穑者，多产芦苇，谓之苇地。始生曰芦，既老曰苇。芦笋可食，苇秸可编箔，皆民之所利也。"南乡"洼地产芦苇，岁取其值，可代耕"⑥。寿阳县货有"柳器，出大小东庄诸村；苇席出温家庄、小东庄、孙家庄诸村"⑦。另马邑县有编席的记载。⑧

另外，甘肃也有编织记载。如嘉庆《永昌县志·方产》云："草推箕筊，可为筐席，近织凉冠。"道光《镇番县志》云："草唯箕筊，可织席，而苏山（草）一种，尤无节可爱，土人用织凉冠。"道光《敦煌县志·乡土志》载："芦草，贫民藉以织席，希取小利。"

陕西也有编织记载，但不多。

此外，还有渔牧业发展。康熙四年，谕兵部称："山东青、登、莱等处沿海居民，向赖捕鱼为生，因禁海多有失业。前山东巡抚周有德，亦曾将民人无以资生具奏。今应照该抚所请，令其捕鱼，以资民生。"⑨ 雍正九年，世宗指出："闻天津一带民间渔船，专以贩鱼为业，每年谷雨以后，芒种以前，是其捕取之时，

---

① 乾隆《孝义县志》。
② 乾隆《蒲县志》。
③ 乾隆《祁县志》。
④ 乾隆《平陆县志》，光绪志同。
⑤ 康熙《潞城县志》，光绪《潞城县志》有载。
⑥ 道光《赵城县志》。
⑦ 乾隆《寿阳县志》。
⑧ 雍正《朔平府志》。
⑨ 《清圣祖实录》卷一四。

亦犹三农之望秋成也。若此时稍有耽误，则有妨一年之生计矣。"谕内阁："此时不可强雇渔舟，致令失业。"① 乾隆十一年两江总督尹继善奏："太湖六桅船，由来已久，现在查点吴县、阳湖、无锡、宜县共船一百八只。向在苏、常、湖州一带捕鱼。湖中产鱼甚溥，扁舟不能广捕，六桅船随风捕鱼，资生即同恒产；若将伊等子孙世守之业，勒令折卸，驱之平陆，使一旦失所，不但有拂舆情，并妨民利。请以现在一百八只为限，此后不许再增。"高宗批示："有治人，无治法，唯在汝等实力行之耳。"② 如湖北汉川县多产虾米、银鱼，"渔人春冬取而售诸山乡，咸利赖之"③。汉阳县土人捕鱼晒干，载至江西，卖之饶、信人。④ 蕲水县近江居民，以打鱼为生计。"资其利以给衣食者，盖十之一二矣。"⑤ 湖南衡山县居水涯者十之三，近水诸农，其田常苦水潦，十种九不收。"往往有弃农而渔者，亦有且农且渔者。以渔之所获，补农之不足。"⑥ 潜江县"人稠地狭，绝少旷土。积潦之乡，不能耕种，以渔为业"⑦。桂阳州陂塘出产常鱼，武水有美鲫。"溱水梁占滩、钟水大牛濑居民，捕鱼为生者数千人。至冬时，一人或得数千斤。自然之利也。州城南，……陂塘之鱼，岁数千金。"⑧ 山东博兴县产鱼，以鳝为多，销往京师及济南。又有记载："沿河之村，并业鱼蒲。"⑨ 蓬莱县近海者，蚌鱼之利最溥，"皆足佐饔餐之不给，而以备布缕之所需"⑩。

---

① 《清世宗实录》卷一〇五。
② 《清高宗实录》卷二八三。
③ 同治《汉川县志·物产》。
④ 乾隆《汉阳县志》。
⑤ 光绪《蕲水县志·风俗》。
⑥ 嘉庆《衡山县志·风俗》，道光、光绪志有同样记载。
⑦ 光绪《潜江县志·风俗》。
⑧ 同治《桂阳直隶州志》，《货殖传》。
⑨ 咸丰《青州府志》；道光《博兴县志·风俗》。
⑩ 道光《蓬莱县志·物产》。

山东禹城县乡间多养牛、羊、驴。所产牛皮、羊皮、驴皮、羊毛,立马为外地商人收购。① 寿光县多饲养牲畜,出产马尾、牛皮、羊皮、犬皮、猪鬃。宁阳县出产驴皮、羊毛。② 高密县多饲养牲畜。其"皮毛骨角输境外者十七八。羊毛入青州织毡,猪皮入黄县造箱,马牛之皮多自莱郡出口"③。黄县"民多畜牧之利,水居兼利鱼虾"④。

综合以上情况看,家庭手工业的发展,确确实实为农家增添了经济收入,改善了农家经济状况,增强了农家保障自有土地的能力,减缓或减少了农家因贫困而卖地的情况,对地权分配起到制衡作用。在研究地权分配时,这是一个不容忽视的因素。

---

① 光绪《禹城县乡土志·商务》。
② 光绪《宁阳县乡土志》。
③ 宣统《高密县乡土志》。
④ 同治《黄县志·物产》。

第 十 章

多种经营发展与地权分配

多种经营的发展，这里主要指的是经济作物种植、山区经济开发，以及家庭手工业发展。至于畜牧业、渔业，由于受资料限制，不作为重点论述，但也有涉及。商品性农业发展，对资本主义萌芽的作用，前人论述很多，这里不做专门论述。在这里，我们研究的重点是与地权分配有关联的问题，如多种经营对农村、农家经济产生过哪些影响。但这一问题，过去学术界重视不够。人们着眼更多的是：有哪些经济作物在种植，有哪些家庭手工业在发展，这些发展给农业结构带来哪些影响，与资本主义萌芽关系如何等。但对多种经营的发展，给农村、农民经济带来哪些影响，给清代地权分配带来哪些变化，等等，却言之甚少，这是令人遗憾的。然而，这个问题，对地权分配研究来说，是不可或缺的。

有清一代，在政府多种经营政策鼓励下，经济作物种植、山区经济开发、家庭手工业发展，给农民经济、农村发展带来深刻影响。

清政府进入康熙后期时，人口增加很快，可垦之地绝大部分已得到垦复，人多地少的问题已显露出来。减少新增人口对土地的压力，寻找新的财路，成为当时社会的共同认识。为解决增加农民收入的问题，康熙帝提出多种经营的方略。中国幅员辽阔，从地形来看，有平原，有山地，有丘陵，有高原，有河流湖泊，有大海；从气候来看，南方温和湿润，雨水多，农作物生长期长，北方气候寒冷，有霜期长，雨水少，干燥，农作物生长期短；从土壤结构看，土壤也有肥腴、瘠薄之分。各地农民如何才能获得最大经济利益，只有充分发挥当地自然条件特点，以及物种适应性条件，开展多种经营，或说靠山者吃山，靠海者吃海，靠河、靠湖者吃江湖之利。有田者耕田，有山者耕山，或耕织结合，农副业结合，最大限度弥补农田收入的不足。因此，经济作物的种植，以及各类家庭手工业的发展，便成为农家经济来源的重要补充。有的家庭甚至依靠种植经济作物，或开展家庭手工业来维持生计，或购田买地，或完纳国家赋税。

由于种植经济作物的收效比种植五谷高，棉花、桑蚕、烟草、茶叶、蓝靛、甘蔗、花卉等作物，成为农家争先恐后的种植对象。一些山区农民，则以山为田，通过栽松种杉、栽植竹子、种水果、种油茶、种油桐、种柏、种药材等来谋取财富。沿河、沿海、沿江湖水域地区的农民，则种植芦苇，或养鱼，或捕鱼，以耕海、耕江河湖泊为业。沙地荦确，则以种花生取利。尽地利以提高家庭经济收入。

又由于地区资源不同，加上人们需求的多样化，以及市场的发展，为手工业发展提供了很大的空间。各地利用当地所产，发展各种各样的手工生产。如棉纺、丝织、制烟、造纸、编筐，织席、麦编等也应时而生。多种经营，为农民谋生拓宽了路子。

经济作物发展、山区开发，以及农家手工业发展，给清代社会经济发展带来深刻影响。正如《福州府志》所称："种菁种蔗，伐山采木，其利乃倍于田。"① 江苏《荆溪县志》称："土产殷繁，生计最盛。""茶、笋、梨、栗、竹、木等产，不胫而走遍于天下。故其商贾贸易，廛市山村，宛然都会。"② 这是经济作物发展给农民、给农村经济发展带来好处的最好写照。首先，拓宽了农民求

---

① 乾隆《福州府志·风俗事志》，引《永福县志》。
② 嘉庆《荆溪县志·分境图说》。

生存、求发展的空间；其次，增加家庭经济收入，以弥补农田收入不足，养家糊口，供纳赋税，增强抵御突发事故的能力和支付婚丧喜庆、人来客往应酬的能力，以维持家庭进行简单再生产的能力；再次，有助于失去土地者，或少地者，重新燃起发家致富的希望；最后，有利于农村向市镇化发展。这是经济作物广泛种植对农业、农村、农民所带来的巨大变化的缩影。这种变化对清代地权分配带来巨大影响。在讨论经济作物种植时，除了促进产品商品化、城镇经济发展外，对保护农民小土地所有权的作用必须予以充分估计，否则就无法解释中国小农经济长期延续的经济基础问题。这点必须引起学界应有的重视。

第一节　拓宽农民求生存、求发展空间

经济作物发展，尤其是山区开发，为广大农民拓宽了求生存、求发展的空间。

1. 为无业流民提供生存之地

江西、浙江、福建三省，"各山县内，向有民人搭棚居住，艺麻、种菁、开炉煽铁、造纸、制菇为业"①。江南、福建、浙江各府州县内，多有搭棚山居，"以种麻、种靛、煽铁开炉、造纸、作菇等项为资生之计者"②。福建、广东流民入江西，就山结棚以居，蓺靛叶、烟草者，"凡万五千余户"③。浙江衢州，江西广信、赣州，毗连闽、粤，无籍失业之流民，入山种麻，结棚以居，"岁月既久，生齿日繁"④。到清中叶，闽、浙、赣、苏、皖各省棚民，连成一片。"流人之来益众，则棚益广。西接宁国，北至江宁，南且由徽州绵延至江西、福建。凡山径险恶之处，土人不能

---

① 《清史稿》卷一二〇，《食货志·户口》。
② 光绪《大清会典事例》卷一五八，《户部户口》。
③ 《清史稿》卷二九二，《裴㒦度传》。
④ 《清史稿》卷二八八，《张廷玉传》。

上下者，皆棚民占据。"① "广东穷民入山搭寮，取香木舂粉，析薪烧炭为业者，谓之寮民。"安徽徽州、宁国、池州、渠州、广德等州所属，山多闲旷，间有浙江温、台等处民人搭棚栖止，"该棚民等生齿日繁"②。毕沅称："道出秦栈，……至兴安一州，地约四千余里，从前多属荒山，后因两湖、安徽、江西、四川、河南等省民人前来开垦，数年中骤增户口数十万，弃地尽成膏腴。"③湖南省永兴县，清初，"一稻之外，并无余物"。到乾隆间，"山地广垦，种植杉桐果木也多，即豆麻菽麦也广"④。贵州遵义府"油桐树，郡无处不有"⑤。思南府各县所产桐油，"运两湖销售"⑥。嘉庆年间，官府勒令徽州种杉棚居离境，返回原籍。棚民则"请俟苗木成材分拼后饬令回籍"⑦。道光元年卓秉恬奏：川陕楚老林，其地辽阔，其所产铁矿、竹箭、木耳、石菌，其所宜包谷、荞、豆、燕麦。而山川险阻，地土硗瘠，故徭、粮极微；客民给地主钱数千，即可租种数沟数岭，江、广、黔、楚、川、陕之无业者，侨寓其中，"数以百万计"。"其种地之外，多资木箱、盐井、铁厂、纸厂、煤厂佣工为生。"⑧据郭松义研究，仅向内地山区的移民就有四百万人之多。如陕南在一百万人以上，赣南、粤北、浙南、浙西、皖南等地可能有二百万人，湘西、鄂西等山区一百万人上下。⑨山区开发，吸纳了大量失地流民，使他们重新回到土地上，获得安家立业的机会，为社会的稳定、和谐，奠定

---

① 咸丰《南浔镇志》卷三。
② 《清史稿》卷一二〇，《食货志·户口》。
③ 《清高宗实录》卷一〇八七。
④ 《湖南省例成案·户律》卷七。
⑤ 道光《遵义府志》卷一七。
⑥ 道光《思南府志·物产志》。
⑦ 道光《徽州府志》卷四。
⑧ 卓秉恬：《川陕楚老林情形疏》，见严如熤《三省边防备览》卷一四，《艺文下》。
⑨ 方行等主编：《中国经济通史·清代经济卷》（上），第150页。

了物质基础，同时对社会经济发展起到推动作用。山区开发，已成农民经济生活中的一件大事。

但在总结前人生产活动的同时，我们也应当指出，当时山区的无序开发，对生态平衡产生了一定的负面影响。如植被遭到破坏，造成水土流失。同时，还破坏了山地的蓄水功能。使周边生态环境发生变化，从而影响地方经济持续发展。这给我们今天建设社会主义社会，提供了历史的启迪。当前，我们正在进行蓬蓬勃勃的社会主义建设，必须在做好发展生产的同时，兼顾生态环境的保护，为我们的国家得以持续发展创造有利条件。在发展生产的同时，创造一个环境优美、空气清新的宜居家园。

2. 经济作物种植，拓宽了农民谋生手段

安徽怀宁"居民多以种茶为业"[1]。太湖县永福乡，"种茶、树麻、采薇、拾蕨，与潜俗相类，虽细民微业，亦资生之计也"[2]。

浙江於潜产茶，"乡人大半赖以资生"[3]，"民之仰食于茶者十之七"[4]。孝丰县山乡鲜蚕麦之利，种茶成为农民主业，"民每藉作恒产"[5]。安吉县"笋干为山乡土产"。又产猫竹，"故吾邑东南乡唯恃此为生产"[6]。富阳县"邑人率造纸为业，老小勤作，昼夜不休"[7]。余杭县竹纸出邑中南建上高斜坑地方，"民藉以为利"。又，贫民于高山，"伐薪为炭，贩之远方"。桐乡濮院产西瓜，濮瓜皆黄白色，味甘而脆。"瓜田颇厚"，"苏杭数百里间，估客来购者，瓜时挐舟麇集"[8]。

---

[1] 道光《怀宁县志·物产志》。
[2] 道光《太湖县志·乡镇志》，亦见同治志。
[3] 嘉庆《於潜县志·物产志》。
[4] 光绪《杭州府志·物产志》，引《於潜县志》。
[5] 光绪《孝丰县志·土产志》。
[6] 同治《安吉县志·物产志》，引乾隆《刘志》、《前溪逸志》。
[7] 康熙《富阳县志·风俗志》。
[8] 光绪《桐乡县志·物产志》。

福建武夷山山下居民，"数百家，皆以种茶为业"①。南平县新兴、梅西、峡阳、梅南，"民以茶为业"②。上杭"凡山皆种茶"③。除茶以外，榨糖业发展也重要。如将乐县产糖"岁出千万斤"④。龙溪县"居民研（蔗）汁煎糖，鬻吴越间"⑤。台湾产糖，"全台仰望资生。四方奔趋图利，莫此为甚"⑥。

江西莲花厅多种茶，茶有两种，一则取子为油，一则取叶为茗，"山岭之中，民多种蓄之以为利"⑦。

广东雷州"妇女多以织葛为生"，"增城亦然"。新兴县种麻，以麻为布。妇女以络麻、治苎、绩蕉为业。屈大均称："其女红治络麻者十之六，治苎者十之三，治蕉者十之一。"⑧

湖北鹤峰州"州属田土苦瘠，生殖不饶，山林之产，唯茶利最厚"⑨。又，州中瘠土，赖产茶"为生计焉"⑩。

湖南临湘县，"山民以植茶，纺织为生"⑪。平江县"凡山谷间向种红薯之处，悉以种茶"⑫。

四川雅州"近山人家俱采茶为业"⑬。南川"邑多茶园，人资其利"⑭。

云南普洱府"周八百里，入山作茶者数十万人"⑮。

---

① 《古今图书集成》，《山川典·武夷山部》。
② 嘉庆《南平县志·生业志》。
③ 乾隆《上杭县志·物产志》。
④ 乾隆《将乐县志·土产志》。
⑤ 乾隆《龙溪县志·物产志》。
⑥ 乾隆《台湾府志·物产志》。
⑦ 道光《莲花厅志·土产志》，亦见同治a志。
⑧ 屈大均：《广东新语》卷一五，《货语》。
⑨ 道光《鹤峰州志·物产志》。
⑩ 光绪《鹤峰州志·物产志》。
⑪ 同治《临湘县志·风俗志》。
⑫ 同治《平江县志·物产志》。
⑬ 《四川通志·雄州风俗志》，引旧志。
⑭ 光绪《南川县志·土产志》。
⑮ 光绪《普洱府志·物产志》，引檀萃《滇海虞衡记》。

据江西地方志称，村民即使种菜种靛，也"出息更倍"①。《峡江县志·农政志》称，种蔬"治一亩可当十亩之入，峡何苦而不为？"② 种豆"农家取息倍谷"③。江西抚州东乡县，"姜则东路所产为多，薯则西路所产为多，皆常运他处出售。萝卜城厢种者多至十亩。山谷民间，冬时舆薪来易，日可百舆"④。

第二节　增加家庭收入

对经济作物种植的看法，众说纷纭。有人认为，经济作物种植有碍民食，应该限制。如郭起元认为，"闽地二千余里，原隰饶沃，山田有泉滋润，力耕之，原足给全闽之食"。但由于多植茶、蜡、麻苎、蓝靛、糖蔗、离支（荔枝）、柑橘、青子、荔奴（桂圆）之属，耗地三之一。今则烟草之植，耗地十之六七，致使粮不能自给，以"仰食于江浙、台湾、建延"为由，奏请"饬吏设禁"⑤。岳震川也反对种植烟草，他认为"若云皇皇求利，庶人之行，则蚕桑之利，齐可富国"⑥。江西新城嘉庆十年的禁烟约尽数新城种烟之害。谓：彼栽烟必择腴田，栽谷尽瘠土，为害一也；种烟用好肥，壅禾则半用石灰，粪少谷稀，为害二也；莳烟之耗人力，数倍于谷，即勤者亦难兼顾禾苗，为害三也。⑦ 湖南平江同治县志的编者，对种茶也持反对态度。他们认为种茶有妨民食，有碍风俗。批评种茶"获利虽丰，然饥不可以为食。……今吾平独以兴贩外洋之茶，致妨本境之民食，岂可不思变计乎？况茶市方殷，

---

① 同治《乐平县志·风俗志》。
② 康熙《峡江县志·农政志》。
③ 乾隆《石城县志·物产志》。
④ 同治《东乡县志·物产志》。
⑤ 郭起元：《论闽省务本节用书》，《清经世文编》卷三六。
⑥ 岳震川：《府志食货论》，《清经世文编》卷三六。
⑦ 同治《新城县志·风俗》，附嘉庆十年《公禁栽烟约》。

贫家妇女相率入市拣茶。……拣茶者不下二万人，塞巷填衢，寅集酉散，喧嚣拥挤"①。《醴陵县志》的作者认为茶业发展有碍风俗，谓近日红茶利兴，"贫家妇女虽多余润，然男女杂遝"②。湖北崇阳县，也认为妇女入市拣茶有碍风俗。谓货类有茶，"近年村家妇女逐队入市拣茶，则风俗之大忧也"③，等等。但大多数有识之士，认可经济作物种植。认为经济作物种植，可以改善农民经济收入，可以改变农村贫穷面貌。"谋生之力，不专仰于田亩，以故即遇俭岁，犹守庐墓保妻子，不轻去其乡也。"④"种菁种蔗，伐木采木，其利乃倍于田。"⑤ 这种情况十分普通。以下做分类叙述。

1. 经济作物种植增加农民收入

就蚕桑收益来说，清初时，海宁人陈确曰："今中田一亩，岁出米麦豆三石以上，腴田出四五石以上，是一夫之食也。若夫桑麻瓜果之田，岁出一二十金以上，是数口之食也。"⑥ 同是清初人，张履祥根据桐乡情况说："种桑地得叶，盛者一亩可养蚕十数筐，少亦四五筐，最下二三筐。米贱丝贵时，则蚕一筐，即可当一亩之息矣。米甚贵，丝甚贱，尚足与田相准。"⑦ 康熙时，张园真称："大约蚕佳者，一斤丝可售银一两，完官，取当，日用皆资之。"⑧ 乾隆时，乌程县"蚕桑利三倍"⑨。沈秉成说："蚕丝之利，十倍农事。"⑩ 何石安等云："桑八亩，当农田百亩之入。"⑪ 桑田

---

① 同治《平江县志·物产》。
② 同治《醴陵县志·风俗下》。
③ 同治《崇阳县志·风土》。
④ 乾隆《唐市志》卷上，《风俗》。
⑤ 乾隆《福州府志·风俗》，引《永福县志》。
⑥ 《陈确集》，第336页。
⑦ 张履祥：《补农书》下。
⑧ 张园真：《乌青文献》，康熙年间，见光绪《桐乡县志·蚕桑》。
⑨ 同治《南浔镇志》卷一。
⑩ 沈秉成：《蚕桑辑要》。
⑪ 何石安等：《重刊蚕桑图说合编序》。

收入应是农田收入的十二点五倍。吴江县产丝，已与老百姓经济生活紧密相连，人们视丝之丰歉、绫绸价之低昂，为"有岁无岁之分也"①。费南辉云："贫家所养无多，而公家赋税，吉凶礼节，亲党酬酢，老幼衣著，唯蚕是赖"。"利殊有限，丰收三五载，迄可小康。如值桑叶涌贵，典衣鬻钗，不遗余力。蚕或不旺，辄忘额废寝，憔悴无人色，所系于身家者重也。"②浙江《长兴县志》载："农桑并重，而湖俗之桑，利厚于农。自夷人通商，长兴岁入百万计。"③徐献忠谓："蚕桑之利，莫盛于湖（州），大约良地一亩，可得桑八十个（每二十斤为一个）。计其一岁垦锄壅培之费，大约不过二两而已，而其利倍之。自看蚕之利复稍加赢。"④四川盐亭县，"一岁之需，公私支吾，总以蚕之丰啬，为用之盈缩"⑤。广东顺德桑田鱼池之利，岁出蚕丝，可使"男女皆自食其力"⑥。南海县"傍海疍民多业桑蚕，岁获厚利"⑦。范金民先生说："如果以良地桑叶亩产一千六百斤，养蚕十斤，做茧一百斤，缫丝十斤计算，则农田种桑一亩，可得银十一点七四两。每亩种稻，加上春花以三石计，则可得银三点三二两。由此可知，在正常年景，种桑一亩是种稻收入的三点五倍。如果桑间套种其他作物，则收入还要高。"⑧

烟草收益的多少，虽然说法不一，但有一点是相同的，即比五谷收入多。康熙时，张翔凤根据福建的烟草种植情况说："种禾只收三倍利，种烟偏赢十倍租。"⑨乾隆年间，阮葵生说："一亩

---

① 乾隆《吴江县志·生业志》。
② 费南辉：《西吴蚕略》，见同治《湖州府志》。
③ 《长兴县志·蚕桑》。
④ 徐献忠：《吴兴掌故集》。
⑤ 乾隆《盐亭县志·风俗》。
⑥ 咸丰《顺德县志·风俗》。
⑦ 宣统《南海县志·物产》。
⑧ 范金民：《江南丝绸史研究》，中国农业出版社1993年版，第88页。
⑨ 张翔凤：《种烟行》，《国朝全蜀诗钞》卷八，康熙年间作于福建。

之获,十倍于谷。"① 方苞谓:"种烟之利,视百蔬则倍之,视五谷则三之。"② 在四川,种烟"大约终岁获利过稻麦三倍"③。在甘肃,"居民业此利三倍,耕烟绝胜耕田夫"④。在江西安远县,乾隆时"如田一百把,除牛税谷种及所赚之外,纳租十二桶。种烟,每百把可栽一千本,摘晒可三百斤。价钱每百斤四千文,价贵六千文不等。新稻出,每桶三四百文不等。将(烟)一百斤以还租,仍获二百斤之利"⑤。至道光年间,福建永定"膏田种烟,利倍于谷"⑥。广东肇庆府"今新兴之天堂及阳春,莳此为利,几(已)敌种稻"⑦。山东沂水一带,"民间好种烟叶,必择肥地,用十成粪,一亩之入,值数十千焉"⑧。至光绪间,河南鹿邑,种烟"收获之利,数倍于谷"⑨。湖南善化,"一亩之烟,或获利数倍"⑩。贵州黎平县"烟之利,过于稻数倍"⑪。由于种烟收益较高,《瑞金县志》谓:"瑞邑山多田少,所产之谷不足供一邑之食,藉卖烟以易米。"这是很好的写照。种烟收入会因时间、地区不同,价格高低有变化,不过种烟比种稻盈利多,收益高于种五谷,这是不争的事实。

当然,也有人说,种烟不如种黍。如乾隆年间,山东济宁直隶州盛百二说,种烟不如种蜀黍。⑫ 但这只是一家之词,不足为据。

---

① 阮葵生:《茶余客话》卷二〇。
② 方苞:《方望溪全集·集外文》卷一。
③ 彭遵泗:《蜀中烟说》。
④ 舒位:《兰州水烟篇·瓶水斋集》。
⑤ 乾隆《安远县志》。
⑥ 道光《永定县志》卷一六。
⑦ 道光《肇庆府志·物产》。
⑧ 吴树声:《沂水桑麻话》,咸丰四年刻。
⑨ 光绪《鹿邑县志》卷九。
⑩ 光绪《善化县志》卷一六。
⑪ 光绪《黎平县志》卷三。
⑫ 道光《济宁直隶州志》卷三。

种蓝靛的收益，据乾隆间方志记载，浙江海盐，农民种靛"获其价值，数倍于谷麦"①。蓝草可染青，"山阳种之为业"②。福建上杭人往南浙作靛，"获利难以枚数"③。嘉庆年间，江苏《如皋县志》载："蓝作靛蓝，利最溥。"④ 嘉庆时，贵州黄平州人称："靛之为利，较之种杂粮者，不啻倍之。"又"数十年来，因以致富者不少，以故人争趋之"⑤。贵州绥阳"一亩之田，获谷一石者，以靛当之，当二倍以偿"⑥。道光年间，四川仁寿县，田"一亩可得靛十斤，其利倍于种谷"⑦。同治年间，江西乐平县，"种菜种靛，出息更倍"⑧。

棉麻之利，各地不一。江苏的松江、太仓"利在棉花、梭布，较稻田倍蓰"⑨。山东《东昌府志》称："棉花六府皆有之，东昌尤多。商人贸于四方，民赖以利。"⑩ 夏津县农民以棉花收成好坏，以定丰歉。称"年之丰歉，率以为验"⑪。郓城县地宜种木棉，"五谷之利，不及其半"⑫。利津县"宜苎木棉，岁收利三倍"⑬。曹州府地产木棉，"其利颇盛"⑭。河南情况是，乾隆年间，巩县"民恃棉花为业，收花之利，倍于二麦，民食资焉"⑮。偃师"收花之利于五谷等"。巩县种植有方者，"收花之利倍于二麦"。

---

① 乾隆《海盐县续图经》卷一。
② 乾隆《绍兴府志·物产》。
③ 乾隆《上杭县志·物产》。
④ 嘉庆《如皋县志·物产》。
⑤ 嘉庆《黄平州志·物产》。
⑥ 道光《遵义府志》卷二七；民国《三台县志》卷一三。
⑦ 道光《仁寿县志》卷二。
⑧ 同治《乐平县志》卷一。
⑨ 包世臣：《安吴四种》卷二六，《告族子孟开书》。
⑩ 《古今图书集成》，《职方典》卷二五五，《东昌府物产考》。
⑪ 乾隆《夏津县志·街市》。
⑫ 康熙《兖州府志·风土》。
⑬ 光绪《利津县志·户书总论》。
⑭ 乾隆《曹州府志·风土》。
⑮ 乾隆《巩县志》卷七。

"资生之策,强半以棉花为主"①。灵宝县种棉花,"民赖之以输课。"②《兰阳县志》载:"中州土宜棉花,自有此种,赋税易完,用度易办,诚为至宝。"③湖南兴宁县"南乡水田宜苎麻,居民多以倍租佃田植麻,获利数倍"④。浙江长兴县,乾隆间有一百三十户福建、江西棚民,与民租荒山,垦艺白苎,"辟荒芜以收地利"⑤。说明棉花、苎麻之利多于麦,故农民愿意种植,甚至出倍租佃田、租山种之。

种茶之利。福建武夷山下居民"数百家,皆以种茶为业,岁产数十万斤"⑥。宁德"计茶所收,有春夏两季,年获息不让桑麻"⑦。福安县产茶,行销苏州、温州等处,"统计十万挑"⑧。浙江杭州府产茶,"每岁货茶出洋之值,以数十百万计,其利与蚕丝相埒"⑨。《於潜县志》谓:"邑中各山皆产茶,……乡人大半赖以资生,利亦巨矣哉。"⑩又说"於潜民之仰食于茶者十之七"⑪。孝丰县多种茶,称"山乡鲜蚕麦之利,民每藉作恒产"⑫。湖州府种茶,"每藉为恒产"⑬。《前溪逸志》谓:"千树茶,比千户侯矣。"⑭富阳县茶产丰富,"丝茶两项,(每年)约有十余万金"⑮。以一个

---

① 乾隆《巩县志》卷七,《物产》。
② 乾隆《灵宝县志·土产》。
③ 康熙《兰阳县志·土产·木棉部》。
④ 同治《兴宁县志·风俗》。
⑤ 同治《长兴县志·物产》,引乾隆谭志。
⑥ 《古今图书集成》,《山川典·武夷山部》。
⑦ 乾隆《宁德县志·物产》。
⑧ 光绪《福安县志·乡土·商务》。
⑨ 光绪《杭州府志·物产》编者按。
⑩ 嘉庆《於潜县志·物产》。
⑪ 光绪《杭州府志》引《於潜县志》。
⑫ 光绪《孝丰县志·土产》。
⑬ 同治《湖州府志·物产》,引安吉《刘志》。
⑭ 同治《湖州府志·物产志·茶之属》引《前溪逸志》。
⑮ 光绪《富阳县志·物产》。

县来说，收入不算少。遂安县年产茶"约二十余万斤，运销上海"①。安徽霍山每年采茶时，男妇错杂，歌声满谷，日夜力作不休，"百货骈集，开市列肆"②。"颇获其利。"③ 怀宁县"居民多以种茶为业"④。宁国府所属六县产茶，"每岁销引三万有余"⑤。太湖县"其树茶所入，不减稼穑"⑥。又"种茶、树麻、采薇、拾蕨，……虽细民微业，亦资生之计也"⑦。江西东乡"以茶为利"⑧。莲花厅种茶，"山岭之中，民多种蓄之，以为利"⑨。赣县"各乡亦有艺茶为业者"⑩。湖南临湘"山民以植茶、纺织为生"⑪。平江县，道光末，红茶大盛，其入"岁不下数十万金"。又"近岁红茶盛行，泉流地上，凡山谷间向种红薯之处，悉以种茶"。"贫家妇女相率入市拣茶，……茶庄数十所，拣茶者不下二万人"⑫。茶业发展不仅给种茶农户带来收益，也给大量的贫家妇女带来工作机会，增加收入。湘潭"海禁开后，红茶为大。率五六十日，而贸买千万"⑬。零陵县出青茶、红茶。方志作者认为："亦生民之利也。"⑭ 慈利做红茶，"贩之，辄获倍直（值）"。又谓"初出市之货曰桐、曰茶，一岁贸买常值千万。近始绌减"⑮。

---

① 民国《遂安县志·物产》。
② 顺治《霍山县志·茶考》。
③ 光绪《霍山县志·物产》。
④ 道光《怀宁县志·物产》。
⑤ 嘉庆《宁国府志·物产》。
⑥ 顺治《太湖县志·风俗》。
⑦ 道光《太湖县志·乡镇》，同治志同。
⑧ 同治《东乡县志·物产》。
⑨ 乾隆《莲花厅志·土产》。
⑩ 同治《赣县志·物产》。
⑪ 同治《临湘县志·风俗》。
⑫ 同治《平江县志·物产》。
⑬ 光绪《湘潭县志·货殖》。
⑭ 嘉庆《零陵县志·生计》。
⑮ 光绪《慈利县志》，《物产》《山水》。

据湖北《鹤峰州志》载"州属田土苦瘠，……唯茶利最厚"①。又云"州中瘠土，赖此为生计焉"②。崇阳茶业发展，还带动了妇女就业。县志称："近年村家妇女逐入市拣茶。"③ 广东珠江之南三十三村，多业艺茶，"每茶一亩，苦簦（丁茶）二株，岁可给二人之食"④。四川南川县"邑多茶园，人资其利"⑤。雅州府"近山人家俱采茶为业"。⑥ 云南思茅厅"五方杂处，仰食茶山"⑦。

药材之利。陕西情况，严如熤称："汉川民有田地数十亩之家，必栽烟草数亩，田则栽姜或药材数亩，……姜、药材亩收八九百斤，卖青蚨二三十千，以为纳钱粮，市盐布，庆吊人情之用。"⑧ 又如怀庆府种植药材，"而所得资利，十倍于谷"⑨。

蔗糖之利。广东《花县志》谓："甘蔗粗生易植，……粤中此利最大。"⑩ 海阳县"邑田近多种蔗，糖利颇饶"⑪。《博罗县志》谓："蔗产于荒区，闽人辟草莱而莳之。他流寓多为盗，种蔗者独安其业，食力而易赡也。"⑫ 屈大均说："番禺、东莞、增城糖居十之四，阳春糖居十之六。而蔗田几与禾田等矣。榨时，上农一人一寮，中农五之，下农八之十之。""糖之利甚溥，粤人开糖房多以致富。"⑬ 江西南康县种植甘蔗，多在高阜及沙田不受水之地，非五谷所宜，"乃种此以补稼穑之不及"。嘉道以来，种植

---

① 道光《鹤峰州志·物产》。
② 光绪《鹤峰州志·物产》。
③ 同治《崇阳县志·风俗》。
④ 屈大均：《广东新语》，《食语·茶》。
⑤ 光绪《南川县志·土产》。
⑥ 《四川通志》，《雅州府志》，《风俗》，引旧州志。
⑦ 光绪《普洱府志·风俗》，引旧志。
⑧ 严如熤：《三省边防备览》卷八，《民食》。
⑨ 乾隆《怀庆府志》卷一三，《物产》。
⑩ 康熙《花县志·物产》。
⑪ 郑昌淦：《明清农村商品经济》，中国人民大学出版社1989年版。
⑫ 乾隆《博罗县志·物产》。
⑬ 屈大均：《广东新语·草语·蔗》。

甘蔗繁多，核其岁入，"几与闽粤争利矣"①。四川"简州沿江之民植蔗作糖，州人多以此致富"②。浙江东阳县，在康熙海禁期间，由于海路不通，闽糖不至，于是种蔗大获糖利，县志称"邑资其利"③。江苏滨浦地方，由于广东兵叛，康熙十五年后开始种蔗。因得益于江西吉安道路梗阻，糖价骤贵。当地种蔗，"甚获其利"④。

果木栽培之利。道光间周寿昌说广东"果实利最厚，蚕桑次之"。尤其是种果，"土脉肥，田隙山凹皆可栽种，不必园圃也。地气暖，秋藏冬敛皆竞华实，不必春夏也。人力勤，红女幼童皆事垦艺，不必丁壮也"。广东顺德陈村，"居人多以种龙眼为业，……以致末富"⑤。广州可耕之地甚少，"民多种柑桔以图利"⑥。福建漳州府出产荔枝、柑橘，"俗多种家，比千户侯"⑦。江苏震泽多种橘，"乡村间往往栽治以取利"⑧。浙江唐栖多种果树，若枇杷、蜜橘、桃、梅等，"培植极工，旁充杂树。一亩之地，值可百金"⑨。湖南湘潭，居民多种橘，"一园数千株，可抵良田百亩"⑩。山东聊城种枣，"获利亦至厚"，"贫民无正业者，往往藉以治生"⑪。

经济林木之利。福建《宁化县志》称："吾土杉植最盛，食此利者多矣。"⑫福建多种竹，南平"罗源、灵盖、太平、余庆之

---

① 同治《南康县志·土产》，引康熙志。
② 咸丰《简州志·土产》。
③ 道光《东阳县志·物产》，引康熙志。
④ 叶梦珠：《阅世编》卷七。
⑤ 屈大钧：《广东新语·地语·陈村》。
⑥ 吴震方：《岭南杂记》卷下。
⑦ 《古今图书集成》卷一一〇四，《职方典》，《漳州府物产考》。
⑧ 乾隆《震泽县志·物产》。
⑨ 光绪《唐栖志·物产记》。
⑩ 嘉庆《湘潭县志·物产》。
⑪ 宣统《聊城县志·物产》。
⑫ 康熙《宁化县志·土产》。

地多产笋，民以笋为业"①。浙江开化县"开田少土瘠，不足一邑之食，唯栽杉为生。……合姜、漆、炭，当杉林五分之一。而唯正之供，与养生送死之需，尽在其中"②。江西广信府多种桐子、柏树，"闽人种山者，亦多资为生计"③。江西《龙泉县志》记载，广东、福建贫民到龙泉佃山种杉者，去时单身，而后娶妻做室，隐厚其基。迨二十年后，售木受价，或百或千。"佃家始而佃，继而并主之业，以自成业主。"④ 兴国多山居人种杉，"食其利者众"⑤。湖南永州府"山林之利，富于农亩"⑥。麻阳县居民多种桐树，获籽打油。"视人力之多寡，可足一家之费用"。⑦ 直隶临榆县："石门山中居人，往往种（花）椒为业，载贸关东。"⑧

园圃之利尤于种稻。南京，"老圃之利，较农为优"。曰韭曰苔，"入市炫新，三倍论值"。由于种菜农民易于获利，偶尔亦徜徉于茶酒社中，"所谓江南卖菜佣，亦有六朝烟水气也"⑨。常熟、昭文"附郭农兼鬻蔬菜、织曲薄为业"。又"古人农圃并称，而以菜不熟为馑，菜之重几与谷等"⑩。无锡、金匮两县附郭之民，"不植五谷，而植园蔬"，"其冬菜一熟，可抵禾稼秋成之利"⑪。浙江杭州府多种茭白，"茭田之直可十余金，利倍禾稼"。"鲍家田上多种白莲，利溥于稻。"⑫ 江西《乐平县志》称："种菜种靛，

---

① 嘉庆《南平县志·生业》。
② 雍正《开化县志·物产》。
③ 同治《广信府志·物产》。
④ 乾隆《龙泉县志·风物》。
⑤ 同治《兴国县志·土产》。
⑥ 道光《永州府志·食货》。
⑦ 乾隆《麻阳县志·土产》。
⑧ 光绪《临榆县志·物产》。
⑨ 陈作霖：《凤麓小志》卷三。
⑩ 乾隆《常昭合志稿·风俗》，引雍正志。
⑪ 黄卬：《锡金识小录》。
⑫ 光绪《杭州府志·物产》。

出息更倍。"① 《石城县志》称："豆，农家取息倍谷。"② 湖南《桂阳直隶州志》载："姜千畦，藕千陂，利亦比万金之家。"③《峡江县志》称："大江东南，率重蔬圃，故平时可货，凶岁可食。……非城市居民，治一亩可当十亩之入。峡何苦而不为？"④ 如种花，福建龙溪"出郭南五里，有乡曰塘北，居人不种五谷，种花为业。花之利视谷胜之"⑤。

此外，如油料作物种植。直隶深州引种花生，"其岁入过于种谷"。认为"此近新获之田利，前古无有"⑥。唐山种花生，称"其利溥矣"，"较种五谷，得利加倍"⑦。河南豫东地区，是清代种植花生最多的地方，如《太康县志》称："境内多有种之，收获亦饶。"⑧ 此外，汲县也多有种植，"每家种数亩或十数亩"⑨。杞县一年的夏粮秋税，亦多靠芝麻收入。⑩ 四川益都种花生，"工省而易收，亦贫民所利也"⑪。

屈大均说以地为宜，发展多种经营，多能发家致富。以东莞为例，"石龙亦邑之一会，其现千树荔，千亩潮蔗，……篁村河田甘薯、白紫二蔗，动连千顷。随其土宜以为货，多致末富"⑫。经济作物的种植，对农民家庭经济来源具有十分重要的拓展作用。

由于经济作物收益较高，往往有助于弥补粮食作物价值低所

---

① 同治《乐平县志·风俗》。
② 乾隆《石城县志·物产志》。
③ 同治《桂阳直隶州志·货殖志》。
④ 康熙《峡江县志·农政志》。
⑤ 乾隆《龙溪县志·风俗志》。
⑥ 光绪《深州风土记·物产志》。
⑦ 光绪《唐山县志·物产志》。
⑧ 民国《太康县志》卷二，《物产》。
⑨ 乾隆《汲县志》卷六，《物产》。
⑩ 乾隆《杞县志》卷八，《物产》。
⑪ 光绪《益都县图志·物产志》。
⑫ 屈大均：《广东新语·地语·茶园》。

带来的困境。如棉花，江苏太仓所属镇洋、嘉定、宝山、太仓四州县，"小民终岁勤动，生计全赖于棉"①。宝山"海滨之民独宝木棉，藉以资衣食，完赋税"②。山东齐东县"一切公赋及终岁经费，多取办于布、棉"③。临邑县"木棉之产，独甲他所，充赋治生，倚办为最"④。又"鄙小邑，半借木棉，易米为活"⑤。寿光县"村民大抵以植棉为业"⑥。河南兰阳县"中州土宜棉花，自有此种，赋税易完，用度易办，诚为至宝"⑦。直隶新河县"自方敏恪公教种木棉后，夏秋之交，绿云白云遍铺郊原。更值半年，居然乐土矣"⑧。湖北汉川县"百谷之余，产棉恒广。……租赋待于斯，家哺给于斯。一遇水夺，则裹足不入矣"⑨。

经济作物种植，以及新品种开发，增加了农民经济收入，有利于改善农民生产、生活条件，保障赋税完纳。从而能更有效地保护土地产权，使小土地所有制得以延续。

至于经济作物的种植收入是多是少，说法很不一致。但与五谷相比，其收益无疑是多于后者的。以上已征引大量事例，这里不再赘述。这里仅援引有具体数据的数个例子，再加论证。如江西《安远县志》称："如田一百把，除牛税谷种及所赚之外，纳租十二桶。种烟每百把，可栽一千本，摘晒可三百斤。价钱每百斤四千文，价贵六千文不等。新稻出，每桶三四百文不等。将烟一百斤以还租，仍获二百斤之利。"这是说，佃农如果种植粮食，

---

① 林则徐：《太仓等州县卫帮续被歉收请缓新赋折》，《林文忠公政书》，《江苏奏稿》卷二。
② 乾隆《宝山县志·物产》。
③ 道光《济南府志·齐东县·风俗记》。
④ 道光《临邑县志·风俗》，引万历《邢志》。
⑤ 道光《临邑县志·艺文》，邢侗《上黄抚台书》。
⑥ 嘉庆《寿光县志·物产》。
⑦ 康熙《兰阳县志·土产》。
⑧ 光绪《新河县志·风俗》。
⑨ 同治《汉川县志·物产》。

通常要用粮食作物产量的一半缴纳地租，则剩余产品的价值为 3 600—4 800 文。而种烟草，交租之后，剩余产品的价值为 8 000—12 000 文。种烟草比种粮食有一倍以上的利益。① 又如河南嵩县，乾隆时知县康基渊在《嵩民种田说》中指出，有人认为种蓝非本务，有防民食。对此，他加以驳斥："如麦后八分种粟，二分蒔蓝。以十亩计，可获粟二十四石。收蓝易价，蓝后种蔬，二亩所出，亦可获缗钱二十四千文，与种八亩麦相等。"② 从这一事例看，种蓝收入是种麦收入的四倍。由于时间不同，地区不同，土地肥瘠、荦确不同，对照物不同，就是对同一种经济作物的收益，也有各种各样的说法，更何况价格还要受产量变化与供求关系变动的影响，这是很正常的现象。但这里牵涉的只是收入多些少些的问题，并不改变经济作物种植可以增加收入这一事实。正如叶梦珠在谈到糖的价格变动时说："白糖，旧价上白者每斤三四分。顺治初年间，价至每斤纹银四钱。后递减，至康熙中复旧。今稍长至五六分。康熙二十年癸亥冬，递减至三分二分，黄黑者一分上下。"③ 这里所说的是经济作物的价格，直接受市场供求关系所影响。

当然，经济作物种植是与市场关系密不可分的，遇到市场供求关系恶化时，就会丧失利润，甚至赔本。加上奸商盘剥，那就更是苦不堪言。如江西上庾产蔗，在商人一手操纵市价，一手放高利贷的盘剥下，利归他人。"甘蔗，每岁至冬乃收，贫民急不能待，多借贷于奸贾，名曰糖钱，利重而价廉，利归他人。"④ 广东南海县，以前"业糖甚多，近因获利甚微，已有每下愈况之势"⑤。安徽《霍山县志》编者十分有感触地说："茶之为利虽厚，

---

① 方行：《清代经济论稿》，天津古籍出版社 2010 年版，第 7 页。
② 乾隆《嵩县志》卷一五，康基渊：《嵩民种田说》。
③ 叶梦珠：《阅世编》卷七。
④ 同治《上庾县志·物产》。
⑤ 宣统《南海县志·物产》。

工则最勤苦，日采摘，夜炒焙，恒旬不能安枕。人力不足，又须厚雇客工。茶值稍日昂，尤可相偿。军兴后，厘捐日益，浮费繁多，商人成本既重，则特抑减民值。近日行户渐增，竟有夤缘茶商，预订价值，把持行市者。黠贩收买，则又掺老叶，加水潮，茶商得以借口，故茶价愈趋愈下。光绪以来，每斤（茶）贵不过（银）钱余，贱时才七八分，以是民用日绌。"① 河南辉县百泉药市，因"市侩"操纵，致使"药商于嘉庆七年全行移徙他处"。结果"会厂既复寥寥，居民亦形落"②。生计无着落。这是农家要关注的大事。在这种情况下，农家经济就会陷入贫困状态，这时，小土地所有者就很难保住产权，为了完纳赋税或遇红白喜事，或生活拮据，只好出卖产权，这时小土地所有者规模就会缩小。豪绅、富商乘机兼并土地，土地产权就会流向地主阶级。同时，从以上事例可以看到，建立健全市场法规，加强市场管理，对保护经营者合法利益是十分重要的。

2. 家庭手工业发展，增加农民经济收入

家庭手工业遍布全国乡村各个角落，对农家经济收入有重要影响，对贫苦家庭尤为重要，他们把家庭手工业视为衣食源泉。但由于手工业种类繁多，有的遍布全国各地，有的仅是局部地区，情况不一，影响有大有小。范围最广、影响最大的唯有家庭纺织业。这里仅以纺织业、缫丝业为例，加以探讨。其他家庭副业前文已有论述，这里不再赘述。

直隶 新河县，康熙、光绪县志皆称货类有布与棉。康熙《风俗志》又称："丈夫力佃作，给徭役，女子工纺织。"光绪志又称：自乾隆方观承教种木棉后，"夏秋之交，绿云白云遍铺郊

---

① 光绪《霍山县志·物产》。
② 《邑侯加州衔张大老爷颁定会厂章程谕令请复药会商民两便碑》，嘉庆十三年立，现存于辉县百泉碑廊。

原。更值丰年，居然乐土矣"①。宝坻县"贫者多织粗布以易粟"②。香河县以土布出产为大宗，"县东南各村，持此为生者十之七八"③。道光《南宫县志》称：数十年来，广种棉花。妇女皆务纺织，男子无事佐之，"虽无恒产，而贸布鬻丝，皆足自给"④。乐亭县女纺于家，男织于穴，遂为本业。有"故以布易粟，实穷民糊口之一助云"⑤之说。滦州地区十之八九为旗圈地，农民以租地过活，除地租重外，又有压租，一遇歉收，家室如罄矣。丰年无余积，稍饿馑，辄流亡矣。然女勤纺织，下农靠出卖布匹，换取粮食度日。⑥《巨鹿县志》谓："农务耕作，女勤纺织，生计之本。"又云："虽土瘠民贫，而抱布贸丝，皆足自给。"或称"利虽未厚，而源源接济，衣食所资，取之裕也"⑦。平乡县女务机杼，"贫者鬻布以食"⑧。行唐县女红纺织以糊口，"利最溥"⑨。天津南皮县，"丈夫勤励农作，以给徭役；女子纺织针工佐之"⑩。

山东 清平县女工以纺织为事，"一家衣被，日用皆取给焉"⑪。淄川县事槲䌷，"自食其力，以佐农之穷"。又"此不过农人自食其利，以为糊口之计耳"⑫。清平县妇女以纺织为事，"一

---

① 康熙光绪《新河县志·物产志》；康熙《新河县志·风俗志》；光绪《新河县志·风俗志》。
② 乾隆《宝坻县志·风俗》。
③ 民国《香河县志·物产》。
④ 道光《南宫县志·风俗》。
⑤ 乾隆《乐亭县志·风俗》。
⑥ 嘉庆《滦州志·物产》。
⑦ 光绪《巨鹿县志》，《物产》《风俗》。
⑧ 光绪《平乡县志·风俗》。
⑨ 乾隆《行唐县志·土产》。
⑩ 光绪《南皮县志·风俗》，又见康熙志。
⑪ 嘉庆《清平县志·物产志》。
⑫ 康熙《淄川县志·物产》；乾隆《淄川县志》。

家衣被，日用皆取给焉"①。肥城县"妇女则勤于纺织，贫者得以赡家，富者亦以自给"②。蒲台县"户勤纺织，……闾阎生计多赖焉"③。

山西 太谷县民多田少，竭丰年之谷，不足供两月。故耕种之外，男多经商，妇女"暇时纴织，年登耆耋，仍不少辍"。积其"咸善谋生活"④。寿阳县勤织布，据道光年间人祁寯藻言，当地健妇一岁得布五十匹，一匹布可得余钱一百五十文，计五十匹可得七千五百余钱。⑤ 对一个农民家庭来说，这个数目已不算小。榆次县家事纺织，"成布至多，以供衣服、租税之用"⑥。徐沟县"闾阎勤纺织，以供输将"⑦。虞乡县布之所出，皆于妇女手，"自衣被外，折价贸易白银，以供官赋"⑧。定襄郭氏，"年二十五丧夫，二孤俱幼，氏纺织为生"；宗氏"年十九寡，……家奇贫，纺织度日"；魏氏"纺织易粟以养孀姑"⑨。浮山县霍氏"遗子甫周，氏甘贫，矢志纺织，易米奉姑"；张氏"遗女四岁，子璠方在襁褓，誓不再醮，茹苦含辛，勤事纺织，奉养舅姑，抚育子女"⑩。

陕西 盩厔县"纺棉织麻，人人能之"，"桑麻布帛以为衣，积其所余，以供正赋，以资用度"⑪。华州直隶州妇女均尚女红，暇时勤纺织，以布易钱，谓"一年所出，不无小补"⑫。

---

① 嘉庆《清平县志·物产》。
② 光绪《肥城县志·风俗》。
③ 乾隆《蒲台县志·物产》。
④ 咸丰《太谷县志·风俗志》，引乾隆郭志。
⑤ 祁寯藻：《马首农言·纪事》。
⑥ 同治《榆次县志·风俗》，引旧志。
⑦ 康熙《徐沟县志·风俗》。
⑧ 光绪《虞乡县志》卷一，《物产》，又见乾隆志。
⑨ 光绪《定襄补志》卷九，《烈女》。
⑩ 同治《浮山县志》卷二四，《烈女》。
⑪ 乾隆《盩厔县志·风俗》。
⑫ 光绪《华州直隶州志·风俗志》。

河南 偃师县妇女朝夕纺织，"备婚嫁丧葬之资"①。沈邱县产布，"茧丝虽云少入，而花布足以自赡，至粮税所需，尤多藉以供办"②。光山县妇女以纺织为务，"以衣其家人，或贸以佐日用"③。修武县"男则佣工贸易，女则纺织为生"④。孟县"男妇唯赖纺织营生糊口"。又"故人家多丁者有微利，而巷陌无丐者"⑤。王凤生说："孟县人多地少，素封之家，田不数顷，虽力耕作苦，犹不能自给，而取给于纺织棉布之值，是以庸而代租。"⑥温县"民间纺织，无问男女。……贫民赋役全赖于是"⑦。

江苏 苏松两郡最为繁庶。其之所以富，乾隆时尹会一指出："而贫乏之民，得以俯仰有资，不在丝而在布。女子七八岁以上，即能纺絮，十二三岁即能织布。一日之经营，尽足以供一人之用度而有余。"⑧《太仓直隶州志》谓，四民之最苦者农，农之最苦者佃户，耕耘粪壅，悉由称贷而来，适至秋成，偿债还租，竭其所入。"藉以糊口者，东北乡纺纱织布，西北乡绩麻织苎。"⑨《娄县志》称，自黄道婆教以纺织后，"郡人赖以为业"⑩。上海县"女红重布，通邑皆然"。"乾隆寅卯奇荒，机户无啼号之惨，实赖有此耳。迨闽广滞销，女有余布，木棉价贱，犹堪食力。"⑪又，妇女"井臼余，供纺织。……田所获，输赋，偿租外，未卒岁，室已罄，其衣食全恃此"⑫。华亭县"俗务纺织"，"田家收获，输

---

① 乾隆《偃师县志·风俗》。
② 乾隆《沈邱县志·物产》。
③ 乾隆《光山县志·风俗》。
④ 王凤生：《河北采风录》。
⑤ 乾隆《孟县志·物产》。
⑥ 王凤生：《河北采风录》。
⑦ 顺治《温县志·市集》。
⑧ 尹会一：《敬陈农桑四务疏》，《清经世文编》卷三七。
⑨ 光绪《太仓直隶州志·风俗志》。
⑩ 乾隆《娄县志·风俗志》。
⑪ 民国《江湾里志·风俗志》。
⑫ 嘉庆《上海县志·风俗》，同治志同。

官偿息外，未卒岁，室庐已空，其衣食全赖此"①。南汇县"妇女纺织佐衣食，不第乡落，虽城市亦然"②。祝悦霖也谓："茅檐犹有古淳风，纺织家家课女工。博得机头成匹布，朝来不怕饭箩空。"③嘉定县民以种花织布资生。县志云："吾邑土产以棉布为大宗，纳赋税，供徭役，仰事俯育，胥取给于此"④。无锡县"乡民食于田者，唯冬三月。及还租已毕，则以所全米舂白而置于囷，归质库，以易质衣。春月，则阖户纺织，以布易米面而食，家无余粒也。……故吾邑虽遇凶年，苟他处棉花成熟，则乡民不致大困"⑤。海门县兴仁镇家有机杼，户多篝火。称"一手所制，若布、若带、若巾帨易粟，足活三口，三手事事，则八口无虞"⑥。吴江县产丝，已与老百姓经济生活紧密相连，人们视丝之丰歉，绫䌷价之低昂，为"有岁无岁之分也"⑦。

安徽 徽州府的黟县、祁门县之俗，"织木棉，同巷夜从相纺织，女工一月得四十五日。徽俗能蓄织，不至漏卮者，盖亦由内德焉"⑧。徽州地区由于妇女勤纺织，家庭还能有积蓄，可见其重要性之所在。黟县有妇女"纺织以佐其夫"⑨的记载。

浙江 平湖县"比户勤纺织"，"积有羡余，挟纩赖此，糊口亦赖此"⑩。石门县迩来纺织者众，"田家除农蚕外，一岁衣食之资，赖此最久"⑪。秀水县妇女勤纺织，"燃脂夜作，或通宵不寐。

---

① 光绪《华亭县志·风俗》。
② 光绪《南汇县志·风俗》。
③ 光绪《南汇县志》，祝悦霖：《川沙竹枝词》。
④ 光绪《嘉定县志·土产》。
⑤ 黄印：《锡金识小录》卷二四，《力作之利》。
⑥ 乾隆《南通直隶州志·风俗志》。
⑦ 乾隆《吴江县志·生业志》。
⑧ 康熙《徽州府志·风俗》。
⑨ 嘉庆《黟县志·风俗》。
⑩ 光绪《平湖县志·风俗》，引乾隆《张志》。
⑪ 光绪《石门县志·物产》。

田家收获，输官偿息外，其衣食全赖此"①。海盐县纺纱织布，家户习为恒业，"男妇或通宵不寐。田家做获，输官偿债外，卒岁室庐已空，其衣食全赖此"②。桐乡县张履祥说：女工勤者，日成布可二匹，或纺棉纱八两，"随其乡土，各有资息，以佐其夫"③。处州府缙云县"邑少蚕桑，多种棉苎。女红之利，十居八九"④。平阳县女红"时勤辟织，夏绩苎，冬纺棉，昼夜无间"⑤。瑞安县不宜桑，而织纴工。女红勤纺绩，虽女孩老媪未尝废，"或贫不能致木棉、夏苎，则为人分纺分绩"⑥。玉环厅地鲜蚕桑，而麻苎棉花出产颇盛。"妇女勤纺织，虽酷暑严寒，工作不辍。"⑦乌程县纺织是家家户户恒业。田家收获，输官偿债外，未卒岁，室庐已空，"其衣食全赖此"⑧。归安菱湖镇出蚕丝，每岁近万包，"镇人大半衣食于此"⑨。

福建 各地多出各种夏布。据郑昌淦统计：福州府属有9县、兴化府属有1县、泉州府属有5县1厅、永春直隶州有1州2县、漳州府属有6县1厅、龙岩直隶州有1州2县、延平府属有6县、汀州府属有8县、邵武府属有4县、建宁府属有6县、福宁府属有4县，除三个县外，福建所有州县都产夏布，其中苎布居多，麻布次之，葛布较少，蕉布只有个别州县生产，⑩是该省重要家庭副业。如《宁化县志》谓："苎布四乡皆有，乡无不绩之妇故

---

① 郑凤锵：《新塍琐志》。该书成于道光年间。
② 光绪《海盐县志·风俗考》。
③ 张履祥：《补农书》下卷。
④ 光绪《处州府志·土产》。
⑤ 乾隆《平阳县志·风俗》。
⑥ 嘉庆《瑞安县志·风俗》。
⑦ 光绪《玉环厅志·风俗》。
⑧ 光绪《乌程县志·风俗》。
⑨ 郑昌淦：《明清农村商品经济》，中国人民大学出版社1989年版，第240页。
⑩ 郑昌淦：《明清农村商品经济》，中国人民大学出版社1989年版，第300页。

也。"其布外销"岁以千万计"①。建宁县妇女绩麻为布，"贩之者以千万计"②。《大田县志》称："缘山多田少，土绵利薄，安分者唯倚苎麻为活。"③

江西 龙南县"俗勤纺织"，"贫户恒取其息，以自给养"④。万安县女红以纺织为事，"贫者勤于女工，以供衣食"⑤。永丰县"家纺户织，妇功之利甚溥"。又"有藉此以供朝夕者"⑥。宁都直隶州出夏布，州志称：州俗无不缉麻，缉成名为绩。总计城乡所出夏布，除家用外，每年可卖银数十万两。谓"女红之利不为不普"⑦。石城以苎麻为夏布，岁出数十万匹，"女红之利益普矣"⑧。龙南县妇女多织绵、苎为布，"贫户恒取其息，以自给养"⑨。建昌府"小人勤稼穑，女子勤纺织，为东南乐区"⑩。万安县妇女以纺织为事，"贫者勤于女工，以供衣食"⑪。德兴县地处万山峭立，宜苎麻及木棉，勤于纺织，"卒岁之谋，常取具于是"⑫。

广东 各州县多产各种夏布。"雷州妇女多以织葛为生"。又，新兴县最盛，"其女红治络麻者十之六，治苎者十之三，治蕉者十之一"⑬。从化县"小民之家，率以络（麻）布贸棉布，为卒岁

---

① 康熙《宁化县志·土产》。
② 乾隆《建宁县志·物产》。
③ 康熙《大田县志·风俗》。
④ 乾隆《龙南县志·风俗》。
⑤ 同治《万安县志·风俗》。
⑥ 同治《永丰县志·物产·货属》。
⑦ 道光《宁都直隶州志·土产》。
⑧ 乾隆《石城县志·物产》。
⑨ 乾隆《龙南县志·风俗》。
⑩ 乾隆《建昌府志·风俗》。
⑪ 同治《万安县志·风俗》。
⑫ 同治《德兴县志·风俗·女红》。
⑬ 屈大均：《广东新语》卷一五，《货语》。

计"①。新会县"苎布甲于天下"②。"商贩贸易，每年不下十余万匹。"③ 顺德县"绩麻者甚多，……通贸江浙，岁取数千金"④。开平县"贫者或绩麻，编竹以为业"⑤。潮州府"九邑乡村无不织之妇"⑥。鹤山县越塘、雅瑶以下，"则多以织麻织布为业。布既成，又以易麻棉，而互收其利"⑦。

湖北 汉阳县，"乡农之家，勤于纺织"。又"帛之属：扣布，南乡家春作外，以此资生"⑧。孝感县产布，县志云："数年谷贱农伤，又值凶旱，民皆恃此为生"⑨。安陆县"自乾隆以来，男事耕耘，女勤纺织，商贾云集，货财日繁"⑩。随州产棉布，"随民多恃此为生计"⑪。石首县织布"以供饘粥"⑫。枝江县"居民于农毕时，纺织兼营。无产业家，更藉此为生计"⑬。大冶县情况是："一夫所赡八口，急公家之需者，区区撮土，草禾木棉之外，无他饶矣。"又"丈夫力田作苦，女工纺织不蚕"⑭。这一记载虽引自明志，至同治编志时仍然引用，说明养家赡口、缴纳赋役的经济来源依赖于木棉及纺织的情况一直延续下来。江陵县"棉乡，乡民农隙以织为业者，十居八九"⑮。应城县女工多

---

① 康熙《从化县志·风俗》。
② 光绪《广州府志·物产》，引张府志。
③ 道光《新会县志·物产》。
④ 咸丰《顺德县志·物产》，引《五山志林》。
⑤ 道光《开平县志·风俗》。
⑥ 乾隆《潮州府志·物产》。
⑦ 道光《鹤山县志·物产》，引乾隆志。
⑧ 乾隆《汉阳县志》，《风俗》《物产》。
⑨ 光绪《孝感县志·土物》。
⑩ 道光《安陆县志·风俗》。
⑪ 同治《随州志·物产》。
⑫ 同治《石首县志·物产》。
⑬ 同治《枝江县志·物产》。
⑭ 同治《大冶县志》，《物产》《风俗》。
⑮ 乾隆《江陵县志·物产》。

事纺织，以"资八口"之食。又称"邑境向勤耕织，颇称饶裕"①。监利县产吉贝大布，西走蜀黔，南走百粤，"厥利甚饶"②。宜城县农闲时，间阎争事纺织，出产之布，"亦足小民生计"③。

湖南 湘乡"农无余粟，资女红以继之，……纺声不绝者，迄于春而后止。乃以资赋税之不逮，而免其于系扑"④。安福县乡民，以纺织作生活居多，"不唯自衣，兼可获利"⑤。东安县"妇女工纺织，以赡衣食、赋税"⑥。耒阳县妇女勤织纺，"为利最溥，足以济半年食用"⑦。宁乡县出夏布，"每四五月，夏布盈市"⑧。湘潭县出夏布，"妇女居乡曲者，亲操井臼，緂麻索缕"⑨。衡山县"葛颇饶，苎为多。采葛于山，擗而绩之，织为布……其价格倍于土绢。苎布亦有极细者，值低于葛布，而昂于棉布"⑩。辰溪县有以纺织为业者。妇女宵旦勤劳，"以棉为纺布换棉，更迭取值，以资生计"⑪。巴陵县妇女宵旦纺织，所产之布，"岁可得二十万缗，邑之利源，多由于此"⑫。攸县妇女勤于纺织，贫者耕不足恃，"恒赖此支半载食用"⑬。永兴县妇女春夏织麻，秋冬纺棉，"贫苦者以此赡其家"⑭。

---

① 光绪《应城县志》，引康熙樊志，嘉庆奚志稿。
② 同治《监利县志·风俗》。
③ 同治《宜城县志·物产》。
④ 同治《湘乡县志·风俗论》。
⑤ 同治《安福县志》，《物产·食货》。
⑥ 《古今图书集成》卷一二七七，《职方典·永州风俗考》。
⑦ 嘉庆《耒阳县志·风俗》，亦见光绪志。
⑧ 嘉庆《宁乡县志·物产》，同治志同。
⑨ 嘉庆《湘潭县志·风俗》。
⑩ 光绪《衡山县志·风俗》。
⑪ 道光《辰溪县志·风俗》。
⑫ 嘉庆《巴陵县志·风俗》。
⑬ 同治《攸县志》，《风俗·女红》。
⑭ 光绪《永兴县志·风俗》。

四川 大竹县，妇女无贫富大小，以纺织为务。"故家虽极贫，计其女工之营，亦差足以自给"①。仪陇县"虽嗷嗷十口，田不过半亩，而晨夜纺织，子妇合作，衣食悉待给焉"②。新宁县"单寒之家，以纺织为生，则男女并力"③。秀山县"妇女最工织布，而贩集于平块，遂专大名。岁亦四五千金"④。中江县出产布、帽、鞋、袜、篾扇等货，"皆赖女工"。女工"皆能自食其力"⑤。乐至县产木棉，"贫妇买诸市，指挂为线，积日卖之，利可温给"⑥。荣昌县南北一带多种麻，"比户皆绩，机杼之声盈耳。富商大贾购贩京华，遍逮各省"⑦。南川县"妇女无论贫富，皆勤纺绩，亦有能组织者。单寒之家，中馈井臼而外，专以纺绩为业"⑧。

贵州 遵义自乾隆七年，知府陈玉壁引进山东榭茧以来，百年间，其丝所出竟与吴绫蜀锦争价于中州，"使遵义视全黔为独饶"⑨。独山州，男勤耕种，女工纺织，"以布易棉花，辗转生息"⑩。安顺府出顺布，各色俱全，"郡民皆以此为业，城北尤盛"⑪。兴义府多产棉，"全郡男资以织，女资以纺，其利甚溥"⑫。

云南 普洱"村寨妇女，……唯以务农、纺织为生计"⑬。

---

① 道光《大竹县志》，《风俗·女工》。
② 同治《仪陇县志·风俗》。
③ 同治《新宁县志·风俗》。
④ 光绪《秀山县志·货殖志》。
⑤ 道光《中江县新志·风俗》。
⑥ 道光《乐至县志·风俗》。
⑦ 光绪《荣昌县志·风俗》。
⑧ 光绪《南川县志·风俗》。
⑨ 李崇昉：《黔记》卷二。
⑩ 乾隆《独山州志·风俗》。
⑪ 咸丰《安顺府志·物产》。
⑫ 咸丰《兴义府志》，《土产·货属》，引《黔南识略》。
⑬ 光绪《普洱府志·风俗》，引道光志。

甘肃 敦煌出芦草，"贫民藉以织席，希取小利"①。

同时，经济作物以及家庭手工业发展，致使农户摆脱单一粮食作物种植模式，而向多种经营发展，有的乡镇或州县成为商品作物，或手工产品外销的基地。江苏上海县，棉花种植及棉布出产甲于天下，每年八九月，郭东南隅，几于比户列肆，外售棉花"岁不下数万云"②。荆溪县"茶笋犁栗竹木等产，不胫而走遍于天下，故其商贾贸易，廛市山村，宛然都会"③。丹阳县出蚕丝，清末时为出口大宗，"岁获利以数十万计"④。睢宁县产丝。丝出时，商贾云集，"民人获利，岁不止万余缗"⑤。浙江萧山县产棉，销往杭沪甬各埠，"岁值数百万元"⑥。山东清平县，木棉市集"每日交易以数千金计"⑦。高唐州种棉，仅花市一项，每集贸易者，"多至数十万斤"，又"货以木棉甲于齐鲁"⑧。恩县每年外运棉"约几千万斤，为本境之大宗"。又出产粗布，东运至济南，西运至山西，"每岁数万匹"⑨。临朐县农勤耕桑，货之属丝为冠，"岁计，其通常获银百数十万"⑩。诸城县饲山蚕，其利最久且大，织为山绸，"衣被南北，为一方之货"。又，山丝出境，"每岁行销四十六万元"⑪。齐东县民皆勤于纺织，有布市，货通于关东者，"终岁且以数十万计"⑫。山西汾阳县"饲蚕操茧，鬻输公

---

① 道光《敦煌县志·乡土》。
② 同治《上海县志·物产》。
③ 嘉庆《荆溪县志·分境图说》。
④ 光绪《丹阳县志·物产》。
⑤ 光绪《睢宁县志·物产》。
⑥ 民国《萧山县志稿·物产》。
⑦ 嘉庆《清平县志·户口物产》。
⑧ 光绪《高唐州志》，《税课》《物产》，引道光志。
⑨ 光绪《恩县乡土志·商务》。
⑩ 光绪《临朐县志·物产》。
⑪ 乾隆《诸城县志·方物》；《诸城县乡土志·商务》。
⑫ 嘉庆《齐东县续志》，周以勋《布市记》。

赋"①。湖南安福县"邑中最多者"，为"棉絮纱布，其利尤溥"②。慈利县之木棉，县号大产，"担夫捆载，远趋蜀鄂，岁货缗钱，不十万"③。湖北安陆县"自乾隆以来，男事耕耘，女勤纺织。商贾云集，货财日繁"④。四川威远县之棉花，"可抵稻谷之半，而商贾集焉"⑤。陕西鄠县货物中，"棉花为一大宗"⑥。归安县双林镇养蚕，谓从前"湖丝甲天下"，"而近年来（嘉庆年间），吾镇可与之颉颃"⑦。直隶深州植桑养蚕，"今州之西鄙诸州，蚕桑利最饶，所获岁可十余万金"⑧。任县织布之业遍于四境，自用者不得其数，以外销者约略计之，行销山西忻州一带，常年平均约五十万匹，常价每匹制钱五百文。⑨由此计之年收入为二十五万千文。直隶完县每年输出土布四十余万匹，行销涞源、蔚县、张家口等处，卖价四十余万元。⑩

经济作物发展和家庭手工业发展，不仅增加了农民家庭经济收入，增强对地权保护力，同时也促使部分农村向乡镇转化。

第三节　减轻完纳赋税压力，增强自耕农守土能力

赋税负担，历来是农民的沉重枷锁，压得农民透不过气来。

---

① 咸丰《汾阳县志·杂识志》，引《楼山园记》。
② 同治《安福县志·物产》。
③ 光绪《慈利县志·山水》。
④ 道光《安陆县志·风俗》。
⑤ 嘉庆《威远县志·物产》。
⑥ 光绪《鄠县乡土志》。
⑦ 同治《双林记增纂·物产》，引嘉庆沈氏《双林续记》。
⑧ 光绪《深州风土记·物产》。
⑨ 宣统《任县志·序》。
⑩ 民国《完县志·食货》附表：《输出货物》。

清初，陈樟谓："地丁昨夜来催完"①。徐夔说："官赋日已迫，民业日已荒……但知给赋税，不识成衣裳。"② 施麟瑞诗曰："晓起荷锄暮归食，床前麦瓮无余粒。秋来玉蕊摊苇帘，私债官租日纷集。是时官衙日未晡，旧租鞭罢鞭新租。"③ 董蠡舟诗曰："深感翁言良不诬，其奈霹雳来县符。打门胥吏如豺狼，不尔何以输官租。"④ 董宏度诗曰："豪户征租吏征粮，两两叩门如火急。"熊涧谷诗曰："中虚外泛搓成索，昼夜踏车声落落。车声才冷催上机，知作谁人身上衣。少女背面临风泣，忆曾随母园中拾。寸缕何尝得挂身，完过官私剩空室。"⑤ 黄晦诗曰："机声轧轧寒月阑，十手痛裂心不惜。待输公赋偿私逋，纵成万匹难存一。"张锡爵诗曰："明朝抵官租，夜半丝犹绩，催成一匹余，欲剪儿先哭。儿勿哭，尔爷去迟受鞭扑。"⑥ 乾隆年间，甘肃巡抚黄廷桂说："小民畏惧差徭，必借绅衿出名扱垦承种，自居佃户，比岁交租。"⑦ 可见农民怕赋役甚于做佃户。这是一真实写照。为应对政府赋税这一繁重担子，有的宗族专门置办了公田，为子孙后代排忧解难。但更多的农民享受不到这样的待遇。为了摆脱政府对赋税的追逼，有的只好卖妻鬻子或变卖田地以应付，有的只好走上逃亡之路，一走了之，或揭竿而起，与官府抗争。

清政府提倡多种经营后，农民虽然辛劳，然而赋税有所出，也免于挨饿。这种状况好转，对农民保护仅有的地权，却是具有十分重要的意义。以下列举一些事例，以兹说明。

直隶《南皮县志》称："丈夫勤励农作，以给徭役，女子纺

---

① 胡琛：《濮镇纪闻》录陈樟《养蚕词》。
② 道光《沙川厅志·物产》附徐夔《木棉词》。
③ 光绪《罗店镇志·风俗》附施麟瑞《锄木棉诗》。
④ 董蠡舟：《乐府卖丝》。
⑤ 乾隆《南汇县志》，董宏度：《织妇叹》，熊涧谷：《木棉歌》。
⑥ 光绪《嘉定县志》，黄晦：《木棉吟》，张锡爵：《织妇灯》。
⑦ 《清高宗实录》卷一七五。

织针工佐之。"或谓"女子纺织针工，佐之燃眉"①。

山东临邑木棉之产，独甲他所，"充赋治生，倚办为最"②。邹平县"公赋取办麦、棉花、丝绢"③。齐东县妇女蚕桑之外专务纺织，"一切公赋，终岁经费，多取于布棉"④。

山西徐沟县"闾阎勤纺织，以供将输"⑤。榆次县"人家事纺织，成布至多，以供衣服租税之用"⑥。虞乡县产棉花，"布皆妇女所为，自衣被外，持价贸易自银，以供官赋"⑦。

陕西盩厔县妇女，人人能纺棉纺麻，"积其所余，以供正赋，以资用度"⑧。

河南沈邱县其土之所产，茧丝虽云入少，而花布足以自赡，"至粮税所需，尤多籍以供办"⑨。杞县农民于五谷之外，"喜树棉花、蓝靛、脂麻三种，两税全资之，是亦杞县之宝也"⑩。嵩县农民除种五谷外，还种蓝，县志称蓝为"商贾所必需，贸迁境外，得钱极易，足以供贡赋、日用之需"⑪。灵宝县种棉花，"民赖之以输课"⑫。兰阳县植棉，"自有此种，赋税易完，用度易办，诚为至宝"⑬。温县民间多纺织，每集，百姓抱布贸易者满市。"贫民赋役全赖于是。"⑭

---

① 康熙《南皮县志·风俗》。
② 道光《临邑县志·风俗》。
③ 康熙《邹平县志·风俗》。
④ 康熙《齐东县志·风俗》。
⑤ 康熙《徐沟县志·风俗》。
⑥ 同治《榆次县志·物产》。
⑦ 乾隆《虞乡县志·物产》。
⑧ 乾隆《盩厔县志·风俗》。
⑨ 乾隆《沈邱县志·物产》。
⑩ 乾隆《杞县志·物产》。
⑪ 乾隆《嵩县志》卷一五，《物产》。
⑫ 乾隆《灵宝县志·土产》。
⑬ 康熙《兰阳县志·土产》。
⑭ 顺治《温县志·市集志》。

江苏松江府棉纺织业之发展，其获利成为承受沉重赋役负担的财富来源。徐光启称："尝考宋绍兴中，松郡税粮十八万石耳，今平米九十七万石，会计加编，征收耗剩，起解铺垫，诸色役费，当复称是，是十倍宋也。壤地广袤不过百里而遥，农亩之入，非能有加于他郡邑也。所由供百万之赋，三百年而尚存视息者，全赖一机一杼而已。"① 入清以后，这种情况依然存在。吴县饶地产，"山有松薪，圃有果实，条桑育蚕，四五月间，乡村成市，故赋税易完"②。上海县地产木棉，纺织成布，衣被天下，"而民间赋税、公私之费亦赖以济"③。嘉定县种棉，"除半抵工本、赋役外，亩赢钱二缗"。又"吾邑土产以棉布为大宗，纳赋税供徭役，仰事俯育，胥取给于此。近来货日滞，价日贱，故民日困"④。《石冈广福合志》称："妇女昼夜纺织，公私之费皆赖之。"⑤ 华亭县俗务纺织，"田家收获，输官偿息外，未卒岁庐室已空，其衣食全赖此"⑥。嘉定县属石冈、广福两地，"妇女昼夜纺织，公私之费皆赖之"⑦。宝山县种棉，"藉以资衣食，完赋税"⑧。震泽县植桑养蚕，赋役皆由此而出，称"邑中田多窪下，不堪艺菽麦，凡折色地丁之课，及夏秋日用，皆唯蚕丝是赖"⑨。顾彧《海上竹枝词》谓"平川多种木棉花，织布人家罢绩麻。昨日官租科正急，街头多卖木棉纱"⑩。青浦县"邑多逋赋"。康熙六年，魏救调任

---

① 徐光启：《农政全书》。
② 康熙《苏州府志·风俗》。
③ 叶梦珠：《阅世篇》。
④ 光绪《嘉定县志·土产》。
⑤ 嘉庆《石冈广福合志·物产》。
⑥ 光绪《华亭县志·风俗》。
⑦ 嘉庆《石冈广福合志·物产》。
⑧ 乾隆《宝山县志·物产》。
⑨ 乾隆《震泽县志·生业》。
⑩ 乾隆《南汇县志·布赋》，引顾彧《海上竹枝词》。

青浦县令，发动群众纺织，"于是逋毕完"①。

浙江临安县"田少山多，鲜巨富，只竭力农桑，以给公输"②。长兴县出蚕丝，"一岁赋税租债衣食日用皆取给焉"③。乌程县乌青镇产丝，"完官、取当、日用皆资之"④。嘉兴府情况是："公私仰给，唯蚕丝是赖，比户以养蚕为急务。"⑤ 桐乡县张履祥说："蚕丝之利厚于稼穑，公私赖焉。"⑥

湖北蕲水县勤女工，国家赋役之费，出于纺织所入。正如方志云："邑人入夏以来，于地之亢爽者，多植棉花，七月十五以后，从而拾之，纺而织之，机杼之声，户相闻焉。"又"机杼声相闻，抑且贸之以输正供，此贫家妇工之常业也"⑦。湖北汉川县产棉恒广，"租赋待于斯，家哺给于斯"⑧。

湖南东安县自康熙以来，"妇女工纺织以赡衣食、赋税"⑨。

四川盐亭"一岁之需，公私支吾，总以蚕之丰啬，为用之盈缩"⑩。井研县民间以卖丝所得，"送公租"。又，"凡国赋，田租及一切馈遗、叩唁、偿负、债庸之资，常取给于此。命曰丝黄钱"⑪。

我们对清代安徽徽州地区、浙江宁波地区、福建 16 个县份的土地买卖原因进行调查，发现出卖土地、山林者原因有多种多样，如家庭需急用、乏用、路途遥远、管理不便、婚娶无资、无钱埋

---

① 光绪《青浦县志》卷一四。
② 康熙《临安县志·风俗》。
③ 同治《长兴县志·物产》。
④ 光绪《桐乡县志·蚕桑》，引《乌青文献》。
⑤ 嘉庆《嘉兴府志·农桑》。
⑥ 张履祥：《补农书》。
⑦ 光绪《蕲水县志·物产》，引《古今图书集成》，《职方典》卷一一七八，《黄州府风俗考》《湖北通志》。
⑧ 同治《汉川县志·物产》。
⑨ 《古今图书集成·职方典》卷一二七七，《永州风俗考》。
⑩ 乾隆《盐亭县志·风俗》。
⑪ 乾隆《井研县志·风俗》；光绪《井研县志·土产》。

葬、无钱医病、无钱建造祖堂、无钱还债、钱粮无办、另创别业等。下面，我们将三个地区的调查情况列表如下：

表10-3-1　　　　　清代安徽徽州地区卖田原因统计

朝代	日食不给急用乏用	钱粮无措粮差之用	管业不便	另创别业	婚娶	病葬	欠债	建造祖祠奉神主进祠	未注明原因	合计
顺治	1							2	1	4
康熙	30	22	22				1	2	25	102
雍正	20	16	8					1	6	51
乾隆	59	7	8	3		5	1	2	27	112
嘉庆	25	3							3	31
道光	30	9					1		5	45
咸丰	25	7							2	34
同治	12	5				1				18
光绪	12	2						1		15
宣统	2									2
合计	216	71	38	3		6	3	8	69	414

资料来源：安徽省博物馆《明清徽州社会经济资料丛编》，中国社会科学出版社1988年版，《卖田契》第82—191页；附表（一）《卖田契》，第581—598页。

注释：1. 康熙栏"急用乏用"中包含3件诉讼无措事例。2. 乾隆栏"未注明原因"中包含2例因公事事例。

表10-3-2　　　　　清代安徽徽州地区卖地原因统计

朝代	日食不给急用乏用	钱粮无措粮差之用	管业不便	另创别业	婚娶	病葬	欠债	建造祖祠奉神主进祠	未注明原因	合计
康熙	1	1	2							4
雍正	6	3							1	10
乾隆	17	1							1	19
嘉庆									1	1
道光	3	5							2	10

续表

朝代	日食不给急用乏用	钱粮无措粮差之用	管业不便	另创别业	婚娶	病葬	欠债	建造祖祠奉神主进祠	未注明原因	合计
同治	1									1
光绪	2									2
宣统		2								2
合计	30	12	2						5	49

资料来源：安徽省博物馆《明清徽州社会经济资料丛编》，中国社会科学出版社1988年版，附表（二）《卖地契》，第599—602页。

表 10-3-3　　　　清代安徽徽州地区卖山原因统计

朝代	日食不给急用乏用	钱粮无措粮差之用	管业不便	另创别业	婚娶	病葬	欠债	建造祖祠奉神主进祠	未注明原因	合计
顺治									1	1
康熙	1									1
雍正									1	1
乾隆	3	2							2	7
嘉庆	3	2								5
道光	4									4
光绪						1		1		2
合计	11	4				1		1	4	21

资料来源：安徽省博物馆《明清徽州社会经济资料丛编》，中国社会科学出版社1988年版，《卖山契》第379—386页；附表（三）《卖山契》，第603页。

表 10-3-4　　　　乾隆至光绪年间浙江宁波地区
田地、山场、园林买卖原因统计

朝代	日食不给急用乏用	钱粮无措粮差之用	管业不便	另创别业	婚娶	病葬	欠债	建造祖祠奉神主进祠	未注明原因	合计
乾隆	1	1								2
嘉庆		1								1

续表

朝代	日食不给急用乏用	钱粮无措粮差之用	管业不便	另创别业	婚娶	病葬	欠债	建造祖祠奉神主进祠	未注明原因	合计
道光	124	53	2			2		1	13	195
咸丰	73	20	4	1		8			8	114
同治	65	7	1			12	2		3	90
光绪	13					1				15
合计	276	82	8	1		23	2	1	26	417

资料来源：王万盈《清代宁波契约文书辑校》，天津古籍出版社 2008 年版。

注释：1. 本书契约文书包括卖田契、卖山契、卖宅基地、换契之类；2. 没有注明买卖原因的文契多为卖基地契、立绝找卖契、换地契之类文书；3. 本书搜集契约文书计 415 件，该统计资料为 417 件，比原著多出 4 件。其中原因是第 278 号及 279 号记载道光三年因钱粮无办卖地，同治七年因家母病丧，无钱办理，另批再找契，故两件变成四件。

表 10-3-5　　清代福建十六县田地山场买卖原因统计

朝代	日食不给急用乏用	钱粮无措粮差之用	管业不便	另创别业	婚娶	病葬	欠债	建造祖祠奉神主进祠	未注明原因	合计
顺治	3		1					1		5
康熙	40	4	10	2		1		2		59
雍正	29	2	2	3		1		3	2	42
乾隆	204	3	5	18	3	11	3	5	11	263
嘉庆	85			11		5	2	2	4	109
道光	75			3	2	5			2	87
咸丰	37	2	1	5		2				47
同治	27	1		2		1		1		32
光绪	45		1	4	1	1		1		53
宣统	2									2
合计	548	12	20	48	6	27	5	16	17	699

资料来源：福建师范大学历史系等《明清福建经济契约文书选辑》，人民出版社 1997 年版。此表含《田地典卖文书》《卖山契》《园林典卖文书》三类契约文书。

注释：1. 十六州县为：侯官、宁德、南平、福州、闽县、闽清、瓯宁、仙游、崇安、莆田、光泽、龙溪、南安、永春、漳州、晋江。2. 这份统计表包括卖土地契 416 份、卖山契 95 份、园林典卖契 188 份三种文书。

从以上三个地区田地、山、园林出典出卖的原因看，虽有各种各样的因素，但较为集中的缘由是生活贫困，缺食少衣、急用或乏用，为渡过眼前困难，只好卖地。从安徽徽州卖田契看，这一因素占卖田文书52％，占卖地文书61％，占卖山文书52％；浙江宁波地区这种情况占卖契文书的66％；从福建十六州县情况看，占卖契文书的78％。另一个重要因素是因赋税紧迫，钱粮无出，为躲过官府追逼，抵补钱粮缺额，只好卖地，以求生存。因为这种原因而卖地，在徽州地区，占卖田文契的17％，占卖地文契的24％，占卖山文书的19％；在宁波地区，占卖契的20％；在福建十六州县，则占2％。清代繁重的赋税，是当时人民的沉重负担。尽管如此，从以上统计来看，卖田、卖地、卖山的主要原因还不是由赋税负担所引起的。

农民赋役负担名目之多，浙江奉化县有详尽记载。据《奉化县志》载，江南地区赋税名目繁多，诸如田赋、地税、山税、苔涂荡税、蛤岸税、屯田税、人丁赋、地漕银、起运银、盐课、漕运本色银、漕运折色银以及加运银等。①尽管百姓要负担名目繁多又极其繁重的赋税，但由于家庭纺织业、蚕桑业发展，种烟、植棉等经济作物发展，山区经济开发，河流湖泊综合利用，在清政府靠山吃山、靠水吃水的多种经营方针指导下，经济得到发展，人民收入有所提高，完纳国家赋税变得相对容易。以上三省卖田产统计资料说明，卖田产完纳赋税，已不是卖田产的主要原因。安徽、浙江两省卖田产完纳赋税比例在20％左右，而福建所占比例更低，只有2％左右。为什么福建卖田、卖地、卖山纳赋税的记载比其他地方少呢？原因是该省经济作物经营和家庭手工业更为发达。经济作物经营方面，如种茶、种烟制烟、种蓝制靛、种蔗制糖、种水果，家庭手工业方面，如种苎纺布、种竹造纸、晒笋

---

① 光绪《奉化县志》卷七，《户赋》。

干、发展林木业和编织业，加上沿江沿海鱼虾之利，等等，所以他们有更多能力完纳赋税。湖南的情况，《湘乡县志》谓："农无余粟，资女红以织之。……夜以继昼，纺声不绝者，迄于春而后止。乃以资赋税之不逮，而免其于系扑。"① 河南的情况是，康熙《兰阳县志》称："中州土宜棉花，自有此种，赋税易完，用度易办，诚为至宝。"② 江苏《长洲县志》称："吴邑饶地产，山有松薪，村有果实，圃有瓜蓏，种桑饲蚕，四五月间，乡村成市，故赋税易完。长邑田多额（赋）重，农作外，无他业，……逋欠岁积，日受朴挟。"③ 两县对比，十分生动地表述了发展经济作物对完纳赋税的重要性。除了上述大量事例外，这是最有力的证据。

多种经营的发展，使"赋税易完"。这种情况存在，无疑会增强自耕农和半自耕农对田产的保护力。

第四节 佃农经济实力增强

由于经济作物收益好，效益高，因地制宜，多种经营，在中国各地农村普遍存在。同时，家庭手工业的发展，也充实了农民的钱袋子。这不仅为自耕农发展提供条件，也为佃农发展奠定充分的经济条件。以福建为例，福建地处亚热带地区，气候温和湿润，十分适宜种植多种经济作物，同时森林资源丰富，兼有竹木之利。乾隆初年，郭起元说，"闽地二千余里，原隰饶沃，山田有泉滋润，力耕之原是足给全闽之食"，但"始辟地者多种植茶、麻、苧、兰靛、糖蔗、离（荔）支（枝）、柑桔、青力、荔奴（桂圆）之属，耗之已三分一。……今则烟草之植，耗地十之七八

---

① 同治《湘乡县志·风俗》。
② 康熙《兰阳县志》，《土产·木棉》。
③ 乾隆《长洲县志·风俗》。

……闽田既去七八，所种粳稻、菽麦也寥寥耳"①。陆耀在《烟谱》一书中亦说："烟草处处有之，……第一数闽产。"就各县而言，漳州、泉州、延平、汀州之民，到永福种菁、种蔗，"其利倍于田"②。乾隆《宁德县志》称："到宁德西乡种菁者盈千人。"③政和以茶为业，县志称："茶无花，香满家，家无田，钱万千。"④安溪常乐、崇善等里之茶，"货卖甚多"⑤。龙岩"火耕水耨之夫，终岁勤劬，犹苦贫。唯利蔗及烟草，获利数倍"⑥。康熙三十一年，高拱乾在《禁饬插蔗并力种田示》一文中说："偶见上年糖价稍长，唯利是趋，旧岁种蔗已三倍于往昔，今年种蔗竟十倍于旧年。"《永定县志》说该县种烟之地"十居其四"。并说，永定笋干还卖到江浙汉广等省。⑦《南平县志》称："所赖山林之产，岁不下白余万金。竹有纸笋，木有松杉，既多且遍，随地皆宜，斯为大宗。通行于齐、燕、楚、豫、赣、浙之邦。"⑧ 各地借此："赖以资用。"⑨ 此外，各地还因地制宜，发展家庭手工业，以增加收入。《闽政领要》列举了许多事例，如长乐之夏布，莆田、仙游两县之苎布，瓯宁之夏布，泰宁、建宁二县之夏布，汀州府上杭县之铁锁、棕器、竹器，武平之葛布，永春之夏布，龙岩之藤枕，等等，"均有商客贩迹各省"⑩。惠安则利用草场丰富条件，发展畜牧业，"至冬草干，羊食之壮实，贩入他郡，常百十为

---

① 郭起元：《论闽省务本节用疏》，《清经世文编》卷一六。
② 万历《永福县志》。
③ 乾隆《宁德县志》卷一，《风俗》。
④ 民国《政和县志》卷一九，《礼俗》。
⑤ 嘉靖《安溪县志》卷之一，《地舆》。
⑥ 乾隆《龙岩县志》卷一〇，《风俗》。
⑦ 道光《永定县志》卷一〇，《物产》。
⑧ 民国《南平县志·物产》。
⑨ 德福：《闽政领要》卷中，《物产》。
⑩ 同上。

群"①。还有，福建各地墟市相当发展。嘉靖《邵武县志》记载："府城之中，外通衢皆为街，货鬻为市。"并且东隅之街有六，西隅之街有五，南隅之街有五，北隅之街亦有五。此外，东关、西关、南关、北关都各有街市。总之，"凡民之所居成聚，亦有街市"。这些街市或墟市，有的以二、七为集，有的以三、八为集。集与集之间相隔五天。但也有些地方为三日一集，如光泽各乡就是。② 嘉靖时，延平府就有二十一个市，十三个墟。③ 据《台湾府志》称，渔人喧集于此；菜市设在南坊府学前村里辇，各种菜蔬、瓜果物集此，秉烛为市，尽辰而散；柴市设在宁南坊，与菜市相邻；而粮食买卖地设在大井头北市；此外还有新仔市、油行街，等等。④《闽杂记》称：闽中上诸府、乡镇间，市有定处：或二、七日，或三、八日，或四、九日为市期，"百货皆聚，谓之墟场"⑤。街市、墟市的发展，密切了普通农民家庭与市场的联系，农民可以通过市场出卖自己的产品，如布匹、糖、茶叶、柴草、菜蔬、瓜果、烟草、牲畜、鸡鸭、鱼虾、竹木家器、纸张……总之，各种各样的货物都可以在市场上出售，从而获得经济收益。这就为农家经济力量的壮大提供了条件。当然这些农家也包括佃农家庭。其他地方情况，上面已有论述，这里不再赘述。

  有清一代，佃农经济得到很大发展，有的农户愿意以比原租高出一倍的钱，租地种麻或种烟。这种行动还得到其他农户的效仿。如乾嘉年间，湖南郴县因"粤东麻价颇高，素有心计者，谓田中一年所收之稻，不敌一年三割之麻，乃略施其智，于瘠薄之产，而麻之获价果倍于谷，效之者遂群然起矣。于是有争佃富室

---

① 嘉靖《惠安县志》卷五。
② 嘉靖《邵武县志》卷之二。
③ 嘉靖《延平府志》卷之三，《地理》。
④ 康熙《台湾府志》卷之二，《规制》。
⑤ 施鸿保：《闽杂记》卷三，《墟场》。

之田，且甘倍租以偿之者"①。四川郫县因种烟经济效益好，"烟田一亩，佃课十金"，而"大约终岁获利过稻麦三倍，人争趋焉"②。一次可以拿出几十两，甚至几百上千两银子来租地的人不在少数。如江苏崇明县张三向施忠租东旺沙柴荡，议明租价二十两。③浙江诸暨县楼玘美租余思田族祀三十亩，交租钱六十五千文。④湖北宜城县张起洪佃种杨国点的田，预付课租四十三千文。⑤四川射洪县陈添顺兄弟佃吴耀地土耕种，"原议定预交一年租息二十二两"⑥。甘肃肃州卢廷吉有三石种子的地，租予西安武功县人陈宏康耕种，讲过租种三年，每年租银十八两，陈宏康"现给他二年的银子三十六两"⑦。正红旗宗室都隆额将投充人遽自化的投充地四顷四十五亩，租予民人刘海祥等耕种，预收租银一千两。⑧直隶滦州民人王玉庆、王贯五等十四人佃种内务府庄田一顷八十九亩一分，应纳租滦钱五百五十吊。王玉庆种地二十五亩，预交三十一年租钱七十五吊，王连芳种地十亩，预交三十一年租钱二十六吊……⑨直隶永清县兆第将六十亩地出租，本庄许姓承佃，议定每年租银三十六两，朱雄虎得知，出四十两银子把地租去。⑩广东东莞县温日宣有尝田七十五亩，一向由胡大成耕种，先因冲陷五亩，每年租银七十两。佃户胡大成于乾隆十七年二月间将冲陷的田筑补好。日定见后，说要加租十两。胡大成不肯。

---

① 嘉庆《郴县志》卷中。
② 嘉庆《四川通志》卷七五。
③ 《刑部档案》，乾隆四十二年三月十九日兵部侍郎方杨魁题。
④ 《刑部档案》，嘉庆二十四年五月十四日，巡抚浙江等处地方陈若霖题。
⑤ 《刑部档案》，乾隆三十五年五月十一日，兼管刑部臣刘绕勋题。
⑥ 《刑部档案》，乾隆二十八年五月二十九日，议政大臣、尚书舒赫德等题。
⑦ 《刑部档案》，乾隆九年三月十日，刑部尚书来保等题。
⑧ 中国社会科学院经济研究所藏：《刑部抄件》。
⑨ 《内务府来文》2124包。乾隆三十一年六月×日。见《清代档案资料丛编》第五辑，第90页。
⑩ 中国社会科学院经济研究所藏：《刑部抄件》。

黄德见兄弟闻知，情愿输租八十两批佃。胡大成被迫，应承交租八十两。① 我们搜集到的预租事例中，有56件预租事例有明确的预付款项记载。千文以下有10件；千文至三十千文有29件；三十千文至五十千文有9件；五十千文至一百千文有4件；一百千文至二百千文3件；一千千文有1件。② 三十千文至一千千文计共17件，占总数的30%。也就是说，一次可以拿出30两银子来租地的农户大约占三分之一，可见农民口袋里的钱更充裕了。

再以四川巴县做一详细考察。《清代乾嘉道巴县档案选编》四《土地产业纠纷（一）租佃之争》共辑有佃约文书67件，其中乾隆朝3件，嘉庆朝7件，道光朝57件。各款地租钱（文）、租谷（石）及押租银（两）见表10-4-1。

表10-4-1　　巴县乾嘉道三朝地租、押租款项表

时间	租佃人	田主	地租（文、石）	押租（银、钱）
乾隆三十九年×月	黄联升	罗修安	谷48石	60000文
乾隆四十六年八月	张时熙兄弟*	易国栋	16000文	
乾隆五十年八月	张天锦	赵殷扬	钱4000文	
乾隆五十六年二月	雷光华	刘大镕		钱2000文
乾隆五十六年十二月	泸州人	龚建邦		钱120000文
嘉庆一年十二月	刘明安*	张光泰	谷45石	银100两
嘉庆六年六月	唐占鳌*	鼓儒魁	谷52石	银30两
嘉庆七年三月	孙德亮	余波臣	谷40石	银78两
嘉庆九年十一月	夏正洪	张明盛	谷32石	
嘉庆十一年十月	田子爵	廖国贤	谷均分	
嘉庆十四年三月	石明宗	彭儒魁	谷8石	
嘉庆十五年十月	郝乾山	刘锡远等		银175两
嘉庆二十年三月	田三品	廖一戎	谷13.5石	银470两
嘉庆二十三年十月	冉添瀍	阎命权	钱5000文	银20两
道光一年二月	袁永发等	陆富兴	谷均分	

① 《刑科题本》，乾隆十年七月十九日，刑部尚书盛安等题。
② 江太新：《论清代土地关系的新变化》，天津古籍出版社2011年版，第306页。

第十章 多种经营发展与地权分配　395

续表

时间	租佃人	田主	地租（文、石）	押租（银、钱）
道光一年十一月	黄肇明	周怀荣	钱1000文	钱2000文
道光二年九月	李姓耕作	王光玉		银300两
道光二年九月	李元山	王光玉		银300两
道光三年九月	吴文富	杨金璠等	谷41石	银140两
道光三年十月	翁绍光*	刘周氏、刘世荣	谷16石	银50两
道光四年九月	周人士银	雛松亭	谷34石	银50两
道光四年十一月	李永章	卢光德	谷120石	银800两
道光四年十一月	葛文田	罗天庆	谷0.2石	银33两
道光五年×月	夏添金	阴国相	谷均分	银60两
道光五年八月	周凤贵*	龙台山		银100两
道光五年八月	杨朝益	唐德文	谷90石	银300两
道光五年九月	王国珍	封元龙	谷42石	银80两
道光六年九月	刘正伦	徐元盛		银120两
道光六年九月	李玉佩	彭元基	谷22石	银100两
道光六年九月	黄文泰等	李华	银8两	银6两
道光六年十一月	李玉佩	彭元基	谷29石	银100两
道光七年四月	钟宸安*	郭文武	谷30石	银150两
道光八年九月	郭张氏、廖开太*	廖国俸		银200两
道光八年十二月	陈子林	胡均	谷18石	银100两
道光十年十月	李照纪	孝文忠	银10两	
道光十一年九月	赖茂春	赖懋洪	钱3000文	银27两
道光十二年三月	周宗荣	王天元		银51两
道光十二年十月	邹正德	丁万山		银200两
道光十二年十一月	萧文梁	龚光先		银20两
道光十三年五月	唐章孝	王国伦	谷1石	银82两
道光十三年五月	卢子栋	王国万	谷平分	银70两
道光十五年×月	罗尚锦	罗尚武		银138两
道光十六年九月	彭升玉、彭升仕	唐长发	谷32石	银128两
道光十六年九月	秦应贵	李洪发	谷0.1石钱400文	钱19000文
道光十七年九月	李显常	严朝玉	谷均分	银45两
道光十七年九月	钟声泰*	谢广发等		银80两
道光十七年十二月	金在恩	周明德	二岁租钱500文	银10两
道光十七年十二月	胡文榜	刘袁氏		银120两
道光十八年一月	张怀玉	张心诚	钱100文	钱4000文

续表

时间	租佃人	田主	地租（文、石）	押租（银、钱）
道光十八年二月	孟其昌	黄明远	谷均分	银 160 两
道光十八年四月	罗世品*	刘慎先		银 70 两
道光十八年十二月	李嘉琮	李嘉敏	谷 68 石	银 300 两
道光十九年一月	张朝相*	张登明		钱 35000 文
道光十九年十月	张元才	钟玉春	银 3 两	银 1.8 两
道光十九年十月	陈世才	刘大德		银 15 两
道光二十年一月	何端有	廖海三		银 81 两
道光二十年十一月	柯显才、柯显瑶	胡天才	高粱 8 斗桐子 2 斗	钱 10000 文
道光二十一年闰三月	李正朝	萧万盛		钱 60000 文
道光二十一年七月	何应荣*	郭文秀	谷均分	银 500 两
道光二十一年十一月	何应荣	郭文秀	谷均分	银 400 两
道光二十一年十一月	何应荣	郭文秀	谷均分	银 250 两
道光二十二年二月	曾家光	彭海潮	谷 25 石	因损坏不清
道光二十二年十月	杨映超	伍明翰	谷 12 石	银 170 两
道光二十三年闰七月	胡从茂	任朝选	谷 6 石	银 900 两
道光二十三年闰七月	陈全康	任朝选	谷 6 石	银 700 两
道光二十三年九月	马刘氏	陈显扬	谷 5 斗	银 140 两
道光二十五年一月	石廷玺	林显扬		银 140 两
道光二十五年七月	唐仕清	彭袁氏		银 50 两
道光二十六年十二月	罗元	田晏氏		银 30 两
道光三十年九月	蔡月楷	张裕宗		银 200 两
道光三十年十一月	林永山	林云山	谷均分	钱 238 串

资料来源：四川大学四川档案馆主编《清代乾嘉道巴县档案选编》四《土地产业纠纷（一）租佃之争》，四川大学出版社 1989 年版。

说明：1. 凡 * 符号系同一案件中，有重复记载的，本文只列其一，其余不录。

2. 乾隆三十一年十一月苏廷美案、三十九年六月田志案，嘉庆二年四月张岐山案、二十年九月李易氏案、二十四年八月刘国华案，道光三年五月佃户十四家案、八年六月傅老幺案、二十二年五月庭茂案（只记勒加押租），皆由地租及押租不详案件，本表予以删除，不录。特此说明。

本表共辑有租佃斗争案 73 件，其中有押租记载 64 件，除道光二十二年二月曾家光一款，因记载押租部分纸张破损，无法计数，故不计外，实有押租记载案件为 63 款。其中押租银 50 两以上、100 两以下者为 14 款，占总数的 22.2%，押租银 100 两以上者为 32 款，占总数的 50.8%。占了有押租案件的一半。又据方行统计，《巴档》上册记载，巴县六十七件租佃案件，押租银在二百两以上的共三十九件。其中二百两八件，一百二十两三件，一百三十两二件，一百四十两三件，一百五十两一件，一百六十两二件，一百七十两一件，一百七十五两一件，二百两六件，三百两五件，三百五十两二件，四百七十两、七百八十两、八百两、一千两各一件。押租钱在一百千文以上的有五件。其中一百二十千文二件，一百千八百文、一百五十八千三百文、三百串的各一件。① 百两银、一百千文钱以上者为四十四件。占该统计一半以上。再如《云阳县志》谓："压桩之费常逾千两或数百两。"② 数百两至千两押租银，在云阳地区已成民间常例。从以上事例可以看到，如果不是佃农经济收入增加的话，一个农民家庭，要一次性掏出那么多的银子是很难办到的。经济作物种植及家庭手工业发展，为劳动力多、经营有方的家庭，提供了发展的空间。富佃的发展，对地权的重新分割具有意义。"田皆主佃两业，佃人转买承种，田主无能过问。"③ 而富佃的发展，又为地权的分割打下经济基础。下面列举一些事例予以说明。

佃农投入押租多者，"其获较多，尚可资以自给"④。如果粮价上涨，佃农于"啜食之余，犹可出粜于村市，铢积寸累，足致多金"，"故里中兴起者多属佃农"。⑤ "赁耕小户，多有渐成殷富

---

① 方行：《价值规律在封建社会农民生产中的作用》，《中国经济史研究》1991 年第 2 期。
② 民国《云阳县志》卷三，《礼俗》中。
③ 《清经世文编》卷三一，陈道文。
④ 民国《巴县志》卷一一。
⑤ 光绪《彭县志》卷三。

者。节俭勤苦，又粮价腾起，实使之然。"① "佃有余利，久亦买田作富人，而为佃如故。"② 富佃的发展，造成田皮（田面）与田骨（田底）分离。使一元化地权变为你中有我、我中有你的混合形态，打破地主对地权的垄断，使地权分割朝着多元化方向发展。

第五节 多种经营衰落，农家抵拒能力降低

1. 加速农村经济破产

就茶业而言，如福建古田县，"茶业，清同光间，茶叶为本地出产品一大宗。县城及西区七保、北区平湖、大东区鹤塘、杉洋、邹洋等处均有茶行。迄清季本地茶业失败，茶行尽闭歇，茶山亦荒"③。安徽《霍山县志》称茶叶的价格，"光绪以来，每斤贵不过钱余，贱时才七八分，以是民用益绌"④。湖南湘潭"海禁开后，红茶为大，率五十六日，而贸买千万"。"五口开，汉口、九江建夷馆，县市遂衰"，贸买茶叶每岁只有"数百万"⑤。损失很大。醴陵，同治时红茶利兴，三四月间开庄发拣，贫家妇女"多资余润"⑥。至民国时，"茶业衰歇，遂多摧而为薪"⑦。广东南海在光绪十八年，出口茶叶有六万五千担，至二十八年，出口不过二万四千担。"近日茶业失败，山人往往将地售作坟墓，所产茶株比前百不存二。市地亦废，今已夷为民居矣。"⑧ 这对茶农来说，无疑是丧失生计，是重大打击。

---

① 民国《中江县志》卷二。
② 民国《云阳县志》卷三，《礼俗》中。注4至注7参见《中国经济通史·清代经济卷（下）》，中国社会科学出版社2007年版，第1231页。
③ 民国《古田县志·实业》。
④ 光绪《霍山县志·物产》。
⑤ 光绪《湘潭县志·货殖》。
⑥ 同治《醴陵县志·风俗》。
⑦ 民国《醴陵县志·食货》。
⑧ 宣统《南海县志·物产》。

植棉地区情况也是这样。江苏情况是：乾隆四十年，两江总督高晋称："以现在各厅州县农田计之，每村庄知务本种稻者，不过十分之二三，图利种棉者，则有十分之七八。"① 但道光以后，情况迥然不同，由于棉花价格下跌，棉农生活困难。上海人张春华谓："木棉未登场，已有下壅之费，益以终年食用，非贷于人，即典质衣物。一有收获，待用者已日不暇给。济得眼前，后来无继矣。一亩之入，有百斤者为满担，倍者为双担。双担是年之极丰者，不恒有。下农种棉三五亩，官租之外，偿债不足。辛苦经年，依旧敝衣败絮耳。"② 太仓直隶州，咸丰初，由于受太平天国起义影响，"道途极塞，商贾不通，价值甚贱"③，棉农倍受打击。吴江县黎里镇，光绪二十四年间，遭大灾。不仅稻米，桑叶也歉，"机户失业，聚众乞食，多至数千人"④。惨不可言。

江西上庾县种蔗，由于受奸贾剥削，利归他人。同治间，甘蔗"每岁至冬乃收，贫民急不能待，多借贷于奸贾，名曰糖钱，利重而价廉，利归他人"⑤。这是真实写照。使贫者愈贫。

2. 家庭手工业衰落，堵塞农家创收门道

家庭手工纺织业的衰落，原因复杂多样，如受国内市场环境变化影响，牙行压制，或受战乱影响，但主要是在洋纱洋布入侵下，大受其害。以前有学者认为，洋纱洋布入侵对中国传统家庭手工纺织业影响有限，现在看来，这种观点值得商榷。

直隶任县由于受到棉价日贵的影响，成本加增，织者无利。递年无利，递年衰减，至光绪时，所出不过原来四分之一。⑥ 对当地经济影响甚大。《文安县志》称，纺织为本县旧业，"自欧西通

---

① 高晋：《请海验禾棉兼种疏》，《清经世文编》卷三七。
② 张春华：《沪城岁事衢歌》。
③ 光绪《太仓直隶州志·风俗》。
④ 光绪《黎里续志》。
⑤ 同治《上庾县志·物产》。
⑥ 宣统《任县志·序》。

商以来，其所输入之布，价廉物美，土民多购用之。渐至各织户亦狃于价值，而弃其所业。至甲午后，洋布之价日涨，较之初至，约增数倍，用者苦之。"① 在洋布入侵下，当地纺织业完全倒闭，广大人民也深受洋布之价日涨的侵害。《深州直隶州志》称："州所属地，往时棉布流行塞外。近则英美日本各国之布，用机器织造者，幅宽而价廉，吾国布利尽为兼并。种棉之地日少。"又称"畿辅深、冀诸州布利甚饶，纺织皆女工。近来外国布来，尽夺吾国布利。间有织者，其纱仍购之外国，故利入益微"②。洋纱洋布入侵，使中国农村家庭手工业受尽排挤，中国布利为外国所夺。《遵化通志》谓："其时洋布价廉于线，洋线价廉于棉，玉（田）丰（润）两邑向产棉布之区，销售既难，纺织之人亏折失业。"③洋纱洋布入侵不但使该州纺织之人成本亏折，而且至失业无依。《昌黎县志》亦载："男耕女织，本昌黎习尚，三十年前（光绪前）几于家家纺织，比户机声。近以洋纱洋布来源日多，棉产日少，纺织者亦大减矣。"④

山东《德平县志》记载："棉纱，妇女用木纺车纺线，为家庭重要手工业。近自洋纱入境，渐至衰落。"⑤ 馆陶县妇女以纺织为业，但仍用土法，费功多而为利少。其时洋布洋线盛行，"本境业此者，几不足谋生"⑥。茌平县昔时本地出产布甚多，尚可外销，"今因机制之淘汰，反转以贩运洋布为生"⑦。

陕西澄城县南乡一带，妇女习于纺织，自用衣被外，余布则转售北山鄜洛一带，向亦为一大出产。"唯近年以来，洋布盛行，

---

① 民国《文安县志·实业》。
② 光绪《深州直隶州志·物产》。
③ 光绪《遵化通志·风俗》。
④ 民国《昌黎县志·实业》。
⑤ 民国《德平县志·物产》。
⑥ 光绪《馆陶县志·物产》。
⑦ 民国《茌平县志·商务》。

而土布入北山者寥寥矣"①。

河南孟县由于牙行奸商"不为平价估值，机户稍稍无利"，致使"布逐不行"，"行市遂至颓坏，杂业亦罕挹注，民失生活之计，而公私始重困矣"。又引康熙志云："倚以为命，唯在女红。往者秦晋一荒，孟民亡逃，盖白布不行之所致也。"② 信阳县农家以棉花、棉布为副业。市上白布成大庄，北运陡（沟），行销汝、汴。"迨洋纱灌入内地，人工织布不足以维持生活，本地棉业遂废。"③

江苏《太仓直隶州志》载，四民之最苦者农，农之最苦者佃户。耕耘粪壅，悉由称代而来，迨至秋成，偿债还租，竭其所出，"藉以糊口者，东北乡纺纱织布，西北乡绩麻织苎。自棉、夏布滞销，生计日蹙"④。镇洋县原出飞花布，至轻耐久。至"近日洋纱盛行，此布不复见"⑤。该县家庭手工纺织业不仅受到严重冲击，甚至衰落。川沙县人原是以纺织为生。祝悦霖《川沙竹枝词》云："茅檐犹有古淳风，纺织家家课女工。博得机头成匹布，朝来不怕饭箩空。"⑥ 然而在洋纱洋布入侵下，川沙县的纺织业却一步一步衰落下去，致使不得不以仿制毛巾为业。县志称："其在本境，向以女工纺织土布为大宗。自洋纱盛行，纺工被夺，贫民所恃以为生计者，唯织工耳。嗣以手织之布，尺度既不甚适用，而其产量更不能与机器厂家大量生产者为敌至土布滞销。"仿制毛巾，遂"成家庭主要工业"⑦。这是多么令人心酸的记述。《南汇县志》称，纱布之利肇自元代，贫家妇女赖以生活。近三十年（指光绪以来），沪上纱厂林立，"于是纺织之利完全失败。洋布盛行……

---

① 民国《澄城县志·商务》。
② 乾隆《孟县志·物产》。
③ 民国《信阳县志·物产》。
④ 光绪《太仓直隶州志·风俗》。
⑤ 《镇洋县志》卷一。
⑥ 光绪《南汇县志》，祝悦霖：《川沙竹枝词》。
⑦ 民国《川沙县志·工业》。

于是织布之利亦渐失败"。又说："邑境所产之布，仅销关外奉天等处，而该处利枚尽在日、俄掌握之中。主权不收回，即土布不能畅销。"① 农家谋生手段被卡断。作者敏锐地意识到，土布市场丧失，是由于主权丧失之结果，他大声疾呼"主权不收回，即土布不能畅销"，揭开了土布滞销之谜。

安徽《怀宁县志》称，光绪末，棉花减收，出布渐少，"乡人衣著大半仰给于洋纱布"②。在洋布倾销的打击下，家庭棉纺织业已衰落。

浙江长兴县的咸同年间，因受太平天国革命影响，桑蚕业受影响，结果出现"民穷财尽"③ 的情况。

福建《长汀县志》称：康熙时，货之属有棉布；乾隆时，妇女中馈之外，专事纴织，上杭川中布还销到江西、广东；民国前数十年，多用外布，"而机织几绝"。④ 在洋布的入侵下，家庭纺织业被彻底摧毁了。

广东番禺县女红以纺织为业。同治前，在洋纱入侵下，"遂多失业矣"⑤。顺德县出斜纹布。后洋布"舶至贱售，女工几停其半"⑥。

云南蒙自县，受洋纱入境冲击，纺者减少，纺纱业受到排挤。⑦

多种经营受阻，使农家经济变得脆弱，抗御及拒制变得软弱无能。卖地救急，成为不可避免之举。

---

① 民国《南汇县志·风俗》。
② 民国《怀宁县志·物产》。
③ 同治《长兴县志·蚕桑》。
④ 康熙《上杭县志·物产》；乾隆《上杭县志·风俗》；民国《上杭县志·实业》。
⑤ 同治《番禺县志·物产》。
⑥ 咸丰《顺德县志·物产》。
⑦ 《续蒙自县志·物产》。

小　结

我们都清楚，农民之所以破产，一是天灾。如水灾、旱灾、虫灾、雹灾、地震等自然灾害发生，造成农业歉收或无收，或瘟疫流行，失去家庭主要劳动力，从而卖田卖地，丧失自耕农地位。二是沉重的赋役负担。有清一代，赋役负担一直是加在农民身上的沉重包袱。在被逼得走投无路的情况下，卖儿、卖女、卖地以应对，也是自耕农卖地的重要原因之一。三是婚嫁丧葬，尤其是丧葬，是造成许多贫困家庭不得不卖地的原因之一。而农家依靠地区优势，发展多种经营，扩大经济来源，追求经济利益最大化，有利于增强农民自身抗灾、完纳赋税、婚娶、迎生、送死、礼尚往来等方面的支付能力，同时增强对土地的保护能力，保住仅有的那点土地，使其少受侵吞的步伐，或延缓受侵吞，或不受侵吞。从而使自耕农最大限度得到延续。也就是说，多种经营的发展，对自耕农或半自耕农的延续，起到重要作用。这点是不容忽视的。而富佃的发展，会产生两种情况：一是使部分佃农向自耕农转化；二是使地主原本单一的产权，向多样化方向发展，使佃农有机会成为土地的另一主人，有利于地权再分割，促使地权朝着分散化方向发展。而多种经营受阻，会使农家经济变得更脆弱，失去抵拒能力，而使地权转移加速，给土地兼并者创造更多机会。本节以如此大的篇幅来论述，是为了探讨自农耕抵拒能力是怎样形成的，是为了回答中国自耕农为什么会有如此顽强的生命力。因此事牵连到千千万万家庭的切身利益，所以不敢掉以轻心，想尽量详细反映当时社会实际情况，以增加论证力度。

第三篇

地权分配变化及其对社会经济发展的影响

有清一代，长达近三百年，这期间地权占有关系不是一成不变的。但大体可以分为两段，顺治至乾隆中期以前，地权分散，绝大多数土地为自耕农和半自耕农所占有，自耕农和半自耕农占据土地所有权的主导地位，从占有土地数量上来说，占百分之八十至百分之八十五的土地；这时地主占有的土地所有权较少，居于从属地位，从数量上看占有百分之十至二十的土地。乾隆中期以后至清末，土地占有关系发生逆转，地主占有的土地不断扩大，这时，其已从从属地位上升到主导地位，占地数量从前期百分之十至百分之二十，发展到后期的百分之五十至百分之六十；自耕农和半自耕农的占地数量却在逐渐缩小，从前期占有百分之八十至百分之八十五的土地，到后期减少到占地百分之四十至百分之五十。这是本篇所要论述的要点之一。本篇所要论述的要点之二是：地权的这种变动，对社会经济产生的影响。

第十一章

官田民田化

　　官田是中国封建社会土地所有制的一种形式，它是相对于民间私有的民田而言的。凡国家所有的田土，均叫官田。官田一般包括屯田，未开垦的田土，河流两边、海岸因水流冲积后形成的滩田沙地，以及因绝户、逃户而形成的遗田，因犯罪被没收的田地，等等，内容庞杂。各个朝代具体情况不同，官田包括的内容亦异，数量多少也有分别。

　　据《大清会典》记载，在清代，"凡田地之别，有民田（民间恒产听其买卖者，为民田）；有更名地（前明分给各藩之地、国朝编入所在州县，与民田一体给民为业，曰更名地）；有屯田（卫所军田钱粮，有由卫所官经征者，有改归州县官经征者，皆曰屯田；其屯田有续垦者，亦曰赡军地；新疆科布多等处，有绿营兵及遣犯所种屯田；懋功厅有番民所种屯田）；有灶地（长芦、山东、两淮、浙江、福建、广东灶丁之地，曰灶地）；有旗地（盛京十四城旗人所种之地，及近京圈地征收旗租者，皆曰旗地；奉天、山西有先系旗地后给民垦种者，曰退圈地）；有庄田（内务府征粮之地庄田，近京州县及盛京各城有之）；有恩赏地（国初于近京州县分给八旗马厂之地，后因坐落较远，弃置不用，历次清丈给民垦种，改名恩赏地）；有牧地（直隶、山西边外牧厂余地召种升科者，及各注［驻］防马厂召种征租者，皆曰牧地）；有监地（国初，沿明制，于甘肃设苑马七监，后经停止，以其地给民垦种，为监地）；有公田（各省有目为基地、园地、养廉地者；又吉林、黑龙江给壮丁所种之地，亦曰公田）；有学田（各省皆设有学田，以为学中公费。直隶、山东、江苏、安徽、江西、福建、浙江、湖北、湖南、四川、云南所设学田，即在民田数内；其山西、河南、陕西、甘肃、广东、广西、贵州则于民田之外另设学田，免其民田科则）；有赈田（贵州有之）；有芦田（江苏、安徽、江西、湖北、湖南、滨江随时坍涨之地，曰芦田）。皆丈而实其顷亩之数，以书手册"[①]。但民田、官田并不是一成不变的，随着社会经济的发展，官田民田化也在日益发展。

第一节　官田

清代官田名目极多，但主要的有旗地、屯田、学田等。

一　旗地

一般指清代八旗成员占有的田地。早在天命十年努尔哈赤未入关前，就在辽沈地区实行"计丁授田"[②]，每一成年旗人授田六垧（一垧为六亩），入关后，从顺治元年至康熙二十四年间，圈地活动不断进行，其间三次大规模的圈地活动都在顺治初年。旗地包括皇庄、王庄、官员庄田、兵丁份地。

（一）皇庄

又称官庄，或内务府官庄，官庄设立"以供内府之用，有在盛京者，有在畿辅者"。凡内府各庄，"皆自内务府掌之"[③]。顺治元年（1644），"计立庄百三十有二"，坐落"顺天、保定、河间、

---

① 光绪《大清会典》卷一七。
② 《满文老档》，太祖朝，卷二四。
③ 康熙《大清会典》卷二一。

永平、天津、正定、宣化等府州县。奉天、山海关、古北口、喜峰口亦令设立"①。清立国之初定制，每庄"给田一百三十晌"。嗣后，又陆续增设粮庄、棉庄、盐庄、靛庄以及瓜园、菜园、果园等。"粮庄五所，每庄给地二百四十晌；菜园五所，每所园地十五晌，口粮地三晌；西瓜园二所，每所园地三十晌，口粮地三十晌；马馆三处，牛圈四处"②。粮庄设有畿辅庄、盛京庄、锦州庄、热河庄、归化城庄、打牲乌拉庄、驻马口外庄。现将各庄庄数及地亩数统计如下表11-1-1所示。

此外，内务府所辖畿辅纳银庄共有一百二十三个，另有投充人八十二名，客户三十六名，苇户七名，庄田数额为三十五万五千九百九十九亩。纳银庄数及庄田数额列表11-1-2。

表11-1-1　　　　内务府所辖各粮庄地亩及庄数统计

庄别	庄数						庄田亩数	庄田分布地区
	总计	一等庄	二等庄	三等庄	四等庄	其他		
共计	1 078	297	55	66	362	265	3 577 275	
畿辅庄	539	63	10	23	215	228②	965 049	直隶各州县
盛京庄	76	34	5	5	32		714 716	兴京、牛庄、金州等处
锦州庄	296	66	40	38	115	37③	1 226 826	锦州、宁远、广宁、义州
热河庄	134	134					527 584	喜峰口、古北口外
归化城庄	13①						101 400	黑河、浑津等处
打牲乌拉庄	5①						14 700	吉林城以北
驻马口外庄	15①						27 000	弥陀山

资料来源：嘉庆《大清会典》卷七六。另参见李文治《中国近代农业史资料》第1辑，第21页。

说明：①不分等次。②内包括半庄二百一十九个，豆粮庄六个，稻田庄三个。③内包括纳粮庄二十九个，纳租庄四个，纳银庄四个。

---

① 《清朝文献通考》卷五，《田赋考》五。
② 《清朝通典》卷二，《食货》五。

表 11-1-2　　内务府所辖京畿纳银庄数及庄田地亩统计

纳银庄别	庄数	庄田额（亩）	附注
300 两庄	1	2 700	①纳银庄田坐落顺天、保定、永平、河间、天津、正定、宣化等府属之五十三州县
200 两庄	17	31 633	
100 两庄	2	1 800	②原书："总计庄地一万三千一百八十六顷三十七亩有奇，岁应征银二万三千一百三十四两有奇。"系未将客户，苇户地亩统计在内
按地征银	103	113 929	
投充人 82 名		168 576	
客户 36 名		24 815	
苇户 7 名		12 546	
合计	123	355 999	

资料来源：嘉庆《大清会典》卷七六。另参见李文治《中国近代农业史资料》第 1 辑。

据康熙十六年总计，内务府官庄田共五千七百四十八顷三十亩。①

（二）宗室庄田

据康熙《大清会典》记载，清初，令诸王、贝勒、贝子、公等，准于锦州各设庄一所，盖州各设庄一所，其额外各庄，俱令退出。顺治二年题准，给诸王、贝勒、贝子、公等大庄每所地一百三十垧（或一百二十垧至七十垧不等），半庄每所地六十五垧（或六十垧至四十垧不等），园每所地三十垧（或二十五垧至十垧不等）。三年题准，京城内外无主园地，酌量拨给诸王府。五年题准，亲王给园十所，郡王给园七所，每所地三十垧。六年题准，袭封王、贝勒、贝子、公等，伊祖父所遗园地，除拨给应得之数外，其余地亩，不必撤出，仍留本家。又题准，凡加封王、贝勒、贝子、公等，各照本爵拨给园地。七年题准，给公主园地各六十垧，郡主园地各三十垧，县主、郡君、县君园地各二十五垧。又

---

① 《清朝文献通考》卷五，《田赋考》五。

题准，拨给亲王园八所，郡王园五所，贝勒园四所，贝子园三所，公园二所。每所地三十垧，嗣后凡封王、贝勒、贝子、公等，俱照此例拨给。镇国将军园地四十垧，辅国将军园地三十垧，奉国将军园地二十垧，奉恩将军园地十垧。凡给过园地者，停给家口粮米。①《清朝文献通考》卷五《田赋考五》中，也有相同记载。据《大清会典事例》和《八旗通志》资料记载，宗室庄田占有地亩情况如表11-1-3所示。

表11-1-3　　　　　　　清宗室庄田地亩统计

旗别	庄（所）	园（所）	庄田数额（亩）	坐落州县
镶黄宗室	5	1	3 660	直隶通州、大兴等州县
正黄宗室	21	3	10 656	直隶大兴、宛平等州县
正白宗室	5	2	3 600	直隶香河、宝坻等州县
正红宗室	148	64	124 416	直隶宛平、昌平等州县
镶白宗室	191	28	171 714	直隶大兴、宛平等州县及辽阳、盖平等处
镶红宗室	326	113	263 001	直隶大兴、宛平等州县及张家口等处
正蓝宗室	717	195	531 324	直隶大兴、宛平等州县及承德、辽阳等处
镶蓝宗室	303	107	225 474	直隶大兴、宛平等州县及辽阳、盖平等处
合计			1 333 845	

资料来源：嘉庆《大清会典事例》卷一三五。转见李文治《中国近代农业史资料》第1辑，第22页。

说明：①庄田数据由《八旗通志》卷六八《田土志七》得出，其中包括整庄、半庄、整园、半园。②镶白宗室庄园外，又果地、靛地、网户、猎户地七十六处，诸处地亩均一并计算在内。③正蓝宗室除庄园外，又果、菜、牧地五处，诸处地亩一并计算在内。

《大清会典事例》所记载宗室庄田地亩与俞正燮《癸巳存稿》记载数额大体相同，俞著仅少二十亩而已。②

（三）八旗官兵旗地

各处驻防官兵是否给田及给田数额，清廷都有明确规定。顺

---

① 康熙《大清会典》卷二一，《田土》二。
② 俞正燮：《癸巳存稿》卷九记载："宗室庄田一百三十三万三千八百二十七亩。"

治四年题准："江宁驻防旗员，给园地三十垧至十垧不等，西安驻防旗员给园地四十垧至十五垧不等。"又题准："浙江驻防官兵不给田，俸饷照经制支领。"五年题准："各省驻防官兵家口半携去者，其在京园地半撤，全携去者全撤。"六年题准："外省驻防官员，初任未经发给园地者，准令拨给，其加级升任者，不复添给。凡应给地十垧以下者，户部拨给，十垧以上者，奏请拨给。"七年题准："驻防官员量给园地，甲兵、壮丁每名给地五垧，临清、太原以无主地并官地拨给，保定、河间、沧州以八旗退地拨给。"康熙三十二年议准："各省驻防旗兵，均在所住之处给与地亩。"①等等。乾隆五十六年奏准热河千总、弁兵地亩改给银两。嘉庆七年，据马兰镇总兵兼内务府总管兴长奏请，东北两路看守行宫弁兵及西路行宫弁兵地亩，亦依照乾隆五十六年热河千总、弁兵地亩改给银两之例办理，嘉庆皇帝旨意为"依议"，谕："按规定将地亩退交地方官，每亩地折给银二钱。"②嘉庆七年十一月广储司银库呈文称，看守东北两路并西路行宫弁兵地亩折给银两一案，所给银两"核与退出地亩数目相符"③。八旗官兵占有旗地数额不再扩大。据《大清会典事例》记载，现将八旗官兵占有旗地情况统计如表11-1-4所示。

表11-1-4　　　　　　　八旗官兵旗地地亩统计

旗　地	旗田额	坐　落　州　县
镶黄旗官兵	2 363 340	直隶大兴、宛平等州县及宣府、古北口、张家口、喜峰口等处
正黄旗官兵	2 354 385	直隶大兴、宛平等州县及宣府、古北口、张家口、喜峰口等处
正白旗官兵	2 079 648	直隶大兴、宛平等州县及宣府、古北口、张家口、喜峰口等处

① 《钦定八旗通志》卷七三《土田志一二》。
② 转见中国人民大学清史研究所、档案系、中国政治制度史教研室合编《清代的旗地》上册，第109页。
③ 同上。

续表

旗　　地	旗田额	坐　落　州　县
正红旗官兵	1 240 710	直隶宛平、良乡等州县
镶白旗官兵	1 544 430	直隶大兴、宛平等州县及张家口、喜峰口、开平、赤城等处
镶红旗官兵	1 305 570	直隶宛平、良乡等州县
正蓝旗官兵	1 713 660	直隶大兴、宛平等州县
镶蓝旗官兵	1 411 128	直隶大兴、宛平等州县及独石口、张家口等处
合计	14 012 871	

资料来源：《大清会典事例》，嘉庆，卷一三五。转见李文治：《中国近代农业史资料》第1辑，第23页。

说明：①《八旗通志》卷六九《土田志八》，称八旗官兵旗地为壮丁地。②《八旗通志》卷六二《土田志一》，顺治元年定："民间无主田地拨给八旗壮丁，每人三十亩。"③另据光绪《大清会典》卷八四，第5页，除上列畿辅八旗官兵旗地外，另外盛京各城旗地一千四百七十五万七千六百八十二亩。此外吉林、黑龙江兵丁，各于驻防处所，给地垦种；伊犁及锡伯部落，各设旗屯，分给官兵闲散人等。

以上据《大清会典事例》所统计八旗官兵旗地亩数与俞正燮《癸巳存稿》记载的数额相差五万三千九百九十一亩。表中所统计的仅是畿辅八旗官兵地亩数，盛京、吉林、黑龙江以及各省驻防处所官田所占地亩尚不计在内。

按清初规制，各类庄田共有五万零五百多顷，八旗官地旗地十四万多顷，两者合计约在二十万顷。

（四）旗地的来源

旗地来源主要是圈占和投献两种。

清定都北京后，即开始下令圈占畿辅民田为旗地。顺治元年，清世祖以"东来诸王、勋臣、兵丁人等无处安置"①为由，下令圈地。此后，旗地圈占便在畿辅及东北地区展开。顺治二年，户部尚书英俄尔岱等奏言："臣等奉命圈给旗下地亩，查得易州、安

---

① 《清世祖实录》卷一二。

肃等州县军卫共三十六处。"① 顺治四年，户部又以"远处府州县"，"孤贫佃户无力运送子粒"为名，奏请在"近京府州县内，不论有主（与）无主地土，拨换去年所圈薄地，并给今年东来满洲"，得到顺治帝批准。"于是圈顺义、怀柔、密云、平谷四县地六万七百零五垧，以延庆州、永宁县、新保安、永宁卫、延庆卫、延庆左卫右卫、怀来卫无主屯地拨补；圈雄县、大城、新城三县地四万九千一百一十五万垧，以束鹿、阜城二县无主屯地拨补；圈容城、任邱二县地三万五千五十一垧，以武邑县无主屯地拨补；圈河间府地二十万一千五百三十九垧，以博野、安平、肃宁、饶阳四县先圈薄地拨补；圈昌平、良乡、房山、易州四州县地五万九千八百六十垧，以定州、晋州、无极县、旧保安、深井堡、桃花堡、递（雕）鹗堡、鸡鸣驿、龙门所无主屯地拨补；圈安肃、满城三万五千九百垧，以武强、藁城二县无主屯地拨补；圈完县、清宛二县地四万五千一百垧，以真定县无主屯地拨补；圈通州、三河、蓟州、遵化四州县地十一万二百二十八垧，以玉田、丰润二县圈剩无主屯地及迁安县无主屯地拨补；圈霸州、新城、涞县、武清、东安、高阳、庆都、固安、安州、永清、沧州十一州县地十九万二千九百一十九垧，以南皮、静海、乐陵、庆云、交河、蠡县、灵寿、行唐、深州、深泽、曲阳、新乐、祁州、故城、德州各州县无主屯地拨补；圈涿州、涞水、定兴、保定、文安五州县地一万一千四百九十垧，以献县先圈薄地拨补；圈宝坻、香河、滦州、乐亭四州县地十万二千二百垧，从武城、昌黎、抚宁各县无主屯地拨补。"② 仅户部这次奏请，所圈近京膏腴之地达到五百九十六万二千二百四十二亩。以上所列，仅是清政府圈占旗地的一部分而已，其余的不一一列举，请见表 11-1-5。

---

① 《清世祖实录》卷二二。
② 《清世祖实录》卷三〇。

表11-1-5　　　　　清初直隶七十二州县被圈占为旗地一览

州县	原有土地（A）	圈、投地数 圈占	圈、投地数 投充	圈、投地数 合计（B）	剩余土地	B/A	资料来源
大兴县	1 021顷4亩	993顷83亩		993顷83亩	28顷64亩	97.3%	康熙《大兴县志》卷三
宛平县	2 193顷43亩	1 808顷22亩		1 808顷22亩	385顷21亩	82.4%	康熙《宛平县志》卷三
顺义县	2 486顷86亩	2 407顷82亩		2 407顷82亩	79顷7亩	96.8%	康熙《顺义县志》卷二
通州	5 731顷76亩	4 222顷74亩	1 448顷58亩	5 671顷32亩	60顷44亩	98.95%	光绪《通州志》卷四
平谷县	1 124顷31亩	1 064顷82亩		1 064顷82亩	59顷51亩	94.7%	民国《平谷县志》卷一
怀柔县	1 392顷22亩	745顷36亩		745顷36亩	646顷86亩	53.5%	康熙《怀柔新志》卷四
密云县	2 733顷43亩	2 151顷41亩		2 151顷41亩	582顷2亩	78.7%	雍正《密云县志》卷四
房山县	1 767顷37亩	1 045顷43亩	210顷85亩	1 257顷28亩	357顷33亩	71.1%	民国《房山县志》卷四
昌平州	2 888顷70亩	2 584顷5亩		2 584顷5亩	304顷66亩	89.5%	光绪《昌平州志》卷一一
延庆州	4 673顷95亩	3 408顷28亩		3 408顷28亩	1 265顷67亩	72.9%	乾隆《延庆州志》卷三
良乡县	2 918顷24亩	2 918顷24亩		2 918顷24亩	无	100%	光绪《良乡县志》卷三
固安县	4 081顷77亩	3 615顷36亩		3 615顷36亩	472顷21亩	88.6%	咸丰《固安县志》卷三
永清县	4 911顷20亩	4 121顷26亩		4 121顷26亩	789顷94亩	83.9%	乾隆《永清县志》卷二
霸州	2 658顷19亩	2 299顷95亩		2 299顷95亩	358顷24亩	86.5%	光绪《畿辅通志》卷九四
新城县	9 088顷85亩	8 654顷70亩		8 654顷70亩	434顷15亩	95.2%	光绪《畿辅通志》卷九四

续表

州县	原有土地（A）	圈占	投充	合计（B）	剩余土地	B/A	资料来源
唐县	2 655 顷 29 亩	1 053 顷 10 亩		1 053 顷 10 亩	1 602 顷 19 亩	39.7%	光绪《畿辅通志》卷九四
博野县	3 297 顷 56 亩	424 顷 56 亩		424 顷 56 亩	2 873 顷 0 亩	12.9%	光绪《畿辅通志》卷九四
完县	3 218 顷 57 亩	2 259 顷 25 亩		2 259 顷 25 亩	959 顷 32 亩	70.2%	光绪《畿辅通志》卷九四
蠡县	6 366 顷 68 亩	3 288 顷 36 亩		3 288 顷 36 亩	3 078 顷 32 亩	51.7%	光绪《畿辅通志》卷九四
安州	4 561 顷 55 亩	3 696 顷 13 亩		3 696 顷 13 亩	865 顷 42 亩	81%	光绪《畿辅通志》卷九四
高阳县	3 595 顷 62 亩	2 785 顷 45 亩		2 785 顷 45 亩	810 顷 17 亩	77.5%	光绪《畿辅通志》卷九四
阜城县	2 134 顷 66 亩	588 顷 60 亩		588 顷 60 亩	1 546 顷 6 亩	27.6%	光绪《畿辅通志》卷九四
任邱县	8 870 顷 94 亩	8 254 顷 94 亩		8 254 顷 94 亩	615 顷 66 亩	93%	光绪《畿辅通志》卷九四
献县	9 296 顷 7 亩	3 335 顷 92 亩		3 335 顷 92 亩	5 960 顷 15 亩	35.9%	光绪《畿辅通志》卷九四
景州	4 273 顷 5 亩	474 顷 92 亩		474 顷 92 亩	3 798 顷 13 亩	11%	光绪《畿辅通志》卷九四
吴桥县	4 069 顷 97 亩		11 顷 52 亩	11 顷 52 亩	4 058 顷 45 亩	0.3%	光绪《畿辅通志》卷九四
交河县	12 706 顷 91 亩	5 987 顷 47 亩		5 987 顷 47 亩	6 419 顷 44 亩	47.1%	民国《交河县志》卷二
河间县	15 300 顷 0 亩	6 200 顷 0 亩	2 375 顷 29 亩（寄庄）	8 575 顷 29 亩	6 724 顷 71 亩	56.1%	乾隆《河间县志》卷二
祁州	3 371 顷 83 亩	568 顷 56 亩	34 顷 51 亩	599 顷 77 亩	2 772 顷 11 亩	17.8%	乾隆《祁州志》卷三
安东县（安次）	3 242 顷 85 亩	1 947 顷 45 亩	357 顷 73 亩	2 305 顷 18 亩	937 顷 69 亩	71%	康熙《东安县志》卷四

第十一章　官田民田化

续表

州县	原有土地（A）	圈占	投充	合计（B）	剩余土地	B/A	资料来源
三河县	6 412 顷 69 亩	5 214 顷 47 亩		5 214 顷 47 亩	1 198 顷 22 亩	81.3%	乾隆《三河县志》卷五
玉田县	5 216 顷 89 亩	4 599 顷 38 亩	372 顷 59 亩（乾清、慈宁二宫、寿宁公主、景府地）	4 971 顷 97 亩	244 顷 92 亩	95.3%	光绪《玉田县志》卷一三
武清县	10 765 顷 40 亩（大亩折合）	7 669 顷 91 亩（大亩折合）	1 266 顷 53 亩（金船地）	8 936 顷 44 亩	1 828 顷 96 亩	83%	乾隆《武清县志·田赋志》
宝坻县	6 890 顷 65 亩？	5 817 顷 37 亩？	151 顷 32 亩？	733 顷 69 亩？	57 顷 95 亩？	？	乾隆《宝坻县志》卷五
香河县	3162 顷 14 亩	3 093 顷 67 亩		3 093 顷 67 亩	68 顷 47 亩	97.8%	光绪《畿辅通志》卷九四
蓟州	5 500 顷 28 亩	2 322 顷 67 亩	1 903 顷 73 亩	4 378 顷 5 亩	70 顷 64 亩	9.6%	道光《蓟州志》卷五
遵化州	3 772 顷 68 亩（上、中、下地折上地）	3 742 顷 29 亩		3 742 顷 29 亩	25 顷 35 亩	99.2%	乾隆《直隶遵化州志》卷七
乐亭县	8 047 顷 55 亩（上、中、下地折上地）	6 759 顷 58 亩	1 265 顷 57 亩	8 025 顷 16 亩	22 顷 39 亩	99.7%	嘉庆《乐亭县志》卷四
滦州	879 顷 68 亩？	7 590 顷 6 亩	181 顷 96 亩？	9 405 顷 2 亩？	117 顷 49 亩？	？	嘉庆《滦州志》卷三
昌黎县	3 897 顷 27 亩	1 259 顷 59 亩		1 259 顷 59 亩	2 638 顷 68 亩	35%	光绪《畿辅通志》卷九四
丰润县	11 509 顷 64 亩	6 049 顷 52 亩	4 748 顷 60 亩	10 798 顷 12 亩	711 顷 54 亩	93.8%	乾隆《丰润县志》卷二

续表

州县	原有土地（A）	圈、投地数 圈占	圈、投地数 投充	圈、投地数 合计（B）	剩余土地	B/A	资料来源
抚宁县	2 867 顷 36 亩	1 207 顷 92 亩		1 207 顷 92 亩	1 659 顷	42%	光绪《畿辅通志》卷九四
宁河县	1 528 顷 74 亩	1 521 顷 53 亩		1 521 顷 53 亩	7 顷 21 亩	99.5%	光绪《甯（宁）河县志》卷五
迁安县	2 315 顷 41 亩（上、中、下地折上地）	1 131 顷 7 亩	851 顷 75 亩	1 982 顷 82 亩	332 顷 59 亩	85.6%	同治《迁安县志》卷一二
卢龙县	1 655 顷 52 亩	253 顷 26 亩		253 顷 26 亩	1 412 顷 26 亩	15.2%	光绪《畿辅通志》卷九四
临榆县（山海关）	1 670 顷 69 亩	1 670 顷 69 亩（尽数拨补滦州）		1 670 顷 69 亩	无	100%	光绪《临榆县志》卷一五
涞水县	4 281 顷 45 亩	3 168 顷 24 亩		3 168 顷 24 亩	398 顷 47 亩	74%	乾隆《涞水县志》卷三
易州	5 640 顷 11 亩	3 554 顷 40 亩	193 顷 55 亩	3 759 顷 91 亩	1 844 顷 21 亩	67%	乾隆《易州志》卷七
定兴县	5 613 顷 54 亩	5 413 顷 83 亩		5 413 顷 83 亩	207 顷 83 亩	96.4%	乾隆《定兴县志》卷三
满城县	2 290 顷 44 亩	2 121 顷 33 亩	56 顷 51 亩	2 177 顷 91 亩	112 顷 58 亩	95%	乾隆《满城县志》卷五
安肃县（徐水县）	5 575 顷 17 亩	5 023 顷 11 亩		5 023 顷 11 亩	552 顷 7 亩	90%	嘉庆《安肃县志》卷三
涿州	5 273 顷 3 亩	4 329 顷 61 亩	276 顷（行宫、开道、种树地）	4 605 顷 60 亩	667 顷 43 亩	87%	同治《涿州志》卷七
雄县	4 405 顷 77 亩	3 056 顷 39 亩	618 顷 39 亩	3 675 顷 76 亩	730 顷 1 亩	83%	民国《雄县志》第三册

第十一章　官田民田化　419

续表

州县	原有土地（A）	圈、投地数 圈占	圈、投地数 投充	合计（B）	剩余土地	B/A	资料来源
保定县	555 顷 33 亩	348 顷 87 亩		348 顷 87 亩	206 顷 46 亩	63%	光绪《畿辅通志》卷九四
清苑县	6 479 顷	3 528 顷	937 顷 32 亩	4 465 顷	2 013 顷 96 亩	69%	同治《清苑县志》卷六
容城县	2 262 顷 72 亩	488 顷 22 亩		488 顷 22 亩	1 744 顷 50 亩	22%	乾隆《容城县志》卷四
大城县	7 144 顷 91 亩（大亩折小亩）	5 706 顷 64 亩	3 顷 57 亩	5 710 顷 21 亩（大亩折小亩）	1 434 顷 70 亩	79.9%	光绪《大城县志》卷三
文安县	3 766 顷 66 亩	1 746 顷 82 亩	85 顷 95 亩	1 832 顷 77 亩	1 591 顷 31 亩	49%	民国《文安县志》卷一二
肃宁县	5 633 顷 33 亩	1 997 顷 99 亩		1 997 顷 99 亩	3 635 顷 34 亩	35%	乾隆《肃宁县志》卷三
天津县	9 202 顷 44 亩	6 995 顷 96 亩		6 995 顷 96 亩	2 206 顷 48 亩	76%	光绪《畿辅通志》卷九四
青县	7 284 顷 87 亩	6 546 顷 5 亩		6 546 顷 5 亩	738 顷 82 亩	90%	光绪《畿辅通志》卷九四
沧州	4 776 顷 5 亩	2 203 顷 55 亩		2 203 顷 55 亩	2 572 顷 50 亩	46%	光绪《畿辅通志》卷九四
南皮县	5 964 顷 3 亩	1 554 顷 27 亩		1 554 顷 27 亩	4 409 顷 81 亩	26%	光绪《畿辅通志》卷九四
盐山县	4 105 顷 88 亩		840 顷 29 亩	840 顷 29 亩	3 265 顷 59 亩	20%	光绪《畿辅通志》卷九四
宣化县	15 042 顷 11 亩	5 127 顷 36 亩		5 127 顷 36 亩	9 914 顷 75 亩	34%	光绪《畿辅通志》卷九四
赤城县	3 415 顷 1 亩	759 顷 81 亩		759 顷 81 亩	2 655 顷 20 亩	22%	光绪《畿辅通志》卷九四
万全县	6 413 顷 3 亩	2 308 顷 57 亩		2 308 顷 57 亩	4 104 顷 46 亩	36%	光绪《畿辅通志》卷九四

续表

州县	原有土地(A)	圈、投地数 圈占	圈、投地数 投充	圈、投地数 合计(B)	剩余土地	B/A	资料来源
怀来县	6 868 顷 94 亩	3 318 顷 91 亩		3 318 顷 91 亩	3 550 顷 3 亩	48%	光绪《畿辅通志》卷九四
西宁县（阳原）	10 819 顷 10 亩	5 536 顷 86 亩		5 536 顷 86 亩	5 282 顷 24 亩	51%	光绪《畿辅通志》卷九四
怀安县	9 292 顷 15 亩	4 856 顷 17 亩		4 856 顷 17 亩	4 435 顷 98 亩	52%	光绪《畿辅通志》卷九四
保安州	2 179 顷 68 亩	846 顷 61 亩		846 顷 61 亩	1 333 顷 7 亩	39%	光绪《畿辅通志》卷九四
71 州县合计	364 886 顷 88 亩			244 201 顷 39 亩		67%	

资料来源：本表引自李华《清初的圈地运动及旗地生产关系的转化》，载《文史》第8辑。

说明：①本表根据各州县地方志田赋部分具体数字制成。凡各州县地方志对旗地记载不够明确、不够具体者，根据《畿辅通志》。②个别州县地方志（如滦州、宝坻等方志）对全州县原有土地、圈占多少、投充多少、剩余多少，都分别有较详之记载，但原来数字相加不符，在表内照原样抄录存疑。③表中圈占、投充两项，在一些方志中分别清楚者，则分别填写。凡方志中笼统记载"圈投""圈充"字样者，则在圈占项下统一填写。有的方志只记有"圈占"或"投充"单项，则分别填写。④多数方志对"拨补"（或拨出，或拨入）一项记载混乱，在表内不列出。⑤方志中记载"时而圈占，时而旗退"，时而"民典"，时而"回赎"。这些现象，一直延续很久。故"旗退""民典""回赎"等项，在表中不予列入。

当然，清初圈占土地不仅仅是在直隶一省，山东、山西、四川、陕西、宁夏等地区的许多田地也被圈占。

圈地给当地人民生活带来许多不便和困难，致使许多人流离失所，无养生之资，甚者还相从为盗。对于以上事实，顺治皇帝也不讳言。顺治四年三月，在谕户部时指出："今闻被圈之民，流离失所，煽惑讹言，相从为盗，以致陷罪者多，深可怜悯。"① 顺治八年二月，他又对户部各大臣说："田野小民，全赖土地养生。

---

① 《清圣祖实录》卷三一。

第十一章　官田民田化　421

朕闻各处圈占民地，以备畋猎放鹰往来下营之所。夫畋猎原为讲习武事，古人不废，然恐妨民事，必于农隙。今乃夺其耕耨之区，断其衣食之路，民生何以得遂。"① 反映因圈地给民间带来灾难的奏章也不少，如顺治二年，顺天巡按傅景星奏："田地被圈之民，俱兑拨碱薄屯田；若仍照膏腴民地征输，则苦累倍增。"② 鉴于圈地带来了许多社会问题，顺治四年三月，福临谕户部时即已提出："自今以后，民间田屋不得复行圈拨，著永行禁止。"③ 但实际上是禁而不止，直至康熙二十四年，还不得不再次重申禁止圈地令："凡民间开垦田亩，若圈与旗下，恐致病民，嗣后永不许圈。如旗下有当拨给者，其以户部见存旗下余田给之。"④ 长达四十年之久的圈地暴行才算终止。⑤

旗地另一主要来源是投充。据乾隆《宝坻县志》称：顺治元年时，该县有原额民地六千二百九十顷六十四亩零，然顺治"三年、四年、六年、七年投充带去地一千五百一十五顷三十二亩三分四厘六毫"⑥。投充之地占原额民田百分之二十二。又如民国《雄县新志》称："历年投充，自顺治二年至十五年，节次投充各旗之田可秀等，带去本身、族人、外姓并奉部断给房本高等地共六百一十八顷三十九亩一分七厘六毫一丝。"⑦ 涞水县情况是：原额民地四千八百八十一顷四十五亩三分三厘三毫六丝五忽，顺治二年等圈占并投充带地三千五百六十八顷二十三亩六分五厘。⑧ 圈占并投充地占原额民田的百分之八十三还要多。该县节年投充优

---

① 《清世祖实录》卷五三。
② 《东华录》，顺治，卷四。
③ 《清世祖实录》卷三一。
④ 同上书，卷一二〇。
⑤ 曹贯一在《中国农业经济史》第780页中称："这种掠夺民田政策，前后进行了将近百年之久，即在乾隆四年方才下令停止。"这又是一种说法。
⑥ 乾隆《宝坻县志》卷五，《赋役》。
⑦ 民国《雄县新志》第三册，《赋役篇·田赋》。
⑧ 光绪《涞水县志》卷三，《田赋》。

免本身人丁达"一万四千六十九丁",占原额人丁"二万七千七百六十一丁"的百分之五十点七。① 以上仅是一些见于记载的事例而已。《顺治题本》《清世祖实录》《穆堂初稿》《上谕八旗》《朱批奏折》《内务府来文》《会计司呈稿》等文献资料中还有大量记载。

带地投充的原因主要有两方面:一是"满洲威逼投充者",二是"隐蔽差徭"。庄头及奴仆人等,"将各州县庄村之人逼勒投充,不愿者以言语恐吓,威势逼胁,各色工匠尽行搜索,务令投充,以致民心不靖"②。据刑部尚书刘余佑称:"窃思投充名色,从古所无,盖朝廷临莅天下,一民莫非王臣,尺地莫非王土,安得有不属朝廷之民,不属朝廷之地,而可罔上行私,为他人分据之物哉?此事起于墨勒根王,许各旗收投贫民为役使之用,嗣后有身家、有土地者一概投充,遂有积奸无赖,或恐圈地,而宁以地投;或本无地,而暗以他人之地投;甚且带投之地有限,而恃强霸占之弊,百端出矣。"③ 关于"隐避差徭"。据民国《雄县新志》称:"愚民之始附带投者,希其隐避徭役。""每遇圈占,辄又代民人隐避。"④ 顺治九年五月二十五日,御史娄应奎奏:"投充之路,原以收养无依之民,不意此端既开,奸猾蜂起,将合族之田皆开除正项,躲避差徭。"⑤ 顺治十二年正月二十一日,左都御史屠赖等奏:"近闻八旗投充之人,自带本身田产外,又在任意私添,或指邻近之地据为己业;或连他人之产隐避差徭。"⑥

投充之风炽烈,给社会安定及政府财政收入带来了巨大的影响。顺治三年四月十五日,江南道监察御史苏京奏称:"投充名色

---

① 光绪《涞水县志》卷三,《户口》。
② 《清世祖实录》卷一五。
③ 刘余佑:《请革投充疏》,《皇清奏议》卷五。
④ 民国《雄县新志》卷三,《赋役篇·田赋》。
⑤ 王先谦:《东华录》,顺治,卷一八。
⑥ 同上书,卷二四。

不一，率皆无赖游手之人，身一入旗，夺人之田，攘人之稼。其被攘夺者，愤不甘心，争讼无已，刁风滋甚。"① 顺治八年刑部尚书刘余佑不无担忧地指出："外州县投充之人，贤愚万状，一人投而举家全藉其势，奸民群肆，地方何安？"② 顺治九年他又上《请革投充疏》，奏疏中称，投充者"借旗为恶，横行害人，所投之主原不尽知，但听投充者之口，护庇纵容，以致御状、鼓状、通状，纷争不已，狱讼繁兴"③。投充不但增加了社会秩序的不稳定因素，而且使国家田赋收入受到严重影响。刘余佑指出：天下总此人民，地方总此土地，投充之人"去一人，则朝廷少一徭役；带一土地，则朝廷少一赋税"④。顺治十二年正月二十一日，左都御史屠赖等奏：投献的结果是，"被占之民，既难控诉，国课亦为亏减，上下交困，莫此为甚"。呼吁朝廷"将投充之人照原投部档查核给地外，其多占地亩，即退还原主，庶民累稍苏，租赋亦增"⑤。

二 屯田

（一）军屯和民屯

据《皇朝文献通考》称，清开国之初，每佐领拨壮丁十名，牛四头，于旷土屯田。至是，准州县卫所荒地无主者，分给流民及官兵屯种。顺治五年，以云镇屯田荒芜，令军民垦种，官给牛具，征收银。顺治七年，令卫所屯田，分有无运粮科征。顺治十

---

① 《清世祖实录》卷二四。
② 康熙《宛平县志》卷六，《艺文·奏议》，刑部尚书刘余佑奏。
③ 刘余佑：《请革投充疏》，《皇清奏议》卷五。
④ 同上。
⑤ 王先谦：《东华录》，顺治，卷二四。

六年，裁四川卫所，其屯粮归并州县，照民田起科。① 康熙五十四年议准，新疆北路屯田。五十五年议准，新疆西路屯田。② 此后，关于新疆屯田事项多有记载。③ 贵州屯卫始于雍正初年，设八寨、清江、丹江、台拱四卫。乾隆四年，古州添设左卫、右卫；清江添设千总一员，亦分左、右两卫，又设凯里一卫；黄平、施秉共设一卫，曰黄施卫。自雍正至乾隆四年，共设九卫，屯军定额八千九百二十一户，按户给田，分上、中、下三等；上田六亩，中田八亩，下田十亩。④《钦定户部则例》记载：湖南凤凰，乾州，永绥，古丈坪，保靖等厅县苗疆汛堡、屯卡、碉楼、哨台、炮关，其设屯丁七千名。内百总七十名，每名给田七亩五分；总旗一百四十名，每名给田六亩五分；小旗七百名，每名给田五亩五分；散丁六千零九十名，每名给田四亩五分，共拨给田三万二千六百九十亩，作为世业……不许私行典卖。湖南凤凰，乾州，永绥，古丈坪，保靖等厅县屯丁、练勇、老幼丁二千名，每名授田一亩五分，共给田三千亩，以资养赡。台湾近山埔地八千八百余甲（十一亩三分为一甲——引者注）拨给各社熟番新挑屯丁、屯弁。屯丁每名给埔地二甲，千总每员十甲，把总每员五甲，外委每员三甲。⑤ 又旗人承种霸州、固安、永清、新城四州县井田改屯庄田，每户分田一百二十五亩。伊犁满营屯田种植杂粮，已分田二万四千亩，续分田二万余亩。伊犁商民垦种地三万九千六百一十八亩六分，民户共种地三千零三十亩，缘营兵分户子弟种地三千四百二十亩。四川懋功五屯地方，民番屯户一千九百三十户，

---

① 《皇朝文献通考》卷一〇，《田赋考·屯田》。康熙《大清会典》卷一〇，《户部》四，《田土》《开垦》。
② 嘉庆《大清会典事例》卷一五一，第1页；嘉庆《大清会典》卷一五一。
③ 嘉庆《大清会典》卷一五〇；嘉庆《大清会典事例》卷一五〇。
④ 《财政说明书》，贵州省，第一部，第二编。
⑤ 同治《钦定户部则例》卷七，《田赋》二（上），《分赏田土》。

每户拨给地三十亩。① 此类记载甚多,不一一列举。

据《清朝通典》记载,雍正二年总计,直省屯田三十九万四千五百二十七顷九十九亩。此后,由于典卖事件愈演愈烈,屯田严重失额,至乾隆十八年,总计各省屯田数额时,仅剩二十五万九千四百一十六顷四十八亩。为此,乾隆皇帝下了一道道法令,一方面禁止屯田典卖,一方面政府出资回赎,至乾隆三十一年屯田又出现了回升势头,据统计这时各省屯田数额达三十九万二千七百九十五顷六十七亩。②

各省军民屯田数额详见表11-1-6。

表11-1-6　　　　清代各省军民屯田面积统计　　　　单位：亩

省别	屯田额	省别	屯田额	省别	屯田额
直隶	7 422 064	福建	787 510	新疆	158 833
山东	2 334 827	浙江	49 255	四川	13 496
山西	3 536 095	湖北	1 492 512	广东	528 770
河南	6 004 419	湖南	2 292 270	云南	915 048
江苏		陕西	4 007 423	贵州	63 156
安徽	2 497 317	甘肃	9 641 243		
总计	41 744 238				

资料来源：本表据《大清会典》,嘉庆,卷一一中各省屯田(包括漕运屯田)数额减去同治《漕运全书》中各省漕运屯田数而得。

说明：①本表中直隶屯田额,系据雍正会典卷二九数减去漕运屯田数后补入。②山西屯田额内有赡军地五十五万四千九百九十二亩。

以上军民屯田数额系扣除漕运屯田后的数据。表中军民屯田数额较雍正二年统计数还多,原因可能出于统计角度不同所致。《清朝通典》记载的是历次清查的结果,正因为如此,所以三次所记载的屯田数额相差悬殊,嘉庆《大清会典》所记载的屯田数额

---

① 同治《钦定户部则例》卷八,《田赋》二(下),《屯田征租》。
② 《清朝通典》卷四,《食货·田制·屯田》。

是从田制角度考察，是有清一代屯田的应有数额。有人把乾隆三十一年屯田额视为有清一代各直省屯田数额，① 可能不妥。

清代军民屯田，起于顺治初年，由于长达半个世纪的战乱刚结束，人亡地荒情况十分严重，社会秩序也动荡不安，加上政府财政严重匮乏，屯田成为当时大事。但由于屯田租额过重，农民难以维持生计而纷纷离去。军屯则因费用过大，而成效又差，政府难以维持，至顺治末年，这种大规模的兴屯先后告停。但各卫所的屯田仍继续发展，康乾以来边疆军屯及民屯又有新发展。但从总的趋势看，屯田数额在逐渐减少，民田化的势头难以遏制。

（二）漕运屯田

据《皇朝文献通考》称，顺治三年更定屯田官制，每卫设守备一员，兼管屯田，量设千总、百总，分理卫事。其原设指挥、副指挥等俱裁去，改卫军为屯丁。② 又据《大清会典》称，凡屯田，各省不一，皆按漕船均分给领运之军，耕以济运。③ 以上所称屯田济运制度并不完整，屯田数额有按漕船只数分配的，也有按屯丁之数派给的。如通州、天津二所屯地，则按丁派给，每丁给地五十亩，④ 浙江各所则按船数给地，每只运船给田一百零二亩八分六厘有奇。⑤ 又通州等六州县额设红剥船，按规定"计船一只，给地十顷，以为运丁赡养之费"⑥。漕运屯田多少，各卫不一样，如坐落浙江余杭县溪西、白社等地的杭严卫有屯田四千零一十五亩零。⑦ 江西永新所屯田"计田一百二十顷一十七亩有奇"；安福所屯田"计田一百三顷一十一亩六分有奇"⑧。据乾隆四十年清屯

---

① 王文甲：《中国土地制度史》，1968年台湾"国立"编译馆版，第345—346页。
② 《皇朝文献通考》卷一〇《田赋考，屯田》。
③ 乾隆《大清会典》卷一三。
④ 嘉庆《大清会典事例》卷一六九。
⑤ 同上。
⑥ 《清圣祖实录》卷一九三。
⑦ 嘉庆《大清会典事例》卷一六九。
⑧ 同上。

案称，湖北各卫所漕运屯田仅典卖与民户屯粮就达"一千三百九十余石"[①]。各省漕运屯田数额到底有多少，据同治《漕运全书》所提供的数字，列表如下所示。

表11－1－7　　　　　清各省漕运屯田面积统计

省　别	卫、所数	帮数	运船数	漕运屯田额（亩）
直隶	2	2	37	27 864
山东	4	16	890	608 691
江安粮道	15	51	2 697	4 258 311
苏松粮道	4	9	525	4 258 311
浙江	7	21	1 138	163 049
江西	10	13	638	604 353
湖北	6	3	180	554 658
湖南		3	178	806 542
合计	48	118	6 283	7 023 468

资料来源：同治《漕运全书》。
说明：原书屯田总计为六百三十八万五千九百七十亩，可能统计有误。

漕运屯田经营方式有多种，有的由运丁自己执业；有的由不出运的屯丁耕种，按亩出津贴协助运丁；有的由一般民户租种，按亩收租。然后由全卫所出运的船只均分租银。

由于屯丁负担繁重，生活日益贫困，逃亡者有之，盗卖屯田者有之，至清中叶以后漕运屯田失额日渐增多，民田化趋势日益炽烈。

三　学　田

学田一般来说，包括学田和书院田。田的来源大体有两种，一是由地方政府拨款购置，一是由私人捐赠。据《大清会典》记

---

① 嘉庆《大清会典事例》卷一六九。

载,直隶、山东、江苏、安徽、江西、福建、浙江、湖北、湖南、四川、云南所设学田,即在民田数内;其山西、河南、陕西、甘肃、广东、广西、贵州则于民田之外另设学田,免其民田科则,[①]一般书院田须完纳田赋。这类土地一般都禁止买卖。学田收入作为地方学校经费及士子读书的补贴。

各省学田数额前后有变化,现据《皇朝文献通考》及《大清会典》提供的资料,列表如下所示。

表 11-1-8　　　　清代前期各省学田面积统计　　　　单位:亩

省别	雍正二年	乾隆十八年	乾隆六十年
直　隶	127 273	142 988	142 988
山　西	27 553	27 798	27 798
山　东	41 823	41 772	41 772
河　南	16 094	21 071	21 071
陕　西	5 464	5 220	5 520
甘　肃	31 126	31 125	31 125
江　苏	43 509	41 858	41 858
安　徽	15 877	22 018	22 018
浙　江	17 564	30 017	30 017
江　西	6 804	6 800	6 800
湖　北	8 779	12 057	12 057
湖　南	4 285	730 080	730 080
四　川	364	2 300	2 300
福　建	6 850	9 070	9 070
广　东	15 117	15 116	15 116
广　西	13 555	13 407	13 407
云　南		1 488	1 488
贵　州	4 330	4 418	4 418
合　计	386 367	1 158 603	1 158 903

资料来源:雍正二年、乾隆十八年学田数额据《皇朝文献通考》卷一二,《田赋·官田》,所载数为学田田额,书院田未计在内;乾隆六十年学田数额据《大清会典》,乾隆六十年,卷一〇,第 9—10 页数额编制。

说明:云南学田不计顷亩,只有租额记载。福建山园池屋未计入其中。

---

① 光绪《大清会典》卷一七。

学田数额增加较快，雍正二年，十八省学田为三十八万六千三百六十七亩，三十余年后的乾隆十八年统计，十八省学田增至一百一十五万八千六百零三亩，比雍正二年时增加近三倍。从各省情况看，直隶增加一点一二倍，河南增加一点三倍，福建增加一点三二倍，湖南增加更快，从雍正二年四千二百八十五亩，至乾隆十八年时猛增至七十三万零八十亩，是雍正二年的一百七十倍。

四　其他官田

除了以上所说的旗地、屯田、学田之外，还有祭田、御马场、牧场、马场等，但各省情况不尽相同。如江西官田包括，各属城垣下，周回均有壕沟，久经淤塞，民间垦为园圃；各属官基隙地，民间认垦为田园或建造房屋；该省臬司衙门向有学田及祥刑坊地；废漕仓地；耤田；学田；臬司捐置地亩；白鹿洞书院田；星子县救生田；香田；军田；宁都州礼生田；义宁、永新两州县官田；新建、义宁、铅山、星子等州县寺庙田等，名目繁多。① 综上所述，清代主要官田如表11-1-9所示。

表11-1-9　　　　　清代前期旗地、屯田、学田统计　　　　　单位：亩

官田称谓	数额	资料出处
内务府庄田	3 928 774	《大清会典》，嘉庆，卷七六
宗室庄田	1 333 847	《大清会典》，嘉庆，卷一三六
官兵旗地	14 012 871	《大清会典事例》，嘉庆，卷一三五
漕运屯田	7 023 468	同治《漕运全书》
军民屯田	41 744 238	《大清会典》，嘉庆，卷一一
学田	1 158 903	《大清会典》，乾隆六十年，卷一〇
合　计		69 202 101

---

① 《财政说明书·江西省岁入》第十章，官产。

第二节 官田民田化

清入关后，一边大肆进行圈地，从农民手中强行夺走大量耕地，但与此同时，它又把从旧明藩王、勋贵手中夺取的土地卖给农民，从而开始了官田向民田化发展的历程。

官田民田化过程中，或通过典卖，将更名（明）田、旗地、屯田转为民田；或通过政府划拨，改收租为收税，向民田转化。官田民田化是有清一代特别值得注意的一个问题。

一 政府对官田的规定

按照清廷早期规定，官田不准典卖，如典卖则按律治罪。

道光二十五年《大清律例·盗卖田宅》条规定，盗卖官田宅者，定罪要比盗卖民田宅加二等。条文称："凡盗他人田宅卖，将己不堪田产换易及冒认他人田宅作自己者，若虚写价钱，实立文契典卖及侵占他人田宅者，田一亩屋一间以下笞五十，每田五亩屋三间加一等，罪止八十徒二年。系官田宅者各加二等。"

在《盗卖田宅》条中称："民间私顶军田匿不首报，一亩至五亩笞四十，每五亩加一等，罪止杖一百。"还规定："凡各省卫所赡运屯田有典卖与民，许照清厘条议，备价回赎，如衙门书识（职）人等藉称族丁管船，侵占屯田不归船济运者，照侵盗官粮例治罪。"

在《盗卖田宅》条中规定："用强占种屯田五十亩以上，不纳子粒者，照数追纳完日，发近边充军，其屯田人等，将屯田典卖与人至五十亩以上，典主买主各不纳子粒者，俱照前问发，若数不满五十亩及上纳子粒不缺，或因无人承种而侵占者，照占官田律治罪，典卖与人者照盗卖官田律治罪，管屯等官不行用心清查者，参奏依制律杖一百。"

在《盗耕种官民田》条款中规定："近边地土各营堡草场界限明白，敢有挪移条款盗耕草场及越出边墙界石种田者，依律问拟，追征花利至报完之日，不分军民俱发附近地方充军，若有毁坏边墙，私出境外者枷号三个月发落。"

在《荒芜田地》条规定："盛京等处庄头，有将额拨官地率请更换，并民人呈请马厂垦种纳租等事者，照违制律治罪。"①《大清律例》规定官田不但不能买卖，有的甚至不准民人垦种。可见，清廷对官田的维护是严格的。

至于旗地还有许多不准典卖的条款，例如："一、八旗在京田产及坐落盛京田产，如有家奴、庄头人等盗卖者，田五十亩，照子孙盗卖祖遗祀产律治罪，不及数者，照盗卖官田房宅律治罪。串通说合之中保，均与盗卖之人同罪。田产还给原主，卖价入官。""一、盛京家奴，庄头人等，如有因伊主远在京师，私自盗卖所遗田产至五十亩者，均依子孙盗卖祖遗祀产例，发边远充军，不及前数者，照盗卖官田律治罪，盗卖房屋亦照盗卖官宅律科断，谋买之人与串通说合之中保，均与盗卖之人同罪。房产给还原主，卖价入官。"②

《典卖田宅》条称："旗地旗房概不准民人典买，如有设法借名私行典买者，业主售主俱照违制律治罪，地亩房间价银一并撤追入官，失察该管官俱交部严加议处，至旗人典买有州县印契跟随之民地民房，或辗转典卖与民人，仍从其便。"③

康熙九年题准："官员、甲兵地亩，不许越旗交易，其甲兵本

---

① 道光二十五年《大清律例》卷九，《户律田宅》。
② 同治《钦定户部则例》卷一〇，《田赋》。
③ 道光二十五年《大清律例》卷九，《户律田宅》。

身种地，不许全卖。"①

雍正八年，世宗谕内阁云："查国家定制，旗人地亩，不许民人典买，例禁甚严，乃无籍之徒，不遵禁约，彼此私相授受，以致诸弊丛生，奸伪百出，争讼告讦，大为人心风俗之害，实有不得不清查厘正者。"②

乾隆二十一年正月，总管内务府奏请："从前为清查旗庄地亩，于乾隆八年经大学士伯鄂尔泰议奏内称，拨给庄头当差地亩，本系官物，不许私相典售，倘有仍将官地私行典售，民人明知官庄地擅行典买者，一经察出或被受告，即将地亩撤出，于庄头名下追出原价入官，照盗买盗卖之例将民人、庄头一并治罪。地方官徇隐不报并漫无觉查者，俱照失察之例议处。仍于每年底取具并无私相典卖地亩印结，咨送户部、内务府以备考查。……今查有臣衙门掌仪司所属盐山县居住园头刘敏呈报，壮丁刘举等将当差官地十一顷三十余亩私行典与民人王顺一案，于乾隆十六年四月移咨户部转行直督，饬交盐山县就近查办，嗣据县申详提取刘敏等赴县质讯，随将刘敏等差押赴县候讯，其作何完结之处，会经咨催，迄今尚未查办完竣咨复结案，以致官地欠悬，殊属不合。且臣衙门所属庄园地亩，尽肆直属州县，若皆似此查办迟延，臣等恐将来庄园官地因循日久，复开奸民霸占之端，实于庄园差务钱粮甚属有关。理合据实参奏，请敕下直隶督臣，将该县承办此案如何迟延之处查办外，似遵照康熙八年奏准之例，饬令该县将此项官地即行撤交该园头管业当差，将盗典官地之奸民王顺等照例治罪，以示惩戒。候该督咨复到日，臣衙门将壮丁刘举等亦照例治罪，仍将地价照追入官，并交该督通饬直属各州县，嗣后凡遇此等饬交查办地亩案件，务期依限完结，速行咨复，如有似此稽延久悬莫结之案，经臣衙门查出，仍据实参奏可也。为此谨奏

---

① 《钦定八旗通志》卷一九，《土田志》一。
② 《清世宗实录》卷九三。

请旨。"① 乾隆批答："依议"。

同治《钦定户部则例》对东北地区旗地出卖另有详文规定：

"一、京旗出卖东省地亩，如系红册地边滋生余地作全数出卖者，以一半留交带地投充之领名庄头，仍令给主交差，其余一半，准地主出卖。如系另段纳租地全数退领者，亦以一半交该庄头，仍旧给主交差，其余一半，准地主出租退领。若二项兼有，总以地数多者为率，若二项相等者，从一酌留。其非带地投充领名庄头，及虽系带投地亩，并非全数出卖退领者，仍不准酌留。"

"一、京旗出卖东省地亩，领名庄头酌留余地后，所留余地，均不准典卖。如地主典卖，将地主治罪，地亩查撤入官，仍交原领庄头承种；如庄头典卖，将庄头治罪，地亩撤交业主，另行派人承领；均追价给还置主。置主知情，追价入官。"

"一、京旗出东省各项地亩，均由盛京户部于取结，咨文内声明：某人出卖之地，系属何项地亩。如系庄头带投之地，声明领名庄头系属何人，并将该庄头原管某项地共若干，逐一分析；若系全数出卖者，将应留庄头养赡地亩，照前条定数即予分别酌留；如系陆续出卖者，每卖一次，俱令将该庄头原管地数共若干，先后卖出若干，尚存若干，随案声叙，咨报京旗存案备查。除册地毋庸议外，如余地已卖至十分之五，即应按照原地数目酌留，不得任听该业户以并未全卖为词，将酌留地数避多就少。"

"一、置主承买地亩后，如新庄头续有滋生余地咨部有案者，遇置主复行典卖时，由盛京户部查明滋生月日，果在新庄头领地以后，仍准按数酌留。若部中并无滋生案报，置主卖地时始行呈报者，不准酌留。"②

对旗地回赎问题，清廷也做了规定。例如：

---

① 《内务府奏销档》，转见中国人民大学清史研究所等编《清代的旗地》下册，中华书局1989年版，第1353—1354页。

② 同治《钦定户部则例》卷七，《田赋》二上，《开垦事宜》。

"民典旗产，动支公帑取赎，以典后十年为率，十年内纳原价，十年外减原价十之一，依次按年递减，至五十年外给半价，均令退田还官。旗下开户人承典正户田者，照民典减价之法。户下人承典本主田者，十年内减原价十之一，十年外减十之二，均依次按年递减，官为取赎，令原业人交价领田。无力交价，许以俸饷分五年扣抵。无原业人，许其子孙及亲伯叔兄弟，兄弟之子承领。如无力交价，又无俸饷可抵及原系卖绝之田，均入官作为公产，岁计所入之租，汇疏以闻，为八旗赡贫之用。有私相典卖者，追田价入官，与受旗民及失察徇隐之该管各官，咸论如法。"①

乾隆九年复准："民典旗地，不论契载年限，总以十年为率，在十年以内者，照原典之价；十年以外者，减原价十分之一；五十年以外者，以半价取赎。于承办公产案内，拨银二十万两，交直隶总督，验明原契，按年定价，随清随赎。"②

乾隆十一年三月，又议准直属州县回赎民典旗地酌定各条款："一、赎价宜按年递减。查原议在十年以内者，照原价，十年以外者，减十分之一，必至二十年，始减十分之二。所给价值，未免偏估，应令按年递减。其原价较时价过重者，令该督查照原题，务使地亩价值两得其平。一、详验原契，较对原册，并查明原典，分别作准。查从前造报册内，有与契载年份不符，银地各数多寡互异者，自应验契据实更正，应令逐案详查，质证时价，造册报部。并将转典地亩，无论价值多寡，总以原典价为准，按年减价取赎。其转典价重者，原典之人完补。一、依次取赎，毋得搀越。查原议行令挨次取赎民典旗地者，恐有争先告赎，临时规避，如典主果事故远出，而泥于鳞序办理，非唯回赎无期，抑且虚悬帑项，自应挨次取赎。倘典主有意支延，中保通同徇隐者，查究。一、原典庄窠、场园等地，宜一例取赎。查前项庄窠场园，原系

---

① 乾隆《大清会典》卷九五，《八旗都统·田宅》。
② 《钦定八旗通志》卷六四，《土田志》三。

老圈旗地，无论典价多少，均照原价一例减赎，则旗地归旗，不致牵混。其有民人于原典旗地内已造坟茔者，丈明亩数，照头等租数，听民租赁，造清册两本，一部该旗，一部存备考。一、业主备价回赎之案，宜查明办理。查直属各州县民典旗地，有原业备价自行回赎者，各该旗咨部，即于原册内开除，应令将现在报称原业赎去者造册送部。倘有私相典售，即照隐匿官田例治罪，该参佐领并地方官议处。"①

有清一代，对官田、旗地典卖虽然有许多规定和限制，但官田、旗地民田化并不是几条规定和某些限制所能禁止的。旗地回赎虽然使旗地的民田化速度放慢，但官田、旗地民田化进程一直在继续。

二　旗地、屯田向民田的转化

官田种类繁杂，民田化形式也不尽相同，难以一一论述，这里只着重论述旗地、屯田向民田的转化。旗地私有化早在康熙年间就开始了。由于旗人本不习耕作，又加上生齿日繁，旗地已开始"稍稍典卖矣"。雍正初年，清查旗地，政府动用国库钱银将典卖旗地赎回。

旗地私有化，为自耕农队伍稳定输送了新鲜血液。一些原来租种旗地的佃户或民人，由于经济实力增强，通过长租或典买，使原来不准买卖的旗地转化为民田，转为农民的自有地，有些佃户逐渐上升为自耕农。乾隆九年《户部回赎旗地奏议》称："伏查近京州县，地多圈占，民鲜恒业，每遇旗人出典地亩，有情愿多出重价置典者，……欲以旗人之世业，权作民人之祖产。"② 协

---

① 《清高宗实录》卷二六〇。
② 乾隆《永清县志》，《奏议》第一，乾隆九年，《户部回赎旗地奏议》。

理山西道事监察御史禄谦在谈到"民人借名典买旗地之弊，宜严行禁止"时指出，定例规定，"民间不许典买旗地，后因日久法弛，狡黠之徒见机生心，始则租种交粮，继则借给钱米，利上坐利，不三五年，佃户反成债主，竟将地亩算去者有之；或地主一时窘乏，贱价典卖与民人者有之。于是旗人地亩入于民间者十之六七，以致旗人多失产业"①。而入于民间十之六七的旗地中，除了有一部分落入大地主手中外，有相当部分落入佃农或民人手中。例如，镶黄旗壮丁薛天相有祖遗地四亩，坐落北安河地方，"身因穷苦乏用，挽中保人王保儿，代书人顾天嘉二人，于乾隆五十八年间得典价钱一百三十八吊，出典与宛平县民人郭兴安承种，彼时约定，钱到准赎"②。吴桐是镶黄旗包衣永太管领下人，有旗地三十二亩，租予滦州县民人张世介耕作，每年出租东钱十二吊八百文，世介父张焕又把地当给民人李汉梁，汉梁之子李士英又把这三十二亩地分别当给张可新八亩、张兴国四亩、张世俊八亩、张遇太八亩、张怀礼四亩，地价七百二十吊。③ 宗室善舒报称，其叔中麟将旗地典予民人，"前据守坟茔家人德琨指称，坟东之地一顷二十亩，系身胞叔将红契跟随典予民人刘一收执；又将坟北二十亩典予民人宋宽名下；又地十八亩五分典给高老承种"④。嘉庆九年，韩廷彦供出韩麒等典过地亩数目：韩圻同侄韩廷彦将大屯地十亩典予民人魏姓；韩公茂同韩公盛将刘家庄地四十亩典予民人李姓；韩麒将六庄地八十一亩典予民人任姓；韩麒将刘庄地十九亩典予民人孙姓；韩公盛将大屯地十三亩典予民人陈姓；韩公盛将沙帽头地十六亩典予民人周姓；韩麒将刘庄地四十亩典予民人周姓；韩麒将梁家庄地六十三亩典予民人王姓；韩麒将六小庄

---

① 《内阁大库档案》，转见中国人民大学清史研究所等合编《清代的旗地》（下册），中华书局1989年版。本章以后凡引此书资料，除注明原出处外，仅注书名。
② 《掌仪司呈稿》，转见《清代的旗地》下册。
③ 《会计司呈稿》，转见《清代的旗地》下册。
④ 同上。

地五十六亩典予民人梁姓；韩麒将刘庄地二十八亩典予民人王姓。韩廷秀供出韩廷晏私典地数目：赵文林典地四十亩（四十五年），任姓典地十一亩（九年），周相臣典地二十八亩（八年），刘进典地二十八亩（八年），何三诸姓典地三十四亩（八年）。① 东陵总管内务府，据茶房人四台呈称，他"有祖遗旗地八十亩，共六段，坐落蓟州城南马圈头庄，俱有四至，内东一段计二十八亩，与承揽人王得承种。王得去世后，其妻将此田租与本庄郑姓，得蓟钱二十五吊"②。嘉庆十七年，胡天仲称他是"正身旗人，二叔祖胡永信于康熙年间充当内务府庄头时，置有养家地十五亩，当时就当与韩朝臣家耕种，迨后胡永信并子胡培病故绝嗣，旗人们父子叔侄弟兄才向韩朝臣互指此地二段十五亩，屡次找价借钱使用"③。嘉庆二十年，据徐良章称，其侄"徐文吉、徐文祥原有承领差地三十五亩，实系怯懦无能，陆续竟被本村土棍名号西霸天徐六主令盗典"④。

旗地私有化过程中，庄头典卖差地是其中重要组成部分。乾隆七年，都察院左都御史杭奕禄、理藩院左侍郎勒尔森、署直隶总督史贻直会奏："奉命查撤庄头典卖地亩，共计一千二百余案。"⑤ 乾隆三十年，倭盛额也奏称："不肖庄头私行隐匿典卖，请加治罪"等语。⑥

乾隆三十八年，对庄头姚买子盗卖旗地一事做了处理。处理决议称："今姚买子身充庄头，辄将官地盗典三十六亩，应如该尚书等所奏，将姚买子依盗卖官田加二等律，拟杖一百，徒三年，

---

① 《都虞司呈稿》，转见《清代的旗地》下册。
② 《会计司呈稿》，转见《清代的旗地》下册。
③ 同上。
④ 《掌仪司呈稿》，转见《清代的旗地》下册。
⑤ 《清高宗实录》卷一七七。
⑥ 同上书，卷七四八。

革退庄头，照例析枷于通衢示众……定驿充配。"① 嘉庆十二年，管理三旗银两庄头处呈："查旧庄头胡之珹所领内务府官地七顷二十七亩三分四厘，现在查讯明确，旧庄头胡之珹之孙胡保德认种地一顷零二分四厘，胡之珹之侄胡永健认种地五十亩；胡维豹认种地四十亩；民人刘光远等六户认种地七十六亩五分；系胡万年供认自行议租收租；民人胡敬轩等种地六十五亩，俱愿照旧认租。其余地三顷九十五亩六分，查验所呈契纸内，胡万年之父胡太仆共立当契十三张，当出地四十七亩三分，共当价钱三百五十一千二百文；立借契六张，共地二十三亩五分，指地借钱一百七十三千。旧庄头胡之珹及胡重典共立当契三张，当出地十五亩五分，共当价钱一百七十千二百五十文；立借契二十七张，地一顷七十八亩，共借钱一千八百七十六千；租契五张，共地三十三亩，共租价钱一百八十一千二百文。又胡万年胞伯胡文白共立当契五张，当出地二十四亩一分，共当价钱一百七十一千；立借契一张，地十亩，借钱八十三千。胡国庆即胡万年立当契一纸，地三十七亩，当价钱三十七千。又胡万年之本家胡慎思立当契一纸，地八亩，共当价钱四十二千。以上胡太仆等五人共立当、借、租契六十二张，共地三顷四十亩一分，共价钱三千零八十八千六百五十文。其余五十二亩六分系民人王真文等佃种多年，辄行用价租当，并借给钱文。"② 嘉庆十八年，掌仪司呈称：故庄头李瑞林名下原有坐落马驹桥一带承领官地二顷七十八亩，向年以来，皆系租与佃民刘八等三十余人耕种。庄头病故后，佃民"陡起不良，不但不退还地亩，口称民夫在日全行受价典当，若要收地，必须备价回赎"③。嘉庆二十年，掌仪司呈称："王明名下官地；由住半步店民人郭文明，承种双槐树村西行教寺东南北地一段三十三亩；住

---

① 《内务府来文》，转见《清代的旗地》下册。
② 《庄处呈稿》，《清代的旗地》下册。
③ 《掌仪司呈稿》，《清代的旗地》下册。

半步店民人范四，承种地十一亩（与郭文明三十三亩相连）；住双槐树民人赵六，承种双槐树西北上坡南北地一段四亩；住白塔寺东所刘三喇嘛，承种二里沟村南上坡菜园十八亩；住迎祥寺僧人德明，承种二里沟北上坡地一段二亩五分。""今据承催徐殿鳌禀复，现种王明名下官地佃民郭文明等，藉以王明在逃，不但不给租价，并称有红契、白契用价典买。"①诸如此类事例极多，这里不一一枚举。

据孔经纬研究，东北旗地民田化，"往往是以租佃关系为阶梯的"②。他引用了《奉天通志》之说："从前旗户领地，招民户承佃。佃户押租钱若干，每年代纳官租，谓之创垦地。不欠租不许夺佃，民户得有永佃权。即撤佃时，必须将押租钱缴回，其法同于老典。"③据《吉林通志》的记载，"新移京旗苏拉，往往不能耕作，始而觅流民代为力田，久之多为民有"。④民典旗地，立有文契，如道光十五年，桑朝选"因手内乏困"，将自己祖遗册地三段三亩，"出典于王景泰名下耕种为主。自典之后任凭典主自便，不与原业主相干，典价市钱一千吊整，……一典三年为期"⑤。道光二十九年，镶蓝旗佐领下闲散蔡福有和蔡金有"因度日不过"，"指册地七亩，……借到张义福名下凤市钱一千七百六十吊整，……此地交于张义福耕种为主，……钱无息利地无租粮"⑥。民人通过出种租钱或典买，使旗地为民人所占有。

清政府为了制止旗地民田化，于雍正八年，开始以公款照原

---

① 《掌仪司呈稿》，《清代的旗地》下册。
② 孔经纬：《清初至甲午战争前东北官田旗地的经营和民佃以及民地的发展》，载《历史研究》1963年第4期。
③ 《奉天通志》卷一一三，《实业·农业》。
④ 《吉林通志》卷三一下，《食货志》四，《民田》下。
⑤ 原大连桑朝香藏件，转见孔经纬《清初至甲午战争前东北官田旗地的经营和民佃以及民地的发展》。
⑥ 转见孔经纬《清初至甲午战争前东北官田旗地的经营和民佃以及民地的发展》。

价回赎典卖与民的旗地，"将旗地仍归旗人"①。清政府大规模赎取民典旗地有四次：乾隆十年至十二年为"初次"；十三年至十五年为"二次"；十六年至十八年为"三次"；十九年至二十五年为"四次"。据乾隆十九年报告称："现查以俸饷坐扣赎出地亩共九千八百十三顷八十二亩。"②这可能是前三次回赎的地亩数。第四次"回赎旗地为一万八千余顷"③。前后四次共赎回原有旗地为二万七千八百一十三点八二顷。此后回赎的地亩数皆为一些零星数字。

清政府虽然花了很大力气搞旗地回赎工作，但回赎数额要远比典卖之数少得多，其原因有：

第一，据《清高宗实录》载：旗人有将康熙年间卖出之产，捏称为典，图利控赎者。对此情况，户部做出决议："其在康熙年间典卖者，概不准赎。"④户部认为，总因年远，两造俱非经手之人，中证又皆无存，一称为典，一称为买，甚至价值多寡互异。康熙年间典卖房地，至今多则八九十年，少亦三四十年，卖者固无赎之理，即典者亦辗转出售，难以根寻，这样，康熙年间出卖旗地不再回赎，从法律上保证了这批出典予民的旗地民田化。

第二，允许旗民养子，带地出旗。乾隆二十三年户部奏准："另记档案及养子开户人等，俱准其出旗为民，所有本身田产，并许其带往。"⑤这样，又有一部分旗地被分割，由旗产转为民产。

第三，回赎之数，远非典卖之数。乾隆十年，赫泰奏称：因旗人时有急需，称贷无门，不敢贸然契卖，乃变名曰老典，其实与卖无二，至今"而旗地之在民者，十之五六矣"。又云："去年

---

① 《清经世文编》卷三五，孙嘉淦：《八旗公产疏》。
② 《清高宗实录》卷四五六；又据《军机录副》称："兹统计三次赎出地五千八百九十顷零。"两个数计相去甚远，兹采于后，以供参考。
③ 《钦定八旗通志》卷六五，《土田志》四。
④ 《清高宗实录》卷五二六。
⑤ 同上。

查明霸州等五十六州县卫，民典老圈旗地仅九千余顷，但在各县州畏事，唯恐赎地一事纷繁拖累，故奉行不无草率，而民间又未有不欲隐瞒旗地为己恒业者。臣恐八旗老圈地亩，典在民间者，未必止于九千余顷。何则，近京五百里之内，大概多系旗地，自康熙二三十年间以至今日，陆续典出者多，赎回者少，数十年来，断不止于此数"①。另据光绪《会典事例》称："民典旗地数百万亩，典地民人不下数十万户。"② 而清王朝四次大规模回赎仅二百七十八万一千三百八十二亩而已，足以说明旗地中还有相当多的土地已为民户所占有。

第四，政府一边赎地，而旗民却一边在典卖旗地。清廷回赎旗地的做法，并没能真正解决旗民日益贫困化问题，因此就出现上边（清廷）赎，下边（旗民）卖的情况。嘉庆十一年，富俊、荣麟、伍城额奏疏就明白地指出这点。他们说："伏查盛京旗地，本身耕种者十不及半，大率租与民人耕种。一时缓急相通，借贷在所不免，久之易租为典，遂成积弊，旗产不为旗有。"接着又强调说："检阅旧卷，清查并非一次，办结后，越十余年复蹈故辙。"③ 回赎虽然能暂时起到制止旗地民田化进程，但已制止不了这一历史潮流了。

在漕运屯田民田化过程中，清中叶以后发展尤为迅速，也有一部分屯田为农民所占有。乾隆十一年（1746），为鼓励百姓垦复山东省荒芜的屯田，清高宗颁布一道旨令，"军民自费工本开垦（屯田）给照为业，免赎归船，照例津银贴运"④。这些荒芜的屯田，有一部分为豪势所占垦，也有一部分为农民所占垦。咸丰十年战役后，浙江嘉善屯田多荒弃，据县志称："荒自居多，加以土

---

① 《钦定总管内务府现行则例》，《会计司》卷四，转见《清代的旗地》。
② 光绪《会典事例》卷一五九，《畿辅官兵庄田》；王庆云：《石渠余记》卷四。
③ 《军机录副》。
④ 转见李文治、江太新《清代漕运》，中华书局1995年版，第244页。

民隐匿，客籍占垦，屯田之存益寥寥无几矣。"① 在卫所裁并过程中，亦有屯田改为民田。如江南武平卫裁并之后，该卫将坐落在河南睢县、鹿邑、柘城、太康四州县的屯田改为民田，由各州县编征地丁钱粮，粮户取得完全的土地所有权。屯田更主要是通过买卖而实现民田化的。在江苏省，据同治年间李宗羲奏："上元、江宁、句容、江浦、六合等县，皆有屯田夹杂民田之内，……除屯田最多之六合县，并最少之句容县民屯间尚能区分，……其余上元、江宁等实皆民屯错杂，莫可辨认。屯田为津贴运丁世产，例禁典卖，然私相授受，随处皆有，自知违例，每多隐讳，乾隆、嘉庆年间历次清理，卒未得实。"② 湖广的屯田，据张之洞称："地段零散，分在各县，自明以来，历年已久，其田皆已辗转易主，并不逃绝。屯田例不准卖，故但书典契，其实与卖无异。卫守备向系漕督委署，路远地生，并不知地何处。册籍全在书吏手中，其地之荒熟，户之完欠，但凭书吏之言，卫官茫然不知，唯索规费而已。"③。

关于屯丁典卖屯田事，可以找到不少事例。如扬州卫仪真帮屯田原额为十七万一千五百七十七亩，典卖三万二千九百九十三亩，占百分之十九点二三。这是典卖最少的卫帮。扬州卫头帮屯田原额为三万七千七百四十亩，典卖多至二万九千八百四十四亩，占百分之七十九点零八；镇海卫金山帮屯田原额为三万五千九百四十四亩，典卖多至二万九千二百二十二亩，占百分之八十一点三一；庐州卫头二三帮屯田原额为二十万八千七百亩，典卖也到十五万一千一百亩，占百分之七十二点三五；和州含山屯田原额为四十四万九千四百七十三亩，陆续典卖，屯田所余无几了。④ 这

---

① 光绪《嘉善县志》卷一〇。
② 光绪《续纂句容县志》卷五，《田赋》，同治十三年，李宗羲：《奏请减征疏》。
③ 张之洞：《张文襄公电稿》卷三一，光绪二十四年八月初五日，《致长沙陈抚台》。
④ 李文治、江太新：《清代漕运》，中华书局1995年版，第239页。

些屯田除部分给豪民和卫军侵夺外，还有一部分为普通老百姓所典买。"旗民交产"事实上是禁止不了的，至咸丰二年，"旗人地亩不许民人典卖"的禁令，终于被清廷废除。[①] 此后，旗地、屯田民田化得以更大规模进行。

牧厂放垦，早在康熙年间就开始了。据王庆云记载，康熙三十九年，"天津牧地招垦升科者，二万一千余顷"；雍正二年，"丈出马厂并余地可垦者六万余顷，给民耕种"；乾隆二十一年，清丈直隶牧场地亩，给民永业，改名"恩赏"。这时，官地已垦者达"十一万五千余顷，按亩升科，其余垦地，仍随时招垦"[②]。

东北地区牧场也于乾隆十三年放垦。开始时，以大凌河、锦州余地九百余顷，招民垦耕。至乾隆四十六年，和硕庄亲王牧地报垦。由于口外牧场辽阔，加上王公牧放渐稀，以及流寓人口渐渐聚成村落，势难禁其私垦，在这种情况下，户部议，除"唯实与游牧毗连者，仍禁私垦"外，"不若准其耕种升科，作为有收之土"，"地利渐兴，耕与牧固不相妨也"[③]。通过开垦，大量官地转成民田，为广大流寓人民所占有。

三　更名田[④]

更名地又称更名田、更明地，《清朝文献通考》称："初，直隶各省废藩田产改入民户，免其易价，号为更名地。"[⑤]《清圣祖实录》载：奉旨免其易价，改入民户的各省废藩田产，即"名为

---

① 光绪《会典事例》卷一六〇《官兵庄田》。
② 王庆云：《石渠余纪》卷四，《纪牧场》。
③ 王庆云：《石渠余纪》卷四，《口外牧场》。
④ 本节写作参考郭松义《清初的更名田》，载《民命所系——清代的农业和农民》，中国农业出版社2010年版。
⑤ 《清朝文献通考·田赋二》。

更名地"。①

更名地有多少？商鸿逵先生根据山西、山东、河南、湖北、湖南、陕西、甘肃地方志资料进行统计，共有166 000余顷。② 王毓铨先生也做过类似考订。③ 郭松义先生对这两位先生所做工作予以肯定。但也指出遗漏之处，其一，认为四川、江西由于种种原因，可暂置不论外，但还缺直隶、安徽两省未计在内。其二，指出个别省份统计不准确，认为河南更名田与实际所载有较大出入。现将郭松义先生研究成果列如下：

直隶　11 564顷74亩。

山西　原额废藩地1 648顷18亩，又山地一段，原额代产赡田本色共地1 851顷77亩，统共18 799顷95亩，又山地一段。

河南　24 380顷14亩。

山东　19 274顷55亩。

湖北　66 939顷91亩。

湖南　3 991顷56亩。

陕西　本折赡赐烟庄、自置王田共地9 868顷43亩，又山坡、山场、粟、柿、竹等园521段，山场内地11分，无以顷亩。

甘肃　18 051顷62亩，又地11处，草湖场4处，园3处，煤硐、水磨、房地基等若干。

安徽　2 256顷9亩。

共计　不计山场园地等共175 126顷99亩。④

郭先生统计数要比王先生统计数多出9 126顷99亩。但郭先生指出两点：一是上述更名田数额绝不等于明代藩田原额；二是

---

① 《清圣祖实录》卷三二，康熙九年正月己酉。
② 商鸿逵：《略论清初经济恢复和巩固的过程及其意义》《北京大学学报》（人文科学）1957年第2期。
③ 王毓铨：《莱芜集》，中华书局1983年版。
④ 郭松义：《清初的更名田》，载《民命所系——清代的农业和农民》，中国农业出版社2010年版，第99页。

在同一地区，更名田数额本身前后也有很大变化。

清政府在处理明藩地时，采取多种办法，一是将藩王自置土地"仍给本人赡养，按民田一律起科，造册报部"①。顺治十三年，在湖广地区查出的"废王宗自置田地五百一十八顷四十亩"中，其余"估过成熟并新垦田地共三百零二顷二十二亩二分三厘零"，亦属于"估价"清理对象。实际上"奉文给还散宗"的田地数量不会多。由于明末清初战乱不已，勋贵、藩王被镇压者甚多，更加上逃离的，在当地存留下来者不多，这些土地也被列入清理范围。如河南开封府属的祥符、陈留 18 州县的原明藩"自置民田房屋"，就因此"纳租变价"。因此，这部分土地数额不要估计过高。

二是明藩田产变价。废藩田产变价，早在顺治初年就开始。顺治十三年，户部尚书车克在题本中称："看得废藩王宗等项遗留房产，顺治三年，无论府第、别业、赐田、自置，俱照时估酌变"②。同年六月，湖广总督祖泽远云："看得废藩田产，顺治四年奉文变价。"③ 顺治十二、十三年间，户部连续行文各省，要求清查藩田，并实行变价。顺治初年，由于"土满人稀"④，"即以田让人，听其认恳（垦）纳粮，犹有称艰不为者"⑤。其时价银较低，如河南每亩估价低，一再"驳增"。但对广大承种者来说，是一次再掠夺。

根据郭松义文章中提供废藩地变价事例，整理如下：

顺治九年，将河南祥符县张国纪钦赐护坟好地 16 顷，沙地 16 顷 63 亩，奉文变价。原定"好地每亩估银九分，沙地每亩估银四分五

---

① 故宫博物院明清档案部编：《清代档案史料丛编》第四辑，中华书局 1979 年版，第 192 页。

② 故宫博物院明清档案部编：《清代档案史料丛编》第四辑，中华书局 1979 年版，第 183 页。

③ 故宫博物院明清档案部编：《清代档案史料丛编》第四辑，中华书局 1979 年版，第 165 页。

④ 顺治八年六月二十六日，江西巡抚夏一鄂题。

⑤ 故宫博物院明清档案部编：《清代档案史料丛编》第四辑，中华书局 1979 年版，第 165 页。

厘"。十年，"好地每亩增银一钱六分，沙地每亩增银一分五厘"。

顺治九年，将河南封丘县张国纪护坟地三十二顷六十三亩零，好地七顷，奉文变价。原定价"每亩银八分，因价廉驳增，复增银一钱二分"，后又驳增二次，最后每亩提高到二钱五分。

顺治十四年，湖广省据巡按御史张朝瑞奏报：有废襄及湘阴等藩地，除荒地外，成熟七百零四顷七十七亩八分二厘六毫则例不等，估过价银一万一千七百三十七两二钱六分四厘。

顺治十四年，湖广省又查出废藩自置田地五百一十八顷八十四亩，内除奉文给还散宗并荒芜外，估过成熟并新垦田地共三百零二顷二十二亩二分三厘零，共银一万二千六百八十两二钱七分零。①

根据清政府规定：康熙七年，清政府下谕，要求地方可将明废藩地"悉行变价，照民地征粮"②。又"自康熙八年间，易为更名地，另条刊入全书，粮照全书征收"③。这些"变价"田地，实际上是民田化的过程。

三是康熙九年，清政府再次下谕，对"既纳正赋，又征租银"的"更名地内自置土田"，改为"与民一例输粮，免其输租"，又规定将已经易价，"有征收在库"的田土，"许抵次年正赋"④。至此，明废藩地民田化过程基本完成。

四 官民田比例

在清代前期，由于土地的垦辟以及官田逐渐民田化，造成不同时期官田和民田的总量是各不相同的，加上当时统计口径不同，

---

① 以上资料见郭松义《民命所系——清代的农业和农民》，中国农业出版社 2010 年版，第 84—88 页。
② 《清圣祖实录》卷二七，康熙七年十月丁卯。
③ 黄六鸿：《福惠全书》卷八，《杂课部·更名地》。
④ 《清圣祖实录》卷三二，康熙九年正月己酉。

第十一章 官田民田化

很难精确地得出当时官田、民田之间的比率，但这项工作又必须去做。因此，尽我们所能，在已掌握的资料基础上，进行分析。

据孙毓棠、张寄谦统计，雍正二年时，全国屯田和学田，以及官庄旗地约为五十四万顷，[①] 据《清朝文献通考》记载，是年全国耕地总面积为七亿二千三百六十三万二千九百零六亩，若按此计算，官田占全国耕地总面积的百分之七点五；若按全国民田耕地面积六亿九千三百七十九万一千四百二十七亩计算，那么民田占全国耕地面积的百分之九十四点五，官田则占全国耕地面积的百分之五点五。两个数字差两个百分点。看来很不协调，其实这是由于统计口径不同而产生的问题，因为《清朝文献通考》全国耕地面积内只包括了屯田和学田两项，其他官庄旗地并未包括在内，如果官庄旗地亦统计在内，全国耕地面积总量将增加，五十四万顷官田比率就要下降些，而六百八十四万顷民田比率也将下降，官田比率也就能相对提高，在一增一减的情况下，出现这种误差就容易理解了。

嘉庆年间，官田数额约六十九万顷，全国耕地面积为七亿九千一百五十二万五千一百九十六亩，[②] 当时官田占全国耕地总面积的百分之八点七，民田占全国耕地总面积的百分之九十一点三。

至于各省官民田比例，请看光绪十三年统计表（见表 11-2-1）。从表中可以看到，光绪十三年统计表明，光绪年间各直省中，官田比例最高的是黑龙江省，其次是奉天，其后为甘肃、直隶。从官田占有面积看，奉天为最，其次是直隶。民田中占有百分之九十以上耕地面积的有吉林、山东、河南、新疆、浙江、江西、湖北、四川、福建、广东、广西、云南、贵州十三个省。

[①] 孙毓棠、张寄谦：《清代的垦田与丁口记录》，《清史论丛》第 1 辑，中华书局 1979 年版。

[②] 梁方仲：《中国历代户口、田地、田赋统计》，第 380 页，乙表 61，嘉庆十七年总计数。

表 11-2-1　　各直省各项田地数百分比光绪十三年（1887）

省　别	各项田地占总计的百分比（％）			
	民田	屯田	学田	其他官田
各直省合计	87.07	5.99	0.04	6.90
直　隶	66.41	12.54		21.05
奉　天	22.80			77.20
吉　林	95.41			4.59
黑龙江				100
江　苏	87.53	5.67		6.80
安　徽	82.85	10.14	0.01	7.00
山　西	84.76	5.77	0.04	9.43
山　东	98.14	1.82	0.033	0.007
河　南	90.32	8.37	0.28	1.03
陕　西	86.94	13.052		0.008
甘　肃	61.75	37.39	0.15	0.71
新　疆	100			
浙　江	95.59	0.48		3.93
江　西	97.536	1.23	0.014	1.22
湖　北	92.59	5.52		1.89
湖　南	89.76	9.29	0.02	0.93
四　川	99.967	0.03		0.003
福　建	93.68	5.84	0.07	0.41
台　湾	—	—	—	—
广　东	98.45	1.50	0.05	
广　西	98.02	1.98		
云　南	90.07	9.82		0.11
贵　州	97.12	2.28	0.16	0.44

资料来源：转见梁方仲编《中国历代户口、田地、田赋统计》乙表 64.《清光绪十三年各直省各项田地数及其百比》表中"各项田地占总计百分比"部分。上海人民出版社 1980 年版，第 384 页。

　　从清前期和晚期情况看，光绪十三年时，全国民田所占比例，要比雍正二年时，所占比例减少七点四个百分点。其原因有：第一，雍正二年后，官田所占耕地面积在增加，比如雍正二年学田耕地面积为三十八万六千三百六十七亩，至乾隆十八年时增加到一百一十五万八千六百零三亩，是雍正二年学田的三倍。又如前两表中所示，雍正二年时，奉天耕地皆为民田，至光绪十三年时，官田面积增加到二千一百九十九万七千六百八十一亩，是雍正二年时民田的三十七点九倍。官田数额增加，其所占的比例自然要上升，这是理所当然的事。第二，统计口径有所不同。雍正二年时，官田数额中只包括屯田和学田两项，而光绪十三年时，官田数额却包括了屯田、学田、赡军地、芦田、退滩地、沙涂地、旗地、旗余地、民典旗余地、官庄地、马厂地、牧厂地、开垦、报垦地，以及"先圣贤庙墓祭田，并一切祠墓厉坛寺观等地不科赋者"等项官田，所包含的范围大大地扩大了。官田比例扩大，民田比例就要缩小，这也是情理中之事。如果统计口径一致的话，雍正二年民田所占比例便可能还要缩小一些。目前学术界比较多数的意见是，清代前期，民田占土地总面积的百分之九十左右，比前明时期明显要高。

清代前期官、民田比例有多少，说法各不相同。如据孙毓棠、张寄谦统计的数字计算，嘉庆十七年，民田总额为七百零五万六千九百八十四顷，官庄旗地二十万五千四百一十九顷，屯田三十七万九千四百五十四顷，其他官田二十四万七千三百九十九顷。全国耕地面积为七百八十八万九千二百五十八顷，[①] 据此，民田占土地总面积的百分之八十九点四五，官田占有额为百分之十点五五。据史志宏称，雍正二年官田面积约为五十四万顷。民田约有六百九十六万顷，[②] 据此，是时民田占有额为百分之九十三点零五，官田占有额的百分之六点九五，据曹贯一称，清前期"官田约占耕地面积十分之一以上"[③]。综合各方面意见，我们认为当时民田数额占全国耕地面积总数的百分之九十左右是可能的。

官田民田化过程中，造就了一批自耕农和半自耕农，不但补充了自耕农和半自耕农队伍，同时也扩大了农民阶级占有的土地所有权的比例。这种变化是值得关注的。

[①] 孙毓棠、张寄谦：《清代的垦田与丁口记录》，《清史论丛》第1辑，中华书局1979年版。

[②] 史志宏：《清代前期的小农经济》，中国社会科学出版社1994年版，第25页。

[③] 曹贯一：《中国农业经济史》，中国社会科学出版社1989年版，第780页。

第十二章

乾隆中期以后地主经济的发展

乾隆中期以后，地主经济获得很大发展，地主阶级占有的土地所有权，从前期的从属地位，转化为居主导地位，使地权分配发生逆转。地主经济发展，以及小土地所有者衰落，对清中后期社会经济的变化，产生了深刻影响。

第一节 吏治松弛，腐败成风

随着政治形势变化，乾隆中期以后，尤其是和珅当政后，政治廉洁之风被政治腐败之风所取代，社会风气恶化；吏治败坏，官吏贪污成性，对农民大肆掠夺，迫使农民走向贫困化道路，只好出卖土地，以求苟且度日。官僚、商人、高利贷者、地主则纷纷乘农民贫困之机，把钱投向土地，土地兼并之风盛行，地主经济得到迅速发展。

咸丰年间，由于太平天国运动、捻军起义和回民起义，南方诸省，以及山东、陕西等省地主阶级受到巨大打击。凡受到起义军冲击的地方，出现了两种情况，一是出现了许多荒地，二是农民势力增强。在这种情况下，又有相当多农民得到土地，获得土地所有权。农民起义使部分地区地权集中的状况得到缓解，地权分配向有利于分散的方向转变。太平天国运动失败后，地主阶级进行反攻倒算，部分农民又失去土地。但在农民力量强大的地方，仍有相当部分农民所取得的土地产权得以保留。这也使小土地所有者的队伍获得新的补充，也是小土地所有制得以延续的因素之一。

乾隆中期以后，政治腐败已经很突出。据李治亭研究，乾隆后期查出一批一县一府乃至全省集团性贪污、收受贿赂案件：如乾隆四十六年，查出甘肃"通省大小官员联为一气，冒账分肥，遂至积成弊薮，牢不可破"。被处死者自总督勒尔瑾以下大小官员达22人。乾隆四十七年，江西巡抚郝硕进京朝见皇帝，向属下勒索，包括所辖各府州县，层层摊派，为他"集资"，共得银3.04万两。第二年，又巧立名目勒索3.85万两。乾隆后期，钱粮亏空越来越严重，因官吏侵蚀所致，又出现康熙时的弊端，"一县如此，一省皆然；一省如此，天下皆然。于是大县有亏空十余万者，一遇奏销，横征暴敛，挪新掩旧……"如山东、云南、浙江、福建、江苏、直隶诸省，都出现巨额亏空。乾隆五十二年，查出浙江省仓库亏空粮食300余石、银25万两。封疆大吏贪污增多。如江西巡抚阿思哈、两淮盐政高恒、贵州巡抚良卿与钱度、云贵总督彭宝与李侍尧、闽浙总督杨廷彰、四川总督阿尔泰、直隶总督杨景素、山东巡抚国泰、湖南巡抚方世俊等二十余人。福建巡抚浦霖出身清苦，当官后贪污受贿，家财巨万。[1]

针对政治腐败、官吏贪污受贿的情况，内阁学士尹壮图在乾隆五十五年时曾提出，"各督抚声名狼藉，吏治废弛"，还说他到直隶、山东、河南、湖广、江苏、浙江、广西、贵州等省，发现"商民半皆蹙额兴叹，各省风气，大抵皆然"[2]。这一警示，不但没有引起高宗的反思，反而被视为"诬及朕躬"[3]。高宗宣称"吏治肃清"，即使"有不肖之心"，"必默化潜移，岂敢以身试法"[4]。把问题掩盖过去，以致腐败之风日积日重。乾隆六十年，高宗指

---

[1] 以上资料转见李治亭《清康乾盛世》，江苏教育出版社2005年版，第544页。
[2] 《清高宗实录》卷一三六七。
[3] 《清高宗实录》卷一三七二。
[4] 同上。

斥福建："闽省近年以来，吏治废弛已极！"各海口地方"盗匪肆行出没"，如入无人之境；"盗船"停泊在福州五虎门，屡行抢劫，毫无顾忌。这些"皆由该督抚等平日漫无整理所致"①。这时，他不得不承认："各省督抚中廉洁自爱者，不过十之二三，而防闲不峻者，亦恐不一而足。"②乾隆晚期，高宗虽然认识到官吏腐败的普遍性，但为时已晚，积重难返的局面，已难扭转。腐败之风盛行，官吏肆行掠夺，鱼肉百姓，敲骨吸髓，民脂民膏尽入污吏囊中。农民因污吏侵夺，走向卖田卖地的困境。但却为豪绅地主兼并土地，创造了有利时机。

第二节 豪绅、富商大肆兼并土地

官吏贪污受贿腐败之风，加剧了土地兼并的进行。被时人称为和相的和珅被查抄时，仅占有土地一项就多达8 000余顷。③大学士、总督琦善一家，占地256万余亩。④协办大学士英和田产57 000亩；内务府一个四品衔郎中庆玉家拥有田产33 000亩。⑤道光年间，山西巡抚梁萼涵，在原籍有田1 000亩，在山西任巡抚时，在该省新置田5 500余亩。⑥曾任两江总督的陆建瀛，在道光十八年和兄弟析产时，继承水田116亩零。至道光二十九年，长江中游水灾，他乘机在两年内买进了1 234亩作为"义田"⑦。

---

① 乾隆朝《东华录》卷一二〇。
② 《乾隆起居注》，乾隆六十年八月。
③ 中国第一历史档案馆藏：《和珅犯罪全案档》。
④ 德庇时：《战时与和平后的中国》第1卷，第41页。
⑤ 中国第一历史档案馆藏：《德兴奏》，道光二十年二月初七日朱批，题本，法律，卷三八。
⑥ 中国第一历史档案馆：《已革前任山西巡抚梁萼涵家产》，题本，内政，道光二十八年。
⑦ 中国第一历史档案馆：《录副奏折·广西道御史章嗣衡奏》，咸丰三年十月十三日。

随着经济发展，民间巨富所占土地，也有成千上万亩的。如山东章丘县矜恕堂的孟家，鸦片战争前120年间（1718—1838），仅有地46.86亩。鸦片战争后的短短九年（1842—1850）里，先后购地196.7亩（包括园宅地）。这九年所购地比前120年间买进的4倍还多。又，该省淄川县有一家荆村堂的毕姓地主，在乾隆末拥有土地100余亩，嘉庆年间（19世纪头十年前后）添至300余市亩，到道光末年（1840—1850），更增至900余市亩。这家地主在短短50年间，地产增加到原先的9倍。① 直隶静海娄步瀛、湖南武陵丁炳鲲②等家，各有田4 000亩以上。江苏吴江沈懋德有田万余亩。③ 长洲徐佩瑗，拥有土地六七千亩；吴江柳兆薰的稻田就有5 000亩上下。④ 桂阳州的邓氏家族，"兄弟田数百顷"，"以富雄一方"，所畜马匹，"游食田野数十里，不犯人禾"⑤。

富商对兼并土地热情很高。四川富顺县李振亨，"业盐起家"，"置腴沃数千亩"⑥。合川县富商潘世干原以"数千金起家"，至"拥资数十万"，转手"买田百余顷"⑦。简阳县胡日嵩，以农商致富，大买地产，"田田宅宅，相继络绎"，该县商家悦除自己广置田产外，又为诸弟买田千余亩。⑧ 芦山县任体良兄弟，"以农起家，富冠全县"⑨。叙州府李博章，"以勤俭起家，财雄一邑"。⑩ 眉州夏次珊，以善治田，买田1 000多亩。大竹县蒋仕超"家资

---

① 转见严中平主编《中国近代经济史（1840—1894）》，人民出版社2012年版，第487—488页。
② 《京报》第5、8册。
③ 熊其英等纂：《吴江县续志》卷一九。
④ 《太平天国史料专辑》，第98—386页。
⑤ 王闿运等纂：《桂阳直隶州志》卷二二。
⑥ 卢庆家等纂：《富顺县志》卷一二。
⑦ 张森楷纂：民国《新修合川县志》卷四八。
⑧ 汪金相等纂：民国《简阳县志》卷一〇。
⑨ 刘天倪等纂：民国《芦山县志》卷一〇。
⑩ 同上。

万石"。① 彭县舒璠有田1 000余亩。② 经营广东十三行的行商中，多兼置大量土地。如怡和行伍家，在其5 000余万两的巨额家财中，稻田先于住宅、商铺和钱庄而占据首位。另一同孚行潘家是仅次于伍家的"资财雄厚商人"，也把"大量财产投放在土地上"③。咸丰三年，广西道御史章嗣衡列举他所知道的拥资数百万、数千万的豪富凡数十家，其中有浙江慈溪冯云濠两兄弟、冯本怀三兄弟；山西太谷孙、曹、贾三家，平遥侯家，介休张家，榆次许、王两家族；江西万载宋家，安福蒋澄浦两兄弟；河南张百川叔侄两人；福建尤溪林国华兄弟两人等。④ 他们都是以商起家，又是田连阡陌的大地主。福建厦门一洪姓商人地主，据同治十一年一家报纸报道："家有百万之富，田亩甚多"，其佃户多达1 000人。⑤

土地集中的结果是，地主占有土地数量与以前相比，有加无已。有学者研究，在湖南，耕地的百分之五六十，"归于富者"⑥。某些县份如嘉禾，"土地尽为富者所有"⑦。

第三节　农民起义失败后，地主阶级对土地的兼并⑧

在太平天国运动时期，豪富地主遭到严重打击，官绅地主或逃或死，有的土地被农民占耕，或直接向政府领取田凭，形成

---

① 民国《大竹县志》卷九。
② 光绪《重修彭县志》卷七。
③ 格林堡：《鸦片战争前中英通商史》（中译本），第3页注5。
④ 中国第一历史档案馆：《录副奏折·河南巡抚陆应毂奏》，咸丰三年三月十三日。
⑤ 《上海新闻》，同治十一年九月十五日。
⑥ 转见严中平主编《中国近代经济史（1840—1894）》，人民出版社2012年版，第490页。
⑦ 《嘉禾县图志》卷二八。
⑧ 本节写作参考严中平主编《中国近代经济史（1840—1894）》有关章节。

"租田概作自产"的局面，自耕农得到扩展。太平天国运动失败后，地主阶级进行反攻倒算。在清政府维护"原主"产权，没收"逆产"，清理"绝产"的政策鼓动下，一些军功、豪绅、商人乘机侵夺土地，使原来农民起义占领区出现的新土地占有格局，迅速发生逆转。地主阶级疯狂夺地，使得有些地区地权占有比农民起义前更为集中。

在清理"绝产"和"逆产"过程中，豪强地主依"原主"身份，侵夺农民垦荒之田。江苏巡抚丁日昌指出："各处荒田，往往垦民甫办有眉目，即有自称原主，串同局董书差，具结领回。垦民空费经营，转致为人作嫁。"①更多的豪绅往往冒"原主"之名掠夺土地。据《中国近代经济史》作者称：光绪六年（1880），浙江省杭州、嘉兴、湖州等府县，实系熟田而冒称荒田报领者凡500多万亩。当时论者指出，"荒田之占，多系豪强兼并，而贫苦小民绝无所得"。嘉兴县办理查田的几十个庄书，侵吞熟田数万亩。孝丰县豪绅通过掌管"善后局"，承领"绝产"，侵占大量土地。皖南地区，"一家而兼有昔时数姓之田"，是当时地主冒认农民垦田的实录。陕西南郑县清产局清查"绝产"之时，地主富户每贿赂局绅，"凭空没田三四百亩，隐匿不报"。光绪十四至十五年间，宁波府农民到昆山县垦荒，地方豪绅为了侵夺客民开垦成熟的土地，勾通江苏巡抚黄彭年将客民驱逐出境。②

除侵夺"原主"土地、"绝产"和"逆产"外，他们还利用各种手段及名义侵夺官田、荒地、旗地、沙田、新涨淤沙等。直隶中部地区，河湖纵横，如卢沟至下口百余里间，有淤积官荒5 000多顷。咸丰年间，经农民垦成膏腴，地方豪右竟借用别处地契霸夺。同治七年，天津有河滩地四五百顷，为温姓地主隐占私种。静海县有官荒1 000多顷，经郭殿报请升科，户部即给照执业。光

---

① 丁日昌：《抚吴公牍》卷三七。
② 民国《昆新两县续补合志》卷二三。

绪八年，直隶文安县境内东淀淤地，南北宽六七十里，东西长一百四五十里，多被豪强制造伪契影射侵占，每户动辄数百亩。据光绪十一年户部奏称，江苏、安徽、江西等省，芦洲、沙田甚多，多被官绅据为己有。江苏崇明县地方豪右则用已被冲坍的土地契据，霸占新涨淤沙。江阴县沿江的20多万亩沙田，豪绅地主乘机倚势蒙混，垄断贱买，霸占筑圩。湖南华容、安乡、龙阳等县洞庭湖沿岸地带，由农民垦熟的淤积沙洲，到光绪中期，多被沿湖豪绅以废契印照影射侵夺。广东沿海，每当沙田淤成，"即有富豪，承沙报税"。此项沙田，动辄百顷千顷，取得沙田产权的人，转瞬成为奴役千百家农户的大地主。东北和台湾新垦区，地方豪右勾结官府或旗人贵族，霸占民垦官荒和旗地，动辄数十顷，多者百顷。凤凰城及沿边一带，地方豪右影射报垦，对民垦熟地肆行侵占，动辄数十百顷，原垦贫民"转失故业"。吉林五常堡，地方豪右利用官府放垦，包揽地亩，仅于焯堃一户即"开地三千余垧，纳租不及千垧"。在台湾，由福建漳州、泉州和广东潮州农民开垦的荒地，也多被地方豪绅大肆侵夺。光绪年间，嘉义农民开垦官荒，每不领照。"刁狡之徒，观其垦地将熟，潜赴官司请愿领照，据为己有。"他们"不费一钱，但以势力情面丐得垦照一纸，霎时可以坐致千顷，富有万钟"。据当时人报道，台湾土地，"全由绅民包揽"。

太平天国运动期间及失败后，一些没有受到冲击的官绅、豪富，利用手中财富开始大肆兼并土地。在这方面，江南官绅表现尤为活跃。在太平天国起义期间，逃亡到上海的江浙豪绅地主，已进行买地活动。如苏州某绅，曾任四川盐茶道，逃亡到上海期间，即大量收买其他逃亡地主的土地。因当时无租可收，地价极贱，每亩仅价洋1元，该盐茶道在十几天的时间内就买进几万亩土地。太平天国运动失败后，部分地主衰落，另一部分地主乘机兼并。如苏州府大地主专买成片土地，一次交易就是几十亩、几百亩，连中小地主也变成兼并的对象，对农民几亩、十几亩的小块地产已不放在眼里。昭文县漕总张某，买田万亩。常熟县漕总严、潘等人其富与张相埒。光绪年间，江苏高邮州属，土地买卖一般在清明节总付田价。每当节日，各钱铺为应付民间支付田价需要，印制票面额为数十千文到数百千文的戳票，否则"不足以资周转"。扬州同知王俊夫，以贪索所得广买田宅。扬州驻防总兵詹启伦及所部候补游击毛可法，候补知州方长久等，在江都、仪征一带大置地产。六合县候补道徐承祖，买田1 700亩。通州张謇以科名致富，买田3 200多亩。光绪前期清江县生员郑襄哉，以放债折田，不久就变成了大地主。海门徐某，"白手起家，耕种贸易，积有数千金，另买田宅以遗子孙"。

浙江情况也如此，如富阳县，地主富户大面积购买土地，往往一户购买数十户的田产。山阴县军功保举人员回家买田做"富家翁"。归安县吏胥，在光绪十三年前后20年间，每年勒索陋规不下万贯，多变成"巨室"。

安徽贵池县，绅衿兼充保书，征收钱粮，这些保书有几百个，每年侵蚀粮赋不下数万两，多变成"华屋连云，臧获成列"的"首富"。合肥籍总督张树声、提督张树珊兄弟，巡抚刘铭传，提督周盛传、周盛波兄弟，提督唐殿奎、唐定奎兄弟，每家每年所收租谷在2万石至5万石不等。总兵卫汝贵，除在五河、邳州、睢宁、泗州等处经营典当外，在合肥原籍买田收租约2 000石。最大的地主还是李鸿章兄弟，据后人调查，李家分布在合肥东乡原籍的土地就有50万亩，占该乡全部土地的三分之二。这些大地主在霍山、六安、舒城等州县都有他们的"寄庄"。其余数以千百计的参将、游击以下各级军功武职，也同样以劫掠、冒饷所得，兼并土地。皖北凤台县提督徐善登捐书院田3 000多亩，宿州授知县衔的周田畴捐书院田4 000多亩，他们自己占地之广，更不难设想。涡阳县曾当过提督的马玉昆"富连阡陌"。皖南虽有很多地主没落了，但新发展了一些垦地湘勇。如郎溪县驻扎的一个方姓统领，役使士兵筑圩占田 2 800 亩。湘军霆营宋其以银 2 400 两在芜湖买田 2 000 亩。旌德县大官僚周馥，购地 4 000 余亩。皖南还出现"寄庄"地主。占地较多的有 4 家，最多者 2 万多亩，号"某某堂"。一些富户"坐拥良田美宅"①。以致"田归富室，富者益富"，"贫者益贫"，"十室九空"②。

湖南官僚在家乡也购买大量土地。同治九年，一个外国人报道，湖南官僚在家乡以所积财富大量买地收租，并拥有很多华丽的别墅。据说，曾国荃每打一次胜仗，必回家"问舍求田"。死后，有宅第 3 处，田 6 000 亩以上。曾国藩兼并土地的活动，甚至远到距原籍湘乡数百里外的衡阳县。到他儿子曾纪泽主持家务时，还在继续大买田宅。左宗棠同治三年擢陕甘总督，开始大买土地，到光绪五年，已是湘阴县有名的大地主。计置爵田、墓田祭田、义庄等各项田产在千亩以上。长沙举人周乐，早年"田无升合，屋无立锥"。咸丰三年投湖北巡抚胡林翼当幕僚，同治五年致仕还乡大置地产，同治八年，租田增殖至五六千石以上。平江县发展起来的军功地主，收租几万担者十几家，几千担者几十家，几百担者无数家。湘潭县衣锦还乡的湘军将领，无不"挥霍煊赫，所过倾动，良田甲地，期日而办"。郭松林即以掳获的几万两银子大买田宅。湘乡县有军功者多达 1 万人，绝大部分都成了当地的特权地主。

福建安溪县，"粮房户总，有的家资多至十数万"③。这类暴富者无不兼并土地。

广东这时还发展起来一批商人地主。咸同之际，买办商人徐润在广州、香山一带买山场 100 多处，围田 400 余亩。同光之际，番禺县富商张凤华投资围田数百顷。从化县诸罗庄有官荒 30 顷，

---

① 民国《全椒县志》卷四。
② 光绪《庐江县志》卷二。
③ 《申报》，光绪十八年十一月初一日。

先由洋行商人陈寿官包揽开垦，后来又转售给另一洋行商人潘启官。在汕头，华侨商人也大面积收买土地，发展起来一批华侨地主。

广西省人烟稠密、物产丰富的某些地区，人们争购土地，地权转移极为频繁，以致"朝秦暮楚"。这种频繁的地权转移，有一部分是在中小地主所有者之间进行的，同时也反映出地主土地兼并的加剧。

四川在道咸以前出现不少商人地主，如陈、向、孟、徐、冉、余等家，所收租谷都在3 000石以上。

黄河流域官绅兼并土地的活动也很活跃。如直隶文安县生员李树勋，扩殖土地至4 000多亩。某候补道在涿州、良乡、房山、固安等地置买旗地1 700余亩。滦县刘利合堂，以商起家，光绪六年开始买地56亩，至光绪二十一年，共买地1 759亩。河南项城县大官僚袁甲三，谓放债不如买田，陆续买地至四五千亩，分布在很多村庄。南召县捐纳四川道台的彭令，所置土地从50顷增加到600多顷，分布在方城、南召、南阳三县100多个村庄。山东济宁州潘对鬼，在农民军打击下，一度"家产荡然"。光绪十五年入仕后，陆续买地5 000多亩。海丰县官僚吴氏有地数千亩，也是这一时期购置的。陕西米脂县杨家沟马家，在鸦片战争前，原是靠放债买地起家的庶民地主。同治、光绪数十年间，分衍成很多家，其中有科举功名者8人，有3人做了县官，占地规模不断扩大。提督董福祥，在甘肃固原一带兼并的土地，连亘百余里，牛、马、羊、驼以万计。[1]

还有一部分地区，因没有受到农民大起义冲击，或受冲击不严重，地权集中态势在延续，有的甚至还有扩展。

直隶唐县，所有膏腴土地，"半归旗地"。雄县原额民田4 405

---

[1] 以上参见严中平主编《中国近代经济史（1840—1894）》（二），人民出版社2012年版，第819—840页。

顷有奇，庄田旗地占3 675顷，占全部土地的83.4%。房山县，庄田旗地亦"十耗其七"。这些土地虽逐渐民田化，但主要转移到汉人地主手里，地权归地主的属性并没变化。故城县情况是，从前"间有巨室"，到光绪年间，占田3 000亩者已有数家。这时景州和枣强县富户也到故城买田立庄。宣化府西宁县"计村二百，为佃庄几三分之一"。据此200个村庄地主占地合计当在50%以上。武清县地主占地也在50%以上。据光绪九年报道，一个县份不明的乡庄，共有300户人家，其中占地400亩者有8户，占地100亩者尚30户，大多数农户占地不到20亩，不少人家没有土地。据此可见，地主所有制占据统治地位。

湖北广济县，据19世纪80年代调查，只有少数人拥有300亩土地，有200亩地就被认为很富有了。但属于农民所有的土地，通常只占耕地的10%—30%。

其他地区，如云南、贵州地主占有土地的比重也相当大。[①]

乾隆中期以后，由于地主阶级大量兼并土地，地权占有关系与乾隆中期以前相比发生逆转，这时地主占地数量已达到民田数的50%至60%。

[①] 以上参见严中平主编《中国近代经济史（1840—1894）》（二），人民出版社2012年版，第841—854页。

第十三章

民田的分割

民田的分配，要受到几种因素影响：一是政府政策的调控；二是土地兼并的激烈程度；三是分家析产对地权的分割；四是一田多主，改变产权单一占有制；五是农户经营理念的变化。只有综合考察，才能比较准确地判断有清一代，农村两大阶级占有土地变动的情况。

第一节 清代地权占有及变化

一 顺康雍乾四朝造就大批自耕农

明末农民大起义以及清初人民的反抗斗争，延续了半个世纪之久。长期的战争，封建王朝与地主武装的杀掠破坏，导致农民大量死亡，土地严重荒废。明末农民大起义前夕的天启六年（1626），全国土田原额为 7 439 319 顷。清政府建立后的第八年（顺治八年，1651 年），全国土田只有 2 908 584.61 顷，仅及明季耕地面积的 39%。到顺治十二年（1655），即清政府实施垦荒政策后的第六年，全国耕地面积才恢复到 3 877 719.91 顷。[①] 康熙六

[①] 梁方仲：《中国历代户口、田地、田赋统计》，上海人民出版社1980年版，第248页。

年（1667），各省荒田尚有四百余万顷，① 较前明耕地仍少一半左右。如北方的直隶，据顺治十二年董天机奏报："窃见近畿之地素称沃衍，今日荒熟参半。"② 山西省，据顺治八年户部和硕端重亲王等奏报，山右经大兵大荒之后，"田地榛芜，生齿雕耗，旧日里甲徒存胥籍之名，有一甲止存数人，有一里止存数人，甚有一里一甲全然脱落，其侥幸如故者十不一二"③。陕西省，据顺治八年总督孟乔芳奏报：八府一州无主荒田共 206 295 顷零，有主荒田共 64 250 顷零。④ 山东省各州县，顺治六年，嘉祥县原额耕地 5 052.99 顷，无主荒地 2 857.25 顷，⑤ 荒芜土地超过一半。历城县原耕地为 5 629.17 顷，有主荒地为 5 246.28 顷，⑥ 荒地达 93% 以上。雍正十三年（1735），邹平等九十州县卫所册报荒地仍有 129 146.69 顷。⑦ 河南省的情况是，顺治元年黄河以北各县，荒地 94 500 余顷，"兵燹之余，无人佃耕"⑧。康熙年间，南阳仍是"户口流移，阡陌荒芜"⑨。长江流域如南直隶，顺治三年，池、太等四府一州，地方残破，江宁城外九十余村，十室九空。⑩ 江西由万安到赣州，两百余里间，"沿途之庐舍俱付灰烬，人踪杳绝"，"田园鞠为茂草，郊原尽属丘墟"⑪。顺治八年，除九江造报无荒外，实计通省有主荒田 44 566 顷，无主荒田 24 398 顷。湖北省，据户部题本反映，"万井烟寒，千家空杵"，"横亩皆焦，千里尽赤，

---

① 《清圣祖实录》卷二二，康熙六年四月戊子。
② 顺治十二年二月十六日，直隶巡抚董天机揭。
③ 顺治八年八月二十八日，户部和硕端重亲王波洛等题。
④ 顺治八年七月十九日，陕西三边总督孟乔芳题。
⑤ 顺治六年六月二十四日，户部尚书巴哈纳等题。
⑥ 顺治八年八月二十八日，户部和硕端重亲王波洛题。
⑦ 雍正十三年七月二十三日，山东巡抚法敏题。
⑧ 《清世祖实录》卷一一，顺治元年十一月。
⑨ 《南阳府风俗考》，《古今图书集成》卷四五七，第 15 页。
⑩ 《江宁巡按毛九华揭帖》，《明清史料》丙编（二），第 518 页。
⑪ 《户部残题本》，《明清史料》丙编（三），第 653 页。

野无粒食之农，村尽逃亡之屋"①。顺治九年，湖南省岳州、衡州、永州等地，"道路俱生荆棘，土田半长蓬蒿"②。顺治十三年桃源"民逃官掳，田地抛荒"；辰城"庄佃书役杀掳逃亡，田地尽为茂草，百里绝无人烟"③。顺治十六年（1659），四川省昭化县"军民士庶，百不存一二，庐舍田园尽鞠为茂草"；广元县则"人民故绝，满道蓬蒿，遍成荆棘"④。总之，四川人口死亡，土地荒废情况更为严重。其他地方人民流离，土地荒芜情况也大致相同。

经过半个世纪的战乱，流离失所衣食无着的农民，在清政府招垦政策鼓励下，经过自己辛勤劳动，其中绝大部分取得了土地，变为自耕农；也有一部分乡绅地主、官吏，打着开垦荒地的名义，侵占耕地，使部分垦民重新沦为佃农。清政府的圈地政策，也从农民手中夺走了一部分土地。因此，清初地权分配出现复杂局面。为了对清代前期地权分配做一个比较切合实际的估计，我们试列举一些通过垦荒取得土地产权的事例。

清朝初年，湖南省永州府属，"其民皆由乱定招徕而至，垦辟荒土，久而富饶；人皆世农，不言他事"⑤。寥寥数语，描绘了一个家给人足的自耕农聚居的小天地。顺治十六年，河南开封等八府并汝州，招直隶失业贫民来河南认垦，垦地"永为己业"⑥。雍正十二年，山东省各府州县，从年初至年底，仅一年间查出贫民二万九千九百四十户，实垦荒地二十一万七千七百一十一亩四分，⑦平均每户垦地七亩二分零。乾隆二年，山东商河县知县范从

---

① 《户部题本》，《明清史料》丙编（三），第818页。
② 顺治九年六月十八日，户部尚书车克等题。
③ 顺治十三年六月二十三日，户部尚书车克等题。
④ 顺治十六年四月二十四日，四川巡抚高民瞻题。
⑤ 道光《永州府志》卷五，《风俗志》。
⑥ 顺治十六年十二月二十日，河南巡抚贾汉俊揭。
⑦ 雍正十三年七月二十三日，山东巡抚法敏题。

律详报，商河县民祖籍原系顺天，明末遭兵失业，星散山左，至康熙元年，始奉旨发商邑开垦荒地，各立庄村四十二处，一庄有二三百家。① 乾隆九年，直隶总督高斌奏称："详查喀喇河屯厅所辖之白马关、潮河川，热河厅所辖之张三营、白马川，四旗所辖之波罗河屯各汛内，凡有平坦可耕之区，悉系旗地；间有民人新垦者，俱系旗圈余地。自雍正十年，奉旨听民认垦输粮，从此民人安立家室，悉成土著，垦地二千九百余顷。"② 乾隆十一年，甘肃巡抚黄廷桂报告，乾隆七年，甘省原报受田民人共一百七十一户，认垦田九十三顷，内除马尚考等十二户盐碱不能耕种地七顷外，该实在人户一百五十九户，田八十二顷余，③ 平均每户认垦荒地52.2亩左右。乾隆十八年，广东琼州有可垦荒地二百五十余顷，召土著贫民耕种。④ 嘉庆五年，恩长等报告，新疆查出和阗所属各城，有粮无地之回民七百五十二户，嘉庆下令户部，将丈出官荒地二万零六百四十亩，"按数拨给有粮无地之回户，均匀开荒"⑤。每户回民可得官荒地26.1亩。

清朝初期，四川农民通过垦荒取得土地的情形更为普遍。

大邑县，清朝初期，土著少，客民多。"率多秦楚豫章之人，或以屯耕而卜居。"⑥ 这里的"屯耕"并非指租佃私人土地，而是占地开垦。铜梁县，清初来这里垦荒的，有贵州、湖广人，也有江苏、福建、广东人，这些垦民"各据壤土"⑦，取得土地产权。郫县，清初户口锐减，来这里垦荒的广东人较多，其次山西、陕西、福建、江西等省人次之。农民垦荒谓之"插占"⑧，即占为己

---

① 乾隆二年八月十八日，经筵讲官总理事务少保张廷玉等题。
② 《高宗实录》卷二一〇，乾隆九年二月壬子。
③ 乾隆十一年五月初四日，甘肃巡抚黄廷桂题。
④ 道光二年《广东通志》卷二，《训典》二。
⑤ 《仁宗实录》卷七一，嘉庆五年七月辛巳。
⑥ 同治《大邑县志》卷七，《风土》。
⑦ 光绪《铜梁县志》（抄本）第一册，《人类》。
⑧ 光绪《郫县乡土志·人类》。

有。定远县，清初来这里开垦的主要是湖南人，"垦荒占田，遂为永业"①。新繁县，清初先有湖广人移入，继有江西、福建、广东三省农民移入，也有少量陕西人。"始至之日，田业无主，听民自占垦荒，或一族为一村，……有一族占田至数千亩者。"②苍溪县，清初外省农民纷纷移入，康熙初年，全县丁粮户六百余户，本省农户占十分之四五，此外湖南省籍占十之三四，广东、贵州、福建等省籍占十之一二。这类客民皆"插土为业"③，即取得土地户籍。万源县，清初客民入山，"荒山无主，由人手指由某处至某处，即自行管业"④。乐至县，康熙前期，外省来乐寄籍，地旷人稀，多属插占，"认垦给照"⑤。云阳县，清初客民移入，"占田宅，长子孙"，先开水田，继开山地。⑥

经过土客农民几十年辛勤劳动，四川广大地区逐渐开垦成熟。康熙年间全省熟田才一万四千八百一十顷，雍正二年熟田增为二十一万四千四百五十顷，雍正四年熟田继增为二十二万三千二百三十一顷，乾隆、嘉庆之际熟田又增为四十六万三千四百八十六顷。⑦如彭县，清初居民稀少，土地荒芜。乾隆初年，发生了巨大变化，民力"岌岌吴楚"，"山坡水涯，耕垦无余"⑧。又如新都县，康熙六年以前，"有可耕之田，无可耕之民"。乾嘉之后则"无荒可垦"⑨。这类新垦地，有相当大的部分为垦民所占有。

同时，清初的垦荒政策也为地主、官僚、商人兼并土地大开

---

① 光绪《定远县志》卷一。
② 光绪《新繁乡土志》卷五。
③ 民国《苍溪县志》卷一〇。
④ 民国《万源县志》卷五。
⑤ 蒋德勋：《乐至县志又续》卷二，《契税》。
⑥ 民国《云阳县志》卷一三，谓："田入不足以给，则锄荒蔵、辟林麓以继之，先垦高原，继劚峻岭。"
⑦ 雍正《四川通志》卷五，《田赋》，又民国《新都县志》第二编。
⑧ 光绪《彭县志》卷一〇。
⑨ 民国《新都县志》第二编。

绿灯，使他们通过合法及非法手段，占据部分土地。

顺治十四年，直隶开平卫生员陈翼泰，开垦过无主荒地二千一百零五亩。① 同年，直隶丰润县金吾左卫武生卓企茂，开垦过无主荒地二千零一十九亩。② 据顺治十五年奏报，直隶大名府开州生员邢柞贞于十三、十四两年，两次共垦过荒地三千四百三十九亩一分零。③ 同年，山东曲阜县生员唐佑臣所居与汶上县接壤，汶上荒地甚多，唐遂购置牛只，广雇贫人，于十三年开垦汶上无主荒地二千二百四十五亩二分，十四年四月至十二月续垦无主荒地二千零二亩八分，前后合计共开地四千二百四十八亩。④

乾隆三十二年，寄台商民芮友等三十名呈称，甘肃穆垒地广土肥，情愿开渠引水，认垦荒地，并自购籽种、牛只、农具。陕甘总督吴达善奏称，查该商民等携资贸易，系有工本之人，请饬巴里坤镇臣给予执照，令其认垦耕种。⑤

从以上事例看出，清初垦荒政策，也为地主商人侵占大量土地提供了条件。

下面，我们通过康熙、乾隆年间某些地区的编审册、税亩册及其他记载，对地权分配情况做些具体分析。

首先，我们看直隶获鹿县土地占有情况。康熙四十五年（1706），该县二十五甲，⑥ 共有耕地 98 125.1 亩，按每户占有耕地多寡状况，列表如下：

---

① 顺治十四年十一月初九日，直隶巡抚董天机揭。
② 顺治十四年十一月初九日，直隶巡抚董天机揭。
③ 顺治十五年十一月十一日，太子少保尚书壬弘祚题。
④ 顺治十五年二月，山东巡抚耿焞揭。
⑤ 《清高宗实录》卷八〇一，乾隆三十二年十二月己丑。
⑥ 二十五甲，在城社九甲，郑家庄社一、二、三、四、六、七甲，任村社五、六、八、九、十甲，甘子社九甲，龙贵社五、十甲，太平社二、三、四、五、六甲，××社三甲，××社十甲。

第十三章　民田的分割　467

表 13-1-1　康熙四十五年直隶获鹿县二十五甲各类农户占地情况[①]

类别	户数	%	耕地面积	%	类别	户数	%	耕地面积	%
无地户	1 201	18.2	—	—	60—70 亩户	40	0.6	2 582.0	2.6
不足 1 亩户	240	3.6	120.9	0.1	70—80 亩户	27	0.4	2 018.9	2.1
1—10 亩户	2 256	34.3	11 950.0	12.2	80—90 亩户	10	0.2	835.4	0.8
10—20 亩户	1 497	22.7	21 476.3	21.9	90—100 亩户	15	0.2	1 437.2	1.5
20—30 亩户	722	11.0	17 392.2	17.7	100—150 亩户	31	0.5	3 623.8	3.7
30—40 亩户	296	4.5	10 180.1	10.4	150—200 亩户	20	0.3	3 397.0	3.5
40—50 亩户	117	1.8	5 170.7	5.3	200 亩以上户	31	0.5	13 696.4	14.0
50—60 亩户	78	1.2	4 244.2	4.3	合计	6 581		98 125.1	

资料来源：《获鹿县编审册》。

据上表，拟按占地状况分为无地户、少地户、中等户、富裕户和地主户五大类。无地户是第一类，占总农户的 18.2%。第二类 10 亩以下少地户，占总农户的 37.9%，占有总耕地的 12.3%。第三类 10 亩至 40 亩为中等户，这类农户数量最大，占总农户的 38.2%，占总耕地的 50%。

第四类和第五类有一个如何划分的问题。如果把占地 100 亩作为划分标准，则占地 40 亩至 100 亩的富裕户占总农户的 4.4%，占总耕地的 16.6%；占地 100 亩以上的地主户占总农户的 1.3%，占总耕地的 21.2%。如果把 150 亩作为划分标准，则占地 40 亩至 150 亩的富裕户占总农户的 4.9%，占总耕地的 20.3%；占地 150 亩以上的地主户占总农户的 0.8%，占总耕地的 17.5%。据此可见，农民所有制显然占据主导地位。

我们倾向于把占地 150 亩以上的庶民户，以及占地 100 亩以上的绅衿户作为地主。按这个划分标准，占地 40—150 亩的富裕户占总农户的 5.6%，占总耕地的 19.1% 多；第五类地主户，即占地 100 亩以上的绅衿户及占地 150 亩以上的庶民户，共占总农

[①] 为了更好地阐明清代前期地权分配情况，本节论述范围不限于垦荒地区。

户的0.9%，占总耕地的18.6%。之所以采取这种划分方法，是因为清初地多人少，每户占有的土地相对地说要多一些。又从占地较多之户所缴纳丁银数额考察，这类农户所纳丁银较多，说明劳动力较为充足。据《获鹿县编审册》载：康熙四十五年，即未实行摊丁入地以前，丁银还另行征收，该县凡占地100亩以上的富裕户，一般缴纳丁银较多。二十五甲中，22户占地100至150亩的庶民户缴纳丁银及占地情况如表13-1-2所示。

表13-1-2　获鹿县康熙四十五年二十五甲22户庶民纳丁银及占地情况

户主	丁银（钱）	耕地（亩）	户主	丁银（钱）	耕地（亩）	户主	丁银（钱）	耕地（亩）
赵从会	6	106.4	聂兴忠	6	104.8	聂进成	4	101.0
刘焕	9	130.1	赵邦现	1	101.1	聂希极	4	121.2
林文学	3	104.5	林标	3.6	112.2	康七儿	6	105.5
李义	8	126.0	张明贵	5.7	101.3	魏有的	4	102.5
魏建猷	5	109.8	魏建烈	0.8	100.0	魏志玉	5	100.5
于城	5	104.7	魏其	5	139.7	段春	6	111.4
史上才	8	108.4	石应存	8	132.2	赵联捷	7.8	106.2
姬彪	6	124.1						

资料来源：《获鹿县编审册》。

这22家农户，所纳丁银共120.4钱，每户平均需纳5.5钱。按当时一丁所纳丁银多则一钱几分，少则几分[①]的通例衡量，这些农户应该是丁口多、劳动力充足的。从当时生产力发展的水平看，一个男劳动力，一年可以种水田十几亩，或种旱地二十几亩。[②]获

[①] 《获鹿县档案·康熙四十五年编审册》，又光绪十一年《重修新乐县志》卷二，《赋税》："照行差例，每丁征银一钱。"

[②] 乾隆十三年八月辛亥《山东巡抚阿里衮复奏》云："江浙等省土窄，一夫耕不过十余亩。"山东"多旱田易种，一夫亦不过二十余亩"。朱云锦《豫乘识小录·户口说》（见《皇朝经世文编》卷三十）说，"一夫之力耕旱田可三十亩，治水田不过十亩，而耕之所入较旱可倍增"。

鹿地处北方，以旱田为主，若一家有三五个劳动力，有田百来亩，一般都可以自种。这类农户大都具备这种条件。因此，他们所占耕地，多系自耕自种。有的农户也可能雇工，但主要是靠家人劳动，亦毋庸出租。100亩以上的生员、监生、举人、内阁中书等官绅之家，则或者靠出租土地，收取地租，或完全靠雇工经营。① 考虑到这一实际情况，所以我们把占地100亩以上的绅衿户作为地主户处理。由于材料本身有一定局限性，土地出租及雇工情形都不清楚，我们的划分标准不一定十分准确，只是提出来供读者参考。

六十五年后的乾隆三十六年，获鹿县五社九甲，② 各类农户占地情况是：无地户占总农户的17.7%；少地户占总农户的46.1%，占总耕地的11.8%，该类农户户数所占比重增长，所占耕地面积却减少；中等户占总农户的29.2%，占总耕地的39.2%，此类农户的户数及耕地所占比重都在减少；富裕户占总农户的8.3%，占总耕地的36.7%，其户数及耕地面积所占比重都有增长；地主占总农户的0.9%，占总耕地的12.4%，户数比重没有变化，所占耕地比重变化不大。值得注意的是，农民所有制在比重上的统治地位没有改变。

尽管农民占地地位没有变化，但土地兼并还是在激烈地进行着。获鹿县三社四甲③在不同时期，各类农户占地情况的变化如表13-1-3所示。

获鹿县三社四甲各类农户，在短短三十年间发生了很大变化：无地户增加了；10亩以下的少地户及10亩至40亩的中等户的户

---

① 道光七年李程儒：《江苏山阳收租金案》，见《清史资料》第二辑，说："士君子不亲稼穑之劳，类皆以田与人佃作，岁收其租入以供赋。"又说："士大夫之有恒产者，未能春则耕、秋而敛也，于是，佃其邑之农民，俾之耕作，岁取其租。"
② 五社九甲是：任村社十甲，永壁社六甲，龙贵社八甲，名丘社二、三甲，太平社一、五、六、七甲。九甲共有1 279户，耕地19 532亩。
③ 三社四甲是：郑家庄社二、四甲；甘子社九甲，同治社下五甲。

数，以及所占的耕地面积都出现了下降趋势；40亩以上的富裕户的户数，及所占耕地面积都出现上升趋势。从这里，可以清楚地看到两极分化的现象：一部分农民卖地破产，下降为少地户或无地户；一部分农民则在兼并过程中上升为富裕户，甚至有的上升到地主行列。土地集中的趋势很显著。

表13-1-3　直隶获鹿县康熙四十五年（1706）与乾隆元年（1736）三社四甲各类农户占地比较

类别 地亩 时间 户数	户数 康熙四十五年（1706）	%	乾隆一年（1736）	%	耕地面积（亩）康熙四十五年（1706）	%	乾隆一年（1736）	%
无地户	209	19.5	279	22.5	—	—	—	—
不足1亩户	40	3.7	55	5.0	21.7	0.1	35.4	0.2
1—10亩户	348	32.5	332	30.3	1 859.1	12.3	1 742.0	11.1
10—20亩户	247	23.1	201	18.4	3 441.9	22.9	2 877.4	18.4
20—30亩户	106	9.9	91	8.3	2 512.6	16.7	2 246.8	14.8
30—40亩户	48	4.5	48	4.4	1 667.6	11.1	1 610.6	10.3
40—50亩户	22	2.1	24	2.2	975.2	6.5	1 064.5	6.8
50—60亩户	19	1.8	22	2.0	1 049.4	7.0	1 180.1	7.5
60—70亩户	14	1.3	13	1.2	897.8	6.0	835.1	5.3
70—80亩户	3	0.3	7	0.6	227.8	1.5	525.2	3.4
80—90亩户	2	0.2	1	0.1	165.9	1.1	87.3	0.6
90—100亩户	1	0.1	2	0.2	98.3	0.7	189.	1.2
100—150亩户	5	0.5	6	0.5	598.2	4.0	828.6	5.3
150—200亩户	4	0.4	8	0.7	731.2	4.9	1 190.8	7.6
200亩户以上户	3	0.3	5	0.5	807.2	5.4	1 244.9	8.0
合计	1 071		1 094		15 053.7		15 658.9	

资料来源：《获鹿县编审册》。

再看安徽省休宁县的情况。根据保留下来的康熙五十五年休宁县三都十二图六个甲（第六甲五十五年编审红册脱落，采用康熙五十年地亩统计数）编审红册看，六甲共计233户，有耕地

1 134.3亩，其地权分配如表13－1－4所示。

表13－1－4　　安徽省休宁县康熙五十五年（1716）
三都十二图六甲各类农户占地统计

类别	户数	%	耕地（亩）	%
无 地 户	11	4.7	—	—
不足1亩户	58	24.9	27.4	2.4
1—5亩户	83	35.6	221.5	19.5
5—10亩户	39	16.7	273.1	24.1
10—15亩户	29	12.4	351.8	31.0
15—20亩户	7	3.0	117.6	10.4
20—25亩户	4	1.7	853	7.5
25—30亩户	2	0.9	57.5	5.1
合计	233	100	1 134.3	100

资料来源：中国社会科学院经济研究所藏：《休宁县三都十二图（上）编审红册》，#税A20，#税147。

一般来说，占地较多的农户，一般丁口较多，如三甲姚春阳占地20.6亩，他家有三个丁，四甲复建占地29.9亩零，他家有四个丁，汪宗占地27.7亩，他家也有四个丁。此处系山区，山多地少，农户占地面积相对少些，但一家有三四个丁，占地二十几亩，似乎还够不上地主。由此看来，此处地权相当分散，绝大部分土地还掌握在农民手中。

安徽地区地权分散的情况，还可以通过《霍山县志》所载材料得到证明。该志记载，到乾隆年间，"中人以下，咸自食其力，薄田数十亩，往往子孙世守之，佃而耕者仅二三"[1]。从这个记载里我们可以看到，清代前期小土地所有制在该县占据统治地位。

---

[1]　光绪《霍山县志》卷二。

又据陕西巡抚毕沅奏称，乾隆四十年间，他曾经到西安、同州、凤翔三府，邠、乾二州考察，当地情况是"耕读相半"，"殷实之户，十不得一"①。从他的奏报中，我们可以看到小土地所有者在数量上居于统治地位。

有些地区地权比较集中，如顺治八年，安徽黟县九都有土地3 604.11亩，占地100亩以上的14户地主，却占有该图60.25%的土地。②另举关于湖南的几个事例：清初，桂阳县邓仁心、邓仁恩兄弟有田数百顷③。乾隆十三年杨锡绂奏称："近日田之归富户者，大抵十之五六，旧时有田之人，今俱为佃耕之户。"④嘉庆年间，衡阳县刘重伟（木商）子孙"田至万亩"⑤。嘉庆壬申（1812），李象鹍奉父命析产为二，各收租六百余石。服中官后，置产数倍于前。至道光壬辰（1832）仍合旧产为二析之，"较壬申数且六七倍矣"⑥。关于江苏的几个事例：康熙年间，松江府"遂有一户而田连数万亩，次则三四五（千）至一二万者"⑦。无锡县徐乾学，买慕天颜无锡田一万顷。⑧乾隆时期，海州孟鉴有地五千余亩。⑨嘉庆十二年，海州李法泳等，买到程继祖等祖遗海州五庄田共二百余顷。⑩江北、淮南一带，康熙年间，盛枫指出："区方百里以为县，户不下万余，丁不下三万，其间农夫十之五，庶人在官、与士大夫之无田及逐末者十之四，其十之一则坐拥一县之

---

① 毕沅：《陕省农田水利牧畜疏》（乾隆四十七年），《皇朝经世文编》卷三六。
② 汪庆元：《清初黟县鱼鳞册所见乡村社会的土地租佃关系》，《古今农业》2011年第4期，第55页表2。
③ 同上。
④ 王闿运：同治《桂阳直隶州志》卷二〇。
⑤ 杨锡绂：《陈明米贵之由疏》，《皇朝经世文编》卷三九。
⑥ 彭玉麟等：《衡阳县志》卷一一。
⑦ 李象鹍：《闽郡呈请入祀乡贤祠履历事实》，《棣怀堂随笔》卷首。
⑧ 叶梦珠：《阅世编》卷一，《田产》。
⑨ 王先谦：《东华录》卷四四。
⑩ 中国社会科学院经济研究所藏：《刑部档案》抄件。

田，役农夫，尽地利，而安然食租衣税者也。"① 乾隆年间，直隶怀柔郝氏，膏腴万顷。② 清圣祖在康熙四十三年五月，根据当时土地兼并情况指出："约计小民有恒产者十之三四耳，余皆赁地出租。"③

我们再看看康熙初年江苏长洲县三个图地权占有及康熙四十年玉区十七图十甲占地分配情况（见表13-1-5）。

表13-1-5　　　　康熙初年长洲县三个图地权分配情况④

户别	户数	%	土地（亩）	%
无地户	661	49.4	0	0
不足5亩	395	29.5	713.946	9.3
5—9.99亩	115	8.6	803.645	10.4
10—19.99亩	84	6.3	1 185.519	15.4
20—29.99亩	27	2.0	640.589	8.3
30—39.99亩	10	0.7	355.733	4.6
40—49.99亩	8	0.6	370.182	4.8
50—99.99亩	29	2.2	2 124.557	27.6
100亩以上	9	0.7	1 506.048	19.6
合　　计	1 338	100.0	7 700.216	100.0

资料来源：章有义：《康熙初年江苏长洲三册鱼鳞簿所见》，《中国经济史研究》1988年第4期，第94页表。

按南方占地30亩为地主户标准计，长洲三图4.2%的地主户，占有三图耕地面积的56.6%。据《康熙四十年分本色统征仓米比簿》记载，江苏玉区第十七图十甲的全部粮户占地情况如表13-

---

① 盛枫：《江北均丁说》，《皇朝经世文编》卷三〇，《户政五》。
② 昭梿：《啸亭杂录》卷二。
③ 王先谦：《东华录》卷七三，康熙四十三年正月辛酉谕。
④ 章有义：《康熙初年江苏长洲三册鱼鳞簿所见》，《中国经济史研究》1988年第4期。

1-6所示。

表13-1-6　　江苏玉区第十七图十甲的全部粮户占地情况

占地（亩）	户数	耕地面积（亩）	各类农户占耕地面积百分比（%）
0.5 亩户	1	0.5	
2.0—5.5 亩户	9	35.1	1.1
13.7—18.0 亩户	2	31.7	1.0
43.0 亩户	1	43.0	1.3
251.0—334.7 亩户	10	3 120.3	96.6
	23	3 230.6	100

说明：此表系根据孙毓棠1951年7月1日发表于《历史教学月刊》第2卷第1期《清初土地分配不均的一个实例》一文中资料整理而成。

按清朝里甲编制，每十户为一甲，设一甲长，故每甲实为十一户。玉区十七图十甲农户应为一百一十户（实际可能有些出入）。如按一百一十户估计，其中无地户八十八户，占地251亩以上者十户，由于周瑞跨两甲，实际上应为九户。这九户占有全图耕地面积96.7%。这是一个地权高度集中的例子。

从上述三个不同地区土地的分配状况来看，各地的情况很不相同。获鹿县事例表明，到乾隆三十六年，农民所有制在比重上仍占统治地位，没有改变。安徽休宁县事例表明，大部分土地掌握在农民手里。江苏玉区事例表明，九户地主几乎囊括了全图的耕地。当然，以上只是个别县份，甚至是个别村庄的事例，材料本身具有一定局限性。但可以得出如下论断：清前期有些地区地权是集中的，有些地区地权是分散的。这还是明末农民大起义没有直接冲击或虽经过农民战争的冲击但不十分严重的地区。从全国情况看，经过明末农民大起义的打击，豪绅地主衰落的地区，其土地占有关系的变化会更大。原来流离失所的农民，在清初招垦政策鼓励下，很多通过垦荒占有土地，成了自耕农民，地权分配趋向分散是容易理解的。有部分地区，尤其未经农民战争冲击的地区，若江、浙、闽、粤、赣诸省，地主所有制仍占据统治地位，前述顺治八年安徽黟县九都六图，康熙初年江苏长洲三图，以及江苏玉区就是显著的例子。从以上事例来看，清前期有地权很分散的地区，也有较分散的地区，也有个别地方显得很集中。中国幅员如此之大，各个地区发展是不平衡的，一刀切的做法是行不通的。但相对明代中后期而言，地权发展总的趋势应是趋向分散的。这时期自耕农占了主导地位，大部分地区基本实现了耕者有其田。从总体来看，这时有百分之八十或八十以上的土地为小土地所有者占有。这是造就康乾盛世的经济基础。

如果在地权占有中，自耕农失去主导地位，盛世就不可能出现，甚至可能导致社会动荡不安。嘉道至清末，由于土地兼并加剧，地主阶级占有土地不断增加，而自耕农却不断失去土地。这时，地权占有情况发生了变化，自耕农占有土地的比例不断减少，失去了原来的主导地位；而地主阶级占有土地的比例在不断上升。这种新型地权结构，破坏了原有地权占有的平衡，结果引起社会动荡和不安，甚至爆发了像太平天国这样大规模的农民起义。地权分配之重要，在这得到了很好的印证。下面，我们将就这一问题进行论述。

清代后期，与地权集中同时，部分地区小农经济也得到发展，如巴山老林地区的开垦，让部分失去土地的游民，又重新获得部分土地产权。使小土地占有比重维持在一定水平。到清后期，蒙地放垦、围场招垦，旗地民田化，以及太平天国运动失败后，人亡地荒情况严重，清政府鉴于国家财政困难，急于招垦，虽有维护原主产权一说，但许多地主已在战争中或死或逃。这也为造就新的自耕农创造了有利条件。又使部分地区地权趋于分散，小土地所有者获得继续生存的机会。这种情况一直延续到民国，并与民国共始终。这点不容忽视。

据李金铮研究，民国时期，小土地所有者占据主导地位的情况,还在河北定县得到体现。1937年,定县翟城村各阶层土地占有情况是:地主户占有15.04%的土地,富农户占有10.51%的土地,中农户占有49.94%的土地,贫农户占有18.77%的土地(详见表13-1-7)。

表13-1-7　　1937年前定县翟城村各阶级土地分配统计

阶层类别	户 数量	户 %	人 数量	人 %	占有土地(亩) 数量	占有土地(亩) %	人均土地(亩)
地主	6	1.11	65	2.22	1 377	15.04	21.3
富农	16	2.96	106	3.62	962	10.51	9.1
中农	231	42.78	1 451	49.61	4 570.8	49.94	3.15
贫农	250	46.30	1 159	39.62	1 718.2	18.77	1.47
无地赤贫	37	6.85	144	4.92			
校田					525	5.74	
总计	540	100.00	2 925	100.00	9 153	100.00	3.13

资料来源:据《定县翟城村贯彻土地政策为中心发动群众的经过情形》(1948年),定县档案馆藏革命历史档案第57卷资料整理。转见李金铮《相对分散与较为集中:从冀中定县看近代华北平原乡村土地分配关系的本相》,《中国经济史研究》2012年第3期。

小土地所有者占有土地的比重,在清代各个历史时期虽有所不同,但小土地所有者一直在延续,这是不争的事实。

二　清后期自耕农减少

为什么道光末年至咸丰年间会爆发以太平天国运动为首的农民大起义呢?其原因很多,有政府政治腐败,有帝国主义入侵,有阶级矛盾尖锐,有灾荒人祸,等等。这些认识都是对的,从不同角度来探讨问题发生的原因是可取的。不过,这些认识还是停留在表面上,没有看到问题的实质所在,没有把地权占有的变化,作为核心问题进行分析。因为经济是基础，经济基础若发生变动，原来占有土地的农民失去了土地，生活便无以为继，为了生存下去，他们就得夺回曾经被夺走的土地。这是农民起义的深层原因。如果回避这一点，对问题就无法做到迎刃而解，只能是隔靴搔痒而已。在当时社会经济还不发达的情况下，土地是当时占人口百分之九十的农民主要的谋生手段，也是他们的财富象征。有了土地就有生活来源，失去土地就意味着失去生活源泉。土地是农民的命根子。如果看不到这个问题的重要性，就如同牵牛抓不住牛鼻拴一样，瞎忙乎，或像盲人摸象一样，瞎折腾。只有牢牢地抓住土地占有情况这一牛鼻子，问题才能一解百解。由于清代土地兼并伴随着社会经济发展，以及在吏治败坏，天灾人祸等因素的影响下，而不断扩展。乾隆中后期以后，各个地区地权加速转移，地主占有土地比例上升，尤其在南方一些省份更为突出。这使得自耕农不断失去土地，两极分化加剧，阶级矛盾加深。造成太平天国运动的原因虽然很多，但最根本的问题，或说最深层的原因，就是土地兼并加剧，致使土地占有严重失调。如果探讨太平天国运动，或是探讨清代为什么会由盛转衰，不从地权占有的角度去分析，其结果只能是瞎子点灯白费蜡，看不到要害，并迷失方向。

下面探讨嘉道至清末地权占有若干问题。

1. 土地兼并加剧

土地兼并问题，有清一代始终存在。清前期，由于政府有能力调控，土地兼并还能被控制在一定范围内；不过乾隆中期以后，政府失去了调控能力，于是兼并之风愈演愈烈，尤其是太平天国起义失败后，兼并之风更加剧烈，以致破坏原有的地权占有格局，致使有清一代由盛而衰，由衰而至灭亡。

清代地权变化与政治腐败息息相关。清代吏治有一个发展变化的过程。清朝初期，官吏沿袭明末官场遗风，贪污受贿成为常态。经顺康两朝整治，出现了吏治廉明的气象。康熙晚年，由放松对吏治的整治，到放纵贪污受贿的行为，吏治一度出现反复。雍正上台后，对吏治进行严厉整饬，又出现了政治清明的局面。乾隆晚期，尤其是和珅得势后，贪腐之风盛行，而乾隆帝却沉醉于盛世之中，不思求进，对大臣提出的"各督抚声名狼藉，吏治废弛"的警告，不予理会。甚至视其为"诬及朕躬"①。晚年乾隆凡事宽纵、容忍，以致重蹈清圣祖晚年的覆辙。② 直到乾隆六十年，他才承认："吏治废弛已极。"③ 尤其和珅当政后，吏治更走向腐败。贪污受贿之风日炽，农民赋税徭役日重，加上灾荒肆虐，官吏、商人、地主乘机兼并土地，嘉道咸同光五朝则愈演愈烈。地权分配状况发生逆转，地主阶级占地比例在增大，自耕农日趋减少。社会被动荡不安的局势笼罩着。

《清史稿》认为，清政府的田赋征收，截至乾隆初年，"尚少浮收之弊"，"其后诸弊丛生"④。在清政府的肆意搜刮下，一位名叫柯悟迟的时人指出：田主不堪重赋"朘削"，有"弃田不顾者"；重赋"朘削"又加速农民贫困化，很多"小户"在"脂膏已竭"的情况下，"苟有恒产，悉售于大户"⑤。

这种情况在江南地区更为突出。如江淮之间各州县，农民耕种之家占十之五，衣食盐漕与工商各业者，占十之四，另外十分之一的地主阶级，"则坐拥一县之田，役农夫，尽地利，而安然衣食租税者也"⑥。嘉庆初，清查乾隆后期大贪官和珅地产时，查出地亩八千顷。⑦ 道光年间，没收英和田产计五百七十二顷余、琦善

---

① 《清高宗实录》卷一三七二。
② 李治亭：《清康乾盛世》，江苏教育出版社2005年版，第543页。
③ 《清高宗实录》卷一三六七。
④ 《清史稿》卷一二一，《食货二》
⑤ 柯悟迟：《漏网喁鱼集》，第4—6页。
⑥ 盛枫：《江北均丁说》，见贺长龄《清经世文编》卷三〇。
⑦ 中国第一历史档案馆藏：《和珅犯罪全案档》。

田产二百五十六顷之多。① 长洲徐佩瑗拥有土地六七千亩。② 与其同县的汪堃,有田四千余石。③ 吴江县柳兆薰的稻田有五千亩上下。④ 吴县木渎的冯桂芬,占良田一千多亩;潘曾沂为筹建丰豫义庄,一次即捐出田二十五顷。⑤ 与他同县的沉懋德,富甲一邑,"有田万余亩"⑥。常熟、昭文县官僚地主庞钟璐、大学士翁心存等四大家,无不田连阡陌,为邑中大户。⑦

湖北沔阳人陆建瀛,曾任两江总督,在道光十八年分家析产时,继承水田 116 亩零。道光二十九年,长江中游遭水灾,他乘此机会,在两年内购买土地 1 234 亩为"义田"⑧。

湖南桂阳县邓氏,"兄弟田数百顷,以富雄一方,至用担石程田契,乘马不收,游食田野数十里,不犯人禾"⑨。又衡阳刘重伟兄弟,经营山场木材业致富,"至嘉庆时,子孙田至万亩"⑩。李文治等先生认为,在湖南,耕地的百分之五六十"归于富者"。某些县份如嘉禾,"土地尽为富者所有"⑪。

太平天国起义的发源地:广西桂平、贵县、平南、象州、陆川、博白六县及广东化州、信宜两县,在太平天国起义前,地权高度集中,约80%土地为地主所占。地主占地情况见表13－1－8。

---

① 参见郭毅生《太平天国经济制度》,中国社会科学出版社1984年版,第6页。
② 沈守之:《借巢笔记》,见《吴中文献丛书本》,第22—23页。
③ 《蠡湖异响序》,汪堃:《寄蜗残赘》卷一四。
④ 《太平天国史料专辑》,第386页。
⑤ 冯桂芬:《功甫潘先生暨配严宜人合葬墓志铭》,见《显志堂集》卷八。
⑥ 光绪《吴江县志》卷一九。
⑦ 郭毅生:《太平天国经济制度》,中国社会科学出版社1984年版,第6页。
⑧ 《河南巡抚陆应谷奏》,咸丰三年三月十三日,藏于明清档案馆,《录副奏折》。
⑨ 同治《桂阳县志》卷二〇。
⑩ 同治《衡阳县志》卷一一。
⑪ 参见严中平主编《中国近代经济史》(1840—1894)上册,人民出版社1989年版,第463页。

表 13-1-8　广西桂平等六县、广东化州等两县地主占地情况

时间	县村名称	地主姓名	占有地租数
道光年间	桂平县紫荆山	温宏开	紫荆山田地差不多都买完了
道光年间		王东城	有一万斤租田地
道光年间		王作新	在金田附近买了近二万斤租的田租
道光年间	桂平大宣里	盘龙村昌姓	有租八十多万斤
道光年间		安众村凌姓	有租九十多万斤
道光年间		竹围村陈姓	有租九十多万斤
道光年间		板下村罗姓	有"百万"家财
道光年间	桂平县彩村	一户罗姓	占田一百多亩，其余大部分土地为外村地主所占（全村水田三百七十亩）
道光年间	桂平县竹围村	陈六官	有九十万斤租
道光年间	桂平县盘石	陶姓	兄弟分家时，银子用大秤来称。他究竟有多少田地，无法知道
道光年间	桂平县石头脚	陈家	有十几万斤租
道光年间	桂平县江口圩	广东商人	买十把担、几十担种田*
道光年间	贵县庆丰	丘姓	买有二千零五十担租的田地
道光年间		温姓	买有九百五十担租的田地
道光年间	贵县牛运村	何家	有八百多担租的田地
道光年间		朱屋	有三百多担租的田地
道光年间		那良刘家	有一千几百担租的田地
道光年间	贵县庆丰	在城地主	全村田地五千亩，贵县城里地主占了四千五百亩
道光年间	贵县庆丰	何大爹	从万杨屯到东罗交界周围约二里的大片土地都是他的，有几千斤种的田
道光年间		万家	从万杨村门口起，直到下面牛搞车止的一大片田地都是他的，没有插花
道光年间	贵县西年塘	宋定轲	周围几十里的大片土地，却是他一家占有，每年收租百多万斤
道光年间	贵县湛江	四方头	他有百多担种的田地
乾嘉以后	平南县浔江两岸	陈、卢等八姓	占田都达一千至三千亩左右
鸦片战争后	平南县花洲	翁蚂蚁公	有横直十多里面积的土地
鸦片战争后	平南县八垌	胡琛	兼并土地二千四百亩。其他中小地主以及蒸尝田也不少。总计地主占有全部耕地面积的百分之八十以上

续表

时间	县村名称	地主姓名	占有地租数
咸丰年间	象州县大乐村	韦俊福父亲	有过百万斤租的田地
咸丰年间		谭敬芝	有几十万斤租
咸丰年间	象州县象州村	周家	从象州城往东北去，直到坡河二十里地的田全是他的，有百万斤租
道光年间	陆川县陆茵村	江绍鳌	有三千多石租的田地**
道光年间	陆川县乌石坡脚	罗荣龄	有千多石租田
道光年间	陆川县山口村	黄三爷	有五百多石租
道光年间	陆川县湖下堡	王志高	约有一千二百石租
道光年间	陆川县上堡旺	何汉荣	有一千二百石租田地
道光年间	陆川县水头坡	廖轩武	有一千多石租田地
道光年间	陆川县陆茵村	赖文谦	买田买到石垌、谢屋、门葵三处地方。在石垌买的田最多，共有一千石租
道光年间	博白县神坛岭	大鼻公	有三四千石租田地。有百把二百石租的人，在他那条村也有好几个
道光年间	博白县扶里	黄汝华家	有百多石租
太平天国	广东化州平定区	林新轩等	城内林新轩、龙轩、宗保、宗麟等大财主有一千多石租田地
太平天国	广东信宜城内	李家	有几万斤租谷的田地
太平天国	广东信宜丰垌	林家	有几万斤租谷的田地
太平天国	广东信宜附城	刘家	有上万斤租的田地
太平天国	广东信宜附城	陆家	有上万斤租的田地

资料来源：本表根据广西壮族自治区通志馆编《太平天国革命在广西调查资料汇编》，广西壮族自治区人民出版社1962年版，第1—8页资料编制。没有数计的资料删除。

说明：＊一担种田，约为十亩。

＊＊一般每石为一百二十斤。

下面再看广西桂平县金田村土地占有情况：

金田村原有耕地为750亩（表中，金田村耕地为938亩，这其中包括购买外村耕田约200亩在内），本村地主和外村地主共占耕地650亩,① 也就是说该村86.3%耕地为地主所占有，自耕农占地不过13.7%。据民国《桂平县志》称："县南三都、五秀及河北宣一、二里，……其田多为富室所有。"② 这里地权集中情况严重（见表13-1-9）。

表13-1-9　　道光年间金田村土地占有情况

姓名	占有水田数（亩）	说明
外村地主	440	其中以盘龙村昌姓地主占地最多，其次是竹围村陈姓地主和吉岭村凌姓地主，再次是武盛村何姓地主和板下村罗姓地主
韦源玠	260	金田村范围外的水田160亩，金田村内水田约100亩
谢启发	150	金田村范围外的水田约50亩，金田村内水田约100亩
谢合和父亲	30	家口较多，田地大部分自耕
韦源珖	10	
韦源珍	10	
谢启文	8	
谢礼和祖父	8	
黄德明	8	
黄德成	4	
黄德秀	4	
其余人户	6	
合计	938	

资料来源：本表根据广西壮族自治区通志馆编《太平天国革命在广西调查资料汇编》，广西壮族自治区人民出版社1962年版，第12—13页资料编制。

北方地区情况也亦然。《中国近代经济史》的作者认为：如直隶宣化府西宁县，"计村二百，为佃庄几三之一"③。即有66个村庄的农民几乎全部佃种地主的土地。其余134个村庄也不可能全

---

① 广西壮族自治区通志馆编：《太平天国革命在广西调查资料汇编》，广西壮族自治区人民出版社1962年版，附：《金田地区土地占有情况专题调查》。
② 民国《桂平县志》卷二九。
③ 同治《西宁新志》卷三九。

是自耕农，必然也有相当一部分土地为地主所有。这 200 个村庄的地主占地合计当在 50% 以上。就直隶武清县而言，据 1888 年资料，各类农户比重，自耕农占 70%，佃农占 30%；各类地主比重，占地百亩者占 60%，占地万亩者占 10%，其余 30% 在百亩至万亩之间，此外尚有占地 10 万亩的最大地主一户。但自耕农每户占有土地很少，总计其所占耕地面积不会超过 50%，地主户仍占据统治地位。又据 1883 年报道，直隶一个县份不明的村庄，有 300 户人家，其中占地 400 亩者 8 户，占地 100 多亩者 30 户，大多数农户占地不到 20 亩，不少人家没有土地。据此估计，地主所有制也占统治地位。①

山东省土地兼并情况也很严重，尤其是鸦片战争后尤为突出。据景甦、罗仑调查，章丘县矜恕堂孟姓地主，在鸦片战争前 120 年间（1718—1838），曾前后七次买地，共购得土地 46.86 亩；鸦片战争后短短九年间（1842—1850），却买入耕地 196.7 市亩。② 鸦片战争前，该地主年均购地仅 0.39 亩而已，而鸦片战争后，年均购地多达 21.86 亩。淄川县荆树堂毕姓地主，乾隆末年仅有土地 100 余亩而已。而后，嘉庆年间增至 300 余亩，道光年间又增至 900 余亩。③ 而这些土地大多数是鸦片战争后 10 年间所置。又如山西巡抚梁萼涵，原籍有田 1 000 余亩，道光中期出任山西巡抚。这期间，他在寄籍之地却购田 5 000 余亩。④ 可见兼地之风之炽烈。

下面再引安徽徽州地区、福建地区、浙江宁波三地卖契为例，可以看到乾隆（含乾隆）以后土地买卖加速进行，以及地权集中

---

① 以上参见严中平主编《中国近代经济史》（1840—1894）上册，人民出版社 1989 年版，第 792—793 页。

② 景甦、罗仑：《清代山东经营地主的社会性质》，第 69 页。

③ 同上书，第 82—86 页。

④ 《已革前任山西巡抚梁萼涵家产》，道光二十八年，《题本·内政》，明清档案馆藏。

情况。

《明清徽州社会经济资料丛编》收有顺治至宣统土地卖田契163件，其中顺治朝1件，康熙朝41件，雍正朝12件，乾隆朝38件，嘉庆朝17件，道光朝15件，咸丰朝20件，同治朝9件，光绪朝5件，宣统朝2件。该书附表（一）载有卖田契251件。其中康熙朝63件，雍正朝38件，乾隆朝74件，嘉庆朝14件，道光朝30件，咸丰朝14件，同治朝9件，光绪朝10件。该书附表（二）还载有卖地契49件，其中康熙朝4件，雍正朝10件，乾隆朝19件，嘉庆朝1件，道光朝10件，同治朝1件，光绪朝2件，宣统朝2件。乾隆朝（含乾隆）以后出卖土地数为296款，占总数的63.9%。

《福建明清经济契约文书选辑》载有田地典卖文书418件。其中顺治朝5件，康熙朝27件，雍正朝30件，乾隆朝155件，嘉庆朝53件，道光朝60件，咸丰朝34件，同治朝17件，光绪朝32件。乾隆朝（含乾隆）以后卖地数为351款，占总数的84%。地权集中趋势明显。早在道光三十年前，台湾地区的地权已很集中，徐宗干指出："台民无业者十之七，皆仰食于富民。"[1]

浙江《清代宁波契约文书辑校》。该书辑有从道光六年起至光绪七年止的土地、山场、屋地买卖契约及借贷契约等共415件。其中卖田契（包括找契）计285件，卖山契（含找契）计51件，卖屋契（含房基地）计78件，借钱契1件。扣除借贷一纸外，土地、山场、房产买卖计414件。这414款田地、山场、房地产买卖中买主情况见表13-1-10。

从这份资料看，清代宁波遗留下来的契约中，95%的田、山、房产为毛坤山及其两子（兰、芝两房）所收买。土地、山场、房产为大户所兼并。

---

[1] 徐宗干：《斯未信斋文编》卷五，《请筹议积储》。

表13-1-10　　清代宁波土地买卖情况（道光六年至光绪七年）

买主	件数	买主	件数
买主不明	5	换地合同	1
毛荣勤	1	毛荣昌	1
永振	2	定全	1
维永	1	小叔	1
宗海	1	玉佩	1
双德堂	1	尔鉴	1
顺昌	4	松龄	1
毛坤山及兰、芝两房	392	合计	414

资料来源：王万盈：《清代宁波契约文书辑校》，天津古籍出版社2008年版。

太平天国起义失败后，由于地主阶级反攻倒算，军功地主壮大，商人乘机兼地，曾经一度衰落的地主阶级卷土重来，大肆掠夺土地；在一些没有受到起义军打击的地区，地主势力也在扩张。在这两种因素的作用下，晚清土地较前更为集中。

江苏苏州地区，一向豪绅麇集，地权集中。太平天国运动失败后，苏州地主很快就恢复了封建权势，他们原先占有的土地很多都原封未动。即所谓"各家其家，各业其业，衣冠不废"，"有田者岿然而独无恙"。这样，苏州豪绅地主在战后的土地占有，仍然居于绝对优势。或谓苏州地主"类皆世绅巨室"，或谓"苏属业主半是缙绅巨室"。随着时间的推移，土地日益集中于豪绅手中，即所谓"田日积而归于城市之户"。"自耕者十不及一，佃耕者十不止九。"就昆山县而言，地主占地在70%以上。苏北情况，据吴寿彭调查，徐海各属人民的生活单位是土围子，四围就有数十百家的农民，他们大都是种着寨主的土地。寨主是有一二百顷或者更多数目田地的地主；至于数十顷的小田主在江北是不足为奇的了。

湖北广济县，据《亚洲学会会报》调查，农民通常只占有

10%—30%的土地，① 亦即70%—90%土地为地主所占有，反映了当地地权高度集中的情况。

四川富顺县盐商李振亨，"置腴沃数千亩"。合川富商潘世干，原以"数千金起家"，至"拥资数十万"，转手"买田百余亩"②。简阳县胡日嵩，在很多村镇都有土地，"田田宅宅，相继络绎"。该县商家悦除自己广置田产外，还为诸弟买田千余亩。③ 芦山县任体良兄弟，"以农起家，富冠全县"④。眉州夏次珊，从善治田，买田1 000多亩。大竹县蒋仕超"家资万石"⑤。彭县舒璠有田千余亩。⑥ 像这类地区，地权也呈集中趋势。就全省而论，这可能是大多数州县的普遍现象。⑦

云贵两省，封建土地占有关系曾受到农民战争的冲击。但起义失败后，两省地权分配出现了逆转。《中国近代经济史》有关作者认为：回、彝、苗民起义失败后，清政府通过维护"原主"产权、没收"逆产"、清理"绝户"等措施，不少地方维持着原有的地权集中状况。他们认为贵州土地分配状况，从苗、汉地主的兼并考察，有太少州县地主占有制占着相当大的比重。云南大理县的回民田产被鹤庆、丽江、剑川、浪穹等籍军官所占有。中部富民县的九个区，有一个区三千数百户，其中有田耕种、足衣足食的只占十分之一，十分之九的农户耕地不足或没有土地；又一个区四千多户，"稍蓄盖藏者不过十之三"，其余十之七的农户，

---

① 《亚洲学会会报》卷二三，第102—104页。转见严中平主编《中国近代经济史》（1840—1894）下册，第797—798页。

② 严中平主编：《中国近代经济史》（1840—1894）上册，人民出版社1989年版，第462页。

③ 民国《简阳县志》卷一〇。

④ 民国《芦山县志》卷一〇。

⑤ 民国《大竹县志》卷九。

⑥ 光绪《重修彭县志》卷七。

⑦ 以上参见严中平主编《中国近代经济史》（1840—1894）上册，人民出版社1989年版，第797页。

"全恃耕佣度活"，这类是靠佣耕生活的主要业佃雇农；还有一个区，"贫寒者十之七八"。这些贫寒者都是无地、少地的农民。富民县这3个区，地主土地所有制很可能占据主要地位。①

根据以上情况，鸦片战争后至清末这段时间里，占人口约10%的地主阶级，占有总耕地的50%—60%。占总人口90%的农民，只占总耕地的40%—50%。

2. 人口激剧增长，人均耕地减少

随着社会发展，人口得到迅速增长，但产业却没有得到相应发展，几亿农民还是以农业为生。然而耕地面积的扩大，却远远落后于人口增长。这种状况的存在，使人均耕地面积减少。以乾隆三十一年、嘉庆十七年户均土地数做一对比（见表13-1-11）。

表13-1-11　乾隆三十一年、嘉庆十七年户均土地数比较

直省别	乾隆三十一年 人丁（口）	民田（亩）	每人亩数	嘉庆十七年 人丁（口）	民田（亩）	每人亩数
各直省总计	209 839 546	741 449 550	3.53	361 693 179	792 024 423	2.19
直隶	16 690 573	68 234 390	4.09	27 990 871	74 143 471	2.65
奉天	713 485	2 752 527	3.86	942 003	21 300 690	22.61
江苏	23 779 812	65 981 720	2.77	37 483 501	72 089 486	1.90
安徽	23 355 141	36 468 080	1.56	34 168 059	41 436 875	1.21
山西	10 468 349	53 548 135	5.12	14 004 210	55 279 052	3.95
山东	25 634 566	96 714 003	3.77	28 958 764	98 634 511	3.41
河南	16 562 889	73 137 563	4.42	23 037 171	72 114 592	5.13
陕西	7 348 565	25 957 947	3.53	10 207 256	30 677 522	3.01
甘肃	11 537 539	23 633 095	2.05	15 354 875	24 798 192	1.62
浙江	16 523 736	46 240 000	2.80	26 256 784	46 500 369	1.77

① 以上参见严中平主编《中国近代经济史》（1840—1894）上册，人民出版社1989年版，第799—800页。

续表

直省别	乾隆三十一年			嘉庆十七年		
	人丁（口）	民田（亩）	每人亩数	人丁（口）	民田（亩）	每人亩数
江西	11 540 369	46 100 620	3.99	23 046 999	47 271 107	2.05
湖北	8 399 652	56 844 390	6.77	27 370 098	60 518 556	2.21
湖南	8 907 022	31 308 342	3.52	18 652 507	31 581 596	1.69
四川	2 958 271	46 007 126	15.55	21 435 678	46 547 134	2.17
福建	8 094 294	13 804 703	1.71	14 799 158	14 517 472	0.98
广东	6 938 855	33 696 253	4.86	19 174 030	32 034 835	1.67
广西	4 706 176	9 975 244	2.12	7 313 895	9 002 579	1.23
云南	2 148 597	8 336 351	3.88	5 561 320	9 315 126	1.67
贵州	3 441 565	2 763 062	0.78	5 288 219	2 766 007	0.50

资料来源：根据梁方仲编著《中国历代户口、田地、田赋统计》，上海人民出版社1980年版，乙表74、乙表76两表制成。

从乾隆三十一年至嘉庆十七年，计四十七年间，人口增长为72.37%，而耕地面积只增加6.82%。除奉天这个新垦区人均耕地有大幅度增加，以及河南人均耕地略有增加外，其余十七个直省的人均耕地面积皆在下降。至道光年间，全国人口突破四亿大关，然而土地增加有限，人地矛盾更加突出。为了维持家庭人口粮食供给，需要从地主手中租地耕种的农民更多。这样，有更多的农民向佃农阶层转化。人多地少的矛盾出现，给地主增租夺佃创造了客观的历史条件。与此同时，也扩大了农民抗租斗争的队伍，增加抗租斗争的力度。

乾隆中后期以后，随着社会经济发展，以及吏治败坏，贪官污吏侵渔，土地兼并情况日趋严重。顺治至乾隆中期，自耕农占主导地位情况发生变化，到清末地主占有土地已增至50%—60%，自耕农及半自耕农占有土地下降至40%—50%。生产资料占有的这种变化，给乾隆中后期社会发展的不安定带来巨大影响。

第二节 分家析产对地权的分割

一 分家契约

在中国封建社会里，世代同堂是人们所追求的理想，但到明清以后，四世同堂、五世同堂的家庭已经逐渐衰落。下文试以清代直隶获鹿县家庭人口结构来说明这一情况。

嘉庆、道光、咸丰三朝，获鹿县保存下来的烟户册共计一百零一本，包括九十个自然村。嘉庆朝户数为四千三百四十六户，五口以下（含五口）家庭占百分之六十八点一八，十口以上（含十口）家庭仅占百分之七点二五；道光朝户数为四千五百一十七户，五口以下（含五口）家庭占百分之七十一点一八，十口以上（含十口）家庭仅占百分之六点八二；咸丰朝户数为二千八百一十户，五口以下（含五口）家庭占百分之七十三点一一，十口以上（含十口）家庭占百分之六点四五（详见表13-2-1）。

表13-2-1　嘉庆、道光、咸丰年间直隶获鹿县家庭人口结构

类　别	嘉庆朝 户数	%	道光朝 户数	%	咸丰朝 户数	%
1人户	144	3.31	152	3.37	168	5.98
2人户	524	12.06	582	12.88	383	13.63
3人户	805	18.52	898	19.88	545	19.40
4人户	829	19.08	929	20.57	549	19.54
5人户	661	15.21	654	14.48	409	14.56
6人户	471	10.84	427	9.45	252	8.97
7人户	276	6.42	278	6.15	165	5.87
8人户	169	3.89	183	4.05	90	3.20

续表

类　别	嘉庆朝		道光朝		咸丰朝	
	户数	%	户数	%	户数	%
9人户	149	3.43	106	2.35	68	2.42
10人户	96	2.21	88	1.95	60	2.14
11至15人户	182	4.19	168	3.72	107	3.81
16人及以上户	37	0.85	52	1.15	14	0.50
合计	4 346		4 517		2 810	

资料来源：《获鹿县档案》，嘉庆、道光、咸丰年间《烟户册》。

可以看出，清代获鹿县家庭，大多由父母加上几个未成年子女组合而成。当儿子成年结婚后，一般又从父辈家庭中分析出来。不论是普通百姓家，还是缙绅之家，分家已成普遍潮流，或者说是社会的一种习俗。

关于财产继承问题，中国社会有自己独特的方式，一般在财产继承时采取诸子均分制。这种做法不但体现了父母对诸子的爱，更是传递中国和谐文化强有力的载体。

到了宋代，由于世代同堂的习俗开始衰微，诸子分居析产日渐普遍。顾炎武在其《日知录》中记载："宋孝建中，中军府录事参军周殷启曰：今士大夫父母在而兄弟异居，计十家而七；庶人父子殊产，八家而五。"[①] 这时，分家析产已替代世代同堂而成为社会习俗。到了明清时期，这种情况更为突出。这时虽仍有数代同居的大家族存在，但兄弟乃至父子分财析产已成普遍现象，"人家儿子娶妇，辄求分异"[②]。山东滕县，"淳庞之气益漓浮薄，以至父子兄弟异釜而炊，分户而役"[③]。山东濮县，"一父一子，多有分爨者"；"财利相见，虽兄弟锱铢必形于色"[④]。江苏沛县出

---

① 顾炎武：《日知录》卷一三《分居》。
② 同上。
③ 顾炎武：《天下郡国利病书》第十五册《山东（上）》，引《滕县风俗志》。
④ 康熙《濮县志》卷二。

现"兄弟相阋，什室而五"① 的情况。浙江兰溪县或谓"男壮出分，竞争家产"②。直隶大名府，"亲亡，兄弟异产，亦有亲在，遽析箸者，俗不为怪"③。广东则"父子各爨，兄弟异籍"④。四川情况更甚，兄弟之间为争夺遗产，每"争讼不已"⑤。徽州地区，关于分家析产之事有许多记载。雍正三年一份分家书称："因内称不合，予恐日久资本渐削，且同事一业，或生疑忌，不若乘年少之精力，另创基业，禀请父亲分析。"⑥ 雍正年间曹氏分家书称："唯愿数世同居，兄弟子姓孙枝相乐，盖以人心不古，诚恐日后分爨田产财物起争端，迄今兄弟花甲已周，犹子亦将四旬，各能顶立门户，今三房公同商议，将承祖遗业并新置产业……等项，肥瘦、新旧品搭均匀，分作天地人三阄。"⑦ 雍正年间胡氏分家书谓："树大则分枝，源长则流别。理势然尔。"⑧ 雍正年间陈正常、徵、时分家书谈到为什么要分家时云"反开阋墙衅隙，窃恐枯树摧残，伦常乖戾，为此请凭亲族"⑨ 公平均匀分配。乾隆年间的胡氏分家书曰："今余（吴胡氏）年将老迈，精神恍惚，家政不克。"⑩ 遂将家户分析。程尚权兄弟分家书则称："吾母之苦，余兄弟尚能早为代之，而余兄弟之苦，子侄辈恐不能早为之代也，何也？当事早则世故深，庇荫之下谁知艰难耶。故与其聚居而使子侄或荒于嬉，曷若分居而使子侄各竭其力。"⑪ 中国社会科学院

---

① 乾隆《沛县志》卷一。
② 《古今图书集成》，《职方典》卷一〇〇六《浙江总部》第一三九册。
③ 乾隆《大名府志》卷二〇。
④ 嘉庆《广东通志》卷九三。该志又称："兄弟异居，父子割户。"
⑤ 光绪《新繁县名士志》卷五，张澍《蜀典》。
⑥ 中国社会科学院经济研究所藏屯溪资料，《雍正三年分家书》，B017。
⑦ 中国社会科学院经济研究所藏屯溪资料，分383。
⑧ 中国社会科学院经济研究所藏屯溪资料，《雍正胡氏分家书》，分034。
⑨ 中国社会科学院经济研究所藏屯溪资料，《雍正十二年陈正常、徵、时分家书》，分584。
⑩ 中国社会科学院经济研究所藏屯溪资料，《乾隆五十一年胡氏分家书》，分587。
⑪ 中国社会科学院经济研究所藏屯溪资料，《程尚权兄弟分家书》，B015。

经济研究所珍藏这样的分家书有百件之多。从时限上看,涵盖了清雍正以后各个朝代,资料本身也很有代表性。

下面,我们介绍江西宁都魏氏家族前后两次分家析产的情况。第一次析产在康熙二十三年。魏礼有三子,为傲、俨、侃。时魏礼名下有田三百七十二石。最小的儿子侃过继给叔兄为后,在析产序中记叙:

> 汝兄弟三人,侃出抚为吾叔兄后,其遗产岁得谷百十六石,而缩收与播精实为石六七十有奇。傲、俨请曰:弟虽后仲父,产薄恐不给食,愿割己分以益弟,于是以收百石谷之田以畀侃,而傲、俨乃各得百八十有六石之田。①

世傲分家后,大量购置田产,经十八年努力,田产自一百八十六石,增至五百五十石。康熙四十一年,世傲奉母命,将田产分给诸子。傲有子三人,为济、瀗、溛。魏世傲在《析产序》中言:

> 计平昔所自创及先子所分受,奉老母命,集诸子而阄分之。济、瀗、溛各得田百五十石,山城居室奴婢皆有定分。沆最幼,出抚为季弟子,不得与三兄均拾,除田百石以车[衍字]畀之。②

分家析产的合同,还可以从福建省侯官县林则徐兄弟析产阄书看到。

> 余世居玉融。始祖高德公,宋进士。传十世至榕山公,

---

① 魏礼:《魏季子文集》卷七,《二子析产序》。
② 魏世傲:《魏昭士文集》(《耕庑文稿》)卷三,《析产序》。参见傅衣凌《明清农村社会经济·明清社会经济变迁论》,中华书局2007年版,第285—287页。

第十三章 民田的分割

余支祖也。公生二子，长存素公，余之五代祖，墓在玉融。存素公生高祖学发公，迁居省垣，生曾祖启采公，墓俱在北关外飞来峰下。启采公生祖北塘公，墓在北关外铜盘山。北塘公，余未逮事。余生时，祖母郑（氏）尚存。乾隆二十三年，祖母将祖遗田宅匀作五股，均分五男。余父系第四房，阄分稻谷三十挑，住房数间，另有书田十担，此玉融祖例也。父身到黉宫，未经中式。亦生五男，都无生业，家口浩繁。十余年间□□□□□父游山东、河南等省；母为余长兄芝岩公娶室谢氏。未几，祖母归天，母胡孺人继逝，余第五弟天裕亦夭亡。父游学方归，为余次兄孟昂公娶妇郑氏。缘外欠颇多，利息重积，将住房售人以偿债务。逾年之间，父亦逝世。家无一尺之地，半亩之田。既无田产可分，自无阄书可据。兄弟四人，各散谋生，自食其力。第三兄孟典公未尝娶妻，寄人庑下，代理家计。余教读营生，父母归土后汗积两年，娶妻陈氏。生男两人，长则徐，次需霖，女八人。又积两年，典得左营司小屋一座，以为遮头之所。外作蒙馆舌耕，二男受学；内作女红之所，女子帮助。半饥半寒，迁就度日。迨长男入泮，中式后，始就张中丞兰渚之聘，年得修金二百两零，代予显考钱塘公还刘则方借认之债，又谢家凑去十千文写给断契，此余买宅之权舆也。越两年，张中丞荐余将邑义学，年得修金二百两零。长兄芝岩公逝世，一切棺椁衣裳（衾）、治丧葬埋之事，系余捐资助理。族戚因长兄之子元庆系余胞侄，劝给月间伙食，限以年数，立有字据。余将上手无产可分、亦无阄书可据等语插入字中，免致将来唇舌，经族戚画有花押。厥后长子成进士，入词垣，出膺浙江杭嘉湖道外任，荐升江苏臬司兼署藩篆，所得廉俸，撙节之下，积蓄些微。余主讲将邑九年，亦省食俭用，积蓄些微，零星买置住房，递年得收租钱以带伙食，历年掌业无异。道光甲申秋，陈氏恭人弃余归仙，棺椁衣衾以及葬埋坟墓靡靡孔多，均系长男出赀经理，克展孝心，颇称无憾。服未阕时已有二次督催之命，素服从事，旋因病疟回家。逾数月，服尚未阕，又有两淮盐院之命。缘长男病疟未瘳，力恳孙制军代奏开缺。自臬署闻议算起，至本年十一月初三日止，禫服亦阕，理应诣阙谢恩，恭请简用，未敢一日暇居。余又年已垂暮，窃念次子霈霖虽出继第三兄，并无遗业可守，意欲将所置房屋留两座作余养赡。余殁后，或作祠堂杂用，或作祭典。将某屋某屋分与长子掌业，某屋某屋分与次子掌业。又念长女邓门、次女翁门、五女程门妆奁本薄，现已孀居，将龙门口四间店面分给三人碎用，以补从前所不足。系长男本意，余赞成之。第四女夫妇俱亡，不必计算。三女、六女、七女、八女夫妇齐眉，无烦余之代筹。长孙汝舟，例应抽取完娶项下，但念长男现在居官，长孙年纪又轻，尚可宽容，不必亟为筹划。标载一笔，以存长孙名分。今欲有凭，立阄书两纸，一付长男存照，一付次男存照。自阄分后，各自立志，丕振家声，克勤克俭，浸昌浸炽，毋负余之苦心，是所厚望也。所有房屋开列清单，以便查考。所有借人居住之屋，俟其有力，自行搬出。若余子孙要转售他人，此亦大不好光景，借居之人亦不得占住阻留也。

　　道光六年岁次丙戌十一月初三日立阄书文　　旸谷

　　　　从命长男　则徐（押）次男　霈霖（押）

　　（以下从略——引者注）

　　交次男霈霖收掌存照。①

下面再录清同治十一年山阴县沈氏等分公屋合同议单：

---

① 原件存北京大学图书馆，转见张传玺主编《中国历代契约会编考释》（下），北京大学出版社1995年版。

立分公屋议单人蒋室　亲霖　缘我 炳轩 硕轩

　　高祖求仲公遗下田亩房屋，均作我曾祖建勋、克昌、在闲公三房，早经分居。所有未分留存三房坑厕并公用之屋，以及求仲公名下续置房屋，共计屋四间，坑厕壹个，台门西首西来第三间平屋壹间，西边坑厕壹个，与建勋房坑厕间壁，又台门东边第壹房屋半间，东边进来第四平屋壹间，又东边第七小堂屋壹间。刻因派下间有分爨缺屋需用，我等议：将留存公屋坑厕仍作三股搭匀，定以台门西首西来第三间平房壹、西边坑厕壹个作一股；又台门东边门房半间，又东边台门进来第四平屋一间作壹股；又东边北来第七间小堂屋壹间作壹股，即三房拈阄撮分：克昌公曾孙硕轩（及）媳沈氏撮得台门西首西来第三间平屋壹间，西边坑厕壹个；建勋公曾孙春霖撮得台门进来东边第壹门房屋半间，又东边台门进来第四平屋壹间；在闲公曾孙炳轩（及）媳何氏撮得东边第七间小堂屋壹间。自分之后，自当照议撮定，各管各业。唯沈氏与硕轩两房业已分居，所分进前项池屋，亦应计值阄分。沈氏转拈得台门西首西来第三间平屋壹间，硕轩拈分得西边坑壹个，均系言定，各无异言。但沈氏所分之屋在西边，春霖所分之屋在东边，两家用场较为不便。当经通融商办，彼此互相易换，春霖当贴与沈氏钱柒千文，以照平允。是以台门西首西来第三间平屋壹间归春霖，东边台门进来第四间平屋壹间归沈氏。此系两相情愿，自后各照兑定管理业，永无翻悔。用将老三房公屋分开，以及沈氏与硕轩转分，并与春霖兑换，均系三面议定，毋须另立议据，各相允洽。欲后有凭，立此分屋并转分、兑换缘由附此，立总议单三纸，老房各执壹纸为据。

再批：立此合同分屋并转分兑屋缘由议据三纸，当交克昌房硕轩收存壹纸，又当交建勋房春霖收存壹纸，又当交一在闲房炳轩收存壹纸。现各登明，以便检阅。并照。

同治十一年正月　　日立合同议单人沈氏（押）同男

其槎（押）

何氏（押）春霖（押）

炳轩（押）硕轩（押）

议中堂叔　文光（押）朵卿（押）宝山（押）

莫雅山（押）[①]

从以上所列举的分家阄书（合同）可以看到，分家析产在清代已经是个很普遍的现象，不论是官宦家庭、地主家庭、商人家庭、普通百姓家庭，对此都是认可的。对分家析产他们不但不觉得是不道德行为，反而是认为像树一样长大了要分枝，像流水源长则别流那样自然。分家可避免吃大锅饭造成的生产中互相推诿、消极等待现象，有利于调动小家庭的生产积极性，提高生产效率，有利于生产发展。把分家看成仅仅是单纯的财产分割是不够的，也是不可取的。

二　土地法规

为适应社会发展需要，清廷也制定了财产继承法，继承法的实施，从法律角度上承认分家析产的合法化，为分家析产进一步扫除障碍。

《大清律例》继承法规定：

[①] 原件存北京大学图书馆，转见张传玺主编《中国历代契约会编考释》（下），北京大学出版社1995年版。

一、嫡庶子男，除有官荫袭先尽长子孙；其分析家财田产，不问妻、妾、婢生，止以子数均分。奸生之子，依子量与半分；如别无子，立应继之人为嗣，与奸生子均分；无应继之人，方许承继全分。

一、户绝财产，果无同宗应继之人，所有亲女承受。无女者，听地方官详明上司，酌拨充公。

一、无子者，许令同宗昭穆相当之侄承继，先尽同父周亲，次及大功、小功、缌麻；如俱无，方许择立远房及同姓为嗣。若立嗣之后，却生子，其家产与原立子均分。

一、妇人夫亡无子守志者，合承夫分，须凭族长择昭穆相当之人继嗣。其改嫁者，夫家财产及原有桩奁，并听前夫之家为主。

一、无子立嗣，除依律外，若继子不得于所后之亲，听其告官别立。其或择立贤能及所亲爱者，若于昭穆伦序不失，不许宗族指以次序告争并官司受理。若义男女婿为所后之亲喜悦者，听其相为依倚，不许继子并本生父母用计逼逐，仍酌分给财产。若无子之人家贫，听其卖产自赡。

一、凡乞养异姓义子，有情愿归宗者，不许将分得财产携回本宗。其收养三岁以下遗弃之小儿，仍依律即从其姓，但不得从无子遂立为嗣，仍酌分给财产，俱不必勒令归宗。如有希图资财冒认归宗者，照律治罪。①

《大清律例》有关继承之法中，最突出之处是：除有官荫袭先尽嫡长子孙外，其余所有家财田产分析时，都无例外，一律以子数均分，不管儿子是妻生、妾生、婢生，在财产继承法上都一律平等。

---

① 乾隆六十年《大清律例》卷八。

三　田产的积累

除了官僚和商人家庭之外，一般庶民家庭，其田产往往需要一个长期积累过程，并且也不是一帆风顺的。其形成一般由两个部分构成。一是继承祖业，如从父辈产业中分得一部分田产，二是自置田产。

在这方面，《屯溪档案》提供了十分珍贵的资料，下面举一些事例。

余祖起祖公自唐居休宁之旌城，十一传至宋文昉公第四子员公，七传至安公，始迁于钗川。由此而后，三传至福厚公，大明高皇帝定鼎金陵，□为匠籍，又充二十四都一图里役……至五世祖因当里长充败无措，所置之业，竟为乌有。云佳公生父讳社富公，生叔讳社荣公，生姑三……吾父七龄失怙，祖母孀居，叔祖居亡，家徒壁立，竭力耕耘，粗足衣食。元配母洪瑞塘程氏，生兄正宗，娶下古塘金氏，生姐英弟，适查田潘积钿。继母下古塘金氏，生身，生妹满弟，适麦歧村戴应时。又值家道徵（微）薄，勉充里役，奔驰催征，苦难尽述。……余年十五以六礼娶塘□许氏，善事公姑，克全妇道。至二十有七，以宗祧为悮（虞），娶侧室陈氏，生子三。……余自弱冠，拮据经营，十有余载。后于皇明万历三十九年，同本村金陈等营肆于芝城景德镇，贸易丝帛，克勤克俭，兢兢业业，迨三十年。幸赖祖宗之庇，蚨物稍裕。不意世道多艰，寇盗充斥，店业连遭焚劫，货物屡被挂欠，一生辛勤，徒劳无功，满腔郁结，双目昏盲。但逐年所置产业，并承租（祖）田地，若不清书于册，日久难以稽查，请凭亲族人等，除批与长孙（昭）外，其余因其肥瘠，三子平分。①

父幼失怙，所遗者仅老屋数椽，新屋间余而已，……今所存房屋田园产业，皆一生辛勤艰苦，手自置买创造者也。父今老矣，欲诸子媳同心协力，共相攒承，故将房屋田园等项分作三阄，每房各管一阄。②

余父谢世盖己巳仲冬也（康熙二十八年）。余甫四龄……仲兄曲承亲意，经营堂构，□筹之余，专治诗书。……迨今春始□□曰：吾年已五十，父所未竟之绪志焉未逮，……因念所遗家赀既经理二十余年，亦可□□其责矣。但今兹田宅颇与父分不符奈何。□□难得者兄弟，易求者田地，况如吾两人更非□□伯仲比也。实业无论公私，俱三分之。……虽然余父见背时，兄才二十有七，……数十载承先启后，颇能不坠厥绪……③

立合同阄书：洪建魁、侄国瓒等。原承父洪光祯公生兄弟三人，廷元、魁、相，后来季弟相不幸早年身故无嗣，唯元、魁兄弟二人，共守家训情义为重。至于壬辰年（康熙五十一年），元兄又不幸天年寿终。魁与元兄之子国瓒等，协同固守，将又有十年。近来因各运道不济，生业不遂，家业坎坷，产业更易，似难保守。今浼族众房长将承祖父之遗田产、住居房屋、众屋厅堂、坦地、园地、山场、池塘等项之业，与侄瓒等浼众公同肥瘦品搭，均为二股。④

---

① 休宁汪姓阄书，分家时间为顺治十一年三月，转引自张海鹏等编《明清徽商资料选编》，第374—378页。据统计，这家商人地主分家前有田共三十二点一五五亩；租二百九十八租。地、山、塘、房屋及"存众产业"在外。

② 徽州×姓阄书，分家时间为康熙四十七年，见中国社会科学院经济研究所藏《屯溪档案·分家书》。据统计，这家分家前有田六十六点四二亩，余略。

③ 休宁谢远宗等阄书，分家时间为康熙四十七年。据统计，析产前谢家有地六百余亩，见中国社会科学院经济研究所藏《屯溪档案·分家书》。

④ 黟县洪建魁等阄书，分家时间为雍正三年冬月，析产前有田地一百二十亩以上。

立阄书人：曹有时仝弟有隆、侄良琦。三房等同爨年深日久，长幼共有三十余人，子侄完娶完毕，孙枝各育蕃昌。……迄今兄弟花甲已周，犹子亦将四旬，各能顶立门户。今三房会同商议，将承祖遗业并新置产业、屋宇、家伙物件等项，肥瘠新旧，品搭均匀，分作天、地、人三阄，祷神拈阄为定。①

为节省篇幅，其余事例列表如表13－2－2所示。

表13－2－2　从徽州地区《分家书》看清代前期田产积累时间

主盟人	资料来源	田产 田（亩）	田产 租（砠）	积累田产时间
洪大网	顺治十年洪姓阄书	10亩余		从十来岁至年老
余弘均	康熙四年休宁胡姓阄书	48		父、子两代
金阿程	康熙五十四年歙县金姓阄书	140		康熙十三年前至康熙五十四年
陈士策	康熙五十九年休宁陈姓阄书	50①		康熙三十八年至康熙五十九年
胡阿吴	雍正六年歙县胡姓分关书	189		祖产及自置户，父、子两代
倪阿余	雍正六年歙县（？）倪姓分关书	41		祖翁所贻田产、祖翁两代
陈正徵	雍正十二年歙县陈姓阄书	336②		父留遗产，父一代
许计方	乾隆六年徽州许姓阄书	30—40		历三十年艰苦勤俭，置数亩之田
汪庭芝	乾隆六年休宁吴尊德堂阄书	60		六十多年
洪徐氏	乾隆三十五年歙县（？）洪姓阄书	60		四十多年
李氏祖母	乾隆三十六年黟县（？）王姓阄书	180		康熙二十年至乾隆三十六年，约九十年
母	乾隆五十二年休宁（？）叶姓阄书	30③		祖、父两代约六十年

---

① 祁门曹有时等阄书，分家时间为雍正十二年十月，析产前有田二十八亩。

第十三章　民田的分割　501

续表

主盟人	资料来源	田产 田（亩）	田产 租（砠）	积累田产时间
黄门程氏	乾隆五十九年黟县（?）黄姓阄书	30		数十年（自少壮至耳顺之年），四十多年
母黄氏、孙氏	乾隆六十年黔县胡姓阄书	870④		承父及自置（两代人）约七十年
母余苏氏	嘉庆二年休宁（?）余姓分关书	640		承祖、自置七八十年
谢文逵	嘉庆五年徽州谢姓阄书	200		父年壮至七十岁，又合爨十余年，六十多年
潘富魁	嘉庆九年徽州潘姓阄书	41		自置田地，三四十年
佩兰	嘉庆十四年黟县某姓阄书	250		高曾以来，百年以上
盛尚钟	道光五年歙县盛姓标文丈簿	30	田皮16亩	年壮至花甲之年，约四十年
母胡汪氏	道光六年黟县胡姓分关书	30		承接长房祖产，约六十年
政徇	道光六年歙县某姓分关书	79.24⑤		承祖手置，两代约六十年
程世袭	道光六年黟县程姓阄书	24.5		承大父业外，兄弟协办又增家道约五十年
江一鹏	道光九年黟县某姓阄书	200		承父业，自置，数十年
吴	道光十二年休宁（?）吴姓阄书	70		承父所遗田产，六七十年
母	道光十八年黟县某姓阄书	200		在祖及自置田产，约六十年
黄	道光二十二年黟县黄姓阄书	300⑥		承祖田产，约七十年
胡何氏	道光二十五年休宁胡姓阄书	42		祖产（祖母八十岁），约六十年
吴兆攻	道光二十六年休宁（?）吴姓分关书	30		祖遗兼置产业，两代人，约六十年

资料来源：中国社会科学院经济研究所藏《屯溪档案·分家书》。

说明：①据雍正二年分家时统计；②此数是除存众外数字；③此田产除江西乐平田产外，系原籍地产；④这是田和地（山）合计数，其中田产六百六十八亩，地（山）二百零二亩；⑤这是存众田产再分配，不包括各房已分得田产；⑥根据章有义估计的数据，见《明清及近代农业史论集》，第341页。

从表13-2-2中的二十多个事例看，一个很明显的事实告诉我们，一个家庭分家以前的田产积累，一般要经过一两代人才能完成，在中国封建社会，一般家庭要待诸子成家后才分家析产，那时儿子一般都在二十岁以上了，到六十岁时，身体已走下坡路，创业年龄在二十多岁至五十多岁之间。凡"自置产业"或"身置产业"都在这三十多年间完成。田产积累较多的家庭还有继承祖及父遗产部分，这样，其积累田产所需时间就不是一代人所能完成，而是经过了两代人努力，一般要长达六十年以上。有的甚至需要几代人努力，如嘉庆十四年黟县某姓阄书称："高曾世著辛勤，代有积累，遗后人休，其所以递及于吾兄弟。"这家分家前虽有田产二百五十亩以上，但积累时间却长达百年以上。

田产积累除了有时间长这一特点外，还有一个特点就是地产增加速度缓慢，是一星一点积累而成。下面以徽州府休宁县《仁房进产簿》为例，将其置产时间、地亩、价银按时间先后列表13-2-3，可能有助于对此问题的认识。

表13-2-3　　清前期徽州府休宁县程姓仁房置产情况

置产时间	地名	田（亩）	租（础）	价银	备注
康熙五十六年二月	竹杯下等七丘	9.395		57.00	
康熙五十六年六月	西干岭等十一丘	12.726		78.00	
康熙五十六年八月	责方等三处	0.300		1.80	宅基地
康熙五十六年十一月	裡七田等二丘	0.126		1.00	
康熙五十六年十二月	责方	0.050		1.00	宅基地
康熙五十六年十二月	门口田等四丘	6.191		36.00	
康熙六十年八月	西充	1.860		7.00	
康熙六十一年三月	沙仓丘等三丘	4.258		24.00	
康熙六十一年三月	木匹塘下	1.875		8.00	
康熙六十一年十一月	木杓丘	2.833		23.00	
康熙六十一年十二月	奔坭沙塘湾等八丘	7.267		45.00	

续表

置产时间	地名	田（亩）	租（砠）	价银	备注
雍正元年十月	老鸦丘	1.195		10.00	乾隆二十一年赎回
雍正元年十二月	下山头	1.800		10.00	
雍正二年一月	下山头三亩丘	1.800		10.00	
雍正二年三月	株树山脚	0.541		3.60	
雍正二年五月	下塘田大小三丘	1.189		5.00	
雍正二年六月	朱旱坞	0.600		6.00	山
雍正二年十二月	庙岭等八丘	6.328		36.00	
雍正二年十二月	庙岭	1.087		7.20	
雍正二年十二月	住基	0.150		2.00	宅基地
雍正三年二月	山人塘等四丘	3.257		18.50	
雍正四年一月	猪头丘等二丘	3.595		23.00	
雍正四年十一月	黄泥丘	1.096		9.00	
雍正四年十二月	牛屎湖	4.422		29.00	
雍正五年二月	上山头	0.010		2.40	山
雍正五年三月	水碓陇	1.281		10.50	
雍正五年三月	山人塘		6	3.00	田皮
雍正五年七月	李木丘	1.996		13.00	
雍正五年九月	梅树丘	0.985		7.60	
雍正六年一月	牛栏丘	0.881		2.70	
雍正六年二月	角金塘	0.020		0.13	塘一口
雍正六年四月	沙仁塘	0.404		3.50	其中塘0.1亩
雍正九年九月	古塘底	0.599		4.80	
雍正十年十二月	下骆驼	1.780		16.00	
雍正十年十二月	大圣坞	0.725		6.00	
雍正十一年一月	江古岭	0.933		6.30	
雍正十一年一月	井边	0.969		8.00	
雍正十一年二月	坟前	1.386		6.70	
雍正十一年六月	古塘底	3.421		38.00	
雍正十一年九月	下骆驼	2.365		6.00	
雍正十一年十月	亥丘	1.943		15.00	

续表

置产时间	地名	田（亩）	租（砠）	价银	备注
雍正十一年十一月	塘塝	0.92		4.00	
雍正十二年二月	上骆驼	2.365		22.00	
雍正十二年十一月	前灞	3.065		21.00	
雍正十二年十二月	白腊丘等	1.400		10.00	
雍正十二年十二月	竹园塝等	0.605		5.00	
雍正十二年十二月	油盏丘等	2.520		15.00	其中塘0.08亩
雍正十二年十二月	井塝等	1.279		10.00	
雍正十三年一月	尖角丘等	1.576		10.00	
雍正十三年十一月	横干	1.059		9.00	
雍正十三年十二月	长丘	0.412		3.00	
乾隆元年一月	毛章山	0.793		5.00	
乾隆二年二月	竭头水底丘	1.320		8.00	
乾隆二年四月	新田	2.022		14.00	
乾隆二年十二月	下村	21.132		8.40	
乾隆二年十二月	沙丘	1.350		8.00	
乾隆五年四月	上坞	0.194		5.30	
乾隆五年九月	白莲塘	1.473		11.00	
乾隆五年十月	蔴榨塘一口	0.500		4.00	塘改田
乾隆六年五月	塘壤堀	2.889		21.60	
乾隆六年十二月	桑园	1.231		8.00	
乾隆六年十二月	新塘上	1.015		8.00	
乾隆七年三月	毛狗笼	3.027		18.50	
乾隆七年十二月	枫树丘	2.869		18.00	
乾隆八年九月	上栗树	1.887		13.00	
乾隆八年十一月	尖充	1.205		13.50	
乾隆八年十一月	昶塘门首	1.800		16.50	
乾隆八年十二月	中于丘	0.624		7.50	
乾隆八年十二月	官路丘	0.842		8.40	
乾隆八年十二月	裡前山	0.200		5.00	山

第十三章　民田的分割　505

续表

置产时间	地名	田（亩）	租（砠）	价银	备注
乾隆十一年十二月	程住基	0.150		42.00	宅基地
乾隆十一年十二月	石垅坞	2.464		36.00	
乾隆十二年五月	石垅坞	2.464		36.00	
乾隆十三年十二月	门前山	0.090		7.0	山
乾隆十三年十二月	里井地	0.110		2.20	
乾隆十三年十二月	新塘	0.220		1.50	塘
乾隆十三年十二月	角弓塘	0.100		1.20	塘
乾隆十五年七月	犁尖丘	0.830		11.90	
乾隆十五年九月	隐塘毛坑口	1.975		18.00	
乾隆十六年五月	白羊坞	0.020		16.00	山
乾隆十七年八月	徐家湾	0.533		6.00	
乾隆十七年十一月	百公丘	2.215		28.80	
乾隆十七年十一月	梭道丘	1.599		18.00	

资料来源：中国社会科学院经济研究所藏《屯溪档案·置产簿》，置A016。

说明：据《仁房进产簿》登记号记载置产共八十九款，本表所录为八十三款，其中买房产未计内。

从这户进产簿看，该户购产时间始于康熙五十六年二月，止于乾隆十七年十一月，购产时间长达三十六年，置买田、地、山、塘共八十三款（其中有一款已回赎，实为八十二款），共计一百四十五点一七二税亩（扣除回赎一点一九五亩，实为一百四十三点九七七亩），花去价银一千一百零七点零三两（扣除回赎银十两，实为一千零九十七点零三两）。每年平均购置田地山塘仅四亩多一点，每年平均花在购置田地山塘上的钱也不过三十两多一些。

下面，再列举《清道光孙氏腾契簿》（见表13-2-4）。

表 13-2-4　　　　　　　清代徽州府孙氏置产情况

置产时间	地名	田（亩）	租(砠秤)	价银（两）	备注
乾隆四十四年三月	统坑口	0.967		13.00	
乾隆四十七年三月	齐树坞		10	6.00	田皮
乾隆五十三年十一月	渡水丘	1.200		18.00	
乾隆五十三年十一月	汪二坞头	0.750		11.00	
乾隆五十三年十一月	罗木村口	0.270		6.00	
乾隆五十四年三月	渡水丘		6	4.80	大租
乾隆五十四年十月	查家家	1.175		22.00	
乾隆五十六年十二月	湖丘	0.460	10		
嘉庆元年九月	稠木坞	1.187		16.00	田皮
嘉庆五年一月	江塝山	0.520		10.40	
嘉庆六年九月	长沙丘	1.030		12.00	田皮
嘉庆七年十一月	溪边	1.090		12.00	
嘉庆九年四月	稠木坞	0.250		4.00	
嘉庆九年十二月	罗木村	0.400		36.00	宅基地
嘉庆十年一月	统坑	0.020		4.00	山
嘉庆十一年十二月	祠堂壁下		8	5.00	大租。咸丰八年出当山
嘉庆十二年十月	罗木村	0.357		8.00	山 0.3 亩，下地 0.057 亩
嘉庆十九年十二月	下叙原		8	8.00	田皮
嘉庆二十年十二月	八亩丘	2.300		18.00	田皮
嘉庆二十年十二月	下秦源	0.900		5.00	田皮
嘉庆二十一年七月	大碣口	0.500		5.00	田皮
嘉庆二十二年八月	枧田		50	39.00①	田皮
嘉庆二十三年十二月	统坑、罗木村②	0.130		5.60	山
嘉庆二十五年	横路下	0.400		2.00	田皮
嘉庆二十五年	牛良坞	0.700		7.00	押
道光二年十二月	尖角丘	2.500		16.00	田皮出当
道光三年十一月	方丘	1.200		11.00	田皮
道光三年十二月	牛良坞	0.260		10.00	
道光五年十一月	统坑	1.660		28.00	
道光十一年十一月	叶家堨	0.630		14.00	

续表

置产时间	地名	田（亩）	租(砠秤)	价银（两）	备注
道光十一年十一月	统坑口	1.200		14.00	田皮
道光十一年十一月	统坑口		6	6.00	田皮（当）
道光十一年十一月	湖丘		5	5	田皮（当）
道光十一年十二月	汪坞口	0.300		8.00	田皮（当）。光洋钱
道光十二年二月	湖丘	1.327		26.10	
道光十二年十一月	秦源	1.000		8.00	当
道光十三年六月	牛良坞口等	0.21		64.00	宅基地
道光十三年十月	牛良坞	0.397		14.00	山
道光十五年一月	下秦源	1.400		13.00	田皮
道光十五年十二月	牛良坞	0.312		14.00	山
道光十八年十一月	牛良坞	0.300		钱2 510文[3]	
道光十八年十一月	牛良坞	0.080		3.00	宅基地
道光二十年十二月	下秦源	0.900		5.00	田皮
道光二十二年十月	牛良坞	0.500		14.00	山
道光二十二年十月	牛良坞	0.300		钱700文	田皮

资料来源：中国社会科学院经济研究所藏《屯溪档案·置产簿》，置078。

说明：①嘉庆十八年时出当，二十二年加银4两，卖断；②本次置产于统坑、罗本村两地，算两款；③钱1 000文按银1两折算，钱2 510文折银2.51两，钱700文折银0.7两。

表13-2-4的资料是根据孙在中《嘉庆二十四年三月立契墨抄白总登》整理而成。原簿记置产号为四十八款，本表只列四十六款，其中两款因不涉及置产之事，本文略去不计。

这户孙姓置产簿记载的第一笔置产于乾隆四十四年三月，最后一笔置产于道光二十二年十月，置产时间长达六十四年，置买田、地、山计四十六款，计税二十九点二四亩，租九十三秤，花去价银五百六十七点五五两。平均每年置买田地山为零点四五七亩，租为一点四五秤，每年花去价银八点八六八两。特别值得一提的是：这家置买的田产中田皮占了二十款，占置产总数的百分之四十三点五。也就是说孙家所置的田产中，有将近一半田产没有田骨，并不是全业。

从以上两本置产簿置产过程可以看到，每款买进的田产数额并不大，最多的一款为十二点七二六亩，其余的都在十亩以下，少的甚至少到几厘而已。下面将两家一百二十九款置产情况，分成若干组进行考察，这样就一目了然了（见表13-2-5）。

表13-2-5　　　乾隆年间徽州程、孙两家置产情况统计　　　单位：件，%

组别	田 件数	田 百分比	山 件数	山 百分比	塘 件数	塘 百分比	宅基地 件数	宅基地 百分比
1亩及以下	44	34.1	12	9.3	3	2.3	8	6.2
1.01—2.00亩	38	29.5						
2.01—3.00亩	11	8.5						
3.01—4.00亩	5	3.9						
4.01—5.00亩	3	2.3						
5.01—10.00亩	4	3.1						
10.01亩及以上	1	0.8						
合　计	106	88.2	12	9.3	3	2.3	8	6.2

资料来源：《仁房进产簿》，置A016，《清代近代孙氏腾契簿》，置078。

说明：租按12秤折税1亩计算。

从表13-2-5的一百零六款田产中看，一亩以下者为四十四款，一亩一厘以上至二亩者为三十八款，共计八十二款，占一百零六款的百分之七十七点四，如果加上山、塘、宅基地的话，比例还要更高些。可见田产的积累以零星小块的积累为主，积累时间过程较长。

四　分家析产

一个家庭的分家周期，一般为三十年左右。一般情况是，男子二十岁左右娶妻，到五六十岁时，诸子已娶媳，并有孙枝。由

第十三章　民田的分割　509

于人口增多，家事纷繁，兄弟、子侄之间矛盾增多，在这种情况下，分家析产之事就提到议事日程上来了。如孙在中《嘉庆二十四年三月立契墨抄白总登》记载，嘉庆九年八月以前，所置田产经孙胜樑手；嘉庆九年十一月，遵母命立议分家合同，三子为孙大森、孙大彬、孙大相，嘉庆十年以后至道光十三年六月，所置田产经孙大彬手，道光十三年十月至道光十八年，所置田产经孙观之、孙曙之手，道光十八年十一月所置之田产系经孙观之之手，说明这时孙观之与孙曙之兄弟已分家析产了，① 大概情形是这样：

乾隆四十四年至嘉庆九年十一月，置产人：父，孙胜标；嘉庆九年至道光十三年，置产人：子，孙大彬；道光十三年至十八年，置产人：孙，孙观之、曙之；道光十八年之后，置产人：孙，观之。

孙胜樑从父辈分出后，到儿子分家时，有据可查时间为二十一年，孙大彬承父家业后，生二子，长为观之，次为曙之，观之、曙之分家年份至迟为道光十八年，依此计之，大彬单独立家后三十四年，这家又分裂出新的户，也就是说，他们三十年左右就分一次家。

又如汪国祥《乾隆五十一年岁次丙午月契底》记载，康熙四十六年八月至雍正十二年四月间，置产人为汪德成；乾隆十三年十月至三十年十二月间，置产人为汪茂生；乾隆五十年至道光十年十二月，置产人为汪国祥。② 由于本簿所记的置产年份不连贯，分家的确切年份难以厘定，但从他们各自置产年份估算，每代分家析产时间大约相隔三十年。当然也不那么绝对，有的家析产时可能超过三十年，有的家析产时可能不到三十年，这里所说的三十年分一次家是一个概数而已。

民间分家析产是如何进行的呢？请看分家书记载。

---

① 中国社会科学院经济研究所藏《屯溪档案》，置076。
② 中国社会科学院经济研究所藏《屯溪档案》，置167。

松溪周正道大父之俊公之孙,父高公、母吴孺人之子也,娶燕口姚氏,育子三:长垣、次城、次垛。居尝自念:窃慕古贤哲同居之义,但世道已非,人心亦异,勉强持之,终莫必其久,与处而嫌隙不生,友恭不倦,是故谷旦于差,邀集尊长、亲友,将祖父所遗并自己续置,诸凡开载明白,均作三股,占阄为定。其间或有难于品搭而毫厘多寡,或则失之查确,而号数差讹,俱不得因小节而忘大义,刺微利而垂至伦。为人则先孝悌,居家则思俭勤,则天佑之昌,大可期予,复何事而不油然,日以喜乎!虽然凡予之所言,独难以语夫末俗之凡为人后者耳。事属分关,文同小谱,肖子贤孙其以予言为验也夫,其以予言为也验夫。

康熙贰十六年菊月　日　　立关书父周正道
　　　　　　　　　　　　　凭婿　邵武年
　　　　　　　　　　　　　孙婿　余　坦
　　　　　　　　　　　　　叔　　日　上
　　　　　　　　　　　　　弟　　中　道
　　　　　　　　　　　　　侄　　士　塾

代书　弟　尧道　秉道①

从《周氏分家书》可以看到,分家析产首先要立分关书。分关书要亮明参加析产者有几位,说明分家析产缘由,财产来源,家产均分,肥瘠品搭,分成若干份,由占阄为定。声明不得因小节忘大义,并希望分家后兄弟和睦,勤俭持家,致富可期。占阄要在亲族、亲戚监督下进行。这是非常庄重严肃之事。

分家导致了地权的分散,大量的分家书很具体地体现了这一点。《康熙洪氏分家书》载:

---

① 康熙《周氏分家书》,分031。

将承祖父之遗田产、住居房屋与侄瓒等涣众公同肥瘦品搭均为二股，取人和二字阄书二集，焚香拈阄为定，各执阄书管业为凭，办纳粮差，无生异论。恐后无凭，立此阄书二集，各执壹集，永远存照。今将国瓒阄得和字田业税亩开列于后：

  陶字六百九十三号　　　土名三亩堀　　　田捌租
计税乙亩二分乙厘七毛五
  陶字七百零九号　　　　土名祠前井边　　田肆租
计税七分四厘〇五
  国字一千四百〇七号　　土名库前　　田叁租
计税三分一厘八毫
  国字一千四百〇九号　　土名库前　　田叁租
计税三分六厘六毫
  国字一千四百廿号　　　土名井边路口　　田肆租
计税六分〇二毫
  国字一千三百九十四号　土名上大堀　　田柒租
计税乙亩乙分一厘二毛
  国字一千三百七十七号　土名高宗塘下　　田拾贰租
计税二亩五分七厘
  国字一千三百七十八号　土名高宗塘下　　田伍租
计税八分五厘九毛
  国字一千三百七十四号　土名高宗塘下　　田陆租
计税乙亩零三厘四毛
  国字一千三百七十五号　土名高宗塘下　　田陆租
计税乙亩零八厘三毛
  国字一千三百八十号　土名坟前関湾坵　田贰拾柒租
计税四亩八分七厘五　八十一号
  国字一千三百八十二号　土名屋棱里　田玖租　计税二

亩五分二厘二毛　八十九号

　　国字一千三百八十三号　　　土名上良坵　　　田捌砠
计税二亩三分六厘八毛

　　国字一千三百八十八号　　　土名下良坵　　　田捌砠
计税二亩二分八厘三毛

　　国字一千三百九十一号　　　土名下良坵　　　田肆砠
计税七分二厘

　　国字一千五百十八号　　　　土名老大圣前　　田五砠
计税八分九厘三毛

　　国字一千五百十四号　　　　土名老大圣前　　田陆砠
计税一亩〇七厘

　　国字一千四百九十一号　　　土名新塘下　　　田拾陆砠
计税二亩九分〇六毛

　　国字一千四百九十号　　　　土名祖坟前　　　田拾叁砠
计税二亩六分〇五毛

　　国字一千四百六十五号　　　土名新塘下　　　田肆砠半
计税一亩〇九厘四毛

　　国字一千四百八十九号　　　土名虎岩　　　　田叁砠半
计税八分一厘三毛

　　国字一千四百八十七号　　　土名虎岩口　　　田肆砠
计税八分六厘三毛五系

　　国字一千四百八十六号　　　土名虎岩坞　　　四伍砠
计税一亩〇九厘五毛

　　国字一千四百八十四号　　　土名虎岩坞　　　四伍砠
计税一亩二分〇三毛

　　　　　　　　　　　　　　　土名中塘坞　　　田肆砠
计税八分三厘三毛

　　国字一千四百七十九号　　　土名新塘尾　　　田陆砠

计税九分六厘七毛
　　　国字一千四百五十三号　　　土名茶山里　　　田柒砠
计税一亩一分
　　　国字一千一百〇三号　　　土名孝塘八亩山　　　田柒砠
计税一亩三分三厘
　　　合　计　　　　　　　　　　　　共田二百砠
　　　今将廷魁阄得人字田业税亩开列于后
　　　陶字六百九十三号　　　土名三亩堀　　　田捌砠
计税一亩二分一厘七毛五
　　　陶字七百〇九号　　　土名祠前井边　　　田肆砠
计税七分四厘〇五
　　　国字一千四百一十八号　　　土名库前　　　田肆砠
　　　国字一千四百十六、十七号　　　土名下园路上　　　田肆砠
　　　国字一千四十二号　　　土名下大堀　　　田陆砠
计税一亩三分七厘四毛
　　　国字一千九百二六号　　　土名水底坵　　　田叁砠
计税六分四厘四毛
　　　国字一千九百十九号　　　土名下大堀渠口　　　田叁砠
计税五分五厘
　　　国字一千九百十八号　　　土名庇后渠口　　　田伍砠
计税九分一厘七毛
　　　国字一千九百十七号　　　土名庇后渠口　　　田陆砠
计税一亩一分三毛
　　　国字一千九百十六号　　　土名庇后渠口　　　田伍砠
计税一亩一分六厘
　　　国字一千八百九十三号　　　土名棋盘坵　　　田捌砠
计税一亩三分七厘

国字一千八百八十三号　　　土名棋盘圫　　田捌䂵
计税一亩六分八厘四毛

　　　国字一千八百八十四号　土名棋盘圫　田捌䂵
计税一亩七分一厘九毛

　　　国字一千八百八十一号　　　土名棋盘圫　　田陆䂵
计税一亩零七厘一毛

　　　国字一千八百七十七号　　　土名下山里　　田玖䂵
计税一亩四分三厘一毛

　　　国字一千八百三十二号　　　土名周堀坞　　田肆䂵半
计税八分五厘

　　　国字一千七百二十九号　　　土名汪洋充　　田柒䂵
计税一亩一分六厘四毛

　　　国字一千六百八十四号　　　土名泥甲坞　　田陆䂵
计税一亩二分四厘

　　　国字一千六百八十三号　　　土名栗山下　　田拾伍䂵
计税二亩九分六厘六毛

　　　国字一千六百七十号　　　　土名胡家门口　田陆䂵
计税一亩三分一厘

　　　国字一千六百四十三号　　　土名羊白头　　田拾䂵
计税二亩〇六厘九毛

　　　国字一千六百四十三号　　　土名羊白头　　田伍䂵
计税九分八厘七毛

　　　国字一千六百四十七号　　　土名羊白头　　田伍䂵
计税一亩〇四厘

　　　国字一千六百四十八号　　　土名羊白头　　田拾䂵
计税一亩九分四厘八毛

　　　国字一千六百六十号　　　　土名羊白头
计税一分七厘五毛

国字一千六百五十五号　　　土名羊白头塘尾　　田叁砠
计税二分八厘七毛
　　国字一千六百二十五号　　　土名竹源塘路下　　田玖坵
计税一亩四分六厘五毛
　　国字一千六百十号　　　　　土名梭　　　　　　田肆坵
计税六分二厘八毛
　　国字一千五百四十号　　　　土名黄土山　　　　田拾坵
计税一亩七分四厘七毛
　　国字一千五百四十一号　　　土名黄土山　　　　田柒坵
计税二分九厘二毛
　　国字一千五百四十二号　　　土名黄土山　　　　田柒坵
计税五分二厘七毛
　　国字一千五百八十六号　　　土名黄土山　　　　田柒坵
计税三分五厘七毛
　　国字一千五百八十八号　　　土名黄土山　　　　田柒坵
计税七分三厘
　　国字一千五百四十三号　　　土名黄土山　　　　田壹坵
计税二分九厘七毛
　　国字一千五百六十号　　　　土名牛舌头　　　　田五坵
计税一亩零四厘八毛
　　国字一千五百八十一号　　　土名亭子山　　　　田贰坵半
计税五分四厘
　　国字一千八百六十八号　　　土名下山里　　　　田叁坵
计税四分八厘五毛
　　合　计　　　　　　　　　　　　　　　　共田贰百砠
　今将扒田拾贰砠与廷魁名下，作出殡母孙氏安人之费开列于后：
　　陶字六百五十四号　　　　　土名门口塘下　　田陆砠

计税七分四厘五毛

  陶字七百七十三号　　　　　土名刘家巷口　　田陆砠

计税一亩零五厘五毛

  二共　　　　　　　　　　　　　　　　　计田拾贰砠

  今将扒田拾贰砠与国瓒名下作祖母金氏孀人寿终殡葬之费开列于后：

  国字一千七百二十六号　　　土名汪洋充　　田陆砠

计税一亩一分七厘

  国字一千七百二十八号　　　土名汪洋充　　田陆砠

计税一亩零六厘五毛

  二共　　　　　　　　　　　　　　　　　计田拾贰砠

  今将扒田捌砠与长孙国瓒名下管业，开列于后：

  陶字八百五十三号　　　　　土名牛姑塘　　田叁砠

计税五分

  国字一千六百三十九号　　　土名大坞里　　田五砠

计税八分八厘贰毛

  二共　　　　　　　　　　　　　　　　　计田捌砠

  合同壹样贰集各执壹集永远存照

  康熙五十九年岁次庚子拾月　　　吉日　　　　立分单

阄书　洪廷魁

            同侄　洪国瓒

               洪国璜

               洪国瑛

          见议房长　洪正元

           族长　洪希周

             洪孔英[1]

---

[1] 《康熙洪氏分家书》，分180。

根据以上田产计，洪廷魁户未分家前有田四百三十二砠，计税七十六点六七亩以上。而分家后，廷魁得田产三十六点九三亩，国瓒得田产三十六点三三亩而已，留给其母田仅一点七九八亩。祖母金氏寿终殡葬费用了二点二三五亩，长孙国璋名下一点三八二亩。可见各人名下田产已经不多。

《金氏分家书》载：

> 所有田产按孝、悌、忠、信立簿，各执一本，世世永守。启祐、启祖、启祚、启祠各人名下分得田产如下：
>
> 启祐阎得田产共计十四宗，共田租一百三十二砠，计税十四点五一零六五一亩；启祖阎得田产共计十四宗，其田租一百三十五砠，计税十二点七二零二六亩（其中二宗田产缺亩分数）；启祚阎得田产共计十六宗，其田租一百三十四点五砠，计税十三点九四七八九八亩（其中一宗田产缺亩分数）；启祠阎得田产共十三宗，共田租一百三十四砠，计税十三点四一二零六亩（其中一宗田产缺亩分数）；存众田租计八十砠，按启祐阎得田租和耕地面积换算，每亩约合田租九点一砠，田租八十砠，约合耕地面积八点七九亩。①

根据以上情况看，康熙五十四年，金氏分家析产前，应有田租六百一十五点五砠，耕地面积约六十三点三八亩（四宗未知亩分者在外）。分家析产后，其四兄弟每人所得田产仅十四点五一亩左右（按启祐阎得田产计），考虑这里是山区，亩产较低，十几亩地并不多，可能连中等农户都算不上。

《康熙周氏分家书》记载：

---

① 《康熙金氏分家书》，分219。

将祖父所遗并自己续置，诸凡开载明白，均作三股，占阄为定。各股分得田产如下：

天字阄垣管：计田八宗，耕地面积八点二八亩，计地四宗，耕地面积三点三五亩。天字阄分得田产共计十一点六三亩；地字阄城管：计田七宗，耕地面积八点二六五亩，计地六宗，耕地面积三点四八亩。地字阄分得田产计十一点七四五亩；人字阄垛管：计田七宗，耕地面积八点二八亩，计地四宗，耕地面积三点四亩，人字阄分得田产计十一点六八亩。存众田计共九宗，耕地面积九点八七亩，计租谷一千四百七十四斤足，计地三点九五亩，山七点八亩，塘三口。①

又原大众未分祀田五宗，地六宗，山十宗。但都缺面积记载。除大众未分祀产外，周氏未分家前有田地产四十八点八七五亩，山七点八亩，塘三口。分家析产后，城、垣、垛兄弟三人各得田地产业不过十一点七亩左右。

《康熙吴氏分家书》载：

除母抽查田六点七零五亩，地五亩，共计田地产十一点七零五亩外，其余田、地产业按肆房品搭阄分。以下，将各房阄分田地产列后：

长房拾得阄分田十二宗，计税十二点四六亩，地四宗，计税三点六三亩，应赎回田产六宗，计税五点九一四亩，应赎回地产二宗，计三点六亩。扣除应回赎田、地产业外，长房实有田地产计十六点零九亩。贰房拾得阄分田十一宗，计税十二点三二亩，地三宗，计税三点零三亩，应赎回田产四

---

① 《康熙周氏分家书》，分031。

宗，计税六点四五亩，应赎回地产四宗，计税四点三亩。扣除应赎回田、地产业外，贰房实有田地产计十五点三五亩。叁房拾得阄分田十一宗，计税十二点零二亩，地三宗，计税三点四六亩，应赎回田产四宗，计税六点二二亩，应赎回地产二宗，计三点五八亩。扣除应回赎田、地产业外，叁房实有田地产计十五点四八亩。肆房拾得阄分田十四宗，计税十二点二五五亩，地三宗，计税三点三亩，应赎回田产五宗，计税六点二五亩，应赎回地产三宗，计税三点三五亩。扣除应回赎田、地产业外，肆房实有田地产计十五点五五五亩。①

扣除未回赎田地产业外，吴氏未分家析产前有田地产业七十四点一八亩，在徽州地区来说，可算得上地产较多的民户了，但由于兄弟多，每房分得地产不过是十五亩多一些。

《康熙汪姓阄书》载：

> 其田产已作福、禄、寿叁阄品搭均匀，当凭亲族拈阄管业，供纳税粮，无得生异议。下面，将各阄分得田产列后：
> 福字阄分得田租一百秤零九斤，计税十点三一六三五亩。禄字阄分得田租一百秤零三斤，计税十点一六八一八亩。寿字阄分得田租一百秤零四斤，计税十点一五五四八亩。②

此外，还另拨给长孙汪湖灯油之资，计税二十秤。按福、禄、寿三阄田租和税亩计，一亩约田租九点八六秤，二十秤田租换算成税亩，约二点零三亩。

根据以上三阄及汪湖所得田产计，汪氏未分家前，有田租三

---

① 《康熙五十二年弘谦兄弟分关书》，分033。
② 《康熙汪姓阄书》，分330。

三六秆，计税三十二点七亩。扣除另外拨给汪湖二点零三亩外，各阄所分得田产不过十亩多一点。从这本分家书还可以看到汪氏对人才培养的重视，拨专款支持汪湖读书。

《康熙谢氏分家书》载：

> 将田地均析三股，共锁关叁本，天、地、人各执壹本，每本肆拾壹页。

> 现将天、地、人三阄分得田产分别列于后：天字关田：计田六十六宗，耕地面积六十二点七三六亩，计地二十一宗，面积二十四点二二亩，应赎田产二十三宗，面积二十二点七八亩，应赎地十二宗，面积十五点七七亩。地字关田：计田五十七宗，耕地面积六十四点零二亩，计地二十三宗，面积二十三点五二亩，应赎回田产十九宗，面积二十四点七九亩，应赎地十二宗，面积十六点四三亩。人字关田：计田五十八宗，耕地面积六十三点二五亩，计地二十九宗，面积二十四点一七亩，应赎回田产十九宗，面积二十四点八八七亩，应赎地十四宗，面积十七点七七亩。存众田计九点四一一七亩，地十四点三亩，未过税地五点一亩（其中有一款亩分不详，未计在内），应赎回田产四宗，面积五点四三亩，此外尚有十四宗园地没有亩分数。所有山场存众，三股合管。①

扣除未赎回田、地产业，谢氏分家前，有田产共计一百九十九点四一七七亩，地产共计八十六点二一亩，田地产总计二百八十五点六二七七亩。

在徽州地区，谢氏应是拥有田产的大户。而分家后，各家分得田地产业只有八十七点四二亩。经济实力大为削弱。但分家析

---

① 《康熙谢氏分家书》，分331。

产行为并不到此结束,还将一代一代地分下去。

从上述分家析产情况可以看出,一些占有土地较多的户,化为中等地产所有者;中等地产所有者,经过分家析产,则化为小地产所有者。他们许多人实际上进入了自耕农行列。地主分家析产遂成为自耕农队伍的主要补充来源之一。因此,分家析产对自耕农队伍的稳定和延续,也具有十分重要的意义。

为了更加全面掌握分家析产对地权分配所带来的影响,下文将搜集到的安徽徽州地区分家析产事例作为附表列于后,供参考(见表13-2-6)。

表13-2-6　　　　　　清代前期徽州地区分家析产事例

立分关人	分关时间	分关房数	分家前地产*		分家后各房地产		资料来源**
汪正科	顺治十一年	3	田32.155亩	租298砠	田10.718亩	租99.333砠	休宁汪姓阄书
洪大网	顺治十一年	2	田10多亩		田5亩多		洪姓阄书
余弘均	康熙四年	2	田48亩		田24亩		休宁胡姓阄书
父	康熙四十七年	3	田66.42亩		田22.14亩		某姓阄书
父	康熙五十一年	3	田600亩		田200亩		休宁谢姓阄书《会同公遗存》
金阿程	康熙五十四年	4	田140多亩		田35亩多		歙县金姓阄书
陈士策	康熙五十九年	9	田约50亩		田5.556亩		休宁陈姓阄书。商家,田产不多

续表

立分关人	分关时间	分关房数	分家前地产*		分家后各房地产		资料来源**
洪建魁	雍正三年	2	田76.67亩		田36.63亩		黟县洪姓阄书
阿吴	雍正六年	3	田189亩		田63亩		歙县胡姓阄书
倪阿余	雍正十年	2	田41亩		田20.5亩		歙县？倪姓阄书（另有可赎田13.26亩）
陈正章	雍正十二年	11	田336亩		田30.545亩		歙县陈姓阄书
曹有时	雍正十二年	3	田28亩		田9.333亩		祁门曹姓阄书
许计万	乾隆六年	2	田30~40亩		田15~20亩		许姓阄书
汪庭芝	乾隆十三年	5	田60亩多		田12亩多		祁门汪姓阄书
洪徐氏	乾隆三十五年	6	田60多亩		田10亩多		歙县？洪姓阄书
李氏祖母	乾隆三十六年	4	田180亩		田45亩		黟县？洪姓阄书
叶国璞	乾隆五十二年	2	田30亩		田15亩		休宁？叶姓阄书（江西乐平田产在外）
黄门程氏	乾隆五十九年	2	田30多亩	6亩	田15亩以上		黟县？黄姓阄书
叔祖孔昭	乾隆六十年	3	田668亩	山262亩	田222.667亩	山67.337亩	黟县胡姓阄书
余苏氏	嘉庆二年	3	田640亩		田213.337亩		休宁？余姓阄书
谢文逵	嘉庆五年	3	田20亩以上		田66.667亩以上		徽州谢姓阄书
潘富魁	嘉庆五年	4	田41亩		田10.25亩		潘州阄书
佩兰	嘉庆十四年	2	田250亩以上		田125亩以上		黟县某姓阄书
盛尚钟	道光五年	4	田41亩		田10.25亩		歙县盛姓标分文册
胡汪氏	道光六年	2	田30亩以上		田15亩以上		黟县胡姓分关书
程世袭	道光六年	4	田24.5亩		田6.125亩		黟县程姓分关书
江一鹏	道光九年	3	田200亩以上		田66.667亩		黟县×姓阄书
吴锡柏	道光十二年	3	田70亩以上		田23.333亩		休宁？吴姓阄书
宇春	道光十八年	2	田200亩		田100亩		黟县某姓阄书

续表

立分关人	分关时间	分关房数	分家前地产*	分家后各房地产	资料来源**
黄×	道光二十二年	4	田302.28亩	田75.57亩	黟县昔黄姓阄书（总田数系按分家后田数计之）
胡何氏	道光二十五年	3	田42亩	田14亩	休宁胡姓阄书
吴兆攻	道光二十六年	6	田30亩	田5亩	休宁?吴姓分关书

资料来源：中国社会科学院经济研究所藏《屯溪档案·分家书》。

说明：*表中所列分家前地亩数，参照章有义《明清及近代农业史论集》；**资料来源栏只注明阄书名称，分关时间前项已列，为节省篇幅，本栏不再注阄书年份。

分家析产的结果，如江西魏礼在康熙二十三年分家前有田372石，除补助出继之子，其余两子各得田180石。魏世傲在康熙四十二年有田550石，除资助过继的儿子百石外，其余两子各分得田225石。又如安徽徽州府洪廷魁未分家前有田76.67亩，除祖母殡葬费用2.235亩，长孙得1.382亩，留给母亲田1.798亩外，同侄分家后，廷魁得田36.93亩，国瓒得田36.33亩。他们集中起来的田产，在分家析产过程中又分散了。以上所列事例证实了这一点。分家析产是影响地权分配的另一重要因素。

第三节 一田多主与地权分割

明清时期，在一田二主或一田三主的基础上，中国封建社会内萌生出一种新型的土地所有制，前人一直称之为永佃制，但实质上已突破主、佃之间的关系，而是彼此之间共同占有同一块土地，是同一块土地的所有者，这种新的土地所有制的萌生，对明清社会经济产生重要影响，同时，对清代地权分割也有很大影响。

一　土地股份所有制的萌生

　　随着社会经济的发展，到明清时期，中国土地上出现了一种新的土地所有制形式，这种新型的土地所有制，既区别于地主土地所有制，也区别于个体农民所有制，他是由两个或三个对土地共同拥有所有权的群体，所构成的股份所有制。在这种股份所有制里，股民有权处理属于自己所有的那部分股额，比如可以继承，分家析产时，可以分割成若干部分由儿子们继承；穷无所出时，可以把自己所有的那些股额直接出卖、抵押或典当。而其他的股份所有者无权干涉，无权阻拦。在这种股份所有制下，股民之间只有股份占有多少的不同，而彼此之间的身份地位都是平等的。在股份所有制下，股民的收入按占有股份多少进行分配。这种新型的土地关系，过去一直被淹没在永佃制下，这是一个误会，应还它本来的历史面目。

　　土地股份所有制形式产生于何时，现在还说不清楚，至迟明中叶已存在。明弘治九年，安徽祁门有一张吴逸转佃田土赤契，"今因无力耕种，将前项田亩转佃与休宁州三都李度名下，面议贴备输纳银二两二钱正。其兑佃之后，听永远输纳耕种"①。这是一个经官府验证的赤契，为官府所承认。正德年间编写的《江阴县志》云："其佃人之田，视同己业，或筑为场圃，或构以屋庐，或作之坟墓其上，皆自专之，业主不得与问焉。老则以分之子，贫则以之卖于人，而谓之権了；権得之财，谓之上岸钱。然反多于本业初价。如一亩银二两，上岸钱或三四两，买田者，买业主得其半，必上岸乃为全业。"②据《龙溪县志》记载，至迟在嘉靖年

---

① 《徽州千年契约文书》，《宋元明篇》卷一，花山文艺出版社1993年版。
② 正德《江阴县志》卷七，《风俗》。

间,"柳江以西,一田二主。其得业带米收租者,谓之大租田;以业主之田私相贸易,无米而承小税者,谓之粪土田"①。同一时期,《龙岩县志》也有类似记载:"粪土即粪其田之人也。佃丁出银币田主,质其田以耕,……沿习既久,私相授受。"②万历年间,安徽徽州府《典帖》也反映了土地合股所有制情况。据《典帖》称:"一都住人江禄,今有粪草一号,坐落土名鲍村源,身情愿凭中立典与同都江名下前去交租无词,计早租拾秤。凭中三面,时值价文银五钱五分,其田当日与相交付明白。"③

从江苏、福建、安徽三省所列举事实看,土地股份所有制形式,在明中期已不是个别现象,而是已获得相当程度的发展。随着土地股份所有制盛行,万历年间,《三台万用正宗》就刊载有书写土地股份所有制中股权转移的契式。

一田二主、三主的土地股份所有制,有明一代,在福建已得到推广。如嘉靖《龙溪县志》称该县"田名粪土。税子谓之无米租,名大租谓之纳米租;无米租皆富家巨室蟠据,纳米租则有才力者攘取"④。嘉靖《龙岩县志》亦云:"官人即主人也。谓主是田输赋于官者,其租曰大租。"万历《漳州府志》言:"今福建一省寺田俱僧掌管,唯漳州一田三主,民户管田输租,僧户取租纳粮,已为定例。"⑤万历《南靖县志》谓:"所谓一田三主之弊,尤海内所罕者,一曰大租,一曰业主,一曰佃户,同此田也:买主只收税谷,不供粮差,其名曰业主;粮差割寄他户,抽田中租配之,受业而租者,名曰大租主;佃户则出赀佃田,大租、业税皆其供纳,亦名一主。"⑥万历《政和县志》也说:"至于稼穑农

---

① 嘉靖《龙溪县志》卷一,《地理》。
② 嘉靖《龙岩县志》卷上,《民物志·土田》。
③ 中国社会科学院历史研究所藏:1000026#。
④ 嘉靖《龙溪县志》卷四,《田赋》:
⑤ 万历《漳州府志》卷五,《寺租》。
⑥ 万历《南靖县志》卷四,《赋役志·税粮》。

夫，一售主田，数相贸易三两人，而主不得知负租者，比比皆然。"①据吴甡《忆记》称，邵武俗例"置田者名田骨，佃田者名田皮，各费若干"②。崇祯年间，《长乐县志》云："他处田亩止属一主而已，长邑有田面，有田根。富者买面收租，……贫者买根耕种，其价半于田面。"③陈益祥谈到福建一田二主或一田三主情况时指出："此风闽省最甚，故奸猾富厚者，多蓄田根，根价遂倍于面。"④

到了清代，土地股份所有制形式在全国大多数省份得到推广，而在明代已出现土地股份所有制的地方，有清一代得到更充分的发展。

先看看福建情况。根据福建师范大学历史系《明清福建经济契约文书选辑》中《田地典卖文书》看，该书收集田地典卖契约计418件，其中万历年间2件，崇祯年间3件，其余413件为顺治至光绪年间契约。这418件田地典卖文书中，其中出卖田根、田面、大苗、小苗文书计共98件，⑤占典卖文书的23.4%。也就是说，在有清一代几乎有四分之一的土地是属于股份所有制的。我们再从该书中的《土地典卖找价文书》看，这部分文书共计268件，时间为康熙至光绪。这268件文书中属田根、田面、大苗、小苗找价契约的有60份，⑥占找价文书的22.4%，与典卖文书所占比例相差无几。

该书所搜集到的686件典卖和找价文书中，包括侯官、福州、闽清、闽县、崇安、福安、瓯宁、宁德、光泽、南平、莆田、仙

---

① 万历《政和县志》卷一，《地理志·风俗》。
② 吴甡：《忆记》卷一。
③ 崇祯《长乐县志》卷一一，《丛谈志》。
④ 陈益祥：《采芝堂文集》卷一三，《风俗》。
⑤ 福建师范大学历史系：《明清福建经济契约文书选辑》一，《田地典卖文书》，第1—115页。
⑥ 福建师范大学历史系：《明清福建经济契约文书选辑》二，《土地典卖找价文书》，第216—307页。

游、晋江、永春、漳州、龙溪、南安 17 个州县,而涉及有田根、田面、大苗、小苗典卖及找价州县有:侯官、福州、闽清、崇安、福安、瓯宁、光泽、南平、仙游、永春、南安 11 个州县,占出现文书州县数的 64.7%。也就是说,福建地区大多数州县都出现土地股份所有制现象。

此外,从租佃契约也可窥视到田骨、田皮分别出租的情况。《明清福建经济契约文书选辑》中,收集到 9 个县的租佃文书计 166 件,其中康熙年间 2 件,雍正年间 12 件,乾隆年间 64 件,嘉庆年间 53 件,道光年间 23 件,另 1 件为乾隆年间侯官县租牛契,因与本主题无关,舍去不计,余下文约为 165 件,其中根面全者计 14 件,占 8.48%,底面分离文书计 151 件,占 91.52%。

除民田出现土地股份所有制外,属于军队的卫所屯田也出现土地股份所有制,嘉庆十一年(1806)侯官县一份典田契记载:"立缴典契郑行瑞,自己手置有卫屯田根壹号,坐产侯邑念〔二十〕三都场院地方,土名为浦湖,受种二拾斤,年载面租谷肆百柒拾捌斤,纳在程江陈处,历耕无异。今因别置,自愿将此田根托中向到梧峰张文享处。"[1] 道光二十三年(1843),侯官县一份卖田契记载:"立卖佃根契陈章焕,承嗣父手置有屯田根壹号,坐址本邑念〔二十〕二都地方,土名曲岭上份,受种壹亩,年载面租柒斗伍管乡。内纳陈处伍斗,又纳黄处二斗伍管,历掌无异。今因要钱乏用,自情愿托中将此佃根向在本厝叔行滨处,三面言议,卖出佃根钱贰拾壹仟文正。"[2] 一田二主或三主的卫所屯田事例还有,这里不一一枚举。

安徽徽州地区,也是土地股份所有制较发达的地方。据安徽省博物馆编《明清徽州社会经济资料丛编》一书中的《卖田契》和《卖田皮契》看:从清顺治至宣统年间,所搜集到的卖田契和

---

[1] 福建师范大学历史系:《明清福建经济契约文书选辑》,第 119 页。
[2] 同上书,第 155 页。

卖田皮契计共233件，其中卖田皮契为70件，①田皮卖契占全部卖契的30%。几乎是三款土地买卖中就有一款是田皮的买卖。

徽州地区还给我们留下了丰富的置产簿资料。如《孙在中契置抄白总登》中，抄有自康熙至乾隆年间的买契52件，其中买田（皮、骨全）契14款，买田皮契23款，买田骨（大租）5款，买房契4款，买山契6款。②扣除买房、买山契10件外，土地买卖约计42件，在这42件中，田皮、田骨（大租）买卖达28件之多，占土地买卖契约的69.04%。另一册《乾隆汪氏誊契簿》中记载，该户最早买契为康熙四十九年，最后一张买契为道光二十三年，显然嘉庆、道光年间买契是后人所增。该户前后置产47款，其中皮骨全田19款，买田皮14款，买田骨（大苗）6款，买山8款。③扣除买山契外，购买土地契约为39款，这39款中属于一田二主或一田三主的土地股份所有制买卖为20款，占51.3%。

此外，徽州地区遗留下的一批租佃契约中，大买、小买一田二主的情况也有所反映。根据《明清徽州社会经济资料丛编》第一集《租田地文契》的记载来看，该书搜集租佃契共76件，其中转租文契占22件，一般租佃文契54件，转租文约占文契总数的28.9%。

无论是对徽州地区进行大范围考察，还是具体到一家一户的考察，都可以看出，到了明清时代，土地股份所有制已经在这里得到广泛推行。

江苏的土地股份所有制，在有明一代，已得到发展，如崇明县阜安沙，于万历三十年成田，一半靠民力翻垦，按照民间惯例，

---

① 安徽省博物馆：《明清徽州社会经济资料丛编》，中国社会科学出版社1988年版，第82—136页。
② 中国社会科学院经济研究所藏：《屯溪资料·孙在中契置抄白总登》，置078#。
③ 中国社会科学院经济研究所藏：《屯溪资料·乾隆汪氏誊契簿》，置167#。

将承价一半与民管业。平洋沙系旧城基，田荡涂十四万步，按照前例，民有承价一半。① 所谓承价，"承价之垫有圩本也"②。也就是说，农民在围圩造田时，由于投入了资金，或投入了人工，这些投入形成了股本，从而占有地权的一半。到了清代，土地股份所有制在江苏得到大力推广，据《明清苏州农村经济资料》看，苏州、通州、海门厅、江宁县、江都、甘泉、泰州、宝应、如皋、泰兴都存在土地股份所有制。③ 另据《清代地租剥削形态》一书所搜集乾隆刑科题本资料看，长洲、无锡、元和也存在土地股份所有制情况。④

从《清代地租剥削形态·永佃制》看，本书搜集到乾隆年间有关永佃制案件计52件：其中属于土地股份制案件50件，涉及9省40个县。

台湾是新垦区，垦民大部分是福建漳泉人，他们到台湾垦荒时，把漳泉地区的惯例也推广到台湾。农民出一部分资金从土地所有者手中买到一部分土地所有权，从而使这块土地所有权由一人占有，变成合伙占有。如：

> 立招佃人业户李朝荣，明买有大突青埔一所，坐落土名巴来，东至柳仔沟埤，西至大沟为界，南至入社大车路为界，北至黄邦杰厝后港为界，四至明白。今有招到李思仁、赖束、李禄亭、梁学俊等前来承膜开垦，出得埔银六十五两正，情愿自备牛犁方建筑坡圳，前去耕垦，永为己业。历年所收花利照庄例一九五抽的，及成田之日，限定经丈八十五石满斗为一甲，每一甲经租八石，车运到港交纳。二比甘愿，日后

---

① 万历《崇明县志》卷四，《学校志·学田》。
② 民国《崇明县志》卷六，《经济志·田制》。
③ 洪焕椿编：《明清苏州农村经济资料》，江苏古籍出版社1988年版。
④ 中国第一历史档案馆、中国社会科学院历史研究所编：《清代地租剥削形态》，中华书局1982年版。

不敢生端反悔，增加减少，亦不敢升合拖欠；如有拖欠定额，明官究讨。口恐无凭，立招佃一纸存照。

　　即日收过埔银完，再照。①（下略）

开荒垦殖时，农民向土地所有者交纳部分埔银后，或自备工本开垦耕种，或开渠筑埤，兴修水利，从而从原土地所有者手中取得相应部分所有权，使同一块土地具有两个或三个以上所有者，这种情况在台湾开垦中普遍存在。

热河地区亦是清代新垦区，据刘克祥教授研究，日本人收集的513件蒙地契约中，农民缴有契价或押荒银的有497件，占总数的96.9%。②

在清代旗地中，土地股份所有制也非常盛行。如乾隆九年(1744)北京房山县的《过佃字据》称："立过佃户人张德兴，因有本身当差地一段，坐落在房山县西南娄子水村北，东西地计三亩，东至官道，西至邦茶为界，南至黄玉恒，北至道，四至分明。今情愿过与李泰名下永为耕种，不准李姓另租另典，言明压租银三十五两正，年例小租钱五百文，准其客辞主，勿许主辞客。立字之后，如有另人争论，有取租张姓一面承管，不与佃户相干。此系两家情愿，各无返（反）悔，恐中无凭，立过佃字一样两纸，各执一纸为证。"③ 乾隆四十一年，《刑科题本》也有关于旗地股份所有制记载。案件称：民人李茂哲耕种佟镭家旗地，由于交了押租，得到了"永远长耕，不许增租夺佃"④的权利。嘉庆年间，昌黎县旗人王大忠，因无力封纳官租，将祖遗官租地一亩四分二厘五毫，情愿退与王克让名下耕种，按年封纳租银，共银一钱六

---

① 《清代台湾大租调查书》（第一册），台湾银行经济研究室编印，1963年出版。

② 刘克祥：《清代热河、台湾永佃制比较研究》，载叶显恩主编《清代区域社会经济研究》，中华书局1992年版。

③ 转见杨国桢《明清土地契约文书研究》，人民出版社1988年版，第94页。

④ 乾隆四十一年十月十日，直隶总督周元理题。

分五厘二毫，自退之后，"由置主盘窑、打井、使土、栽树自便"①。赤峰县乾隆五十八年一份垦荒合同记载：立合同人挠安幸吉等保世户同站上人等同心议允，愿将昂邦沟伍十家子上边有荒场一处，同众说允，言明价钱中钱伍（仟？）贰白[百]吊正，情愿写与徐成、张贤二人名下开创耕种，"永远为业"②。嘉庆十四年，张良洪将自己生熟地一块，情愿卖予郭雄名下耕种，"永远为业"，每年交大差一石二斗，杂差随土缴纳。③ 建平县、朝阳县、丰宁县的旗地股份所有制情况在《锦热蒙地调查报告》中也多有记载，这里不赘述。据热河省长官房土地科调查称：隆化、围场、平泉等县地处口外，凡有土地权者半多无力开垦，遂招集佃户"许以成熟后永远耕种"，每年纳粮若干，"从此不得增租夺佃，载在租约"，"业主但有租之利益，而无撤佃之权力，现尚认为一种有效力之习惯"④。东北满洲地区，嘉庆十六年的一件立退地契记载：立退地契人雨金社后一甲宋兴国同侄仁祥，度日维艰，将自己承领旗余地四十亩，同族人说允，情愿退与本甲民人李士祯"承领管业"，随钱粮带银一两四钱三分五厘，租钱一千四百三十五文，估定开垦修补工力钱二百五十两整，恐后无凭，立退约存据⑤。由于清政府无力解决旗人贫困化，以及旗人不谙耕作，加上清政府不许旗地典卖，所以旗地以股份所有制形式大量出现，清政府虽然进行三次大规模回赎，但阻止不了旗地股份所有制的发展。

土地股份所有制的形成，是由农民以各种形式付出为代价所取得的，如江西赣南农民"出资垦荒，即俗名工本；或由业主

---

① 中国农村惯行调查刊行会编：《中国农村惯行调查》卷6，日本岩波书店1952—1958年刊；《中国土地契约文书集》（金—清），东洋文库明清史研究室，1975年，第167页。
② 《锦热蒙地调查报告》上卷，伪满康德四年十二月，地籍整理局，第541页。
③ 同上书，第543页。
④ 南满铁道株式会社编：《民商事习惯调查报告录》，民国十九年，第710页。
⑤ 南满铁道株式会社编：《民商事习惯调查报告录》，民国十九年。

征收田价，即俗名坠脚，亦名退脚"，从而获得"皮业"之权。①四川云阳县农民通过交纳巨额"压稽之费"，从而获得"视同己产"的权利。②江苏崇明农民，则通过付出"圩田工本"，获得土地的"承价"③。安徽徽州农民通过"自置"而获得"小租田皮"④。湖北钟祥农民还有"贱卖图耕"的习俗。农民出卖土地时，由于"买主对于佃权既未买入，故只能听其与所有权分离为二"⑤。浙江临海、宁波、庆元、鄞县农民，由于承耕田地时要付出"田脚"等钱，所以获得"田皮"，"可以顶卖"⑥。广东农民则由于承种土地时交有"顶耕银"，所以"出资买耕者，名为佃业"，也有称佃业为"质业"的。⑦福建龙海县民"无田者众，皆佃人之田"，承耕土地则需出粪土之价，而"粪土之价视大租田十倍"⑧。云霄厅农民"出力佃耕，租税皆其办纳，以有粪土银，遂私相授受"⑨。崇安农民承种土地"曰赔，赔为田皮"，"佃人之赔价重于田主之卖价"⑩。闽清县有一份"立安开垦契"称："今安与佃户吴承德开垦耕种，所佃永远耕作，黄家不得另召。"⑪ 由于吴承德开垦时需要付出工本，所以，原田主以出让一部分土地所有权的办法，来实现荒地开垦，而吴承德也从垦荒中获得部分土地所有权，从而垦荒农民和原来田主，成为这块耕地的共同拥有者，都是拥有这块土地的股东。古田县之田

---

① 《民商事习惯调查报告录》，民国十九年，第422页。
② 民国《云阳县志》，《风俗》。
③ 乾隆《崇明县志》卷四，《赋役志》。
④ 中国社会科学院经济研究所藏：《分家书》，第1315号。
⑤ 《民商事习惯调查报告录》，民国十九年，第562页。
⑥ 中国第一历史档案馆、中国社会科学院历史研究所编：《清代地租剥削形态·永佃制》。
⑦ 同上。
⑧ 嘉庆《龙海县志》卷五，《地理》。
⑨ 嘉庆《云霄厅志》卷四。
⑩ 雍正《崇安县志》卷一，《风俗》。
⑪ 福建师范大学历史系：《明清福建经济契约文书选辑》。

根（田面）"有手置、有祖遗、自持一契据管业，耕种"①。建阳县农民的土地股份所有制，"始于乡民为侨居山佃所愚，岁受赁钱数百文，听其垦种，日久受害，欲令退佃，则诡云工资浩大，挟令重价取赎，自是业不由主"②。这里，侨居农民通过垦荒，花去工本，从而获得股份所有权。龙岩县农民获得土地股份所有权，则需向田主缴纳"粪土"银，"质其田以耕"③。台湾府农民取得土地合股权，大多是农民出钱买耕。乾隆五年一份批耕字载："今因民不能自耕，情愿将此埔园托中送就与诚实汉人陈悻观前来承去佃耕，当日三面议定出得埔底银一百三十大元。"④乾隆十一年，一份"立出永耕垦山契"记载："今因乏银使用，情愿将此荒山出垦永耕，外托中引就归与义学官田庄汉人陈麟瑞出首承垦永耕，当日三面言议时值价银七十六大员[圆]。"⑤嘉庆八年，一份"立永耕字契"记载："今困乏银费用，自情愿将此田招佃永耕，……外托中引就汉人张默观永远掌耕为业。逐年配纳番大租粟二石五斗满，不得少欠。"⑥如此事例甚多，不一一枚举。从《锦热蒙地调查报告》看，农民在此地获得耕作权，大部分是通过付"地价"而取得。道光十年一件立佃契约载：韩盆来同于韩俊因当差无凑，情愿兑付于学万禄名下开耕为主，永远为业，"同众言明，地价钱叁拾吊，其钱笔下交足，并不短少，每年秋后交租钱贰吊与韩盆来"⑦。道光十五年一件"立兑契文约"载："许地主禀官究追，不得径行夺佃。"⑧《洵阳县志》

---

① 陈盛诏：《问俗录》卷二，《古田》。
② 道光《建阳县志》卷二。
③ 嘉靖《龙岩县志》卷上，《民物志·土田》。
④ 《清代台湾大租调查书》第三册，第446—447页。
⑤ 同上书，第449—450页。
⑥ 同上书，第475—476页。
⑦ 地籍整理局：《锦热蒙地调查报告》上卷，伪满康德四年七月十二日，第341—342页。
⑧ 光绪《白河县志》，《风俗》。

记载："凡流寓稞山，乡俗先贺山主银数两，谓之进山礼，然后议租谷。其租约书明：永远耕种，听凭顶替，山主无得阻挠。"①

根据上述情况看，农民获得土地股份所有制的途径无非两条而已，一是为地主开垦荒地时，农民通过垦荒开拓，花费了工本，从而从原土地所有者那里获得一部分土地所有权。这是以工本为形式的股份所有制。二是通过各种形式的购买，如赔价、顶首、押租、田价或贱价卖田根保田面，等等。使原来一田一主的耕地，通过以上两条途径，朝一田二主或一田三主的股份所有制方向发展。

二　土地股份所有制发展的原因

土地股份所有制遍布我国22个省，如直隶、山东、山西、河南、陕西、甘肃、江苏、安徽、浙江、江西、湖南、湖北、四川、福建、广东、广西、云南、贵州、黑龙江、吉林、辽宁等。就北方而言，主要是在直隶省。就南方而言，以江苏、安徽、浙江、江西、福建、广东最为普遍。这南方6省和北方直隶省有一个共同原因，即人多地少。如嘉庆十七年时，全国人均耕地面积为2.19亩，而江苏人均地只有1.9亩，安徽1.21亩，浙江1.77亩，江西2.05亩，福建0.98亩，广东1.67亩，都在平均线下。直隶人均耕地面积虽然为2.65亩，②但由于清初大量圈地，原有民田大多变为旗地，原来有地的农民失去了土地，使局部地区出现了人多地少现象。《孙文定公奏疏》称："近畿土地皆为八旗勋旧所

---

① 乾隆《洵阳县志》卷一一。
② 梁方仲：《中国历代户口、田地、田赋统计》，上海人民出版社1985年版，第400页，表76。

圈，民无恒产，皆仰赖种租旗地为生。"① 而所有承种旗租地亩之户，"皆系用价所置，……作为己业，传之子孙"②。如福建，明人沈演有高论，他指出："福建之田，非负山则滨海，负山者层累如梯，十日不雨则枯；滨海者广漠无蔽，一夕遭飓则偃，既特以瘠卤闻。而况生齿甚繁，以口度地，常一亩而十口资焉。故他省一田一主，而闽田则三主。田骨之外有田皮，田皮之外有田根，诚地不足以赋其民，势不得不剖分而食之。"③ 又如江西赣南，此地则是"万山线田"④，山多地少，土地资源十分缺乏。这些人多地少地区，一些少地或无地农民为了生存下去，不得不花钱从地主手里买来耕种权，从而形成土地股份所有制。

另一种原因是：荒地多，而人口少，或资金不足，无力自行进行开垦，只好以分割地权为条件，允许开垦者享有田面权。这种情形具有三种不同情况。第一，王朝建国初期，由于受长期战争影响，人亡地荒情况严重。有田之家缺乏劳力，缺乏资金，多招人垦荒，而田主以付出田皮为代价。据《西江视臬纪事》称："因国初鼎定，当兵灾之后，地亩荒芜，贫民无力垦复。垦户开荒成熟，未免需费工本，遂世代守耕。故在业主为田骨，在垦户为田皮。业主得买其田骨为大买，垦户得顶其田皮为小买。业主只管收租赁耕，转顶权自佃户，业主不得过问。"⑤ 第二，绝户田亩。人绝地荒，贻累地方，政府奏准招佃开垦，佃户以工本获一主之权。如《南汇县志》称："绝户田亩系宣德、景泰间，人绝地荒，民甚苦之，贻累里甲。天顺六年奏准召民开佃。方其初，佃大费工本，及转佃别姓，即以工本为名，立契得银。"⑥ 第三，

---

① 《孙文定公奏疏》，第189页；昭梿：《啸亭闲录》卷7。
② 《户部井田科奏咨辑要》下卷，第12页。
③ 沈演：《止止斋集》卷一九，《公移·抵解加派》，万历四十七年。
④ 康熙《安远县志》卷三，《赋役》。
⑤ 凌焘：《西江视臬纪事》。
⑥ 《南汇县志》。

山区、边疆地区、新垦区、围沙造田新区。这些地区最突出的特点是：田荒人少，缺乏开垦劳动力及资金，如福建、江西山区，东北、热河、台湾新垦区，江苏崇明，广东沿海沙田区等，都是这种情况。为了土地垦拓，只好以分割土地所有权为条件，招收农民进行开垦。如闽地多山，"业户皆雇佃垦山为田亩，一田而有田面、田骨之名，田皮属主，田骨属佃"①。东北、热河等新垦区是："口外多属荒地，凡有地权者，多无力开垦，遂招集佃户，许以成熟后永远耕种。"② 秦岭大巴山开发过程中，"招外省客民纳课数金，辄指一块立约给其耕种。客民不能尽种，转招客佃，积数十金有至七八转者，一户分作数十户。客佃只认招主，并不知地主为谁，地主不能抗争"③。崇明地处长江出口之区，两岸田地崩涨无常，洪水一来，原来田地可能给冲得无踪无影，洪水过去之后，可能在另一地方沉积成新的沙洲，而固沙垦田工程浩大，翻垦者投入工本多，成本高，按当地民间俗例，翻垦者可以获得承价一半。"照民间例，将承价一半与民管业。"④

还有一个原因是：政府对田皮、田骨分离的认可，促进了土地股份所有制发展。据《长平富域荐山书院祀田碑文记》："先正游文肃公立雪程门，倡明正学。两朝崇祠至悫也：不百余年，烝尝所寄，圮鬻殆尽，岁时伏腊，俎豆不修。……今查其田骨一十一箩二斗半，田皮一十五箩，向系张阳得、张经毛收租。又田骨三箩七斗半，向系朱邦行收租。张氏者，令游大礼合族等备还原价四十五两取回；在朱氏者，本县捐俸七两代取。"⑤ 杨国桢先生认为，这些祀田通过"田骨""田皮"的分割买卖，落入外姓手中，已经不是当时之事，而知县竟捐俸代为买回"田骨"，说明官

---

① 彭光斗：《闽琐记》。
② 《民商事习惯调查报告录》，民国十九年，第710页。
③ 严如熤：《三省边防备览》卷一一。
④ 万历《崇明县志》卷四，《学校志·学田》。
⑤ 《建阳富拢游民宗谱》，转引自杨国桢《明清土地契约文书研究》。

府已经承认这个"俗例"的合法性。① 至雍正末、乾隆初年，江西按察使凌燽更以立法名义，承认田皮、田骨买卖和转退的合法性。他明确指出："查田皮、田骨名色，相沿已久，固属习俗难移。"② 至乾隆三十五年，宁都州仁义横塍塍茶亭所立的碑中，更以法律条文的形式把田皮顶退规定下来。碑文称："查佃户之出银买耕，犹夫田主之出银买田，上流下接，非自今始，不便禁革。"③ 至清末，政府制定《大清民律》（第一次草案）时，规定："永佃权者，支付佃租而于他人土地上为耕作或牧畜，得用他人土地之物权也。其权利人谓之永佃权人。"④ 明清两代政府不断调整一田二主或一田三主政策，以田皮、田骨分别买卖认可开始，直到形成法律条文，予以法律地位止，政府的这种鼓励政策，无疑对土地股份所有制发展有强大推动力。以前对这种作用有所漠视，今后应予张目。

　　土地股份所有制的发展，除上述几个原因外，还有另外一个因素不能不予以考虑。这就是有田之家为了逃避赋役负担，而将土地部分收益权出让，从而形成一田二主或一田三主。

　　明初，朱元璋曾实行过轻徭薄赋政策，减轻农民的负担。但明中期以后，这种情况改变了，各种苛捐杂税随之而来，到明后期，"三饷"并收，更使广大农民处于水深火热之中。到了清代，清初赋税政策沿袭明例，赋役繁重，加上清初年年战争，军费负担惊人，另加上顺治十七年奏销案打击，有田之家，以田为累。总之，在沉重赋役负担压迫下，一些有田之家，便采取了转移赋役的办法，逃避政府催迫。于是，一些田主把土地收益权的一部分转让给别人。一些人利其价钱，收买了负担交纳国家赋役这部

---

① 参见杨国桢《明清土地契约文书研究》，人民出版社1988年版。
② 《评议平钱价禁词本严霸耕条议》，凌燽：《西江视臬纪事》卷二。
③ 《民商事习惯调查报告录》，民国十九年，第423—425页。
④ 宣统《大清民律》（第一次草案），第二编，《物权》之第四章"永佃权"。

分收益权，从而使一块土地上的权益分成两个部分，即一租一税。在此基础上，如有农民赁地而耕，一块土地上的权益则分成三个部分，三人共同分享同一块土地上的权益。一田二主或一田三主的土地股份所有制就形成了。如福建龙溪县"邑民受田者，往往惮输赋税，而潜割本户米配租若干石，减其值以售，其买者亦利其贱而得之，当大造之年，一切粮差皆其出办，曰大租主，有田者不与焉，而租与田遂分为二。而佃户又以粪土银私授其间，而一田三主之名起焉"①。永泰县也不例外，"民间受田者，往往惮输赋税，潜割户米，配田租以贱售之，其买者亦利其价钱，自愿收米入户，认办一切粮差。于是有有田但取租税者，有有田兼完钱粮者，大租、小租之名，分出为主。而佃户又以粪土银私自授受其间，遂致一田三主"②。《漳州府志》亦称："有田之家往往惮输赋税，而潜割本户米，配租若干担，以贱售之，其买者亦利以贱得之，当大造年，辄收米入户，一切粮差皆其出办。于是得田者坐食租税，于粮差概无所与，曰小租主。其得租者，曰大租主（民间买田契券，大率记田若干亩，岁带某户大租谷若干担而已）。民间仿效成习。久之，租与税遂分为二。而银户又以粪土银私授受其间，而一田三主之名起焉。"方志作者对赁地而耕的农民为什么会成一主的问题，又做了详细说明。指出："佃户出力代耕，如雇佣取值，岂得称为田主？缘得田之家，见目前小利，得受粪土银若干，名曰佃头银。田入佃手，其狡黠者逋租、负税，莫可谁何。业经转移，佃仍虎踞，故有久佃成主之谣。皆一田三主之说，阶之为厉。"③方志作者这种久佃成主的说法不确切，这些直接耕种者之所以成为一主，是由于他们一开始时就投入资金，已成为这块土地权益的共同所有者。他们之所以形成一主，不是久佃之

---

① 《龙溪县志》。
② 《永泰县志》。
③ 《漳州府志》。

故。有田之家为逃避赋役负担，将土地收益中的一部分分割出去，而形成的一田二主或三主情况，可能不仅仅是福建一地情况，其他地区亦可能存在。

土地股份所有制的成因及发展，其原因是多样的，远不止上述这些，还有如：有的蒙旗地主向汉族苦工或榜青户借债，无力偿还，最后以土地耕作权抵偿；也有蒙旗贫苦牧民、箭丁或"小门台吉"（贵族下层）以土地典卖方式，将耕作权立契给汉族农民，自己只保留收租权，从而形成股份合作制。[①] 土地股份所有制成因多样化，使土地股份所有制显得五光十色，更加绚丽多彩。

三 土地股份所有制的分配

地租的分配是土地所有权的体现，而每个所有者地租收入的多少，则是资金投入多少的体现。这一点，台湾地区表现最为突出。

乾隆末年，徐嗣奏本中曾经提道："业户开垦田园，召佃承种，即将所费工本收回，名犁头钱。每甲得银一二百两，每岁止抽分租谷六石至八石不等。又有佃户同行开垦者，因村黎未谙科则，借城市殷实之家，充当业户，代为经理纳课，亦只代耕，牛犁籽种悉系工人自备，佃户与分租息，每年每甲可得数十石，名为田底租。此业户得租数少，佃户得租数多。其田虽系业户出名，而实归佃户承管也。……但业户前已得受犁头钱，即与卖业异。"[②]

据此，可以看到台湾开垦荒地有两种情况，一种情况是，直接耕种者向土地所有者每甲缴纳一二百两犁头钱，从而获得剩余

[①] 参见刘克祥《清代热河、台湾永佃制度比较研究》。
[②] 《明清史料·戊编》，第335—336页；又《台案汇录甲集》第3册，第182—184页。

产品大部分；另一种情况是，除了土地所有者之外，中间又插进了一个业户，代为经理纳课者，但由于直接生产者已向土地所有者交了犁头钱，所以业户得租少，直接生产者则每年每甲可得租息数十石，而业户仅得数石而已。

要想知道台湾地区大租、小租的比例，首先要了解台湾地区每甲粮食产量。据徐嗣奏称："查彰化淡水田皆通溪，一年两熟，约计每田一甲可产谷四五十石至七八十石不等，丰收之年，上田有收到百余石者。"① 另据连横称："上田一甲收谷百石，中七十石，下四十石。"② 如折中计之，每甲收获七八十石，年计大租八石，纳小租二三石不等，直接生产者所得当在四十石左右。

《台湾私法附录参考书》第二卷，所提供的台中地方大吐下堡张氏分家书中有关大、小租的材料，有助于我们弄清台湾地区土地股份所有制下大、小租分配情况（详见表13-3-1）。

表13-3-1　　　　　　台湾大、小租数量示例

编号	水田面积（甲）	粮食产量（石）	小租数量（石）	占产量百分比（%）	大租数量（石）	占户量百分比（%）
1	1.25	69.25	65	93.87	4.25	6.13
2	0.63	33.12	31	93.60	2.12	6.40
3	2.00	97.00	80	82.47	17.00	17.53
4	1.00	48.20	40	82.47	8.50	17.53
5	0.60	35.10	30	85.47	5.10	14.53
6	1.46	29.00	24	82.76	5.00	17.24

---

① 《明清史料·戊编》，第335—336页；又《台案汇录甲集》第3册，第182—184页。

② 连横：《台湾通史·农业志》。

续表

编号	水田面积（甲）	粮食产量（石）	小租数量（石）	占产量百分比（%）	大租数量（石）	占户量百分比（%）
7	2.00	97.00	80	82.47	17.00	17.53
8	1.25	79.25	75	94.64	4.25	5.36
9	0.63	27.12	25	92.18	2.12	7.82
10	2.00	98.80	92	93.12	6.80	6.88
11	2.00	97.00	80	82.47	17.00	17.53
12	1.25	79.25	75	94.64	4.25	5.36
13	0.63	27.12	25	92.18	2.12	7.82
14	1.25	69.25	65	93.86	4.25	6.14
15	0.63	33.12	31	93.60	2.12	6.40
16	1.90	106.15	90	84.88	16.15	15.12
每石平均数	20.48	1 026.03	908	88.50	118.03	11.50

资料来源：《台湾私法附录参考书》第二卷下，第343—394页。

注释：此表根据《中国经济通史·清代经济卷（下）》表5—7，第1811页改造而成。

从表13-3-1可以看到，在一田两主情况下，一者是以土地入股；一者是以资金投入，或以工本投入参股。他们都是同一块土地的所有者。然而，后者又是该块土地直接耕作者，除了股本之外，在实际经营中还付出了耕牛、籽种、肥料、耕耘、水利兴修、收割等工本，因此在分红中所占的份额就大些。这些小租获得者要占产品收入的80%以上。而大租主由于投入少，所以分红时仅占产品收入的10%—20%。

下面再来看看福建地区土地股份所有制下的分配情况。据《漳州府志》记载："一田而有三主之名，一曰大租，一曰小租，一曰佃户。如每田十亩，带米九斗六升，值银八十两，年收租谷五十石。大租者只用银二十两，买得年课租谷一十石，虽出银少，而办纳粮差皆其人也。小租者则用银五六十两，买得年租谷二十石，虽出银多，而一应差粮不预焉。至于佃户则是代为出力耕收，年分稻谷二十石……岁纳折色机兵驿传米人丁银等项，统银一两二钱有零。若以十石租论之，约值银二两五钱。"① 江西宁都地方情况是："佃人承凭主田，不自耕种，借与他人耕种者，谓之借耕；借耕之人，既交田主骨租，又交佃人皮租。如五十亩之田，岁可获谷二百石，俗谓四勾之田，则以五十石为骨租，以七十担为皮租，借耕之人自得八十石。然多寡亦微有不同，大约以三分之二作皮骨租。"②

上述三个地方土地股份所有制下，分配原则大体是一致的：以投入资金多少为前提，按照比例分成。假若这块土地的直接耕作者又是这块土地的股东之一，他就有可能把所生产的剩余产品的大部分保留在自己的手中，从而较容易地进行扩大再生产，或改善生活，或者积累财富。他们的经济实力和生产积极性就要比中国历史上的普通佃农更强、更高。所以土地股份所有制对当时农业生产的发展是有积极作用的，江南经济的繁荣和边疆、台湾的垦拓，与土地股份所有制的发展是分不开的，其功不可没。

假若把剩余产品视同地租，则享有股权的各个股东，也就享有各自投入资金那部分或大或小的土地所有权。在这里，他们之间仅有的是股份多少之差别，在法权上、在身份上他们都是平等的，彼此之间没有人身依附关系。正由于这种生产关系具有自身特点，所以对调动直接生产者的劳动积极性起到良好的作用。但这种生产关系是在封建社会母体里脱胎而来，还不是完全具备现代意义的股份制。但有别于地主土地所有制及小农所有制这点，是肯定的。

影响地权分配的原因，除以上几点外，还有三个因素要考虑在内：一是赋役繁重，农民不愿买田，情愿当佃农；二是农民家

---

① 万历《漳州府志》。
② 道光《宁都直隶州志》。

庭以小换大，满足耕种需求；三是洋务运动以后，新兴工业发展，使投资多样化，一些有钱的人，把资本投资到工商业上，减轻了土地兼并的压力。下面举几个事例说明。

乾隆年间，四川罗江县的李调元说："十亩之田，不足以食十口家，又称贷而益之，犹可支也。吾邑地当孔道，征徭俱按粮加派。每十亩征粮三分。每分加平三分三厘，则一钱矣。虽国课应完，犹可支也。而官府每遇大役，则按粮令乡保加派，每钱加至一两，犹可支也。每岁加派十次、二十次不等，则叠至十两、二十两矣。凡遇过差、公馆、驿马、酒水、门包、长随、书吏、衙役、夫轿皆于是出，而乡约又借官私派。凡自用置田、修屋、饮食、衣服亦于是乎出。而十亩五分，各耕不过二亩，亩之所入，不敌所出，故不如卖田以佃田。计值，每亩五十千缗，十亩得五百千缗，可作压（押）佃，每五千缗可压（押）田一亩，五百千缗可压（押）田一百亩。既足食，以免家室之饥寒；又无粮，以免官役之追呼。业主虽与平分，佃者尚有小半。……奚为而不乐也。"[1] 农民把自己土地卖了，既可免官役追迫粮役之苦，又可将卖地的钱，用来租种更大面积的耕地，解决家室之饥寒。此话绝对不是李调元拍脑袋想出来的，而是当时社会现实的反映。事实也是如此。湖南安仁县李元武，因"没田耕种"，只得把自有的"三亩下田卖了"，以支付押租，佃入较大面积的田地耕种[2]。直隶永清县韩村的葛士廉，"家故温饱，好艺植，鬻田得价，辄赁他人田种之。鬻值多，赁值寡，计鬻十亩资可五十亩赁值也"[3]。四川云阳县"殷实富户，囊橐余，将盈千累万之赀，不买实业，当押地土，情愿作佃户，而不肯为田主"[4]。魏金玉先生认为：这种

---

[1] 李调元：《卖田说》，《童山文集》卷一一一，丛书集成本。
[2] 中国第一历史档案馆、中国社会科学院历史研究所编：《清代地租剥削形态》，中华书局1982年版，第351页。
[3] 乾隆《永清县志》，列传第八。
[4] 咸丰《云阳县志》卷三，《食货志·仓储》。

情形，可能还是比较普遍的。① 甘肃垦户因畏惧差徭，把产权让给绅衿，自愿当佃户。据甘肃巡抚黄廷桂奏称："甘省地处边徼，从前土旷人稀。我朝定鼎以来，流亡渐集。然开垦之始，小民畏惧差徭，必籍绅衿出名报垦承种，自居佃户，比岁交租。"② 像甘肃这种情况可能还有。农户这种经营行为，无疑会对地权分配产生到一定影响。这种地权占有形式，尽管法律上没有明文规定为二主或三主，但实际生活中，已是一田多主。考察地权分配时，这点因素也不要忘记。

第四节　绅衿地主与庶民地主占地状况

绅衿地主和庶民地主在明清时期，已发展成为地主阶级构成中的两个主要组成部分。何谓绅衿地主？系指由一切现任、离任、候补和封赠的大小官员，以及获取功名而未做官的举人、监生、生员等，通过特殊的权势地位，占有大量土地，或通过入仕搜刮而成为地主，或原来就是地主，我们把这些人统称为绅衿地主。何谓庶民地主？系指由"凡人"地位上升为地主的那些人，是与特权地主的对称。这些人既可以由自耕农、佃农发展而来，亦可从商人发展而来。清代庶民地主与明代庶民地主相比较而言，不论在占有土地数量方面，还是在户数的总量方面，都有很大的发展。就清代前期而言，乾隆年间较康熙年间也有很大变化。庶民地主的发展改变了绅衿地主在农业经济中的垄断地位。从两者的户数比例看，绅衿地主户的比例在下降，庶民地主户的比例在上升；从两者占有的耕地面积看，绅衿地主占有的耕地数量在减少，庶民地主占有的耕地数量在增加。尤其值得注意的是，到乾隆年

---

① 方行、经君健、魏金玉主编：《中国经济通史·清代经济卷》，中国社会科学出版社 2007 年版，第 1227 页。

② 《清高宗实录》卷一七五。

间，庶民地主发展迅速，庶民地主已在地主阶级中占据主要地位，绅衿地主已从主要地位退居到次要地位。这一变化，无疑会给清代社会经济发展带来影响。对这一问题李文治先生等有过很好的论述，但缺乏实际事例。本文试图依据近几年来新发掘的直隶省获鹿县档案材料为依据，对清代庶民地主的发展做一补充说明，并为这种变化的社会意义寻求一个比较切合实际的回答。

一 庶民地主在清代的发展

明以前，庶民地主即已存在，元末农民大起义以后，缙绅地主受到沉重的打击，明初庶民地主有较大发展。但十分可惜的是，先辈们没有留下足够的资料供我们查阅。清代情形不同了，尤其值得庆幸的是，获鹿《编审册》的发现，为我们打开这扇门户提供了锁匙。

获鹿县《编审册》内容有：户主姓名、户主身份（生员、监生、贡生、举人或某官职）、丁银（乾隆元年前有丁银记载，摊丁入地后，这一项目已消失）、上年编审核实地亩数、每五年间土地买进卖出记录、本次编审核实地亩数，以及经折算的税亩数等。这种编审册为我们提供了户主的身份地位、家庭中成年男子人数、土地买卖情况、诸子分家情况，各户占有耕地变化情况，项目齐全，给我们的研究提供许多方便。

这份编审册包括的时间断限，上至康熙四十五年（1706），下至乾隆三十六年（1771），前后共65年。根据五年一编审的原则，应该进行十三次编审。由于康熙五十三年个别地区又行编审，所以65年间，共进行十四次编审。为了便于比较，我们暂把占地百亩以上的都列入地主户。① 那么，将每次编审中庶民地主户与绅衿地主户数量上的增减，以及两者之间比例的变化做成表格，这样有助于读者对基本情况的了解（详见表13-4-1）。

表13-4-1　　获鹿县庶民地主户与绅衿地主户变化情况
（康熙四十五年至乾隆三十六年）

编审年份	甲数	地主户	庶民地主户 户	庶民地主户 %	绅衿地主户 户	绅衿地主户 %
康熙四十五年	27	89	35	39.33	54	60.67
康熙五十年	13	49	23	46.94	26	53.06
康熙五十五年	16	57	16	28.07	41	71.93
康熙六十年	19	62	34	54.84	28	45.16
雍正四年	17	86	38	44.19	48	55.81
雍正九年	18	57	30	52.63	27	47.37
乾隆元年	12	40	21	52.50	19	47.50
乾隆六年	13	53	35	66.04	18	33.96
乾隆十一年	48	215	137	63.72	78	36.28
乾隆十六年	10	65	52	80.00	13	20.00
乾隆二十一年	13	65	52	80.00	13	20.00
乾隆二十六年	11	56	50	89.29	6	10.71
乾隆三十一年	2	7	4	57.14	3	42.86
乾隆三十六年	9	27	22	81.47	5	18.53
合计	228	928	549	59.16	379	40.84

资料来源：《获鹿县档案》，康熙四十五年至乾隆三十六年《编审册》。

由于各编审年度保留下来的材料有多有少，社甲地点又不尽相同，所以对比性就相对差些。为了弥补这一不足，我们选取三

---

① 请参看江太新《清代前期直隶获鹿县土地关系的变化及其对社会经济发展的影响》，《平准学刊》第一辑，中国商业出版社1985年版，该文把占地150亩以上的庶民户列为地主户。

个材料保存较完整的社甲，即在城社、郑家庄社、任村社中的22个甲进行比较。由于比较的对象是同一甲，因此，我们从中更能够看到它们的变化情况。在这22甲中，至乾隆年间，庶民地主户超过绅衿地主户的已有15个甲，两者户数相等的有2甲，庶民地主户尚少于绅衿地主户的有3甲，还有1甲的村民占地皆在100亩以下，这里尚未分化出地主户。在这22甲中，尤其值得注意的是在城社四甲。该甲在康熙五十年（1711）时，庶民地主只有1户，绅衿地主有8户。五年后，庶民地主上升到2户，绅衿地主增加到9户。十年后，庶民地主又增加1户，发展为3户，绅衿地主发展到11户。雍正四年（1726）后，庶民地主户继续扩大，而绅衿地主户走的却是下坡路，到乾隆二十一年（1756）时，庶民地主户发展到12户，而11户绅衿地主却完全绝迹了。详细情况请看表13-4-2。

表13-4-2　获鹿县3社22甲庶民地主户与绅衿地主户变化情况
（康熙四十五年至乾隆三十六年）

地名		地主类别	康熙四十五年	康熙五十年	康熙五十五年	康熙六十年	雍正四年	雍正九年	乾隆一年	乾隆六年	乾隆十一年	乾隆十六年	乾隆二十一年	乾隆二十六年	乾隆三十一年	乾隆三十六年	合计
在城社	三甲	庶民			0	0	0	0				0			2		2
		绅衿			0	0	0	0				0			0		0
	四甲	庶民		1	2	3	5			7			12				30
		绅衿		8	9	11	10			10			0				48
	七甲	庶民			1							5					6
		绅衿			3							0					3
	八甲	庶民			5					6							11
		绅衿			10					9							19
	九甲	庶民	0	0	0					2							2
		绅衿	0	1	0				1								2

续表

地名	地主类别		康熙				雍正		乾隆								合计
			四十五年	五十年	五十五年	六十年	四年	九年	一年	六年	十一年	十六年	二十一年	二十六年	三十一年	三十六年	
郑家庄社	一甲	庶民	1	2													3
		绅衿	0	0													0
	二甲	庶民	0	0					0								0
		绅衿	1	1					2								4
	四甲	庶民	3						6	7							16
		绅衿	3						6	10							19
	五甲	庶民		4				1	3		5						13
		绅衿		5				5	3		3						16
	六甲	庶民	0			11								11			22
		绅衿	1			1								1			3
	七甲	庶民	3					1									4
		绅衿	2					3									5
	八甲	庶民		2							4						6
		绅衿		0							2						2
	九甲	庶民		4								4					8
		绅衿		4								2					8
	十甲	庶民		4					1		2	3					10
		绅衿		1					1		0	0					2
任村社	三甲	庶民	2							4							6
		绅衿	3							6							9
	四甲	庶民	0							5	3						8
		绅衿	2							1	2						5
	五甲	庶民	0							4							4
		绅衿	0							4							4
	六甲	庶民	2							9							11
		绅衿	6							2							8
	七甲	庶民								5				8			13
		绅衿								1				3			4
	八甲	庶民	0						1	1							2
		绅衿	0						0	0							0

续表

地名	地主类别	康熙 四十五年	五十年	五十五年	六十年	雍正 四年	九年	乾隆 一年	六年	十一年	十六年	二十一年	二十六年	三十一年	三十六年	合计
任村社 九甲	庶民	2						3		4						9
	绅衿	0						0		0						0
任村社 十甲	庶民	0		0			3			5					5	13
	绅衿	1		1			0			0					0	2
合计	庶民	13	17	8	14	5	5	10	18	48	16	19	19		7	199
	绅衿	19	20	23	12	10	8	12	20	26	5	2	4		0	161

资料来源：《获鹿县档案》，康熙四十五年至乾隆三十六年《编审册》。

从表13－4－1、表13－4－2，我们可以看到，不论从整体来考察，还是从局部来考察，都可以窥视到这种趋势，即在康熙四十五年至乾隆三十六年的65年间，庶民地主在发展，绅衿地主在逐渐减少。在两者之间的户数比例上，绅衿地主户由主导地位退居到次要地位，而庶民地主户却由次要地位上升到主导地位。这是清代前期，地主阶级内部阶层构成上的重要变化。

清代前期地主阶级阶层构成，除户数增减比例升降这一变化外，另一重要变化是：两者占有的耕地数量也在变化。康熙四十五年至康熙六十年的四个编审年里，庶民地主占有耕地数量为整个地主阶级占地量的28.71%，而绅衿地主占地数量却高达71.29%；雍正年间，庶民地主占有耕地数量为整个地主阶级占地量的33.17%，比康熙年间上升了4.36%，绅衿地主占地数量却下降到66.83%。在乾隆三十六年间，这种变化继续发展，庶民地主占有耕地数量为整个地主阶级占地数量的60.52%，[①] 与康熙年间相比，整整翻了一番，甚至还要多些。各个编审年度里，庶民地主和绅衿地主占有耕地面积数量的变化，请看表13－4－3。

---

① 这个数为乾隆三十六年间8次编审中，庶民地主占地百分比平均值。

表 13-4-3　　　获鹿县庶民地主与绅衿地主占地情况变化
（康熙四十五年至乾隆三十六年）

编审年份	编审甲数	庶民地主 耕地数（亩）	%	绅衿地主 耕地数（亩）	%
康熙四十五年	27	58 673.9	22.89	17 837.2	77.11
康熙五十年	13	3 378.3	23.86	10 784.5	76.14
康熙五十五年	16	2 580.6	14.36	15 390.0	85.64
康熙六十年	19	4 815.0	36.31	8 444.2	63.69
雍正四年	17	5 848.4	28.18	14 901.8	71.82
雍正九年	18	4 775.3	38.16	7 739.4	61.84
乾隆元年	12	3 247.9	35.50	5 902.1	64.50
乾隆六年	13	5 108.1	58.48	3 626.3	41.52
乾隆十一年	48	22 635.8	48.23	24 292.5	51.77
乾隆十六年	10	7 836.2	70.05	3 350.3	29.95
乾隆二十一年	13	9 192.5	78.08	2 580.5	21.92
乾隆二十六年	11	7 898.5	80.18	1 952.2	19.82
乾隆三十一年	2	505.4	41.30	718.4	58.70
乾隆三十六年	9	3 196.2	72.30	1 224.4	27.70

资料来源：《获鹿县档案》，康熙四十五年至乾隆三十六年《编审册》。

清代前期，庶民地主和绅衿地主的消长，还可以从每户地主占有耕地面积的变化来进行考察。

绅衿地主在康熙年间（康熙四十五年至康熙六十年），每户平均占有耕地 355.5 亩；雍正年间，每户平均占有耕地 298.6 亩；乾隆年间（乾隆元年至乾隆三十六年）每户平均占有耕地 261.2 亩。由此可见，每户绅衿地主自康熙年间至乾隆年间平均要减少耕地 94.3 亩。这种变化不可谓不大！至于庶民地主每户平均占有耕地的数量却变动不大，主要体现在户数增加及占有的耕地总数增多上。请看表 13-4-4。

表13-4-4 获鹿县庶民地主与绅衿地主每户平均占有耕地面积情况（康熙四十五年至乾隆三十六年）

编审年份	编审甲数	庶民地主 户数	庶民地主 占地总计（亩）	庶民地主 每户平均（亩）	绅衿地主 户数	绅衿地主 占地总计（亩）	绅衿地主 每户平均（亩）
康熙四十五年	27	35	5 293.9	151.2	54	17 837.2	330.3
康熙五十年	13	23	3 378.3	146.9	26	10 784.5	414.8
康熙五十五年	16	16	2 580.6	161.3	41	15 390.0	375.4
康熙六十年	19	34	4 815.0	141.6	28	8 444.2	301.6
雍正四年	17	38	5 848.4	153.9	48	14 901.8	310.5
雍正九年	18	30	4 775.3	159.2	27	7 739.4	286.6
乾隆元年	12	21	3 247.9	154.7	19	5 902.1	310.6
乾隆六年	13	35	5 108.1	145.9	18	3 626.3	201.5
乾隆十一年	48	137	22 635.8	165.2	78	24 292.5	311.4
乾隆十六年	10	52	7 836.2	150.7	13	3 350.3	257.7
乾隆二十一年	13	52	9 192.5	176.8	13	2 580.5	198.5
乾隆二十六年	11	50	7 898.5	158.0	6	1 592.2	325.4
乾隆三十一年	2	4	505.4	126.4	3	718.4	239.5
乾隆三十六年	9	22	3 196.2	145.3	5	1 224.4	244.9

资料来源：《获鹿县档案》，康熙四十五年至乾隆三十六年《编审册》。

从康熙四十五年至乾隆三十六年间，庶民地主和绅衿地主在各个编审年中占有的耕地面积，与各个编审年中耕地总面积之比，非常生动地告诉我们：庶民地主生机勃勃地向前发展，而绅衿地主却逐渐走向下坡路。康熙四十五年时，庶民地主占有耕地为总耕地的4.61%，绅衿地主占有耕地为总耕地的15.53%。康熙六十年时，庶民地主占有耕地为总耕地的7.67%；绅衿地主占有耕地为总耕地的13.46%。乾隆六年时，庶民地主占有耕地为总耕地的11.52%，绅衿地主占有耕地为总耕地的8.18%。乾隆二十六年时，庶民地主占有耕地为总耕地的 16.73%；绅衿地主占有耕地为总耕地的 4.14%（详见表 13-4-5）。

表 13-4-5　获鹿县庶民地主与绅衿地主占有耕地的百分比
（康熙四十五年至乾隆三十六年）

编审年份	编审甲数	耕地总面积（亩）	庶民地主 耕地面积（亩）	庶民地主 占总面积百分比（%）	绅衿地主 耕地面积（亩）	绅衿地主 占总面积百分比（%）	一般农户 耕地面积（亩）	一般农户 占总面积百分比（%）
康熙四十五年	27	114 882.0	5 293.9	4.61	17 837.2	15.53	91 750.9	79.86
康熙五十年	13	53 370.8	3 378.3	6.33	10 784.5	20.21	39 208.0	73.46
康熙五十五年	16	66 900.6	2 580.6	3.86	15 390.0	23.00	48 930.0	73.14
康熙六十年	19	62 740.0	4 815.0	7.67	8 444.2	13.46	49 480.8	78.87
雍正四年	17	798 667	5 848.4	7.32	414 901.8	18.66	59 116.5	74.02
雍正九年	18	76 476.3	4 775.3	8.24	7 739.4	10.12	63 961.5	83.64
乾隆元年	12	45 109.8	3 247.9	7.20	5 902.0	13.08	35 959.8	79.72
乾隆六年	13	44 327.0	5 108.1	11.52	3 626.3	8.18	35 592.6	80.30
乾隆十一年	48	177 847.3	22 635.8	12.73	24 292.5	13.66	130 919.0	73.61
乾隆十六年	10	16 820.3	7 836.2	16.74	3 350.2	7.16	35 633.8	76.10
乾隆二十一年	13	49 564,7	9 192.5	18.55	2 580.5	5.21	37 791.7	76.24
乾隆二十六年	11	47 207.5	7 898.5	16.73	1 952.2	4.14	37 356.8	79.13
乾隆三十一年	2	5 981.6	505.4	6.23	718.4	12.01	4 757.8	81.76
乾隆三十六年	9	22 416.7	3 296.2	14.26	1 224.4	5.46	17 996.1	80.28

资料来源：《获鹿县档案》，康熙四十五年至乾隆三十六年《编审册》。

如果我们把表 13-4-5，以乾隆六年画成一条线，那么就可以看到这样的一种现象，即乾隆六年以前的三十年间，庶民地主发展比较缓慢，绅衿地主处于相对稳定的状态。而乾隆六年以后的三十年间，庶民地主获得迅速发展，绅衿地主则处于缩减过程中。庶民地主这种生机勃勃向前发展的景象，并不是历史的偶然，而是明清社会经济发展的必然产物，也是获鹿县社会经济发展的结果。

二 庶民地主发展的原因与途径

庶民地主在中国历史上出现较早，但它发展较快的时期是在清代。

明末清初的农民战争，给地主阶级以沉重的打击。以获鹿县来说，从崇祯六年（1633）至崇祯十七年（1644）短短十一年中。地主阶级就受到三次较大的打击。仅崇祯十一年间，李自成的一支义军攻击该县县城时，死者就"动以千计"。这些死者中有官绅三十人，有生员一百一十人。[①] 封建文人痛切哀鸣："残酷之惨，莫此为甚。"[②] 除官僚、地主遭镇压外，他们的钱财和地产也成了农民的战利品，县志中所谓"焚掠殆尽"[③]，可能就是这种情况的反映。地主阶级在强大的农民战争打击下，有的地主被镇压了，有的地主逃亡了，地主阶级衰落下去，农民阶级的力量强大起来，阶级力量发生巨大变化。阶级关系的变化，有利于佃户获得土地所有权。这是原因之一。

明末农民大起义及清初人民的反抗斗争，延续半个世纪之久。加以封建王朝与地主武装的杀掠破坏，农民大量死亡，土地严重荒废。就全国而言，顺治八年耕地面积为 2 908 584.61 顷，仅及

[①] 乾隆元年《获鹿县志》卷一一，《人物》，第43—44页；又见光绪《获鹿县志》卷一一《人物》，《崇祯戊寅殉难节义题名碑》，第15—16页；光绪志记载官绅死亡人数与乾隆略有出入，光绪志记死的官绅为29人。

[②] 光绪《获鹿县志》卷一一，《人物》，第19页。

[③] 光绪《获鹿县志》卷五，《世纪》，第11页。

天启六年（1626）耕地面积 7 439 319 顷①的39%。就直隶省而言，到顺治十二年时，荒地还有一半。董天机奏报："窃见近畿之地素称沃衍，今日荒熟参半。"② 就直隶获鹿县而言，人口减少，土地荒芜情况也很突出。从前的"财赋之区"，而今变成"逃亡者众"③的荒邑，就是真实的写照。大量荒地存在，为自耕农发展创造了条件。清代摊丁入地的政策措施也为富裕农民及庶民地主的发展创造了条件。④ 当时有不少富裕农民上升为庶民地主。

清初，富裕农民上升到庶民地主行列，主要是通过占有土地。首先通过垦荒取得土地。随着社会经济发展，庶民地主主要是依靠土地的买卖，扩大他的地产。经过顺治、康熙数十年的休养生息政策，清代的社会经济由医治战争创伤，达到经济恢复，并在这基础上进入经济发展时期。从而出现了历史上的康乾盛世时期。这个盛世也反映在获鹿县商品经济发展上。《获鹿县志》称："获鹿地当孔道，百货齐集，尤较盛于他邑。"⑤ 商品经济的发展，反过来为富裕农民从事经济作物生产提供了市场和积累资金的机会。同时，商品经济的发展，使得绅衿地主对商品的需求越来越强烈，生活越来越奢侈，《获鹿县志》的作者公开谴责他们："只知竞尚奢丽，而守礼之意或寡矣。"这时绅衿地主已失去逃避及转嫁赋役的特权，竞尚奢侈的结果，导致一部分绅衿户收支失去平衡，为了保持眼下收支平衡及满足眼前之需，有的只好靠变卖家业田产以维持，所以出现了"有辗转负累，以至于贫者"⑥。这种局面的出现，给富裕农民上升为庶民地主户提供了条件：一、提供了积

---

① 梁方仲：《中国历代户口、田地、田赋统计》，上海人民出版社1980年版，第248页。

② 顺治十二年二月十六日，直隶巡抚董天机揭。

③ 光绪《获鹿县志》卷五，《世纪》，第17页。

④ 参见江太新《清代前期直隶获鹿县土地关系的变化及其对社会经济发展的影响》，《平准学刊》第一辑，中国商业出版社1985年版。

⑤ 光绪《获鹿县志》卷二，《地理》，第57页。

⑥ 乾隆《获鹿县志》卷二，《地理·风俗》，第11页。

累资金的可能性；二、提供了购买土地扩大地产的可能性。

清代庶民地主的来源较多，如有的绅衿地主转化为庶民地主；有的绅衿地主通过分家析产，分化出一部分庶民地主；有的商人通过购买土地而成为商人地主；更重要的是富裕农民上升为地主，他们的提升，主要是通过垦荒和购买土地。

如前面所述，清初时荒地甚多，清政府建立后，为了发展生产，采取了一系列垦荒措施。如荒地无主者，分给流民及官民屯种，有主无力者，官给牛种，三年起科；或招抚佃种；或广加招徕，编入保甲，州县官给以印信执照，开垦耕种，永准为业，六年之后，方议征收钱粮；政府也规定，凡地土有数年无人耕种完粮者，即系抛荒，以后如已经垦熟，不许原主复问。在许许多多的措施中，对地权影响最大的是：肯定农民对开垦荒地的所有权。在清政府垦荒政策鼓舞下，广大人民积极垦荒，其中绝大部分取得土地所有权，变为自耕农民，也有一小部分人由于劳动力充足，经济条件较好，通过垦荒和插占获得大面积土地，从而变为庶民地主。

庶民地主发展的另一条途径是：一部分有积累的农民或商人购买土地产权。

随着清初社会经济恢复与发展，土地买卖越来越频繁，原先限制土地买卖的陈规陋习也有所突破，[①] 这种变化有利于扩大土地买卖的范围，有利于富裕农民和商人获得土地产权。

康熙五十五年以后，各省府县先后实行赋税改革，把原来丁银、地税分开征收的办法，改为地丁合一，把丁银按地亩多寡分摊。这一改革成果是：除了政府放宽对人丁控制及保证国家赋税收入外，对地少丁多的农民家庭来说，无疑是减轻了赋税负担，有利于生产发展和资金积累；对绅衿地主来说，改革前，他们没

---

① 见江太新《略论清代前期土地买卖中宗法关系的松弛及其社会意义》，《中国经济史研究》1990年第3期。

有丁银负担，改革后，丁银按地亩分摊，无疑加重了他们的经济负担。① 在某种意义上说，这一改革有利于抑制绅衿地主对土地的兼并。

在上述历史条件下，一部分富裕农民发展起来了，他们通过购买土地上升为庶民地主。获鹿县富裕农民通过购买土地上升为庶民地主的事例甚多，如郑家庄社四甲刘有义，康熙四十五年时，只有耕地56亩，此后15年间，购进土地62.7亩，至乾隆元年时，已发展成为占地118.7亩的富裕户。郑家庄社五甲张守忠，在雍正九年时有耕地71.8亩，到乾隆元年时已有耕地107.2亩，五年间，他购进土地35.4亩。塔埕社三甲石印奇，康熙六十年时有耕地63亩，此后五年间收买了四户地产，耕地发展到114.1亩，在雍正四年至九年间，他又购买土地46.6亩，于是乎，他家土地增加到160.7亩。同甲王展才，康熙六十年时有耕地72.6亩，此后五年间卖出耕地12.5亩，至雍正四年时只剩下耕地60.1亩，但他在雍正四年至九年间却买进耕地61.4亩，至雍正九年编审时，他已拥有耕地121.5亩了。塔埕社九甲赵应瑞，康熙六十年时有耕地80.2亩，至雍正四年时，他买进耕地16.3亩，耕地面积上升到96.5亩，此后五年间，他又购进耕地6.2亩。至雍正九年编审时，他家已拥有耕地102.7亩。同甲赵昌福，康熙六十年时有耕地84.3亩，此后五年间购地18亩，至雍正四年时有耕地102.3亩，雍正四年至九年间，他又先后买进耕地27.5亩，从而使他家耕地发展到129.8亩。塔埕社十甲王喜才，康熙六十年时有地72.7亩，此后五年间，先后买进耕地50.2亩，至雍正四年时有耕地122.9亩，雍正四年至九年间，他又先后买进耕地27.7亩，至此，他家耕地已发展到150.6亩。同甲张喜臣，康熙六十年有耕地64.5亩，此后五年间，他又先后购进耕地38.3亩，至

---

① 参见江太新《清代前期直隶获鹿县土地关系的变化及其对社会经济发展的影响》一文，《平准学刊》第一辑，中国商业出版社1985年版。

雍正四年时，他已拥有耕地 102.8 亩。甘子社八甲韩维垣，康熙六十年时仅有耕地 7.2 亩，雍正四年至九年间，其兄分给他耕地 57 亩，他本人又购买 40.2 亩，至雍正九年时，他已拥有耕地 104.5 亩。镇头社九甲傅树森，雍正四年时还是一个无地户，此后五年间，他两次购买八甲姚明琴地，第一次买三上七中地 43 亩，第二次买中地 193 亩，至雍正九年编审时，他已成为一个拥有耕地 236 亩的富户了，① 等等。诸如此类事例繁多，不一一列举。仅从上述各户发展成占地大户的情况看，富裕农民或其他富户积累土地的主要方法是靠自己积累资金，分批购买，逐渐发展起来的。

三　庶民地主发展对社会经济发展的影响

庶民地主的发展，对社会经济发展的影响是多方面的，本书着重探讨其对生产关系的变革作用。

自雍正、乾隆以来，获鹿县出现了许多庶民地主。他们的出现和迅速增加，为该县农业资本主义萌芽的发展提供了有利条件。

庶民地主具有"凡人"身份地位，由于不享有封建特权，从而反对任何形式的特权和压迫，他们政治地位低下，也决定了他们政治上要求平等的思想。同时，这些人本身也没有完全脱离生产劳动，与劳动人民之间的关系较为密切，因此，他们与佃户或雇工之间所形成的关系，尽管在法权关系方面还没有摆脱封建等级关系束缚，但在实际生活中，经济关系却是比较平等自由的。以雇佣关系而论，双方地位也是比较平等的，雇工与雇主"同坐共食"，"平等相称"，没有主仆名分，封建依附关系松弛，农业中的资本主义萌芽就较容易从这里发生和发展。雍乾年间，庶民

---

① 《获鹿县档案》，康熙四十五年、六十年，雍正四年、九年有关社甲编审册。

地主迅速发展，突破了绅衿地主的土地垄断，改变了土地占有关系，这正为具有资本主义性质的农业雇工经营，提供了必要的前提。

另外，农民阶级中两极分化不断进行，失去土地的农民越来越多，这部分失去土地的农民有的成了地主的佃户，有的则依靠出卖劳动力为生。这些出卖劳动力者，由于解除了丁银负担，实际上摆脱了封建政府的人身控制，获得了人身自由，以及支配自己劳动力的自由，尤其是乾隆五十一年雇工律修订后，为自由雇佣关系的发展开拓了更广泛的前景。

本来，获鹿县雇佣关系较为通行。明季，该县就有雇工事例的记载。① 乾隆元年以前雇佣已成普遍现象，"贫者为人佣佃，奔走衣食"② 就是最好的写照。至嘉道以后，有关雇工事例就更多了。从嘉庆十八年至咸丰十一年间，该县 19 个庄中，使用雇工户数达 70 家之多。以雇工人数而论，雇工 3 人以上有 10 家，占 14.29%；雇工 2 人的有 9 家，占 12.86%；雇工 1 人的有 51 家，占 72.85%。③ 雇工经营者除个别或因年幼、年老，或因残疾缺乏劳动力者外，占耕地 100 亩以下的庶民户较少。从咸丰年间 4 个有雇工的村庄来看，占地 50 亩以上 100 亩以下者有 15 户，其中雇工经营者只有 1 户，仅占 6.25%，说明大多数农民都是自食其力的自耕农。又，占地 50 亩以下的庶民户虽然也有雇工生产的，但主要是缺乏劳动力所致。由此，我们可以看到，在凡人阶层中，雇工生产者除富裕户外，大部分是庶民地主这一阶层。庶民地主较早和较普

---

① 乾隆《获鹿县志》卷十一，《人物》，第 14 页。崇祯年间邑令叶廷秀为王家相作传时写道："使令无他藏获，唯二三力农。"
② 乾隆《获鹿县志》卷二，《地理·风俗》，第 11 页。
③ 《获鹿县档案》，嘉庆至咸丰《烟户册》《保甲册》。十九村为：嘉庆十八年西关，山下尹，上下尹；嘉庆十九年南郭村、范谭村、霍案村；嘉庆二十年大毕村；嘉庆二十一年南社村；嘉庆二十二年三庄村；嘉庆二十三年南李家庄；道光一年××村；道光八年南郝马村；道光十七年赵陵铺；咸丰四年神后村；咸丰七年××村；咸丰十年南北×村，小车行；咸丰十一年东许营；咸丰×年玉村。

遍地改变出租土地经营方式，而采取雇工经营方式：从收取地租的剥削方式，转向榨取剩余价值的剥削方式，冲破了千百年来的封建租佃关系，以及封建剥削方式，在旧的、封建的母体里萌发并生长出新的生产方式，即农业资本主义萌芽。这对获鹿县社会经济发展来说，具有划时代意义。正如毛泽东同志指出的那样："如果没有外国资本主义的影响，中国也将缓慢地发展到资本主义社会。"[1] 咸丰年间，玉村等4村雇工情况详见表13-4-6。

表13-4-6　　　　　咸丰年间玉村等四村雇工情况

时间	村名	户主	人口 男	人口 女	耕地（亩）	房产（间）	雇工（人）	备注
咸丰×年	玉村	王志昌	4	1	120.0	15	1	监生
		陈志道	7	6	314.0		4	有3个男工，1个女工
咸丰十年	南北×村	张元中	1	1	4.6	22	4	
		张喜昌	1	2	93.7	12		
		张雨生	3	3	63.0	15		
		张考成	3	5	53.0	10		
		赵全严	3	2	61.9	14		
咸丰十年	小车行	苏元知	1	3	45.0	15	1	
		苏元庆	1	2	116.0	18	1	
		苏廷选	2	3	9.2	5	1	
		苏红	5	5	120.0	18	1	
		苏元善	4	1	80.0	18	1	
		王德文	10	7	53.0	11		
		苏让	2		61.3	4		
		苏义	2	3	66.0	8		
咸丰十一年	东许营	王振生	7	3	115.0	16	1	
		苏月荣	3	2	135.0		1	
		王锦输	2	2	20.0	15	1	

---

[1] 《中国革命和中国共产党》，《毛泽东选集》（合订本），第589页。

续表

时间	村名	户主	人口 男	人口 女	耕地（亩）	房产（间）	雇工（人）	备注
咸丰十一年	东许营	韩进才	4	3	60.0	14		
		王宏	5	3	71.0	10		
		苏清英	1	1	60.0	14		
		苏清元	4	2	95.0	26		
		苏清太	2	2	54.0	12		
		苏法瑞	4	3	50.0	18		
		王锦号	2	2	90.0	35		

资料来源：《获鹿县档案》，咸丰×年玉村，咸丰十年南北×村、小车行，咸丰十一年东许营，咸丰×年《保甲册》。

从上述情况看：庶民地主的产生和发展对新的生产关系的产生和发展具有重要作用。因此，我们不能因为他们也是属于地主阶级的一部分，从而不加分析地将其和官绅地主等同起来。衡量一个阶层对社会经济的作用，是起进步作用还是阻碍作用，应看他在工农业生产发展长河中所起的作用，只有这样，才能看到社会的发展是生动活泼、充满活力的，而不是空空洞洞的。研究社会经济发展史，应该冲破一些旧的框框，实事求是地还历史发展以本来面目。

绅衿地主贫困化，使部分地主卖去一些土地而降为小土地所有者，补充到自耕农行列；另外，地主出卖土地，使一部分手中有余钱的农民，也有获得土地的机会，而上升为小土地所有者。这点过去很少有人谈及，或认为这点作用微不足道，完全可以忽略。事实并非如此。前面已述及佃农买地事例，以及依靠种植经济作物致富，依靠纺织收入，逐渐积累为小土地所有者之事。

第五节　地权分配与农民反抗斗争

有清一代，农民斗争的形式与地权占有的变化有着紧密的关系。清前期，由于土地所有权绝大多数为农民所占，这时的斗争，主要表现为零星、偶发的个别地方抗粮和反科派斗争。乾隆中后期以后，随着吏治腐败，对农民剥削和压迫加重，失去土地的农民日益增多，农民斗争的形式发生变化，把争夺地权斗争与抗粮斗争结合成一个有机体。把长远斗争目标与眼前利益贯穿起来，使农民斗争内涵不断得到深化。道咸年间的太平天国运动及各地抗粮斗争风潮不断涌动就是集中的表现。他们斗争的目标除抗粮外，还要求把从前失去的土地夺回来，实现耕者有其田。

一　顺康雍乾时期农民斗争

描写"康乾盛世"的史家，为突出盛世，往往有意无意地隐去了这一时期农民反抗斗争的事实。可能这些作者认为记录这一时期的农民反抗斗争，有损"康乾盛世"的美好形象。其实不然，农民反抗斗争是客观存在的，问题是这些斗争是个别的、偶发的，或者针对某人、某事的突发事件，还是有计划、有规模的反政府事件，是否达到破坏农民与政府间和谐局面的程度。如果分辨清楚了，对"康乾盛世"不会带来负面影响。中国之大，问题之繁杂，存在个别反抗事例是不足为奇的。比如说，牙齿与舌头之间是长期友好共处的，但不等于没有牙齿咬到舌头的时候。这种偶发、个别事件只要及时调整好关系，就不会再发生了。清前期个别农民或个别地区抗税、抗租的斗争情况也是这样，关键在于政府对这些事件的处理，并从中如何吸取教训，并如何及时调整政策，排除一些消极因素,将盛世延续下去。这也是研究盛世的重要课题。

根据中国人民大学清史研究所、档案系中国政治制度史教研室合编的《康雍乾时期城乡人民反抗斗争资料》看,从康熙至嘉庆年间共计辑有抗粮斗争事件27款,其中康熙朝6款,雍正朝5款,乾隆朝13款,嘉庆朝3款;反科斗争事件15款,其中康熙朝5款,雍正朝2款,乾隆朝6款,嘉庆朝2款;农民起义事件53款,其中康熙朝2款,雍正朝6款,乾隆朝38款,嘉庆朝7款。各直省发生事件情况见表13-5-1。

表13-5-1　　各直省农民抗粮、反科和起义斗争情况

省份	康熙朝 抗粮	康熙朝 反科派	康熙朝 农民起义	雍正朝 抗粮	雍正朝 反科派	雍正朝 农民起义	乾隆朝 抗粮	乾隆朝 反科派	乾隆朝 农民起义	嘉庆朝 抗粮	嘉庆朝 反科派	嘉庆朝 农民起义
直隶					1			1	1		1	
山东	1		1				1	1			1	
山西		1			1	1	1					
河南		1						2	3			1
陕西							1		1			
甘肃				2			1		1			
新疆									1			
江苏	1			2				1	1	1		
安徽												1
浙江	1	1					2		2			
江西									1		1	
福建		1	1				4		11			
台湾									3			1
广东	1					1			3	1		1
广西	1							1	2			
湖北							1		3			
湖南	1					1						
四川		1			1	1			1			
贵州						1		1	2			
云南						1			2			1
共计	6	5	2	5	2	6	13	6	38	3	2	7

资料来源:中国人民大学清史研究所、档案系中国政治制度史教研室合编《康雍乾时期城乡人民反抗斗争资料》,中华书局1979年版,第310—331、332—345、601—735页。

如抗粮斗争，多由灾荒年份，政府迫粮，胥役苛索所至，视地方情况，处理得当就能平息事端。反课派斗争也多是"地当孔道，过往差务较多"，科派无常，或因"挑河"派夫，或加征"火耗"，或丈量土地，"科派需索"等。这些斗争都是地方性的，及时纠正了，事件也就平息了。另也有"反富户屯粮"，或争水利灌溉而激变，或少数民族反清军骚扰。但也是影响面很小，不会导致社会动荡。正确、及时处理好个别的、突发的事件，消除前进中的杂音，是盛世期间政府有作为的表现，也是促使盛世走向繁荣的政治因素。

当然，在这期间也有几次规模较大的农民起义，如康熙六十年台湾朱一贵起义；乾隆五十二年林文爽起义；乾隆三十九年山东王伦起义；乾隆五十九年川楚陕甘豫等省白莲教起义。但这些规模较大的起义都发生在乾隆中后期，尤其是后期。政府对待这几次农民起义的态度有所不同。如对康熙六十年台湾朱一贵起义，康熙帝称："或因饥寒所迫，或因不肖官员刻剥，遂致一二匪类倡诱众人杀官兵。"康熙帝首先从政府角度进行检讨，寻找群众反抗原因，做好政府工作，事件没有继续扩大。

乾隆朝中后期是康雍乾盛世的转折时期，是由兴盛走向衰落的起点，也是吏治由清明走向腐败的转折期。由于官吏贪污受贿之风日炽，人民受压迫受剥削日益深重，加上乾隆帝不能正视起义原因，做些整改工作，致使社会矛盾日益深重，反抗的烈火也就越烧越旺。乾隆三十九年十月，舒赫德、阿思哈、杨景素上奏山东王伦起义奏报："据供，因今岁歉收，地方官妄行额外加征，以致激变。"乾隆帝接到奏报后，痛斥此论。称："贼供本不足据，此必逆匪等自遁叛逆罪重，捏造此言冀以解免。且其说流传四布，以致无知之李漱芳摭拾入告，妄云饥民聚众滋事。"不但否认官逼民反的事实，而且粉饰政府之过。上谕称："独不思朕临御三十九年，遇有水旱为灾，不惜帑金蠲赈，并酌予缓带，俾舒民力。若雨旸稍不及时，必多方询问，以通民隐，何至有穷黎无告之事？即或一州一县讳饰灾伤，原可赴上可呈吁。或上司仍置不办，并可赴京于院部衙门控诉，何患壅不上闻？今既为叛逆乱民，即果系饥寒所迫，亦难轻减。况其话造自贼口，本属饰其反迹，李漱芳奈何不察情理，转为乱民设说。"① 这时，乾隆帝没有认识到吏治之腐败，相反加以粉饰，致使失去一次整顿吏治的良机，并为官员腐败开了绿灯，使以后吏治更加腐败，民众与政府对立加剧。当嘉庆帝谈到乾隆五十九年发生的川楚陕甘等省大规模、长时间农民大起义的原因时，直截了当地揭示出因政治腐败，导致农民起义。嘉庆四年正月二十日上谕称："百姓幸际昌期，安土乐业，若非逼于不得已，焉肯不顾身家，铤而走险？总缘亲民之吏不能奉宣朝廷德意，多方婪索，竭其脂膏，因而激变至此。然州县之所以剥削小民者，不尽自肥己橐，大半趋奉上司，而督抚大吏之所以勒索属员者，不尽安心贪黩，无非交结和珅，是层层朘削皆为和珅一人，而无穷之苦累，则我百姓当之。"② 到这时，腐败之风已经难以控制，为国家安定、社会和谐埋下祸根。另外，这些起义中有些是教会斗争。而这些教会的参与者大多数是贫苦农民大众。洪亮吉说"夫邪教之起，由于激变"。是由于政府对教会组织处理不当引发政府与广大农民的对立。这就增加了社会的裂痕，造成社会不稳定。

二 嘉道以后农民斗争

进入嘉道年间以后，由于政治腐败日趋严重，土地兼并日趋激烈，加上银贵钱贱，农民赋役负担加重，以及地主对佃户剥削

---

① 《军机处录副奏折》。
② 《清仁宗实录》卷三八。

加重，农民的反抗斗争，由原来零星的、分散的农民斗争，汇成一支震撼清政府的农民革命军，在洪秀全等人领导下，道咸年间爆发了太平天国运动，横扫江南几省，在南京（天京）建都，与清政府抗衡十几年，并提出了"耕者有其田"的响亮口号，向封建土地所有制发动猛烈攻击。在太平天国运动影响下，各地抗粮斗争风起云涌。傅衣凌先生将咸丰年间，南北诸省抗粮斗争事例列成一表，现抄录如后，以供参考（见表13-5-2）。

表13-5-2　　　　　　　　咸丰年间农民抗粮斗争

年代	起事地点	抗闹起因与其经过	领导人物与婴集人数	蔓延范围	结果	根据
咸丰元年	广东东莞	抗粮滋事	黎子骅		生员黎子骅在县署自戕	《东华录》
咸丰元年	江西南丰	南丰县耆民谢恒周等联络五十余人，遣抱告呈控绅棍邹希孟等包漕需索，聚众逼官，并生员鲁宗显等缴还衣顶，意图挟制。曾赴都察院控诉，咨回本省，将抱告夏富希押县一年有余，不为究办				《东华录》
咸丰二年	浙江奉化、鄞县	鄞县、奉化两属乡民，借豁抵欠、图减粮价，聚众入城滋闹，抗拒官兵，殴及道员，杀一副将一通判二知县，其文武死者十余员，兵百数十名	鄞县周祥千，奉化王三租及鄞县东乡张潮清、俞能贵等	鄞县东南、西南乡与奉化埠头庄及其附近各乡	自咸丰二年二月至六月始定，领导者悉数被杀	《东华录》
咸丰三年	湖北通城	通城县西北乡因抗粮聚众；而嘉鱼县地方复有劫狱焚署，戕杀书役；崇阳、蒲圻亦有滋事	通城刘立简、方九成；嘉鱼陈申子、熊开宇等，附近各县群众	嘉鱼、崇阳、蒲圻	咸丰三年二月滋事后，由县令江忠源镇压	《东华录》

续表

年代	起事地点	抗闹起因与其经过	领导人物与娶集人数	蔓延范围	结果	根据
咸丰三年	湖北广济	广济县属乡民因该县知县蔡润琛出示，未将应缴各乡明晰指出，以致希图一律蠲缓，聚众数百人拥至县署，分起抢夺，并戕杀驰办之署黄州府知府邵纶、黄梅县知县鲍开运，焚毁县署	朱关祜、方四象等		由江忠源督兵进剿，斩首五百余人，俘数十人，解散抗粮群众，方四象被捕	《东华录》
咸丰三年	浙江新城	新城县属南新庄僧慧心等因欠钱粮，率众抗不交纳，署知县宣汝珍亲往查拿，复纠众数百人持械迎拒，殴毙县官及亲丁等	僧慧心、骆潮应等数百人		后经知州王有龄督剿，并谕绅耆解散抗粮群众，捆缚领导人	《东华录》
咸丰三年	贵州黄平	黄平各乡数百寨以州县浮收、淮折，聚众数千抗粮；同时瓮安又有刘瞎幺等以齐榔为名，敛钱建庙，谓榔事成后，一切钱粮由榔主持，民间听信者多			此案发后，由胡林翼负责缚献，首领具结投案；又为厘定粮草，禁革浮收，准折诸弊，酌裁州县军队及书吏中饱几三千金，恩威并用；榔事亦由林翼平之	《胡文忠公年谱》
咸丰三年	山东德州	时东乡邢某抗漕会，南北不靖聚众，有异志			首领被杀[①]	《山东通志》

续表

年代	起事地点	抗闹起因与其经过	领导人物与聚集人数	蔓延范围	结果	根据
咸丰四年	河南许州、尉氏等处	先因河南省中兵差络绎，民苦供亿，复以吏役征收钱粮、征银买钞，民间尤觉不平，于是尉氏以图缓钱粮及增添车价，起事聚众抗粮，其影响所及禹州、滑县、封邱、孟县、氾水、辉县群起响应，而辉县人至聚众数千，抗拒官兵	尉氏为在添佑，余多为联庄会中人主持，故人数甚多		此次抗粮拖延甚久	《东华录》
咸丰四年	江苏奉贤	奉贤民抗粮势将为变			适薛焕新授松江府知府，驰至，建治三人，事平	《清史列传·薛焕传》
咸丰四年	江苏吴江县	吴江县陆孝中等，以抗拒租粮为由，敛钱聚众数千人，设立公局，制造刀枪火器。兵役往捕，即鸣锣聚众抗拒，且贿通吴江县知县贺际运之门丁崔姓、库书费熙堂为内应，及联结震泽县苏宪章等，拥众起事，以致啸聚愈多。入党者纳钱给予议单，皆顾胡子书写，尚有庞耀采等各分首从，皆听陆孝中调遣	陆孝中等数千人，及震泽县苏宪章等	吴江、震泽等地		《东华录》
咸丰四年	江苏青浦	青浦知县余龙光，因催逼钱粮，致差役徐桐等纠同地保周立春，聚众挟制，哄堂殴官	周立春等			《东华录》

续表

年代	起事地点	抗闹起因与其经过	领导人物与纠集人数	蔓延范围	结果	根据
咸丰四年	湖南安化	安化县黄国旭等，因甲书借粮苛索，激为变，屡抄甲书家	黄国旭		旋被镇压	《湖南通志》
咸丰五年	河南密县、济源各县	河南各属自从去岁联庄抗粮后，本年复有密县民戕弁焚署，扰郑州；济源亦起效尤，而新乡县民亦在各乡到处活动，聚众围城，并与辉县、温县、原武、部日武侍县民暗相联络		在上述各县外，并及荥泽、林县、阳武、汝县	此案发生后，清廷恐其东结河工、灾黎，西结阳城群众，即令豫抚英桂督兵进剿，解散联庄会	《东华录》
咸丰五年	云南开化府	开化府属有回民聚众抗粮				《东华录》
咸丰五年	贵州桐梓、仁怀	先是贵州杨泗等攻陷桐梓诸城，并联结郎岱夷民，以及台拱、清平苗民须投阿保松等，借闹粮为名，并起抗争		黔西各县及镇郡清平、施秉各属，并湄潭、瓮安一带，大定、兴义各郡	后六年，以桐梓县知县刘毅办理善后，诛求未已，致复起事	《东华录》
咸丰五年	山西阳城	阳城县赵连城等，聚众抗闹盐粮，负固自守，并敢于公文往来拦阻、拆看，复于黄龙庙入村之路，占据把守	赵连城		后由巡抚王庆云派兵镇压	《东华录》
咸丰六年	贵州铜仁	贵州州县征收钱粮，每于正额外加增半数，名曰"躧戥费"，民甚苦之。前桐梓县革役木而灆喜等，皆借口除躧戥之害，聚众起事，铜仁府知府葛景莱亦以循旧加征，于是举人徐廷杰等聚集外来教民，假称上粮，戕官踞城	徐廷杰、毛老大等	连陷四府一厅，并延及湖北边境		《东华录》

续表

年代	起事地点	抗闹起因与其经过	领导人物与聚集人数	蔓延范围	结果	根据
咸丰六年	浙江嘉兴各属及龙游、桐庐诸县	民众闹灾滋事②				《东华录》
咸丰六年	直隶巨鹿	巨鹿县杨进榜等聚众抗粮，经被拿获起解，杨进榜之子杨黄毛复聚多人，闯入县署，劫放监犯，烧毁监狱	杨进榜			《东华录》
咸丰七年	浙江余杭	余杭北乡有胡万城与陈玉峰等，聚众抗粮揽税	胡万城、陈玉峰等		均被捕获镇压	《东华录》
咸丰八年	浙江嘉湖府属	时嘉、湖枪船千百成群，白昼扰攘，甚至聚众抗粮，焚毁仓署，地方官莫敢撄其锋	徐鹏士		后为巡抚徐有壬诱擒	《清史列传·徐有壬传》
咸丰八年	直隶元城	元城县有民聚众抗粮、劫官				《东华录》
咸丰九年	江苏震泽	震泽乡民抗粮、聚众万余，环伺城外，街接十数里。临以兵，益哗，势且炭炭			事变后，巡抚徐有壬以沈锡华有循声，檄员往檄。谕锡华尽速撤兵，遂单骑入众中，犹言曰："尔等皆安善良民，乃作此不顾身家事耶？"剀切导以利害、乡民被分化解散	《清史列传·沈锡华传》

续表

年代	起事地点	抗闹起因与其经过	领导人物与娶集人数	蔓延范围	结果	根据
咸丰十年	山东平原	东省倚持乡团聚众抗粮，不一而足。推原其故，东省虽有督办团练大臣，并不周历查看，亦未认真办理，地方官虽知村落有聚众情事，既以团练为名，即不敢过问。而督办大臣杜翱每至一处，地方官备办车马供应，与督抚同，以致众议沸腾，乡党不服，于是平原东乡民，集众携械，逼城放枪，以等团费为名，抗纳漕米；莘县各里庄民，传单纠结盐众，携带枪炮来城，该县带役出城晓谕，即以放枪抗拒，以致互有杀伤；馆陶、冠县、堂邑等县，亦分送传单，聚众抗欠钱漕；博县、淄川、平望等处，俱有抗粮之案	并有教民、捻民参加，活动人数不下数万	山东九府二直隶州，并延及山西、河北边境		《东华录》
咸丰十一年	四川渠县等处	四川藩司祥奎，任听幕友、家丁仇索，办理津贴，每两加派银五两，名为按亩损输，以致渠县等处地方，聚众围城		广县、安达县、巴州、营山、东乡、南江、通江各州县		《东华录》
咸丰十一年	河南彰、怀、卫三府	时彰、怀、卫三府属，有民借团练为名，聚众抗粮				《东华录》

资料来源：《傅衣凌著作集·明清社会经济史论文集》，中华书局2008年版，第413—418页。

注释：①此节虽不明言抗粮事，按民间闹灾滋事，当与抗粮有关，故及之。②此节原文只云咸丰初年，兹编入是年。同治、光绪年间地主阶级虽反攻倒算，但农民反抗斗争仍在不断进行，这里不再赘述。

三　清后期部分地区小农经济延续和扩展[①]

清代后期，尤其是太平天国起义失败后，在部分地区地权集中、地主土地所有制扩大的同时，也有一部分地区出现地权分散的趋势，农民小土地所有制有所增长。山西、河南则由于大旱成灾，造成土地大量荒芜，造就大批新自耕农。

太平天国长期占领区及捻军、回民起义区，如江苏、浙江、安徽、江西、湖北、山东、陕西、甘肃等省部分地区，出现两种新情况：一是出现大量抛荒田地；二是农民势力增强。

地主阶级在农民战争期间受到打击程度虽有强弱之别，但凡起义之区，都出现豪绅地主或死或逃，造成大量土地抛荒的现象。另，经过农民战争的洗礼，有些地方地主势力削弱了，农民力量增强了，阶级关系发生了明显的变化。

起义失败后，这些地区围绕垦荒及产权问题，两大阶级之间斗争不断。豪绅地主企图侵夺农民垦熟的土地，农民则全力维护对垦田的产权。豪绅地主势力强大的地区，农民在革命期间取得的成果，由于地主阶级反攻倒算而丧失，这些地区地权会趋于集中。但在革命斗争中，豪绅地主势力受到严重打击的地方，农民势力强大，他们通过垦荒或买地取得的成果，往往得以保留，从而广泛获得产权。这些地方的地权总体趋于分散。这两种不同趋势制约了太平天国运动失败后的两种不同的地权分配格局。前面一种情况已叙述，这里不再重复。本节所要论证的是：农民势力强大的地方，对地权分散所起到的作用。

太平天国起义后，江苏部分地区出现大量荒地，政府出示招

[①] 本节写作参考严中平主编《中国近代经济史（1840—1894）》（二），人民出版社2012年版，第855—876页。

垦。巡抚丁日昌规定：荒田经农民垦种成熟，如有"原主"认领，"无论是真是假均不准领"①。同时马新贻建议"必以无主之田招人认垦，官给印照，永为世业"②。因此，实行招垦后，"荆豫客民来开垦殆尽"，对有主之田"强行霸占"，而"乡民无可如何"。无锡县占田数亩至数十亩的农户大量存在③；镇江府丹徒县，光绪十年发生灾荒，到县城要求减免田赋的农民动辄数千。④ 光绪十四年，英国人报道太平天国运动后，镇江"大地主不复存在"，"只剩下自耕农"，"十分之九的土地为耕者所有"⑤，江苏松江、太仓地区，地主占地较少，如娄县、华亭县最大的地主，占地不过五六千亩，且户数不过两三家；占田千亩至三千亩的也不过数家。⑥ 而占田数亩、数十亩的农户则"车载斗量"，"不可胜数"⑦。近海诸县，如奉贤、青浦、南汇等县，占田1000亩者不多见，有田数百亩就是当地大地主了。这类地主一个村镇也不过数家。⑧ 常州府阳湖、无锡等县，兵后"殷户鲜少"⑨。江阴县兵后"里无富室"⑩。江宁府六合县、镇江府金坛县、常州府金匮县等地的豪绅地主权势严重削弱，非短期内所能恢复。同治八年，江、常、镇三府已垦熟田不及十分之五。其中尤以江宁府为最，所属七县原额荒地55 200余顷，至光绪九年，未垦荒地仍有3万多顷。⑪ 又

---

① 丁日昌：《抚吴公牍》卷三七，第9页。
② 马新贻：《奏议》卷七，《招垦荒田酌议办理章程折》。
③ 秦湘业：《浙漕变通议》，光绪《无锡金匮县志》卷三八。
④ 《益闻录》，光绪十年十一月二十九日。
⑤ 系英人阿克逊·汉姆报道，见李文治《中国近代农业史资料》第一辑，第629—630页。
⑥ 《申报》，光绪十四年十一月初三日。
⑦ 同上。
⑧ 《字林沪报》，光绪十五年十月十一日。
⑨ 庄毓鋐等纂修：光绪《武阳志余》卷三，第21页。
⑩ 何栻：《悔余庵全集》文稿，卷八。
⑪ 马新贻：《奏议》卷七，《招垦荒田酌议办理章程折》，同治八年五月十四日。

称，该府土著多"自种自食"，每户不过"十余亩而止"①。这些地区地权分配都趋向分散。有些州县客民则通过购买获得地权。如光绪中期句容全县耕地共为 50 169 亩，其中部分客民土地"半称向土民契买而来"②。以上这些州县地权大部分为农民所占有，小土地所有者占优势。

浙江地权分配也出现不同程度的分散。据现存太平天国地方政府颁发的 1 000 多件田凭和收税单据，花户占田面积多在 10 亩以下，少数在 10 亩以上，很少有超过 30 亩的。③ 这应该是自耕农广泛存在的佐证。杭州、湖州、严州、嘉兴等府某些州县，这些垦民力量较大，称"土著之势不敌客户"，或说"其势非土著所能抗衡"④。如长兴县，数千客民在这里垦荒，膏腴沃壤"无不为其霸占"⑤。湖杭等府垦民，每"任力之强弱，认垦田之多少"⑥。在嘉兴府属，或谓移垦之宁、绍、温、台等府的客民，"搭棚居住，择肥翻垦"⑦，或谓垦民"擅改阡陌"⑧，或谓客民所到之处，驱牛一犁，在田内打个圈圈，任意垦种。⑨ 乌程县属，经客民开垦成熟荒田，而未呈报者凡数万亩。⑩ 客民除垦荒之外还购买土地，如分水县垦荒客民纷纷购买土地，⑪ 安吉县的垦民"土著稀少，客民纷至沓来"⑫。"皆置产乐业为子孙永久计。"⑬ 又如杭州的富

---

① 沈葆桢：《政书》卷一，第 18 页。
② 邓炬：《署理江宁府句容县事公牍存稿》，第 12 页。
③ 据《文物》1963 年第 11 期，《浙江发现的太平天国田凭和各种税收文物》。
④ 《申报》，光绪七年四月十九日。
⑤ 《申报》，光绪六年四月初二日。
⑥ 《申报》，光绪七年四月十九日。
⑦ 石中玉等纂：光绪《嘉兴县志》卷一一。
⑧ 石中玉等纂：光绪《嘉兴县志》卷一〇。
⑨ 《申报》，光绪九年四月二十七日。
⑩ 《申报》，光绪四年九月十二日。
⑪ 《李希霍芬男爵书信集》，第 14 页。
⑫ 《申报》，光绪七年四月十七日。
⑬ 《申报》，光绪七年四月十九日。

阳、余杭、临安、於潜、新城、昌化，湖州府的长县、孝丰、安吉、武康，严州府的淳安、分水等县，至同治五年，已垦地只占原额田地的20%—30%，未垦荒地占70%—80%。该县至同治年间只剩下少数不占有土地的人。① 孝丰县，原额田地762 737亩，同治初年只有熟田77 519亩，有主及无主荒地几乎占到90%。到光绪二年，客民移入更是"月盛岁增"②。长兴县属，"种田之户客多于土"③。归安县，战后"村墟寥落，荒田多为客民开垦"④。龙游县"乱后业田之户，多系客民"⑤。桐乡县，据同治年间地方士绅严辰说："浙江（实指桐乡县）则巨绅率不置田为产，而田多为小户之产。"又说，"十亩以下之零星小户……殆无万〔虑〕万数"⑥。该县农民占地估计在70%以上。⑦ 汤溪县经农民战争洗礼后，"富室多中落"，"田易佃为主自有而自耕者十且八九"⑧。秀水县由客民开垦的土地凡54 000多亩，有主之田只有18 000余亩。⑨ 也有一些州县荒田为土著农民所占有，如杭州、湖州、严州三府属荒地最多的十二个县份，都是先尽本地人承领垦种，余荒才由客民陆续开垦。⑩ 嘉兴府属，其土地原主尚存的，原有佃耕农民为了取得土地产权，有的放弃原来佃田，也另觅荒地开垦。⑪ 由此看来，这些地区农民所有制占着相当大的比重。

---

① 《李希霍芬男爵书信集》，第14页，关于浙江及安徽的报道，同治十年七月二十五日。
② 潘宅仁等纂：同治《孝丰县志》卷四。
③ 《申报》，光绪六年四月初六日。
④ 陆心源纂：光绪《归安县志》卷六。
⑤ 余绍宋纂：民国《龙游县志》卷三〇。
⑥ 严辰等纂：光绪《桐乡县志》卷四、卷六。
⑦ 严中平主编：《中国近代经济史（1840—1894）》，人民出版社2012年版，第886页。
⑧ 戴鸿熙纂：民国《汤溪县志》卷三。
⑨ 《亚洲学会会报》卷二三。
⑩ 马新贻：《奏议》卷三，《办理垦荒新旧比较荒熟清理庶狱折》，同治五年。
⑪ 据金蓉镜《均赋余议》，第18页。

安徽皖南地区，被太平军占领时间长，封建关系受到严重打击，荒田数量较大。如宁国、广德两府的荒田不下数百万亩。[1] 由于垦民力量较大，在荒田较多的情况下，土权趋于分散。如宁国一县，客民几为土著三倍。[2] 宣城、泾县，客民十倍于土著。[3] 迫于客民力量强大，地方政府采取垦民交价后，"发给田凭，永远管业"的办法，使这里的土地也有不少为客民所占。如广德州，同治十四年时，原有熟田和新垦田共353 822亩，其中垦田买田按24万亩计，即占全部耕地的67%。[4] 光绪年间，新垦田继续增加，垦民所占比重要更大一些。光绪五年，该州有户28 858家，口129 548人。其中客户为23 560家，口109 567人，分别占总户数的81.6%，占人口总数的84.6%。这一部分客民大多成为新的小土地所有者。[5] 建平县在光绪五年时有开垦熟地共233 125亩，其中客民开垦的地有86 019亩，土著农民开垦的地有147 106亩。土著垦田占63.1%。[6] 不管是客民或土著，这些垦田都为小农所占有。宁国、徽州、池州等地推行价卖政策后，据说从此土客"各有恒产"。虽然垦民价买土地数量不详，但从价卖前，"有主之业百不获一，侵占之产十居其九"[7] 的情况看，垦民获得的土地不在少数。到徽州、宁国两府垦荒的桐城县农民，"竭力开垦，多至小康"[8]。建德县荒田多，垦民"落落数十家，躬耕堪以自给"[9]，以上这些地

---

[1] 金安清：《皖南垦荒议》，求自强斋主人编：《皇朝经济文编》卷四〇，户政八，屯垦。
[2] 周赟：《书宁国县田赋后》，同治《宁国县通志》第四册。
[3] 《申报》，光绪九年六月十六日。
[4] 见严中平主编《中国近代经济史（1840—1894）》（二），人民出版社2012年版，第869页。
[5] 同上书，第870页。
[6] 丁宝书等纂：光绪《广德州志》卷一六，第21124页。
[7] 《益闻录》，光绪六年十二月初九日。
[8] 萧穆：《敬孚类稿》卷一六。
[9] 周馥：《玉山集记》卷二。

区的小土地占有者比率高，地权较为分散，这是不争的事实。

江西受农民战争影响小些，但也有一些地主衰落下去，丧失部分土地。如赣南大庾县，"离乱日久"，"半皆田粮失存"①。"田粮失存"者主要是地主。地主衰落，地价下跌，如同治二年，彭泽县"粮田每亩价仅数千"，过去每亩值钱十多千文，② 这也给农民以更多购地机会。这样的地区，地权分配也会趋于分散。

湖北孝感县，太平天国运动前，"有有田之家，有无田之家"。太平天国后，由于"土满人稀"，租率下降，"佃得十之八"。由于分配关系发生变化，"近来有田者皆自有而之无，无田者皆自无而之有矣"③。武昌地区因地租减少，出现"无求田者"④ 的情况。《中国近代经济史》作者认为：像这类地区，地权分散可能性大些。

捻军起义地区，也是地权趋向分散之地。如山东东部的青岛，据说光绪年间无最大地主，贫富不甚悬殊。⑤ 中部的益都县，据光绪十四年报道，该县人口 25 万，耕地约 25 万亩。其中占地 500—600 亩者，有 8—10 家；占地 1 000 亩者一两家；占地一二百亩的中小地主不详。佃农较少，租佃地只占 10%。⑥ 从地主户数及其占地情况看，地主占地不会超过一半，大部分土地为自耕农所有。

陕西系回民起义之地，受农民起义冲击的某些县份，地权分散情况明显。同治年间，陕西泾阳、三源、高陵、醴泉等县，殷富各家多衰落。刘蓉说，"即其仅有之田地，有契卷有凭据者，今皆属之何人"，即一家独有的地产也不能执据管业。⑦ 武功县属，

---

① 刘人俊等纂：民国《大庾县志》卷二。
② 据刑科题本，嘉庆八年，江西宜春县地每亩 16730 文，万载县每亩 19441 文。
③ 沈用增纂：光绪《孝感县志》卷五。
④ 柯逢时纂：光绪《武昌县志》卷三。
⑤ 《申报》，光绪三十二年五月十七日。
⑥ 《亚洲学会会报》卷二三，第 85189 页。
⑦ 刘蓉：《劝谕泾阳县土民条约》，葛士濬编：《皇朝经世文续编》卷九三。

回民起义之前，地方士绅把持吏治，武断乡曲；光绪年间，这些人户"或不能供赋役、葺田庐"①。陕南兴安府，过去殷实之家，现在"转不免顿成窘迫"②。陕北米脂县富户高照暄，也由于受农民战争影响，"家道中落"③。士绅阶层本身也在发生变化。光绪年间，邰阳县"读书者多寒门"④。府谷县封建文人，"耕且读者十七"⑤。绥德州则"尤少彬雅之士"⑥。榆林的监生、秀才"鲜不家种数亩数十亩"者。在战争冲击下，过去的大地主已变成中小地主，中小地主则降为力作农夫，自耕农得到发展。

西北回民起义后，出现大面积"逆产"及"绝产"。这些土地，除拨充屯田外，也有部分为垦民所占。如陕西西安、同州、凤翔三府州县大面积荒地，由河南、湖北、四川移民占种。⑦ 咸宁、长安两县的"叛产"，光绪三年，由客民 6 000 余户和土著 7 000 余户分别占耕。⑧ 直到光绪十二年，陕西境内仍有不少荒地，可供农民择垦。其认垦客民多无家室，土著农民亦旋垦旋弃。⑨ 光绪前期岐山县，"近数年时和岁丰，人各安业，不鞭笞而赋早输，一召呼而役即赴"⑩。又如富平县属，"田百亩者不多见"。一般情况是，"县则膏腴鲜十亩之家，乡则盖藏无数钟粟"⑪。这些地区农民小土地所有者占着绝对优势，地权呈分散趋势。

山西、河南两省地权分散则由灾荒造成。两省久旱，发生严

---

① 宋伯鲁等纂：民国《续修陕西通志稿》卷一九六。
② 童兆蓉：《童温处公遗书》卷五。
③ 高照初纂：光绪《米脂县志》卷七。
④ 宋伯鲁等纂：民国《续修陕西通志稿》卷一九五。
⑤ 宋伯鲁等纂：民国《续修陕西通志稿》卷一九六。
⑥ 同上。
⑦ 刘蓉：《筹办陕西各路垦荒事宜疏》，盛康编：《皇朝经世文续编》卷三九。
⑧ 柏景伟：《沣西草堂文集》卷二，《复克庵中丞》。
⑨ 《光绪朝东华录》，总第3830页，光绪二十二年七月戊戌张汝梅等奏。
⑩ 张殿元纂：光绪《岐山县志》卷三。
⑪ 宋伯鲁等纂：民国《续修陕西通志稿》卷一九五。

重粮荒，农民逃亡，地主富户也多没落，土地荒芜，农业生产长期得不到复苏。直到光绪九年，山西榆次、霍州、吉州、芮城、和顺、介休、垣曲、太原以及口外和林格尔等地，仍有很多荒地。村邻社长"迫于官命"，勉强认领，却"无人垦种完粮"①。光绪十二年，解州出台"授田"措施，用"百计便民，三年升科"的政策，以广招徕。据说这种措施一度产生比较好的效果，"输纳省于往昔，地丁扫数全完"②。另有所谓"富者不肯置田而趋于淫佚，所日事耕种者皆茅檐极穷之民"③之说。这些都是自耕农广泛存在的事实。

河南在光绪二、三两年发生大灾后，"地广人稀，无人耕种"。光绪三年，官府"迭经出示劝垦，设法招徕"，规定每种荒地一亩，发给种籽钱100文。如种满五年，原主仍未回籍，其地即由承种人呈州给照执业，照例完纳丁漕钱粮。至光绪七年复查，据说荒地已全部垦完认种。"认种各户，其原业主十不及三，余皆族邻代种。"④这些耕地大部分可能发展为自耕农所有，地权分散趋向明显。

各地农民起义，使地主阶级受到不同程度的打击，这种结果，使部分地区地权为农民所占，形成小土地所有者，这为晚清自耕农的延续创造了有利条件。

第六节　农村两大阶级占有土地估计

地权分配，是学术界非常关注的问题，尤其是清代地权分配，更为学术界所瞩目。从新中国成立初期，直到20世纪90年代，重要的著作都在讨论这一问题。不过其重点是强调地权的集中。

---

① 张之洞：《奏稿》卷一，《札善后局派员分查荒地》，光绪九年三月二十三日。
② 《字林沪报》，光绪十二年二月二十三日。
③ 曾国荃：《曾忠襄公全书》《书札》卷一三，《复阎丹初》。
④ 严作霖：《陕卫治略》卷四，《禀抚宪藩宪》《详抚藩臬粮台粮本道》。

以80年代以来著作为例，如有学者认为："全国普遍的情况是'占田者十之一二，佃田者十之四五，而无田可耕者十之三四'。这种情况，到了鸦片战争以至清朝末年，也没甚变化。"① 还有学者认为清代"到乾隆年间，土地兼并已发展到极端严重的地步"②。也还有学者认为："（民田）这是属于民间私有的田，其中多数为官僚、地主和高利贷者所有，属于农民的很少。"③ 除此之外，《中国农村土地制度历史变迁的经济学分析》一文也持此论。④ 其余，这里不一一列举。

清代地权占有变化，要从两个方面进行考察：一是清初地权占有的情况。经过明末清初半个世纪的战乱，人亡地荒情况十分严重。在这种特殊的社会环境下，加上清政府垦荒政策的指导，无地和少地农民通过垦荒都能获得土地产权，百分之八十或八十以上的土地为小土地所有者所占据，改变了明末地权集中的趋势，这时地权占有是分散的。这是我们谈论地权变化的原点，或者说是前提，是对比的坐标。关于这一点，前面已经做了充分论证，如果不了解这点，谈变动就成了虚幻。二是要研究影响地权变动的因素。影响地权变化的因素是多种多样的，但主要有六大因素：一是农民经济状况的好坏。这包括两方面内容，（1）改善耕作条件，提高农业生产力；（2）发展经济作物种植和家庭手工业生产。二是清政府维护小农经济政策的实施及废弃。三是社会保障制度完善与废弛。四是分家析产。五是一田多主制对地权的分割。六是清后期农民大起义对地权占有的冲击。以上诸因素，已做了专

---

① 曹贯一：《中国农业经济史》，中国社会科学出版社1998年版，第785页。

② 郑庆平、岳琛编著：《中国近代农业经济概论》，中国人民大学出版社1987年版，第5页。

③ 郭文韬等编著：《中国农业科技发展史略》，中国科学技术出版社1988年版，第249页。

④ 钱忠好：《中国农村土地制度历史变迁的经济学分析》，见《江苏社会科学》2000年第3期："占农村人口90%以上的中农、贫农及其他人员只占有20%—30%的土地。"

门论述，这里不再重复。这里要提醒的是，考虑地权分配及其变动时，不能将这些因素撇开，为谈分配而谈分配。只有把这些因素都考虑进去，对地权分配的认识才会比较客观、比较深刻。

地权能否集中，首先要看农民的经济状况，如果农民有房住，一日三餐有饭吃，一年到头有衣穿，赋税能完，就绝对不会出卖土地；另，虽然日子过得拮据些，或说只能勉强度日，哪怕过得是半饥半饱的日子，农民都不会出卖土地。土地是农民的命根子，是维持一家生命的泉源，不到万不得已，是不会轻易放弃的。当整个社会环境有利于农民生存时，地权占有就会相对稳定。出卖土地对农民来说，是天大的事，不是到万不得已的紧要关头，他们是下不了这样的决心的。哪怕是借债或是卖女鬻儿，只要有一线希望，也要拼命保住这个命根子。据前文探讨，卖地的原因有：一是穷到揭不开锅，二是娶妻无钱、治病无钱、死无钱葬等，只有在此种极端情况下，才会走到那一步。卖地是农民贫困化的结果。当然也不排除有少数人为买而卖，如另置别业，或因离田地遥远，管业不便等因素。但这不是主要因素，对地权分配不会有什么大的影响。

清初造就的千百万小土地所有者为什么能相对稳定，这与清前期政府扶励小农经济并打击豪强的政策有关。如摊丁入地、蠲免租税、完善社会保障机制、救灾举措、禁止圈地、钱粮奏销、灾年卖地原价回赎等措施，这些措施有的缓解了农民一时之困难；有的则直接减轻农民经济负担，并起到增收的作用；有的抑制了绅衿地主兼并土地的积极性。这些政策和措施都利于小土地所有者保住地权。尤其是清政府提倡和鼓励农民开展多种经营的政策和措施，使广大农村的农民敢于拨出部分土地种植高收益经济作物，也敢于因地制宜发展各种各样的农副业生产。这样做的结果：一方面扩大了农民谋生存的空间，另一方面增加了农民的经济收入，使农民增强了保护土地的能力。这是造血，是内因，是问题关键所在，也是本书花大量篇幅的原因所在。下面，我们就福建十四州县、安徽徽州、浙江宁波的卖地情况做分析。首先看三个地区各个时期卖地情况：

表13-6-1　　　　　　　　福建清代土地买卖原因调查

朝代	急用乏用	钱粮困迫	管业不便	另置别业	娶亲	病葬	回赎	欠债	原因不明
顺治	3		1				1		
康熙	20	3	7	1			1		
雍正	18	2	2	2			3		2
乾隆	110	2	1	10	1	6	6	0	10
嘉庆	38			7		2	2		4
道光	54			3					
咸丰	27	1	1	3		2	1		
同治	14			1		1			
光绪	27			3		1			
宣统	2								
合计	313	8	12	30	2	13	16	0	16

资料来源：福建师范大学历史系编：《明清福建经济契约文书选辑》，人民出版社1989年版，（一）田地典卖文书。

表13-6-2　　　　　　安徽省徽州府清代卖田原因调查

朝代	急用乏用	钱粮困迫	管业不便	另置别业	娶亲	病葬	回赎	欠债	原因不明
顺治	1					2			1
康熙	27	22	22			4			25
雍正	20	16	8						6
乾隆	59	7	8	3		7		2	25
嘉庆	25	3							
道光	30	9						1	4
咸丰	25	7							5
同治	12	5				1			1
光绪	12	2							
宣统	2								
合计	213	71	38	3		14		3	67

资料来源：安徽省博物馆编：《明清徽州社会经济资料丛编》，《卖田契》，附表：（一）《卖田契》，中国社会科学出版社1988年版。

注释：1. 康熙年间有3款讼费无措卖地，乾隆有2款因公卖地，光绪1款修祠堂卖地，共计6款未记入。2. 乾隆1款卖地是为做生意。3. 乾隆二十七年另置别业1款，是弃小就大。4. 康熙有奉主进祠2款，放到病葬栏。

表 13-6-3　　　　　　　　浙江省宁波清代卖契原因调查

朝代	急用乏用	钱粮困迫	管业不便	另置别业	娶亲	病葬	欠债	建祖堂	原因不明
乾隆	1	1							
嘉庆		1							
道光	124	53				2		1	15
咸丰	73	20	4	1		8			8
同治	65	7	1			12	2		3
光绪	13	1				1			
宣统									
合计	276	83	5	1		23	2	1	26

资料来源：王万盈辑校：《清代宁波契约文书辑校》，天津古籍出版社 2008 年版。

　　经过卖地原因调查，有清一代农民出卖土地原因有：日食不给、急用、乏用，钱粮无措、户役纳粮，管业不便，病葬，欠债，婚娶，做生意、别用，奉神主进祠等。就福建而言，从顺治至宣统年间，共搜集到田地典卖文书 410 件，其中因急用、乏用卖地 313 件，占总数的 76.3%；因别创、做生意卖地 30 件，占总数的 7.3%；因管业不便或遥远不便耕作卖地 12 件，占总数的 2.9%；因丧葬卖地 13 件，占总数的 3.4%；因婚娶卖地 2 件，占总数的 0.5%；其余回赎文书 16 件；未注明原因 16 件。就安徽徽州府而言，我们搜集到两个资料，一是《卖田契》，一是附表《卖田契》，卖田契总共 163 件，其中因日食不足、急用、乏用而卖田的有 90 件，占总数的 55.2%；因钱粮无措、粮差之用卖田的有 27 件，占总数的 16.6%；因管业不便卖田的有 9 件，占总数的 5.5%；因送主入祠或主祭父母入祠卖田的有 8 件，占总数的 4.9%。其余的未注明卖田原因，未计。据附表卖田契看，康熙至光绪年间，共有卖田契 251 件，其中因日食不给、乏用、急用卖田的有 123 件，占总数的 49.0%；因钱粮无措、户役纳粮卖田的有 44 件，占总数的 17.5%；因管业不便卖田的有 29 件，占总数的 11.6%。其余的大多数未注明卖田的原因。（浙江宁波地区卖地资料主要集中在道咸同光四朝。因贫穷卖地计 276 件，占总数的66.2%；因钱粮困迫卖地有83件，占总数的19.9%；因病葬卖地有23件，占总数的5.5%；卖地原因不明者有26件，占总数的6.2%。因管业不便、另置别业、建祖堂、欠债卖地的不多。）从以上三表来看，除了管业不便、另置别业、回赎、原因不明之外，卖地的情况虽各不相同，但共同点是一个，即家庭贫困，无法应付眼前所遇到的困难，万不得已出卖土地。

以福建典卖文契做进一步分析的话，可以看到有清一代，土地典卖最为频繁的是乾隆朝。年均典卖文书为2.6件，咸丰居第二，年均典卖文书2.4件。该省因贫困典卖田业文书共有110件，其中乾隆元年至三十年典卖田业文书有49件，占总数的44.5%；乾隆三十一年至六十年典卖田业文书有61件，占总数的55.5%。乾隆后期典契田业者比乾隆前期多出11%。以顺康雍三朝至乾隆前三十年计，该省因贫困典卖田业文书有90件，占总文书的28.7%；乾隆后三十年至宣统三年，其间因贫穷典卖田业文书有223件，占总文书的71.2%。这一事实说明，由于生产发展，加上在政府扶助和调控相结合的政策作用下，顺治至乾隆中期以前，出卖土地的案例相对较少，也就是说乾隆中期以前贫困家庭相对较少，人民生活相对富裕。从乾隆中后期开始，由于吏治由治而乱，政治由廉明向腐败转化，贪官污吏加重对农民的剥削，官僚地主乘机兼并土地，使失地农民逐渐增多。这是乾隆中期以后社会经济由盛而衰的根本所在。

从徽州卖田契看，顺治至乾隆三十年间，因贫穷而卖田的计82款，占总数的38.5%。从乾隆三十一年起至宣统三年止，其间因贫穷而卖田的计131款，占总数的61.5%。这同样反映乾隆中期以后，土地兼并加剧的趋势。

从宁波契约文书可以看到，所涉县有两个，一是奉化县，一是新都县。从道光六年起至光绪七年止，土地山场等买卖文书就达417件之多，而这些土地山场绝大部分为毛坤山及其家族所买。

地权集中显得尤为突出。也反映了道光之后农民贫困化加剧。

　　清代地权是否如此集中呢？不是的。笔者在《中国经济通史·清代经济卷（下）》的《土地分配篇》中已有详细论述，[①] 这里要指出的是：以前学者在研究这个问题时，忽略了几个转化问题：官田民田化；分家析产的普遍化，带来的地权分散化；土地股份所有制普遍化，从而形成的地权分割普遍化。此外自耕农民自身经济力量增强，政府对小农经济扶持，社会保障制度完善，族田义庄发展等因素的存在，都有利于小农经济的延续，以及增强对兼并势力的抗争。官田民田化，分家析产带来的地权分散化，前面已经做了详细分析，这里不再赘述，本部分要着重讨论的是：土地股份所有制发展对地权分割的影响。

　　据我们目前所掌握的材料来看，至清代，全国已有21个省区201个州县有实施土地股份所有制的记载，当然，这还是很不完整的统计数字。尽管如此，它仍然反映了一种发展趋势，这是很有意义的。但这仅仅是问题的一个方面，问题的另一个方面，也是更重要的方面：即土地股份所有制在民田中占有多大比重，如果这个问题能得到解决，土地股份所有制对地权的分割情况，也就迎刃而解了。但研究这个问题有许多难处：第一，各省、府、州县各阶层占有土地的情况，难以掌握；第二，地主阶级占有的土地中，有多少是属于股份合作制的；第三，不同历史时期，地权占有是不同的。以上种种困难，给我们的研究增加了难度。

　　从全国范围看，由于前人留给我们的资料，尤其是统计资料十分缺乏，直接进行宏观研究的难度很大，但从个别地区而言，我们通过努力，取得了一些相关资料。如《明清福建经济契约文书选辑》中收集到165件租佃契约，其中田根、田面分离者占151件，占总数的95.52%，普通租佃契约14件，仅占总数的8.48%

[①] 方行等主编：《中国经济通史·清代经济卷（下）》，经济日报出版社2000年版。

而已。康熙初年，从江苏长洲下二十一都二十图、西十八都三十一图、下二十一都三图的情况看，这三个图耕地总面积为7 700.216亩，底面分离田地为7 352.350亩，占耕地总面积的95.5%。① 安徽徽州地区，从顺治黟县九都六图田面、田底分离情况看：该图有田地计552.872亩，其中田面、田底分离者计492.046亩，占全图田地面积的89.0%，底面吻合的田地为60.763亩，仅占全图田地的11.0%而已。② 从《明清徽州社会经济资料丛编》一书考察，该书收集到租佃契约文书76件，其中田皮、田骨分离者为22件，占总数的28.95%。从《乾隆汪氏誊契簿》的记载看，该户从康熙四十九年购买了第一款田产，而后经雍正、乾隆、嘉定、道光续置，总共买产39款。其中购买田皮或田骨的文约共计20款，占总数的51.28%。台湾的情况，据《清代台湾大租调查书》中的资料看，凡是新开垦的田地，几乎都是属于一田二主或一田三主。热河地区的情况是，据刘克祥先生研究，垦荒时农民缴有契价或押荒银者占96.9%。江苏地区的情况是："吴农佃人之田者，十八九皆所谓租田，俗有田底田面之称。"据20世纪30年代地政学院学员调查，田面、田底分离者，苏州占了90%，常熟占了80%，无锡占了50%。据华东军政委员会土地改革委员会编《苏南土地改革文献》中的资料称：在解放前夕，以田底与田面分离为特征的县份有：松江、金山、川沙、青浦、江宁、溧水、句容、高淳、扬中、丹徒等19个县。其中以中部地区为最多，吴县、吴江、常熟和无锡东北区均占租佃总数的80%左右，太仓较少，亦占50%。③ 东北部新垦区"凡有地权者，半

---

① 章有义：《康熙初年江苏长洲三册鱼鳞簿所见》，《中国经济史研究》1988年第4期。

② 汪庆元：《清初黟县鱼鳞册所见乡村社会的土地租佃关系》，见《古今农业》2011年第4期。

③ 华东军政委员会土地改革委员会编：《苏南土地改革文献》，1952年，第514页。

多无力开垦。遂招集佃户，许以成熟后永久耕种"①。也就是说东北部新垦区的土地，至少有50%是通过股份合作方式得到开垦的。

田面占有者和田底占有者，他们之间的土地所有权如何分割呢？江苏地区体现得最清楚。

《崇明县志》称：阜安原田八十八亩，照民间例，将承价一半与民管业；平洋沙"田荡涂十四万步"，"民有承价一半"②。所谓半承价，即"主佃各得者曰半承价。如承价五两，佃人约费二两五钱，则半偿价适足以相偿，主家即给以半承价，批书一卷为凭，而存半承价归主家管业"③。根据民间俗例看，阜安沙88亩原田，有44亩是民业，平洋沙田荡涂七万步是民业，一般情况下是以对半占有。其他也有二七、四六甚至一九、二八颠倒诸例，甘肃地区一田二主分割办法据户部则例规定："业主或欲自耕，应合原地肥瘠，业佃均分，报官执业。"④

从以上情况看，我们可以说，在田骨、田皮分离的情况下，以前以田根（田骨）作为土地所有者的认识有片面性。无论从土地价格构成看，或是从土地收益分配看，或是从政府法令看，这种类型的土地所有权至少在两人或两人以上。把这类土地地权计算到地主户头上，而形成的地权集中，从理论上和实践上都是说不过去的。在这种情况下，地权的集中或分散，与田骨、田皮分离状况有密切关系。如苏州地区，历来号称地权高度集中，然而地主占有土地中，却有90%是属于田骨、田皮分离者，即这90%的土地中，有一半所有权为农民所占有。

据景甦罗仑对光绪年间山东济南——周村区、运河区、山东半岛区、鲁北区、鲁西—鲁南区五区42县197个自然村阶级结

---

① 《民商事习惯调查报告录》，第710页。
② 万历《崇明县志》。
③ 乾隆《崇明县志》。
④ 同治《钦定户部则例》卷七，《田赋开垦事宜》。

构调查表明：各类农户共计262 522户，其中地主810户，占总户数的3.1%；富农1 130户，占总户数的4.3%；自耕农15 814户，占全部农户的60.2%；佃农和雇农合计8 498户，占32.4%。①

地权分配是动态的，不是一成不变的。从各个地区看，既有集中，又有分散，分散中有集中，集中中又有分散，相互交织着。这种状态会随着社会经济发展的变化而变化。清前期，自耕农和半自耕农占有民田百分之八十或百分之八十以上土地，在地权分配中占据主导地位；地主阶级占领土地相对较少，占民田百分之十或百分之十几。这时土地占有情况趋于分散。到清后期，土地占有关系发生逆转，地主占有土地从百分之二十或百分之十几发展到占地百分之五十至百分之六十，由从属地位上升到主导地位，地权占有趋向于集中；自耕农和半自耕农却从原先占地百分之八十以上土地，下降到占地百分之四十至百分之五十，占地规模比前期缩减了百分之三十至百分之四十，大量自耕农和半自耕农失去土地，或为佃农，或为雇工，或为游民。尽管有这样的变化，广大农民还是占有四至五成的地权。当然各地情况不同，地权占有情况会有差别。因此用一刀切的观点来看待这一复杂的问题，是不适宜的。但从总体趋势来说，有清一代地权占有是相对分散的，并不是那么高度集中。

中国封建社会里，小土地所有者之所以得到延续，其原因有两个：一是经过个人努力，逐渐积累财富，上升为新的小土地所有者；二是分家析产的习俗，造就一批又一批新小土地所有者。一个家庭土地集中到一定程度时，由于诸子均分，又会使土地分散，分裂出许多小土地所有者来，使小土地所有者不断得到补充。这是中国封建社会里，小土地所有者绵绵不断的原因。

---

① 景甦、罗仑：《清代山东经营地主底社会性质》，附表一，山东人民出版社1959年版。

如果从另一角度来考察，至清后期，地权分配又是集中的。占总人口百分之一至百分之五的地主，却占有百分之五十以上的土地；地主和富农合计占百分之七十至百分之八十的土地；占乡村总人口百分之九十的贫农、雇农、中农及其他人口，只占有百分之二十至百分之三十的土地。[①] 如果人口按道光二十至三十年平均数计的话为4.21亿，[②] 耕地面积按7.5亿亩计，[③] 地主和农民占地各按百分之五十计，占总人口5%的地主，占有耕地37 500万亩，人均占地17.81亩，而占人口90%的农民，也占有耕地37 500万亩，人均占地仅仅1.01亩而已。如果把地主富农所占土地合计在一起计算（富农人口占总人口的百分之五至百分之十），地主富农人口按百分之十计算的话，占有耕地按百分之七十五计，据此，地主富农人均占地为13.36亩；自耕农半自耕农占约1.5 236亿亩，人口占百分之九十的贫民、雇工、自耕农及其他人口人均占地只有0.41亩。据此，地主富农人均占地为贫民、雇农、自耕农及其他人口的32.58倍。加上地主、富农占有的土地都是好地，土地肥沃，灌溉条件好，产量高，这样贫富差距就拉得更大。地权分配不均衡与财富占有悬殊，这是清代后期社会不安定的主要内在因素。研究清代地权分配给我们的启示是：社会所有者的财富占有相对均衡的话，也就是说绝大多数人走向共同富裕的道路，形成"中间大，两头小"的经济结构形态，就能调动社会生产的积极性，为社会创造更多财富，使社会繁荣昌盛，人民安居乐业，国家稳定，社会和谐，如清前期那样，出现"康

---

① 严中平等编：《中国近代经济史统计资料选辑》，中国社会科学出版社2012年版，第174、180页。

② 梁方仲：《中国历代户口、田地、田赋统计》，上海人民出版社1980年版，第262页，甲表82。该表道光年间有两个人口数，一是道光十一—十九年平均数为403 221 700人。二是道光二十一—三十年平均数为421 266 092人。

③ 全国耕地面积根据严中平主编《中国近代经济史（1840—1894）》，人民出版社2012年版，第486页。

乾盛世"。如社会财富占有不公，少部分人极其富裕，大多数人处于贫穷状态，社会经济发展就会受到破坏，社会就会出现动荡不安的局面，如清后期那样。

第十四章

清代地权分配变化对社会经济发展的作用及影响

  在中国封建社会里，土地是农民的命根子，是农民衣食所依的资源。有了土地就意味着生活有了保障，失去土地就等于断绝了生活的源泉。同时，土地又是财富的象征，是人们争夺的对象。然而土地又是有限的资源，一部分人多占了，另一部分人就少占，还有一部分人甚至没有土地。土地占有关系的发展变化，成了牵动社会经济发展变化的晴雨表，也是清代社会安定与否的晴雨表，更是探讨清代社会经济发展变化及社会安定与否的中心问题，是牵牛的牛鼻拴。所以土地占有问题，十分令人注目。

  在封建社会里，土地所有权决定土地产品的分配。因此，地权是探讨经济发展或衰落的原点，还是探讨社会和谐或动荡的原点，也是探讨两极分化发生、发展与变化的原点。研究地权分配时，这是必须要关注的问题，回避或躲闪，都不利于对问题的深入探讨。

  在封建土地所有制社会里，谁占有的土地多，谁占有的土地产品就多，谁的生活就较为富裕，甚至很富裕；谁占有的土地少，谁占有的土地产品就少，谁的生活就会比较贫困或很贫困；没有土地者，则成为地主或富裕农民的佃农，或为雇工，或从事其他职业，有的甚至成为赤贫之人，一无所有，成为社会的流民。在这样的社会里，土地成了财富的象征，同时也成为社会的稳定器。

当地权分配相对均衡时，就成了社会共同富裕、共同繁荣的基石；同时，政府田赋收入充盈，国力强大。当土地兼并进一步扩展时，地权分配就会失去原有的均衡，少数人占有大多数的土地产品，过着富裕、奢侈的生活；绝大多数的人只占有少部分土地产品，过着贫困的生活。社会产品分配失衡，导致社会两极分化，从而严重地影响到社会和谐。那些既得利益集团，为了使生活过得更好，保护眼前利益和子孙后代的长远利益，对穷人进行更加严酷的剥削。这时，由于自耕农数量减少，严重影响政府的财政收入。政府为保障财政收支，从而加重对农民的掠夺。农民成为政府和地主的羔羊，被任意宰割。处在水深火热之中的穷人，为争取生存权利而斗争，他们反对地主阶级的压迫和剥削，反对政府贪官污吏的勒索，反对维护地主阶级利益的政府。这时社会矛盾就会尖锐化，抗租、抗粮之事会不断发生，以致引起大大小小的农民起义。原本稳定的人与人、人与社会之间的和谐，社会各阶层之间的和谐就会被打破，社会就会变得动荡不安。长治久安以及和谐共处的愿景就不可企及。在封建社会里，小农经济广泛存在，是国家经济繁荣的基础；农民追求共同富裕的思想，有利于社会和谐与稳定，这是不容否认的。建设一个共同富裕的和谐社会，是人们共同追求的愿望，也是今天我们奋斗的目标。当然，小农经济自身有其缺陷，但这是历史行进过程中的产物，需要在历史发展过程中加以改造，使之与社会发展同步前进。我们不能借口小农经济弱点，而否认其走共同富裕道路的正当要求。我们反对小农经济万岁论，在新的历史时期，必须根据社会发展需要，对小农经济进行不断改革，使之与社会发展融为一体，走上共同富裕的道路。我们不能否认小农经济的历史作用。对这个问题的看法，应该站在历史的角度来考察，否则就会走向历史虚无主义。

对清代地权分配的作用与影响，下文将分两个时期进行讨论。

第一节 造就中国封建社会最后一个鼎盛期——康乾盛世

康雍乾年间，由于有绝大多数自耕农存在，人民安居乐业，国家财政丰盈，国家统一，吏治整肃，社会繁荣，经济作物获得大发展，商业、手工业蒸蒸日上，文化大发展，社会秩序稳定。后人评价这段历史时说："闻之康熙雍正间，国家极盛之时也。间阎百物充溢，米石仅千文，士大夫家宴宾客用钱数百而品物已具。工匠饩廪人日数十钱而已。其时不以贫富相耀。"① 用一句话来说：这时社会分配比较均衡，贫富差别不大，于是整个社会呈现出政通人和、社会和谐的景象。至于康乾盛世的种种景象，前人已有论述，本书不再赘述。本书所要回答的问题是造就康乾盛世的原因。

一 基本上实现耕者有其田

康乾盛世的表现，为许多学者津津乐道。这种论道当然有必要，也值得大书特书，不然什么叫康乾盛世也说不清。然而，这些学者的论述总让人有种缺失感。水有源，树有根，难道盛世就没有源头？在谈论康乾盛世时，这是我们必须探讨的问题，我们不能让读者雾里看花。这层窗户纸，必须要捅破，使问题的前因后果统一起来。同时，对盛世原因的探讨，对我们今天建设一个走共同富裕的社会主义国家来说，更具借鉴或启迪，意义十分重大。

---

① 光绪《吴江县续志》卷一九，《人物四·行谊》。

前面已经讲到，明末清初经过半个世纪战乱，一大批贵族、官绅地主遭到巨大打击，死的死，逃的逃，原有土地关系受到很大冲击，无主土地比比皆是。广大农民颠沛流离，或死于战乱，或饿死于沟壑，人口大量减少。清初出现了地多人少的景象，在清政府垦荒政策鼓励下，农民经过自己的辛勤劳动，其中绝大多数取得了土地产权，造就了大批自耕农民，形成了耕者有其田的局面。使康雍乾年间，整个社会出现家给人足的欢乐景象。

顺治初年，湖南省永州府属州县，"其民皆由乱定招徕而至，垦辟荒土，久而富饶，人称世家，不言他事"①。寥寥数语，描绘出一个家给人足的自耕农聚居的情景。顺治十六年，河南开封等八府并汝州，招直隶失业贫民来认垦，所垦土地"永为己业"②。康熙《泾阳县志》称"昔之产在富，今之产在贫"。雍正十二年，山东省各府州县，仅一年间就查出贫民 29 940 户，实垦荒地 217 711.4 亩，③ 平均每户开垦荒地 7.2 亩。乾隆二年，山东商河县知县范从律详报，商河县民祖籍顺天，明末遭兵失业，星散山左，至康熙元年始奉旨发商邑开垦荒地，各立村庄四十二处，一庄有二三百家。④ 乾隆九年，直隶总督高斌奏称："详查喀喇河屯厅所辖之白马关、潮河川，热河厅所辖之张三营、白马川，四旗所辖之波罗河屯各汛内，凡有平坦可耕之区，悉系旗地，间有民人新垦者，俱系旗圈余地。自雍正十年奉旨听民认垦输粮，从此民人安立家室，悉成土著，垦地二千九百余顷。"⑤ 乾隆十一年，甘肃省原报受田民人共一百七十一户，认垦田九十三顷，内除马尚考等十二户盐碱地不能耕种七顷外，该省人民一百五十九户，

---

① 道光《永州府志》卷五，《风俗志》。
② 顺治十六年十二月二十日，河南巡抚贾汉俊揭。
③ 雍正十三年七月二十三日，山东巡抚法敏题。
④ 乾隆二年八月十八日，经筵讲官总理事务少保张廷玉等题。
⑤ 《清高宗实录》卷二一〇，乾隆九年二月壬子。

田八十三顷余，① 平均每户认垦荒地 52.2 亩左右。乾隆十八年，广东琼州有可垦荒地二百五十余顷，召土著居民耕种。② 嘉庆五年，恩长等报告，查出和阗所属各城有粮无地之回民七百五十二户，仁宗下令户部将丈出的官荒地二万零六百四十亩，"按数拨给有粮无地之回户，均匀开荒"③。每户回民可得官荒地 26.1 亩。清政府对广东新生沙坦的开垦，还做了特别规定，只限定由无地贫民优先开垦。东北三省逐步放垦，蒙地开发，新疆拓垦，等等，这些都为清代造就了大批自耕农。

　　清朝初期，四川累遭兵革，地荒人亡的情况尤为严重，各省流民进川后，通过垦荒获取土地产权，从而成为自耕农者极为普遍。大邑县，清朝初期，土著少，客民多，"率多秦楚豫章之人，或以屯耕而卜居"④。这里的"屯耕"并非指租佃私人土地，而是占地开垦。铜梁县，清初来这里垦荒的有贵州、湖广人，也有江苏、福建、广东人，这些垦民"各据壤土"⑤，取得土地产权。郫县，清初户口锐减，来这里垦荒的广东人较多，其次是山东、陕西、福建、江西等省人户。农民垦荒谓之"插占"⑥。即不受顷亩所限，能开多少便可占多少。定远县，清初来这里开垦的主要是湖南人，"垦荒占田，遂为永业"⑦。新繁县，清初先有湖广人移入，继有江西、福建、广东三省农民移入，也有少量陕西人，"始至之日，田业无主，听民自占垦荒，或一族为一村，……有一族占田至数千亩者"⑧。苍溪县，清初外省农民纷纷移入，康熙初年，全县丁粮户六百余户，本省农户占十分之四五，此外湖南省

---

① 乾隆十一年五月初四日，甘肃巡抚黄廷桂题。
② 道光《广东通志》卷二，《训典》（二）。
③ 《清仁宗实录》卷七一，嘉庆五年七月辛巳。
④ 同治《大邑县志》卷七，《风土》。
⑤ 光绪《铜梁县志》（抄本），第1册，《人类》。
⑥ 光绪《郫县乡土志》，《人类》。
⑦ 光绪《定远县志》卷一。
⑧ 光绪《新繁县乡土志》卷五。

籍占十之三四，广东、贵州、福建等省籍占十之一二，这些客民皆"插土为业"，① 即取得土地户籍。万源县，清初客民入山，"荒山无主，由人手指由某处至某处，即自行管业"②。乐至县，康熙前，外省来乐寄籍，地旷人稀，多属插占，"认垦给照"③。云阳县，清初客民移入，"占田宅，长子孙"，先开水田，继开山地。④ 彭县，清初居民稀少，土地荒芜，至乾隆初年，发生巨大变化，民力"岌岌吴楚"，"山坡水涯，耕垦无余"⑤。新都县，康熙六年前，"有可耕之田，无可耕之民"，乾嘉之后，则"无荒可垦"⑥。经过土客民数十年辛勤劳动，四川广大地区逐渐得以开垦。康熙年间全省熟田 14 810 顷，雍正二年熟田增至 214 450 顷，乾嘉之际熟田剧增至 463 486 顷，⑦ 比康熙年间增加 15 倍之多。

陕西的情况也大致如此。经过明末清初战乱之后，土地占有关系发生了巨大变化，地主豪绅原先占有的土地丧失了，原有的穷人都占有了土地。《泾阳县志》称："昔之产在富，今之产在贫。"⑧ 洛川县"地广人稀，虽极贫之家，亦有地数十百亩"⑨。反映了自耕农大量存在的事实。田培栋谓："明清时期，陕北的土地除地主占有外，大多数土地仍为农民占有，小农经济占主导地位，大致上自耕农占全部人口的百分之七八十，半自耕农约占全部人口的百分之十五上下。"⑩

---

① 民国《苍溪县志》卷一〇。
② 民国《万源县志》卷五。
③ 蒋德勋：《乐至县志又续》卷二，《契税》。
④ 民国《云阳县志》卷一三谓："田入不足以给，则锄荒蕨，辟林薨以继之，先垦高原，继剛峻岭。"
⑤ 光绪《彭县志》卷一〇。
⑥ 民国《新都县志》。
⑦ 雍正《四川通志》卷五，《田赋》；又民国《新都县志》第二编。
⑧ 康熙《泾阳县志》卷三，《贡赋志》。
⑨ 《续修陕西通志稿》卷一九六，《风俗》二。
⑩ 田培栋：《明清时代陕西社会经济史》，首都师范大学出版社 2000 年版，第 23—24 页。

当然，在清初垦荒中，地主、官僚、商人在垦荒政策鼓励下，以自己所具有的经济实力和权势，也占有大量土地。如顺治十四年，直隶开平卫生员陈翼泰开垦无主荒地 2 105 亩。① 同年，直隶丰润县金吾左卫武生卓企茂开垦无主荒地 2 019 亩。② 顺治十三、十四两年，直隶大名府开州生员邢祚贞开垦无主荒地 3 439.1 亩。③ 顺治十三、十四两年，山东内阜县生员唐佑臣先后开垦汶上县荒地 4 248 亩。④ 乾隆三十二年，寄台商民芮友等三十人呈请开垦甘肃穆垒荒地，陕甘总督吴达善批准其申请。据批文称：查该商民等携资贸易，系有工本之人，请饬巴里坤镇臣给予执照，令其认垦耕种。⑤ 以上仅是举例而已，远非地主、官僚、商人垦地的全部。但在明末清初农民战争的打击下，地主豪强势力遭到巨大打击，或家破人亡，或流离失所，侥幸生存下来的，家资丰厚者不多。

另清初对缙绅豪强采取严厉打击的措施，如顺治十八年，江南奏销案就是一例。清廷将上年奏销有未完钱粮的江南苏州、松江、常州、镇江四府并溧阳一县的官绅士子，借"抗粮"之名全部黜革，继之，又乘大创之后十年并征，使江南缙绅豪强受到沉重打击，此时，松江府属的人们"以有田有戒"⑥。另据《清河县志》称："商人则以赋重为累，不置田产。"⑦ 陕西富户亦以置产为累，《续修陕西通志稿》称：富人"家资巨万，无一陇之殖，则对于国家终岁不输一钱"⑧。或谓"饶裕之家，劝令买地，多以

---

① 顺治十四年十一月初九日，直隶巡抚董天机揭。
② 同上。
③ 顺治十五年十一月十一日，太子少保尚书王弘祚题。
④ 顺治十五年二月，山东巡抚耿燉揭。
⑤ 《清高宗实录》卷八〇一，乾隆三十二年十二月己丑。
⑥ 叶梦珠：《阅世编》卷一。
⑦ 康熙《清河县志》卷一。
⑧ 民国《续修陕西通志稿》卷二六，《田赋》一。

为累，万金之子，身无寸土"①。咸宁县"荐绅鲜干谒，无侈田广宅"②。关中郃阳，"人乃以田多为累"③。摊丁入地后，实行的是田多者多负担，由于田赋负担加重，④ 对地主兼并土地势头也起到一定的抑制作用。这些社会因素的存在，对清初通过垦荒而造就的自耕农而言，无疑是起到了保护作用。

清代前期土权分散，造就大量自耕农的情况，李文治先生对比做过很好的研究。他说："清代前期，农民所有制有所发展，所占比重超过明代，并且有些地区自耕农占据了统治地位。"⑤

下面，我们通过康熙、乾隆年间某些地区的编审册、税亩册及其他资料记载，对自耕农占地情况做具体分析。

首先，看直隶获鹿县土地占有情况。康熙四十五年，该县二十五甲民户，共有耕地 98 125.1 亩，按每户占有耕地多寡状况，列表如下：

表 14-1-1　　康熙四十五年直隶获鹿县二十五甲各类农户

类别	户数	%	耕地面积 亩数	%	类别	户数	%	耕地面积 亩数	%
无地户	1 201	18.2			40—50 亩户	117	1.8	5 170.7	5.3
不足 1 亩户	240	3.6	120.9	0.1	50—60 亩户	78	1.2	4 244.2	4.3
1—10 亩户	2 256	34.6	11 950.0	12.2	60—70 亩户	40	0.6	2 582.0	2.6
10—20 亩户	1 479	22.7	21 476.0	21.9	70—80 亩户	27	0.4	2 018.9	2.1
20—30 亩户	722	11	17 392.2	17.7	80—90 亩户	10	0.2	835.4	0.8
30—40 亩户	296	4.5	10 180.1	10.4	90—100 亩户	15	0.2	1 437.2	1.5

---

① 乾隆《三原县志》卷八，《风俗》。
② 乾隆《西安府志》卷一九，《学校志》；《咸宁县志》。
③ 肖钟秀：《郃阳县乡土志》，《物产》。
④ 参见江太新《清代前期直隶获鹿县土地关系的变化及其对社会经济发展的影响》，《平准学刊》第一辑。
⑤ 李文治：《明清时代封建土地关系的松解》，中国社会科学出版社1993年版，第81页。

续表

类别	户数	%	耕地面积 亩数	%	类别	户数	%	耕地面积 亩数	%
100—150亩户	31	0.5	3 623.8	3.7	200以上亩户	31	0.5	13 696.4	14
150—200亩户	20	0.3	3 397.0	3.5	合计	6 581		98 125.1	

资料来源：清代《获鹿县档案》，《编审册》。

说明：康熙四十五年25甲编审册是：在城社九甲；郑家庄社一、二、三、四、六、七甲；任村社五、六、七、八、九、十甲；龙贵社五、十甲；太平社一、二、三、四、五、六甲；××社十甲；甘子社九甲。

据上表，拟按占地状况分为无地户、少地户、中等户、富裕户、地主户五大类。一类户占人口的18.2%，是无寸地之民户；二类户为占地10亩以下户，他们占总农户的38.2%，占有总耕地的12.3%；三类户为占地10—40亩的中等户，这类农户不但农户数量最大，而且占地比例亦最多，分别为38.2%及50%；四类户为占40—100亩的富裕户，他们占总农户的4.4%，占耕地面积的16.6%；五类户为占地100亩以上的地主户（按一刀切分法），① 他们占总农户的1.3%，占总耕地的21.2%。据此，农民所有制显然占据统治地位。从就熙四十五年至乾隆元年，尽管在这三十年间土地兼并在激烈进行，但该县自耕农占统治地位的情况仍然没有变化。通过对从郑家庄社二、四甲，甘子社九甲，同治社五甲，前后占地情况做一比较，情况就一目了然了。请看下表14-1-2。

陕西情况与获鹿大致相同，毕沅称他在乾隆四十年时，曾经到西安、同州、凤翔三府，邠、乾二州考察，所看到的是"耕读相半"，而"殷实之家，十不得一"②。据秦晖、苏文研究，从康

---

① 戴逸主编《清史》中把获鹿县占有耕地60亩以上农户划为地主户，而我们把占地100亩以上绅衿户及占地150亩以上庶民户才划为地主户。为什么采取这样的划分法，请参看江太新《清代前期直隶获鹿县土地关系的变化及其对社会经济发展的影响》一文，见《平准学刊》第一辑。

② 毕沅：《陕省农田水利牧畜疏》（乾隆四十年），《皇朝经世文编》卷三六。

熙年间起直至民国时止,关中"这些地方的农村主要由自耕农构成,地主与租佃关系均很少"①。大体上与毕沅所说相同。

表 14-1-2　康熙四十五年(1706)与乾隆元年(1736)
　　　　　　直隶获鹿县社四甲各类农户占地比较

类别	户数				耕地面积(亩)			
	1706 年	%	1736 年	%	1706 年	%	1736 年	%
无地户	209	19.5	279	25.5				
不足 1 亩户	40	3.7	55	5.0	21.7	0.1	35.4	0.2
1—10 亩户	348	32.5	332	30.3	1 859.1	12.3	1 742.0	11.1
10—20 亩户	247	23.1	201	18.4	3 441.9	22.9	2 877.4	18.4
20—30 亩户	106	9.9	91	8.3	2 512.6	16.7	2 246.8	14.3
30—40 亩户	48	4.5	48	4.4	1 667.6	11.1	1 610.6	10.3
40—50 亩户	22	2.1	24	2.2	975.2	6.5	1 064.5	6.8
50—60 亩户	19	1.8	22	2.0	1 049.4	7.0	1 180.1	7.5
60—70 亩户	14	1.3	13	1.2	897.8	6.0	835.1	5.3
70—80 亩户	3	0.3	7	0.6	227.6	1.5	525.2	3.4
80—90 亩户	2	0.2	1	0.1	165.9	1.1	87.3	0.6
90—100 亩户	1	0.1	2	0.2	98.3	0.7	189.2	1.2
100—150 亩户	5	0.5	6	0.5	598.2	4.0	828.6	5.3
150—200 亩户	4	0.4	8	0.7	731.2	4.9	1 190.8	7.6
200 亩以上户	3	0.3	5	0.5	807.2	5.4	1 244.9	8
合计	1 071		1 094		15 053.7		15 658.9	

资料来源:《获鹿县编审册》。

江南地区情况如何?请看安徽休宁县。根据休宁县三都十二图六甲保留下来的康熙五十五年编审红册看,六甲共计 233 户,共有耕地 1 134.3 亩。各类农户占地情况见表 14-1-3。

---

① 秦晖、苏文:《田园诗与狂想曲——关中模式与前近代社会的再认识》,中央编译出版社 1996 年版,第 8 页。

表14-1-3　　安徽休宁县各类农户康熙五十五年占地情况统计

类别	户数	%	耕地面积 亩数	%	类别	户数	%	耕地面积 亩数	%
无地户	11	4.7			15—20亩户	7	3.0	117.6	10.4
不足1亩户	58	24.9	27.4	2.4	20—25亩户	4	1.7	85.3	7.5
1—5亩户	83	35.6	221.5	19.5	25—30亩户	2	0.9	57.5	5.1
5—10亩户	39	16.7	273.1	24.1	合计	233	100	1 134.3	100
10—15亩户	29	12.4	351.8	31.0					

资料来源：中国社会科学院经济研究所藏：《休宁县三都十二图（上）编审册》，#税A20，#税147。

说明：其中第六甲五十五年编审红册脱落，今采用康熙五十年地亩统计数。

从编审红册看，该六甲中占地20亩以上农户，多为劳动力较多家庭，如三甲姚春阳占地20.6亩，他家有3个劳动力；四甲复廷占地29.9亩，家有4个劳动力；汪宗占地27.7亩，家有4个劳动力。① 此处系山区，山多田少，农户占地面积相对少些，但一家有3丁、4丁，占地二十几亩，似乎还够不上地主。由此看来，清初垦荒所造就的自耕农还较好地保存下来。安徽霍山县情况也大致如此，方志记载："中人以下，咸自食其力，薄田数十亩，往往子孙世守之，佃而耕者仅二三。"②

随着土地兼并的发展，清初垦荒所造就的自耕农也有所分化，地主户的田产在膨胀，无地少地农户在增加，如湖南省，清初，桂阳县邓仁心、邓仁恩兄弟有田数百顷，乾隆十三年时，杨锡绂奏称："近日田之归富户者，大抵十之五六，旧时有田之人，今俱为佃耕之户。"③ 嘉庆年间，衡阳县刘重伟（木商）子孙"田至万亩"④。嘉庆壬申年（1812），李象鹃奉父命析户为二，各收租六百余石，服官中州后，置产又数倍于前，至道光壬辰年（1832），

---

① 这里所指劳动力是指成年男子，妇女不计在内，即编审红册中的丁。
② 光绪《霍山县志》卷二。
③ 同治《桂阳直隶州志》卷二。
④ 彭玉麟等：《衡阳县志》卷一一。

仍合旧产为二析之,"较壬申数且六七倍矣"。① 江苏松江,在康熙年间"遂有一户而田连数万亩,次则三四五(千)至一二万者"②。无锡县徐乾学买慕天颜无锡田一万顷。③ 乾隆时,海州孟鉴有地五千余亩。④ 嘉庆十二年,海州李法泳等买程继祖遗海州五庄田二百余顷。⑤ 江北、淮南一带,康熙年间,盛枫指出,区方百里,户不下万余,丁不下三万,"其间农夫十五,庶人在官与士大夫之无田及遂末者十之四,其十之一则坐拥一县之田,役农夫,尽地利,而安然食租衣税者也"⑥。这种情况在江苏玉区十七图也得到反映。据《康熙四十年份本色统征仓米比簿》记载,该区第十七图十个甲中,9户地主占有田3 120.3亩,为该图全部耕地的96.7%。⑦ 乾隆年间,直隶怀柔郝氏有膏腴万顷。⑧

尽管土地兼并在不断进行,但在清代垦荒政策鼓励下所造就的自耕农仍然占据重要地位。据瓦格勒估计:"小地产的成分约占所有种植的农业地面积百分之六十,大地产的成分占百分之四十。"⑨ 又据杰密逊1905年(光绪三十一年)估计,农民所有地占当时耕地面积的二分之一。⑩

当时,据洪亮吉说:"一人之身,岁得四亩便可以得生计矣。"⑪ 也就是说,五口之家拥有耕地二十亩便可得生计矣。清末人薛福保,谈到嘉道年间苏南一带佃农生活情况时说:"往时,江

---

① 李象鹍:《棣怀堂随笔》卷首,《闽郡呈请入祀乡贤祠履历事实》。
② 同上。
③ 叶梦珠:《阅世编》卷一,《田产》。
④ 王先谦:《东华录》卷四四。
⑤ 中国社会科学院经济研究所藏:《刑部档案》抄件。
⑥ 盛枫:《江北均丁说》,《皇朝经世文编》卷三〇,《户政》5。
⑦ 据孙毓棠1951年7月1日发表于《历史教学月刊》第二卷第一期的《清初土地分配不均的一个实例》一文资料整理所得。
⑧ 昭梿:《啸亭杂录》卷二。
⑨ 瓦格勒著,王建新译:《中国农书》上册,第152页。
⑩ 《中华年书》(*China Year Book*),1912年,第314页。
⑪ 《洪北江诗文集》,《卷施阁文甲集》卷一。

南无尺寸隙地,民少田,佃十五亩者称上农,家饶裕矣;次仅五六亩,或三四亩,佐以杂作,非凶岁可以无饥。"①

加上土地、水利、人勤条件,在风调雨顺的年份,有的地方粮食亩产很高,对保证人民生活更为有利。山西广灵县,康熙年间,县令李焕斗在《节俭示》中称:"广灵今岁可称丰登,……便以富户自居,无论男女喜于鲜衣美食,乐于豪奢侈靡;一切往来礼节,甘心贱卖谷粟,崇尚繁文。"②陕西汉阳厅,"南来之民,耕于汉者,一岁之获,可支数载"③。陕西户县:"康熙盛时,兵革之息,农桑渐复。至乾隆时,又为有清全盛之期,……人烟辐辏,庐舍鱼鳞,各村充塞,俱不能容,村外环集,殆无隙地,家给人足,是知礼义。虽妇女偶一出户,未有不衣裙者。"④安徽阜阳县,"沃壤广轮数十百里,一年之收,可备数年之食"⑤。据李兆洛说,凤台县有些农民,"岁稔则余数年之畜矣。得比岁稔,无立锥者或至千金"⑥。浙江江山县,"产米之乡,一秋之获,可支数年"⑦。河南地区,"原隰平衍,膏腴千里。岁果有秋,粟支十年"⑧。湖南省衡阳县,乾隆年间,"素称鱼米之乡,连岁又值丰稔之余,家有秋仓,人皆饱安"⑨。洞庭湖地区,"湖田之稻,一岁再种,一熟则湖南足。再熟则湖南有余粟"⑩。又曰"垸农一岁之收,可抵山农数岁之收。垸民至厌梁肉,山氏恒苦菜食"⑪。湖

---

① 《清经世文续编》卷四七,《江北本政论》。
② 李焕斗:《节俭示》,乾隆《广灵县志》卷六,《政令》。
③ 同治《汉阳厅志》卷九。
④ 民国《户县志》,《风俗》。
⑤ 道光《阜阳县志》,周天爵《序》。
⑥ 《清经世文编》卷三六,李兆洛:《凤台县志论食货》。
⑦ 同治《江山县志》卷一一。
⑧ 同治《汉川县志》卷二〇。
⑨ 乾隆《岳州府志》卷一二。
⑩ 黄彭年:《陶楼文钞》卷二。
⑪ 光绪《华容县志》卷三。

北一带，"泉甘土沃，民勤于农，塘堰修饬，蓄池有方，连年丰稳"①。四川地区，气候温暖，"于树艺之事相宜，故丰岁多而俭岁少"②。"蜀中为产稻之区，一岁所出之谷，足备数岁之用。"③新宁县，"收稻最富，一岁所入，计口足供十年"④。

有些地区以种粮为主的同时，兼种其他作物，也可以安排好生活。如汉水流域一些地方，"汉川民有田地数十亩之家，必栽烟数亩，田则栽姜或药材数亩。烟草亩摘三四百斤，卖青蚨十千以外。姜药材数亩，收八九百斤，卖青蚨二三十千，以为纳钱粮、市盐布、庆吊人情之用"⑤。生活无忧。费南晖说嘉州府、湖州府种桑养蚕农民，"丰收三五载，迄可小康"⑥。山区地方，通过发展经济作物，或手工制作，亦可得生计。前面已做论证，这里不再赘述。

有清一代，自耕农和佃农资产在增加。据方行先生研究，当时一个耕地十亩的自耕农家庭有资产一百两左右，一个租种十亩地的佃农家庭有资产八十两左右。⑦ 与前代相比，显得更加富裕些。

这时，佃农经济地位也在上升。一方面体现在佃农上升为自耕农，另一方面体现在能一次纳押租百两以上者增加。魏礼称：福建到江西佃耕的农民，经过几代经营后，"率皆致厚资立田宅于祖里"。还说，这些客佃刚开始时"尝赤贫赁耕，往往驯至富饶，或挈家返本贯，或即本庄轮奂其居，役财自雄，比比皆是"⑧。湖南情况亦然。⑨ 福建到浙江宣平租山种兰靛的农民，"利尽归

---

① 光绪《黄梅县志》卷六。
② 民国《大竹县志》卷四，引嘉庆间四川总督常明语。
③ 光绪《应城县志》卷二。
④ 道光《新宁县志》卷四。
⑤ 《三省边防备览》卷八。
⑥ 费南晖：《西吴蚕略》。
⑦ 方行：《清代农民经济扩大再生产的形式》，《中国经济史研究》1996年第1期。
⑧ 魏礼：《魏季子文集》卷八，《与李邑侯书》。
⑨ 参见江太新《清代前期押租制的发展》，《历史研究》1980年第3期。

焉"①。江西到福建建阳种茶农民"其租息颇廉，其产殖颇肥"②。皖中水稻种植区"良佃"，"屋宇整齐"，经营地"场圃茂盛"。他们种植的林木"郁郁葱葱"③。

关于押租数额增加的情况，四川巴县为我们提供了一个窗口。《清代乾嘉道巴县档案选编》中搜集租佃之事的事例计 67 件。其中乾隆朝 3 件，押租百两以上 1 件；嘉庆朝 7 件，押租百两以上（含百两）3 件；道光朝 57 件，押租百两以上有 29 件。如果再细分的话：押租在 100—200 两者 18 件，200—300 两者 5 件，300—400 两者 5 件，400—500 两者 1 件，500 两者 1 件，700 两者 1 件，800 两者 1 件，900 两者 1 件。押租金额百两以上者 33 件，占押租案件的 49.3%。④ 这是佃农经济实力增强的最好写照。

广大自耕农、佃农，通过自己的努力和政府的调控政策，在顺治至乾隆年间，绝大多数农民有田耕种，衣食问题基本解决，耕读不误，人际往来有礼，人民生活安定，社会稳定。虽然谈不上"男女喜于鲜衣美食"⑤，但只要不是灾害年，都能衣食无忧。这就为社会和谐发展奠定了坚实的物质基础，并为社会繁荣创造了必要的经济条件。

二 为国家统一提供雄厚经济基础

清代前期，清政府为国家统一和社会繁荣昌盛不懈努力。但国家强大是以雄厚的经济实力为基础的，没有雄厚的经济实力作

---

① 乾隆《宣平县志》卷九，《风俗》。
② 陈盛韶：《问俗录》卷一，《建阳》。
③ 张英：《恒产琐言》，《清经世文编》卷三六。
④ 四川大学历史系、四川省档案馆主编：《清代乾嘉道巴县档案选编》上，四、《土地产业纠纷·（一）租佃之争》，四川大学出版社 1989 年版。
⑤ 李焕斗：《节俭示》，乾隆《广灵县志》卷六，《政令》。

用基础，政府很难有所作为。

在封建社会里，国家财政收入主要在靠田赋。自耕农、庶民地主是政府田赋的主要承担者。按照规定，官僚地主、绅衿地主本身有优免权，不承担赋税和差役。就是要完纳的部分，他们也往往利用权势规避，或与地方官吏相勾结，把赋役转嫁到自耕农身上，"诡寄"成为普遍现象。自耕农（包括庶民地主）数量的多寡，直接影响到国家财政收支的丰歉，以及国家的兴衰和稳定。这点，已为学术界所公认。清代由于垦荒政策造就了广大自耕农，并得以长期延续，这是康乾盛世最深厚的经济基础，也是不容忽视的历史事实。

清初垦荒，增加了清政府的财政收入。明末清初长达半个世纪的战乱，给农业生产带来极大破坏，耕地面积由明万历六年的701 397 628亩，下降至清顺治八年时的209 858 461亩，仅及万历六年耕地面积的29.92%。国家每岁钱粮收入14 859 000余两，而每年政府支出数为15 734 000余两，出入相抵，尚不敷875 000余两[1]。经济危机的阴影，笼罩着刚刚诞生的清王朝。这个新王朝如不能及时摆脱这一经济危机，就会垮台。清政府为及时摆脱财政危机，稳定动荡不安的社会，首先把垦荒摆在重要议事日程上。经过顺康两朝的不懈努力，荒芜的土地不断得到垦复。田赋收入也随之不断增加。如康熙四年三月十九日，河南巡抚张自德疏报：康熙三年所属州县开垦荒地19 361顷，该征钱粮银83 140余两[2]。康熙十九年，户部郎中鄂齐理奉差盛京后，在回京奏疏中称，勘察满洲人丁新开荒地：东至抚顺，西至山海关，南至盖州，北至开原，共垦田万顷，可征钱粮银约万两。[3] 如此事例，在历朝实录中比比皆是，不一一枚举。通过垦荒，国家财政收支状况也得到

---

[1] 刘余谟：《垦荒兴屯疏》，《皇朝经世文编》卷三四，《户政》。
[2] 《清圣祖实录》卷一四，康熙四年三月乙巳。
[3] 《清圣祖实录》卷九一，康熙十九年八月乙未。

极大改善,从入不敷出,到库有存银。至迟康熙六年时,清政府已完全摆脱财政危机,扭转了入不敷出的局面,据统计,这年户部存银已达 2 488 492 两。康熙八、九两年 (1669、1670) "每岁存剩约六七百余万"两。康熙十二年 (1673),三藩之乱爆发,军费开支剧增,尽管在这战火纷飞的年代,户部仍有库存,如康熙十六年 (1677),存银尚有 5 307 216 两,康熙十七年存银数虽然有所减少,但仍有 3 339 920 两。经过漫长的八年戡乱后,由于战争结束,军费开支大减,户部存银也就急剧增加。康熙二十五年,户部存银上升到 26 052 735 两,康熙二十六年,存银达 28 964 499 两。康熙三十一年至六十一年的 31 年间,户部每年存银都在 3 000 多万两至 4 000 多万两,最高年份达 4 736 万余两①。雍正年间,除雍正元年亏损 95 万两外,雍正八年以前,银库收支年年都有盈余,从康熙末年的 2 000 多万两增至 6 218 万两。尽管雍正七年以后对西北准噶尔部连年用兵,军费大部分出自部库,但直到雍正末年,库存银仍达 3 453 万两。乾隆时期,乾隆二十年以前仍有库存银 3 000 余万两,少时不到 3 000 万两。乾隆二十年起达到 4 000 万两以上,但不稳定。平准二役及回疆之役后的乾隆二十三年至乾隆二十六年,降至 3 600 万两上下。乾隆二十九年后,银库存银开始加速增长,乾隆二十九年达到 5 427 万两,乾隆三十六、三十七两年,达到 7 800 万两。此后几年受金川二次战役影响,库存银有所下降,乾隆四十年最低时为 6 496 万两。乾隆四十二年,又升至 8 182 万两。乾隆朝的最后十几年里,库存银稍有下降,但亦维持在 7 000 万两以上水平,乾隆末年降至 6 939 万两。②

战争,实际上是经济实力的较量。没有强大的经济实力做后

---

① 以上存银数见法式善《陶庐杂录》卷一;《康雍乾户部银库历年存银数》,《历史档案》1984 年第 4 期;姚文然《姚端恪公文集》卷六。
② 雍正、乾隆两朝银库存银数,见史志宏《清代户部银库收支和库存统计》,福建人民出版社 2008 年版,第 107—108 页。

盾，要取得战争胜利是不可能的。这点早为人们所公认。清政府之所以从建立之初起就把垦荒摆上议事日程，除了安置流民，稳定社会秩序外，更重要的是为满足巨额的军费。清政府建立之初，战争连绵不断，军需浩繁。据陈锋研究，顺治朝军费年均开支常年保持在1 300万两左右，从顺治十二年起，战时每年军费开支在数百万两至2 000万两之间。依有案可查的数字估计，顺治朝的战争开支在1亿两左右。康熙十二年（1673）三藩之乱爆发，战争持续了八年，这八年间，清政府军费开支高达1亿两以上。[①] 此后，还有平定准噶尔等战役，军费开支都高得惊人。这些巨额的军费开支取之于何处？中国是个农业大国，国家财政来源主要是靠田赋征收，而商税收入有限。田赋收入的增加，主要是来自耕地面积的扩大，也就是说直接取决于垦荒所取得的成果，以及大量自耕农的存在。这点很重要。清政府赋税来源主要是自耕农。前面已经提到，因为官僚地主、绅衿地主除了自身的优免权外，还往往利用权势逃税，或通过诡寄，把钱粮转嫁到自耕农身上。自耕农是赋役的主要承担者，也是国家财富主要的创造者。顺治、康熙两朝的垦荒不断取得进展，以及自耕农队伍不断壮大，为政府提供了源源不断的财政支持，这对巩固新生政权和进行统一战争来说，都是最有力的保障。从这个意义上来说，自耕农的广泛存在和发展，对国家的统一和巩固，起到了财政上的支柱作用。

三 为国家赋税改革和减轻农民负担奠定基础

国家财政收入的增加，国库充实，使康雍乾三朝，有足够的经济实力进行赋税改革和完善社会保障制度。从而使社会获得长

[①] 陈锋：《清代军费研究》，武汉大学出版社1992年版，第242、247页。

治久安，人民生活安定，避免过早、过快发生两极分化。

清政府财政改革是从摊丁入地开始的。从顺治朝至康熙五十四年间，田赋与丁银是分别征收的，因而出现"有地之家，田连阡陌，所输丁银无已；贫民粮仅升合，所输丁银独多"① 的情况。康熙五十一年宣布："盛世滋丁，永不加赋。"② 以康熙五十五年（1716）全国人丁二千四百六十二万余丁，丁银二百三十五万余两为定额，以后新增加人丁不再负担丁银。"今滋生人丁概不加赋，则丁口亦有一定，可以派归田粮，永为成例。"③ 清朝这时已进入盛世时期，国家财政收入稳定、丰盈，为财政征收的改革奠定了基础。康熙五十五年，广东首先将丁银"就各县地亩摊征，每地银一亩，摊丁银一钱六厘四毫不等"④。此后，各省纷纷效法。"摊丁入地"制度的推行，把丁银摊入地亩中征收，民户按照地亩多少交纳丁银，田多者多交，田少者少交，无田者不交，这就解决了少地和无地者繁重的丁银负担，同时也解决了长期以来丁银负担不均的问题，对调动农民生产积极性十分有利。另，由于丁银摊入地亩，农民与封建国家长期以来的人身依附关系得到松解，人身获得更多自由，迁徙更加方便。为劳动力合理配置打开方面之门，也为资本主义发展提供自由雇佣的劳动大军打下基础。这对新的生产关系发展起到促进作用。此外，清政府又着手解决"火耗"充公问题，并对"火耗"数额重新做了规定，一般一两银子收一二钱，比以前有所减轻。

至于蠲免的记载，在康、雍、乾三朝《实录》中俯拾皆是。蠲免次数之多，数量之大，为历代王朝所仅见。康熙朝，蠲免各种大小项目不下500余次，所免钱额总数超过一亿数千万两。⑤ 特

---

① 嘉庆《湖北通志》卷一八，《户口》。
② 《清圣祖实录》卷二五〇。
③ 乾隆《海宁州志》卷三，《田赋》。
④ 王庆云：《石渠余纪》卷三《纪丁随地起》。
⑤ 《清圣祖实录》卷二四四，康熙四十九年十月甲子。

别是从康熙二十五年起，几乎每年都对一省或数省实行免征全部赋额的普免；从康熙三十一年起，逐省蠲免起运漕米一年；从康熙五十年起，三年之内轮免各省钱粮一次，计共免"天下地丁粮赋三千八百余万"①。乾隆朝的蠲免规模超过康熙朝。乾隆朝的六十年间，计共普免全国钱粮四次（乾隆十年、乾隆三十五年、乾隆四十二年、乾隆五十五年），漕粮三次（乾隆三十一年、乾隆四十五年、乾隆六十年），每次分数年轮完，还普免过官田租和各省积欠。其他个别省份、地区及个别项目的蠲免和豁除旧欠数不胜数。有些蠲免还形成定例，如"每谒两陵及其他典礼，跸路所经，减额赋十之三"②的恩免例。又如，康乾时期，江苏吴江等25州县，从康熙元年至乾隆六十年间，由灾蠲、普免、积欠蠲免三项所免去赋银计共 7 625 776.2 两，普免、灾蠲、免欠次数多达 653 次。③ 从个别地区的蠲免事例即可看出，清政府在减轻人民负担上所做出的努力。清政府之所以能这样做，是由于田赋收入稳定，国库存银充实。而这种做法的结果，有利于减轻农民赋税负担，也有助于小农经济持续发展。

四　庶民地主发展，为资本主义发展开拓更宽阔的空间

社会安定，经济发展，为劳动力多、经营有方的家庭，提供了良好的发展时机。这时，富裕农民在农村中的比例在增加。这种情况的存在，不仅改变了农村土地占有情况，而且为清代农业

---

① 王庆云：《石渠余纪》卷一，《纪蠲免》。
② 同上。
③ 根据徐建青《清代康乾时期江苏的蠲免》一文中表5统计所得，该文见《中国经济史研究》1990年第4期。

资本主义的发展，提供了更广泛的空间。

明末清初，四川在战乱后，人亡地荒，荒地遍野，无人耕种。后来，外省农民纷纷入川，据《云阳县志》载：彭汤两水之间，巨富相望，连阡接畛。田不一庄，众佃所耕，输租自百石以下，少亦四五十石。压桩之费，常逾千两或数百两。由于当时取租，获十输五，尤轻者主四佃六。加上山地杂植，虽略征佃钱，余润正多。主不加租，佃亦尽力垦荒成熟，增种桐柏，佃收岁赢，"佃有余利，久亦买田作富人，而为佃如故"①。

据傅衣凌先生研究，康熙六十年（1721）前后，台湾诸罗县泉州人施长龄、吴洛、杨某以及广东人张振万等族，移住线东、弥西一带，投资开垦田园。而宜兰平原的开发，在清初以漳人吴沙一族为主。嘉庆九年（1804）以后，则有所谓九族首（即漳人吴、杨、简、林、林、陈、陈七姓及泉州刘姓、粤人李姓）者，他们都是非身份性的人物占有蕃族的大量土地起家成富的。鸦片战争前，"江北……无贫富皆占田，田多者以万计，坐此农益困"②。

乾隆年间，河南被灾，郏县尤重，山西商人瞄准机会，在此大购土地，"郏人在籍置产者，尚不及十之一二。西商射利居奇者，已不啻十之八九"。政府虽有回赎之令，然"西商巧为规避"。田产终为山西商人所夺。③

据景甦、罗仑调查，鸦片战争前山东五家地主中，仅有一家为官僚地主，其余四家都是庶民地主。④

嘉庆时，湖南桂阳直隶州"黄显儒、傅逢辰、彭相煊亦用勤俭力田，富称北乡"⑤。

---

① 民国《云阳县志》卷一三，《礼俗中》。
② 薛福保：《江北本政论》，《清经世文续编》卷四一，《户政十三·农政上》。转见傅衣凌《明清农村社会经济变迁论》，中华书局2007年版。
③ 孙珩：《归田稿》卷六，《复同寅议赎地书》。
④ 景甦、罗仑：《清代山东经营地主底社会性质》，山东人民出版社1959年版。
⑤ 同治《桂阳直隶州志》卷二〇，《货殖列传第十》。

庶民地主是非身份性地主，本身是平民阶层，没有特权，他们经营田庄所雇用的工人，在身份上属于同一等级，他们与雇工共同劳动，同坐共吃，你我相称，关系平等。这就为自由雇工的发展提供了广阔的前景，对清代新生产关系的发展，起到了促进或加速进展的作用。这点要给予重视和关注。但由于庶民地主在政治上没有特权，又成为缙绅地主转嫁赋税的对象，也成为封建政府搜刮勒索的对象，这就阻碍庶民地主持续扩展和自由雇工的壮大。封建政府成了新生产关系发展的绊脚石。到清后期，新生产关系发展的迟滞与清政权的腐朽是分不开的。社会经济要发展，清除绊脚石成为历史发展的必然。

五 为人口起飞奠定物质条件

明末清初长达半个世纪的战乱，人口伤亡极为严重。据顺治八年（1651）统计，全国人丁仅为 10 633 326 丁而已，经过顺治、康熙两朝长达七八十年的休养生息，至雍正元年（1723）全国人丁数上升到 25 326 307 丁之多，比顺治八年增加 2.38 倍，到乾隆二十七年（1762），全国人口突破 2 亿大关，到道光十四年（1834），全国人口又较乾隆二十七年翻了一番，突破 4 亿大关。清代之所以成为人口爆发期，是由于在地权分散或较分散的条件下，出现大量自耕农及其他富裕农民的结果。农民生活稳定，是人口增加的先决条件。当然，社会稳定，政治廉明，赋役负担较轻，多种经营的发展，都是人口增加的必备条件。但本书论述角度是以地权分配为切入点，所以其他因素不做重点论证，仅是点到为止，特此说明。

前面已经提到，在社会环境较为宽松的情况下，有清一代造就了大量的自耕农及一批富佃，并在较长时间里得到延续，这些自耕农及富佃的生产积极性高，为家庭的社会创造了大量财富。这就为清代人口发展提供了必要的经济条件。

除清初造就的大量自耕农外，这里再补充一些新生自耕农的事例。清初因战乱抛荒的土地陆续得到垦复后，乾嘉道时期，政府继续鼓励失去土地的游民开发贫瘠土地，或到山区，或到海岛、沙滩，以及东北、蒙地开垦。如乾隆八年至十三年的短短六年间，广东、湖南之民"赴川就食者"就达 243 000 余人。①乾隆年间，湖南、湖北"携家入蜀者不下数十万"②。又如郑吉士到四川乐昌后，在任职期间，积极推行招垦政策，结果"高原逐谷，旷土渐开"，安插的新民千余户，"熙然鼓腹，足以养生而有余"③。江西赣州系山区，经开发后成为盛产粮食之乡，豫章、吴会"咸仰给焉，两关转谷之舟络绎不绝，即险岁亦橹声相闻"④。漳泉之民大量迁台后，台湾荒地得到大量开垦。其余进入东北、热河、内蒙的流民尚不计在内。这些新造就的自耕农，为人口持续增长提供了条件。同时也为内地增加了粮食供应。

另，由于农民生产积极性提高，也使粮食产量提高，如台湾号称"一年丰收，足供四五年之用"⑤。原来开发较迟的贵州，经过清代前期开垦，变化十分显著，《黔西州志》称："黔西从岩疆下里，而烟联万里，户积千箱，曩时所称刀耕火种之乡，今皆人浮万口，大有频书盈宁，富庶埒中州矣。"⑥《热河志》称：归化城土默特旗、河套西部和热河一带，自康熙至乾隆渐次开发，并取得很大成绩。对此，乾隆皇帝有很高评价，称"口外东自八沟，西至土城子一带皆良田，直隶、山东无业贫民出口垦种者不啻亿

---

① 《清高宗实录》卷三一一。
② 《四川通志》卷四三；《皇清艺文·楚民寓蜀疏》。
③ 郑吉士：《岳阳书院记》；嘉庆《四川通志》卷八〇，《学校志》（五）。
④ 乾隆《赣州府志》旧志。
⑤ 连横：《台湾通志》，《农业志》，引闽浙总督高其倬奏稿。
⑥ 乾隆《黔西州志》。

万,此汉唐宋明所无也"①。口外的开发不仅解决了移民自身的食粮,而且还为京师提供大量商品粮。《清圣祖实录》称:"今河南、山东、直隶之民往边外开垦者多,大都京城之米自口外来者甚多。口外米虽极贵时,秫米一石不过值银二钱,小米一石不过值银三钱,京师亦常赖之。"②陕西、四川、湖北三省交界之南山老林及巴山老林的开发,解决了江、广、黔、楚、川、陕无业者"数以百万计"③。他们在这里重新找到就食安身之处。《兴安府志》称终南山区"处处俱成村落"④。商州地区自乾隆以后,也日渐开辟,"虽山头地角,开尽无遗"⑤。商南"跬步皆山,久经开垦,并无老林"⑥。

山区和边区的开发,不但养活了数以百万计从"狭乡"游离出来的人口,而且也为人口快速增长注入新的活力。

六 自耕农发展,为商品经济发展提供广阔前景

中国的封建社会,在地主制经济之下,商品经济也相当发达,这与西欧领主制时期大不相同。

西欧领主制庄园经济的实物地租具有多样性,如粮食之外有牛、羊、鸭、奶、鱼、水果之类。又在庄园中有各种手工业,有各色工匠,如铁匠、皮鞋匠、制酒人等。还有管理饮食的厨师、面包师等,制造面包及各种工业品以满足庄园内部的各种需要。庄园内部的各项分工是经济单位内部的分工。当然,庄园内的必需品和各种消费品不可能百分之百皆由自己生产,有少部分要通过购买获

---

① 《热河志》卷七;《清仁宗实录》卷二二六。
② 《清圣祖实录》卷二三〇、卷二四〇。
③ 《清宣宗实录》卷一〇。
④ 毕沅:《兴安升府奏疏》,咸丰重刊乾隆《兴安府志》卷二五,《艺术》(一)。
⑤ 乾隆《续商州志》卷三,《田赋》。
⑥ 卢坤:《秦疆治略》。

得，但主要仍然是自供自给，基本是使用价值形态的自给自足。在一个庄园之内，封建领主与在其奴役下的农奴都不例外。因此，这种封建领主制对商品经济的发展具有排他性，与封建庄园之外发展起来的工商业城市处于互相对立的状态，城市工商业产品无法大量进入封建庄园。①

中国的封建社会的，在地主制经济制约下，商品经济相当发达，这导致有的学者认为战国时期的社会经济结构，已有资本主义因素。《中国古代经济史概论》一书中说：东周以后，中国由领主制经济逐渐发展为封建制度，它既不是原来的那种纯粹的封建制度，又不是真正的资本主义制度，它含有两种程度不同的成分，封建成分占比重大些，资本主义所占比重小些。② 也有学者认为资本主义唐宋时期已有资本主义萌芽。吴海若先生说："唐宋时种蔗都是商品生产，需要多数人协作，糖霜户已经分化，其中必然有资本主义生产萌芽。"③ 张洞明、杨康荪、宣斯文先生认为："均田制完全瓦解之后，非身份性地主的结构与身份性地主经济有着本质上的区别，而趋向于资本主义的范畴。"④ 束世澂先生认为，北宋已部分出现"完全使用雇佣工人的资本主义农业经营者"⑤。认为萌芽产生于明清两代者更多。如李文治、傅衣凌、尚钺、田培栋、韩大成、傅筑夫、李竞能、陈诗启、魏金玉、杨生民、翦伯赞、黄冕堂、黎民、李之勤、景苏、罗仑、吴承明、凌耀伦、

---

① 参见李文治、江太新《中国地主制经济论——封建土地关系发展与变化》，中国社会科学出版社 2005 年版，第 17 页。
② 傅筑夫：《中国古代经济史概论》，中国社会科学出版社 1981 年版。
③ 吴海若：《中国资本主义生产萌芽》，《中国资本主义萌芽问题讨论集》，生活·读书·新知三联书店 1957 年版。
④ 张洞明、杨康荪、宣斯文：《试论中国封建社会非身份性地主经济的性质》，《学术月刊》1982 年第 10 期。
⑤ 束世澂：《论北宋时资本主义关系的产生》，《中国资本主义萌芽问题讨论集》，生活·读书·新知三联书店 1957 年版。

熊甫、裴偁等先生。① 在这里，我们姑且不去理论当时的社会经济成分是否含有资本主义因素，但从他们的论著中至少可以看到：从战国时期开始，中国已有商品生产和商品交换这一事实。也就是说，他们都认为在中国的封建社会里，市场经济已有相当程度发展，并与地主制经济紧密地联系在一起，不离不舍。关于中国封建社会必然与商品经济发生联系问题，经君健先生的《试论地主制经济与商品经济的本质联系》② 一文，有很精到的论述可供参考。

中国地主制经济之所以与商品经济必然联系在一起，最根本的原因在于：中国是以农民家庭为经济实体的生产单位。中国封建社会以小农经济为主体，无论自耕农，或是佃农，一般都是一家一户由父母带几个未成年孩子组成一个生产单位，子女成婚后，则另立一个新家庭，所谓"子壮则分"也，形成一个新的生产单位。但这些经济单位的规模都很小。直隶获鹿县，嘉道咸年间保留了大量的《烟户册》，为我们考察清代家庭人口结构提供了十分珍贵的资料。现列表于后，可供参考（见表14-1-4）。

表14-1-4　　　　　获鹿县嘉道咸时期家庭人口组成状况

类别	嘉庆朝 户数	%	道光朝 户数	%	咸丰朝 户数	%
合计	4 346		4 517		2 810	
一人户	144	3.31	152	3.37	168	5.98
二人户	524	12.06	582	12.88	383	13.63
三人户	805	18.52	898	19.88	545	19.40
四人户	829	19.08	929	20.57	549	19.54
五人户	661	15.21	654	14.48	409	14.56

---

① 参见江太新《评价中国农业资本主义萌芽问题的研究》，《农史研究》第五辑，中国农业出版社1985年版。

② 经君健：《试论地主制经济与商品经济的本质联系》，《中国经济史研究》1987年第2期。

续表

类别	嘉庆朝 户数	%	道光朝 户数	%	咸丰朝 户数	%
六人户	471	10.84	427	9.45	252	8.97
七人户	279	6.42	278	6.15	165	5.87
八人户	169	3.89	183	4.05	90	3.20
九人户	149	3.43	106	2.35	68	2.42
十人户	96	2.21	88	1.95	60	2.14
十一至十五人户	182	4.19	168	3.72	107	3.81
十六人以上户	37	0.85	52	1.15	14	0.50

资料来源：《获鹿县档案》，嘉庆、道光、咸丰年间《烟户册》。

从上表可以看到，这样的家庭，人口规模很小，一般是以三、四、五口组成，这种三、四、五口组成的家庭要占总户数的一半，如果把一口、二口及六口之家也算在一起，这类农户要占总农户数的80%上下。也有世代同堂的大家庭，但数目很少。清代家庭人口结构，用一个形象器物来表示的话，像一个中式汤匙。这种规模很小的家庭人口结构，很难实现大规模分工合作，进行多种经营，达到产品自供自给。这些家庭有的也从事一些手工副业生产，但也仅仅是就地取材，生产某种产品而已，产品很单一，无法实现使用价值的自供自给，只有将产品送到市场出售后，通过以货币为媒介，买回家庭所需的日常用品，或生产工具，实现自给。但这种自给是通过价值形态来达到的。这与西欧庄园制的自种自吃、自造自给已不是一码事。

另，小农户所经营的耕地面积很少，生产规模很小，产品以生产粮食为主，很单一。南方之家，由于是水田作业，劳动量较大，需要劳动力较多。根据学者研究，一个劳动力所能耕种的面积，多者为十亩，少则几亩，家庭劳动力多者可超过二十亩。但在整个生产过程中，还需要家庭成员共同协作，才能完成作业。耕地面积更多的话，则需请帮工或雇用长短工帮忙，或者出租部分土地。章友义先生认为，南方有地三十亩者，则为地主矣；北方农户耕种面积可相对大些，因为旱作较节省劳力。雍正、乾隆年间，直隶博野人尹会一说："北方地土辽阔，农民唯图广种，一夫所耕自七八十亩以至百亩不等。"① 朱云锦亦说，北方"一夫之力耕旱田可三十亩"②。山东巡抚阿里衮奏称："此地多旱田，易种，一夫亦不过二十余亩。"③ 根据当时人们的记载，在北方一个劳动力耕种旱田二三十亩是不成问题的，甚至还可以更多些。家庭劳动力多者可耕上百亩，或者更多。北方农户耕种土地虽比南方农户多些，但亩产量要比南方低得多。总之生产规模不大。以耕种的作物品种来看，南方以水稻为主，兼种小麦；北方所种作物品种多些，如有小麦、小米、玉米、高粱等。但不论南方或北方都以生产粮食作物为主，以保证粮食供应为前提，所以品种很单一。也有家庭分出一部分土地种植经济作物，如种植棉花、种桑养蚕、种植苎麻、种茶、种植烟草等，但由于各地区自然条件不同，各地农户所种的作物也很单一。除了粮食、蔬菜能自给之外，其余日常所用，或生产所需的农具，都无法得到使用价值的自给。

农家生活和生产需求是多样性的，如日常生活用品包括油、盐、酱、醋、锅、碗、瓢、盆、衣服、鞋、帽、被帐等，生产用的犁耙、锄铲、镰刀等金属用器，还需磨、碾、碓、碌碡等石器，乃至车辆、船只等运输工具，以及用于挽运的耕牛、骡马、驴等大型牲畜。从事纺织的家庭还需具备纺织机等纺织工具。然而，这些都不是以一家一户为单位的小农家庭经济体所能自行生产的。各个经济单位产品的单一性，与需求多样性之间产生了矛盾。这一矛盾要得到解决，只能通过不同经济单位之间的交换，甚至是

---

① 尹会一：《敬陈农桑四务疏》，《清经世文编》卷三五，《户政》。
② 朱云锦：《豫乘识小录·户口》，《清经世文编》卷三〇。
③ 山东巡抚阿里衮奏，乾隆十三年八月辛亥。

跨越地区的交换，才能得以实现。其原因很简单，同一地区的自然资源大体相同，产品也相类似，本地区内部的调剂不可能满足生产与生活需求，跨地区的产品交换就成为必然。市场就成为各经济单位联结的纽带。各个单独的经济单位将粮食或其他产品送到市场出卖后，兑换成货币，再去购买所需的日常用品和各种农具，即通过使用价值的出卖，使之转化为货币，再通过货币购买各种生活必需品和生产资料，达到自给。但这种自给是通过价值形态来实现的。所以说，以一家一户为经济单位的小农经济，如果不与市场联系，就连简单的再生产也无法维持。

地主虽有占地万亩，甚至几万亩者，但这些大土地所有者多为官僚地主，或军阀地主。长期以来，中国封建社会养成了这样的一个习俗：士大夫之家不亲事稼穑，土地以出租为主。如新安齐康指出："近世士大夫家，不能身亲稼穑，类皆分给佃户耕作。"山阳县知县祝豫亦云："士大夫之家有恒产者，未能春而耕，秋而敛也。于是，佃其邑之农民，俾之耕作，岁取其租，输正供、以赡衣食。"[①] 这些地主把土地划分为小块，分别租给缺地或少地的农民家庭耕种。南方农户，一般家庭承租土地不过几亩，或十几亩，家庭劳动力充裕，则可承租更多土地耕种；北方农户承租土地规模更大些。但不论南北方，承租者种植的作物都很单一，一般以生产粮食为主，也有种植经济作物的，但同样是品种单一。地主所收的地租以粮食作物或货币为主。也有地主自行经营土地的，他们雇用长工进行耕种，但种植的还是以粮食作物为主。他们除了粮食不用买外，其余日用生活品，以及礼尚往来、子弟教育的开支等，都得靠出卖粮食去换取货币来维持；收取货币地租者，可直接进行交换。但他们照样离不开市场。

使用价值生产的单一性，与生产生活需求的多样性的矛盾，

---

① 李程儒：《江苏山阳县收租全案》，《清史资料》第2辑，中华书局1981年版。

不论在地主抑或自耕农、佃农组成的经济单位内都不能自行解决，必须通过交换来实现。这就是在地主制经济制约下，形成小农经济与市场经济谁也离不开谁的根本原因。到明清时期，农民与市场经济联系更密切。根据李文治先生研究，从明中叶到清代鸦片战争前的约三百年间，关于各个地区各种类型农户的商品率，以中等农户计，从农家出售农副产品数额考察：第一类是买布而衣地区的农户。出售产品占总产值的 30%—35%。第二类是以粮产为主，兼事植棉纺织的农户。黄河中下游地区的自耕农，其种麦出售，兼事纺织，进行商品生产的农户，出售的麦和棉布合计，占总产值的 35%—40%，只出售麦类或只出售棉布之类的农户，出售部分占总产值的 20%—30%。租佃农，缴纳实物租农户，出售农副产品所占比重酌减。缴纳货币租的农户，出售部分当在 30% 以上。长江流域各省农户，出售农副产品合计，自耕农约为 30% 或 30% 以上。租佃农约为 20%，其中缴纳货币租的，出售部分要远超过 30%。第三类是植棉纺织专业区和专业户，出售棉花和纺织品所占比重，视棉田比重而定，棉田比重小者约总产值的 60%—70%，比重大者可到 80% 以上。第四类是棉蚕外的其他经济作物同粮食混合种植型区，各类农户出售的产品因种植经济作物所占比重的不同而不同，一般在 30% 以上，50%—60% 者占大多数，高者可达 80%。[①] 可见在地主制经济体制下，商品经济的发展空间是很宽阔的。

以上所述，只是给地主制经济为什么必然与商品经济发生联系，提供理论上的依据而已。但商品经济能不能得到发展，又是另一码事。这就是说：商品经济的繁荣与萧条，要看拉动市场经济的主体——百分之九十的农民有没有购买力，或有多大的购买力。当农民口袋里的钱包鼓时，社会购买力就旺盛，这时商品丰

---

① 李文治：《论明清时代农民经济商品率》，《李文治集》，中国社会科学出版社 2000 年版。

富，市场繁荣，厂家有生产积极性；反之，农民口袋没钱，社会购买力就会萎缩，商品无人过问，市场就萧条，厂家因产品没有销路，就会关张倒闭。这点，以前关注的人很少，所以地主制经济必然与商品发生联系这一理论成为跛脚鸭。要弥补这一理论的不足，必须要关注地权分配这一问题。在封建社会，财富占有要受到地权分配制约：当自耕农和佃农经济发展时，农民手中有较多货币可供支配，消费欲望旺盛，对商品经济发展起到拉动作用，这时市场繁荣，商品生产发展；当自耕农和佃农经济没落时，农民经济收入大为减少，由于手中缺乏货币，他们只好缩衣节食。在穿衣上，中国流传这样一句话："新三年，旧三年，缝缝补补又三年。"即把消费压缩到最低水平。由于最大的消费群体贫困化，这使市场失去拉动力，变得萧条，商品没有出路，生产者只好歇业。因此，有清一代充分发挥小农生产积极性，努力增加农民经济收入，是保证市场繁荣必不可少的条件。有人说，中国商品经济之所以不发展，是由于政府重农抑商的结果。这其实是一种误解，是没有深入探讨之故。如果一定要与重农联系在一起的话，应该说，是封建政府重农政策缺乏一贯性，致使最大消费群体贫困化，使商品滞销。有人说官僚、商人、地主、文人墨客的高消费，是商品经济的拉动力。此话不错，但由于这部分人数量很少，消费能力毕竟有限，对此不能做过高估计。中国封建社会商品经济的繁荣与衰落，始终与小农经济的繁荣与衰落相为表里，密不可分。把此问题抓住了，中国商品经济发展而又不发展的问题就可迎刃而解，这点值得学者们关注。

自耕农的发展，使其自身腰包充盈，有更多购物欲望与更强的支付能力，富裕的自耕农是商品经济的主要拉动力。

第二节　乾嘉以后社会经济衰落

乾隆中期以后，为什么盛世得不到持续发展，反而成为由盛而衰的转折点呢？这点还是得从地权分配的变化入手来探讨，离开地权分配来探讨，只能是纸上谈兵，或说是隔靴抓痒。

乾隆中期以后，尤其和珅当政年间，原本存在的土地兼并，这时变得日趋剧烈，而以乾隆为首的统治集团，对此变化并没有警觉，或说视而不见，任其自然发展，结果地主阶级占地越来越多，而自耕农却越来越少，导致各类经济体之间的平衡遭到破坏，社会向着贫富两极分化。既得利益集团，千方百计维护已经得到的经济利益；而失去经济利益的集团，却千方百计要夺回失去的经济利益。由于土地兼并发展，各类经济体之间失去原有的平衡，但又没有形成新的平衡，因此社会之间形成严重对立，这就使原先造就盛世的经济结构遭到破坏。然而，清中期以后的当权者都忽视了这个问题，以致走向不可挽救的地步。农村两大阶级严重对立，成为经济持续发展的绊脚石，也成为社会向前发展的桎梏。随时关注、及时调整农村中这两个最大经济体之间的利益平衡，控制好两极分化，是巩固和延续经济发展的关键。但清中期后的当权者，却没有调控好这一关系，或者说失去了调控的最好时机，从而发展到民众严重抵抗清朝统治的地步，以致最后被推翻。这点，给我们今后治理社会提供一个重要启示：当社会经济结构发生变化时，要及时调整各个阶层之间的经济利益关系，使之在新的经济结构形成过程中，得到新的平衡，使广大人民群众都能享受到改革的红利。从而激发广大人民建设社会主义的热情，不断推动社会向繁荣、安定、和谐的方向发展。

一 自耕农半自耕农减少

乾隆中后期以后，土地兼并日益加剧，地权集中趋势日趋明显。周天爵《与刘次白书》说："饥年田亩必贱，民以田易命，安问贵贱。而有力殷户，往往以此大富。"① 江苏苏州元和人韩葑，乾隆丁酉科（四十三年）进士，先后任福建按察使、广东巡抚、刑部右侍郎，将历年廉俸所余，置买田产。② 去世后，其子韩范捐义庄田一千一百三十一亩。③ 可见，其家土地扩张速度之快。《昆新两县续修合志》载：道光年间，徐元奎"遗命割膏腴产五顷赡族"。朱大松立义庄，"拨田千亩有奇，济贫族"④。他们都是拥有大地产的富户。光绪《湖北通志》称："楚士大夫仆隶之盛甲天下，麻城尤甲全楚，梅、刘、田、李强宗右族，家僮不下三四千人，雄长里间。"⑤

嘉道以后，江苏义仓和皖南丰备仓的设立，也加剧了土地兼并。据冯尔康统计：元和县九家义庄占有全县土地1.7%，长洲县七家义庄占有全县土地1.1%。⑥ 道光五年，安徽宁国府泾县翟姓建丰义仓，翟唯寅、唯清、唯新兄弟捐银三千两，购芜邑澈水圩田二百八十一亩；翟懋鹤捐银一千两，置芜邑宝丰圩田一百三亩；翟永铃、永铨、永珍共捐银三千二百两，合置本邑包村田一百九十二亩；翟永钟捐宣邑田九十二亩，又续置本圩田八十亩。⑦

安徽省博物馆编：《明清徽州社会经济资料丛编》一书中，辑有清代卖田契计163款，其中顺治朝4款、康熙朝41款、雍正期12款，而乾隆至宣统间共106款，占总数的65%。附表（一）《卖田契》辑有契约251件，其中康熙朝63件、雍正朝38件，乾隆至光绪朝150件，占总件数的59.76%。《典当田地契》所辑清代资料有35件，其中雍正朝7件，其余28件，皆为乾隆至光绪

---

① 周天爵：《周文忠尺牍》卷上，《与刘次白书》。
② 民国《吴县志》卷六八，《列传七》。
③ 林则徐：《苏州捐建义仓并绅士韩范捐田入仓折》，《林则徐集·奏稿》。
④ 光绪《昆新两县续修合志》卷三三，《好义》。
⑤ 光绪《湖北通志》卷六九，《武备七·兵事》，引陈诗编纂《湖北旧闻录》。
⑥ 冯尔康：《论清代苏南义庄的性质与族权的关系》，见《中华文史论丛》1980年第3期。
⑦ 道光《泾县续志》卷二，《食货·积贮》。

年间文约，这部分文约占总数的80%。《卖山契》计11件，其中顺治1件、康熙1件、乾隆5件、嘉庆3件、光绪1件，乾隆至光绪卖契占81.81%。附表（二）《卖地契》中辑有文约49件，其中康熙4件、雍正10件、乾隆19件、嘉庆1件、道光10件、同治1件、光绪2件、宣统2件。乾隆至宣统卖地契占71.42%。①

据王万盈《清代宁波契约文书辑校》一书看，该书辑有田地、山林买卖文约共415件，其中乾隆朝2件、嘉庆朝1件、道光朝182件、咸丰朝124件、同治朝91件、光绪朝15件。② 从这些文约看，道光至光绪年间，宁波地区土地买卖明显加快。太平天国运动前夕，浙江诸暨已出现"四象八牛，三十六只陈阉鸡，七十二只灰狗"之谚。以象、牛、鸡、狗来评定他们财产的等第。城中葛大敬、陈国藩，浮塘赵万贤，斯宅斯元儒，皆豪于资。万田以上比于象，千田以上比于鸡。③ 当地地主豪绅兼并土地的情况，与宁波土地买卖的情况，可以互相参照。由此也反映出自耕农和半自耕农的破产及萎缩的加剧。

根据福建师范大学历史系编的《明清福建土地经济契约文书选辑》一书，辑有顺治至宣统年间的土地买卖契约文书410件。涉及州县有：侯官、宁德、南平、福州、闽县、瓯宁、龙溪、仙游、崇安、莆田、光泽、南安、永春、漳州、晋江等16个。卖地原因有：急用、乏用、钱粮急迫、做生意别用、耕作不便或管业遥远、回赎、死葬、娶亲、欠债等用项（其中有几款没有注明卖田原因）。其中因急用、乏用、钱粮急迫而卖地总计330件。其中乾隆至宣统计284件，占86.1%。④

---

① 安徽省博物馆编：《明清徽州社会经济资料丛编》，中国社会科学出版社1988年版。

② 王万盈辑校：《清代宁波契约文书辑校》，天津古籍出版社2008年版。

③ 张祖相：《太平天国时期的莲蓬党起义》，《光明日报》"史学"第306号。转见傅衣凌《明清封建土地所有制论纲》，中华书局2007年版，第30页。

④ 福建师范大学历史系：《明清福建经济契约文书选辑》，人民出版社1997年版。

四川省新都县档案史料组编的《清代地契史料》一书中，辑有土地买卖文约共50件，其中嘉庆朝5件、道光朝20件、咸丰朝6件、同治朝19件。① 这些文契，全是乾隆以后发生的。出现这种情况的可能性是：乾隆以前（包括乾隆时期）该县土地买卖还较少，所以，要搜集到相关资料比较困难。但不管哪种原因，都反映了乾隆以后，地权转移更加频繁这一历史事实。

从安徽徽州，浙江宁波，福建闽北、闽东、闽中、闽南，四川新都县等地的田、地、山买卖数据可以看到：乾隆以后，田、地、山买卖（典当），要比顺康雍期间频繁得多。这直接反映了乾隆以后土地兼并在加速进行。

江苏长淮以北地区，据薛福保称："江北俗朴愿，往往胜江南，……无贫富皆占田，田多者以万计，坐此农益困。"② 从"坐此农益困"来看，这里的田主要为大户所占，贫者占田少，致使老百姓日益步入困境。据江苏无锡《倪氏宗祠置产簿》记载，在19世纪40年代，该祠共买田31起，超过1亩的只有2起，其余的购田面积都在5分左右。这些土地交割后，由原田主佃耕。这个事实说明，这些小块土地的卖主大多都是自耕农，或半自耕农。同一时期，江苏苏松地区的田主有不堪重赋"朘削"，"弃田不顾者"；很多"小户"在"脂膏已竭"的情况下，"苟有恒产，悉售于大户"；19世纪40年代中期，"小户之田，或契卖，或寄粮，犹水之就下，急不可遏"。再过一些年，形成了"大户"所占土地"已将十分之九"，"小户"所有"不过十分之一"的局面。③

山东曲阜的土地多集中于孔府手中。据民国县志称，曲阜"计一县百姓之地，共止一千五十顷八十五亩，而孔府所买百姓之

---

① 四川省新都县档案史料组编：《清代地契史料》，四川新都档案馆2004年版。
② 薛福保：《江北本政论》：《清经世文编》卷四一，《户政十三·农政上》。
③ 以上参见严中平主编《中国近代经济史（1840—1894）》，人民出版社2012年版，第488页。

田又据其半，百姓之地实不过数百顷而已"①。

陕西陕南地区，原是自耕农世界，乾隆年间，开始发生变化。据田培栋研究，在"新民"迁入过程中，土地占有制度也开始发生变化，"新民"中产生了地主阶级，贫穷者沦为佃户。从乾隆年间始，到道光以至于到清末，该地区各县农民大约为百分之八十五，其中自耕农、半自耕农约占农民人数的半数，佃户约占农民人口的半数，其他人口约占总人口的百分之十五，当中地主约占百分之十，占地面积却达百分之五十以上。② 据1927—1932年调查：镇巴一带，情况更为突出，占总人口不过12%左右的地主富农，占有75%的土地，而占总人口60%—70%的贫雇农却只有很少的土地。③ 这资料虽系民国年间调查所得，但对清代后期来说，仍有参考价值。

河南是多灾地区，乾隆五十一年的情况："豫省连岁不登，凡有恒产之家，往往变卖糊口。近更有于青黄不接之时，将转瞬成熟麦地，贱价准卖，山西等处富户，闻风赴豫，举放利债，借此准折地亩。"④ 该地区自耕农减少，已经引起清廷最高层注意。同年五月，乾隆指示要对富商兼地行为进行抑制。上谕称："江苏之扬州，湖北之汉口，安省之徽州等处地方，商贩聚集，盐贾富户颇多，恐有越境买产，图利占踞者，不可不实力查禁。"⑤ 但这仅是一纸空文。商人以延时规避之法，躲避政府之规定。

洪亮吉在探讨人们遭受风雨霜露等自然灾害时指出，饥寒颠踣之死者比比皆是，究其原因有两个，一是人口快速增长，一是兼并。关于兼并问题，他说"又况有兼并之家，一人据百人之屋，

---

① 民国《续修曲阜县志》。
② 引田培栋《明清时代陕西社会经济史》，首都师范大学出版社2000年版，第287页。
③ 同上。
④ 《清高宗实录》卷一二五五。
⑤ 同上。

一户兼百户之田"①。应该说，他还是指出了盛世之后，自耕农、半自耕农减少的事实。嘉庆《涉县志》谓："贫民无所得食，往往出张家口佣作，有数十年不归者。"② 此言可为洪亮吉之说做佐证。

加上有些地方土地"硗瘠"，"农无余积"，生活困苦。陕北鄜州的自耕农生活情况是："地不产棉，尺布缕丝，皆须外购。男子春耕夏耘，终岁勤苦，所获糊口之粮，又顷彚易蔽体之物，故敝缊蓝缕，拮据时形。俗极俭朴，居多土穴，纵有墙屋，亦锅灶与卧炕相连，柴烟熏灼，甚不洁净，食唯麦馍糜饵，衣多短褐不完，佐食之盘辣椒菘韭而已。"③ 在此种情况下，一遇不测，只有卖田活命。

清代后期，在土地激烈兼并的情况下，与清前期相比，地主占地在增加，而自耕农队伍却日益缩小。自耕农及小地主户的减少，导致田赋收入也减少，从而严重影响国家的财政收入。另，这种变化也给原本和谐了不和谐的社会增添因素，两大阶级对立严重，反政府斗争加剧。此外，由于政府财政收入锐减，也极大地制约了政府的调控能力，使社会走向贫困化、动荡化。

二　国库存银及京通两仓贮粮减少，致国库空虚

自耕农日趋减少，直接影响到国家财政收入减少。国家财政收入减少，将导致两方面问题：一方面，使国家调控能力日益减弱，对救灾和减轻人民负担失去承担能力；另一方面，为增加财政收入，势必加大对人民群众的搜刮。这两方面问题会引起社会动荡，阶级斗争日益激烈，社会处于分崩离析的风浪中。国家的

---

① 洪亮吉：《卷施阁文甲集》卷一，《意言二十篇·治平篇第六》。
② 嘉庆《涉县志》卷一，《风俗》。
③ 《续修陕西通志稿》卷一九六，《风俗》二。

兴衰和强弱历来与国家财政状况密切相关。国家财政收入充裕，库存丰厚，国家就强大、繁荣；国家财政收入减少，库存枯竭，外敌来侵，无力抗拒，自然灾害来袭，也无力赈恤，国家就会动乱不安。

与康乾盛世相比，嘉庆以后，从总体上看，财政收入在逐渐减少，虽然也有波动，但存银数额始终没有超过乾隆末年的6 939万两之数。下面先来考察嘉庆、道光年间国家银库库存银情况，见表14-2-1。

表14-2-1 　　　嘉道年间标志性年份的银库库存　　　单位：万两

年份	库存（银）	年份	库存（银）
嘉庆元年	5 658	道光六年	1 758
嘉庆二年	2 792	道光七年	3 001
嘉庆六年	1 693	道光八年	3 348
嘉庆九年	2 165	道光十二年	2 569
嘉庆二十五年	3 121	道光二十二年	1 303
道光元年	2 749	道光二十三年	993

资料来源：史志宏：《清代户部银库收支和库存统计》，福建人民出版社2008年版，第104页表1—31中嘉庆、道光部分。

据管理户部卓秉恬密折称，截至道光三十年十月底，银库实存银为187万两。[①] 至咸丰年间，银库存银还不及道光三十年的十分之一。银库库存银最多的年份有12.6万两，少时只有5万两，库存银出现严重枯竭（见表14-2-2）。

据史志宏研究，光绪年间银库存银，甲午前在800万—900万两，最多时（光绪十七年）达到过1 038万两。甲午后，随着财政状况的恶化，连年入不敷出，库存数又连续下降，光绪二十

[①] 道光二十一年十一月十七日管理户部卓秉恬密折，见《中国近代货币史资料》第一辑上册，第171—172页。

年为683万两,光绪二十五年降至478万两。①

表14-2-2　　　　　　　　咸丰朝银库库存

年份	银（万两）	钱（万串）	钱银合计（万两）	库存实银数（万两）
咸丰三年	169.7	1.6	171	11.9
咸丰四年	166.2	3.3	168	12.6
咸丰五年	149.7	11.9	156	11.4
咸丰六年	146.1	34.6	163	9.2
咸丰七年	-	-	-	-
咸丰八年	237.0	39.9	257	5.0
咸丰九年	302.5	355	480	7.5
咸丰十年	117.5	45.5	140	6.9
咸丰十一年	152.2	81.5	193	6.8

资料来源：史志宏：《清代户部银库收支和库存统计》，福建人民出版社2008年版，第111页表1—32。

说明：库存实银数据抄档：同治四年三月十三日户部左侍郎皂保奏折所附清单。钱数折银，咸丰三年按1∶1，以后各年按2∶1。

京通两仓贮粮，嘉庆前为数较多，康熙六十年（1721）为5 829 507石，雍正八年（1730）积至14 963 385石，达贮粮最高峰，乾隆十四年至二十年（1749—1755）间，约有1 000万石。乾隆四十年（1775）后渐减为600万—700万石。嘉庆以后，京通两仓贮粮总额在400万—500万石。道光年间，由于农村经济发生变化，京通二仓仓贮总额遂由300万石递减为200万石。咸丰以后，长江中下游经长期战争，农村经济遭受严重破坏，京通二仓贮粮以数十万担为常。光绪年间，一般贮粮为100多万石。贮粮与康乾时期比，大为减少。② 下面，请看咸丰至光绪年间历年京通两仓存粮：

---

① 史志宏：《清代户部银库收支和库存统计》，福建人民出版社2008年版，第113页。

② 李文治、江太新：《清代漕运》，社会科学文献出版社2008年版，第47页。

第十四章 清代地权分配变化对社会经济发展的作用及影响

表 14-2-3　　咸丰至光绪年间京通两仓存粮数

年份	京仓（石）	通仓（石）	总计（石）
咸丰元年	3 134 198	—	—
咸丰二年	2 218 599	64 715	2 283 314
咸丰三年	1 339 861	10 205	1 350 066
咸丰四年	505 180	98 262	603 442
咸丰五年	596 367	—	—
咸丰六年	1 003 011	90 298	1 093 309
咸丰七年	628 460	94 362	722 822
咸丰八年	—	131 179	—
咸丰九年	—	155 654	—
咸丰十年	—	181 075	—
同治元年	219 671	58 839	278 510
同治二年	148 383	42 288	190 671
同治三年	—	56 351	—
同治四年	433 148	43 931	477 079
同治五年	513 240	60 378	573 618
同治六年	309 419	82 138	391 557
同治七年	412 093	111 192	523 285
同治八年	616 670	—	—
同治九年	760 785	171 697	932 482
同治十年	849 956	202 422	1 052 378
光绪五年	—	334 574	—
光绪六年	—	326 113	—
光绪九年	3 010 257	—	—
光绪十年	1 257 030	—	—
光绪二十三年	1 238 708	50 461	1 289 169
光绪二十四年	1 257 030	74 217	1 331 247

资料来源：《清档》，京通各仓奏缴清册。

为了充实京仓贮粮，这时清政府不得不提拨地方常平仓积贮，嘉庆九年，提拨河南、湖南、湖北、江西等省常平仓积谷 70 万石，碾米 35 万石，运交京仓。此后的嘉庆二十三年、二十四年，道光四年、五年、七年、二十二年，先后动用各省常平仓积谷 100 余万石，道光二十一年，朝廷下令山西、陕西、直隶、山东、河南数省，查报常平仓积谷，转运京仓。① 清后期，随着漕额锐减，京仓空虚，朝野人士纷纷建议提拨地方积谷。道光年间，姚椿在《河漕私议》一文中，倡议一向未承担漕赋的四川、广东、福建三省征实漕粮运京师。咸丰元年王东槐建议将四川沿江各州积谷 50 万石，雇商船运赴湖北交兑漕船北运京师；又建议将山东、山西、河南三省常平仓积粟、麦提拨 20 万石交京仓。② 这样做的结果，直接影响到地方救灾能力，加重了地方的动荡不安。

三　役繁赋重，社会动荡

乾隆中叶后，赋税日重，百姓难以承担。

有漕省份苦于杂费之派。乾隆中叶后，据工科给事中于可托奏："江右漕粮杂费之苦，较正项而倍甚。开仓有派，修仓有派，余米有派，耗米有派。"③ 福建道御史胡文学奏："过淮监兑有派，修船使黄有派，官役规例有派，他如踢斛、淋尖、垫仓、扬簸种种名色，以致截头、水脚使用，多寡不等，故应纳粮一石，必须用数石，应折银一两必费数两。"④ 因此民间有"兑漕之苦，不在正赋之难完，而在杂费之名多"⑤ 的说法。嘉庆四年，仁宗实录称州县征漕，"多有每石加至数斗及倍收者"，因此"所收米未至三分之一，本色已足"⑥。道光元年，王家相称由于漕斛大，加以

---

① 李文治、江太新：《清代漕运》，社会科学文献出版社 2008 年版，第 79 页。
② 以上筹粮建议均见光绪《漕运全书》。
③ 乾隆《漕运全书》卷一二，《征纳兑运·历年成例》。
④ 同上。
⑤ 同上。
⑥ 《清仁宗实录》卷四〇，嘉庆四年三月丁亥。

胥役斛量作弊，粮户"则二石完一石，在官吏已视为定额矣"①。道光二十八年，董灜山奏，粮户完漕，正米之外，"有大样米、小样米、尖米各名色，有九折、八折、七折各扣头，又有书差之茶饭钱、串票钱各花项，约纳一石正粮，而所费加倍"②。曾国藩说："苏、松、常、镇、太，银粮之重甲于天下。每田一亩，产米自一石五六斗至二石不等，除去佃户平分之数，与抗欠之数，计业主所收，牵算不过八斗。而额征之粮，已在二斗内外，兑之以漕斛，加之以帮费，又须去米二斗。计每亩所收之八斗，正供以输其六，业主只获其二斗耳。"由于银贵钱贱，"昔日卖米三斗，输一亩之课而有余，今日卖米六斗，输一亩之费而不足。朝廷自守岁取之常，而小民暗加一倍之赋。此外，如房基，如坟地，均须另纳秋课，准以银价，皆倍昔年"。又说："浙江正赋，与江苏大略相似，而民愈抗延，官愈穷窘，于是有截串之法。截串者，上忙而预征下忙之税，今年而予截明年之串。……予截太多，缺分太亏，后任无可复征。虽循吏亦无自全之法，则贪吏愈得藉口，鱼肉百姓，巧诛横索，悍然不顾。"还说："江西、湖广课额稍轻，然自银价昂贵以来，民之完纳愈苦，官之追呼亦愈酷，或本家不能完，则锁拿同族之殷实者，而责之代纳，甚者或锁其亲戚，押其邻里。"他还就湖广耒阳、崇阳，江西贵溪、抚州四案发表评论："此四案者，虽间阎不无刁悍之风，亦由银价之倍增，官吏之浮收，差役之滥刑，真有日不聊生之势。"③

江苏赋重，为人们关注。嘉庆四年，吴兴县征漕，"竟有每石加至七八斗者"④。道光十九年，鸿胪寺卿金应麟奏折呼吁："苏省之田谓之累字头，以赋重为累，而累字之形田在上也。大户日

---

① 《清档》，道光元年六月十五日，江西道监察御史王家相奏。
② 《清档》，道光二十六年九月，山西道御史朱昌颐奏。
③ 曾国藩：《备陈民间疾苦疏》，盛康辑：《皇朝经世文编续编》卷三十二，《户政四·养民》。
④ 《清仁宗实录》卷四九，嘉庆四年七月丙子。

多而小户日少，州县于小户完粮勒索苦派无所不至，甚且将坟山、住屋、菜地一并列入田册，任意加增，此等积习宜早饬禁。"① 道光十六年，常州府属，正漕1石，粮户实交3石。② 咸丰三年，冯桂芬谈到苏松漕粮时，亦称苏松农户当今所纳花户费、验米费、筛扇费、廒门费、廒差费，合计约米值一二斗，各项合起来，"总须二石五六斗当一石。道光初年，御史王家相疏云：'官以其私征米一石，当正供七斗，民不堪命。'不知三十年间，何以遽增至此"③。

安徽情形亦一样，陆费璜说，皖北州县差役，每遇词讼，纳钱请西子，而数倍取偿于百姓。历任官皆以为肥，"由是差役横行，甲于他省"④。

浙江嘉善县，乾隆五十五年，粮户陆某运交漕粮161石，该县书吏"仅给一百石九斗九升串票"。书吏侵吞粮60石。⑤ 奉化，知县王济增加粮价，"以致人心不服。"⑥ 据光绪《奉化县志》记载，江南地区的赋税名目繁多，诸如田赋、地税、山税、苔涂荡税、蛤屏税、屯田税、人丁赋、河泊税、地漕银、起运银、户部本色银、户部折色银、礼部本色银、津贴路费银，工部本色熟铁银、工部朱银、工部折色银、盐课、漕运本色银、漕运折色银、耗羡以及加闰银等。名目繁多的税收，给当地百姓造成沉重负担，往往在缴纳赋税之时，出现"钱粮无办"，或者"乏钱用度"而出卖耕地、山场的情况。据王万盈《清代宁波契约文书辑校》一书所辑资料统计，该书所辑契约资料计415件，因钱粮无办，急

---

① 金应麟：《请除漕务积弊折》，道光十九年六月十三日，《清档》。
② 江苏巡抚陈銮奏：《常州府收漕情形疏》，道光十六年，董醇辑：《议漕折钞》卷一八。
③ 冯桂芬：《咸丰三年与许信臣抚部论苏松漕弊书》，盛康：《皇朝经世文编续编》卷三十六，《户政·赋役》。
④ 黄钧宰：《金壶浪墨》卷四《漕变》。
⑤ 《清高宗实录》卷一三五四，乾隆五十五年五月丁亥。
⑥ 王先谦：《东华续录》道光朝卷五二，"道光二十五年九月庚辰条"。

用或乏用而出卖耕地者共358件，占总契约的86.27%。这种情况的存在，往往会造成"因钱粮激成民变，拒捕殴官"的现象发生，有时甚至发生官府"征收钱粮"，"乡民滋闹"的对立事件。①

江西临川、贵溪赋重的情况，得到当时官员的印证："银贵，吏又持之急，官困民独不困邪，奈何遽目为畔逆。"②

湖南耒阳，农民钱粮负担沉重。据徐台英谓，当地钱粮"皆柜书、里差收解，所入倍于官。刁健之户酌量轻收，僻远良善之家，则多方扣折，至鬻田宅完粮不足"③。

清朝大吏曾国藩论及江西、湖广赋重时说："江西、湖广课额稍轻，然自银价昂贵以来，民之完纳愈苦，官之追呼亦愈酷，或本家不能完，则锁拿同族之殷富者，而责之代纳；甚者或锁其亲戚，押其邻里。百姓怨愤，则抗拒而激成巨案，如湖广之耒阳、崇阳，江西之贵溪、抚州。此四案者，虽间阎不无刁悍之风，亦由银价之倍增，官吏之浮收，差役之滥刑，真有日不聊生之势。"④

湖北官吏视漕为利薮，道光二十一年（1841）皖人周其官于楚，"谋加漕价，石至十千外"⑤。胡林翼谓："北漕南米，合征分解。其征收米石者，谓之本色；以钱折米者，谓之折色。其征收折色，多寡不同，有本色多于折色者，有折色多于本色者，有本色、折色各半者，有全收折色者。其征收折色，每石折收钱或五六千，或七八千，或十二三千，或十五六千，竟有多至十八九千者。其征收本色，每石浮收米或五六斗，或七八斗，或加倍收，竟有多至三石零者。此外，又有耗米、水脚等项，分款另收，又

---

① 以上资料见王万盈《清代宁波契约文书辑校》，天津古籍出版社2008年版，第2页。
② 王柏心：《河南分守河北兵备道蒋公墓志铭》，见闵尔昌纂录《碑传补》卷一六。
③ 《清史列传》卷七六，《循吏传三·徐台英传》。
④ 曾国藩：《备陈民间疾苦疏》，盛康辑：《皇朝经世文编续编》卷三二，《户政四·养民》。
⑤ 黄钧宰：《金壶浪墨》卷四《漕变》。

有由单券票、样米、号钱等名。多端需索，民力几何，其能堪此。"①

山东钱粮，嘉庆年间每两收至三千一二百文，至道光八年，有加至四千文者，从市价二千六百文计之，折收几于加倍。② 道光二年，山东河南二省征漕，有的正漕1石，粮户实交3石。③ 道光年间，山东"堂邑令苛敛虐民"，激起"万余人围其城"④。河南情况大致相同。

湖广总督胡林翼还说："各州县因循怠玩，任听奸书蠹役等把持舞弊，私收入己。……书办曰散失无存，官亦曰散失无存。于是听其颠倒户名，而不知完欠之为谁矣。书办曰板券烦重难稽，于是听其改用活券，而不知催比之何据矣。侵欺锢数，百弊丛生。"⑤ 从以上所言，民间赋重可见一斑。除赋重之外，农户还受吏役敲诈及勒索。"嵒分（柜书、保正）之奸，与胥吏狼狈为奸，凡忙银条漕征收之先"，先向农户勒索"易知单"之钱，或三百，少亦二百，田只分毫者，亦以亩计，不与不得易知单。又于春秋成时，索麦米若干，有牛畜者必盈斗，又索取柴几束，"均谓之出乡，亦曰小租"⑥。这就更加重纳税人负担了。

无漕省份赋役负担同样繁重。

鸦片战争后，政府为搜刮民财，人民负担日重。陕西省藩司冯光遹称："甲午以来迭奉派，拨月饷、洋款等项，搜刮靡遗。……从前西、同、凤翔各属，富户尚多，中户尤伙，不难捐集巨款。今则殷实日即衰微，中户且将待赈，是筹粮筹捐之难，

---

① 胡林翼：《咸丰七年谨陈湖北漕弊拟办减漕密疏》，盛康辑：《皇朝经世文编续编》卷三十七，《户政九·赋役四》。
② 刘锦藻编：《皇朝续文献通考》卷二，《田赋考二·田赋之制》。
③ 道光二年九月，河南道御史孙贯一奏，见《清档》。
④ 《清史列传》卷七三，《文苑传四·潘焕龙传》。
⑤ 胡林翼：《湖北漕弊拟办减漕密疏》，咸丰七年，《道咸同光奏议》卷二七。
⑥ 陶煦：《租覈·剔耗蠹》，民国十六年（1927）重排版。

皆有甚于丁丑（光绪三年）奇境之岁矣。"① 陕西的赋税，加上了"耗羡""平余"，连同"正耗"，正赋一两加至一两五六钱，即田赋附加增到了正式田赋的百分之一百六十。② 咸丰之后，官吏、国外贡使、国内藩属和改流地方所属喇嘛土司贡差，以及各衙门丁役公干的过境"流差"负担，皆由农民按地摊派。③ 三原县知县余庚阳，对太平军入陕及"花门事变"后，人民不愿回归土地的原因做了精辟分析。他说："卑职因公下乡，见夫井里凋，人烟稀少，窃以爱恋田庐，人之恒情，今当大难既平之后，胡乃甘作流佣，留滞异乡，不思还里修治农业？查问其故，则曰：恐派差徭也，恐征钱粮也。卑县平原地亩现并无人过问，唯北原间有议价出售者，每地一亩索价二三百文，而买主仍复迟疑不受。查问其故，则曰：恐派差徭也，恐征钱粮也。卑县前此绝产，向例以亲族领受纳粮，今以绝产给予亲族，或则谓服制已远，或则谓服制已尽，类皆饰词推诿，坚不承领者。问其故，则曰：恐派差徭也，恐征钱粮也。卑县田多之家，皆招佃户租种，除收租外，仍令佃户纳粮，并质有押租钱文。今则佃户无不退田，并向业主索取押租，业主或许以减租，或径行免租，而佃户仍不肯承种者。问其故，则皆曰：恐派差徭也，恐征钱粮也。卑县富户，全恃贸易，每家仅有墓田数十亩，皆给予守墓之人耕种，并不取租，只令纳粮。今则守墓之人，无不告辞，富户虽许以资助，仍不肯留。查问其故，则皆曰：恐派差徭也，恐征钱粮也。"④ 从当时的知县笔下，我们不难看出：差徭之繁，钱粮负担之重，已达到农民无法忍受的地步。田赋差役繁重，一方面，把自耕农或半自耕农逼到

---

① 《续修陕西通志稿》卷一二九。
② 《续修陕西通志稿》卷二六，《田赋》一，转见田培栋《明清时代陕西社会经济史》，首都师范大学出版社2000年版，第116页。
③ 田培栋：《明清时代陕西社会经济史》，首都师范大学出版社2000年版，第116页。
④ 光绪《三原县新志》卷八，《杂记》。

卖田卖宅的地步。另一方面，使荒芜田地无人愿意领种，人以有田为累。这样做的结果，实际上压缩了自耕农和半自耕农生存的空间，使部分赋税流失，国家财政更为困窘。

四　地租剥削加重

乾隆中期以后，由于土地兼并日趋激烈，因此失地农民日益增加。这些失去土地的农民，为了生存下去，就得租种地主的土地；另由于新生人口激增，而耕种土地增加的速度落后于人口增长速度，新生人口要生存，也得租种土地。地主看准了这个机会，往往以增租夺佃为手段，增加对佃农的剥削。

清代后期，增租夺佃的方式，主要体现在征收押租和预租的耕地越来越多，征收押租和预租的地区越来越广，征收押租和预租的数额越来越大。

首先，看看押租剥削的情况。

以江苏情况而言，租种情况更为严重。陶煦称："吴农佃人之田者，十之九皆所谓租田，然非若古之所谓租，及他处之所谓租也。俗有田底田面之称，田面者佃农之所有，田主只有田底而已。盖与佃农各有其半，故田主虽易，而佃农不易；佃农或易，而田主亦不易。有时购田建公署、架民屋，而田价必田主与佃农两议而瓜分之，至少亦十分作四六也。然而田中事，田主一切不问，皆佃农任之。粪壅工作之资，亩约钱逾一缗，谷贱时亦七八斗之值也。三春虽种菽麦，要其所得，不过如佣耕之自食其力而无余。岁恃秋禾一熟耳，秋禾亩不过收三石，少者只一石有余，而私租竟有一石五斗之额。"田主收租不收米而折钱，"必以市价一石二三斗或一石四五斗之钱作一石算，名曰折价：即有不得已而收米者，又别有所谓租斛，亦必以一石二三斗作一石"。租额极重。如若欠租，司租之徒"出缧绁而囚之，甚且有以私刑盗赋之法刑此佃农"①。手段极及残酷。他还说："上农不过任十亩，亩入不过二石余，取租而平，则八口无饥也，乃多者二十而取十五，少者亦二十而取十二三。车牛有费、修耒有费、粪田有费，一资给于租余之数分，疾病、丧祭、婚嫁之端尚未之及，奈何！而民不穷且毙也。"②佃农一年"所得不过数斗，至有今日完租，而明日乞贷者"③。"农民伯叔妇子终岁勤动，而力田所获不足蔽其衣食，冬暖号寒，年丰啼饥，且追呼不绝，褴褛就逮者，时有所闻，心窃悯之。"④有些寡独之佃户，抱布纳租，"司租之徒，必严拒峻施，谓我城中无此例也，甚者不得已而哀亡，则怒詈百出，旁列隶役已挥之去矣"⑤。吴江租额更重，"下下田"，亦收一石有余之租。民间诗歌云："催租急于石壕吏，倾瓶倒筐向何藏，坐使农家泣空釜，累累看汝堆仓箱。"⑥这是当地佃农贫困化的写照。

从湖南收取押租情况看，逐步提高趋势就一目了然了。乾隆二年，每亩交进庄钱三五钱至七八钱不等。⑦乾隆十一年，楚南习俗，每亩交进庄银一至二两。⑧乾隆二十二年，"大写"进庄银每亩二至三两，"小写"进庄银每亩二至三钱不等。⑨这种趋势到嘉庆时已发展到严重地步。下面请看湖南四县押租与正租的比较表（见表14-2-4）。

---

① 陶煦：《租覈·重租论》，民国十六年（1927）重排版。
② 同上
③ 同上。
④ 同上。
⑤ 同上。
⑥ 民国《南浔镇志》卷二九，《折股怨》。转见郭毅生《太平天国经济制度》，中国社会科学出版社1984年版，第7—8页。
⑦ 《湖南省例成案》卷七，《户律·田宅》。
⑧ 《湖南省例成案》卷五，《户律·田宅》。
⑨ 乾隆《湘潭县志》卷一九。

表 14-2-4　　　　　　　湖南四县押租与正租的比较

年代	县别	正租额（谷、石）	押租额 银（两）	押租额 钱（文）	押租额 折谷（石）	押租对正租百分比（%）
乾隆四十年	湘阴县	24.0	—	6 000	6.66	28
乾隆五十六年	浏阳县	120.0	140.0		150.55	125
乾隆五十八年	鄠县	83.0		100 000	111.11	134
嘉庆六年	善化县	41.0	100.0		111.11	271
嘉庆十年	浏阳县	12.0	250.0		277.78	2315
嘉庆十七年	浏阳县	5.0	385.0		427.78	8556

资料来源：中国社会科学院经济研究所藏：《刑档抄件》。

说明：1. 押租折谷一栏，系参照嘉庆谷价，每石以银0.9两计，以钱900文计。

2. 此佃户所交的押租金额甚大，不是一般贫佃交得起的，有可能是富裕佃从事资本主义经营，特别是经济作物区，更可能是如此。

下面，再来探讨湖南各地借贷利率情况（见表14-2-5）。

表 14-2-5　　　　　　　嘉庆年间湖南各地借贷利率示例

时间	州县	借贷人	借贷金额 银（两）	借贷金额 钱（文）	年利率（%）
嘉庆元年	永明县	罗必才	10.5	—	24
嘉庆二年	永宁县	—	70.0	—	12
嘉庆三年	宁远县	欧洪智	—	1 200	24
嘉庆五年	龙山县	舒宗荣	—	800	36
嘉庆七年	衡山县	—	10.0	—	30
嘉庆八年	浏阳县	涂崇仕	10.0	—	18
嘉庆十年	宁乡县	陈士进	300.0	—	24
嘉庆十五年	石门县	张开列	—	1 000	36
嘉庆十六年	衡阳县	—	0.8	—	24
嘉庆十六年	湘潭县	唐席尚	20.9	—	25

资料来源：中国社会科学院经济研究所藏：《刑档抄件》。

第十四章　清代地权分配变化对社会经济发展的作用及影响

据上表，借贷利率低者年息为12%，高者年息为36%，平均年息在25%以上。年息暂按25%计，每亩押租银以二两五钱计，每石谷价按银零点九两计，地主每年从每亩押租中，能捞取零点六一两银子的利息，可折成谷子零点六八石。每亩正租谷一点五石，与押租息谷合计，总数在二石以上。江西宁都俗例"批赁时，佃户不能现交礼钱，照依银数，每岁入息三分"①。如果按江西宁都借贷利率的惯例计之，地主对佃农剥削还要重。

陕西"汉中的贫农向地主佃进田地，往往须纳顶首，即是押租。所交的租要超过田间总收获的半数。有些地主和佃农对分粮食，有些取上季的麦租，可是多数取下季的稻租。上等水田平均每亩可产秋稻三担多，租谷倒要纳两担。正租以外还要献敬地主年礼节礼，实际租额因此必然地加重"②。作者考察该问题时，尚未把押租银利息计算在内，如把押租银利息计算在内的话，地租剥削还要更为严重。这资料虽是民国年间调查所得，但对清后期仍有参考价值。

广西佃户，在鸦片战争前所受剥削较前有增无减。如浔州府桂平县的龙华寺庙田的地租，在十年之间由"租谷八千斤"，增租三千七百七十斤，"共额租一万一千七百七十斤"③。租额增加了百分之四十多。金田村田租也由"百种千租"，增加到播百斤谷的田要交一千五百斤租谷。桂平城郊各村竟高达二千斤。其如平南、贵县、武宣、象州、博白等县，地租也在百种千租至二千斤租谷之间，占农民田间收成的百分之六十至百分之七十。④

四川彭县地主对农民剥削很重，以至于佃户"赔租"。彭县

---

① 《民商事习惯调查录》，第424页。
② 冯和法：《中国农村经济资料》，黎明书店1935年版，第811页。
③ 《龙华寺实在租粮并田圻永远碑记》，据桂平县历史学会录本。转见郭毅生《太平天国经济制度》，中国社会科学出版社1984年版，第8页。
④ 以上资料转见郭毅生《太平天国经济制度》，中国社会科学出版社1984年版，第8页。

《风俗志》载:"彭之私租每亩岁在八斗至二石一斗不等,田之上者,丰年不过收谷二石六七斗,下田在二石左右。岁少歉,所赢无几,或且赔租。"① 另从巴县押租来考察,押租之重,又成为佃农一项沉重的负担。下面将佃户所承担地租和押租做一对比。请看表14-2-6。

表14-2-6 乾嘉道年间巴县佃农交纳地租、押租数额

时间	租佃人	田主	地租(谷:石、斗)	押租(两、文)
乾隆六十年九月	张元才	高廷秀	银3两	1.8两
嘉庆二年八月	唐占鳌	彭儒魁	谷52石	30两
道光四年八月	罗世品	刘值先	谷5斗	70两
道光九年八月	程思智	文绍权兄弟	绍光均分,权15石	70两
道光十年二月	况钊	何永刚	银2两	2两
道光十年七月	罗尚锦	罗尚武	均分(扣除谷种)	60两
道光十年七月	杨贵贤	秦邓氏	主客均分	27两
道光十年七月	杨贵宗	秦超举	主客均分	32两
道光十年八月	赵尚文	李应成	3斗	26两
道光十一年八月	冷季顺	游配义	谷8石	160两
道光十二年九月	毛凤阁	赵廷魁	钱1 000文	钱2 150文
道光十二年十一月	李应宁	李应禹	均分	钱4 000文
道光十五年七月	徐相友	徐相庭	钱400文	10两
道光十五年七月	刘顺辉	宋国基	谷2.4石	24两
道光十五年×月	陈万中	宋在业	高粱6斗(六成交细)	10两
道光十五年九月	李光连	李庆云	均分	钱4 000文
道光十五年十月	五僖仲	赵绍文	谷4斗	23两
道光十六年八月	肖茂珊	徐相廷	钱300文	钱8 000文
道光十七年九月	刘汝贤	罗光裕	钱1500文	2两
道光十七年九月	李新伦	李新玉	谷67石	200两

---

① 光绪《彭县志》,《风俗志》。

第十四章　清代地权分配变化对社会经济发展的作用及影响

续表

时间	租佃人	田主	地租（谷：石、斗）	押租（两、文）
道光二十年七月	周合顺等	罗义盛	谷均分	220 两
道光二十年九月	胥福泰	邓发先	主六客四分摊	70 两
道光二十年冬	黄登科	钟秦氏	租 500 文	4 000 文
道光二十三年七月	李长泰	罗义盛	分租	360 两
道光二十四年十一月	蹇润阶	张名山等	银 1 两	20 两
道光二十四年十一月	舒其光	王会章	银 1 两	20 两
道光二十五年八月	余朝举	秦	谷 84 石	120 两
道光二十九年七月	黄广顺	李嘉敏	谷 68 石	300 两
道光二十九年七月	熊九林等	惠民宫	银 20 两，钱 11 700 千文	205 两

资料来源：四川大学历史系、四川省档案馆主编：《清代乾嘉道巴县档案选编》（上），四川大学出版社 1989 年版，《租佃约》。

注释：原有租佃约计共 53 件，本表仅收 29 件，收的原则是：地租和押租两项齐全者收录，仅有地租缺押租者或仅有押租缺地租者不录。

从上表可以看出，佃户除了缴纳地租外，还得缴纳押租，而押租一般要比地租高出几倍乃至十几倍，甚至高达二十六倍之多。押租比地租少者仅 1 款，地租与押租相等者也仅 1 款而已。押租之重，由此可见一斑。

贵州思南县佃户除交租外，地主还要额外勒索。据记载："一塘头书架岩小炖一份，大小共四十六丘，李大芳所卖出谷一百挑，价值铜钱四百五十千文，佃户五世才承认耕种。议定每年收获之时，请首事临田，每十挑先抬一挑，方与佃户均分。每年佃户帮差粮钱一千文，载粮八升。"[①] 这里明文规定，分租之前，十挑谷子要先抬走一挑，而后才对分。据此测算，实际地租率要达到 68%。此外还要补贴差粮钱一千，粮八升。加上补贴，可能佃户所交地租要达到七成。

---

① 民国《思南县志稿》卷四，《学校志》。

下面看看预租剥削的情况。

地主除了收取押租之外，还收预租。何谓预租？用一句话来说，即先交租，后耕田。一般的情况是：租收于"或在当年，或在上年"①。或租地者"银租于投田日现银交租，乃得登簿"。并认为这种办法"甚属妥当，永远遵行"②。或"倒租者，佃户于未耕之先，预将应纳之租谷送交田主，无论年岁丰歉，田主绝不过问"③。湖北南漳县"先年交租，次年种地"④已成风俗。这种先交租后种田的情况极其普遍。这种情况发展到非常严重的地步，以致政府不得不运用法律条文加以禁止。如乾隆五年发布《禁屯田不得立卷预支》的规定，乾隆五十六年议准"庄头等毋得预收支取"⑤。根据我们接触到的文献来看，至嘉庆时，十五个省份中有收取预租记录的州县就有44个，嘉庆时又增加了19个州县。详见表14-2-7。

又据1930年《中国经济年鉴》中："预租不特发展于江、浙、闽、粤、冀、鲁等沿海各省，内地各省亦有之"⑥，可以互为佐证。

表14-2-7　各省预租件数及实行预租州县统计（万历至嘉庆）

省别	朝代									
	万历		康熙		雍正		乾隆		嘉庆	
	件数	州县数	件数	州县数	件数	州县数	件数	州县数	件数	州县数
盛京									3	2
直隶							15	15	5	3
山西					1	1	2	2	1	1
河南							1	1		

---

① 乾隆《顺德县志》卷四。
② 《南海方氏族谱》，《祠规》，光绪刻本。
③ 《民商事习惯调查报告录》（1930年），第607页。
④ 中国社会科学院经济研究所藏：《刑档抄件》。
⑤ 《皇朝文献通考》卷一〇；《嘉庆大清会典事例》卷一三六。
⑥ 《中国经济年鉴》第7章，1934年，第686页。

续表

省别	万历 件数	万历 州县数	康熙 件数	康熙 州县数	雍正 件数	雍正 州县数	乾隆 件数	乾隆 州县数	嘉庆 件数	嘉庆 州县数
陕西							2	2		
甘肃							1	1		
江苏							1	1	2	2
安徽	1	1							2	2
浙江							1	1	4	4
江西			1	1			1	1		
湖北							3	3		
湖南							1	1	1	1
四川							4	4	2	1
福建							2	2	2	2
广东					1	1	5	5	1	1
合计	1	1	1	1	2	2	39	39	23	19

资料来源：中国社会科学院经济研究所藏：《刑档抄件》；《屯溪档案》；《民商事习惯调查报告录》，1930年；《淡水厅志》；《清代台湾大租调查书》第三册；乾隆《顺德县志》；《清代档案史料丛编》第五辑；《满洲旧惯调查报告》，《皇产》。

说明：1.《皇朝文献通考》卷十，乾隆五年《禁屯田不得立卷预支》条及《嘉庆大清会典事例》卷一三六，乾隆五十六年议准"庄头等毋得预年支取"的规定，由于省别不清，未计表内。

2. 四川射洪县、直隶永清县、定兴县，盛京省广宁县，由于乾隆年间已有预租记录，所以嘉庆年间州县一栏总数少了4个。

在预租制下，地主有预收一年地租的，也有收二年以上地租的，但以预收一年地租为普遍。以嘉庆前67件预租事件为例，预收一年地租的有48件，为预租事例的71.6%；预收二年地租的有4件；预收三年至25年地租的有10件。预收年限不明确者5件。但预收多年者，农民缴纳不起，"以至众户无力完交，畏匿躲避"①。

先交租，后种地的这种租佃制度，除富佃外，对于首次租地

---

① 《内务府上传档》第83号，乾隆五十二年九月十九日，转见《清代档案资料丛编》第五辑，第127页。

的众多农民来说，意味着尚未从租地上获得收益之前，就先得交上一年或一年以上的租银（钱），这无疑是一项沉重的经济负担。按照习俗，无法交纳预租者，得按借款方式交纳利息。"计银若干，岁入息三分，统俟冬收交纳。"① 据民国时期调查，江苏崇明的农民，承种业地时，需出顶首钱文，倘若佃户无法出此顶首，而业户情愿交其承种，"则佃户须将顶首钱上应有之息金，历年于开种大熟前，预先付业户"②。河南省情况是：凡城镇附近之园地，出租时均预收钱租，"农民之无力缴纳者以借贷论，加息起利，每月利率二至三分为最普遍"③。这部分农民既成了地主的佃户，又成了地主的债务人。他们在地主的双重剥削下，艰难地生活着。

乾隆十五年，直隶满城佃户段伍，在张魁要他预交一二年租息时说："贫不能措。"④ 乾隆五十二年，直隶通州庄头韩三元为抵补亏空，"遂向各地户声言，除交来岁一年现租之外，尚须再交二年押租，方准种地"。"以至众户无力完交，畏匿躲避。"⑤

民国时期，直隶、山东某些县份在收预租时，每亩收租银四元乃至五元；分期交纳者，每亩需六元上下。有人根据这种情况，得出交预租者租额较轻的说法。其实，这种说法是仅看表面现象，没有深入探究的结果。事实是，预租的发展并没有减轻农民负担。关于这点，需要从两方面考察：一是从交纳预租农民来考察，二是从地主方面来考察。根据文献记载：农民交纳不起预租者，需"岁入息三分"，或"月利率二至三分"。但有清一代，民间借贷利息一般为月息三分，高者五六分，最甚者加一五不等。⑥ 借贷米

---

① 《魏季子文集》卷八，《与李邑侯书》。
② 《中国民事习惯大全》第 2 编第 1 类，第 26 页。
③ 《中国经济年鉴》，1934 年，第 G91 页。
④ 中国社会科学院经济研究所藏：《刑档抄件》。
⑤ 《内务府上传档》第 83 号，乾隆五十二年九月十九日，转见《清代档案资料丛编》第五辑，第 127 页。
⑥ 田文镜：《抚豫宣化录》卷四。

谷，年息有加三者，也有加五者，或多至加倍者。① 试以直隶乾隆年间借贷案例为佐证：乾隆元年，枣强县某某借银三百两，月息一分五；乾隆二十三年，赵州田春儿借钱三千文，月息为三分；乾隆三十七年，宁津县王士珍借钱二十千文，月息十分；乾隆四十五年，饶阳县范进才借钱二百五十文，月息四分。② 直隶乾隆年间，可搜集到借贷案例17起，上述仅列举数例而已。这些案例中，年息最低者为18％，高者为120％，其余在22％—48％之间。与新城、河南借贷利率大体一致。现在，我们以月息三分这个中等利率为计算标准，如果某佃户借银一两交预租，一年后，归还本息时，则是一两三钱六分。如果地主将预租银出借，年收入利息为三钱六分。按直隶、山东交预租者，每亩交银四五元，不纳预租者交银六元左右的数字计算，如纳预租每亩四元者，加上一年息银在内，实为纳租五元四钱四分，如果每亩预纳五元，加上一年息银，则是六元八钱矣，比分期纳租者多交了八钱。如果租佃者是自筹租金，他们把所交预租拿去生息的话，每两银子可获三钱六分利息，但由于交纳预租的缘故，他们生息的机会却被地主所掠夺。从上述情况看，佃户负担一点也没有减轻，而地主的租钱也一点没减少，与交分期租者相比，地主反而从交预期租者那里增加了八钱的收入。

　　预租制的发展，对优化资源配置来说，发挥了良好作用。但对绝大多数有了上顿没下顿的穷苦农民来说，意味着身受高利贷和地租的双重剥削，越是挣扎，就陷得越深，不得不一直过着艰难困苦的生活。

　　由于受到地租苛重的剥削，佃户不得不一直"终岁耕种，除交还租米外，所余无多，率皆不敷籽本，是以在乡农民，历来穷

---

① 同治《新城县志》卷三。
② 中国社会科学院经济研究所藏：《刑档抄件·借贷》。

苦特甚"①。由于租重难交，鸦片战争前后，在苏州"动辄数十名及数百之多"的佃户遭控官押缴。②陶煦亦说："岁以一县计，为赋受刑者无几人，为租受刑者，奚翅数百人，至收禁处有不能容者。"③刘天成说："臣来自田间，每见农人终岁勤动，间有纳租之后，便已无粮，及通籍以来，往来此道，亲见农人馈饷尽皆粗粝不堪，杂面水饭之属心切愀然，是有田耕种，衣食尚且维艰，如必有银押租，则无钱者势必八口嗷嗷，辗转播迁，未有不流于浪子乞人，为匪为窃，其情甚属可悯。"④ 这是佃农生活的真实写照。

随着土地兼并日趋严重，佃农遭受日削月朘，以致"仇视其主"，"争讼盈庭"⑤。

由于乾隆中期以后，土地兼并加剧，地主经济不断膨胀，财富日益集中在少数人手里，而广大农民却日趋贫困。地主制经济内部原有的平衡被打破，而新的平衡又建立不起来，任凭贫富两极差距日益扩大。加上政府为增加财政收入，苛捐杂税层出不穷，激起了人民的反抗斗争。嘉庆以后，社会矛盾日趋尖锐，社会失去安宁，农民起义在这种历史背景下，一触即发。历史发展的历程揭示：要想社会和谐、繁荣，那么政府在花大力气发展经济的同时，必须要处理好财富分配不公的问题，不断消解两极分化，从而实现共同富裕，把国家建设成长治久安、国富民强的大家庭。

---

① 王炳燮：《上李抚将军请停止收租局状》，《毋自欺室文集》卷六。
② 裕谦：《勉益斋续存稿》卷八。
③ 陶煦：《租核·重租论》。
④ 故宫博物院明清档案馆：《军机处录副》。
⑤ 陈道：《江西新城田租说》，《清经世文编》卷三一。